AÇÃO RESCISÓRIA
DOS JULGADOS

O GEN | Grupo Editorial Nacional – maior plataforma editorial brasileira no segmento científico, técnico e profissional – publica conteúdos nas áreas de concursos, ciências jurídicas, humanas, exatas, da saúde e sociais aplicadas, além de prover serviços direcionados à educação continuada.

As editoras que integram o GEN, das mais respeitadas no mercado editorial, construíram catálogos inigualáveis, com obras decisivas para a formação acadêmica e o aperfeiçoamento de várias gerações de profissionais e estudantes, tendo se tornado sinônimo de qualidade e seriedade.

A missão do GEN e dos núcleos de conteúdo que o compõem é prover a melhor informação científica e distribuí-la de maneira flexível e conveniente, a preços justos, gerando benefícios e servindo a autores, docentes, livreiros, funcionários, colaboradores e acionistas.

Nosso comportamento ético incondicional e nossa responsabilidade social e ambiental são reforçados pela natureza educacional de nossa atividade e dão sustentabilidade ao crescimento contínuo e à rentabilidade do grupo.

JOSÉ JANGUIÊ BEZERRA DINIZ

AÇÃO RESCISÓRIA DOS JULGADOS

3ª edição
Revista, atualizada e ampliada

gen | atlas

- A EDITORA ATLAS se responsabiliza pelos vícios do produto no que concerne à sua edição (impressão e apresentação a fim de possibilitar ao consumidor bem manuseá-lo e lê-lo). Nem a editora nem o autor assumem qualquer responsabilidade por eventuais danos ou perdas a pessoa ou bens, decorrentes do uso da presente obra.

  Todos os direitos reservados. Nos termos da Lei que resguarda os direitos autorais, é proibida a reprodução total ou parcial de qualquer forma ou por qualquer meio, eletrônico ou mecânico, inclusive através de processos xerográficos, fotocópia e gravação, sem permissão por escrito do autor e do editor.

  Impresso no Brasil – *Printed in Brazil*

- Direitos exclusivos para o Brasil na língua portuguesa
  Copyright © 2017 by
  EDITORA ATLAS LTDA.
  Uma editora integrante do GEN | Grupo Editorial Nacional
  Rua Conselheiro Nébias, 1384 – Campos Elíseos – 01203-904 – São Paulo – SP
  Tel.: (11) 5080-0770 / (21) 3543-0770
  faleconosco@grupogen.com.br / www.grupogen.com.br

- O titular cuja obra seja fraudulentamente reproduzida, divulgada ou de qualquer forma utilizada poderá requerer a apreensão dos exemplares reproduzidos ou a suspensão da divulgação, sem prejuízo da indenização cabível (art. 102 da Lei n. 9.610, de 19.02.1998).

  Quem vender, expuser à venda, ocultar, adquirir, distribuir, tiver em depósito ou utilizar obra ou fonograma reproduzidos com fraude, com a finalidade de vender, obter ganho, vantagem, proveito, lucro direto ou indireto, para si ou para outrem, será solidariamente responsável com o contrafator, nos termos dos artigos precedentes, respondendo como contrafatores o importador e o distribuidor em caso de reprodução no exterior (art. 104 da Lei n. 9.610/98).

- A Editora Atlas passou a publicar esta obra a partir da 2ª. edição.

- Capa: Nilton Masoni
- Foto de capa: Oriene Pavan \ Santuário de Santa Luzia (Portugal)

- Data de fechamento: 26.07.2017

- CIP-BRASIL – CATALOGAÇÃO NA PUBLICAÇÃO
  SINDICATO NACIONAL DOS EDITORES DE LIVROS, RJ

  D61a

  Diniz, José Janguiê Bezerra

  Ação rescisória dos julgados / José Janguiê Bezerra Diniz ; prefácio Ada Pellegrini Grinover. – 3. ed. rev., atual. e ampl. – São Paulo: Atlas, 2017.

  Inclui bibliografia
  ISBN 978-85-97-01342-9

  1. Direito do trabalho - Brasil. I. Título.

  16-33830 CDU: 349.2(81)

*Para Sandra Cristina Janguiê, Thales Janguiê,
Elora Cristina Janguiê e Mel Cristina Janguiê.
Quatro partes de mim.*

*Para Maria de Lourdes Diniz, João Rodrigues
Diniz e Nivan Bezerra da Costa, a quem atribuo
o que hoje sou.*

AGRADECIMENTOS

Ao concluir a primeira edição deste trabalho, devo reconhecer efetivamente que, sem o apoio e o estímulo que recebi de diversas pessoas, não teria sido possível terminá-lo. Portanto, agradeço a Joaldo Janguiê Bezerra Diniz, Dalva Arraes, José Laísio Pinto Júnior, Maria Cristina Dutra e José de Moura Júnior.

Por outro lado, a segunda e a terceira edições desta obra só foram possíveis graças ao trabalho indispensável das consultoras jurídicas Márcia Galvão e Larissa Mergulhão, que durante longos meses trabalharam na realização das pesquisas para atualização da presente obra. A elas, meu sincero agradecimento.

NOTA À 3ª EDIÇÃO

Depois da publicação da segunda edição desta obra pela Editora Atlas, a demanda foi grande e em menos de um ano a edição se esgotou. A terceira edição foi atualizada de acordo com o novo Código de Processo Civil e com as novas súmulas do Tribunal Superior do Trabalho. Espero que este estudo possa servir de auxílio para aqueles que almejam um conhecimento mais aprofundado sobre o instituto brasileiro da ação rescisória.

Junho de 2017.

O Autor

NOTA À 2ª EDIÇÃO

Em julho de 1997, há quase dezenove anos, uma maioridade civil, publiquei pela editora LTR a primeira edição atualizada da presente obra. Durante os oito primeiros anos após a publicação do livro, fui professor, procurador do Ministério Público do Trabalho e jurista. Os outros dez anos, mesmo contra a minha vontade, tive que me afastar da docência do direito e, por via de consequência, dos livros. Eu me dediquei profundamente ao empreendedorismo educacional, criando o Grupo Ser Educacional, mantenedor da UNINASSAU – Centro Universitário Maurício de Nassau, da UNAMA – Universidade da Amazônia, UNG – Universidade Guarulhos, das Faculdades Maurício de Nassau e Joaquim Nabuco, Faculdade Tapajós, entre outras. Orgulho-me muito de ter criado o Ser Educacional, que hoje é o maior grupo universitário do Norte e Nordeste e o sétimo do Brasil, possuindo cerca de 150 mil alunos e 11 mil colaboradores, cujo objetivo primacial é ofertar educação superior e pós-superior de qualidade, colaborando com o desenvolvimento do Brasil.

Outrossim, rememorando o que escrevi alhures, um dia um grande professor meu da época de mestrado, Cláudio Souto, disse-me: "meu filho... toda linha escrita tem o seu valor... nunca deixe de mostrar ao mundo os seus escritos... nunca deixe morrer o seu pensamento traduzido em escritos". Essa parábola marcou minha vida. E, lembrando desse ensinamento, mesmo com o tempo extremamente escasso, criei coragem para atualizar o presente trabalho. Para não deixar morrer o meu pensamento traduzido em livro. Enfim, depois de alguns meses consegui atualizar, reformular e ampliar a presente obra com a ajuda inestimável das consultoras jurídicas Márcia Galvão e Larissa Mergulhão, que durante longos meses trabalharam fortemente na realização das pesquisas para atualização da presente obra, e aí está a *Ação Rescisória dos Julgados*, analisada sob os fundamentos do processo civil, sem descuidar das inúmeras peculiaridades do processo trabalhista. E uma rescisória trabalhista atualizada pelo novo Código de Processo Civil, que este ano foi sancionado pela Presidente da República.

Esta segunda edição será publicada, desta vez, pela Editora Atlas, e tem o condão de ajudar os estudantes e todos aqueles que militam na Justiça do

Trabalho ou que "queiram simplesmente conhecer melhor suas técnicas". Espero que possa ajudar, embora que minimamente, todos aqueles que na obra buscarem informações.

Junho de 2016.

O Autor

PREFÁCIO

"Cuida-se de um tema considerado clássico, porém atual, que sempre enseja novas análises de diferentes ângulos." São as palavras do autor, logo na justificativa do tema escolhido, e que vêm confirmadas ao longo de todo o trabalho.

Ação rescisória, sim, mas ação rescisória que, sem descurar os fundamentos do processo civil, é analisada especificamente com vistas às inúmeras peculiaridades da rescisória trabalhista. E uma rescisória trabalhista que enfrenta as novas questões introduzidas pelas recentes modificações ao Código de Processo Civil.

Assim, para discutir o cabimento da ação rescisória de sentença proferida em ação monitória, o estudo debruça-se sobre o instituto do art. 700 do CPC, com seus desdobramentos no campo laboral; para enfrentar a questão da rescisória de sentença arbitral, aprofunda-se no exame da Lei 9.307, de 23.09.1996, tomando posição quanto à sua constitucionalidade e preconizando a adoção do arbitramento nas controvérsias trabalhistas, com as propostas que indica; para tomar posição sobre a antecipação de tutela na ação rescisória, com seus efeitos sobre a execução em curso, estuda a disciplina do art. 300 do novo CPC e sua aplicação ao processo do trabalho. E assim por diante.

Obra cheia de novidades, portanto, e de novos questionamentos. E, embora o autor afirme não ter tido grandes pretensões eruditas, reporta-se amplamente à doutrina, levantada em ampla pesquisa bibliográfica, pelo que fica claro que o objetivo maior da monografia – "tornar presentes algumas reflexões sobre o instituto" – não se concretizou sem abrir espaço à necessária postura científica.

Mas, sem dúvida, a maior virtude do trabalho consiste em sua importância prática. A farta jurisprudência trabalhista, devidamente comentada, pontilha todo o trabalho, ao qual foram acrescidos dois capítulos específicos:

um sobre modelos de petições iniciais, outro em que a jurisprudência sobre o tema é sistematizada por assunto.

Por tudo isso, é com verdadeiro prazer que apresento a monografia de José Janguiê Bezerra Diniz ao público, certa da importância que ela representa para os operadores do Direito em geral e, especialmente, para todos aqueles que militam na Justiça do Trabalho ou que queiram simplesmente conhecer melhor suas técnicas, incluindo os estudantes. E tenho certeza de que esse público saberá dedicar-lhe a melhor das acolhidas.

Ada Pellegrini Grinover
Doutora em Direito (USP).
Doutora *honoris causa* pela Universidade de Milão.
Membro da Academia Paulista de Letras.

SUMÁRIO

Introdução		XXIII
1.	**Da Ação Rescisória**	1
	1.1 Considerações iniciais	1
	1.2 Esboço histórico	2
	1.2.1 Direito romano	2
	1.2.2 Ordenações reinícolas	4
	1.2.3 No Brasil	6
	1.3 Direito estrangeiro	10
	1.3.1 Itália	11
	1.3.2 França	11
	1.3.3 Alemanha	12
	1.3.4 Espanha	13
	1.3.5 Portugal	14
	1.3.6 Direito canônico	15
2.	**Do Cabimento da Ação Rescisória**	19
	2.1 Do cabimento da ação rescisória	19
	2.1.1 Considerações iniciais	19
	2.1.1.1 Do conceito	19
	2.1.2 Da natureza jurídica da ação rescisória	25
	2.2 Cabimento no processo civil	28
	2.2.1 Considerações iniciais	28
	2.2.2 Cabimento de rescisória quando a citação foi nula	29
	2.2.3 Cabimento de rescisória em sentença declaratória incidental	34

2.2.4 Cabimento de rescisória de sentença proferida em ação monitória 36
    2.2.4.1 Considerações iniciais sobre ação monitória 36
    2.2.4.2 Pressupostos 38
    2.2.4.3 Natureza jurídica da ação injuntiva 45
    2.2.4.4 Competência 46
    2.2.4.5 Procedimento 46
    2.2.4.6 Natureza jurídica dos embargos monitórios 49
    2.2.4.7 Recursos 51
    2.2.4.8 Monitória contra a Fazenda Pública 51
    2.2.4.9 Conclusões sobre rescisória em sentença prolatada em ação monitória 53
2.2.5 Rescisória de sentença prolatada por juiz arbitral 54
2.2.6 Cabimento de rescisória de sentença proferida em outra ação rescisória 65
2.2.7 Outras sentenças – cabimento 66
2.2.8 Sentenças que não ensejam ação rescisória 71

2.3 Cabimento no processo trabalhista 79
2.4 Tratamento legislativo 83

3. Da Admissibilidade da Ação Rescisória 85
  3.1 Admissibilidade (fundamentos) 85
    3.1.1 Considerações iniciais 85
    3.1.2 Admissibilidade decorrente da *quaestio juris* 88
        3.1.2.1 Quando a decisão ofender coisa julgada 88
        3.1.2.2 Quando a decisão violar manifestamente norma jurídica 93
            3.1.2.2.1 Rescisória de violação de norma jurídica e a exigência de prequestionamento 95
            3.1.2.2.2 Rescisória em face de violação de jurisprudências (súmulas e orientações jurisprudenciais) e costume 100
            3.1.2.2.3 Rescisória de violação de princípios gerais do direito 102
            3.1.2.2.4 Rescisória decorrente de modificação de jurisprudência 108

3.1.3 Admissibilidade decorrente da *quaestio facti*.................... 111
    3.1.3.1 Quando a decisão rescindenda se fundar em prova, cuja falsidade tenha sido apurada em processo criminal, ou seja, provada na própria rescisória......... 111
    3.1.3.2 Quando "obtiver o autor, posteriormente ao trânsito em julgado, prova nova cuja existência ignorava ou de que não pôde fazer uso, capaz, por si só, de lhe assegurar pronunciamento favorável".............. 116
    3.1.3.3 Quando "houver fundamento para invalidar confissão, desistência ou transação, em que se baseou a sentença", nos termos do antigo CPC................ 118
        3.1.3.3.1 Transação.................... 119
        3.1.3.3.2 Confissão.................... 122
        3.1.3.3.3 Desistência.................. 123
    3.1.3.4 Quando "for fundada em erro de fato verificável do exame dos autos"...................... 125
3.1.4 Admissibilidade decorrente da figura do juiz............ 128
    3.1.4.1 Circunstâncias pessoais do juiz.................... 129
        3.1.4.1.1 Prevaricação................ 129
        3.1.4.1.2 Concussão.................. 131
        3.1.4.1.3 Corrupção.................. 131
    3.1.4.2 Circunstâncias funcionais........................ 132
        3.1.4.2.1 Incompetência absoluta............ 132
        3.1.4.2.2 Impedimento................ 134
3.1.5 Admissibilidade decorrente do dolo ou fraude à lei.............. 136
3.1.6 Outros casos de admissibilidade 141
3.1.7 Aplicação do brocardo *jura novit curia* 142

4. **Do Processamento da Ação Rescisória**................ 145
    4.1 Processamento............................ 145
        4.1.1 Observações preliminares (prazo) 145
        4.1.2 Requisitos gerais da petição inicial da rescisória.......... 152
            4.1.2.1 Considerações iniciais................ 152
            4.1.2.2 Juiz a quem é dirigida................ 154
            4.1.2.3 Partes e suas qualificações............ 155
            4.1.2.4 Fundamentos jurídicos do pedido.......... 155
            4.1.2.5 O pedido e suas especificações.......... 157
            4.1.2.6 Valor da causa...................... 158

		4.1.2.7	Os meios de prova...	159
		4.1.2.8	Instrumento de mandato.....................................	160
	4.1.3	Requisitos específicos da petição inicial da rescisória............		161
		4.1.3.1	Prova do trânsito em julgado da decisão.................	161
		4.1.3.2	Requerimento da cumulação do *judiscium rescindens* com o *judiscium rescissorium*...........................	163
		4.1.3.3	Prova do depósito de 5% sobre o valor da causa.....	165
	4.1.4	Pressupostos processuais		168
	4.1.5	Condições da ação..		173
	4.1.6	Indeferimento da petição inicial...		178
	4.1.7	Resposta do réu...		179
		4.1.7.1	Contestação	179
		4.1.7.2	Revelia	182
		4.1.7.3	Reconvenção..	183
		4.1.7.4	Prova...	185
		4.1.7.5	Transação...	186
		4.1.7.6	Razões finais, intervenção de terceiro, prescrição, execução, cautelar, irretroatividade da lei	186

5. **Da Legitimidade na Ação Rescisória**... 189
   5.1 Legitimidade 189
       5.1.1 Legitimidade ativa... 189
             5.1.1.1 Legitimidade ativa de quem foi parte na ação matriz... 189
             5.1.1.2 Legitimidade ativa do Ministério Público............... 190
             5.1.1.3 Legitimidade ativa de terceiros................................ 194
       5.1.2 Legitimidade passiva... 203

6. **Dos Efeitos da Ação Rescisória e a Tutela Provisória** 205
   6.1 Efeitos da rescisória sobre a execução em curso........................... 205
       6.1.1 Considerações iniciais... 205
       6.1.2 Tutela provisória em ação rescisória.................................... 207
             6.1.2.1 Observações preliminares sobre tutela provisória... 207
             6.1.2.2 Processamento do pedido... 212
             6.1.2.3 Tutela provisória no processo do trabalho 214
             6.1.2.4 Tutela provisória contra a Fazenda Pública........... 216
             6.1.2.5 Conclusões sobre tutela provisória em sede de ação rescisória... 218

6.2	Órgão competente para apreciar e julgar a rescisória		219
6.3	Intervenção obrigatória do Ministério Público na rescisória		224

7. Dos Recursos em Sede de Ação Rescisória 227

- 7.1 Recursos admissíveis em rescisória no processo civil e no processo trabalhista 227
  - 7.1.1 No processo civil 227
    - 7.1.1.1 Considerações iniciais 227
    - 7.1.1.2 Embargos de declaração 228
      - 7.1.1.2.1 Considerações iniciais 228
      - 7.1.1.2.2 Cabimento 229
      - 7.1.1.2.3 Multa 231
      - 7.1.1.2.4 Natureza jurídica 234
      - 7.1.1.2.5 Considerações finais 236
    - 7.1.1.3 Do recurso especial 236
      - 7.1.1.3.1 Considerações iniciais 236
      - 7.1.1.3.2 Cabimento 237
      - 7.1.1.3.3 Procedimento 243
      - 7.1.1.3.4 Efeito 246
      - 7.1.1.3.5 Preparo 247
      - 7.1.1.3.6 Considerações finais 248
    - 7.1.1.4 Do recurso extraordinário 250
      - 7.1.1.4.1 Considerações iniciais 250
      - 7.1.1.4.2 Cabimento 252
      - 7.1.1.4.3 Procedimento 254
      - 7.1.1.4.4 Efeito 256
      - 7.1.1.4.5 Natureza jurídica 256
      - 7.1.1.4.6 Preparo 256
      - 7.1.1.4.7 Considerações finais 257
  - 7.1.2 No processo trabalhista 258
    - 7.1.2.1 Considerações iniciais 258
    - 7.1.2.2 Recurso ordinário 262
      - 7.1.2.2.1 Considerações iniciais 262
      - 7.1.2.2.2 Pressupostos do recurso ordinário 263
      - 7.1.2.2.3 Juízo de admissibilidade 272
      - 7.1.2.2.4 Procedimento 273

8. **Gráficos, Súmulas e Normas em Matéria Rescisória**.................. 275
   8.1 Ação rescisória em gráficos 275
   8.2 Súmulas sobre Ação Rescisória 278
       8.2.1 Súmulas do Supremo Tribunal Federal 278
       8.2.2 Súmulas do extinto TFR sobre ação rescisória 278
       8.2.3 Súmulas do TST sobre ação rescisória 279
       8.2.4 Orientações jurisprudenciais do TST sobre ação rescisória 288
             8.2.4.1 Orientações Jurisprudenciais da SDI-2 288
       8.2.5 Súmulas do STJ sobre ação rescisória 300

9. **Conclusões** 309

10. **Parte Prática** 311
    10.1 Petição inicial de rescisória, com base no inciso I do art. 966 do CPC – prevaricação, concussão ou corrupção do juiz 311
        1. Dos requisitos de admissibilidade 311
        2. Da prova do trânsito em julgado 312
        3. Dos fatos 312
        4. Do pedido 312
    10.2 Petição inicial de rescisória com base no inciso II do art. 966 do CPC – juiz impedido ou por juízo absolutamente incompetente 314
        1. Da prova do trânsito em julgado 314
        2. Dos fatos 314
        3. Dos pedidos 315
    10.3 Petição inicial de rescisória com base no inciso III do art. 966 do CPC – resultar de dolo ou coação da parte vencedora em detrimento da parte vencida ou, ainda, de simulação ou colusão entre as partes, a fim de fraudar a lei 316
        1. Dos requisitos de admissibilidade 316
        2. Da prova do trânsito em julgado 316
        3. Do direito violado 316
        4. Do pedido 317
    10.4 Petição inicial de rescisória com base no inciso IV do art. 966 do CPC – ofensa à coisa julgada 318
        1. Dos requisitos de admissibilidade 318
        2. Da prova do trânsito em julgado 318
        3. Do direito violado 318
        4. Do pedido 319

10.5 Petição inicial de rescisória com base no inciso V do art. 966 do CPC – violar manifestamente norma jurídica 320
    1. Da prova do trânsito em julgado 320
    2. Dos requisitos de admissibilidade 320
    3. Dos fatos 320
    4. Do pedido 321
10.6 Petição inicial de rescisória com base no inciso VI do art. 966 do CPC – fundada em prova cuja falsidade tenha sido apurada em processo criminal ou venha a ser demonstrada na própria ação rescisória 322
    1. Dos requisitos de admissibilidade 322
    2. Da prova do trânsito em julgado 322
    3. Dos fatos 322
    4. Do pedido 323
10.7 Petição inicial de rescisória com base no inciso VII do art. 966 do CPC – prova nova 325
    1. Dos requisitos de admissibilidade 325
    2. Da decisão do trânsito em julgado 325
    3. Dos fatos 325
    4. Do direito lesado 326
    5. Do pedido 326
10.8 Contestação de rescisória com base no inciso VIII do art. 966 do CPC – erro de fato 328
    1. Dos fatos 328
    2. Do pedido 329

11. Jurisprudência 331
  11.1 Cabimento da ação rescisória 331
  11.2 Ação rescisória e admissibilidade 342
  11.3 Processamento da ação rescisória 352
  11.4 Legitimidade da ação rescisória 357
  11.5 Efeitos da rescisória sobre a execução em curso 360
  11.6 Recursos admissíveis 362

Bibliografia 371

Trabalhos Publicados do Autor 381

INTRODUÇÃO

Na composição da presente obra concorreram três partes distintas: a primeira, consistente na pesquisa da doutrina e da jurisprudência sobre a *vexata quaestio*; a segunda, na leitura e no esforço de interpretação dos textos; a terceira, consistente na elaboração do presente trabalho.

Ressalte-se, por oportuno, que o assunto foi abordado a partir do método dedutivo de exposição, ou seja, analisamos primeiro a parte histórica, empós o cabimento, a admissibilidade, o procedimento e assim sucessivamente.

Iniciamos este trabalho a partir de uma análise histórica sobre o assunto, a começar pelo direito romano, passando pelo direito lusitano ao tempo das Ordenações Reinícolas, e encerrando-o com uma análise do instituto da ação rescisória na ordenação jurídica brasileira.

É nessa parte do trabalho que mostramos quão difícil foi utilizar a ação rescisória – instituto tipicamente civil – no direito processual trabalhista. Por décadas o emprego desse instituto foi negado, e só quando predominou a opinião daqueles que eram favoráveis à sua utilização é que a rescisória passou a ser utilizada em seara de processo trabalhista, servindo-se do disciplinamento do Código de Processo Civil de forma subsidiária.

Ainda nesse capítulo, traçamos um paralelo entre os institutos similares à nossa rescisória do direito comparado. Iniciamos pela Itália, passando pela França, pela Alemanha, Espanha, por Portugal e finalizamos analisando o direito canônico. Dessas observações chegamos à conclusão de que na Itália, na França e em Portugal os institutos jurídicos *revocazione, la requête civile* e a revisão são os que mais se aproximam da nossa rescisória, embora possuam natureza jurídica de recurso e não de ação, como sói ocorrer com a rescisória do direito brasileiro.

No segundo capítulo, o trabalho segue com a análise do cabimento da rescisória no processo civil e no processo trabalhista. Aí mostramos quais são as sentenças que dão ensejo à ação rescisória e quais as que não a admitem.

Nesse capítulo fez-se mister a análise acurada de alguns institutos, como a ação monitória, a ação declaratória incidental e o instituto da arbitragem, entre outros. A ação monitória mereceu nossa atenção por se tratar de um instituto novo, ainda não sedimentado; a ação declaratória incidental não oferece ainda *communis opinium doctorum nem tampouco consensus ommnium jurisprudencial*, e o instituto da arbitragem sofreu revogação total em suas bases a partir da Lei de Arbitragem de nº 9.307/1996.

O capítulo é finalizado com a análise sobre o cabimento da ação rescisória de sentença proferida em outra rescisória, além de abordar o tratamento legislativo dado ao instituto.

O terceiro capítulo é, na nossa ótica, o mais importante. É nele que se estudam com profundidade os casos de admissibilidade da ação rescisória no Processo Civil e no Processo Trabalhista.

Como melhor didática, seguindo a orientação de grande autor de obras e ainda segundo o novo CPC, dividimos os casos de admissibilidade de acordo com os fundamentos em: admissibilidade decorrente da *quaestio juris* ou questões de direito (CPC, art. 966, IV e V); admissibilidade decorrente da *quaestio facti* ou questões de fato (CPC, art. 966, VI, VII e VIII); admissibilidade decorrente da figura do juiz (CPC, art. 966, I e II); e admissibilidade decorrente do dolo ou de fraude à lei (CPC, art. 966, III).

Com efeito, nos termos da Lei 13.105/2015, que instituiu o Novo Código de Processo Civil, as hipóteses passaram a ser tratadas no art. 966, que enfatiza: "A decisão de mérito, transitada em julgado, pode ser rescindida quando: I – se verificar que foi proferida por força de prevaricação, concussão ou corrupção do juiz; II – for proferida por juiz impedido ou por juízo absolutamente incompetente; III – resultar de dolo ou coação da parte vencedora em detrimento da parte vencida ou, ainda, de simulação ou colusão entre as partes, a fim de fraudar a lei; IV – ofender a coisa julgada; V – violar manifestamente norma jurídica; VI – for fundada em prova cuja falsidade tenha sido apurada em processo criminal ou venha a ser demonstrada na própria ação rescisória; VII – obtiver o autor, posteriormente ao trânsito em julgado, prova nova cuja existência ignorava ou de que não pôde fazer uso, capaz, por si só, de lhe assegurar pronunciamento favorável; VIII – for fundada em erro de fato verificável do exame dos autos".

Nesse capítulo, mais precisamente dentro da análise da admissibilidade em face da violação de lei, achamos de bom partido tecer breves considerações sobre a admissibilidade da rescisória, com fundamento em violação de princípios gerais do direito, e, também, a admissibilidade da rescisória com fundamento em modificação da jurisprudência.

O capítulo quarto aborda o processamento da rescisória perante os Tribunais, inclusive a petição inicial e seus requisitos gerais e específicos, os pressupostos processuais e as condições da ação, a defesa do réu, incluindo a reconvenção e a revelia; a prova, as razões finais, a intervenção de terceiro etc., além de dissertar sobre a questão da aplicação do brocardo *jura novit curia* em sede de rescisória.

O capítulo seguinte trata de temas como a legitimidade ativa e passiva, o prequestionamento como requisito de admissibilidade e a natureza jurídica da rescisória. Verão os leitores no pertinente ao prequestionamento que, por ter a rescisória natureza jurídica de ação, e não de recurso, o prequestionamento, de regra, não é exigido. Outrossim, esclarece-se, nesse capítulo, que a ação rescisória tem natureza jurídica de ação, ação autônoma de impugnação, de natureza constitutiva negativa quanto ao juízo rescindendo, e declaratória constitutiva ou condenatória quanto ao juízo rescisório.

O sexto capítulo traz em seu bojo três temas: os efeitos da rescisória sobre a execução em curso, os órgãos competentes para apreciarem e julgarem a rescisória e a intervenção obrigatória do órgão do Ministério Público.

No que atine aos efeitos da rescisória sobre a execução em curso, importa ressaltar que a regra albergada no art. 969 do CPC não permite que seja suspenso o processo executivo em face do ajuizamento da rescisória. Entretanto, os tribunais, principalmente os trabalhistas, têm admitido o processo cautelar incidental (*pendente lite*) para sustar os efeitos da execução em curso quando da interposição da *querela nullitatis*, com o intuito de evitar um mal muito maior às partes, qual seja o de permitir a alienação dos bens penhorados no processo executivo, quando a rescisória for de procedência inequívoca. Outrossim, defendemos o uso do instituto da tutela provisória, prevista no art. 969 em seara de rescisória, como forma de suspender a execução.

No sétimo capítulo tratamos dos recursos que podem ser interpostos das decisões proferidas na ação rescisória, seja em campo de Processo Civil ou em sede de processo trabalhista. Asseveramos que do indeferimento liminar da ação cabe agravo regimental. O julgamento definitivo ou terminativo alimenta, no processo civil, embargos de declaração, apelação, recursos especial e extraordinário. No processo trabalhista, a ação rescisória enseja embargos de declaração, recurso ordinário e recurso extraordinário.

Não achamos supérfluo analisar, nesse capítulo, *de per se*, embora que em apertada síntese, todos os recursos cabíveis da rescisória. Fizemo-lo sempre ressaltando os casos de cabimento, o processamento, o efeito e o preparo de cada um deles para melhor compreensão do assunto analisado.

No oitavo capítulo, o pesquisador cuida de mostrar os casos de cabimento da rescisória, bem como o seu processamento perante o tribunal, desta feita em gráficos, para melhor memorização do ledor. Analisam-se, demais disso, todas as súmulas de jurisprudência sobre o instituto, expedidas pelo Supremo Tribunal Federal e Tribunal Superior do Trabalho, e, ainda, as orientações jurisprudenciais desse último.

No nono capítulo trazemos à baila todas as conclusões a que chegamos do conteúdo posto, refletido e analisado no presente trabalho, o qual esperamos sirva de contribuição ao desenvolvimento das letras jurídicas no Brasil.

Por fim, achamos de boa política elaborar mais dois capítulos: um que contém modelos de petições de ação rescisória de todos os casos de cabimento (nesta edição, também disponível em formato editável, para *download* na internet), e outro, jurisprudência sobre a rescisória trabalhista, jurisprudência essa toda agrupada e selecionada.

1

DA AÇÃO RESCISÓRIA

1.1 CONSIDERAÇÕES INICIAIS

Ab initio, importa discorrer alguns aspectos sobre a ação rescisória, traçando um paralelo entre esse tipo de ação no direito processual comum e no direito processual trabalhista, para concluirmos sobre os casos de admissibilidade perante a Justiça Comum e a *Justiça obreira*.

Transformou-se num lugar comum dizer-se que de toda e qualquer sentença, declaratória, constitutiva ou condenatória[1], seja terminativa ou definitiva[2], cabe recurso, em virtude do princípio do duplo grau de jurisdição[3] e em face do primado da segurança dos julgados. Entrementes, além

---

[1] Noutro escrito nosso, já asseverávamos, segundo os ensinamentos de mestres de renome, que a sentença é declaratória quando se limita a declarar a existência ou inexistência de uma relação jurídica. É constitutiva quando, além de declarar a existência ou inexistência de uma relação jurídica, ela a modifica ou a extingue. É condenatória, a seu turno, quando condena uma das partes numa ação ou omissão, numa obrigação de fazer ou de dar. De importância é ressaltar que todas as sentenças condenatórias e constitutivas são declaratórias; entretanto, todas as sentenças declaratórias são constitutivas ou condenatórias (DINIZ, José Janguiê Bezerra. *Sentença trabalhista* – teoria, prática, jurisprudência e legislação. Brasília: Consulex, 1996. p. 111).

[2] Sentença terminativa é aquela que põe *dies ad quem* ao processo sem apreciar as questões meritórias. A definitiva, a seu turno, aprecia as questões de mérito.

[3] Passo nesta esteira, a entender diferentemente da edição anterior que o princípio do duplo grau de jurisdição não tem garantia expressa constitucional. Embora o art. 5º, LV, da Constituição Federal taxativamente assegure a ampla defesa com os meios e recursos a ela inerentes, não assegurou que todas as decisões possam ser impugnadas através de recurso, embora preveja em seu conteúdo. Nesta ótica, "o duplo grau de jurisdição é, assim, acolhido pela generalidade dos sistemas processuais contempo-

do fato de ser trivial, é por demais enganador, porquanto é useiro e vezeiro que as sentenças já transitadas em julgado (*res judicata*) não alimentam mais nenhum tipo de recurso.

Nesse espírito, quando as sentenças transitadas em julgado são eivadas de vícios, sejam eles em decorrência de prolação por juiz incompetente ou em consequência de violação de lei material ou adjetiva, é óbvio que a parte sucumbente deve dispor de um *remedium juris* que possa desconstituir essa sentença, e esse remédio é a ação rescisória, também nominada de *restitutione in integrum ou querela nullitatis*.

Nestas poucas páginas examinaremos, num sumário de um instante, esse remédio, que tem o escopo maior de res- cindir as sentenças eivadas de vícios, já materializadas na *res judicata*. Com efeito, não será ocioso traçar um paralelo entre a ação rescisória no Processo Civil e como sói ocorrer no Processo Trabalhista.

1.2 ESBOÇO HISTÓRICO

1.2.1 Direito romano

É sabida a grande influência que o direito romano exerce na civilização ocidental. Nesse contexto, justifica-se a especial atenção que a maioria dos juristas lhe dá quando investiga as origens dos institutos jurídicos[4].

Não trata esse instituto de criação do direito pátrio, mas da criação do direito romano. Com efeito, consoante a lúcida observação de Barbosa Moreira, no direito romano a inobservância das regras processuais mais importantes, e excepcionalmente, o próprio *error in judicando* (sentença *contra ius constitutionis*) não precisavam ser denunciados nem por meio de recurso, nem por ação autônoma: determinavam pura e simplesmente a inexistência

---

râneos, inclusive pelo brasileiro. O princípio não é garantido constitucionalmente de modo expresso, entre nós, desde a República; mas a própria Constituição incumbe--se, de atribuir a competência recursal a vários órgãos da jurisdição (art. 102, inc. II; art. 105, inc. II; art. 108, inc. II), prevendo expressamente, sob a denominação de tribunais, órgãos judiciários de segundo grau (v.g. Art. 93, inciso III). Ade- mais, o Código de Processo Penal, o Código de Processo Civil, a Consolidação das Leis do Trabalho, leis extravagantes e as leis de organização judiciária preveem e disciplinam o duplo grau de jurisdição". (CINTRA, Antônio Carlos de Araújo; GRINOVER, Ada Pellegrini; DINAMARCO, Cândido Rangel. Teoria geral do processo. 22. ed. rev. e atual. São Paulo: Malheiros, 2006.).

4 TEIXEIRA FILHO, Manoel Antonio. *Ação rescisória no processo do trabalho*. São Paulo: LTr, 1991. p. 21.

jurídica da decisão (*nulla sententia*), alegável a qualquer momento, inclusive como obstáculo à *actio iudicati*[5].

A partir de certa fase do desenvolvimento do direito estabelecido em Roma, "as decisões haviam de ser rescindidas pelo terceiro, pacificador; depois, foi o príncipe que *ex iusta causa* concedeu a rescisão. Posteriormente, foi estendido tal poder aos prefeitos do Pretório, ao pretor, ao presidente, ao procurador de César, aos mais magistrados, mas só quanto às suas decisões, e não quanto às dos superiores. A restituição não se dava quando o dano fosse mínimo. Os textos falam de tal exigência, sem que se deva exagerar o limite"[6].

No pertinente ao Pretor, este "podia ordenar o desfazimento de ato realizado mediante violência, fazendo com que tudo retornasse ao *status quo ante*. Era a *restitutione in integrum*. Sendo o ato derivado de dolo, o remédio cabível residia na *in integrum restitutione ob dolum* (desfazimento do ato em face ao dolo); caso o ato acarretasse diminuição do patrimônio do devedor (e prejuízo aos credores), utilizava-se a *integrum restitutio ob fraudem* para combater a *fraus creditorum*, a despeito de tolerar-se, também, o emprego da *interdictum fraudatorium* e da ação pauliana"[7].

Oportuno, ainda, asseverar que, "naturalmente, ninguém poderia pretender restituição contra delito que cometeu, ou contra ato em que foi culpado da fraude. Nem sequer contra julgamento proferido em virtude de juramento entre as partes, ou, ainda, contra a prescrição de trinta, ou de quarenta anos, ou contra as vendas feitas pelo Fisco"[8].

No diapasão, auspicioso sublinhar que "foi no direito intermédio, nos estatutos italianos, por influência dos elementos germânicos misturados aos de origem romana, que se julgou necessário criar, para a denúncia dos *erros in procedendo*, um remédio especial, a *querela nullitatis* exercitável de modo autônomo, não propriamente como ação, mas por aquilo a que se chamava *imploratio officii iudicis*. Esse remédio comportava duas modalidades: a *querella nullitatis sanabilis* e a *querella nullitatis insanabilis*. Na maioria dos

---

[5] BARBOSA MOREIRA, José Carlos. *Comentários ao Código de Processo Civil*. Rio de Janeiro: Forense, 1974. v. V, p. 96.
[6] PONTES DE MIRANDA, Francisco Cavalcanti. *Comentários ao Código de Processo Civil*. Rio de Janeiro: Forense, 1974. t. VI, p. 186; PONTES DE MIRANDA, Francisco Cavalcanti. *Tratado da ação rescisória*. 5. ed. Rio de Janeiro: Forense, 1976. p. 90.
[7] TEIXEIRA FILHO, Manoel Antonio. *Ação rescisória no processo do trabalho*. São Paulo: LTr, 1991. p. 22.
[8] PONTES DE MIRANDA, Francisco Cavalcanti. *Comentários ao Código de Processo Civil*. Rio de Janeiro: Forense, 1974. t. VI; PONTES DE MIRANDA, Francisco Cavalcanti. Tratado da ação rescisória. 5. ed. Rio de Janeiro: Forense, 1976. p. 90.

ordenamentos europeus, a primeira foi pouco a pouco absorvida pela apelação, e a segunda acabou desaparecendo, de modo que os motivos de invalidação da sentença passaram a ter de alegar-se por meio de recurso, sob pena de ficarem preclusos com o esgotamento das vias recursais"[9].

A apelação, que teve presença marcante no Império, era submetida ao conhecimento do Imperador. Este, com o passar do tempo, impossibilitado de julgar todas as apelações, tantas eram elas, delegou esse poder a seus prepostos (funcionários graduados), firmando-se a *appellatio* como meio ordinário de impugnação à sentença emitida em processo contaminado por *errores in iudicando*[10].

1.2.2 Ordenações reinícolas

No direito reinícola português, como observa Pontes de Miranda, até o início do século XIII (1217) era possível reabrirem-se as causas, prática que Afonso II procurou banir, no afã de impedir a criação de demandas sobre demandas, limitando-se tal possibilidade aos casos de erros e, desde que isso fosse autorizado pelo rei[11].

Com o passar dos Tempos, a Lei de D. Diniz, de 24 de abril de 1302, permitia que o interessado pedisse diretamente, com autorização do rei, a revogação da sentença com o intuito de eliminar erro. Deve-se frisar que essa autorização não era exigida quando a sentença fosse "nenhuma". Sobre essa lei, Pontes de Miranda asseverou: "Provavelmente os efeitos eram *ex tunc*, o que torna o revogar da Lei de D. Diniz sinônimo perfeito de rescindir"[12].

Outrossim, ainda segundo Pontes de Miranda, os casos naquela época de rescindibilidade eram os da falsa prova e os demais casos de sentença nula. Em situações excepcionais, o rei poderia examinar o feito em sua integralidade ou determinar que outrem o fizesse, e, se se convencesse da existência de erro, providenciar a necessária correção[13].

---

[9] BARBOSA MOREIRA, José Carlos. *Comentários ao Código de Processo Civil*. Rio de Janeiro: Forense, 1974. v. V, p. 96.

[10] TEIXEIRA FILHO, Manoel Antonio. *Ação rescisória no processo do trabalho*. São Paulo: LTr, 1991. p. 22.

[11] PONTES DE MIRANDA, Francisco Cavalcanti. *Tratado da ação rescisória*. 5. ed. Rio de Janeiro: Forense, 1976. p. 98.

[12] PONTES DE MIRANDA, Francisco Cavalcanti. *Tratado da ação rescisória*. 5. ed. Rio de Janeiro: Forense, 1976. p. 98.

[13] PONTES DE MIRANDA, Francisco Cavalcanti. *Tratado da ação rescisória*. 5. ed. Rio de Janeiro: Forense, 1976. p. 99.

Nas Ordenações Afonsinas, que vigoraram de 1446 a 1514, havia a separação das sentenças em "nenhumas" e em "algumas" (Livro III, Título 78), ou seja, em sentenças inexistentes e existentes, afetadas ou não pela nulidade[14].

No diapasão, D. Afonso, como foi dito anteriormente, condenava a reabertura das demandas já julgadas (Livro II, Título 108 das Ordenações Afonsinas), embora houvesse a possibilidade da reabertura, em certos casos, por meio da rescisória, em alguns casos chamada de "revista", como: a) falsa prova, pouco importando se a falsidade houvesse sido alegada ou não ("salvo se os condenados em ellas aleguarem, e afirmarem, que foram dadas per falsas provas, a saber, testemunhas falsas ou Escripturas, declarando, e especificando logo a espécie da falsidade, segundo mais compridamente he conteudo nas Ordenações sobre ello feitas"); b) peita e suborno dos juízes (Livro III, Título 108, § 1º); c) ausência de citação da parte; d) contra sentença anteriormente proferida: e) "per alguun preco, que o Juiz recebeo pera a dar"; f) falso acinte a pessoa ausente: g) "se eram muitos Juizes deleguados e alguuns delles derão Sentença sem outros" (Título 78); h) violação do direito expresso ("E aquela Sentença he chamada per Direito alguuma, que pero nom seja dada expressa- mente contra Direito, de dada contra direito da parte", conforme constava do referido Título 78, § 2)[15].

As Ordenações Manuelinas, a seu turno, que vigoraram até 1603, modificaram muito pouco o instituto da rescisória tratado nas Ordenações Afonsinas, apenas abandonando o termo "revogação", que era anteriormente utilizado, e que, segundo Pontes de Miranda, deveu-se ao fato de desejar-se enfatizar que não se cuidava da retirada da *vox*, existente na sentença, mas de rescisão (*rescisio*), pois, "em vez dos conceitos de declaração de inexistência, de decretação de nulidade, ou de revogação –, o mais próprio, por traduzir melhor o que acontece, que é o de rescisão... Quem rescinde, corta, cinde o que existe e vale, e não poderia ser revogado"[16].

As Ordenações Filipinas, por seu lado, "após declararem que a sentença que fosse por direito nenhuma jamais passaria em julgado, esclareciam que, a qualquer tempo, a parte poderia opor-se a ela, pois dita sentença, sendo destituída de efeitos jurídicos, dispensava o uso da apelação (Livro III, Título LXXV)"[17].

---

[14] TEIXEIRA FILHO, Manoel Antonio. *Ação rescisória no processo do trabalho*. São Paulo: LTr, 1991. p. 26.

[15] TEIXEIRA FILHO, Manoel Antonio. *Ação rescisória no processo do trabalho*. São Paulo: LTr, 1991. p. 28.

[16] PONTES DE MIRANDA, Francisco Cavalcanti. *Tratado da ação rescisória*. 5. ed. Rio de Janeiro: Forense, 1976. p. 101-102.

[17] TEIXEIRA FILHO, Manoel Antonio. *Ação rescisória no processo do trabalho*. São Paulo: LTr, 1991. p. 29.

1.2.3 No Brasil

Com a expedição do chamado Regulamento 737, de 25 de novembro de 1850, pelo Governo do Império, as causas comerciais passaram a ser regidas por esse regulamento, enquanto as civis continuaram regidas pelas Ordenações Filipinas.

O art. 680 do referido regulamento prelecionava que a sentença é nula: "quando dada por juiz incompetente, sus- peito, peitado ou subornado"; "sendo proferida contra a expressa disposição da Legislação Comercial"; "sendo fundada em instrumentos ou depoimentos julgados falsos em Juízo competente"; "sendo o processo em que ella foi proferida annullado em razão das nulidades referidas no Capítulo antecedente"[18].

Apenas em 1890, o Governo Provisório, por meio do Decreto 763, de 19 de setembro, pôs fim a essa divisão, sub- metendo tanto as causas comerciais quanto as civis ao prefalado regulamento.

O regulamento em apreciação, apesar de indicar, por meio do art. 681, os meios eficazes para chegar à "anulação" do julgado (apelação, revista, embargos à execução e rescisória), fez certa confusão quando não precisou se se referia a sentença nula, anulável ou rescindível[19].

O Decreto 763, de 1890, que unificou a normatização das matérias comerciais e civis, não se referiu de forma expressa ao instituto da rescisória. Em face disso, surgiu debate doutrinário e jurisprudencial. Uma corrente advogava que a rescisória se regia pelas Ordenações Filipinas "articuladas" com o Regulamento 737. Outra, que o Decreto 673 tinha derrogado as Ordenações Reinícolas. Essa última foi a que prevaleceu, inclusive tendo como importante defensor Pontes de Miranda.

Como a Constituição de 1891 atribuirá aos Estados-membros a competência para legislar sobre direito processual (34, nº 23, e 65, nº 2), surgiu uma multiplicidade de diplomas processuais no país, os quais, em sua maioria, tratavam de forma assistemática da rescisória.

A Carta de 1934 restabeleceu a unidade processual, atribuindo apenas à União a competência exclusiva para legislar sobre direito processual.

A Constituição Federal de 1937, que revogou a de 34, manteve a intenção de unificar a legislação processual no país. Com efeito, foi escolhido o

---

[18] CÂMARA, Alexandre Freitas. *Ação rescisória*. 2. ed. São Paulo: Atlas, 2012. p. 4.
[19] TEIXEIRA FILHO, Manoel Antonio. *Ação rescisória no processo do trabalho*. São Paulo: LTr, 1991. p. 30.

projeto elaborado por Pedro Batista Martins, que deu origem ao Código de Processo Civil de 1939, pelo Decreto à Lei 1.608, de 18 de setembro de 1939.

Nesse código, a ação rescisória foi tratada no Título III do Livro VI ("Dos Processos da Competência Originária dos Tribunais", disciplinado pelos arts. 798 a 801).

O art. 798 frisava: "Será nula a sentença: I) quando proferida: a) por juiz peitado, impedido ou incompetente *ratione materiae*; b) com ofensa à coisa julgada; c) contra literal disposição de lei. II) quando fundada em prova cuja falsidade se tenha apurado no juízo criminal".

Era permitida, pela sistemática desse código, a rescisão de sentença emitida em outra ação rescisória, quando se verificasse qualquer das hipóteses previstas no item I, letras *a* (juiz peitado, impedido ou incompetente em razão da matéria) e *b* (com ofensa à *res judicata*), ou no inciso II (falsa prova). Declarava-se, ademais, que a injustiça da sentença e a má apreciação da prova, assim como a errônea interpretação do contrato, não autorizavam o exercício da ação rescisória (art. 800, *caput*), e esclarecia-se, outrossim, que os atos judiciais que não dependessem de sentença, ou quando estas fossem meramente declaratórias, poderiam ser "rescindidos" como os atos jurídicos em geral, nos termos da lei civil (parágrafo único).

No Processo Trabalhista, antes da promulgação da CLT não havia legislação processual que admitisse a rescisória no âmbito Trabalhista.

O advento da CLT, em 10 de novembro de 1943, não fazia nenhuma referência expressa à rescisória, embora o fizesse implicitamente por meio do art. 836, que estipulava ser vedado aos órgãos da Justiça do Trabalho "conhecer de questões já decididas", excetuados os casos previstos no Título X.

Assim, bipartia-se a discussão da doutrina e da jurisprudência: uns defendiam a sua integração no processo trabalhista com base no art. 769 da CLT; outros, mais radicais, expungiam-na do meio trabalhista.

A corrente pela não admissibilidade sustentava que o art. 769 da CLT não autorizava a incidência no processo do trabalho da rescisória disciplinada pelos arts. 798 a 801 do CPC de 1939 (então em vigor), haja vista que o art. 836 da CLT demonstrava inexistir omissão a respeito da matéria.

O próprio STF editara a Súmula 338: "Não cabe ação rescisória no âmbito da Justiça do Trabalho", o que, sem dúvida, inspirou o Prejulgado 10 do Egrégio Tribunal Superior do Trabalho (TST), comandando, com força de obrigatoriedade, o não cabimento na Justiça do Trabalho.

Após um "predomínio" de mais ou menos duas décadas, o Prejulgado 10 foi revogado pelo de nº 16, proclamando ser: "cabível a ação rescisória no âmbito da Justiça do Trabalho", convertendo-se, *a posteriori*, na Súmula 144.

O debate acerca do cabimento ou não da rescisória em sede trabalhista só foi ultimado com o advento do Decreto-lei 229, de 22.01.1967, que, "ao invés de reportar-se simplesmente aos preceitos que regiam a matéria no Código de Processo Civil, houve por bem indicar na redação do art. 836, expressamente, os arts. 798 a 800"[20].

Entrementes, "com o advento do Código Buzaid, outra divergência interpretativa surgiu. Aplicar-se-iam os preceitos do art. 798 a 800 do Código de 1939 ou seriam aplicados, agora, os preceitos do novo Código"[21].

Novamente o TST editou outro Prejulgado sobre o instituto, o de nº 49, gizante: "Nas ações rescisórias ajuizadas na Justiça do Trabalho, e que só serão admitidas nas hipóteses dos arts. 798 a 800 do Código de Processo Civil, de 1939, desnecessário o depósito a que aludem os arts. 488, nº II, e art. 494 do Código de Processo Civil, de 1973". O argumento utilizado foi o de que o Decreto-lei nº 229/1967, quando citou expressamente os arts. 798 a 800 do CPC de 1939, incorporou esses preceitos à CLT, e a revogação do CPC de 1939 nenhuma influência teria.

Repensando a matéria, o Egrégio TST editou os Enunciados 144 e 194. O nº 144 frisa, *verbo ad verbum*: "É cabível a ação rescisória no âmbito da Justiça do Trabalho (ex-prejulgado nº 16)". O de nº 194 estipula, *ipsis litteris*: "As ações rescisórias ajuizadas na Justiça do Trabalho serão admitidas, instituídas e julgadas conforme os artigos 485 *usque* 495 do Código de Processo Civil de 1973, sendo, porém, desnecessário o depósito prévio a que aludem os artigos 488, inc. II e 494, do mesmo Código".

Vem em seguida o Enunciado 298, completando o de nº 83, que salienta, *in verbis*: "A conclusão acerca da ocorrência de violação literal de lei pressupõe pronunciamento explícito, na sentença rescindenda, sobre a matéria veiculada".

A Lei 7.351, de 27 de agosto de 1985 (*DOU* de 28 do mesmo mês), pôs cobro à polêmica que existia sobre o cabimento da rescisória no âmbito trabalhista – impondo nova redação ao art. 836 da CLT – passando a frisar o que se segue: "É vedado aos órgãos da Justiça do Trabalho conhecer de questões já decididas, excetuados os casos expressamente previstos neste título e a ação rescisória, que será admitida na forma do disposto no capítulo IV do Título IX da Lei nº 5.869, de 11 de janeiro de 1973 – Código de Processo Civil, dispensado o depósito referido nos arts. 488, inc. II e 494 daquele diploma legal".

---

[20] OLIVEIRA, Francisco Antonio de. *Comentários aos enunciados do TST*. São Paulo: RT, 1991. p. 217.

[21] OLIVEIRA, Francisco Antonio de. *Comentários aos enunciados do TST*. São Paulo: RT, 1991. p. 217.

Posteriormente, modificando o texto do mencionado dispositivo legal, ratificou-se o cabimento da ação rescisória, dessa vez estabelecendo o depósito prévio de 20% do valor da causa, salvo prova de miserabilidade do autor ou se se tratar de massa falida (IN TST 31/2007), acrescentando-se com o seguinte conteúdo que se encontra em vigor na presente data, *in verbis*:

> Art. 836. É vedado aos órgãos da Justiça do Trabalho conhecer de questões já decididas, excetuados os casos expressa- mente previstos neste Título e a ação rescisória, que será admitida na forma do disposto no Capítulo IV do Título IX da Lei nº 5.869, de 11 de janeiro de 1973 – Código de Processo Civil, sujeita ao depósito prévio de 20% (vinte por cento) do valor da causa, salvo prova de miserabilidade jurídica do autor. (Redação dada pela Lei 11.495, de 2007).
>
> Parágrafo único. A execução da decisão proferida em ação rescisória far-se-á nos próprios autos da ação que lhe deu origem, e será instruída com o acórdão da rescisória e a respectiva certidão de trânsito em julgado. (Incluído pela Medida Provisória 2.180-35, de 2001).

Portanto, apesar de a Consolidação das Leis Trabalhistas não tratar desse tipo de ação de forma sistematizada, a ela só se referindo por meio do art. 836[22], em virtude do que consta no art. 769 desse diploma legal, consagrador do princípio da subsidiariedade, utilizam-se todos os preceptivos do CPC pertinentes à rescisória de forma subsidiária.

Realmente, não havia sentido lógico ou jurídico para que se não enriquecesse o processo trabalhista com esse remédio excepcional, nos moldes do direito processual comum[23].

Noutro aludir, conforme afirmou com muita sagacidade Teixeira Filho: "a admissibilidade da ação rescisória, na justiça do trabalho, justifica-se acima de tudo, pela necessidade imperiosa de reabilitar-se a verdade, de fazer-se prevalecer o império da lei e, em sentido mais amplo, de preservar-se o prestígio do ordenamento jurídico, ainda que, para isso, tenham de ser ressuscitados antigos conflitos subjetivos de interesses. Nem mesmo os singulares princípios

---

[22] O art. 836 da CLT vaticina: "É vedado aos órgãos da Justiça do Trabalho conhecer de questões já decididas, excetuados os casos expressamente previstos neste Título e a ação rescisória, que será admitida na forma do disposto no Capítulo IV do Título IX da Lei nº 5.869, de 11 de janeiro de 1973 – Código de Processo Civil, sujeita ao depósito prévio de 20% (vinte por cento) do valor da causa, salvo prova de miserabilidade jurídica do autor. (Redação dada pela Lei 11.495, de 2007)".

[23] OLIVEIRA, Francisco Antonio de. *Comentários aos enunciados do TST*. São Paulo: RT, 1991. p. 217.

que informam o direito processual do trabalho podem sobrepor-se, *e.g.*, à necessidade de rescindir-se determinada sentença proferida em violação à norma legal ou à coisa julgada (garantias constitucionais); emitida por juiz impedido ou por juízo absolutamente incompetente; oriunda de prevaricação, concussão ou corrupção do julgador e o mais. A *res judicata* não pode ser convertida numa espécie de refúgio inexpugnável de atos capazes de provocar sérios abalos em nossas estruturas normativas, ou na própria respeitabilidade das decisões judiciais"[24].

Salienta ademais o aludido autor: "Como ponderou Pimenta Bueno, com extraordinária sensibilidade: 'É sem dúvida de mister consagrar a autoridade da coisa julgada, mas não é menos essencial consagrar o império da verdade e da justiça quando se patenteia tal que não se pode dele duvidar. Nas ciências morais poucas vezes é permitido levar as disposições humanas ao absoluto, sem que se cometam algumas e graves injustiças: convém evitá-las'"[25].

Nesse espírito, "nosso sistema processual manteve, pois, além dos recursos, uma ação cuja finalidade é a impugnação de sentença já transitada em julgado, como a última oportunidade de submeter ao Judiciário o exame de uma decisão definitivamente consagrada. Com isso, seguiu o nosso legislador a tradição do antigo direito português, ao contrário de outros países que preferiram manter exclusivamente os recursos ou, em certas hipóteses, considerar as sentenças sem efeito quando nulas ou injustas. Em nosso sistema processual, a sentença, ainda injusta ou originária de processo nulo, vale, tendo a parte somente a possibilidade de rescindi-la no prazo de dois anos, se presentes certas circunstâncias previstas na lei"[26].

1.3 DIREITO ESTRANGEIRO

No direito comparado existem institutos com contornos parecidos com a nossa rescisória, embora não seja fácil encontrar o remédio jurídico que precisamente lhe corresponda. Nesse contexto, mister se faz empreender um estudo comparativo do tratamento que ao assunto dedicaram algumas legislações do além-mar.

---

[24] TEIXEIRA FILHO, Manoel Antonio. *Ação rescisória no processo do trabalho*. São Paulo: LTr, 1991. p. 41.
[25] TEIXEIRA FILHO, Manoel Antonio. *Ação rescisória no processo do trabalho*. São Paulo: LTr, 1991. p. 41.
[26] GRECO FILHO, Vicente. *Direito processual civil brasileiro*. 11. ed. atual. São Paulo: Saraiva, 1996. v. 2, p. 418.

1.3.1 Itália

O instituto que mais se parece com a ação rescisória do direito brasileiro é a *revocazione* do direito italiano, prevista no art. 395 do vigente CPC desse país. Nesse instituto, as sentenças prolatadas em grau de recurso ou em única instância podem ser impugnadas quando: 1) provenientes de dolo de uma das partes, em detrimento de outra; 2) se a sentença tenha se baseado em provas reconhecidas ou declaradas falsas após a sentença, ou que a parte vencida desconhecia terem sido declaradas falsas, antes ou após a sentença; 3) se após a prolação da sentença a parte obtiver documento capaz de modificar o resultado do decidido em seu benefício e do qual não se pôde valer em decorrência de força maior ou de fato imputável ao adversário; 4) se a sentença é fruto de erro de fato que resultou de atos ou de documentos da causa; 5) se a sentença tenha violado coisa julgada; 6) se a sentença é prolatada por juiz quando este agiu com dolo declarado por sentença trânsita em julgado.

A *revocazione* deve ser apresentada antes ou depois do trânsito em julgado da decisão, no prazo de trinta dias, embora esse prazo possa ser maior ou menor, conforme as circunstâncias de cada caso[27]. Diferentemente do nosso direito positivo, cuja interposição só pode ocorrer após o trânsito em julgado (CPC, art. 966) e no prazo decadencial, que é único, de dois anos (CPC, art. 975).

Pondo algumas palavras a mais sobre o assunto, oportuno trazer à baila que no direito italiano a sentença agressiva da *res iudicata* não transita em julgado enquanto houver possibilidade de ser impugnada pela *revocazione* embasada em erro de fato. Ademais, a violação de norma legal e a incompetência absoluta do juízo alimentam a interposição do recurso de *cassazione*. Por fim, a nulidade do procedimento pode dar margem ao recurso de cassação[28].

1.3.2 França

No direito francês inexiste um instituto similar à nossa rescisória. O que mais se aproxima é la requête civile, também chamada de recours en révision, que pode ser apresentada nos casos seguintes: 1) dolo pessoal de uma parte; 2) julgamento baseado em provas declaradas falsas; 3) retenção de peças decisivas; 4) defesa insuficiente dos menores ou de pessoas jurídicas admi-

---

[27] VIDIGAL, Luís Eulálio de Bueno. *Comentários ao Código de Processo Civil*. São Paulo: RT, 1974. v. VI, p. 13.
[28] TEIXEIRA FILHO, Manoel Antonio. *Ação rescisória no processo do trabalho*. São Paulo: LTr, 1991. p. 45.

nistrativas; 5) se as formas prescritas, sob pena de nulidade, foram violadas, seja antes, seja por ocasião do julgamento, uma vez que a nulidade não tenha sido coberta pelas partes; 6) se, nos casos em que a lei exige a audiência do Ministério Público, essa audiência não se deu, desde que o julgamento tenha sido proferido contra aquele em favor do qual ela era determinada; 7) se a sentença decidiu *extra* ou *ultra petita*; 8) se a sentença deixou de pronunciar-se sobre parte do pedido do autor (*omission de prononcer sur l'un des chefs de demande*); 9) se, no mesmo julgamento, há disposição contrária; 10) se a sentença desconheceu a coisa julgada[29].

Diferentemente da nossa rescisória, que deve ser apresentada em prazo de dois anos, que nunca se suspende ou se interrompe (CPC, art. 975), *la requête civile* deve ser apresentada dentro de dois meses, suspendendo-se em benefício de menores.

Outrossim, tanto na França como na Itália a violação de lei e a incompetência absoluta do juiz constituem motivos de cassação. Por outro lado, a violação de coisa julgada constitui fundamento para apresentação do recurso de cassação e da *requête civile*[30].

1.3.3 Alemanha

Na Alemanha, o instituto que tem similitude com a nossa rescisória tratado na ZPO alemã é a *Wiederaufnahme des Verfahrens*, que tem natureza jurídica de ação como a rescisória do direito brasileiro. Ela foi chamada por Leonardo Prieto Castro na língua espanhola de *Revisión del Procedimiento*.

Os pontos em comum com a rescisória brasileira são os seguintes: 1) tem natureza jurídica de ação e não de recurso; 2) encontra-se tratada no Código de Procedimento Civil em livro diferente do destinado aos recursos (*Rechtsmittel*); 3) destina-se a revisar procedimento terminado por meio de sentença transitada em julgado.

Digno de menção é que a sentença transitada em julgado pode ser revista pela ação de *nulidade* e pela ação de *restituição*.

A ação de nulidade deve ser apresentada nos seguintes casos: 1) se o Tribunal prolator da decisão não o fizer legal- mente constituído; 2) se o juiz que participou do julgamento se encontrava, por força de lei, excluído

---

[29] VIDIGAL, Luís Eulálio de Bueno. *Comentários ao Código de Processo Civil*. São Paulo: RT, 1974. v. VI, p. 14-15.

[30] VIDIGAL, Luís Eulálio de Bueno. *Comentários ao Código de Processo Civil*. São Paulo: RT, 1974. v. VI, p. 15.

da função judicial, salvo se esse impedimento tenha sido alegado em recusa ou recurso não atendido; 3) se tiver tomado parte no julgamento juiz que tivesse sido impugnado em face de suspeição ou parcialidade; 4) se algum dos litigantes não tiver sido regularmente representado no processo, a menos que tenha, tácita ou expressamente, confirmado a gestão processual. Frise-se, por ser importante, que, nos casos dos nos 1 e 3, incabível a ação de nulidade se esta pudesse ter sido alegada em recurso[31].

A ação de restituição deve ser apresentada nos seguintes casos: 1) se a parte vencedora, ao prestar o juramento em que se apoiou a sentença, houver sido declarada como infratora culposa ou dolosa dos deveres inerentes ao juramento; 2) se algum dos documentos sobre os quais se baseou a sentença for falso ou tiver sido falsificado; 3) se, no juramento sobre a verdade de um depoimento ou de um laudo pericial, a testemunha ou o perito tiver sido declarado transgressor culposo ou doloso dos deveres decorrentes do juramento; 4) se a sentença foi obtida pelo representante da parte, ou pelo adversário de seu representante, em decorrência de ato penalmente punível; 5) se tiver tomado parte no julgamento algum juiz que se tenha feito culpado, perante a parte, de um ato de infração de seus deveres, punível penalmente; 6) se a sentença de um Tribunal ordinário, especial ou administrativo, sobre a qual a decisão se houver assentado for anulada por outra, transitada em julgado; 7) se a parte encontrar sentença passada em julgado anterior à impugnada ou documento com base no qual pudesse obter decisão mais favorável.

Essas ações devem ser ajuizadas num prazo máximo de um mês, contado a partir do dia em que a parte teve conhecimento da causa de revisão. Entretanto, se decorrerem cinco anos do trânsito em julgado, as ações não mais poderão ser ajuizadas, salvo se fundadas em falta de representação, caso em que o prazo começará a correr do dia em que a parte for, pessoalmente ou na pessoa de seu representante, intimada da sentença[32].

1.3.4 Espanha

Assim como no direito brasileiro e alemão, na Espanha a *Lei de Enjuiciamento Civil* tem a revisão com natureza jurídica de ação, pois, segundo Niceto Alcalá-Zamora y Castillo, ela "abre uma relação processual conclusa".

---

[31] VIDIGAL, Luís Eulálio de Bueno. *Comentários ao Código de Processo Civil*. São Paulo: RT, 1974. v. VI, p. 16, e TEIXEIRA FILHO, Manoel Antonio. *Ação rescisória no processo do trabalho*. São Paulo: LTr, 1991. p. 46.

[32] Veja-se o Código de Processo Civil (ZPO) alemão, § 586.

Admissível essa ação das sentenças transitadas em julgado nos seguintes casos: 1) se após prolatada a sentença impugnada, se forem obtidos documentos decisivos, retidos por motivo de força maior ou em virtude de ato da parte a favor da qual ela foi proferida; 2) se a sentença tiver se baseado em documentos que, ao tempo em que foi proferida, uma das partes ignorava tivessem sido declarados falsos, ou cuja falsidade se reconheceu ou declarou depois; 3) se a sentença tiver se fundado em testemunhas, quando estas tiverem sido condenadas por depoimento falso, prestado nas declarações que serviram de base à sentença; 4) se a sentença passada em julgado tiver sido objetivada em face de conluio, violência ou outro artifício fraudulento[33].

Em vez de ação, caberá o recurso de cassação quando a sentença tiver sido prolatada: 1) por juiz absolutamente incompetente; 2) contra coisa julgada; 3) contra disposição literal de lei[34].

1.3.5 Portugal

Prima facie, importante rememorar o que foi dito em linhas históricas. Asseveramos inicialmente que as Ordenações Filipinas declaravam que a sentença, "que é por direito nenhuma, nunca em tempo algum, passa em julgado" (Livro III, Título LXXXV). Entrementes, também foi dito, posteriormente, que o direito reinícola passou a sustentar que a sentença preservava a autoridade da coisa julgada enquanto não fosse anulada[35].

Hodiernamente em Portugal, cabe revisão de qualquer sentença transitada em julgado, de regra no prazo de trinta dias, embora como recurso e não como ação, pelos seguintes fundamentos: 1) quando se mostrar, por sentença condenatória passada em julgado em processo criminal, que foi proferida por peita, suborno, corrupção ou prevaricação a sentença que se pretende fazer rever; 2) quando se alegar a falsidade de documento ou ato judicial em que a sentença tenha se fundado, desde que essa matéria não tenha sido discutida no processo em que a sentença foi emitida; ou quando se apresentar sentença passada em julgado que tenha declarado a falsidade

---

[33] VIDIGAL, Luís Eulálio de Bueno. *Comentários ao Código de Processo Civil*. São Paulo: RT, 1974. v. VI, p. 187, referindo-se à *Lei de Enjuiciamiento Civil*, art. 1.796.

[34] VIDIGAL, Luís Eulálio de Bueno. *Comentários ao Código de Processo Civil*. São Paulo: RT, 1974. v. VI, p. 18, citando a Lei de Enjuiciamiento Civil, art. 1.686 e ss., e TEIXEIRA FILHO, Manoel Antonio. *Ação rescisória no processo do trabalho*. São Paulo: LTr, 1991. p. 48.

[35] Veja-se SOUZA, Joaquim José Caetano Pereira e. *Primeiras linhas sobre o processo civil*. Lisboa: Ed. Lisboa, 1963. t. I, p. 272 e 174, nota 578.

de depoimento ou afirmações de peritos que possam ter influenciado na sentença recorrida; 3) quando a parte vencida obtiver documento novo, que não dispunha ou que não conhecia ao tempo da sentença, e, que, por si só, seja suficiente para elidir a prova em que dita sentença se baseou; 4) tiver sido revogada ou existir fundamento para revogar a confissão, desistência ou transação em que se fundou a sentença; 5) quando a sentença for nula por irregularidade de mandado ou insuficiência de poderes do mandatário, a confissão, desistência ou transação prevista naquele Código, exceto se a sentença homologatória houver sido notificada pessoalmente ao mandante; 6) quando, tendo corrido à revelia a ação e a execução, ficar provado que não houve citação ou que esta é nula; 7) quando a sentença for contrária a outra que constitua caso julgado para as partes, se o vencido mostrar que não teve conhecimento dele enquanto o processo esteve pendente[36].

1.3.6 Direito canônico

No direito canônico, o *Codex Iuris Canonici*, promulgado pelo Papa João Paulo II, que entrou em vigor em 27 de novembro de 1983, trouxe em seu bojo os institutos chamados de *querela nullitatis contra sententiam* (querela de nulidade contra sentença) e *restitutione in integrum* (restituição in integrum)[37].

Segundo Fernando Della Rocca, a querela de nulidade (*querela nullitatis*) é ação meramente declaratória da nulidade do julgado[38], que pode ser proposta para impugnar sentença viciada em nulidades sanáveis ou insanáveis.

Será insanável a nulidade quando: 1) a sentença tiver sido prolatada por juiz absolutamente incompetente; 2) a sentença tiver sido prolatada por juiz destituído de Jurisdição, ou seja, por alguém destituído do poder de julgar no Tribunal em que a causa foi definida; 3) a sentença for proferida por juiz coagido por violência grave; 4) uma das partes não tiver capacidade de estar em juízo; 5) o juízo for feito sem a petição inicial necessária, ou não tiver sido instaurado contra alguma parte demandada; 6) alguém agir em nome de outro

---

[36] VIDIGAL, Luís Eulálio de Bueno. *Comentários ao Código de Processo Civil*. São Paulo: RT, 1974. v. VI, p. 18-19, citando o art. 771 do CPC de Portugal, e TEIXEIRA FILHO, Manoel Antonio. *Ação rescisória no processo do trabalho*. São Paulo: LTr, 1991. p. 46.

[37] TEIXEIRA FILHO, Manoel Antonio. *Ação rescisória no processo do trabalho*. São Paulo: LTr, 1991. p. 49.

[38] ROCCA, Fernando Della. *Istituzione di diritto procesuale canônico*. Torino: Utet, 1946. p. 345.

sem mandato legítimo; 7) for negado a alguma das partes o direito de defesa; 8) a controvérsia não for definida nem sequer parcialmente (Cân. 1620)[39].

A querela de nulidade insanável deverá ser proposta: 1) como exceção, sempre; 2) como ação, diante do juiz que proferiu a sentença, no prazo de dez anos, desde a publicação da sentença (Cân. 1621)[40].

Estará viciada com nulidade sanável aquela sentença que: 1) houver sido proferida por número não legítimo de juízes, contra o prescrito no Cân. 1425, § 1º; 2) não contiver os motivos ou as razões de decidir; 3) não contiver as assinaturas prescritas pelo direito; 4) não indicar ano, mês, dia e lugar em que foi proferida; 5) tiver se baseado em ato judicial nulo, cuja nulidade não tenha sido sanada, nos moldes do Cân. 1619; 6) tiver sido proferida contra uma parte legitimamente ausente, conforme o Cân. 1593, § 2º (Cân. 1622)[41].

A querela de nulidade sanável deve ser proposta no prazo de três meses após a notícia da publicação da sentença (Cân. 1623)[42].

A restituição *in integrum* (*restitutione in integrum*), ação tendente à sentença constitutiva[43], será cabível contra sentença transitada em julgado, contanto que conste manifestamente da sua injustiça (Cân. 1645, § 1º)[44]. Será admissível quando: 1) a sentença se baseie de tal modo em provas, que depois se descubra serem falsas e que, sem elas, a parte dispositiva da sentença não possa sustentar-se; 2) tenham sido descobertos, *a posteriori*, documentos que provem fatos novos e exijam, de maneira indubitável, uma decisão contrária; 3) a sentença tenha sido proferida por dolo de uma parte em detrimento da outra; 4) tenha sido evidentemente negligenciada alguma prescrição, não processual, da lei; 5) a sentença se opuser a uma decisão anterior, passada em julgado (§ 2º, 1 a 5)[45].

---

[39] TEIXEIRA FILHO, Manoel Antonio. *Ação rescisória no processo do trabalho*. São Paulo: LTr, 1991. p. 49.

[40] TEIXEIRA FILHO, Manoel Antonio. *Ação rescisória no processo do trabalho*. São Paulo: LTr, 1991. p. 49.

[41] TEIXEIRA FILHO, Manoel Antonio. *Ação rescisória no processo do trabalho*. São Paulo: LTr, 1991. p. 49.

[42] TEIXEIRA FILHO, Manoel Antonio. *Ação rescisória no processo do trabalho*. São Paulo: LTr, 1991. p. 49.

[43] VIDIGAL, Luís Eulálio de Bueno. *Comentários ao Código de Processo Civil*. São Paulo: RT, 1974. v. VI, p. 20.

[44] TEIXEIRA FILHO, Manoel Antonio. *Ação rescisória no processo do trabalho*. São Paulo: LTr, 1991. p. 50.

[45] TEIXEIRA FILHO, Manoel Antonio. *Ação rescisória no processo do trabalho*. São Paulo: LTr, 1991. p. 50.

Em se tratando dos casos dos nos 1 e 3, a restituição deve ser pedida ao juiz prolator da decisão, no prazo máximo de três meses, contados da data do conhecimento desses motivos (Cân. 1646, § 1º). Nos casos dos nos 5 e 6, a restituição deverá ser requerida ao tribunal de apelação, também no prazo máximo de três meses, contados da data da notícia da publicação da sentença (§ 2º)[46].

Auspicioso observar que o pedido da restituição suspende a execução da sentença que ainda não tiver sido iniciada (Cân. 1647, § 1º). Se, todavia, por indícios prováveis, houver suspeita de que a petição foi apresentada para retardá-la, o juiz pode decretar a execução da sentença, "dando, porém, a devida garantia ao que pediu a restituição, de que será indenizado, caso venha a ser concedida a restituição *in integrum*" (§ 2º)[47].

À guisa de arremate e seguindo as pegadas de Bueno Vidigal[48], verificamos que, na Itália, na França e em Portugal, os institutos jurídicos *revocazione, la requête civile*, posteriormente chamada de *recours en révision* e *revisão*, que mais se aproximam da nossa rescisória, têm natureza jurídica de recurso e não de ação.

Por outro lado, como bem vaticina Teixeira Filho[49], na Espanha (*Ley de Enjuiciamiento Civil*) a revisão, apesar de constituir ação, figura como recurso extraordinário. No direito alemão (ZPO), a *Wiederaufnahme* se apresenta como ação. No direito canônico, a *querela nullitatis e a restitutione in integrum* da mesma forma se apresentam como ação. Noutro dizer, tais institutos possuem acentuada semelhança com a nossa ação rescisória, prevista no art. 966 do atual Código de Processo Civil, que também tem natureza jurídica de ação.

A natureza jurídica de ação se justifica por vários motivos: *Primus* porque o art. 994 do novo CPC, ao elencar todos os recursos admissíveis, nenhuma referência fez à ação rescisória. *Secundus* porque a respectiva matéria se inscreve no Livro III, Título I, Capítulo VII, do novo CPC, tratante

---

[46] TEIXEIRA FILHO, Manoel Antonio. *Ação rescisória no processo do trabalho*. São Paulo: LTr, 1991. p. 50.
[47] TEIXEIRA FILHO, Manoel Antonio. *Ação rescisória no processo do trabalho*. São Paulo: LTr, 1991. p. 50.
[48] VIDIGAL, Luís Eulálio de Bueno. *Comentários ao Código de Processo Civil*. São Paulo: RT, 1974. v. VI, p. 21, citando o *Codice di Procedura Civile*, art. 324: René Morel, e o Código de Processo Civil Português, art. 677, parágrafo único.
[49] TEIXEIRA FILHO, Manoel Antonio. *Ação rescisória no processo do trabalho*. São Paulo: LTr, 1991. p. 50.

do processo nos tribunais. *Tertius* porque o prazo para sua propositura é de dois anos (CPC, art. 975), sendo muito maior do que o dos recursos, que de regra é de quinze dias, e "estaria em completo desacordo com o espírito do Código de Processo Civil, todo inspirado nos princípios da rapidez, admitir-se a reiteração da instância depois de um interregno de dois anos". Ademais, para a propositura da ação, o que não acontece com os recursos, exige-se petição revestida de todos os requisitos da petição inicial previstos nos arts. 319, 320 e 106 do novo CPC. Por fim, na rescisória se permitem, o que de regra não acontece com os recursos, provas testemunhais e periciais[50].

---

[50] VIDIGAL, Luís Eulálio de Bueno. *Comentários ao Código de Processo Civil*. São Paulo: RT, 1974. v. VI, p. 21-22.

2

DO CABIMENTO DA AÇÃO RESCISÓRIA

2.1 DO CABIMENTO DA AÇÃO RESCISÓRIA

2.1.1 Considerações iniciais

2.1.1.1 Do conceito

Denomina-se rescisória "a ação por meio da qual se pede a desconstituição de sentença transitada em julgado, com eventual rejulgamento, a seguir, da matéria nela julgada"[1].

Na lição sempre precisa de Alexandre Freitas Câmara[2]: "pode-se definir a ação rescisória como demanda autônoma de impugnação de provimentos de mérito transitados em julgado, com eventual rejulgamento da matéria neles apreciada".

Em que pese a Constituição Federal de 1988, em seu art. 5º, XXXVI, prevê que a lei não prejudicará a coisa julgada, excepcionalmente, faz-se possível a desconstituição de tal decisão.

Ademais já sublinhamos anteriormente[3] que toda sentença proferida, enquanto não transitada em julgado, tem no recurso o *remedium juris* para a sua desconstituição, embora a lei processual admita, excepcionalmente, remédios especiais que se destinam a anular sentença que já transitou em

---

[1] BARBOSA MOREIRA, José Carlos. *Comentários ao Código de Processo Civil*. Rio de Janeiro: Forense, 1974. v. V, p. 95.
[2] CÂMARA, Alexandre Freitas. *Ação rescisória*. 2. ed. São Paulo: Atlas, 2012. p. 19.
[3] DINIZ, José Janguiê Bezerra. Rápido bosquejo pertinente à ação rescisória no processo trabalhista. *Temas de processo trabalhista*. Brasília: Consulex, 1996. p. 220.

julgado; são eles os embargos do executado, fundados em nulidade de citação e a ação rescisória[4].

Noutro falar, consoante o art. 485 do Código de Processo Civil de 1973 previa-se que, se a sentença fosse de mérito e já tivesse transitada em julgado, só poderia ser desconstituída por meio da **AÇÃO RESCISÓRIA**[5], que não

---

[4] MARQUES, José Frederico. *Manual de direito processual civil*. 9. ed. rev. e atual. São Paulo: Saraiva, 1987. v. 3, p. 259.

[5] Sobre rescisória vejam-se, ainda, as seguintes monografias: Antonio Macedo de Campos – Ação rescisória de sentença, 1976; Arruda Alvim & Teresa Arruda Alvim Pinto – Ação rescisória (repertório de jurisprudência e doutrina), 1988; Jorge Americano – Estudo theórico e prático da ação rescisória dos julgados no direito brasileiro, 3. ed., 1936; Luis Aulálio de Bueno Vidigal – Da ação rescisória dos julgados, 1984; Pinto Ferreira – Teoria e prática dos recursos e da ação rescisória no processo civil, 1982; Sérgio Rizzi – Ação rescisória, 1979. Ademais, vejam-se os seguintes artigos: Aderbal Torres de Amorim – Reconvenção, cumulações de ações e ação rescisória (*RBDP* 40/21, *RT* 581/268); Adroaldo Furtado Fabrício – Réu revel não citado, "querela nullitatis": e ação rescisória (*Ajuris* 42/7, *RP* 48/27); Alcides de Mendonça Lima – Ação rescisória contra acórdão em agravo de instrumento (*Ajuris* 35/171, *RBDP* 47/13, *RP* 41/15); Alcides de Mendonça Lima – Ação rescisória contra decisões sobre direitos da concubina (*Ajuris* 42/206, *RBDP* 53/27, *RP* 44/129); Alcir Costa Santos – Servidão legal de caminho: rescisória (*CJ* 17/203, *RJMin* 49/203); Arruda Alvim – Ação rescisória (*RP* 43/191); Arruda Alvim – Coisa julgada: limites objetivos: ação prejudicial externa julgamento: ação cautelar: efeitos: ação rescisória: requisitos: liquidação por artigos para apuração de perdas e danos: julgamento antecipado (*RP* 46/177); Carlos Augusto Mota de Souza – Relação de emprego e representação comercial: abuso de direito, coisa julgada, impossibilidade de propositura de ação rescisória, instrução da ação criminal (*RP* 54/239); Carlos Silveira Noronha – O valor da causa em ação rescisória (*Ajuris* 12/93); Clito Fornaciari Jr. – Partilha judicial – via processual adequada à desconstituição (*RF* 276/101, *RT* 551/54); Coqueijo Costa – Decisão rescindenda e juízo de admissibilidade na ação rescisória (*RBDP* 29/21); Darcilo Mello Costa – Sentenças meramente homologatórias e ação rescisória (*RCDUFU* 16/191, *RJ* 139/158); Dirceu Vasconcelos Horta – Medida cautelar: arbítrio e arbitrariedade: rescisória (*LTr* 11/1327, nov. 1991); Divanir José da Costa – Do litisconsórcio necessário em ação rescisória (*RBDP* 39/11, *RP* 30/279); Francisco Gonçalves Neto – Ação cautelar e sentença rescindenda no processo de natureza trabalhista (*RJ* 111/65); Francisco de Paula Xavier Neto – Ação rescisória e sentenças homologatórias de arrematação, arrematação e remição no processo de execução (*RP* 54/254); Guido Roque Jacob – Natureza da ação rescisória e outras questões (*RT* 720/14); Humberto Theodoro Jr. – Partilha: nulidade, anulabilidade e rescindibilidade (*CJ* 5/26, *RCJ* 4/127, *RJMin* 32/13, *RP* 45/218); Humberto Theodoro Jr. – Nulidade, inexistência e rescindibilidade da sentença (*Ajuris* 25/161, *RP* 19/23); José de Assis – Ação rescisória e divisão de terras (*RJMin* 79/207); José Carlos Barbosa Moreira – Ação rescisória: o objeto do pedido de rescisão (*RBDP* 43/15, *RF* 287/13, *RT* 590/9); José Carlos Barbosa Moreira – Considerações sobre a causa de pedir na

se presta a reparar possível injustiça cometida, mas objetiva zelar pela lisura, honestidade e legalidade da sentença⁶.

---

ação rescisória (*RCJ* 3/99, *RTFR* 145/115); José Roberto de Barros Magalhães – Ação rescisória: antecipação de seus efeitos (*RP* 53/228); José Rogério e Tucci – Desistência da ação rescisória (*RJ* 129/22, *RT* 631/266); Leonardo Greco – Competência na ação rescisória (*RF* 293/184); Luciano da Silva Caseiro & Pérsio Molino – Ação rescisória: prazo decadencial, termo inicial do trânsito em julgado do acórdão que não tomou conhecimento do recurso errado (*RP* 45/215); Luiz Rodrigues Wambier – Ação rescisória e pretensões relativas ao direito de família (*JB* 158/27, *RT* 653/69); Luiz Sérgio de Souza Rizzi – Da ação rescisória (*RP* 26/185); Marco Aurélio Mendes de Farias Mello – Ação rescisória, legitimidade, substituição processual trabalhista, intervenção dos substituídos (*LTr* 5/517, maio 1987; *RDT* 67/35); Moacyr Lobo da Costa – Cumulação de juízos na ação rescisória (*RP* 43/31); Moacyr Lobo da Costa – Reflexões críticas sobre a ação rescisória (*RP* 39/163); Murilo Rezende Salgado – Ofensa a literal disposição de lei material e instrumental (*RBDP* 58/25); Nelson Luiz Pinto – Recurso especial em ação rescisória (*RP* 59/242); Nelson Nery Jr. – Ação rescisória: caimento de decisão que, em execução, adjudica imóvel penhorado, decadência; não efetivação da citação nos prazos do art. 219 (*RP* 57/147); Nelson Nery Jr. – Ação rescisória: pedido de substituição de assistente técnico indeferido, na ação primitiva: inocorrência de ofensa a literal disposição da lei (*RP* 56/148); Nylson Sepúlveda – A infração a norma processual como pressuposto para a ação rescisória (*LTr* 5/560, maio 1991); Paulo Dourado de Gusmão – Valor da causa em ação rescisória (*RP* 5/240); Sálvio de Figueiredo Teixeira – Ação rescisória – apontamentos (*Ajuris* 46/212, *JB* 139/7, *RF* 311/59, *RJ* 137127, *RJTAMG* 33/11, *RJTJSP* 116/8, *RP* 53/54, *RT* 646/7, *RTJE* 71/9); Teresa Celina de Arruda Alvim Pinto – Ação rescisória (*RP* 40/136); Thereza Alvim – Notas sobre alguns aspectos controvertidos da ação rescisória (*RP* 39/7); Washington Luiz da Trindade – O julgamento com vício "citra petita" e a coisa julgada na ação rescisória (*RDT* 74/41); Waterloo Marchesini Jr. – Pressupostos básicos da ação rescisória (*JB* 133/11); Wilson Jóia – Anotações sobre a ação rescisória (*Just.* 138/19), *apud* NERY JR., Nelson; NERY, Rosa Maria de Andrade. *Código de Processo Civil comentado*. 2. ed. rev. e ampl. São Paulo: RT, 1996. p. 860-861. Veja-se, outrossim, os seguintes trabalhos: Alfredo Buzaid – Da ação rescisória fundada em documento novo (*Ajuris* 24/35); Galeno Lacerda – Ação rescisória e homologação de transação (*Ajuris* 14/29); Arnoldo Wald – Descabimento e improcedência da ação anulatória de transação (*RP* 27/200); Sydney Sanches – Da ação rescisória por erro de fato (*RF* 260/65); Américo Luis Martins da Silva – Do cabimento da ação rescisória para rescindir sentença normativa proferida em dissídios coletivos (*RF* 329/341); COSTA, Moacyr Lobo da. *A revogação da sentença*. São Paulo: Ícone Ed., 1995. Outrossim, o assunto é tratado em todos os compêndios, manuais, tratados, comentários e cursos de caráter institucional. Em Alemão, sob o título, *Wiederaufnahme des Verfahrens*; em francês, *Requête Civile*; em italiano, *Rivocazione*, já que não se presta a reparar possível injustiça cometida, mas objetiva zelar pela lisura, honestidade e legalidade da sentença.

6   LEVENHAGEN, Antonio Jose de Souza. *Comentários ao Código de Processo Civil*. São Paulo: Atlas, 1987. p. 245.

Com o advento da Lei 13.105/2015, que instituiu o Novo Código de Processo Civil, faz-se menção não mais a sentença de mérito, mas a decisão de mérito, transitada em julgado, que poderá ser rescindida – art. 966.

Desta feita, seria a ação rescisória aquela pela qual se pede a desconstituição da coisa julgada, nos casos previstos em lei, com a possibilidade de novo julgamento da causa[7].

Com efeito, a ação rescisória consiste em procurar o perfeito em matéria de Justiça. Ademais, constitui "uma garantia que a Lei pretende para aqueles que se julgarem vítimas de sentenças que atentem contra a ordem legal"[8].

Sentença de mérito, no entendimento de Eduardo Gabriel Saad se referindo aos ensinamentos de Carnelutti e Liebman, é aquela que resolve a lide ou o conflito de interesses qualificado pela pretensão do autor e pela resistência do réu[9].

Em que pese o antigo Código só fazer menção à sentença de mérito, este já era o entendimento de Theodoro Júnior, em que se devia entender aquelas proferidas nas hipóteses taxativamente enumeradas pelo art. 269 do CPC. Isto é, as que provocam a resolução do mérito quando: I) o juiz acolhe ou rejeita o pedido do autor; II) o réu reconhece a procedência do pedido: III) as partes transigirem; IV) o juiz pronuncia a decadência ou a prescrição; V) o autor renuncia ao direito sobre que se funda a ação[10].

Sobre o tema em comento, observe-se a nova leitura do art. 487 do CPC. Haverá resolução de mérito quando o juiz: I – acolher ou rejeitar o pedido formulado na ação ou na reconvenção; II – decidir, de ofício ou a requerimento, sobre a ocorrência de decadência ou prescrição; III – homologar: a) o reconhecimento da procedência do pedido formulado na ação ou na reconvenção; b) a transação; c) a renúncia à pretensão formulada na ação ou na reconvenção.

No contexto, o afã da sentença rescisória ou juízo rescisório é desconstituir a sentença rescindenda ou juízo rescindendo[11] proferida eivada de algum

---

[7] TEIXEIRA FILHO, Manoel Antonio. *Ação rescisória no processo do trabalho*. 4. ed. São Paulo: LTr, 2005. p. 65.
[8] BRASIL, Ávio. Rescisória de julgados. 2. ed. Rio de Janeiro: Livraria Tupi Ed., s.d. p. 17.
[9] SAAD, Eduardo Gabriel. *Direito processual do trabalho*. São Paulo: LTr, 1994. p. 683.
[10] THEODORO JÚNIOR, Humberto. *Curso de direito processual civil*. 18. ed. rev. e atual. Rio de Janeiro: Forense, 1996. v. I, p. 635.
[11] A sentença rescisória ou juízo rescisório é aquela proferida na própria ação rescisória. A sentença rescindenda ou juízo rescindendo é aquela que se pretende desconstituir por ser eivada de vício ou nulidade.

vício constante do art. 966 do novo CPC, haja vista que "o objetivo do direito processual, a justa composição dos litígios, é assegurado pela possibilidade de revisões das decisões, através dos recursos. A estabilidade social, abalada pela eternização das discussões, impõe uma rápida solução final imodificável: a coisa julgada. Somente casos excepcionais, de flagrante desrespeito ao Direito, autorizariam a reabertura dos litígios já definitivamente julgados, através de ação Rescisória. Idealmente, a regulamentação da rescisória deve, portanto, buscar um difícil equilíbrio entre as necessidades sociais de *segurança* (tranquilidade, paz), coibindo protelações e propiciando fim rápido e definitivo aos desentendimentos, e de *certeza* (acerto do julgado), facultando a correção de injustiças e ensejando o atendimento do ideal de Justiça"[12].

Recrudescendo a tela de análise, frise-se que, consoante magistério de Chiovenda[13], "a sentença pode ser injusta e pode ser nula, ora quando se pronuncia sobre os pressupostos processuais, ora quando dispõe sobre o mérito".

Vaticina Chiovenda[14], na mesma obra, que a sentença é "Injusta quando considera existente uma vontade de lei concreta que não existe, ou considera inexistente uma vontade que existe. A injustiça concerne, portanto, à sentença como juízo: pode, pois, depender de um erro do juiz acerca da questão de direito ou acerca de uma questão de fato. O erro, o juiz sobre a questão de direito, pode consistir em considerar inexistente uma norma abstrata que existe, ou existente uma norma abstrata que não existe; ou; em interpretar uma norma existente de modo diverso do verdadeiro (violação de lei); ou, enfim, em dar por aplicável a uma dada relação uma norma existente, mas pertinente a outras relações jurídicas, como acontece quando se aplica norma geral mesmo nos casos excetuados, ou quando se aplica uma norma a casos a que não se estende (falsa aplicação da lei). Pode suceder que uma sentença seja intrinsecamente justa, mas extrinsecamente não, por ser errado o raciocínio do juiz; exata a conclusão, mas errôneas as premissas. A injustiça na questão de fato pode derivar: a) ou da insuficiente demonstração da verdade, pela

---

[12] GIGLIO, Wagner D. *Direito processual do trabalho*. 8. ed. rev. e ampl. São Paulo: LTr, 1993. p. 340.

[13] CHIOVENDA, Giuseppe. *Instituições de direito processual civil*. Trad. da 2ª edição italiana por J. Guimarães Menegale, acompanhado de notas pelo Prof. Enrico Tullio Liebman. 2. ed., com uma introdução do Prof. Alfredo Buzaid. São Paulo: Saraiva, 1965. v. III, p. 198.

[14] CHIOVENDA, Giuseppe. *Instituições de direito processual civil*. Trad. da 2ª edição italiana por J. Guimarães Menegale, acompanhado de notas pelo Prof. Enrico Tullio Liebman. 2. ed., com uma introdução do Prof. Alfredo Buzaid. São Paulo: Saraiva, 1965. v. III, p. 198-199.

parte; e essa pode, à sua vez, depender da carência de provas imputável, ou não, ao adversário; b) ou da presença de elementos de decisão objetivamente falsos; c) ou de uma atividade dolosa realizada por uma parte em prejuízo da outra; d) ou do dolo do juiz; e) ou, enfim, da insuficiente apreciação do fato levada a efeito pelo juiz, e essa pode, ainda, apresentar graus diversos, conforme o erro de fato resulte dos atos e documentos da causa, por modo a ser ou não incontrastavelmente estabelecido por eles, e conforme haja sido, ou não, o ponto de fato um ponto controvertido sobre o qual a sentença se tenha pronunciado".

Ainda sobre o assunto, discorre Chiovenda[15]: "A nulidade da sentença refere-se à sentença como atividade do juiz ou como ato escrito. Pode depender: a) da carência dos pressupostos processuais; pois, quando não existe relação processual válida, não pode haver sentença válida; b) das nulidades não sanadas, advindas no curso do processo; pois, existente o nexo que articula os vários atos processuais, são nulos os atos subsequentes aos atos nulos e deles dependentes...; c) da ausência das condições próprias de validade da sentença...; d) da contrariedade ou impossibilidade das disposições, tais que tornem a sentença praticamente ou moralmente inatuável; e) da contrariedade da sentença a um julgado procedente entre as mesmas partes e sobre o mesmo objeto".

Traz-se à baila que a "Doutrina clássica oriunda do direito romano já fazia a distinção entre os vícios da sentença, classificando-os como vícios de atividade (*errores in procedendo*) e vícios de juízo (*errores in judicando*), para usarmos a terminologia de Chiovenda. A primeira espécie de vício é a infringência pelo juiz encarregado de dirigir o processo de qualquer norma procedimental que ponha em risco a rigidez da relação jurídica processual. Os *errores in judicando*, são vícios de fundo, de natureza substancial, que provocam a injustiça do ato judicial. São casos de erro de atividade a sentença proferida por juiz absolutamente incompetente ou impedido, ou quando ofender coisa julgada (CPC, art. 966, II e IV). Ao revés, são casos de erro de juízo a rescisória fundada nos incisos V e VIII quando violar manifestamente norma jurídica ou incidir em erro de fato"[16], como se verá no item admissibilidade.

---

[15] CHIOVENDA, Giuseppe. *Instituições de direito processual civil*. Trad. da 2ª edição italiana por J. Guimarães Menegale, acompanhado de notas pelo Prof. Enrico Tullio Liebman. 2. ed., com uma introdução do Prof. Alfredo Buzaid. São Paulo: Saraiva, 1965. v. III, p. 199.

[16] NERY JR., Nelson; NERY, Rosa Maria de Andrade. *Código de Processo Civil comentado*. 2. ed. rev. e ampl. São Paulo: RT, 1996. p. 863.

Logo, enseja ação rescisória o *error in procedendo* ou vício de atividade, que consiste na violação pelo juiz de norma procedimental, como: sentença proferida por juiz absolutamente incompetente ou impedido ou quando ofender coisa julgada (CPC, art. 966, II e IV); e o *error in judicando* ou vício de juízo, que são os vícios de natureza substancial e provocam a injustiça da decisão. É um vício de juízo previsto no art. 966, V e VIII, do novo CPC.

No dizer de Pontes de Miranda[17], rescindir não é decretar nulidade, nem anular, é partir, partir até em baixo, cindir. Noutro aludir, "a rescindibilidade, que autoriza a ação rescisória, nos termos do art. 966, não se confunde com a nulidade da sentença. A rescisória, portanto, não supre sentença nula, mas ao contrário, sentença válida e eficaz, que tenha produzido a coisa julgada"[18].

Destaque-se, outrossim, que o art. 966, § 2º, do novo CPC prevê, ainda, ser rescindível a decisão transitada em julgado nas hipóteses constantes do seu *caput*, que, embora não seja de mérito, impeça nova propositura da demanda ou admissibilidade do recurso correspondente.

2.1.2 Da natureza jurídica da ação rescisória

Prima facie, há de se ressaltar que "Os meios de ataque às decisões judiciais ora são concebidos e regulados como *recursos*, ora *como ações*. Não há princípio algum *a priori* que obrigue a considerá-los todos como recursos. Os dados do *ius positum* é que são decisivos para a caracterização. Pode certo remédio figurar, neste ordenamento, entre os recursos, e o remédio correspondente ser tratado naquele outro como ação. A opção, de política legislativa, prende-se fundamentalmente a razões de conveniência, não sendo desprezível, ademais, a influência exercida, dentro de cada sistema jurídico, pelo peso dos resíduos históricos"[19].

A rescisória não é recurso, pois não se interpõe recurso de sentença transitada em julgado. Ademais, "(...) tem como finalidade a alteração de um estado jurídico existente, alcançado com a autoridade da coisa julgada que pesa contra a sentença firme. O autor da rescisória pretende somente anulá-la (juízo rescindendo) quando, por exemplo, proferida em processo onde houve colusão das partes para fraudar a lei (CPC 485 III 2ª Parte), ou

---

[17] PONTES DE MIRANDA, Francisco Cavalcanti. *Tratado da ação rescisória*. 5. ed. Rio de Janeiro: Forense, 1976. p. 148.
[18] THEODORO JÚNIOR, Humberto. *Curso de direito processual civil*. 18. ed. rev. e atual. Rio de Janeiro: Forense, 1996. v. I, p. 654.
[19] BARBOSA MOREIRA, José Carlos. *Comentários ao Código de Processo Civil*. Rio de Janeiro: Forense, 1974. v. V, p. 95-96.

revogá-la proferindo-se outra em seu lugar (juízo rescisório) quando, por exemplo, proferida por juiz impedido (CPC 485 II). O Recurso, ao revés, objetiva justamente fazer com que seja evitado este estado jurídico, retardando a ocorrência da coisa julgada material"[20]. Por outro ângulo, a natureza jurídica de ação se justifica por vários outros motivos: 1) porque o art. 994 do CPC, ao elencar todos os recursos admissíveis, nenhuma referência fez à ação rescisória; 2) porque a respectiva matéria se inscreve no Título I, do Livro III, tratante dos processos nos tribunais e dos meios de impugnação das decisões judiciais; 3) porque o prazo para sua propositura é de dois anos (CPC, art. 975), sendo muito maior do que o dos recursos, que de regra é de 15 (quinze) dias, e, "estaria em completo desacordo com o espírito do Código de Processo Civil, todo inspirado nos princípios da rapidez, admitir-se a reiteração da instância depois de um interregno de dois anos"; 4) ademais, para a propositura da ação, o que não acontece com os recursos, exige-se petição revestida de todos os requisitos da petição inicial, previstos nos arts. 319, 320 e 106 do CPC; 5) por fim, na rescisória se permitem, o que de regra não acontece com os recursos, provas testemunhais e periciais[21].

Nesse sentido, também o autor Francisco Antonio de Oliveira explicita[22]: "A ação rescisória é de natureza constitutiva-negativa e tem por finalidade a desconstituição de sentença com trânsito em julgado (coisa julgada material), pressuposto irrecusável para o seu cabimento".

Ainda sobre o tema, o ilustre doutrinador Manoel Antonio Teixeira Filho[23] discorre: "Do ponto de vista estritamente objetivo, é inegável que a rescisória não se apresenta como recurso, pois o art. 496 do CPC não a inclui no elenco dos meios de impugnação às decisões judiciais, tratando-a como autêntica ação (arts. 485 a 495). Logo, o processo da ação rescisória se inicia por petição, que deve atender aos requisitos previstos no art. 282,

---

[20] NERY JR., Nelson; NERY, Rosa Maria de Andrade. *Código de Processo Civil comentado*. 2. ed. rev. e ampl. São Paulo: RT, 1996. p. 863 (Em virtude da implementação do novo CPC, leia-se no art. 485, III, o art. 966, III. Também onde se lê art. 485 II, leia-se o art. 966, II.).

[21] VIDIGAL, Luís Eulálio de Bueno. *Comentários ao Código de Processo Civil*. São Paulo: RT, 1974. v. VI, p. 21-22.

[22] OLIVEIRA, Francisco Antonio de. *Ação rescisória*: enfoques trabalhistas: doutrina, jurisprudência, súmulas. 4. ed. São Paulo: LTr, 2012.

[23] TEIXEIRA FILHO, Manoel Antonio. *Curso de direito processual do trabalho*. São Paulo: LTr, 2009. v. III, p. 2.744 (Importa ressaltar que os artigos mencionados na citação referem-se, com suas respectivas alterações aos artigos, respectivamente, 994; 996 a 975; 950; 969; 970 e 971).

sob pena de ser indeferida (art. 490); exige citação da parte contrária, em prazo variável (art. 491); e enseja a produção de todas as provas em Direito admitidas (art. 492)"[24].

Nesse sentido, Alexandre Freitas Câmara[25] leciona: "Indubitavelmente, para o sistema processual do Brasil, deve-se afirmar que a ação rescisória é uma demanda autônoma de impugnação. O mero fato de ela estar, no Código de Processo Civil, fora do título destinado à regulamentação dos recursos é suficiente para se chegar a tal conclusão. O ajuizamento de ação rescisória provoca a instauração de processo novo, autônomo em relação àquele em que se proferiu a decisão que se pretende rescindir. Além disso, é relevante notar que o CPC determina, em seu art. 488, que o autor da ação rescisória apresente uma petição inicial, além de afirmar que o relator mandará citar o réu (art. 491). De tudo isso resulta estar-se, aqui, diante de uma demanda autônoma de impugnação".

Sendo assim, a ação rescisória possui, evidentemente, natureza jurídica de ação, na medida em que exige petição inicial e citação, bem como, atendimento dos pressupostos processuais e condições da ação, entretanto, não é uma ação comum, mas especial, posto que se destina a desconstituir uma sentença – anulação da *res judicata*[26].

Noutro falar, possui natureza jurídica de ação, e a sua interposição deve se pautar obedecendo aos requisitos do art. 319 do CPC, elencador dos requisitos da petição inicial, além de demandar a observância de pressupostos processuais e das condições da ação, podendo, se for o caso, ser indeferida liminarmente.

---

[24] Com o advento do novo Código de Processo Civil, os artigos citados pelo autor sobre o tema encontram-se disciplinados nos artigos discriminados: O art. 496 do CPC de 1973 tem seu correspondente no novo CPC no art. 994: "São cabíveis os seguintes recursos: I – apelação; II – agravo de instrumento; III – agravo interno; IV – embargos de declaração; V – recurso ordinário; VI – recurso especial; VII – recurso extraordinário; VIII – agravo em recurso especial ou extraordinário; IX – embargos de divergência". Os arts. 485 a 495 do CPC de 1973 têm seus artigos correspondentes à matéria no novo CPC do art. 966 a 975; O art. 282 do CPC de 1973 encontra-se disciplinado no art. 319 do novo CPC; O art. 490 do CPC de 1973 encontra correspondência no art. 330 do novo CPC. Não há correspondência aos artigos 491 e 492 do CPC de 1973 no novo CPC.

[25] CÂMARA, Alexandre Freitas. *Ação rescisória*. 2. ed. São Paulo: Atlas, 2012. p. 25. (Importa mencionar que tal citação faz menção ao CPC de 1973, sendo os respectivos artigos citados – art. 488 e 491 –, no novo CPC, os arts. 968 e 970.)

[26] LEITE, Carlos Henrique Bezerra. *Curso de direito processual do trabalho*. 10. ed. São Paulo: LTr, 2012. p. 1.300.

A rescisória, portanto, é "ação autônoma de impugnação, de natureza constitutiva negativa quanto ao juízo rescindendo, dando ensejo à instauração de outra relação processual distinta daquela em que foi proferida a decisão rescindenda"[27]. Tem por finalidade essencial a desconstituição de sentença definitiva[28], já transitada em julgado, pressuposto indispensável para o seu cabimento, pois, em caso de a sentença ser meramente terminativa[29], fazendo coisa julgada meramente formal, a parte poderá propor novamente a ação.

Por outro lado, o *judicium rescissorium*, ou juízo rescisório, que consiste na prolação de novo julgamento, tem natureza declaratória constitutiva ou condenatória, conforme o caso. Esse juízo só terá lugar se for acolhido o *judicium rescindens*, rescindindo-se a sentença, pois do contrário este restará prejudicado.

2.2 CABIMENTO NO PROCESSO CIVIL

2.2.1 Considerações iniciais

Inicialmente, urge-se destacar que o Código de Processo Civil de 1973 previa, em seu art. 485, sobre as hipóteses de cabimento da ação rescisória, senão vejamos, *in verbis*:

> Art. 485. A sentença de mérito, transitada em julgado, pode ser rescindida quando:
>
> I – se verificar que foi dada por prevaricação, concussão ou corrupção do juiz;
>
> II – proferida por juiz impedido ou absolutamente incompetente;
>
> III – resultar de dolo da parte vencedora em detrimento da parte vencida, ou de colusão entre as partes, a fim de fraudar a lei;
>
> IV – ofender a coisa julgada;
>
> V – violar literal disposição de lei;
>
> VI – se fundar em prova, cuja falsidade tenha sido apurada em processo criminal ou seja provada na própria ação rescisória;

---

[27] NERY JR., Nelson; NERY, Rosa Maria de Andrade. *Código de Processo Civil comentado*. 2. ed. rev. e ampl. São Paulo: RT, 1996. p. 862.
[28] Sentença **definitiva** é aquela que põe termo ao processo apreciando o mérito. Faz coisa julgada material.
[29] A sentença meramente **terminativa** é aquela que põe termo ao processo sem apreciar o mérito.

VII – depois da sentença, o autor obtiver documento novo, cuja existência ignorava, ou de que não pôde fazer uso, capaz, por si só, de lhe assegurar pronunciamento favorável;

VIII – houver fundamento para invalidar confissão, desistência ou transação, em que se baseou a sentença;

IX – fundada em erro de fato, resultante de atos ou de documentos da causa.

Com o advento da Lei 13.105/2015, que instituiu o novo Código Civil, as hipóteses de cabimento da ação rescisória passaram a ser dispostas no art. 966, que dispõe:

> Art. 966. A decisão de mérito, transitada em julgado, pode ser rescindida quando:
>
> I – se verificar que foi proferida por força de prevaricação, concussão ou corrupção do juiz;
>
> II – for proferida por juiz impedido ou por juízo absolutamente incompetente;
>
> III – resultar de dolo ou coação da parte vencedora em detrimento da parte vencida ou, ainda, de simulação ou colusão entre as partes, a fim de fraudar a lei;
>
> IV – ofender a coisa julgada;
>
> V – violar manifestamente norma jurídica;
>
> VI – for fundada em prova cuja falsidade tenha sido apurada em processo criminal ou venha a ser demonstrada na própria ação rescisória;
>
> VII – obtiver o autor, posteriormente ao trânsito em julgado, prova nova cuja existência ignorava ou de que não pôde fazer uso, capaz, por si só, de lhe assegurar pronunciamento favorável;
>
> VIII – for fundada em erro de fato verificável do exame dos autos.

Em capítulo próprio (Capítulo 3), trataremos das aludidas hipóteses, comentando o mencionado rol taxativo.

2.2.2 Cabimento de rescisória quando a citação foi nula

Quando a relação processual em que se apoia a sentença acha-se contaminada de nulidade, ela também é nula *ipso iure* – *pelo mesmo direito*.

Para conhecer do vício não se reclama ação rescisória, haja vista que "Dita ação pressupõe coisa julgada que, por sua vez, reclama, para sua configuração, a formação e existência de uma relação processual válida. Se a sentença foi dada à revelia da parte, por exemplo, sem sua citação ou mediante citação nula, processo válido inexistiu e, consequentemente, coisa julgada não se formou.

Assim, em qualquer tempo que se pretender fazer cumprir o julgado, lícito será à parte prejudicada opor a exceção de nulidade da sentença"[30].

Adverte, outrossim, o citado autor, que a mesma coisa ocorre naqueles processos em que se demandava a presença dos litisconsortes necessários e esses não foram citados.

No mesmo sentido, "Outra hipótese de sentença inexistente, e por isso incapaz de produzir eficácia no mundo jurídico, é a do decisório proferida com violação da partilha constitucional da Jurisdição. Quando um órgão judicante avança além das atribuições que lhe traça a Constituição (um julgamento de causa civil por Tribunal Trabalhista, ou vice-versa), não estamos diante apenas de uma incompetência absoluta ou *ratione materiae*, mas sim perante uma total e completa ausência de Jurisdição. E sem Jurisdição não se pode cogitar de processo, e, muito menos, de sentença válida e capaz de gerar a coisa julgada"[31]. No caso, para desconstituir sentenças como essas, nulas *ipso iure* ou inexistentes, desnecessário será ajuizar ação rescisória. Basta apenas opor embargos, se por veras a sentença nula ou inexistente for executada, nos termos do art. 535, I, do novo CPC, ou propor a competente ação anulatória.

Sobre o assunto alvissareiro, rememorar as lições de Liebman[32], quando, com muita propriedade, enfatiza: "As nulidades dos atos processuais podem suprir-se ou sanar-se no decorrer do processo. Ainda que não supridas ou sanadas, normalmente não podem mais ser arguidas depois que a sentença passou em julgado. A coisa julgada funciona como sanatória geral dos vícios do processo. Há, contudo, vícios maiores, vícios essenciais, que sobrevivem à coisa julgada e afetam a sua própria existência. Nesse caso a sentença, embora se tenha tornado formalmente definitiva, é coisa vã, mera aparência e carece de efeitos no mundo jurídico".

Mais adiante, o mesmo jurista vaticina: "Todo e qualquer processo é adequado para constatar e declarar que um julgado meramente aparente é na realidade inexistente e de nenhum efeito. A nulidade pode ser alegada em defesa contra quem pretende tirar da sentença um efeito qualquer; assim como, pode ser pleiteada em processo principal, meramente declaratório.

---

[30] THEODORO JÚNIOR, Humberto. *Curso de direito processual civil*. 18. ed. rev. e atual. Rio de Janeiro: Forense, 1996. v. I, p. 654-655.
[31] THEODORO JÚNIOR, Humberto. *Curso de direito processual civil*. 18. ed. rev. e atual. Rio de Janeiro: Forense, 1996. v. I, p. 655.
[32] LIEBMAN, Enrico Tullio. *Estudos sobre o processo civil brasileiro*. São Paulo: Saraiva, 1947. p. 182-183.

Porque não se trata de reformar ou anular uma decisão defeituosa, função esta reservada privativamente a uma instância superior (por meio de recurso ou ação rescisória); e sim de reconhecer simplesmente como de nenhum efeito um ato juridicamente inexistente"[33].

Oportuno trazer à baila que a jurisprudência majoritária também se tem orientado no mesmo sentido do asseverado acima, ao argumento principal de que não houve formação de relação jurídica processual. Nesse sentido os seguintes arestos entendem pela admissibilidade da *querella nullitatis* como meio hábil para declarar a nulidade da sentença nesse caso, senão vejamos:

> Processual civil. Agravo regimental no recurso especial. Ação rescisória. Não cabimento diante de nulidade decorrente de vício/inexistência de citação na demanda originária. Precedentes desta Corte. 1. A Segunda Seção deste Tribunal Superior firmou entendimento no sentido do "Descabimento da rescisória calcada em nulidade (...) por vício na citação, à míngua de sentença de mérito a habilitar esta via em substituição à própria, qual seja, a de *querella nullitatis*." (AR 771/PA, Segunda Seção, Rel. Ministro Aldir Passarinho Junior, *DJ* de 26/02/2007). 2. Agravo Regimental desprovido (STJ, AgRg no REsp 470.522/MG 2002/0119643-5, 3ª Turma, Rel. Min. Paulo Furtado (Desembargador convocado do TJBA), j. 03.08.2010, *DJe* 20.08.2010).
>
> Ação rescisória. Ação de cobrança. Arguição de nulidade de citação. Via inadequada. Cabimento. *Querela nullitatis*. Indeferimento da inicial. A ação rescisória somente pode ser processada quando presente uma das hipóteses taxativamente elencadas no artigo 485 do Código de Processo Civil, hipótese diversa a dos autos, sendo cabível a oposição de ação declaratória – *querela nullitatis* – via adequada para exame de nulidade de citação na ação de cobrança que se quer anular. Precedentes jurisprudenciais. Indeferida a petição inicial (TJRS, Ação Rescisória 70059723049, 8º Grupo de Câmaras Cíveis, Rel. Ana Beatriz Iser, j. 26.05.2014).
>
> Ação rescisória. Direito civil e processual civil. Não cabimento de ação rescisória diante da nulidade decorrente de vício/inexistência de citação. Cabível ação declaratória – *querela nullitatis*. Inadequação da via eleita. Ação inadmissível. De acordo com a jurisprudência do Superior de Justiça, é cabível ação declaratória de nulidade (*querela nullitatis*) para se combater sentença proferida com nulidade ou inexistência de citação, sendo inadequado o uso da ação rescisória. Não estando prevista tal causa de pedir dentre as taxativas hipóteses constantes dos incisos do art. 485 do

---

[33] LIEBMAN, Enrico Tullio. *Estudos sobre o processo civil brasileiro*. São Paulo: Saraiva, 1947. p. 186.

CPC, o expediente processual adequado para corrigir o suposto equívoco praticado no primeiro grau de jurisdição é a *querela nullitatis*. Precedentes jurisprudenciais desta Corte e do STJ. Ação rescisória julgada extinta (TJBA, AR 00020301320118050000/BA, 3ª Câmara Cível, Rel. Daisy Lago Ribeiro Coelho, j. 03.12.2013, Data de Publicação: 05.02.2014).

Agravo regimental em ação rescisória. Decisão monocrática que julgou extinta a rescisória sem apreciação do mérito. Agravo regimental repisando a invalidade da citação realizada nos autos onde proferido comando judicial que pretende rescindir. Não assiste razão à agravante, isso porque a alegação de nulidade por vício de citação não tem cabimento em sede de ação rescisória, que possui campo temático restrito e limitado *ex vi legis*, mormente quando o ordenamento pátrio possui instrumento adequado a tal desiderato, qual seja, a *querela nullitatis insanabilis*, que sequer está sujeita a prazo determinado para a sua propositura. Precedentes jurisprudenciais, inclusive desta colenda 7ª Câmara Cível, assim como do STJ. Por outro lado os tribunais superiores já se firmaram no sentido de que não está autorizada a aplicação dos princípios que norteiam o sistema de nulidades no direito brasileiro, em especial os da fungibilidade, da instrumentalidade das formas e do aproveitamento racional dos atos processuais, para que a rescisória seja convertida em ação declaratória de inexistência de citação, máxime quando inexiste competência originária desta Corte para apreciar aquela ação cognominada *querella nullitatis*, cujo trâmite se dá perante o juízo por onde percorreu a ação, cuja decisão se objetive desconstituir. (STJ AR 569/PE). Manutenção da decisão agravada. Agravo interno conhecido e improvido (TJRJ, AR 00232431720138190000/RJ, 7ª Câmara Cível, Rel. Des. Jaime Dias Pinheiro Filho, j. 26.02.2014, Data de Publicação: 10.04.2014).

Ação rescisória. *Querela nullitatis*. Ação de imissão de posse. Proprietário. Citação. Ausência. Nulidade do processo. A ação rescisória requisita uma das hipóteses taxativas do art. 485 do CPC que presumem situações que normalmente demandam alguma indagação jurídica ou considerável dilação probatória. A falta de citação do proprietário registral em ação de imissão de posse induz nulidade do processo que independe de ação rescisória e autoriza *querela nullitatis*. Circunstância dos autos em que se impõe acolher o parecer ministerial para julgar procedente a ação e desconstituir a sentença. Ação julgada procedente. (TJRS, Ação Rescisória 70059347898, 18ª Câmara Cível, Rel. João Moreno Pomar, j. em 13.08.2015).

Em sentido contrário se orientava Sálvio de Figueiredo Teixeira[34] quando decidiu: "I – As normas de natureza processual também se sujeitam à regra

---

[34] TEIXEIRA, Sálvio de Figueiredo. *O STJ e o processo civil*. Brasília: Brasília Jurídica, 1995. p. 312.

do inciso V do art. 485, CPC. II – A citação, como ato essencial ao devido processo legal, à garantia e segurança do processo como instrumento da Jurisdição, deve observar os requisitos legais, pena de nulidade *pleno iure* quando não suprido o vício. A rescisória, embora não seja o meio próprio, tem sido admitida, com o apoio da doutrina e da jurisprudência, como via hábil para a correção da anomalia" (REsp 11.290-0/AM, Rel. Min. Sálvio de Figueiredo, *DJ* 07.06.1993).

Logo, como dito pelo Ministro Sálvio, embora a rescisória não seja o meio próprio para rescindir sentença nula *pleno jure* em face do vício da nulidade de citação, tem sido admitida como um meio hábil para a correção do vício. É que "Não será correto omitir-se o tribunal de apreciar a questão se a parte lançar mão da ação do art. 485 do Código de Processo Civil. É que as nulidades *ipso iure* devem ser reconhecidas e declaradas independentemente de procedimento especial para esse fim, e podem sê-lo até mesmo incidentalmente em qualquer juízo ou grau de Jurisdição, até mesmo de ofício, segundo o princípio contido no art. 146 e seu parágrafo, do Código Civil de 1916[35]. Em semelhante conjuntura, o tribunal conhecerá da rescisória não para rescindir o julgado *nulo* (pois, só se rescinde o que é *válido*), mas apenas para declarar-lhe ou decretar-lhe a nulidade absoluta e insanável"[36].

Aquiesço com o entendimento da doutrina majoritária acima, trazendo à baila, bem como com os ensinamentos do doutrinador Carlos Henrique Bezerra Leite[37], quando cita Tereza Arruda Alvim Pinto: "A sentença inexistente, por não transitar em julgado é vulnerável à ação declaratória de inexistência de ato jurídico, sem sujeição a limite temporal, pois nada há a

---

[35] Art. 146 do CC: "As nulidades do artigo antecedente (o art. 146 se refere aos atos nulos) podem ser alegadas por qualquer interessado, ou pelo Ministério Público, quando lhe couber intervir. Parágrafo único. Devem ser pronunciadas pelo juiz, quando conhecer do ato ou dos seus efeitos e as encontrar provadas, não lhe sendo permitido supri-las ainda a requerimento das partes". Verifica-se que o Código Civil de 2002 atualmente em vigor, em seu art. 168 prevê: "As nulidades dos artigos antecedentes podem ser alegadas por qualquer interessado, ou pelo Ministério Público, quando lhe couber intervir. Parágrafo único. As nulidades devem ser pronunciadas pelo juiz, quando conhecer do negócio jurídico ou dos seus efeitos e as encontrar provadas, não lhe sendo permitido supri-las, ainda que a requerimento das partes".

[36] THEODORO JÚNIOR, Humberto. *Curso de direito processual civil*. 18. ed. rev. e atual. Rio de Janeiro: Forense, 1996. v. I, p. 656. (Importa asseverar que, com o Novo CPC, o que constava no antigo art. 485 do antigo CPC passou a ser estabelecido no art. 966, com as suas devidas alterações.)

[37] LEITE, Carlos Henrique Bezerra. *Curso de direito processual do trabalho*. 10. ed. São Paulo: LTr, 2012. p. 1.306.

desconstituir. Já a sentença de mérito nula, que transita em julgado, pode ser rescindida no prazo decadencial de dois anos. A única nulidade que macula a sentença é a absoluta, pois as nulidades relativas restaram sanadas no curso do processo originário".

2.2.3 Cabimento de rescisória em sentença declaratória incidental

Consoante José Carlos Barbosa Moreira[38], "No sistema do Código (arts. 468 e 469)[39], só o pronunciamento judicial sobre o pedido é idôneo para adquirir a autoridade da coisa julgada. Esta não abrange a fundamentação da sentença, na qual se compreende a solução das questões atinentes às relações jurídicas *prejudiciais*, assim denominadas aquelas de cuja existência ou inexistência logicamente depende a da relação jurídica deduzida em juízo pelo autor, por meio da demanda que deu origem ao processo (exemplos: a dívida principal, quando se cobram juros; a servidão, quando se pleiteia indenização por suposto descumprimento do ônus; a relação contratual básica, quando se pede a condenação na multa convencional por inadimplemento da obrigação)".

Acrescentava o ilustre processualista que a lei apresenta o meio de converter-se a questão *prejudicial*, se o quiser alguma das partes, noutra questão também *principal*. Esse expediente consistia no requerimento de que tratava o art. 5º do CPC de 1973, e que, por sua natureza, constituía a petição inicial de uma ação, a *ação declaratória incidental*. Daí em diante, a questão subordinada como a subordinante passava a integrar, em conjunto, o objeto do processo, e o pronunciamento judicial sobre ambas se revestiria da autoridade da coisa julgada (CPC de 1973, art. 470)[40].

Ampliando o âmbito de considerações sobre o tema, auspicioso ressaltar, seguindo entendimento de alguns autores, que o art. 5º do antigo CPC não

---

[38] BARBOSA MOREIRA, José Carlos. *O novo processo civil brasileiro*. 18. ed. rev. e atual. Rio de Janeiro: Forense, 1996. p. 105-109. (Importa asseverar que com a instituição do Novo Código de Processo Civil, passam os artigos em tela aos arts. 503 e 504).

[39] "Art. 468. A sentença, que julgar total ou parcialmente a lide, tem força de lei nos limites da lide e das questões decididas". "Art. 469. Não fazem coisa julgada: i) **os motivos**, ainda que importantes para determinar o alcance da parte dispositiva da sentença; ii) **a verdade dos fatos,** estabelecida como fundamento da sentença; iii) a apreciação **da questão prejudicial**, decidida incidentemente no processo". "Art. 470. **Faz, todavia, coisa julgada a resolução da questão prejudicial, se a parte o requerer** (art. 5º e 325), o juiz for competente em razão da matéria e constituir pressuposto necessário para o julgamento da lide".

[40] BARBOSA MOREIRA, José Carlos. *O novo processo civil brasileiro*. 18. ed. rev. e atual. Rio de Janeiro: Forense, 1996. p. 105-109.

trazia em seu bojo qualquer limitação quanto ao prazo para que seja requerida a declaração da existência ou inexistência da relação jurídica prejudicial, a não ser de forma implícita, qual seja, a de que seja ele formulado no primeiro grau de Jurisdição, quanto enfatiza: "que o juiz a declare *por sentença*"[41].

Por outro lado, o art. 325 do Digesto Processual de 1973 estabelecia: "Contestando o réu o direito que constitui fundamento do pedido, o autor poderá requerer, no prazo de 10 (dez) dias, que sobre ele o juiz profira sentença incidente, se da declaração da existência ou inexistência do direito depender, no todo ou em parte, o julgamento da lide (art. 5º)". Com efeito, do expressamente salientado no art. 325 resultava evidente que, se o réu contestasse a existência daquela relação e o autor quisesse vê-la declarada, teria 10 dias para requerer que o juiz sobre ela proferisse sentença incidental.

Com efeito, importa registrar que, desde que as partes requeressem julgamento por sentença de uma questão prejudicial controvertida, o que consagraria a ação declaratória incidental, como a sentença nela prolatada poderia ser de mérito, plenamente cabível seria o instituto da ação rescisória, principalmente porque **o pronunciamento judicial sobre ela se revestiria da autoridade da coisa julgada** *ex vi* do art. 470 do antigo CPC, que asseverava: "Faz, todavia, coisa julgada a resolução da questão prejudicial, se a parte o requerer (arts. 5º e 325), o juiz for competente em razão da matéria e constituir pressuposto necessário para o julgamento da lide".

Com o advento do novo CPC, importa asseverar preliminarmente o que dispõe o seu art. 20: "É admissível a ação meramente declaratória, ainda que tenha ocorrido a violação do direito".

Frise-se que com relação à coisa julgada, o novo CPC passou a disciplinar da seguinte forma:

> Art. 503. A decisão que julgar total ou parcialmente o mérito tem força de lei nos limites da questão principal expressamente decidida.
>
> § 1º O disposto no *caput* aplica-se à resolução de questão prejudicial, decidida expressa e incidentemente no processo, se:
>
> I – dessa resolução depender o julgamento do mérito;
>
> II – a seu respeito tiver havido contraditório prévio e efetivo, não se aplicando no caso de revelia;
>
> III – o juízo tiver competência em razão da matéria e da pessoa para resolvê-la como questão principal.

---

[41] É o que se deflui da leitura dos arts. 162, § 1º, 163 e 325 do Código de Processo Civil.

Com efeito, sublinhamos que, com o advento do novo CPC houve a eliminação da ação declaratória incidental, tal como o era no antigo Digesto Processual e a questão prejudicial passou a ser tratada dentro da coisa julgada, ampliando-se os limites desta, nos termos do parágrafo acima mencionado.

Assim, entendemos ser plenamente cabível o instituto da ação rescisória, se dentro das hipóteses acima mencionadas a questão prejudicial se revestir do manto da coisa julgada e nos moldes das hipóteses elencadas no art. 966 do CPC.

2.2.4 Cabimento de rescisória de sentença proferida em ação monitória

2.2.4.1 Considerações iniciais sobre ação monitória

Quanto ao cabimento de rescisória de decisão prolatada em ação monitória, mister tecer algumas considerações sobre o instituto para ao final concluirmos da possibilidade ou impossibilidade da rescisória.

Disciplinando o art. 1.102-A e seguintes do CPC de 1973, foi introduzido no ordenamento jurídico processual brasileiro, por meio da Lei 9.079, de 14.07.1995, o instituto da ação monitória ou injuntiva (injuntiva, haja vista que há uma "injunção" ou determinação inicial ao suposto devedor), instituto esse importado do direito italiano.

Com o advento da Lei 13.105/2015, que instituiu o novo Código de Processo Civil, a ação monitória passa a ser disposta no Capítulo XI, no art. 700 e seguintes.

A ação monitória é, portanto, a via eleita para que haja a célere formação de título e satisfação do crédito, que se faz a partir da presença de um documento – prova escrita – do aludido crédito, por parte do devedor.

Nesse opúsculo, teceremos algumas observações sobre ela, sem ter a mínima pretensão de profundidade ou esgotamento do tema, porquanto isso já foi feito por aqueles a quem devemos chamar de mestres de todos nós.

Cumpre, *ab initio*, ressaltar que não trata esse instituto de criação do direito pátrio, mas, sem dúvida alguma, remonta à Idade Média[42]. Com efetivo, Giuseppe Chiovenda[43] ensina que: "Determinados créditos, posto que

---

[42] CARREIRA ALVIM, J. E. *Ação monitória e temas polêmicos da reforma processual*. Belo Horizonte: Del Rey, 1995. p. 19.

[43] CHIOVENDA, Giuseppe. *Instituições de direito processual civil*. Trad. da 2ª edição italiana por J. Guimarães Menegale, acompanhada de notas pelo Prof. Enrico Tullio Liebman, com uma introdução do Prof. Alfredo Buzaid. São Paulo: Saraiva, 1965. v. I, p. 255-257.

não constantes de documentos, estabeleceu-se no direito medieval italiano o uso de não citar em juízo o devedor, mas de obter diretamente do juiz uma ordem de prestação que ensejava a execução, isto é, o *mandatum ou praeceptum de solvendo*". Hodiernamente, o instituto existe em países como Itália, Alemanha e França[44].

Recrudescendo a égide de considerações, oportuno aludir que com o surgimento da clássica monografia do ilustre Calamandrei em 1926, pertinente ao tema, a doutrina do direito comparado passou a classificar o procedimento monitório ou injuntivo em duas espécies: 1) o **puro**, pelo qual o mandamento judicial de pagamento não pressupõe obrigatoriamente a produção de prova escrita do débito[45]; e 2) o **documental**, que só pode basear-se em prova escrita plena de um crédito[46].

A nossa ordenação jurídica processual achou de boa política adotar o sistema italiano, ou seja, o que utiliza a espécie de procedimento monitório documental baseando-se em prova escrita plena.

Ainda sobre o assunto, auspicioso registrar que constitui pressuposto formal ou legal de qualquer processo executivo a existência de um título executivo, judicial ou extrajudicial, porquanto *nulla executio sine titulo*. No diapasão, de regra, os títulos executivos são criados após um longo procedimento cognitivo, decidido e transitado em julgado, salvo os títulos executivos extrajudiciais previstos em lei, porquanto constituem obrigações consagradas em documentos ou cártulas.

Hoje, o álbum Adjetivo Civil nos fornece o procedimento injuntivo que "Constituiu um vigoroso atalho de que pode louvar-se o credor interessado na formação mais expeditas do título executivo, sem o retardamento e as despesas inevitáveis do processo cognitivo, haja vista que a filosofia da ação injuntiva ou monitória é singela, porquanto enseja-se a construção muito mais célere e abreviada de um título executivo, 'queimando-se' a etapa prévia do processo de conhecimento"[47].

Vê-se, portanto, da leitura dos tópicos precedentes, que "o procedimento monitório ou injuncional tem um sentido de ordem ou aviso formal, de mandado do Estado-juiz para que o devedor inerte abandone 'a conjura do

---

[44] Vejam-se os arts. 633 a 656 do CPC italiano; §§ 688 a 703 do ZPO alemão; arts. 1.405 a 1.425 do NCPC francês.
[45] Essa espécie é utilizada no sistema alemão.
[46] Essa espécie é adotada pelo sistema italiano.
[47] DALAZEN, João Oreste. Sobre a ação monitória no processo do trabalho. *Revista LTr*, v. 59, nº 12, dez. 1995, p. 59-12/1602.

silêncio' e possibilite ao credor, através de procedimento simples e rápido, a obtenção de título executivo. Portanto, verdadeiro atalho ao quase sempre moroso procedimento comum de cognição completa"[48].

Finalmente, forçoso frisar que as características do procedimento injuntivo são basicamente duas: 1) a cognição apenas formal e incompleta ao expedir-se a ordem para adimplemento da prestação; 2) a determinação *inaudita altera parte* dirigida ao suposto devedor, o que importa postergação (não supressão!) do contraditório que inexiste inicialmente[49].

2.2.4.2 Pressupostos

O art. 1.102-A do Diploma Processual Civil de 1973 vaticinava: "A ação monitória compete a quem pretender, com base em prova escrita sem eficácia de título executivo, pagamento de soma em dinheiro, entrega de coisa fungível ou de determinado bem móvel".

Já o novo CPC traz em seu art. 700 novos pressupostos, dispondo da seguinte forma:

> Art. 700. A ação monitória pode ser proposta por aquele que afirmar, com base em prova escrita sem eficácia de título executivo, ter direito de exigir do devedor capaz:
> I – o pagamento de quantia em dinheiro;
> II – a entrega de coisa fungível ou infungível ou de bem móvel ou imóvel;
> III – o adimplemento de obrigação de fazer ou de não fazer.

Interprete-se o preceptivo citado e chegue-se às condições ou pressupostos específicos básicos e necessários ao cabimento da ação injuntiva. Entretanto, sobreleva acentuar que, além dos pressupostos específicos, também se faz mister observar as gerais condições da ação, além dos pressupostos processuais comuns. A ausência de qualquer dessas condições ou pressupostos específicos deságua na extinção do processo sem apreciação "do conteúdo postulado, ainda que de forma sumária e superficial (CPC, art. 485, V, do Novo CPC)". Os pressupostos específicos são:

---

[48] LIMA FILHO, Francisco da C. Ação monitória – cabimento no âmbito trabalhista. *Jornal Trabalhista*, Brasília, ano XIII, nº 597, mar. 1996, p. 282.
[49] DALAZEN, João Oreste. Sobre a ação monitória no processo do trabalho. *Revista LTr*, v. 59, nº 12, dez. 1995, p. 59-12/1602.

A – Prova escrita de crédito

A ordenação jurídica brasileira, seguindo as pegadas da italiana, exige prova escrita como requisito essencial do procedimento injuntivo, embora não especifique quais são os documentos que servem como prova.

Para fazer prova perante a ação monitória, "optou o legislador por um conceito mais estrio e limitado de documento: considera-se tal o que contiver representação literal, ou escrita de um débito. Tanto faz que seja prova literal pré-constituída do débito, ou que seja prova literal casual desse débito, como cartas, correspondências, memorandos, anotações de um diário etc."[50]. Ademais, constitui também documento hábil uma confissão de dívida, uma carta missiva, um telegrama, um recibo rubricado[51].

Vicente Greco filho[52] ensina que a prova escrita da obrigação não pode ter eficácia de título executivo, porque, se eficácia tivesse, caberia a execução, e não o procedimento monitório. E cita como sendo prova escrita apta a embasar o procedimento injuntivo, o documento assinado pelo devedor, mas sem testemunhas; os títulos cambiários após o prazo de prescrição, a duplicata não aceita antes do protesto ou a declaração de venda de um veículo. Acrescenta, ademais que: "O procedimento monitório é o instrumento para a Constituição do título, a partir de um pré-título, a prova escrita da obrigação, em que o título se constitui não por sentença de processo de conhecimento e cognição profunda, mas por fatos processuais, a não apresentação dos embargos, sua rejeição ou improcedência. Em resumo, qualquer prova escrita de obrigação de pagamento em dinheiro ou entrega de coisa fungível ou determinado bem móvel é um pré-título e que pode vir a ser título se ocorrer um dos fatos acima indicados"[53].

Diferentemente do ordenamento italiano que admite que o documento seja emanado de terceiro, o nosso exige que o documento seja emanado do suposto devedor. Assim, nos termos do art. 444: "Nos casos em que a lei exigir prova escrita da obrigação, é admissível a prova testemunhal quando houver começo de prova por escrito, emanado da parte contra a qual se pretende produzir a prova".

---

[50] DALAZEN, João Oreste. Sobre a ação monitória no processo do trabalho. *Revista LTr*, v. 59, nº 12, dez. 1995, p. 59-12/1604.
[51] CARREIRA ALVIM, J. E. *Ação monitória e temas polêmicos da reforma processual.* Belo Horizonte: Del Rey, 1995. p. 33.
[52] GRECO FILHO, Vicente. A ação monitória. In: DINIZ, José Janguiê Bezerra (coord.). *Estudo do direito processual civil, trabalhista e penal.* Brasília: Consulex, 1996. p. 213.
[53] GRECO FILHO, Vicente. A ação monitória. In: DINIZ, José Janguiê Bezerra (coord.). *Estudo do direito processual civil, trabalhista e penal.* Brasília: Consulex, 1996. p. 213.

Em sede de processo trabalhista, tal instituto é plenamente admissível. De lembrar que no direito italiano a ação injuntiva é admitida em matéria de controvérsias decorrentes das relações de trabalho. Na sistemática processual trabalhista, considera-se prova escrita capaz de dar ensejo à monitória qualquer documento escrito que não tenha eficácia de título executivo que retrate crédito de natureza trabalhista, ou seja, que surja de um contrato de trabalho, seja em favor do empregado ou do empregador, como: 1) nota promissória ou cheque representando um crédito trabalhista (CPC, art. 784, I); 2) a escritura pública ou outro documento público assinado pelo devedor (CPC, art. 784, II), como ata de audiência ou escritura pública, em que o devedor confesse o débito; 3) o documento particular assinado pelo devedor e por 2 (duas) testemunhas (art. 784, II, do novo CPC); 4) o instrumento de transação referendado pelo Ministério Público, pela Defensoria Pública, pela Advocacia Pública, pelos advogados dos transatores ou por conciliador ou mediador credenciado por tribuna (art. 784, II, do novo CPC; 5) todos os demais títulos aos quais, por disposição expressa, a lei atribuir força executiva (art. 784, XII), mas que tenham perdido a aludida eficácia executiva. Nesse sentido, vejamos a lição sempre precisa de Alexandre Freitas Câmara: "Referimo-nos, aqui, a títulos – como o cheque e a nota promissória – 'prescritos'. Como já afirmamos nestas Lições, não se trata, propriamente, de prescrição, mas de perda da eficácia executiva pelo decurso do tempo. Significa isto dizer que, ultrapassando o prazo 'prescricional' previsto em lei (*e.g.* seis meses para o cheque), a execução deixa de ser a via processual adequada para obtenção de tutela jurisdicional, fazendo-se mister obter novo título executivo, o que se fará através do processo de conhecimento"[54].

A monitória tem cabimento em face de qualquer prova documental. O art. 784 do novo CPC indica quais são os títulos executivos extrajudiciais, e acrescenta a estes "todos os demais títulos a que, por disposição expressa, a lei atribuir força executiva". Assim caberia ação monitória de qualquer título executivo que tenha perdido a sua eficácia executiva.

Em sede trabalhista colhe-se o seguinte verbete quando da interposição de ação monitória nesta Justiça Especializada, *in verbis*:

> Recurso de revista – Ação monitória – Sescon – Contribuição sindical – Carência de ação – Inadequação da via eleita. A ação monitória tem por finalidade constituir título executivo judicial a partir de prova escrita que, embora não tenha força executiva, demonstre a existência da obrigação entre as partes, nos termos do art. 1.102-A do CPC. A pretensão do Sin-

---

[54] CÂMARA, Alexandre Freitas. *Lições de direito processual civil.* 12. ed. Rio de Janeiro: Lumen Juris, 2007. v. III, p. 529.

dicato – autor de constituir título executivo judicial para fins de execução da contribuição sindical, a partir das guias de recolhimento por ele mesmo emitidas, não é própria de ação monitória. Assim, se o Sescon, não obstante a sua condição de beneficiário dessa arrecadação, não ostenta a competência para o lançamento do tributo, ou seja, para a definição do sujeito passivo da obrigação e para a apuração dos requisitos de liquidez e certeza da contribuição sindical, não pode, a partir da expedição das aludidas guias, ajuizar ação monitória para a constituição de título executivo judicial. Note-se que o art. 606 da CLT autoriza as entidades sindicais a cobrarem judicialmente a contribuição sindical em caso de falta de pagamento, mediante ação executiva. Em nenhum momento, no entanto, a legislação permite que a entidade sindical emita uma guia de cobrança do tributo e utilize a ação monitória para obter do Poder Judiciário um título executivo judicial. Ao contrário, considerando exatamente a natureza tributária da contribuição sindical, o referido art. 606 da CLT exigia da entidade sindical que a ação de execução viesse acompanhada da certidão expedida pela autoridade competente do Ministério do Trabalho, pois esse era o órgão competente para o lançamento e a constituição do crédito tributário, valendo esse documento como título da dívida fiscal no regramento jurídico vigente antes da atual Constituição Federal. É de se notar que o legislador ordinário, ao instituir a ação monitória, criou uma via judicial mais célere e simplificada para a constituição de um título executivo judicial. No entanto, o autor, ente privado, não pode pretender, na esfera tributária, utilizar esse instrumento processual. Saliente-se que não está em discussão a possibilidade de o Sescon ingressar em juízo com ação de conhecimento, visando obter provimento judicial declaratório e condenatório contra eventuais devedores da obrigação tributária. A inadequação da via eleita salta aos olhos, razão pela qual deve ser mantida a extinção do feito, sem julgamento do mérito com fulcro no item VI do art. 267 do CPC. Recurso de revista não conhecido (TST, RR 57400-89.2010.5.17.0141, 7ª Turma, Rel. Luiz Philippe Vieira de Mello Filho, 07.08.2013).

Agravo de instrumento. Ação monitória. Cabimento. Notificação pessoal do devedor. Violação dos artigos 1.102-A e 1.102-B do CPC e 605 da CLT. Não configuração. Não provimento. 1. A ação monitória consiste em procedimento especial para cobrança de pagamento de soma em dinheiro ou entrega de coisa fungível ou de determinado bem móvel, com base em prova escrita sem eficácia de título executivo. 2. Não é suficiente à propositura dessa ação a publicação de editais e a apresentação de demonstrativo de guias de recolhimento de contribuição sindical unilateralmente emitidos pela autora, sem qualquer prova de notificação pessoal do devedor a respeito do suposto débito, razão por que não há falar em violação dos artigos 1.102-A e 1.102-B do CPC e 605 da CLT. 3. Agravo de instrumento a que se nega provimento (TST, 7ª Turma, Rel. Guilherme Augusto Caputo Bastos, j. 12.11.2008).

No contexto, justifica a ação monitória ou injuncional "em casos como da pequena empreitada contratada através de instrumento escrito; crédito do trabalhador avulso; cobrança de débitos decorrentes da prestação de trabalho provados por confissão escrita, ou mesmo a devolução de ferramentas pelo empregador e empregado, instrumentalizadas por escrito e que tiveram origem na prestação de trabalho; a cobrança de contribuição para o sindicato e multas em favor do empregado em valores determinados e previstos em convenção ou acordo coletivo de trabalho"[55].

No diapasão, "A ação monitória terá lugar sempre que houver documento relacionado ao contrato de emprego atestando um crédito trabalhista". Noutro dizer, qualquer documento emitido pelo tomador de serviços renderá oportunidade para que o trabalhador possa cobrar sumariamente seu crédito na forma do art. 1.102-A do CPC, admitindo expressamente o cabimento da ação injuntiva do âmbito do processo do trabalho[56].

Sobre o aludido pressuposto, veja-se o presente verbete:

> Apelação Cível. Direito privado não especificado. Ação monitória. Requisitos para o ajuizamento da demanda devidamente preenchidos. A demanda monitória compete a quem pretender, com base em prova escrita sem eficácia de título executivo, pagamento de soma em dinheiro. Assim estabelece o artigo 1.102-A, do Código de Processo Civil. Os documentos acostados aos autos pela parte demandante são suficientes para o ajuizamento da ação monitória. Apelação provida. Sentença desconstituída. (TJRS, Apelação Cível 70061388583, 15ª Câmara Cível, Rel. Ana Beatriz Iser, j. 24.09.2014).
>
> Apelação cível. Direito privado não especificado. Espécies de contratos. Ação monitória. Requisitos da ação monitória. Prova documental. Compra e venda de mercadoria. A prova escrita de existência da dívida é requisito previsto no art. 1.102-A do CPC que adotou a ação monitória na espécie documental. – A cobrança de dívida de compra e venda de mercadoria pela via monitória tem por requisito documento idôneo, ainda que emitido pelo próprio credor, desde que haja prova da entrega da mercadoria. Recurso desprovido (TJRS, Apelação Cível 70056559768, 18ª Câmara Cível, Rel. João Moreno Pomar, j. 27.02.2014, *DJ* 06.03.2014).

---

[55] LIMA FILHO, Francisco da C. Ação monitória – cabimento no âmbito trabalhista. *Jornal Trabalhista*, Brasília, ano XIII, nº 597, mar. 1996, p. 281.

[56] MENEZES, Cláudio Armando Couce de. *Apud* LIMA FILHO, Francisco da C. Ação monitória – cabimento no âmbito trabalhista. *Jornal Trabalhista*, Brasília, ano XIII, nº 597, mar. 1996, p. 281. (Importa asseverar que o novo CPC discorre acerca da ação monitória a partir do art. 700.)

B – Crédito por prestação pecuniária, por coisa fungível ou infungível, por coisa móvel determinada ou imóvel, ou pelo adimplemento de obrigação de fazer ou de não fazer

Nos exatos termos do art. 1.102-A do antigo Digesto Processual, além da prova escrita, exigia-se que a prestação fosse pecuniária, ou de coisa fungível, ou de coisa móvel determinada. Obrigações (prestações) de fazer ou de não fazer ou para entrega de bem imóvel jamais alimentam o procedimento injuntivo.

Entretanto, com o advento da Lei 13.105/2015, que instituiu o novo CPC, a ação monitória passa a ser disciplina a partir do art. 700, que traz disciplinamento da seguinte forma:

> Art. 700. A ação monitória pode ser proposta por aquele que afirmar, com base em prova escrita sem eficácia de título executivo, ter direito de exigir do devedor capaz:
>
> I – o pagamento de quantia em dinheiro;
>
> II – a entrega de coisa fungível ou infungível ou de bem móvel ou imóvel.

No concernente à coisa fungível, entende-se por tal os bens que podem substituir-se por outros da mesma espécie, qualidade e quantidade (CC, art. 85). No que tange aos bens móveis e imóveis, nos termos dos arts. 79 e 80 do Código Civil são considerados bens imóveis o solo e tudo quanto se lhe incorporar natural ou artificialmente. Já os bens móveis são os bens suscetíveis de movimento próprio, ou de remoção por força alheia, sem alteração da substância ou da destinação econômico-social.

No âmbito do processo trabalhista, obrigação desse jaez é rara, podendo, entretanto, ocorrer: "suponha-se que o empregador rural comprometa-se, por escrito, a gratificar o empregado com uma saca de café, ou uma cabeça de gado qualquer, a cada seis meses. Já a obrigação de entrega de bem móvel é mais comum no processo trabalhista. É corriqueiro o empregado obrigar-se contratualmente a restituir ao empregador, por ocasião da rescisão, veículo, ferramentas e utensílios que recebera para o serviço. Situação inversa também pode ocorrer em casos de contratos em que empresa jornalística empregadora comprometia-se a devolver ao empregado, repórter fotográfico de renome, quando da ruptura do vínculo, os negativos das fotografias referentes aos eventos esportivos a que dera cobertura. Outrossim, releva notar que, em se cuidando da entrega de bem móvel, o procedimento monitório pode substituir, com vantagens em economia e celeridade processuais, virtual ação de reintegração de posse que se queira intentar, de resto remédio jurídico em si mesmo controvertido no processo trabalhista"[57].

Com relação ao adimplemento de obrigação de fazer ou não fazer anteriormente, no CPC de 1973, não havia essa previsão, cujas decisões da ação monitória resultavam na inadequação da via eleita, conforme decisão a seguir:

> Apelação Cível. Negócios jurídicos bancários. Ação monitória. Inadequação da via eleita. Embora disponha de título executivo extrajudicial, o credor pode escolher a via processual que entender mais adequada para a proteção dos seus interesses, desde que isso não implique prejuízo ao devedor. Precedentes do STJ. Taxa referencial acrescida de percentual aleatório. Abusividade. A Taxa Referencial pode ser aplicada como índice de correção monetária no caso de contrato bancário celebrado após a edição da Lei 8.177/91 quando houver cláusula contratual expressa, mas não pode ser acrescida de percentual aleatório, o qual deve ser excluído. Juros remuneratórios. Inexiste abusividade na estipulação de juros remuneratórios em 12% ao ano, razão pela qual deve ser adequado o cálculo do autor-embargado aos termos do contrato. Capitalização de juros A capitalização de juros com periodicidade inferior a um ano é admitida em contratos celebrados a partir de 31/03/2000, desde que expressamente pactuada. No caso concreto, não houve capitalização de juros no cálculo apresentado pelo embargado. Apelação parcialmente provida (TJRS, Apelação Cível nº 70059871145, 19ª Câmara Cível, Rel. Marco Antonio Angelo, j. 30.10.2014).

> Ilegitimidade passiva *ad causam* afastada. Inadimplemento de obrigação de fazer. Ação monitória. Inadequação da via eleita. 1. Estando o réu, em tese, apto a suportar as consequências da demanda, de acordo com a relação jurídica de direito material trazida a Juízo, não há falar em ilegitimidade passiva *ad causam*. 2. A ação monitória é o instrumento processual colocado à disposição do credor de quantia certa, do credor de coisa fungível e do credor de coisa móvel determinada. 3. É carecedora de ação por inadequação da via eleita a parte que, valendo-se de ação monitória, busca reparar o inadimplemento de uma obrigação de fazer. 4. Apelação conhecida e improvida. Unanimidade (TJMA, APL 0023662012/ MA 0008462-80.2006.8.10.0001, 4ª Câmara Cível, Rel. Paulo Sérgio Velten Pereira, j. 02.10.2012, Data de Publicação: 05.10.2012).

Entretanto, o novo CPC traz o cabimento da aludida hipótese de obrigação de fazer ou não fazer para as ações monitórias, nos termos do art. 700,

---

[57] DALAZEN, João Oreste. Sobre a ação monitória no processo do trabalho. *Revista LTr*, v. 59, nº 12, dez. 1995, p. 59-12/1605.

III, que dispõe: "A ação monitória pode ser proposta por aquele que afirmar, com base em prova escrita sem eficácia de título executivo, ter direito de exigir do devedor capaz: (...) III – o adimplemento de obrigação de fazer ou de não fazer".

Com relação às obrigações de fazer, interessam ao credor em atividade do devedor, enquanto as obrigações de não fazer consistem em uma prestação negativa, um comportamento comissivo do devedor[58].

C – Prestação líquida e exigível

Somente a dívida líquida e exigível alimenta o instituto injuntivo, porquanto "não faria mesmo sentido permitir-se qualquer modalidade de liquidação prévia ou incidental ao procedimento monitório, quando se sabe que virtualmente o título executivo pode, inclusive, nem se formar, do que resultariam apenas gastos desnecessários e perda de tempo. Logo, se o crédito revelar-se ilíquido, não tem cabimento a ação monitória"[59].

Ademais, embora a lei seja silente a respeito, além da liquidez, exige-se que o documento seja exigível, ou melhor, que não dependa de condição ou termo. Esse requisito decorre: "a) de um lado, implicitamente da expedição liminar de mandado de pagamento ou de entrega, cujo atendimento é inconcebível sem o vencimento da obrigação ou o implemento da condição; b) de outro, da virtual circunstância de o procedimento monitório convolar-se em execução, o que pressupõe necessariamente título exigível, além de líquido" (CPC, art. 783)[60].

2.2.4.3 Natureza jurídica da ação injuntiva

Para Carnelutti, o processo monitório tem natureza diversa do processo de conhecimento e do processo executivo. Seria, com efeito, um *tertium genus* (de processo), intermédio entre o de cognição e de execução, "Resolvendo-se não num juízo imperativo, mas num puro comando pronunciado com vistas ao processo executivo"[61].

---

[58] GAGLIANO, Pablo Stolze. *Novo curso de direito civil*: obrigações. 10. ed. São Paulo: Saraiva, 2009. v. II.

[59] DALAZEN, João Oreste. Sobre a ação monitória no processo do trabalho. *Revista LTr*, v. 59, nº 12, dez. 1995, p. 59-12/1605.

[60] DALAZEN, João Oreste. Sobre a ação monitória no processo do trabalho. *Revista LTr*, v. 59, nº 12, dez. 1995, p. 59-12/1605.

[61] CARNELUTTI, Francesco. *Apud* CARREIRA ALVIM, J. E. *Ação monitória e temas polêmicos da reforma processual*. Belo Horizonte: Del Rey, 1995. p. 29.

Chiovenda, por seu turno, defende ser o procedimento injuntivo um "acertamento com função preeminentemente executiva"[62]. "Com isso, não se entende que o procedimento injuntivo seja o início de um processo executivo, mas, pelo contrário, um processo de cognição em que a função de formação do título sobrepaira à função de mero acertamento (até pela sumariedade e superficialidade da cognição)".

Cláudio Armando Couce de Menezes[63] frisa que "O procedimento monitório é especial e de Jurisdição contenciosa, estando por isso corretamente inserto no TÍTULO III DOS PROCEDIMENTOS ESPECIAIS, CAPÍTULO XI, tendo a sua decisão caráter executivo".

Finalmente, impõe-se asseverar que a doutrina moderna considera-o processo de conhecimento, haja vista que tem o escopo de constituir um título executivo, cujo cumprimento da sentença será processada nos moldes dos arts. 513 a 519 do Digesto Processual, na hipótese de obrigações pecuniárias. Já no tocante à obrigação de entrega de coisa móvel determinada ou coisas fungíveis, será processada a execução nos termos do art. 498 do CPC, no mesmo juízo em que se operou o procedimento monitório.

2.2.4.4 Competência

A competência funcional para apreciar e julgar a matéria, em sede de processo civil, é dos juízes de primeiro grau. No âmbito da Justiça do Trabalho, em face do art. 114, 1ª e 2ª parte da *Lex Fundamentalis*, a competência material exige que a dívida consagrada na prova escrita provenha diretamente de um contrato de emprego (contrato de vínculo empregatício), ou de uma relação de trabalho, *v.g.*, pequena empreitada, avulsos etc.

No que concerne à competência funcional da Justiça do Trabalho, a ação injuntiva deve ser apreciada pelas Varas do Trabalho.

2.2.4.5 Procedimento

Oreste Dalazen, tão citado neste opúsculo, divide o procedimento injuntivo em duas fases: a **injuntiva** e a **ordinária eventual**.

---

[62] CHIOVENDA, Giuseppe. *Instituições de direito processual civil*. Trad. por J. Guimarães Menegale, acompanhado de notas pelo Prof. Enrico Tullio Liebman, com introdução do prof. Alfredo Buzaid. São Paulo: Saraiva, 1965. v. I, p. 259-260.

[63] MENEZES, Cláudio Armando Couce de. Ação, processo e procedimento monitório na Justiça do Trabalho. *Jornal Trabalhista*, ano XIII, nº 588, jan. 1966, p. 30.

A – Fase injuntiva

Tem início com a provocação do Estado-Juiz pelo credor, por meio da peça proemial escrita (CPC, art. 701), porquanto "O Estado não prestará a tutela jurisdicional senão mediante provocação da parte" (CPC, art. 2º), artigo esse consagrador do princípio dispositivo ou da iniciativa processual, consubstanciado na parêmia latina *nemo judex sine actore ne procedat judex ex officio*, também norteador da ação injuntiva.

A petição inicial injuntiva tem que obedecer aos requisitos da petição inicial previstos nos arts. 319, 320 e 106 do CPC caso se trate de monitória instaurada perante a Justiça Comum, e os requisitos previstos no art. 840, § 1º, da CLT[64] em se tratando de monitória perante a Justiça Especializada do Trabalho, além de necessariamente vir acompanhada da prova escrita, sob pena de extinção do processo sem apreciação da postulação[65].

O objeto mediato da monitória consiste na expedição de um mandado de pagamento ou de entrega de coisa, dirigido ao devedor.

Ao receber a petição, cabe ao juiz exercer a atividade cognitiva sumária e superficial, e se o autor tiver observado os pressupostos processuais e as condições da ação, além daqueles pressupostos específicos estudados nos trechos em epígrafes, cabe ao juiz, por meio de uma decisão chamada de decisão injuntiva, conceder liminarmente a demanda, ou seja, determinar seja expedido o mandado de pagamento ou de entrega da coisa no prazo de 15 (quinze) dias. É o que se deflui do expressamente previsto no art. 701. Sendo evidente o direito do autor, o juiz deferirá a expedição de mandado de pagamento, de entrega de coisa ou para execução de obrigação de fazer ou de não fazer, concedendo ao réu prazo de 15 (quinze) dias para o cumprimento e o pagamento de honorários advocatícios de cinco por cento do valor atribuído à causa.

A decisão injuntiva, aquela que rejeita liminarmente ou acolhe a demanda monitória, deve ser fundamentada (CF, art. 93, IX), e tem natureza "ambígua ou bifronte" com invólucro de interlocutória e conteúdo semelhante ao de sentença[66].

---

[64] Com o advento da Lei nº 13.467, de 13 de julho de 2017, passará o referido artigo a ter a seguinte redação: "Art. 840, § 1º Sendo escrita, a reclamação deverá conter a designação do juízo, a qualificação das partes, a breve exposição dos fatos de que resulte o dissídio, o pedido, que deverá ser certo, determinado e com indicação de seu valor, a data e a assinatura do reclamante ou de seu representante".

[65] Se a petição inicial vier eivada de vício sanável, cabe ao juiz conceder à parte o prazo de 10 dias para saná-la, pena de extinção do processo (CPC, art. 284).

[66] DALAZEN, João Oreste. Sobre a ação monitória no processo do trabalho. *Revista LTr*, v. 59, nº 12, dez. 995, p. 59-12/1605.

Se a decisão for de rejeição, esta terá natureza de sentença, extinguindo no nascedouro o processo de cognição monitório, sendo passível de apelação no processo civil nos moldes do art. 1.010, § 1º do CPC, e recurso ordinário no processo trabalhista. Entretanto, se for de acolhimento da demanda, a decisão injuntiva se limitará a mandar expedir o mandado de citação, para que no prazo de 15 (quinze) dias seja paga quantia em dinheiro, entregue coisa fungível ou bem móvel ou imóvel. No mandado que deve ser cumprido por oficial de justiça tanto em sede de processo civil quanto no trabalhista[67], deve constar expressamente que em igual prazo o réu poderá apresentar embargos monitórios, conforme o art. 702 do CPC que dispõe "Independentemente de prévia segurança do juízo, o réu poderá opor, nos próprios autos, no prazo previsto no art. 701, embargos à ação monitória".

B – Fase ordinária eventual

Inicia-se com a citação do devedor, que poderá: cumprir a ordem estampada no mandado, ficando isento de custas e honorários advocatícios (CPC, art. 701, § 1º); permanecer no silêncio, permitindo que o título executivo se forme, encerrando o procedimento monitório e iniciando o executivo propriamente dito (CPC, art. 702) ou oferecer embargos monitórios em quinze dias, impugnando o suposto documento que deu origem à ação, que suspenderão a eficácia do mandado injuntivo até final julgamento.

Deve-se ressaltar que os embargos monitórios serão processados nos próprios autos, pelo procedimento ordinário (art. 702, §§ 1º e 2º), daí a afirmação de que eles põem termo ao procedimento monitório propriamente dito, ensejando o surgimento de outra "eventual" fase do procedimento[68].

Recebidos os embargos, cabe ao juiz julgá-los, ou – se for o caso – realizar audiência de instrução (processados nos próprios autos pelo procedimento ordinário).

O julgamento dos embargos pode ensejar várias soluções: 1) acolhimento total, ou prolação de sentença de procedência, com a consequente cassação ou revogação total da decisão liminar injuntiva, retornando-se ao *status quo ante*; 2) acolher parcialmente ou julgar os embargos parcialmente procedentes, com a perda parcial da eficácia do mandado injuntivo, transitando em julgado a eficácia do título apenas nos limites da quantia não reduzida; 3) rejeição total, com a prolação de sentença declaratória de improcedência, em face de infundada argumentação utilizada pelo devedor.

---

[67] Visa dar maior segurança, porquanto o silêncio do devedor importa na criação do título executivo. Ademais, se título formar, a citação tem que ser por oficial de justiça.

[68] DALAZEN, João Oreste. Sobre a ação monitória no processo do trabalho. *Revista LTr*, v. 59, nº 12, dez. 995, p. 59-12/1605.

Em sede de processo trabalhista o raciocínio é o mesmo. Entrementes, embora a defesa seja oferecida em audiência, aconselha-se que os embargos sejam apresentados no prazo de 15 (quinze) dias na secretaria da Vara ou do Juiz de Direito investido na Jurisdição trabalhista, em que, incluído em pauta, haverá objetivação de instrução e julgamento.

2.2.4.6 Natureza jurídica dos embargos monitórios

Acerca da natureza jurídica dos embargos, *auctores utraque trahunt*.

João Oreste Dalazen assevera que eles "Constituem típico meio de defesa, segundo a opinião dominante na doutrina italiana, pelo qual o suposto devedor opõe-se, formal e/ou materialmente, seja ao exercício da ação monitória, seja à cobrança do crédito em si mesma. Não é à toa que os italianos denominam 'oposição' a tal meio de defesa"[69]. Sublinha, ademais, que "parece insustentável atribuir-se natureza de ação aos "embargos monitórios", assemelhando-os aos embargos do devedor". Penso que entre ambos só há identidade de nome, nada mais.

Os embargos do devedor têm natureza jurídica de ação porque visam a desconstituir um título executivo, ou coactar-lhe virtual excesso de execução. Em síntese, têm causa de pedir e pedido próprios. Ora, nos embargos monitórios, o suposto devedor nem sequer carece de formular pedido tecnicamente, porquanto não tem contra si título executivo, ou sequer decisão condenatória: há apenas um mandado de pagamento, ou de entrega, cuja eficácia (diferida até o termo final do prazo para embargos) nem mesmo se manifesta ainda, precisamente porque condicionada à inexistência de embargos. Daí por que, nos embargos monitórios, o suposto devedor apenas refuta, de modo passivo, a alegação de que seria devedor, ou exerce controle sobre a legalidade formal da decisão liminar injuntiva[70].

Outrossim, acrescenta o citado autor: "A matéria de defesa em tais embargos é amplíssima e em nada se identifica com a situação dos embargos do devedor. Incidem os arts. 336 e 341, do novo CPC. Não se tratando de ação que instaura um novo processo de conhecimento, mas defesa que abre o procedimento injuntivo à cognição completa pela via ordinária, os embargos monitórios não provocam uma inversão do ônus da prova. Penso que persiste sendo do credor-autor da ação monitória o ônus de provar a existência do crédito alegado (CLT, art. 818, I, e CPC, art. 373, I), enquanto ao demandado incumbe o ônus de provar os fatos modificativos, extintivos

---

[69] DALAZEN, João Oreste. Sobre a ação monitória no processo do trabalho. *Revista LTr*, v. 59, nº 12, dez. 1995, p. 59-12/1608.

[70] DALAZEN, João Oreste. Sobre a ação monitória no processo do trabalho. *Revista LTr*, v. 59, nº 12, dez. 1995, p. 59-12/1608.

ou impeditivos de tal direito (CLT, art. 818, II, CLT e CPC, art. 373, II), enquanto ao demandado incumbe o ônus de provar os fatos modificativos, extintivos ou impeditivos de tal direito (CPC, art. 373, II). Meios de defesa, os embargos monitórios, por isso mesmo, não exigem concessão de prazo ao autor-credor (cuja denominação também não se transmuda para 'embargado', como não passa a ser 'embargante' o devedor) para oferecer 'resposta' ou 'impugnação', salvo para se manifestar sobre eventuais documentos de que se façam acompanhar"[71].

Nesse sentido se posiciona Francisco C. Lima Filho[72] quando enfatiza que eles se constituem em defesa, porquanto não dependem, para sua admissão, de qualquer depósito ou garantia de juízo e serão processados nos próprios autos, pelo procedimento ordinário (CPC, art. 702), e são ofertados no prazo da defesa em geral, que é de 15 dias.

Carreira Alvim, ao seu lado, defende veementemente a natureza jurídica de defesa, haja vista que do contrário haveria "por certo um desestímulo ao exercício da ação monitória, pois, dificilmente, o autor preferirá um rito em que a simples defesa inverta os ônus da prova, colocando sobre seus ombros o encargo de provar o que em via ordinária deveria ser provado pelo réu"[73].

Situando-se em polo diametralmente oposto encontra-se Vicente Greco Filho[74], vaticinando: "Os embargos, como identificou Liebman, são ação, de natureza declaratória ou constitutiva negativa, não havendo razão para considerá-los, no caso, somente defesa. São ação, como eram ação os embargos do devedor na ação executiva do Código de 1939. Se o legislador se utilizou da figura dos embargos, foi para dar à defesa do devedor a forma de ação, com todas as consequências que daí resultam, em especial a inversão do ônus da iniciativa e a inversão do ônus da prova. Além disso, a sentença somente será proferida nos embargos, se forem apresentados, e dela caberá apelação sem efeito suspensivo, como preceitua o art. 1.012, do CPC. Nos moldes do que ocorre na execução por título extrajudicial, não há sentença sobre o título ou constitutiva do título. Se entender o contrário,

---

[71] DALAZEN, João Oreste. Sobre a ação monitória no processo do trabalho. *Revista LTr*, v. 59, nº 12, dez. 1995, p. 59-12/1608.

[72] LIMA FILHO, Francisco da C. Ação monitória – cabimento no âmbito trabalhista. *Jornal Trabalhista*, Brasília, ano XIII, nº 597, mar. 1996, p. 281.

[73] CARREIRA ALVIM, J. E. *Ação monitória e temas polêmicos da reforma processual*. Belo Horizonte: Del Rey, 1995. p. 58-59.

[74] GRECO FILHO, Vicente. A ação monitória. In: DINIZ, José Janguiê Bezerra (coord.). *Estudo do direito processual civil, trabalhista e penal*. Brasília: Consulex, 1996. p. 214.

ou seja, que os embargos são apenas defesa, o juiz teria de proferir sentença no pedido monitório e não nos embargos. Aí a apelação teria o duplo efeito, por não se encontrar a hipótese nas exceções do art. 1.012, do CPC, o que seria um absurdo e inviabilizaria a própria razão de ser do processo monitório. O fato de serem os embargos processados nos próprios autos (art. 1.102c, § 2º) nada significa no plano de sua natureza (o mesmo ocorria na ação executiva do Código de 1939). Poderá causar alguma dificuldade procedimental na subida da apelação que, por não ter efeito suspensivo, não evitará o prosseguimento da execução. Há três soluções possíveis que poderão ficar a critério do Magistrado ou de orientação geral administrativa: extrai-se traslado para a subida da apelação, extrai-se carta de sentença, mas o documento ao qual se somaram o preceito judicial e o fato da rejeição ou improcedência dos embargos) ou processa-se a continuidade da execução em autos suplementares, onde houver".

Diante dessa polêmica, após sopesar as duas posições, suplicando a indulgência dos defensores da natureza jurídica "defesa", *permissa maxima venia*, e diante dos fortes argumentos da corrente que considera os embargos ação, preferimos nos unir a essa fileira, principalmente porque, se vier a prevalecer a natureza jurídica dos embargos como defesa, o juiz terá que proferir sentença no pedido monitório e não nos embargos, haja vista que defesa não dá azo a sentença. Ademais, da sentença prolatada ensejará em sede de Processo Civil o recurso de apelação que será recebida nos efeitos suspensivo e devolutivo, pois fora das hipóteses do art. 1.012, § 1º, do CPC, o que por certo desnaturaria o objetivo do próprio processo monitório.

2.2.4.7 Recursos

Como foi visto anteriormente, a decisão injuntiva, que rejeita liminarmente a demanda monitória, dá azo à apelação no processo civil e ao recurso ordinário no processo trabalhista. A decisão injuntiva que acolhe a demanda, por ser interlocutória, não alimenta qualquer recurso, quer seja no processo trabalhista ou no processo civil, já que dela caberá embargos monitórios.

Com a apresentação dos embargos monitórios, da sentença neles prolatada, seja ela de procedência, procedência em parte ou de improcedência, cabe apelação no Processo Civil, e Recurso Ordinário no Processo Trabalhista.

2.2.4.8 Monitória contra a Fazenda Pública

Quanto ao cabimento do procedimento injuntivo contra a Fazenda Pública, a doutrina também não é uniforme.

Carreira Alvim[75] assevera com segurança que "Inexiste qualquer incompatibilidade entre a ação monitória e as pretensões de pagamento de soma de dinheiro contra a Fazenda Pública (federal, estadual, municipal), nela compreendidas as autarquias, nos mesmos moldes que pode ser demandada, na via ordinária, para a satisfação das suas obrigações. O procedimento monitório, tanto quando o ordinário, possibilita a cognição plena, desde que a Fazenda Pública ofereça embargos".

Assim, se o credor dispõe de um cheque emitido pela Fazenda Pública, que tenha perdido a eficácia de título executivo, nada impede se valha da ação monitória para receber o seu crédito; identicamente, aquele que dispõe de um empenho ou qualquer documento de crédito que atenda aos requisitos legais, dispõe de documento idôneo para instruir o pedido monitório.

Se não forem oferecidos os embargos, forma-se o título executivo "judicial", convertendo-se o mandado inicial em mandado executivo, prosseguindo-se na forma prevista no Livro II, Título II, Capítulos II e IV, cumprindo distinguir se se trata de execução para "entrega de coisa" (arts. 806 a 813), ou "por quantia certa" (art. 910 do CPC). Da mesma forma que a Fazenda Pública está sujeita à disciplina dos arts. 300 e 497, podendo também ser (requerida) na ação cautelar ou "sujeito passivo na ação mandamental (representada pela autoridade coatora), não há por que não possa ser injuncionada através da ação monitória".

Com outro pensamento está Vicente Greco Filho[76], que giza: "Finalmente, coerente com a posição sustentada em nosso *Execução contra a Fazenda Pública*, entendemos descaber a ação monitória contra a Fazenda Pública, pagamento por meio de ofício requisitório, como previsto no art. 100 da Constituição da República, e por meio de dotação orçamentária. Contra a fazenda não se admite ordem para pagamento, como não se admite penhor, devendo, pois, haver processo de conhecimento puro, com sentença em duplo grau de Jurisdição e execução nos termos do art. 100 da Constituição e art. 910 do Código".

Acreditamos ser plenamente admissível o procedimento monitório contra a Fazenda Pública. Primeiramente porque, quanto ao seu uso, não existe incompatibilidade que possa vir a ser demandada via ordinária; se-

---

[75] CARREIRA ALVIM, J. E. *Ação monitória e temas polêmicos da reforma processual.* Belo Horizonte, Del Rey, 1995. p. 61-62.

[76] GRECO FILHO, Vicente. A ação monitória. In: DINIZ, José Janguiê Bezerra (coord.). *Estudo do direito processual civil, trabalhista e penal* (coord.). Brasília: Consulex, 1996. p. 215.

gundo, porque não existe instituto normativo que o proíba; terceiro, porque toda instituição pública, por lei, possui um corpo jurídico bem treinado e competente – o que se presume – atento, portanto, à apresentação dos embargos à decisão injuntiva; quarto, porque a decisão proferida nos embargos apresentados pela Fazenda Pública, se de improcedência ou procedência parcial, será reapreciada pela instância superior em remessa necessária; e quinto porque, uma vez constituído o título, a sua execução se fará por precatório.

2.2.4.9 Conclusões sobre rescisória em sentença prolatada em ação monitória

Diante do explanado nos trechos precedentes, impõe-se lembrar que o instituto da ação rescisória só é admissível quando se tratar de decisão de mérito, transitada em julgado (CPC, art. 966).

Com efeito, constata-se que a decisão injuntiva – a qual determina, ou não, a expedição do mandado de citação do réu para pagamento de quantia em dinheiro, entrega de coisa fungível ou bem móvel – não examina mérito nenhum, pois se limita a analisar se os pressupostos injuntivos foram observados. Apenas enseja-se a construção mais célere e abreviada de um título executivo, "queimando-se" a etapa prévia do processo de conhecimento, possuindo um sentido de ordem ou aviso formal, de mandado do Estado-juiz para que o devedor inerte possibilite ao credor, através de procedimento simples e rápido, a obtenção de título executivo. Ademais, a cognição realizada nesse momento é apenas sumária, e a determinação ocorre *inaudita altera parte*.

Sobre o assunto, registre-se, ainda, que a decisão injuntiva que admite demanda monitória constitui-se em decisão interlocutória, que por si só não dá ensejo ao instituto da rescisória. Por outro lado, mesmo se a decisão injuntiva for denegatória da demanda, a despeito de ensejar recurso de apelação (no processo civil) ou ordinário (no processo trabalhista), a rescisória não será admissível, utilizando-se o mesmo raciocínio retroexpendido.

Entretanto, após o trânsito em julgado dessa decisão injuntiva, se denegatória, poderá ela ser desconstituída, como os atos jurídicos em geral, pela ação anulatória declaratória de nulidade.

Se não houver apresentação de embargos monitórios, o título "judicial" se formará, transformando-se o procedimento em execução propriamente dita, caso em que também não haverá sentença de mérito, impossibilitando a rescisória.

Por outro lado, em havendo apresentação dos embargos, estes "serão processados nos próprios autos pelo procedimento ordinário", exigindo para pôr termo a eles a prolação de uma sentença, podendo ser terminativa ou de mérito. A decisão neles proferida, se de mérito, após transitada em julgado, alimentará o instituto da rescisória nos casos taxativos do art. 966 do CPC.

Ademais, importa destacar o que dispõe o art. 701 acerca da ação monitória e da ação rescisória aplicada ao caso, senão vejamos:

> Art. 701. Sendo evidente o direito do autor, o juiz deferirá a expedição de mandado de pagamento, de entrega de coisa ou para execução de obrigação de fazer ou de não fazer, concedendo ao réu prazo de 15 (quinze) dias para o cumprimento e o pagamento de honorários advocatícios de cinco por cento do valor atribuído à causa.
> (...).
> § 2º Constituir-se-á de pleno direito o título executivo judicial, independentemente de qualquer formalidade, se não realizado o pagamento e não apresentados os embargos previstos no art. 702, observando-se, no que couber, o Título II do Livro I da Parte Especial.
> § 3º É cabível ação rescisória da decisão prevista no *caput* quando ocorrer a hipótese do § 2º.

2.2.5 Rescisória de sentença prolatada por juiz arbitral

Para respondermos à questão de forma satisfatória, impõe-se sejam tecidas algumas considerações, embora que em apertada síntese sobre o instituto da arbitragem, principalmente porque em 23 de setembro de 1996 foi publicada a Lei 9.307/1996 (recentemente alterada pela Lei 13.129, de 26 de maio de 2015) que atribui novo disciplinamento ao instituto da arbitragem no Brasil.

A arbitragem, como se sabe, é uma forma de solução dos conflitos. Logo, faz-se mister, também, asseverar que a palavra conflito, etimologicamente vem do latim, *conflictu*. Socorremo-nos do *Aurélio* para asseverar que o termo significa: desavença, luta, combate, guerra, colisão, choque, contenda, controvérsia, disputas, litígios, dissídios etc.[77].

Cumpre ressaltar, no contexto, que em tempos imemoriais os conflitos eram solucionados pela "justiça da mão própria", que consistia numa solução rápida dos conflitos utilizando as "vias de fato", que consistia na vitória do líder, do mais forte sobre o mais fraco, e era o que chamamos de autotutela ou autodefesa[78].

---

[77] FERREIRA, Aurélio Buarque de Holanda. *Novo dicionário*. 1. ed., 15. imp. (s.l) Nova Fronteira, s.d., p. 263.

[78] BERTOLIN, Patrícia Tuma Martins. *Reformulação do processo do trabalho* – Juizados de Pequenas Causas Trabalhistas. São Paulo: LTr, 1996. p. 17.

Posteriormente, o surgimento das associações humanas e a sua consequente transformação em cidades deram origem à justiça privatista[79], cujos exemplos são as revoltas, as sublevações, as guerras, época em que a autocomposição, a qual pode ser entendida como desistência, submissão e transição, ganhou vigor.

Dessa evolução das associações humanas resultaram os primeiros estados, "com a criação de uma classe nobre dirigente e de uma plebe dirigida". Os conflitos, nessa época, passaram a ser solucionados por intermédio da arbitragem, que, na maioria das vezes, era realizada pelos sacerdotes – que tinham proteção divina – e pelos anciões, em face de suas experiências[80].

À guisa de ilustração, ressalte-se que, no direito romano, a figura do pretor preparava a ação, "primeiro, mediante o enquadramento na ação da lei, e, depois, acrescentando a elaboração da fórmula, como se vê na exemplificação de **Gaio**, e, em seguida, o julgamento por um **iudex** ou **arbiter**, que não integrava o corpo funcional romano, mas era simples particular idôneo, incumbido de julgar..."[81].

Com o fortalecimento dos Estados, os conflitos passaram a ser solucionados pelos Tribunais, os quais mereciam, ainda, a presunção de serem de origem divina[82].

A tutela jurisdicional como ocorre hoje só passou a existir quando o Estado conseguiu libertar-se dos vínculos que tinha com a Igreja, com o sobrenatural.

Hoje, portanto, os conflitos de trabalho surgidos das lutas de classes, existentes desde as primeiras fases da civilização humana, só a partir dos últimos dois séculos passou a sofrer intervenção do Estado[83]; atualmente, esses conflitos são solucionados de várias formas, ocupando posição de destaque, entre essas formas, a arbitragem, objeto dessa digressão.

---

[79] IHERING, Rudolf Von. *A luta pelo direito*. 2. ed. Rio de Janeiro: Rio, 1990. p. 29.
[80] BERTOLIN, Patrícia Tuma Martins. *Reformulação do processo do trabalho* – Juizados de Pequenas Causas Trabalhistas. São Paulo: LTr, 1996. p. 19.
[81] TEIXEIRA, Sálvio de Figueiredo. Conferência proferida no seminário "A arbitragem e o Brasil – uma perspectiva múltipla". São Paulo, 13.11.1996. Original datilografado em curso de publicação (gentileza do autor).
[82] No passado houve grandes dificuldades para que os indivíduos se sujeitassem às decisões estabelecidas pelos tribunais, seres estranhos. Para tanto, foi atribuída a esses órgãos a origem divina para que suas decisões pudessem ser aceitas com mais facilidade pelos indivíduos.
[83] RUSSOMANO, Mozart Victor; CABANELAS, Guillermo. *Conflitos coletivos de trabalho*. São Paulo: RT, 1970. p. 80.

A **arbitragem** é, portanto, um dos mais antigos meios de solução dos conflitos. Surgindo na Grécia, consiste em submeter o conflito à decisão de um terceiro (pessoa, grupo, entidade administrativa ou órgão judicial).

Sua evolução ocorreu no Direito Romano em sua modalidade obrigatória, pois o pretor preparava a ação, primeiro mediante o enquadramento na ação da lei, e, depois, acrescentando a elaboração da fórmula, e, em seguida, submetia o julgamento a um **iudex** ou **arbiter**, objetivado por um particular estranho ao corpo funcional romano, desde que idôneo, que tinha a incumbência de solver o litígio. Quintiliano, gramático de profissão, foi inúmeras vezes nomeado **arbiter**, tanto que veio a contar, em livro, as suas experiências[84].

Não se confunde com arbitramento, embora tenham a mesma raiz etimológica (do latim *arbiter*, juiz ou árbitro). O arbitramento procura determinar o valor de fatos ou coisas para se chegar à equivalência pecuniária[85].

Pode ser voluntária (*voluntary arbitration*), que decorre da submissão espontânea das partes a um árbitro ou a um tribunal arbitral, e obrigatória, que é imposta pelo Estado para solução dos conflitos[86].

Para se recorrer à arbitragem, é necessária a existência de uma cláusula compromissória, que consiste num ajuste prévio, integrado a um contrato ou não, pelo qual as partes contratantes, voluntariamente, pactuam que eventuais controvérsias futuras que ocorram no cumprimento de um contrato, serão submetidas a juízo arbitral[87].

Esse instrumento escrito pode ser um acordo ou uma convenção coletiva, e o litígio futuro pode até não surgir, ou de um compromisso arbitral (consiste num ajuste voluntário entre os contratantes que remete a um árbitro a solução de uma controvérsia presente havida no cumprimento de um contrato. Noutro falar, consiste num instrumento criado no instante da controvérsia, objetivando solucioná-la).

A arbitragem voluntária teve origem e maior desenvolvimento nos EUA e no Canadá.

---

[84] TEIXEIRA, Sálvio de Figueiredo. Conferência proferida no seminário "A arbitragem e o Brasil – uma perspectiva múltipla". São Paulo, 13.11.1996. Original datilografado em curso de publicação (gentileza do autor).

[85] DE PLÁCIDO E SILVA. *Vocabulário jurídico*. 4. ed. Rio de Janeiro: Forense, 1975. p. 145-146, *apud* FRANCO FILHO, Georgenor de Souza. *A arbitragem e os conflitos coletivos no Brasil*. São Paulo: LTr, 1996. p. 31.

[86] A arbitragem obrigatória é condenada pela Recomendação 92 e Convenção 154 da OIT, pois que considerada como sendo repressora ao exercício do direito de escolha.

[87] RAMOS FILHO, Wilson. A nova Lei de Arbitragem e a solução dos conflitos coletivos de trabalho. *Revista LTr*, São Paulo: LTr, v. 61, nº 1, jan. 1997, p. 61-01/53.

Nos EUA, *v.g.*, 90% dos contratos coletivos dispõem que as controvérsias serão resolvidas por árbitros privados. Lá, a arbitragem pode ser de duas formas: **arbitragem de queixas (*grievance arbitration*)**, que tem por objetivo dirimir as controvérsias oriundas "das convenções coletivas, isto é, conflitos de natureza jurídica a respeito de aplicação ou interpretação desses convênios"[88], e **arbitragem de interesses (*interest arbitration*)**, destinada à "fixação de novas condições de trabalho, como salários, horários, pensões e vantagens sociais"[89].

Nos Estados Unidos, os árbitros são escolhidos livremente pelas partes, em agências especializadas, como a FMCS (*Federal Mediation and Conciliation Service*), órgão público; AAA (*American Arbitration Association*), órgão privado. De ressaltar que os árbitros considerados mais competentes são os oriundos da *National Academy of Arbitration*.

Digno de menção é que a arbitragem voluntária contou com pouca aceitação nos países da América Latina. Por outro lado, existe registro da arbitragem obrigatória na Argentina, Equador, Peru, Nicarágua, Bolívia, México, Panamá, Guatemala, Paraguai, Venezuela e Colômbia.

No Brasil, a sua aplicação em qualquer das áreas é muito pequena, utilizada na maioria das vezes em seara de direito internacional público e, raramente, no direito comercial.

A primeira vez que o Brasil recorreu à arbitragem foi com a Inglaterra, no caso Christie, envolvendo oficiais da Marinha Britânica, tripulantes da Fragata Forte, detidos no Rio de Janeiro. O caso foi solucionado pelo Rei Leopoldo da Bélgica em 18.06.1863. Outras questões internacionais, desta vez de fronteiras, foram resolvidas pela arbitragem: 1) com a Bolívia, sobre a Questão do Acre, por meio do tratado de Petrópolis, em 17.11.1903; 2) com a Argentina, sobre o Território de Palmas ou das Missões, pelo tratado arbitral de 07.09.1889, cujo árbitro foi De Grover Cleveland, presidente dos Estados Unidos. O defensor dos nossos interesses, naquela ocasião, foi o Barão do Rio Branco; 3) com a França, sobre a Região do Amapá com a Guiana Francesa, resolvido por meio do Tratado de 10.04.1897, cujo árbitro foi o Presidente do Conselho federal Suíço, Walther Hauser, tendo o Barão do Rio Branco defendido novamente os interesses brasileiros; 4) com a Grã-Bretanha, por terras da Guiana Inglesa, pelo Tratado de Londres de 06.11.1901, cujo árbitro foi o Rei Vitor Emmanuel III da Itália, com Joaquim Nabuco representando os interesses do Brasil.

---

[88] TUPINAMBÁ NETO, Hermes Afonso. *A solução dos conflitos coletivos no direito comparado* – uma visão crítica. São Paulo: LTr, 1993. p. 42.

[89] TUPINAMBÁ NETO, Hermes Afonso. *A solução dos conflitos coletivos no direito comparado* – uma visão crítica. São Paulo: LTr, 1993. p. 42.

O Código Comercial de 1850, ainda vigente, "Estabelecia, em alguns de seus dispositivos, a arbitragem obrigatória, como, por exemplo, no art. 294, nas causas entre sócios de sociedades comerciais, 'durante a existência da sociedade ou companhia, sua liquidação ou partilha', regra que era reafirmada no art. 348. O Regulamento 737, daquele ano, conhecido como primeiro diploma processual brasileiro codificado, por sua vez previa em seu art. 411 que seria o juízo arbitral obrigatório se comerciais as causas. A Lei nº 1.350, de 14.9.1866, no entanto, revogou aqueles dispositivos, sem contestação à época"[90].

O CPC de 1939 e o de 1973 adotaram a arbitragem de forma facultativa.

A Lei 7.244, de 07.11.1984, instituidora dos Juizados Especiais de Pequenas Causas, posteriormente revogada pela Lei 9.099, de 26.09.1995, instituidora dos Juizados Especiais Civis e Criminais, previa a arbitragem facultativa após a tentativa de Conciliação, sendo o árbitro necessariamente um advogado, embora o laudo dependesse de homologação pelo juiz. A mesma lei revogadora através do art. 24 também prevê, sendo que no caso o árbitro deve ser escolhido dentre os juízes leigos ou conciliadores, cujo laudo será homologado pelo juiz togado.

No âmbito constitucional, existe previsão no art. 217, §§ 1º e 2º, e no art. 114, § 1º[91].

O Brasil deu um grande passo no sentido de incrementar o uso da arbitragem nas questões comerciais e civis que, na minha ótica, podem ser estendidas às questões trabalhistas. Esse avanço é devido à Lei 9.307, de 23.09.1996, de iniciativa do "Instituto Liberal de Pernambuco" e sob o patrocínio do Ex-senador Marco Maciel. A referida lei, elaborada por uma comissão de juristas especializados na área, foi publicada no *Diário Oficial da União* em 24.09.1996, com *vacatio legis* de sessenta dias, que passou a viger a partir de 23.11.1996, revogando os arts. 1.037 a 1.047 do Código Civil de 1916 e os arts. 1.072 a 1.102 do Código de Processo Civil de 1973, além de alterar os arts. 267, 302, 584 e 520 também do CPC de 1973.

---

[90] TEIXEIRA, Sálvio de Figueiredo. Conferência proferida no seminário "A arbitragem e o Brasil – uma perspectiva múltipla" São Paulo, 13.11.1996. Original datilografado em curso de publicação (gentileza do autor).

[91] O § 1º do art. 217 da CF frisa: "O Poder Judiciário só admitirá ações relativas à disciplina e às competições desportivas após esgotarem-se as instâncias da justiça desportiva, regulada em lei". O § 2º estipula: "A justiça desportiva terá o prazo máximo de sessenta dias, contados da instauração do processo para proferir decisão final". O § 1º do art. 114 assinala: "Frustrada a negociação coletiva, as partes poderão eleger árbitros".

O novo CPC dispõe em seu art. 3º, § 1º: "Art. 3º Não se excluirá da apreciação jurisdicional ameaça ou lesão a direito. § 1º É permitida a arbitragem, na forma da lei".

As partes interessadas podem submeter a solução de seus litígios ao juízo arbitral mediante convenção arbitral, assim entendida a cláusula compromissória como a convenção inserida num contrato, pela qual as partes se comprometem a submeter qualquer questão oriunda do contrato à arbitragem, e mediante o compromisso arbitral, que consiste num instrumento arbitral expresso, por meio do qual as partes submetem um litígio à arbitragem, conforme artigo 4º da Lei 9.307, de 23 de setembro de 1996.

O árbitro é juiz de fato e de direito, e a sentença que proferir não fica sujeita a recurso ou homologação pelo Poder Judiciário.

A sentença arbitral estrangeira, para ser reconhecida ou executada no Brasil, depende de homologação pelo STJ, nos moldes do art. 105, I, *i*, da Constituição Federal, após a Emenda Constitucional 45/2004.

Para efeitos penais, "os árbitros são equiparados aos funcionários públicos, a ensejar o enquadramento dos mesmos na tipologia criminal em ocorrendo deslizes de comportamento".

Até o surgimento dessa lei, a arbitragem no Brasil não era muito utilizada, por vários motivos, dentre eles o custo da arbitragem que de regra é muito oneroso.

Com a publicação da lei, surgiram vozes alegando ser ela inconstitucional sob o argumento de violar o princípio constitucional da garantia do direito de ação, ou da inafastabilidade do Judiciário previsto no art. 5º, XXXV, da Carta Maior, argumentos totalmente superados.

No tocante à arbitragem trabalhista no Brasil, é particularmente triste consignar que nunca houve uma grande utilização dessa forma de solução de conflitos, apesar de existirem vários textos de lei incentivando esse tipo de solução de conflitos.

O Decreto 1.037, de 05.01.1907, por exemplo, criou mecanismos para resolver disputas trabalhistas mediante a arbitragem por meio dos próprios sindicatos[92].

Mais tarde, o Decreto 22.132, de 25.11.1932, instituiu a possibilidade da arbitragem facultativa e, em certos casos, compulsória (quando se tratar de questões individuais, por exemplo).

---

[92] PUECH, Luiz Roberto de Rezende. Solução dos conflitos coletivos do trabalho. In: MAGANO, Octávio Bueno (coord.). *Curso de direito do trabalho em homenagem a Mozart Victor Russomano*. São Paulo: Saraiva, 1985. p. 537.

Em 1983, foi expedido o Decreto 88.984, de 10.11.1983, que criou os Conselhos Federal e Regionais de Relações de Trabalho, e o Serviço Nacional de Mediação e Arbitragem, que passariam a funcionar perante as Delegacias Regionais do Trabalho, instituindo uma arbitragem pública facultativa em caso de conflitos coletivos.

A Constituição Federal de 1988, por meio do art. 114, §§ 1º e 2º, estipula: "§ 1º Frustrada a negociação coletiva, as partes poderão eleger árbitros. § 2º Recusando-se qualquer das partes à negociação coletiva ou à arbitragem, é facultado às mesmas, de comum acordo, ajuizar dissídio coletivo de natureza econômica, podendo a Justiça do Trabalho decidir o conflito, respeitadas as disposições mínimas legais de proteção ao trabalho, bem como as convencionadas anteriormente. (Redação dada pela Emenda Constitucional 45, de 2004)".

A própria Lei Complementar 75/1993 – Lei Orgânica do Ministério Público da União – por meio do art. 83, XI, atribui como competência do Ministério Púbico do Trabalho, independentemente de cláusula compromissória, "atuar como árbitro, se assim for solicitado pelas partes, nos dissídios de competência da Justiça do Trabalho".

De registrar-se que a vantagem da utilização do Ministério Público do Trabalho como órgão arbitral é que não haverá pagamento de honorários arbitrais (CF, art. 128, III)[93].

Logo, reconhecida na Constituição Federal, por que a arbitragem trabalhista no Brasil não é amplamente utilizada?

Cremos que, com a publicação da Lei 9.307/1996, principalmente nos dissídios coletivos, a arbitragem trabalhista deverá ser ampliada. Quanto aos dissídios individuais, acreditamos que a utilização da lei não será nefasta para os trabalhadores, haja vista a faculdade da escolha livre, pelas partes dos solucionadores do conflito, além de que ela contribuirá sobremaneira com a questão da celeridade na solução dos conflitos entre capital e trabalho. Com isso acho que todos devem fazer o possível e o impossível para a suscetibilidade da aplicação dessa lei em sede trabalhista. No particular, concordamos com Roberto Davis[94] quando enfatiza que se retorna "Ao primado da simplicidade e ao desapego às complicações, valorizados nos idos de 1930 e enquanto, no tempo, deram bons resultados, trazendo a vantagem, pelo menos teórica, de

---

[93] SILVA NETO, Manoel Jorge e. A arbitragem e o Ministério Público do Trabalho. *Revista do Ministério Público da União*, ano III, nº 6, set. 1993, p. 66.

[94] DAVIS, Roberto. Juízo arbitral trabalhista. *Jornal Trabalhista*, Brasília: Consulex, nº 636, ano XIII, dez. 1996, p. 1.322.

poderem as partes escolher, livremente, os juízes de seus litígios. O que, sob o ponto de vista da brevidade, muito contribuirá, certamente, para afastar ou diminuir os incidentes e protelações que tanto contribuem para o desdém e a insatisfação dos interessados ante a morosidade do aparelho oficial".

Autores existem, entretanto, que combatem a utilização da Lei sob comento, em sede de dissídios individuais. Jorge Luiz Souto Maior[95] sublinha ser inadmissível, haja vista que "O direito do trabalho é um direito que não comporta, em princípio, a faculdade da disponibilidade de direitos por ato voluntário e isolado do empregado". Por seu turno, Bueno Magano[96] assevera que a arbitragem não é amplamente utilizada, já que os direitos trabalhistas são irrenunciáveis e intransacionáveis, por serem tratados em normas de ordem pública. Argumenta, ademais, que em face da Constituição Federal de 1988, art. 5º, XXV[97], que trata do princípio da garantia do direito de ação ou inafastabilidade do Judiciário, ninguém pode ser impedido de ter acesso aos tribunais jurisdicionais.

Quanto ao primeiro argumento, importa asseverar que os direitos trabalhistas são irrenunciáveis e intransacionáveis em qualquer lugar do mundo, pois que preconizado pela própria Organização Internacional do Trabalho. Entretanto, em alguns países desenvolvidos do mundo a arbitragem é encarregada de resolver 90% dos conflitos trabalhistas com a celeridade que sonhamos e que desejamos um dia alcançar.

Por outro lado, o fato de o art. 5º, XXV, consagrar o princípio do direito de ação, faculdade de todo indivíduo titular de um direito subjetivo, lesado ou na iminência de o ser, desde que observando as condições da ação, nada impede que a arbitragem, forma rápida de solução dos conflitos, seja estimulada e incentivada por todos e de todas as formas. Ademais, como a arbitragem é "equivalente à jurisdição" ou substitutivo da jurisdição estatal, não vemos tal inconstitucionalidade. Por outro lado, "a ação é direito subjetivo autônomo, mas vinculado, em uma relação de instrumentalidade a um direito material; o direito material, cuja eficácia é garantida através da ação e da jurisdição, pode-se encontrar na esfera da disponibilidade do indivíduo; se ao direito material pode-se renunciar, à ação (prescrição, decadência), como direito autônomo e instrumental, também é possível renunciar-se". Por outro lado,

---

[95] SOUTO MAIOR, Jorge Luiz. Arbitragem e direito do trabalho. *Revista Anamatra*, ano 8, nº 29, Edição Especial, encerramento do ano de 1996, p. 38.

[96] MAGANO, Octavio Bueno. *Manual de direito do trabalho*: direito coletivo do trabalho. São Paulo: LTr, 1984. v. III, p. 192 e 195.

[97] Magano se referia ao texto da Constituição Federal anterior.

urge "buscar soluções que facilitem o acesso à justiça, e dentre essas soluções, exsurge a arbitragem".

Hoje, muito mais que nunca, temos que plenamente cabível, haja vista que a própria lei enfatiza que a sentença arbitral independe de homologação pelo Judiciário, e não está sujeita a recurso, salvo estipulação em contrário das partes. Entretanto, como veremos mais adiante, a rescisória como meio autônomo de impugnação às decisões judiciais não se constitui em recurso, mas em ação de conhecimento, ensejando uma nova relação processual, excluindo-se, por conseguinte, da vedação da lei.

Em que pese o nosso entendimento, o posicionamento do C. Tribunal Superior do Trabalho repousa no sentido da inadmissibilidade da arbitragem em sede de dissídios individuais. Nesse sentido:

> Ação civil pública. Ministério Público do Trabalho. Câmara de Arbitragem. Imposição de obrigação de não fazer. Abstenção da prática de arbitragem no âmbito das relações de emprego.
>
> 1. Controvérsia estabelecida nos autos de ação civil pública ajuizada pelo Ministério Público do Trabalho, em que se busca impor a pessoa jurídica de direito privado obrigação de abster-se de promover a arbitragem de conflitos no âmbito das relações de emprego.
>
> 2. Acórdão proferido por Turma do TST que, a despeito de prover parcialmente recurso de revista interposto pelo *Parquet*, chancela a atividade de arbitragem em relação ao período posterior à dissolução dos contratos de trabalho, desde que respeitada a livre manifestação de vontade do ex-empregado e garantido o acesso irrestrito ao Poder Judiciário. Adoção de entendimento em que se sustenta a disponibilidade relativa dos direitos individuais trabalhistas, após a extinção do vínculo empregatício.
>
> 3. Seja sob a ótica do artigo 114, §§ 1º e 2º, da Constituição Federal, seja à luz do artigo 1º da Lei nº 9.307/1996, o instituto da arbitragem não se aplica como forma de solução de conflitos individuais trabalhistas. Mesmo no tocante às prestações decorrentes do contrato de trabalho passíveis de transação ou renúncia, a manifestação de vontade do empregado, individualmente considerado, há que ser apreciada com naturais reservas, e deve necessariamente submeter-se ao crivo da Justiça do Trabalho ou à tutela sindical, mediante a celebração de válida negociação coletiva. Inteligência dos artigos 7º, XXVI, e 114, *caput*, I, da Constituição Federal.
>
> 4. Em regra, a hipossuficiência econômica ínsita à condição de empregado interfere no livre arbítrio individual. Daí a necessidade de intervenção estatal ou, por expressa autorização constitucional, da entidade de classe representativa da categoria profissional, como meio de evitar o desvirtuamento dos preceitos legais e constitucionais que regem o Direito Individual do Trabalho. Artigo 9º da CLT.

5. O princípio tuitivo do empregado, um dos pilares do Direito do Trabalho, inviabiliza qualquer tentativa de promover-se a arbitragem, nos moldes em que estatuído pela Lei nº 9.307/1996, no âmbito do Direito Individual do Trabalho. Proteção que se estende, inclusive, ao período pós-contratual, abrangidas a homologação da rescisão, a percepção de verbas daí decorrentes e até eventual celebração de acordo com vistas à quitação do extinto contrato de trabalho. A premência da percepção das verbas rescisórias, de natureza alimentar, em momento de particular fragilidade do ex-empregado, frequentemente sujeito à insegurança do desemprego, com maior razão afasta a possibilidade de adoção da via arbitral como meio de solução de conflitos individuais trabalhistas, ante o maior comprometimento da vontade do trabalhador diante de tal panorama.

6. A intermediação de pessoa jurídica de direito privado – "câmara de arbitragem" – quer na solução de conflitos, quer na homologação de acordos envolvendo direitos individuais trabalhistas, não se compatibiliza com o modelo de intervencionismo estatal norteador das relações de emprego no Brasil.

7. Embargos do Ministério Público do Trabalho de que se conhece, por divergência jurisprudencial, e a que se dá provimento (TST, RR 25900-67.2008.5.03.0075, Fase Atual: E-ED, Subseção I Especializada em Dissídios Individuais, Rel. Min. João Oreste Dalazen, Data de Publicação: 22.05.2015).

No pertinente aos arts. 32 e 33[98] da Lei de Arbitragem, que estabelecem casos de nulidade da sentença arbitral, regulando também a ação que

---

[98] "Art. 32. É nula a sentença arbitral se: I – for nula a convenção de arbitragem (alteração conforme a Lei 13.129/2015); II – emanou de quem não podia ser árbitro; III – não contiver os requisitos do art. 26 desta Lei; IV – for proferida fora dos limites da convenção de arbitragem; V – não decidir todo o litígio submetido à arbitragem; VI – comprovado que foi proferida por prevaricação, concussão ou corrupção passiva; VII – proferida fora do prazo, respeitado o disposto no art. 12, inciso III, desta Lei; e VIII – forem desrespeitados os princípios de que trata o art. 21, § 2º, desta Lei". "Art. 33. A parte interessada poderá pleitear ao órgão do Poder Judiciário competente a declaração da nulidade da sentença arbitral, nos casos previstos nesta Lei. (alteração conforme a Lei 13.129/2015) § 1º A demanda para a declaração de nulidade da sentença arbitral, parcial ou final, seguirá as regras do procedimento comum, previstas na Lei nº 5.869, de 11 de janeiro de 1973 (Código de Processo Civil), e deverá ser proposta no prazo de até 90 (noventa) dias após o recebimento da notificação da respectiva sentença, parcial ou final, ou da decisão do pedido de esclarecimentos. § 2º A sentença que julgar procedente o pedido declarará a nulidade

lhe vise declarar a nulidade, devemos distinguir os conceitos de nulidade e de rescindibilidade. Como visto na nota de rodapé, o art. 32 fixa nulidades, entre as quais a decorrente de prevaricação, concussão ou corrupção passiva, enquanto o art. 33 fixa a ação declaratória de nulidade. Entrementes, de se rememorar, pois dito anteriormente, que a nulidade não se relaciona com a rescindibilidade. A declaração dos atos nulos gera efeitos *ex tunc*. Dos atos rescindíveis, *ex nunc*.

Outrossim, mesmo que considerássemos que as causas previstas no art. 32 da Lei fossem de rescindibilidade, constata-se que ela não abrange todos os casos de imperfeição contidas no art. 966 do CPC.

Por outro lado, a sentença arbitral é considerada título judicial, pois elencada no rol desses títulos previstos primeiramente no art. 475-N, IV, do antigo CPC (artigo acrescentado pela Lei 11.232/2005) e, no novo CPC, no art. 515, VII, e produzirá entre as partes e seus sucessores os mesmos efeitos da sentença judiciária, com eficácia de título executivo judicial, produzindo, pois, coisa julgada além de formalmente, também materialmente.

Por fim, o prazo prescricional da ação de nulidade é muito exíguo, noventa dias[99], enquanto o da rescisória é de dois anos. Não é aceitável que imperfeições de uma decisão, tida como substitutivo ou equivalente da jurisdição, que põe termo a um conflito social, prescreva num prazo tão ínfimo, o que afrontaria o princípio da razoabilidade.

À luz dos explanado nos tópicos precedentes, não outro caminho senão concluir pelo cabimento da rescisória contra sentença arbitral.

---

da sentença arbitral, nos casos do art. 32, e determinará, se for o caso, que o árbitro ou o tribunal profira nova sentença arbitral. § 3º A declaração de nulidade da sentença arbitral também poderá ser arguida mediante impugnação, conforme o art. 475-L e seguintes da Lei nº 5.869, de 11 de janeiro de 1973 (Código de Processo Civil), se houver execução judicial. § 4º A parte interessada poderá ingressar em juízo para requerer a prolação de sentença arbitral complementar, se o árbitro não decidir todos os pedidos submetidos à arbitragem". (NR)

[99] Tal prazo está previsto no art. 33, § 1º, da Lei 9.307/1996, alterado pela Lei 13.129/2015, que dispõe: "§ 1º A demanda para a declaração de nulidade da sentença arbitral, parcial ou final, seguirá as regras do procedimento comum, previstas na Lei nº 5.869, de 11 de janeiro de 1973 (Código de Processo Civil), e deverá ser proposta no prazo de até 90 (noventa) dias após o recebimento da notificação da respectiva sentença, parcial ou final, ou da decisão do pedido de esclarecimentos".

2.2.6 Cabimento de rescisória de sentença proferida em outra ação rescisória

O CPC de 1939, por meio do art. 799, admitia expressamente a interposição de rescisória de sentença proferida numa outra rescisória. O Código de Processo Civil, promulgado em 1973, não trazia em seu bojo dispositivo regulando tal matéria expressamente, mas implicitamente, ao não vedá-la, assim como o novo CPC.

Doutrinariamente não há uniformidade. Autores existem se posicionando no sentido de que só se admite o ajuizamento de rescisória de rescisória, por fundamentos diversos daqueles que serviram de base da primeira ação[100]. Haja vista que "só é possível quando as hipóteses previstas na lei processual pertinem à relação jurídica processual instaurada na primeira rescisória e não na ação originária, de cujo, antes se pedira rescisão".

Sobre o tema, dispõe o doutrinador Alexandre Freitas Câmara[101]: "A rescisória de rescisória é cabível apenas para impugnar decisões transitadas em julgado proferidas sobre o mérito da ação rescisória anteriormente proposta. Não se pode, de outro lado, querer a parte valer-se da rescisória de rescisória para impugnar novamente aquele provimento jurisdicional que já fora impugnado na primeira ação rescisória".

Nós particularmente achamos que cabe, ressalvando, a simples reiteração da demanda anterior, com o mesmo pedido e idêntica causa de pedir. Concordamos, no particular com Nelson Nery Júnior[102], que vislumbra ser possível, em tese, rescisória de rescisória, quando o acórdão proferido em ação rescisória tenha decidido o mérito da pretensão, fazendo a coisa julgada material, e "Padeça de um dos vícios enumerados no art. 485 do CPC".

Sob a mesma linha de raciocínio caminha Ernane Fidélis quando ensina[103]: "a ação rescisória é ação de conhecimento e, quando não extinta anor-

---

[100] Valentin Carrion define a rescisória de rescisória aludindo: "É como que uma caixa dentro de uma caixa, dentro de uma caixa..." (CARRION, Valentin. *Comentários à Consolidação das Leis do Trabalho* – legislação complementar, jurisprudência. 19. ed. atual. e ampl. São Paulo: Saraiva, 1995. p. 610).

[101] CÂMARA, Alexandre Freitas. *Ação rescisória*. 2. ed. São Paulo: Atlas, 2012. p. 156.

[102] NERY JR., Nelson; NERY, Rosa Maria de Andrade. *Código de Processo Civil comentado*. 2. ed. rev. e ampl. São Paulo: RT, 1996. p. 862. Convém assinalar que a situação se refere a artigo do antigo CPC, sendo no novo CPC correspondente ao art. 966.

[103] SANTOS, Ernane Fidelis dos. *Manual de direito processual civil*. 4. ed. atual. e reform. São Paulo: Saraiva, 1996. v. I, p. 594.

malmente, o é através de sentença de mérito. Em consequência, a sentença de mérito da ação rescisória fica também sujeita a outra rescisão".

Na Justiça do Trabalho, sobre o tema, temos a Súmula 400 do TST, que dispõe:

> Súmula nº 400 do TST – Ação rescisória de ação rescisória. Violação manifesta de norma jurídica. Indicação da mesma norma jurídica apontada na rescisória primitiva (mesmo dispositivo de Lei sob o CPC de 1973). (Nova redação em decorrência do CPC de 2015) – Res. 208/2016, DEJT divulgado em 22, 25 e 26.04.2016.
>
> Em se tratando de rescisória de rescisória, o vício apontado deve nascer na decisão rescindenda, não se admitindo a rediscussão do acerto do julgamento da rescisória anterior. Assim, não procede rescisória calcada no inciso V do art. 966 do CPC de 2015 (art. 485, V, do CPC de 1973) para discussão, por má aplicação da mesma norma jurídica, tida por violada na rescisória anterior, bem como para arguição de questões inerentes à ação rescisória primitiva. (ex-OJ nº 95 da SBDI-2 – inserida em 27.09.2002 e alterada *DJ* 16.04.2004).

Manoel Antonio Teixeira Filho[104], analisando a OJ 95, da SDI II do TST, convertida na Súmula 400 do TST, acima mencionada, concluiu que "a segunda rescisória não pode ter como objeto as mesmas matérias que constituíram objeto da anterior, sob pena de injustificável repetição de ações".

O Pretório Supremo Tribunal Federal já decidiu sobre o tema: "Não é permitida a reiteração de ação rescisória sobre as mesmas questões decididas na anterior. Cabe apenas por algum dos fatos mencionados no art. 485, incisos I e IX, do CPC, ocorrido na relação jurídica processual da ação rescisória antecedente" (STF, Ac. un., AR 1.130/GO, Pleno, Rel. Min Pedro Soares Muñoz, j. 15.02.1984, *RTJ* 102/119).

2.2.7 Outras sentenças – cabimento

Cabe, ademais, o instituto da rescisória, de sentença que decreta e rejeita a prescrição, ou pronuncia a decadência, pois de mérito.

---

[104] TEIXEIRA FILHO, Manoel Antonio. *Ação rescisória no processo do trabalho*. 4. ed. São Paulo: LTr, 2005. p. 322.

Por outro lado, cabe rescisória de sentença proferida em ação de liquidação de sentença[105], senão vejamos:

> Processual civil. Ação Rescisória. Liquidação de sentença. Ação civil pública. Dano ambiental. Desrespeito aos parâmetros fixados pela sentença de conhecimento. Ofensa à coisa julgada. Não provimento dos embargos infringentes.
>
> 1. Embargos infringentes com origem em ação rescisória em que a Construtora Cunha Ltda. e José Francisco da Cunha visavam à desconstituição de decisão que, em sede de liquidação de sentença proferida em ação civil pública, fixou a indenização por dano ambiental em R$ 5.616.976,64 (cinco milhões, seiscentos e dezesseis mil, novecentos e setenta e seis reais e sessenta e quatro centavos).
>
> 2. O voto vencedor entendeu que o laudo, no qual se baseou a sentença de liquidação, ao realizar a valoração dos danos e agravos ambientais deixou de considerar aspectos relevantes que acabaram por tornar o valor da indenização desproporcional, em razão de ter levado em conta a perda total da área do mangue, "desprezando tanto a viabilidade de recuperação como a conduta positiva do agente responsável, tendente a recompor a área devastada, além de tratar o dano ambiental de forma uniforme, sem distinguir a área aterrada daquela que foi objeto de corte", tendo concluído pela ofensa à coisa julgada.
>
> 3. O voto vencido entendeu pela inexistência de ofensa à coisa julgada, sob o argumento de que a decisão rescindenda se baseou em cálculos, cuja metodologia científica é extremamente acolhida, tendo respeitado os parâmetros estabelecidos pela sentença de conhecimento, de forma que, não havendo lugar para revisão do conteúdo probatório em sede de rescisória, dever-se-ia concluir pelo descabimento da ação.

---

[105] Outrora, cabia rescisória de sentença proferida em processo de liquidação de sentença mesmo que elaborada por cálculo do contador. Hoje, entrementes, em face da Lei 8.898, de 29 de junho de 1994, inexiste no processo civil a liquidação por cálculo do contador, pois que: "quando a determinação do valor da condenação depender apenas de cálculo aritmético, o credor procederá à sua execução na forma do art. 652 e seguintes, instruindo o pedido com a memória discriminada e atualizada do cálculo (art. 604 do CPC)". Logo, admissível apenas das sentenças proferidas em processos de liquidação por artigos e arbitramento. No processo trabalhista, diferentemente do processo civil, persiste a liquidação por cálculo por contador, haja vista que: "elaborada a conta e tornada líquida, o Juiz poderá abrir às partes prazo sucessivo de 10 (dez) dias para impugnação fundamentada com a indicação dos itens e valores objeto da discordância, sob pena de preclusão" (§ 2º do art. 879). Noutro falar, em sede de processo trabalhista a rescisória é admissível em sentença proferida em processo de liquidação por cálculo do contador.

4. Em face da divergência formada, cabe à Corte, nesta via, simplesmente, julgar o cabimento ou não da ação rescisória, não havendo que se discutir acerca do montante da indenização em sede de liquidação da ação civil pública.

5. Deve prevalecer o acórdão embargado diante da evidente configuração de hipótese de rescisão do julgado vergastado. Pela análise da sentença condenatória em sede de ação civil pública, é de se concluir pela desproporção entre os parâmetros por ela estabelecidos e a sentença proferida em sede de liquidação, o que configura desrespeito à coisa julgada, sanável à luz do comando do artigo 485, IV, do CPC.

6. Não há como se concluir, no caso em análise, pela utilização da rescisória como sucedâneo recursal, uma vez que a sentença rescindenda considerou, para o cálculo da reparação, a área total do mangue, como se no momento do estudo técnico, os quatro hectares estivessem ainda devastados, quando na verdade a área foi efetivamente recuperada, fator que deveria ter sido levado em conta para a aferição do quantum indenizatório.

7. A constatação de que o aterro do mangue correspondeu a 10% da área atingida, considerando-se que a referida prática tem um impacto ambiental maior que o corte da vegetação, que ocorreu no restante do terreno, confirma a total desproporção entre a sentença de liquidação e os parâmetros apresentados pela sentença condenatória.

8. Embargos infringentes não providos (TRF-5 – EIAR – Embargos Infringentes na Ação Rescisória: EIAR 20090500027491903, Rel. Des. Federal Rogério Fialho Moreira, Publicação 18.06.2014).

Processual civil e previdenciário. Ação rescisória. Sentença de liquidação. Possibilidade. Art. 486, do CPC. Súmula nº 260 do extinto TFR. Cálculos. Revisão de benefícios. Equivalência ao número de salários mínimos da RMI. Ofensa à coisa julgada configurada. Pedido rescisório procedente. Anulação da sentença homologatória com prosseguimento da ação pela via executória de título judicial vigente. 1. É cabível ação rescisória contra sentença homologatória de liquidação de julgado que transgride os limites da coisa julgada, nos termos do art. 485, IV c/c art. 486, ambos do Código de Processo Civil. 2. Tendo a sentença da ação de conhecimento reconhecido o direito dos beneficiários-réus aos reajustes dos benefícios previdenciários conforme preconizado pela Súmula nº 260 do extinto TFR, configura ofensa à coisa julgada a homologação de cálculos em que se utilizou o critério da equivalência de salários mínimos para liquidação da sentença, porque diverso do critério estabelecido na citada Súmula, e, ainda, em face da irretroatividade da forma transitória de reajuste estabelecida no art. 58, do ADCT. 3. Observe-se que o provimento da presente rescisória impõe a adequação do processo de execução ao rito processual vigente, sendo inviável o restabelecimento do procedimento anteriormente adotado, posto que a norma de natureza processual tem aplicação imediata, alcançando inclusive os processos em curso. 4. Pedido rescisório procedente. Sentença de homologação anulada, com o prosseguimento da ação nos moldes do procedimento executório de título judicial atualmente vigente (TRF-1, AR 20.370/MT 95.01.20370-0, 1ª Seção, Rel. Des. Federal Francisco de Assis Betti, j. 06.05.2008, Data de Publicação: 23.06.2008, *e-DJF1* p. 10).

Em sede trabalhista, tal matéria é orientada pela Súmula 399, II, do C. TST, *in verbis*:

> Súmula 399 do TST – Ação rescisória. Cabimento. Sentença de mérito. Decisão homologatória de adjudicação, de arrematação e de cálculos (conversão das Orientações Jurisprudenciais 44, 45 e 85, primeira parte, da SBDI-2) – Res. 137/2005, *DJ* 22, 23 e 24.08.2005.
>
> I – É incabível ação rescisória para impugnar decisão homologatória de adjudicação ou arrematação. (ex-OJs 44 e 45 da SBDI-2 – inseridas em 20.09.2000).
>
> II – A decisão homologatória de cálculos apenas comporta rescisão quando enfrentar as questões envolvidas na elaboração da conta de liquidação, quer solvendo a controvérsia das partes quer explicitando, de ofício, os motivos pelos quais acolheu os cálculos oferecidos por uma das partes ou pelo setor de cálculos, e não contestados pela outra. (ex-OJ 85 da SBDI-2 – primeira parte – inserida em 13.03.2002 e alterada em 26.11.2002).

Na mesma linha, pode-se interpor a rescisória, em caso de inobservância do art. 935 do CPC[106]; em caso de não intimação do advogado para o comparecimento da audiência de instrução e julgamento, ou em sendo dispensada a citação da mulher quando ela era imprescindível.

Também cabe ação rescisória da sentença que discute verbas honorárias. Nesse sentido o julgado do STJ, abaixo, contido em seu Informativo 0509:

> Direito processual civil. Ação rescisória. Discussão de verba honorária. É cabível ação rescisória para discutir exclusivamente verba honorária. A parte da sentença que fixa honorários advocatícios, a exemplo das despesas, tem cunho condenatório e decorre da sucumbência, tendo ou não enfrentado o mérito da ação. Se na fixação dos honorários ocorreu

---

[106] "Art. 935. Entre a data de publicação da pauta e a da sessão de julgamento decorrerá, pelo menos, o prazo de 5 (cinco) dias, incluindo-se em nova pauta os processos que não tenham sido julgados, salvo aqueles cujo julgamento tiver sido expressamente adiado para a primeira sessão seguinte."

qualquer das hipóteses previstas nos incisos do art. 485, do CPC (*v.g.* prevaricação do juiz), não há por que impedir o ajuizamento da rescisória. Precedente citado: REsp 886.178-RS, *DJe* 25/2/2010, e REsp 894.750-SC, *DJe* 1º/10/2008 (REsp 1.217.321/SC, Rel. originário Min. Herman Benjamin, Rel. p/ acórdão Min. Mauro Campbell Marques, j. 18.10.2012).

No contexto, digno de menção é o fato de que há decisões dos pretórios superiores no sentido de admitir rescisória contra sentença ou acórdão que extingue o processo sem apreciação do mérito, pelo acolhimento de preliminar de coisa julgada, vez que, embora não se trate de sentença de mérito, impede que seja novamente intentada a ação. Por outro lado, se a decisão foi de mérito, embora por erro de técnica do juiz, este tenha dado pela carência de ação, também desafia rescisória.

Ampliando o quadro de considerações, oportuno aludir que é cabível rescisória de sentença proferida em ação de usucapião, de divisão de terras, de alimentos e de arrematação compulsória. A título exemplificativo, vejamos decisão do TRF da 2ª Região:

> Administrativo. Ação rescisória. Inocorrência de violação ao artigo 485, V do CPC. Terreno. Propriedade da União Federal. Ausência de provas. Usucapião cabível. – Ação rescisória proposta pela União Federal, objetivando desconstituir o v. acórdão, proferido pela C. 2ª Turma deste E. Tribunal, que manteve a sentença que declarou usucapido o terreno, que a Autora entende ser de sua propriedade, por se encontrar em área chamada de "Terras Realengas". – Ausência de qualquer documento que prove a alegação no sentido de que o terreno em questão pertença à União Federal, nada havendo nos autos que afaste a validade dos títulos de propriedade juntados, razão por que impõe-se manter o v. acórdão. – Inocorrência de violação ao artigo 485, V do CPC (TRF-2, AR 2.149/ RJ 2003.02.01.001290-1, 3ª Seção Especializada, Rel. Des. Federal Paulo Espírito Santo, j. 25.03.2008, *DJU* 17.04.2008, p. 143).

O instituto da arrematação e da adjudicação é anulável por ação ordinária anulatória, como os atos jurídicos em geral; entrementes, em sendo apresentados embargos à arrematação ou à adjudicação, mister se faz a apresentação da rescisória para desconstituir a sentença nos embargos proferida. Nesse sentido é o entendimento do doutrinador Manoel Antonio Teixeira Filho[107].

---

[107] TEIXEIRA FILHO, Manoel Antonio. *Ação Rescisória no Processo do Trabalho*. São Paulo: LTr. p. 156-157.

Embora não haja entendimento uniforme, da decisão que julgar mandado de segurança – seja ela denegatória ou concessiva – cabe rescisória, desde que, é claro, tenha ela examinado o mérito. Em se tratando de decisão denegatória, se esta não examinar o mérito do pedido, não fará coisa julgada, daí incabível a rescisória. Entrementes, se, "Para denegar a segurança, o juízo adentrar o mérito da pretensão, declarando que o impetrante não faz jus ao direito pleiteado, a coisa julgada estará formada, e sua rescisão só se dará mediante ação Rescisória, por um dos fundamentos elencados no art. 485, do CPC"[108]. No Novo CPC o assunto é tratado no art. 966.

Destaque-se que, com o novo CPC, sobretudo, da análise do art. 966, *caput*, cabe rescisória em face de qualquer decisão de mérito.

2.2.8 Sentenças que não ensejam ação rescisória

Ampliando o quadro de análise, cumpre notar que as sentenças meramente homologatórias proferidas em procedimentos de jurisdição voluntária[109], bem como as proferidas em processos cautelares, salvo as que tiverem caráter satisfativo ou decretarem a prescrição ou decadência, e em processo de execuções, por não analisarem as questões de fundo (mérito), não alimentam a "ação autônoma de impugnação" (rescisória).

No pertinente ao processo executivo, "A execução não busca uma sentença ou decisão que a termine. Ela se consuma com a materialização da condenação, para a realização do direito do credor"[110]. Outrossim, se forem apresentados embargos à execução com fundo em um dos casos do art. 535

---

[108] FERRARI, Irany; MARTINS, Melchíades Rodrigues. *Ação rescisória na Justiça do Trabalho*. São Paulo: LTr, 1995. p. 21.

[109] Sentenças meramente homologatórias são aquelas proferidas em procedimento de jurisdição voluntária (procedimento em que não há partes litigantes, mas meros interessados, não há processo, mas procedimento, não há litígio ou contenda, mas pedido de homologação, como as sentenças proferidas em ação de separação judicial consensual, as que homologam desistência de ação, sentença que homologa partilha amigável, sentença que concede pedido de alvarás etc. As sentenças meramente homologatórias devem ser anuladas por meio da ação anulatória. Diferentemente da ação rescisória, que tem o escopo de apagar do mundo jurídico decisão judicial acobertada pela coisa julgada material, a ação anulatória do art. 486 do CPC tem por objetivo anular os atos processuais praticados pelas partes e as sentenças judiciais meramente homologatórias. No caso, como a ação anulatória é acessória da ação na qual foi praticado o ato anulando, a competência para processá-la e julgá-la é do juízo da homologação (CPC, art. 108).

[110] COSTA, Coqueijo. *Ação rescisória*. 6. ed. São Paulo: LTr, 1993. p. 29.

do CPC, por ter os embargos natureza jurídica de ação, ação de cognição incidental, relativamente autônoma conexa com a execução, em face da possibilidade de haver apreciação de mérito, caso isso ocorra, após o transitado em julgado cabe ação rescisória.

Acerca do processo cautelar, também não há apreciação do mérito, pois que inexiste coisa julgada material. "Isso sucede em face da natureza desse processo que se caracteriza pela instrumentalidade, provisoriedade e vinculado a um processo principal. Não há assim, uma decisão de mérito, a não ser na hipótese de acolhimento de prescrição e decadência do direito do Autor na ação cautelar, como prescreve o art. 310, do CPC. Neste caso, a sentença se identifica com a de mérito e consequentemente se qualifica como coisa julgada material"[111].

No mesmo sentido, não cabe rescisória de erro material, pois que este não transita em julgado[112]. Nesse sentido, veja-se o presente julgado:

> Direito processual civil. Ação rescisória. Desconstituição. Sentença. Declaração. Cumprimento pelo pagamento. Erro de cálculo. Conversão equivocada da moeda. Inexistência de prova.
>
> 1. Não há que se falar em desconstituição do julgado pela via da ação rescisória, à míngua da comprovação da existência de erro de cálculo derivado da conversão equivocada da moeda na época da dívida.
>
> 2. Inexistente qualquer indicativo de que o réu se utilizou de artifício que pudesse levar o magistrado de primeiro grau a julgamento divorciado da verdade real, não há como acolher a alegação de que o julgado é resultado de dolo da parte vencedora em detrimento da parte vencida (art. 485, III).
>
> 3. A ação rescisória não pode ser utilizada como sucedâneo recursal, sendo cabível tão somente em situações em que é flagrante a transgressão da lei, o que não ocorre no caso dos autos.
>
> 4. Ação rescisória julgada improcedente (TJDF – Ação Rescisória: ARC 20140020255754, 2ª Câmara Cível, Rel. Mario-Zam Belmiro, DJe: 01.03.2016).
>
> Recurso especial. Processual civil. Ação rescisória. Erro material no acórdão rescindendo. Recurso especial desprovido. 1. O Estado de Pernam-

---

[111] FERRARI, Irany; MARTINS, Melchíades Rodrigues. *Ação rescisória na Justiça do Trabalho*. São Paulo: LTr, 1995. p. 19-20.

[112] Sentenças proferidas em processos de execução não alimentam rescisória, entrementes, sentenças proferidas em ação de embargos à execução também nominado de embargos de ordem ou embargos à penhora, por ser ação de cognição incidental relativamente autônoma, conexa com a execução, desafiam ação rescisória.

buco ajuizou ação rescisória em face do acórdão proferido pela Terceira Câmara Cível do Tribunal de Justiça estadual, sustentando que o referido julgado incorreu em violação de literal dispositivo de lei, na medida em que, em sede de reexame necessário e apelação interposta apenas pelo ente estatal, reformou a r. sentença, prolatada em ação indenizatória, em prejuízo da Fazenda Pública, o que ensejou *reformatio in pejus* e, portanto, ofensa aos arts. 475, I, 512 e 515 do CPC e à Súmula 45/STJ. Afirma, nesse contexto, que aquele órgão julgador alterou a condenação do Estado no pagamento de pensão vitalícia, sem que parte contrária tivesse interposto nenhum recurso, estabelecendo o montante de dois salários mínimos em detrimento do que havia constado na r. sentença, que era apenas um salário mínimo. 2. O acórdão exarado pela Corte local, o qual se pretende rescindir, contém nítido erro material, na medida em que, nos fundamentos constantes do voto condutor, não há nenhuma menção à reforma da r. sentença em relação ao valor da pensão mensal vitalícia, limitando-se, tão somente, a excluir da condenação os lucros cessantes e o dano moral. Houve apenas um equívoco na parte dispositiva do acórdão, fazendo constar, indevidamente, a reforma da sentença para estabelecer a condenação em dois salários mínimos, em desconformidade com os fundamentos apresentados nos votos dos Desembargadores integrantes da Terceira Câmara Cível do Tribunal de Justiça. 3. O descompasso entre a parte dispositiva do julgado e sua fundamentação caracteriza erro material, sanável de ofício ou a requerimento da parte interessada. Por essa razão, tratando-se de mero erro material, que pode ser corrigido, a qualquer tempo, pelo juiz ou tribunal que formulou a decisão, nos termos do art. 463, I, do CPC, não fazendo, assim, coisa julgada, não é cabível o ajuizamento de ação rescisória. Com efeito, esta Corte de Justiça possui orientação firmada no sentido de que "a ação rescisória não se presta para corrigir erro material", o qual "não transita em julgado, podendo ser corrigido a qualquer tempo" (REsp 250.886/SC, 2ª Turma, Rel. Min. Eliana Calmon, *DJ* de 1º.7.2002). 4. "A violação a dispositivo de lei que propicia o manejo da ação rescisória fundada no art. 485, V do Código de Processo Civil pressupõe que a norma legal tenha sido ofendida em sua literalidade pela decisão rescindenda. Não havendo qualquer pronunciamento na decisão que se pretende desconstituir acerca da questão tida como violada – por falta de alegação oportuna em qualquer momento – mostra-se inviável o pleito com base em suposta violação a disposição de lei" (EDcl na AR 1.393/PB, 3ª Seção, Rel. Min. Gilson Dipp, *DJ* de 6.12.2004). 5. Recurso especial desprovido (STJ, REsp 1.102.436/PE 2008/0264877-4, 1ª Turma, Rel. Min. Denise Arruda, j. 05.11.2009, *DJe* 27.11.2009).

Das sentenças proferidas nos processos dos Juizados de Pequenas Causas, impossível a interposição de ação rescisória (art. 59 da Lei 9.099/1995).

Entretanto, Elza Spanó Teixeira e Márcia Regina Soares Seixas Santos[113] consideram esse preceptivo inconstitucional ao argumento de que: "as lesões de direito não podem ser proibidas de serem apreciadas pelo Poder Judiciário, principalmente nos casos previstos no art. 485 do C.P.Civil". No novo CPC, o assunto é tratado no art. 966.

Em que pese aos Juizados Especiais da Justiça Federal também se aplicar o que dispõe a Lei 9.099/1995 no que não lhe for contrário, verifica-se em recentes decisões a admissibilidade de ação rescisória para as decisões proferidas por estes órgãos, senão vejamos:

> Processo civil. Ação rescisória. JEF. Competência. – Compete à Turma Recursal do Juizado Especial o exame da ação rescisória que visa à desconstituição de sentença proferida pelo juizado, uma vez que não há vinculação entre os Juizados Especiais Federais e a Justiça Federal comum e, portanto, não há que se falar em desconstituição de julgado de um órgão por outro (TRF-4, QUOAR 46.016/SC 2005.04.01.046016-9, 3ª Seção, Rel. Celso Kipper, j. 10.11.2005, *DJ* 25.01.2006, p. 93).

> Agravo regimental. Decisão monocrática do relator. Ação rescisória. Sentença proferida pelo Juizado Especial Federal. Competência. Turma recursal. 1 – Agravo regimental contra decisão do Relator que declinou da competência em favor a Turma Recursal competente, tendo em vista o objeto da ação rescisória (rescindir sentença proferida pelo Juizado Especial Federal de Ribeirão Preto/SP). 2 – A competência para o reexame das decisões prolatadas por juizados especiais federais restringe-se às respectivas turmas recursais, ainda que se trate de ação rescisória ou mandado de segurança. Precedentes do C. STJ e desta Corte. 3 – Decisão agravada que caminhou no mesmo sentido da jurisprudência mais abalizada sobre a matéria, trazendo em seu bojo fundamentos concisos e suficientes a amparar o resultado proposto. 4 – Agravo a que se nega provimento (TRF-3, AR 8.156/SP 0008156-74.2008.4.03.0000, 3ª Seção, Rel. Des. Federal Nelson Bernardes, j. 11.04.2013).

> Processo civil. Ação rescisória. Decisão do Juizado Especial Federal. Competência da turma recursal para julgamento da rescisória. Incompetência do TRF. 1. A Constituição Federal de 1988, em sua redação original, não previu a criação dos juizados especiais federais, o que só veio a ser autorizado pela Emenda Constitucional nº 22/99. Criou-se, então, uma situação não aventada pelo constituinte originário, qual seja a existência

---

[113] TEIXEIRA, Elza Spanó; SEIXAS SANTOS, Márcia Regina Soares. Comentários e prática forense dos Juizados Especiais Cíveis e Criminais. São Paulo: Led – Editora de Direito Ltda., 1996. p. 80.

de decisões de juízes federais não sujeitas à revisão pelo Tribunal Regional Federal, ocorrendo um vácuo de sistematização, cuja solução decorreu de interpretação jurisprudencial. 2. A competência para apreciar ação rescisória que ataca sentença do Juizado Especial Federal é atribuída à Turma Recursal. 3. Aos Tribunais Regionais Federais não foi reservado qualquer poder revisional das decisões dos JEFs, tampouco das decisões das Turmas Recursais. Entendimento diverso viria de encontro aos princípios teleológicos insculpidos nas Leis 9.099/95 (Juizados Especiais Estaduais) e 10.259/01 (Juizados Especiais Federais), criadas para dar celeridade processual a demandas cíveis de pequena complexidade e infrações penais de menor potencial ofensivo. Não há justificativa para que se crie dentro desse sistema um terceiro grau recursal, além das instâncias extraordinárias, porquanto após o julgamento singular, tais demandas seriam levadas às Turmas Recursais, aos Tribunais Regionais, ao STJ e, eventualmente, ao próprio STF (TRF4, QUOAR 5001244-65.2016.404.0000, 3ª Seção, Rel. João Batista Pinto Silveira, D.E. 10.03.2016).

Outrossim, não cabe rescisória por não se tratar de sentença de mérito: contra acórdão que se limita a decidir sobre competência, salvo o previsto no art. 966, II; contra despacho que julga deserto recurso; contra acórdão que não conhece de recurso; contra acórdão que conheceu de recurso fora de prazo[114]; contra acórdão que não conhece de recurso extraordinário, sem apreciar a questão federal; contra acórdão do STF que não decidiu questão de mérito; contra decisão da presidência do tribunal local denegando seguimento a recurso extraordinário; contra decisão que rejeita liminarmente embargos de declaração; contra sentença que rejeita liminarmente embargos à execução; contra acórdão que anula o processo; contra sentença que extingue o processo por abandono da causa, nos termos do art. 966, III; contra acórdão ou sentença que dá pela carência de ação[115]. Em que pese o não cabimento de rescisória nas referidas hipóteses elencadas, será possível o cabimento da ação rescisória, mesmo que não se trate de decisão de mérito nos casos previstos no art. 966, § 2º, do CPC.

---

[114] Existem decisão no sentido de que cabe rescisória, por ofensa à coisa julgada, contra acórdão que conheceu de apelação apresentada a destempo (*JTA* 105/271). No caso a rescisória seria com base em violação de literal disposição de lei (NEGRÃO, Theotonio. *Código de Processo Civil e legislação processual em vigor*. 27. ed. São Paulo: Saraiva, 1996. p. 350).

[115] NEGRÃO, Theotonio. *Código de Processo Civil e legislação processual em vigor*. 27. ed. São Paulo: Saraiva, 1996. p. 348.

Também não caberá ação rescisória contra decisão de declaração de inconstitucionalidade de lei em tese, pelo que se depreende da ADI 1.252/ DF, que se segue:

> Do Ministro Celso de Mello (Presidente): (Petição STF-001480/98) Requerentes (em causa própria): Gentil Martins Perez e Graciano Moreto. Nada mais há a prover na presente causa (ADIn 1.252-DF), pois a decisão nela proferida já transitou em julgado. Mais do que isso, cumpre assinalar que os ora requerentes – que invocam a sua condição profissional de Advogado – não dispõem de legitimidade para ingressar neste processo de controle normativo abstrato, em face da própria taxatividade do rol inscrito no art. 103 da Constituição. De qualquer maneira, porém, e mesmo que se revelasse processualmente lícita a possibilidade de intervenção dos requerentes na presente causa, ainda assim a postulação por eles deduzida – desconstituição do acórdão plenário proferido em sede de ação direta – não seria acolhível, eis que, consoante adverte a jurisprudência do Supremo Tribunal Federal, "Não cabe ação rescisória contra decisão de declaração de inconstitucionalidade de lei em tese, falecendo legitimidade ao particular para intentá-la" (*RTJ* 94/49, Rel. Min. Rafael Mayer – grifei). Esse entendimento – que enfatiza a não rescindibilidade da decisão do Plenário do Supremo Tribunal Federal, proferida em sede de controle normativo abstrato – resulta da circunstância de o processo de ação direta de inconstitucionalidade qualificar-se como meio instrumental revestido de caráter eminentemente objetivo. É importante assinalar, neste ponto, que a jurisprudência do Supremo Tribunal Federal – com apoio em autorizado magistério doutrinário (NAGIB SLAIBI FILHO, "Ação Declaratória de Constitucionalidade", p. 106/111, item nº 5, 2ª ed., 1995, Forense; GILMAR FERREIRA MENDES, "Controle de Constitucionalidade – Aspectos Jurídicos e Políticos", p. 249/261, 1990, Saraiva, *v.g.*) – tem ressaltado a natureza objetiva do processo de fiscalização concentrada de constitucionalidade, extraindo, dessa especial qualificação, diversas consequências de caráter formal, notadamente o reconhecimento da impossibilidade de cabimento de ação rescisória contra acórdãos proferidos em sede de ação direta (*RTJ* 136/467, 469, Rel. Min. Celso de Mello). Assim sendo, tendo presentes as razões expostas, nego seguimento ao pedido formulado pelos ilustres Advogados ora requerentes. Publique-se. Brasília, 03 de fevereiro de 1998. Ministro Celso de Mello Presidente (STF, ADI 1.252/ DF, Rel. Min. Presidente, j. 03.02.1998, *DJ* 16.02.1998, p. 13).

Vejamos ainda trecho da decisão da Ministra Relatora Rosa Weber nos autos da AR 2487/MG:

> Trata-se de ação rescisória ajuizada por Elizabeth Lopes de Souza, em 16.01.2016, visando à exclusão, da modulação dos efeitos da ADI 4.876/

DF, da "parte em que ela extrapola a autorização concedida pelo artigo 27 da Lei 9.868/99 e se mostra em evidente violação à literalidade de seu texto, qual seja, a determinação de desligamento dos servidores efetivados pela LC 100/2007 do Estado de Minas Gerais". Argumenta que a proibição do artigo 26 da Lei 9.868/99 – de que a decisão declaratória de inconstitucionalidade ou constitucionalidade de uma norma não poderá ser objeto de ação rescisória – não alcança a modulação dos efeitos da decisão, de modo que cabível presente ação, fundada no artigo 485, V, do Código de Processo Civil de 1973. A autora afirma que, sendo uma das mais de sessenta mil pessoas prejudicadas com a perda do cargo/emprego, em razão da "modulação ilegal" dos efeitos da declaração de inconstitucionalidade, tem legitimidade para o ajuizamento da presente ação rescisória, nos termos do artigo 487, II, do CPC de 1973. Assevera que, tendo a LC 100/2007, do Estado de Minas Gerais, assegurado aos servidores até então designados apenas a efetivação, o afastamento dessa implicaria tão somente o retorno à situação anterior à referida Lei, a saber, a de irregularidade da contratação dos servidores por parte do Estado. Não seria admissível, assim, a inclusão, na modulação feita na referida ADI 4.876/DF, do comando de extinção do vínculo ou de desligamento automático da requerente, por extrapolar a autorização legislativa prevista no artigo 27 da Lei 9.868/99. Postula, em síntese, a procedência do seu pedido rescisório para "determinar a retirada da ordem de desligamento da requerente, da modulação dos efeitos da ADI 4.876/DF" A autora requer, ainda, a concessão liminar de medida cautelar para sua manutenção no cargo antes exercido na Escola Estadual, sob pena de multa em caso de descumprimento. Pede, por fim, o deferimento dos benefícios da assistência judiciária gratuita, afirmando preenchidos os requisitos da Lei 1.060/50 e colacionando declaração de hipossuficiência econômica (...) Sendo inequívoca a inviabilidade de propositura de ação rescisória na hipótese, não merecem ser apreciadas as alegações da Autora desta demanda no que tange à extensão dos limites impostos por esta Suprema Corte, com base no artigo 27 da Lei 9.868/99, aos efeitos da inconstitucionalidade declarada na decisão apontada como rescindenda (ADI 4.876/DF). Destaco que o Plenário deste Supremo Tribunal Federal já afastou, ao julgamento da AR 2.108-AgR/BA (Relator o Ministro Dias Toffoli, *DJe* 06.9.2011), alegação de suposta impossibilidade de julgamento monocrático de ação rescisória pelo respectivo relator, reiterando, nessa assentada, o entendimento de que "o Regimento Interno do Supremo Tribunal Federal, em seu art. 21, § 1º, admite que o relator da ação, *per se*, a ela negue seguimento ou dela não conheça, no caso de a tese defendida confrontar jurisprudência assentada desta Corte." Ante o exposto, nego seguimento à ação rescisória, nos termos do artigo 21, § 1º, do RISTF, julgando prejudicado o exame do pedido acautelatório.

Nesse sentido vejamos a lição de Nelson Nery,[116] citando precedentes do Supremo Tribunal Federal, *in verbis*:

> Declaração de inconstitucionalidade e ação rescisória. STF. Controle concreto. A declaração de inconstitucionalidade de lei ou de ato normativo pelo STF, em sede de controle concreto ou difuso (v.g, RE), faz coisa julgada somente *inter partes*, não prejudicando terceiros alheios àquela relação processual (CPC 506). Para os terceiros, a eficácia dessa decisão do STF é interpretativa e não os vincula. Em virtude da incidência dos princípios da segurança jurídica, do Estado Democrático de Direito, das garantias constitucionais do respeito à coisa julgada, ao ato jurídico perfeito e ao direito adquirido, essa interpretação do STF em sede de controle concreto não pode ter efeito retroativo, mas somente *ex nunc*. O órgão judicial decidiu com base na lei, que goza de presunção de constitucionalidade, motivo pelo qual a boa-fé deve, também, ser protegida. Estas são as razões pelas quais se nos afigura inadmissível o cabimento da ação rescisória fundada em violação da CF por interpretação que o STF deu à norma jurídica, reconhecendo-se inconstitucional em sede de controle concreto, interpretação essa fixada posteriormente ao trânsito em julgado da decisão que se pretende rescindir.

Quanto à sentença estrangeira homologada pelo Superior Tribunal de Justiça (cuja competência foi atribuída a este órgão com o advento da Emenda Constitucional 45/2004), "trata-se de ato meramente homologatório que não enseja ação rescisória"[117], não obstante há julgados do STF em sentido contrário, senão vejamos:

> Ação rescisória. Homologação de sentença estrangeira de divórcio, datada de 1982. Revelia no processo de homologação após a citação da ré por edital. Dolo do autor do pedido de homologação, que requereu a citação da ré em endereço no Brasil, quando sabia que ela residia nos Estados Unidos da América. Ação rescisória julgada procedente [artigo 485, III, do CPC]. 1. Há dolo na conduta daquele que, em pedido de homologação de sentença estrangeira, indica para citação do réu endereço no Brasil, tendo conhecimento inequívoco da residência deste no exterior. Hipótese que determina a rescisão do julgado, nos termos do disposto no art. 485, III do CPC. 2. A autora da rescisória comprovou

---

[116] NERY JR., Nelson. *Comentários ao Código de Processo Civil*. São Paulo: RT, 2015, p. 1919.

[117] MALTA, Christovão Piragibe Tostes. *Prática do processo trabalhista*. 26. ed. São Paulo: LTr, 1995. p. 576.

que não residia no Brasil no período em que julgado o pedido de homologação [1980-1982]. 3. As provas juntadas aos autos demonstraram que o ora réu tinha conhecimento inequívoco de que a autora residia nos Estados Unidos da América desde 1977. Não obstante, ao requerer homologação de sentença estrangeira a este Tribunal afirmou que a autora residia em São Paulo, silenciando sobre a existência de endereço dela nos Estados Unidos da América. 4. Ação rescisória julgada procedente para rescindir a homologação da sentença estrangeira (STF, AR 1.169/SP, Tribunal Pleno, Rel. Min. Eros Grau, j. 03.08.2009, *DJe*-186, divulg. 01.10.2009, public. 02.10.2009, *Ement.* vol-02376-01, p. 116, *LEXSTF* v. 31, nº 370, 2009, p. 98-105).

Em que pese o § 4º do art. 966 dispor que "Os atos de disposição de direitos, praticados pelas partes ou por outros participantes do processo e homologados pelo juízo, bem como os atos homologatórios praticados no curso da execução, estão sujeitos à anulação, nos termos da lei", há entendimento em sentido contrário.

2.3 CABIMENTO NO PROCESSO TRABALHISTA

Quanto à admissibilidade desse instituto em sede de Processo Trabalhista, como foi visto anteriormente, antes da promulgação da CLT não havia legislação processual que admitisse a rescisória no âmbito Trabalhista. Nem tampouco com o advento da CLT em 10 de novembro de 1943, havia referência expressa à rescisória, embora houvesse referência implícita vedando, na medida em que o art. 836 estipulava que era vedado aos órgãos da Justiça do Trabalho "conhecer de questões já decididas", excetuados os casos previstos no Título X.

Sobre o assunto *auctores utraque trahunt*: uns defendendo a sua integração no processo trabalhista com base no art. 769 da CLT; outros, mais radicais, expungindo-a do meio trabalhista.

A corrente pela não admissibilidade sustentava que o art. 769 da CLT não autorizava a incidência no processo do trabalho da rescisória disciplinada pelos arts. 798 a 801 do CPC de 1939 (então em vigor), haja vista que o art. 836 da CLT demonstrava inexistir omissão a respeito da matéria (frise-se que o mencionado artigo passou por modificações que serão introduzidas nos capítulos posteriores, nos termos da Lei 11.495/2007).

O próprio STF editara a Súmula 338: "Não cabe ação rescisória no âmbito da Justiça do Trabalho", o que, sem dúvida, inspirou o Prejulgado 10 do Egrégio TST, comandando – com força de obrigatoriedade – o não cabimento na Justiça do Trabalho.

Após um "predomínio" de mais ou menos duas décadas, o Prejulgado 10 foi revogado pelo de nº 16, proclamando ser: "cabível a ação rescisória no âmbito da Justiça do Trabalho", convertendo-se, *a posteriori*, na Súmula 144.

O debate acerca do cabimento ou não da rescisória em sede trabalhista só foi ultimado com o advento do Decreto-lei 229, de 22.01.1967, que, "ao invés de reportar-se simplesmente aos preceitos que regiam a matéria no Código de processo Civil, houve por bem indicar na redação do art. 836, expressamente, os arts. 798 a 800"[118].

Entrementes, "como advento do Código Processual Civil de 1973, outra divergência interpretativa surgiu. Aplicar-se-iam os preceitos do art. 798 a 800 do Código de 1939 ou seriam aplicados, agora, os preceitos do novo Código?"[119].

Conforme estudado no capítulo 1, tópico 1.2.3, o TST editou o Prejulgado de nº 49 sobre o instituto em tela, cuja redação aqui repetimos: "Nas ações rescisórias ajuizadas na Justiça do Trabalho, e que só serão admitidas nas hipóteses dos arts. 798 a 800 do Código de Processo Civil, de 1939, desnecessário o depósito a que aludem os arts. 488, nº II, e art. 494 do Código de Processo Civil, de 1973". Na ocasião, conforme já visto, o argumento utilizado foi o de que o Decreto-lei 229/1967, ao citar expressamente os arts. 798 a 800 do Codex processual de 1939, incorporou esses preceitos à CLT, uma vez que a revogação do CPC de 1939 não teria nenhuma influência.

Repensando a matéria, o Egrégio TST editou as Súmulas 144 e 194. A de nº 144 frisava *verbo ad verbum*: "É cabível a ação rescisória no âmbito da Justiça do Trabalho (ex-prejulgado nº 16)". A de nº 194 estipula *ipsis litteris*: "As ações rescisórias ajuizadas na Justiça do Trabalho serão admitidas, instituídas e julgadas conforme os artigos 485 *usque* 495 do Código de Processo Civil de 1973, sendo, porém, desnecessário o depósito prévio a que aludem os artigos 488, inc. II e 494 do mesmo Código". Frise-se que ambas encontram-se atualmente canceladas.

---

[118] OLIVEIRA, Francisco Antonio de. *Comentários aos enunciados do TST*. São Paulo: RT, 1991. p. 217.
[119] OLIVEIRA, Francisco Antonio de. *Comentários aos enunciados do TST*. São Paulo: RT, 1991. p. 217.

Vem em seguida a Súmula 298, completando a de nº 83, cujo conteúdo transcrevemos abaixo, *in verbis*:

> Súmula 83 do TST – Ação rescisória. Matéria controvertida (incorporada a Orientação Jurisprudencial 77 da SBDI-2) – Res. 137/2005, *DJ* 22, 23 e 24.08.2005
>
> I – Não procede pedido formulado na ação rescisória por violação literal de lei se a decisão rescindenda estiver baseada em texto legal infraconstitucional de interpretação controvertida nos Tribunais. (ex-Súmula 83 – alterada pela Res. 121/2003, *DJ* 21.11.2003)
>
> II – O marco divisor quanto a ser, ou não, controvertida, nos Tribunais, a interpretação dos dispositivos legais citados na ação rescisória é a data da inclusão, na Orientação Jurisprudencial do TST, da matéria discutida. (ex-OJ 77 da SBDI-2 – inserida em 13.03.2002)
>
> Súmula 298 do TST – Ação rescisória. Violação a disposição de lei. Pronunciamento explícito (Redação alterada pelo Tribunal Pleno na sessão realizada em 06.02.2012) – Res. 177/2012, *DEJT* divulgado em 13, 14 e 15.02.2012
>
> I – A conclusão acerca da ocorrência de violação literal a disposição de lei pressupõe pronunciamento explícito, na sentença rescindenda, sobre a matéria veiculada.
>
> II – O pronunciamento explícito exigido em ação rescisória diz respeito à matéria e ao enfoque específico da tese debatida na ação, e não, necessariamente, ao dispositivo legal tido por violado. Basta que o conteúdo da norma reputada violada haja sido abordado na decisão rescindenda para que se considere preenchido o pressuposto.
>
> III – Para efeito de ação rescisória, considera-se pronunciada explicitamente a matéria tratada na sentença quando, examinando remessa de ofício, o Tribunal simplesmente a confirma.
>
> IV – A sentença meramente homologatória, que silencia sobre os motivos de convencimento do juiz, não se mostra rescindível, por ausência de pronunciamento explícito.
>
> V – Não é absoluta a exigência de pronunciamento explícito na ação rescisória, ainda que esta tenha por fundamento violação de dispositivo de lei. Assim, prescindível o pronunciamento explícito quando o vício nasce no próprio julgamento, como se dá com a sentença "extra, citra e ultra petita".

Portanto, apesar de a Consolidação das Leis Trabalhistas não tratar desse tipo de ação de forma sistematizada, a ela só se referindo no art. 836[120], em virtude do que consta no art. 769 daquele diploma legal, consagrador do princípio da subsidiariedade, utilizam-se todos os preceptivos do CPC pertinentes à rescisória de forma subsidiária.

Oportuno salientar que a rescisória, como está sendo utilizada hoje no processo trabalhista, está se transformando em expediente inevitável e fácil para aqueles que, perdendo a causa, oferecendo recurso intempestivo, fomentando clima de discórdia, pretendem "manter acesa a chama do debate judicial"[121].

Logo, de regra, apenas as sentenças de mérito são passíveis de rescisória. Entrementes, no processo trabalhista, por previsão expressa da CLT, o acordo homologado, o termo que for lavrado valerá como decisão irrecorrível, desconstituído, apenas, pela ação rescisória (CLT, art. 831, parágrafo único). Ademais, a Súmula 259 do TST corrobora essa assertiva quando frisa: "Só por rescisória é atacável o termo de Conciliação previsto no parágrafo único do art. 831 da Consolidação das Leis do Trabalho". Assim, sobre a possibilidade de ação rescisória em face de acordo homologado pela Justiça do Trabalho já decidiu o C. TST, senão vejamos:

> Recurso ordinário em ação rescisória. Acordo homologado judicialmente. Invalidade da transação. Artigo 485, inciso VIII, do CPC. Encontrando-se o menor representado por seus representantes legais (genitor e procurador – fls. 23) em total consonância com o disposto no artigo 793 da CLT e não estando evidenciada a ocorrência de prejuízo ao demandante, diante do fato do obreiro menor, prestar serviços por período inferior a um ano e meio com salário percebido de R$ 200,00 (duzentos reais) e celebrado acordo pelo valor de R$ 1.500,00 (um mil e quinhentos reais), não há que se falar em afronta a direito irrenunciável arguida, uma vez que o Juízo originário decidiu com amparo no artigo 229 da Constituição Federal, que resguarda o pátrio poder e no fato da relação de emprego ser controversa, razão porque inexigível a anotação na CTPS e o recolhimento previdenciário. Recurso ordinário não provido (TST, ROAR 911000820055120000,

---

[120] "Art. 836. É vedado aos órgãos da Justiça do Trabalho conhecer de questões já decididas, excetuados os casos expressamente previstos neste Título e a ação rescisória, que será admitida na forma do disposto no Capítulo IV do Título IX da Lei nº 5.869, de 11 de janeiro de 1973 – Código de Processo Civil, sujeita ao depósito prévio de 20% (vinte por cento) do valor da causa, salvo prova de miserabilidade jurídica do autor. (Redação dada pela Lei 11.495, de 2007)".

[121] RUSSOMANO, Mozart Victor. *Comentários à CLT*. 13. ed. Rio de Janeiro: Forense, 1990. v. II, p. 905.

Subseção II Especializada em Dissídios Individuais, Rel. Renato de Lacerda Paiva, j. 08.04.2008, *DJ* 09.05.2008).

Outrossim, nas causas de procedimento sumário ou causa de alçada na Justiça do Trabalho[122], apesar de esse procedimento não admitir a interposição de recurso das decisões nele proferidas[123], se esta decisão vier eivada de qualquer dos vícios constantes do art. 966 do CPC, alimenta ação rescisória.

Por fim, a ação rescisória de sentença normativa, embora no passado tenha sofrido resistência quanto ao seu cabimento pelo próprio TST, foi consagrada no art. 10 do revogado Decreto-lei 2.335, de 12 de junho de 1987, que autorizava o Ministério Público a ajuizá-la sempre que o tribunal, julgando ação coletiva, desse mais do que aquilo que é permitido pela legislação sobre política salarial, em virtude do que o texto da lei denomina *ineficácia executiva da sentença*[124].

Sobre o tema:

> Ação rescisória. Sentença Normativa. Integrantes da categoria patronal. Ilegitimidade. Declaração de ofício. Extinção do processo sem resolução do mérito. Os integrantes das categorias não são legítimos para ajuizar ação rescisória de decisão prolatada em dissídio coletivo, no qual figuraram como partes as entidades sindicais representantes das categorias econômica e profissional. Processo extinto, sem resolução do mérito, nos termos do art. 267, VI, do CPC. (TST – AR 2190626-05.2009.5.00.0000, Rel. Kátia Magalhães Arruda, *DEJT* 18.11.2013).

2.4 TRATAMENTO LEGISLATIVO

O instituto da ação rescisória é tratado em diversos preceptivos normativos de diversas hierarquias. À guisa de ilustração, a própria *Lex Funda-*

---

[122] Procedimento sumário ou causa de alçada é aquele cujo valor, na data da distribuição, ou fixada pelo juiz é igual ou inferior a dois salários mínimos. Esse tipo de procedimento foi criado pela Lei 5.584/1970, que para muito se encontra derrogada, em face do Princípio Constitucional do Duplo Grau de Jurisdição (CF, art. 5º, LV).

[123] A Lei 5.584/1970, nos §§ 3º e 4º do art. 2º, registram: "§ 3º Quando o valor fixado para a causa, na forma deste artigo, não exceder de 2 (duas) vezes o salário mínimo vigente na sede do Juízo, será dispensável o resumo dos depoimentos, devendo constar da Ata a conclusão da Junta quanto à matéria de fato. § 4º Salvo se versarem sobre matéria constitucional, nenhum recurso caberá das sentenças proferidas nos dissídios da alçada a que se refere o parágrafo anterior, considerado, para esse fim, o valor do salário mínimo à data do ajuizamento da ação".

[124] RUSSOMANO, Mozart Victor. *Comentários à CLT*. 13. ed. Rio de Janeiro: Forense, 1990. v. II, p. 905.

mentalis a ela se refere por meio dos artigos 102, I, j^{125}, l05, I, e^{126}, 108, I, b^{127}; e ADCT, art. 27, § 10^{128}.

Era disciplinado o mencionado instituto no antigo CPC de 1973 por meio dos arts. 485 *usque* 495 do CPC. Hoje, com o advento da Lei 13.105/2015, que instituiu um novo CPC, passou a ação rescisória a ser disciplinada por meio dos arts. 966 a 975.

Ademais, há previsão normativa no Regimento Interno do Supremo Tribunal Federal pelos arts. 259 a 262.

A Consolidação das Leis do Trabalho, como visto, a ela se refere pelos arts. 831, parágrafo único, e 836. Ademais, existem inúmeras Súmulas do Tribunal Superior do Trabalho que podem ser analisadas no penúltimo capítulo desta obra.

Por outro lado, todos os tribunais devem conter no bojo de suas *normas interna corporis* preceptivos normativos acerca do instituto.

---

[125] "Art. 102. Compete ao Supremo Tribunal Federal, precipuamente, a guarda da Constituição, cabendo-lhe: I – processar e julgar, originariamente: (...) j) a revisão criminal e a **ação rescisória** de seus julgados". (grifamos)

[126] "Art. 105. Compete ao Superior Tribunal de Justiça: I – processar e julgar, originariamente: (...) e) as revisões criminais e as **ações rescisórias** de seus julgados". (grifamos)

[127] "Art. 108. Compete aos Tribunais Regionais Federais: I – processar e julgar, originariamente: (...) b) as revisões criminais e as ações rescisórias de julgados seus ou dos juízes federais da região".

[128] Art. 27 da ADCT: "O Superior tribunal de Justiça será instalado sob a Presidência do Supremo Tribunal Federal. (...) § 10. Compete à Justiça Federal julgar as ações nela propostas até a data da promulgação da Constituição, e aos Tribunais Regionais Federais bem como ao superior Tribunal de Justiça julgar as **ações rescisórias** das decisões até então proferidas pela Justiça Federal, inclusive daquelas cuja matéria tenha passado à competência de outro ramo do Judiciário". (grifamos)

3

DA ADMISSIBILIDADE DA AÇÃO RESCISÓRIA

3.1 ADMISSIBILIDADE (FUNDAMENTOS)

3.1.1 Considerações iniciais

O Regulamento 737, de 1850, por meio do art. 680, dizia: "A sentença é nula...", discriminando nos itens seguintes as hipóteses dessa nulidade. Por outro lado, o Decreto 3.084, de 5 de novembro de 1989, parte terceira, art. 100, estabelecia: "A sentença pode ser anulada...". A Consolidação das Leis do Processo Civil de Ribas, art. 1.613, § 1º, frisava: "Há manifesta nulidade se a sentença é dada..."[1].

Na sistemática do Código de 1939, a rescisória era tratada no art. 798, que frisava: "Será nula a sentença: I) quando proferida: a) por juiz peitado, impedido, ou incompetente *ratione materiae*; b) com ofensa à coisa julgada; c) contra literal disposição de lei; II) quando fundada em prova cuja falsidade se tenha apurado no juízo criminal", cujo conteúdo do inciso II foi posteriormente alterado pela Lei 70, de 1947, passando a dispor: "II – quando o seu principal fundamento for prova declarada falsa em Juízo criminal, ou de falsidade inequivocamente apurada na própria ação rescisória".

No direito estrangeiro sobre ação rescisória observaram-se as seguintes pontuações na legislação: 1) França, o antigo Códe de Procédure Civile asseverava em seu art. 480: "Sont attaquables par la requête civile les jugements contradictoires rendus en dernier sort par les tribunaux de première instance et d'appel, et les jugements par défaut, rendus aussi en dernier ressort qui ne seront plus susceptibles d'opposition". 2) Alemanha, o Zivilprozessordnung,

---

[1] VIDIGAL, Luís Eulálio de Bueno. *Comentários ao Código de Processo Civil*. São Paulo: RT, 1974. v. VI, p. 43.

ZPO § 578: "Die Wiedraufnahme eines durch rechskraftiges Endurteil geschlossenen Verfahrens kann durch Nichtigkeitsklage und durch Restitutionskage erfolgen". 3) Itália, o Codice di Procedura Civile, art. 395: "Le sentenze pronunciate in grado di appello o in unico grado possono essere impugnate per revocazione". 4) em Portugal, Código de Processo Civil, art. 771: "A revisão de qualquer sentença passada em julgado só pode ser requerida por algum dos fundamentos seguintes:"[2].

No ordenamento jurídico brasileiro, pela sistemática do Código de Processo Civil de 1973, Lei 5.869, de 11.11.1973, as hipóteses foram tratadas de forma taxativa no art. 485 do CPC, *verbo ad verbum*: "A sentença de mérito, transitada em julgado, pode ser rescindida quando: I) se verificar que foi dada por prevaricação, concussão ou corrupção do juiz; II) proferida por juiz impedido ou absolutamente incompetente; III) resultar de dolo da parte vencedora em detrimento da parte vencida, ou de colusão entre as partes, a fim de fraudar a lei; IV) ofender a coisa julgada; V) violar literal disposição de lei; VI) se fundar em prova, cuja falsidade tenha sido apurada em processo criminal ou seja provada na própria ação rescisória; VII) depois da sentença, o autor obtiver documento novo, cuja existência ignorava, ou de que não pode fazer uso, capaz, por si só, de lhe assegurar pronunciamento favorável; VIII) houver fundamento para invalidar confissão, desistência ou transação, em que se baseou a sentença; IX) fundada em erro de fato, resultante de atos ou de documentos da causa".

A primeira observação a ser feita é que o legislador de 1973 foi mais feliz quando abandonou a expressão do direito anterior "será nula a sentença...", substituindo-a por "(...) pode ser rescindida", pois, na verdade, enquanto não rescindida a sentença, esta produzirá todos os seus efeitos.

A segunda é que os casos de admissibilidade foram aumentados substancialmente, sendo acrescidos outros pressupostos para a sua propositura, que inexistiam no Código de 1939. Enquanto, anteriormente, seis eram os motivos de admissibilidade, hoje são nove, "tornando-se o *remedium juris* muito mais elástico, e, portanto, muito menos estáveis as decisões judiciárias"[3].

A terceira é que tanto dos vícios de atividade (*errores in procedendo*) quanto dos vícios de juízo (*errores in judicando*), para usarmos a terminologia de Chiovenda, alimenta-se a rescisória. A primeira espécie de vício,

---

[2] VIDIGAL, Luís Eulálio de Bueno. *Comentários ao Código de Processo Civil*. São Paulo: RT, 1974. v. VI, p. 43.

[3] MAGALHÃES, Roberto Barcellos de. *A arte de advogar no cível à luz do novo Código de Processo*. Rio de Janeiro: José Konfino Editor, 1974. v. II, p. 400.

como foi visto, é a infringência pelo juiz encarregado de dirigir o processo de qualquer norma procedimental que ponha em risco a rigidez da relação jurídica processual. Os *errores in judicando* são vícios de fundo, de natureza substancial, que provocam a injustiça do ato judicial. São casos de erro de atividade a sentença proferida por juiz absolutamente incompetente ou impedido, ou quando ofender coisa julgada (CPC, art. 966, II e IV). Ao revés, são casos de erro de juízo a rescisória fundada nos incisos V e VIII, ou seja, quando a sentença violar literal disposição legal ou incidir em erro de fato.

As hipóteses ensejantes da rescisão de sentença estavam arroladas em *numerus clausus* no artigo sob comento – art. 966 do Digesto Processual. Por ser a coisa julgada matéria de ordem pública, esse rol taxativo não admite ampliação por interpretação analógica ou extensiva[4].

Ademais, seguindo a lição de Wilson de Souza Campos Batalha[5], achamos de boa política e para melhor didática dividir em: admissibilidade decorrente da *quaestio juris* ou questões de direito (CPC, art. 966, IV e V); admissibilidade decorrente da *quaestio facti* ou questões de fato (CPC, art. 966, VI, VII e VIII); admissibilidade decorrente da figura do juiz (CPC, art. 966, I e II) e admissibilidade decorrente do dolo ou fraude à lei (CPC, art. 966, III).

Assim é que, com o advento da Lei 13.105/2015, que instituiu o novo Código de Processo Civil, as hipóteses passam a ser dispostas no art. 966, que giza: "Art. 966. A decisão de mérito, transitada em julgado, pode ser rescindida quando: I – se verificar que foi proferida por força de prevaricação, concussão ou corrupção do juiz; II – for proferida por juiz impedido ou por juízo absolutamente incompetente; III – resultar de dolo ou coação da parte vencedora em detrimento da parte vencida ou, ainda, de simulação ou colusão entre as partes, a fim de fraudar a lei; IV – ofender a coisa julgada; V – violar manifestamente norma jurídica; VI – for fundada em prova cuja falsidade tenha sido apurada em processo criminal ou venha a ser demonstrada na própria ação rescisória; VII – obtiver o autor, posteriormente ao trânsito em julgado, prova nova cuja existência ignorava ou de que não pôde fazer uso, capaz, por si só, de lhe assegurar pronunciamento favorável; VIII – for fundada em erro de fato verificável do exame dos autos".

---

[4] SANTOS, Ernane Fidelis dos. *Manual de direito processual civil*. 4. ed. atual. e reform. São Paulo: Saraiva, 1996. v. I, p. 581.
[5] BATALHA, Wilson de Souza Campos. *Tratado de direito judiciário do trabalho*. São Paulo: LTr, 1977. p. 625.

3.1.2 Admissibilidade decorrente da *quaestio juris*

3.1.2.1 Quando a decisão ofender coisa julgada

Importa destacar que uma das hipóteses de admissibilidade da ação rescisória, tratada neste item, estava prevista no art. 485, IV, do antigo CPC, que dispunha: "Art. 485. A sentença de mérito, transitada em julgado, pode ser rescindida quando: (...) IV – ofender a coisa julgada".

Em comparação ao que dispõe o novo CPC, está prevista no art. 966, IV, sem alteração, em que dispõe: "Art. 966. A decisão de mérito, transitada em julgado, pode ser rescindida quando: (...) IV – ofender a coisa julgada".

A Lei de Introdução das Normas de Direito Brasileiro, no art. 6º, § 3º, refere-se a coisa julgada ou caso julgado como: "a decisão judicial de que já não caiba recurso".

Por seu turno, o Código de Processo Civil, no art. 502, estipula: "Denomina-se coisa julgada material a autoridade que torna imutável e indiscutível a decisão de mérito não mais sujeita a recurso".

O art. 503 do mesmo diploma acrescenta: "A decisão que julgar total ou parcialmente o mérito tem força de lei nos limites da questão principal expressamente decidida".

Importa destacar ainda que o § 1º do artigo citado acima menciona: § 1º O disposto no *caput* aplica-se à resolução de questão prejudicial, decidida expressa e incidentemente no processo, se: I – dessa resolução depender o julgamento do mérito; II – a seu respeito tiver havido contraditório prévio e efetivo, não se aplicando no caso de revelia; III – o juízo tiver competência em razão da matéria e da pessoa para resolvê-la como questão principal.

Na lição de Marcus Vinicius Rios Gonçalves[6], passamos a entender o mencionado dispositivo:

> No CPC de 1973, as questões prejudiciais não eram alcançadas pela autoridade da coisa julgada material, a menos que qualquer das partes ajuizasse ação declaratória incidente, cuja finalidade era fazer com que aquilo que seria apreciado como prejudicial passasse a constituir questão de mérito, a ser apreciada não na fundamentação, mas no dispositivo da sentença. O CPC atual estende a coisa julgada as questões prejudiciais, independentemente do ajuizamento da ação declaratória incidental. Desde que preenchidos determinados requisitos, automaticamente a coisa julgará se estenderá àquilo que constitui questão prejudicial.

---

[6] GONÇALVES, Marcus Vinicius Rios. Direito Processual Civil Esquematizado. Pedro Lenza (coord.). 7. ed. São Paulo: Saraiva, 2016, p. 545.

Mais adiante, o art. 504 também do CPC frisa: "Não fazem coisa julgada: I – os motivos, ainda que importantes para determinar o alcance da parte dispositiva da sentença; II – a verdade dos fatos, estabelecida como fundamento da sentença".

O instituto da coisa julgada, sob a ótica de Giuseppe Chiovenda[7], consiste no "bem da vida que o autor deduziu em juízo (*res in iudicium deducta*) com a afirmação de que uma vontade concreta de lei o garante a seu favor ou nega ao réu, depois que o juiz o reconheceu ou desconheceu com a sentença de recebimento ou de rejeição da demanda, converte-se em coisa julgada (*res iudicata*)". Mais adiante, afirmou o citado processualista: "A *res iudicata* outra coisa não é para os romanos do que a *res in iudicium deducta* depois que foi *iudicata: res iudicata dicitur quae finem controversiarum pronuntiatione iudicis accipit, quode vel condemnatione vel absolutione contingit* (...) a coisa julgada não é senão o bem julgado, o bem reconhecido ou desconhecido pelo juiz".

Por outro lado, Jorge Americano[8], em sua obra clássica *Da acção rescisória*, publicada em 1926, ensinava que pela coisa julgada objetiva a lei a estabilidade das relações jurídicas resolvidas na sentença. Não tem nem poderia ter em vista, por um mal-entendido fetichismo, contrapor a verdade real, ou a verdade jurídica, uma verdade ficta. É comum dizer que a sentença passada em julgado faz do preto o branco e do quadrado o redondo. *Res judicta pro veritate habetur*.

No diapasão, "A coisa julgada, chamada por alguns de preclusão máxima, esgota todos os argumentos, defesas e questões relativas à lide, inclusive os vícios processuais, ressalvados determinados casos em que a lei prevê a possibilidade de rescindir a sentença, por meio de uma ação de competência originária dos tribunais"[9].

Com efeito, a coisa julgada é um bem jurídico posto em juízo, protegido ou não, tendo, inclusive, proteção constitucional (CF, art. 5º, XXXVI)[10]. Daí não poder ficar ilesa a sentença que a tenha violado, pois consoante o art. 505: "Nenhum juiz decidirá novamente as questões já decididas relativas à mesma lide, salvo: I – se, tratando-se de relação jurídica de trato continuado,

---

[7] CHIOVENDA, Giuseppe. *Instituições de direito processual civil*. Trad. da 2ª edição atualizada. São Paulo: Saraiva, 1965. v. I, p. 418.
[8] AMERICANO, Jorge. *Da ação rescisória*. 2. ed. São Paulo: Saraiva, 1926. p. 7.
[9] GRECO FILHO, Vicente. *Direito processual civil brasileiro*. 11. ed. atual. São Paulo: Saraiva, 1996. v. 2, p. 418.
[10] Assevera o inciso XXXVI da *Lex Legum*: "A lei não prejudicará o direito adquirido, o ato jurídico perfeito e a coisa julgada".

sobreveio modificação no estado de fato ou de direito, caso em que poderá a parte pedir a revisão do que foi estatuído na sentença; II – nos demais casos prescritos em lei".

A coisa julgada material (*auctoritas rei judicatae*) é "a qualidade que torna imutável e indiscutível o comando que emerge da parte dispositiva da decisão de mérito não mais sujeita a recurso: (art. 502, do CPC e art. 6º, § 3 da LINDB), nem à remessa necessária do CPC 496...". Outrossim, coisa julgada formal "é a inimpugnabilidade da sentença no processo em que foi proferida. Ocorre a coisa julgada formal quando a sentença não mais está sujeita a recurso ordinário ou extraordinário (v. LINDB 6º § 3º), quer porque dela não se recorreu; quer porque se recorreu em desacordo com os requisitos de admissibilidade dos recursos ou com os princípios fundamentais dos recursos: quer, ainda, porque foram esgotados todos os meios recursais de que dispunham as partes e interessados naquele processo. Para a coisa julgada formal leva-se em conta, principalmente, a impugnabilidade da sentença, vale dizer, o momento em que se forma a coisa julgada. A denominação coisa julgada formal é equívoca, mas se encontra consagrada na doutrina. Trata-se na verdade de preclusão e não de coisa julgada. Não é objeto da garantia constitucional da CF 5º XXXVI, que abrange apenas a autoridade da coisa julgada (coisa julgada material). Normalmente a coisa julgada formal ocorre simultaneamente com a coisa julgada material. Mas nem sempre. Quando as partes não recorrem de sentença prolatada contra a fazenda pública, ocorre a preclusão (coisa julgada formal), mas a coisa julgada material somente vai ocorrer com o reexame necessário da sentença pelo tribunal (CPC 496). As decisões proferidas com base no CPC 485 (no novo CPC, art. 966) são atingidas somente pela preclusão (coisa julgada formal), mas não pela coisa julgada material, que só alcança as decisões de mérito"[11].

Lembrem-se, ademais, de que a autoridade da coisa julgada é restrita à parte dispositiva do julgamento e aos pontos aí decididos e fielmente compreendidos em relação aos seus motivos objetivos[12].

Problema interessante que se apresenta é o do conflito entre duas coisas julgadas. Ou seja, quando a segunda decisão transitada em julgado tiver violado outra anterior.

---

[11] NERY JR., Nelson; NERY, Rosa Maria de Andrade. *Código de Processo Civil comentado*. 2. ed. rev. e ampl. São Paulo: RT, 1996. p. 835.

[12] BATISTA, Francisco de Paula. Compêndio de teoria e prática do processo civil comparado com o comercial. 3. ed. Pernambuco: Russell, 1872. p. 178, nota 1.

Em havendo tal conflito, a segunda decisão é passível de rescisão, conforme preconiza o art. 966, IV, do CPC.

Entrementes, se houve a consumação do prazo decadencial para o ajuizamento da ação que iria desconstituir a segunda decisão violadora de coisa julgada material, já transitada em julgado, a questão se complica.

Outrora, "no direito romano, prevalecia sem dúvida a primeira, já que a segunda, proferida contra a *res iudicata*, se considerava inexiste e não chegava, como tal, a revestir-se, ela própria, da autoridade da coisa julgada"[13].

Hoje, não há uniformidade nem na doutrina, nem na jurisprudência. De se ressaltar que a decisão que ofende a coisa julgada nem é inexistente, nem sequer *nula pleno jure*, mas apenas suscetível de desconstituição, por meio de recurso ou de ação impugnativa autônoma, de acordo com a opção de cada ordenação jurídica. Na nossa, decisão transitada em julgado enquanto não rescindida, produz todos os efeitos que produziria se nenhum vício contivesse[14].

Doutrinariamente, como foi dito, *trahunt auctores utraque*: de um lado existem diversos processualistas que asseveram prevalecer a primeira, haja vista que a segunda nem sequer chegou a se formar, ou, no mínimo ofendeu a primeira coisa julgada, o que é inconstitucional, consoante o art. 5º, XXXVI, da *Lex Fundamentalis*, e ilegal, nos albergues dos arts. 337, VII e 966, IV, do Diploma Adjetivo Civil. Ademais, estaria contaminada em sua origem, inclusive em face do que prevê o art. 505 do CPC, que veda ao juiz decidir questões já decididas, relativamente à mesma lide[15].

Situando-se em polo diametralmente oposto, outra corrente defende prevalecer a segunda sentença, aludindo que ela terá eficácia como título autônomo, mesmo que seja contraditória com a primeira, podendo ser executada, sem que o juiz da execução possa evitar a sua eficácia ou negar-lhe

---

[13] BARBOSA MOREIRA, José Carlos. *Comentários ao Código de Processo Civil*. Rio de Janeiro: Forense, 1974. v. V, p. 182.

[14] BARBOSA MOREIRA, José Carlos. *Comentários ao Código de Processo Civil*. Rio de Janeiro: Forense, 1974. v. V, p. 182.

[15] Nesse sentido: ARRUDA ALVIM, DPC, II, 375 e ss.; RIZZI, Sérgio. *Ação rescisória*. São Paulo: RT, 1979. p. 135 e ss.; NERY JR., Nelson. Comentários, p. 836. *Apud* NERY JR., Nelson; NERY, Rosa Maria de Andrade. *Código de Processo Civil comentado*. 2. ed. rev. e atual. São Paulo: RT, 1996. p. 836; TEIXEIRA FILHO, Manoel Antonio. *Ação rescisória no processo do trabalho*. São Paulo: LTr, 1991. Nesse mesmo sentido se orienta a jurisprudência alemã e parte da jurisprudência brasileira.

a execução, a menos que ela seja desconstituída pela ação autônoma de impugnação (rescisória) apresentada *oportuno temppore*[16].

A jurisprudência não é uníssona, entretanto colhemos o presente julgado do Superior Tribunal de Justiça, a título de exemplificação sobre a matéria, *in verbis*:

> Processual civil. Ação rescisória. Violação à coisa julgada. Existência de decisão antecedente. Prazo decadencial. 1. Esta ação rescisória foi ajuizada pela CEF, com fulcro no artigo 485, incisos IV e V, em que se alega violação à coisa julgada, pois a decisão rescindenda a condenou em honorários, tendo em vista o trânsito em julgado de acórdão que afastara a mesma condenação no exame de recurso contra sentença proferida nos Embargos à Execução de Sentença. Na contestação, alegam os réus que haveria decisão anterior que já garantira a condenação da CEF em honorários advocatícios. 2. O direito brasileiro faz irrescindível após o biênio, a sentença infratora, o que a sobrepõe, portanto à outra (Pontes de Miranda, *Tratado de Ação Rescisória*, Bookseller, 2003, pág. 254). Assim sendo, não ajuizada a ação rescisória com objetivo de restaurar a eficácia de um primeiro julgamento que teria concluído pela condenação em honorários, precluiu o direito a buscar sua prevalência sobre a decisão que afastara a sucumbência. 3. Transitado em julgado em 03.10.03 o acórdão que excluiu a condenação em honorários na execução, deve ser anulada a decisão posterior exarada nesta Corte que decidiu de modo inverso e transitou em 08.06.04 4. Ação rescisória procedente (STJ, 1ª Seção, Rel. Min. Castro Meira, j. 09.12.2009).

No contexto, teoricamente a sentença que deve prevalecer será a primeira, mesmo decaindo o prazo para desconstituir a segunda por meio da ação autônoma de impugnação. Do contrário se estará infringindo um preceito constitucional, qual seja o da proteção da coisa julgada, consagrado no art. 5º, XXXVI, *da Lex Legum*, o que geraria uma insegurança jurídica incomensurável. Entrementes, o legislador resolveu acolher a segunda corrente ao colocar como causa de rescindibilidade a violação ao bem jurídico da coisa julgada.

Problema mais grave é se terceiro processo for instaurado, e se "Cada uma das partes invocar a *auctoritas rei judicatae* de uma das sentenças con-

---

[16] Nesse sentido, BARBOSA MOREIRA, José Carlos. *Comentários ao Código de Processo Civil*. Rio de Janeiro: Forense, 1974. v. V, p. 133, 200 e ss.; Moniz de Aragão, Sentença, p. 285; GRINOVER, Ada Pellegrini. DPC, p. 85; PONTES DE MIRANDA, Francisco Cavalcanti. Ação rescisória, p. 250. *Apud* NERY JR., Nelson; NERY, Rosa Maria de Andrade. *Código de Processo Civil comentado*. 2. ed. rev. e ampl. São Paulo: RT, 1996. p. 836.

traditórias, a qual delas há de atender o juiz?". Se a lide for a mesma, o juiz deve abster-se de rejulgá-la. Se se tratar de lide subordinada cuja solução deva ter como premissa necessária a da outra, defendemos a ideia de que a primeira sentença é a que deve prevalecer.

3.1.2.2 Quando a decisão violar manifestamente norma jurídica

Nova hipótese de admissibilidade foi tratada no novo CPC em seu art. 966, V, "quando violar manifestamente norma jurídica". A hipótese tratada no art. 485, V, do antigo CPC era relativa a violação literal de disposição de lei.

A lei ali compreendida era em sentido amplo, podendo ser: federal, estadual, municipal, lei constitucional, lei ordinária, complementar, delegada, decreto, autônomas[17], material, processual etc., bem como acordos e convenções coletivas.

A violação da lei tanto pode ser *in procedendo* quanto *in judicando*[18].

Para o mestre Pontes de Miranda[19], essa violação pode ser expressa, oculta e disfarçada.

Por outro lado, Sérgio Sahione Fadel[20] vaticina que: "No caso não se discute a justiça ou injustiça da sentença, nem se tergiversa sobre a melhor ou mais adequada interpretação. Há que se configurar violação expressa da norma legal, e mesmo assim não em função de interesse particular ou privado da parte, mas em atenção à defesa de uma norma de interesse público".

Ainda sobre a literal disposição de lei, a Súmula 343 do Supremo Tribunal Federal, a Súmula 134 do extinto Tribunal Federal de Recursos e a Súmula 83 do colendo Tribunal Superior do Trabalho são unânimes em asseverar que:

---

[17] Registramos que as Leis Federais, Estaduais e Municipais elaboradas pelo Congresso, pelas Assembleias Legislativas e pelas Câmaras de Vereadores, são consideradas heterônomas, porquanto, criadas pelo Estado. Já os acordos e convenções coletivas, e os regulamentos de empresas, que também são considerados leis, de âmbito de aplicação mais restrito, são considerados autônomos, pois elaborados pelos particulares.

[18] Ocorre *error in procedendo*, ou vício de atividade, quando o juiz encarregado de dirigir o processo infringe qualquer norma procedimental que ponha em risco a rigidez da relação jurídica processual. Ocorre *error in judicando*, ou vício de juízo, ou erros de fundo, quando o juiz infringe norma de direito substancial, que provoca a injustiça do ato judicial (NERY JR., Nelson; NERY, Rosa Maria de Andrade. *Código de Processo Civil comentado*. 2. ed. rev. e ampl. São Paulo: RT, 1996. p. 862).

[19] PONTES DE MIRANDA, Francisco Cavalcanti. *Tratado das ações*. São Paulo: RT, 1973. t. IV, p. 499.

[20] FADEL, Sérgio Sahione. *Código de Processo Civil comentado*. Rio de Janeiro: José Konfino Editor, 1974. t. III, p. 78.

> Súmula 134 do TFR – Não cabe ação rescisória, por violação literal de lei, quando a decisão rescindenda estiver baseada em texto legal de interpretação controvertida nos Tribunais.
>
> Súmula 83 do TST – Ação rescisória. Matéria controvertida (incorporada a Orientação Jurisprudencial 77 da SBDI-2) – Res. 137/2005, *DJ* 22, 23 e 24.08.2005.
>
> I – Não procede pedido formulado na ação rescisória por violação literal de lei se a decisão rescindenda estiver baseada em texto legal infraconstitucional de interpretação controvertida nos Tribunais. (ex-Súmula 83 – alterada pela Res. 121/2003, *DJ* 21.11.2003)
>
> II – O marco divisor quanto a ser, ou não, controvertida, nos Tribunais, a interpretação dos dispositivos legais citados na ação rescisória é a data da inclusão, na Orientação Jurisprudencial do TST, da matéria discutida. (ex-OJ 77 da SBDI-2 – inserida em 13.03.2002)

Convém asseverar ainda, com relação à violação de literal dispositivo de lei, que a doutrina e a jurisprudência já se orientavam sob a ótica de interpretação do direito em tese, deixando de lado a interpretação literal e abrindo espaço à verdadeira intenção do legislador.

Nesse sentido já se posicionava a doutrina sobre o tema:

> Em outras palavras, tendo o juiz violado um costume, um princípio, uma lei expressa, ou, até mesmo, normas interpretativas, caberia ação rescisória, com fundamento no inciso V do art. 485 do CPC. Enfim, qualquer direito expresso o revelado, seja escrito ou não escrito, uma vez violado, poderá ser protegido pelo ajuizamento e posterior acolhimento da ação rescisória. (...) A violação de qualquer norma jurídica possibilita o ingresso da ação rescisória, com vistas a desconstituir a sentença de mérito transitada em julgado[21].

Essa intenção foi então disposta no novo CPC, conforme já citado acima passando a dispor então no art. 966, V, quando violarem manifestamente a norma jurídica.

Desta feita, o rol passa a ser ampliado na medida em que será admissível ação rescisória em face das decisões que violarem não somente ao texto previsto na lei, mas sim à norma jurídica como um todo. Estaríamos diante

---

[21] DIDIER JR., Fredie. Teoria da cognição judicial. In: DIDIER JR., Fredie. *Curso de direito processual civil*: introdução ao direito processual civil e processo de conhecimento. 14. ed. Salvador: JusPodivm, 2012. v. 1, Cap. 10, p. 424-425.

da possibilidade, por exemplo, de ajuizamento da ação rescisória em face da violação de súmula vinculante.

Convém assinalar, ainda, que a Lei nº 13.256, de 2016, acrescentou os parágrafos 5º e 6º ao art. 966. Nesse contexto, verifica-se que caberá ação rescisória com fundamento no inciso V – violar manifestamente norma jurídica –, contra decisão baseada em enunciado de súmula ou acórdão proferido em julgamento de casos repetitivos que não tenha considerado a existência de distinção entre a questão discutida no processo e o padrão decisório que lhe deu fundamento. Assim, incumbirá ao autor, sob pena de inércia, demonstrar, fundamentadamente, tratar-se de situação particularizada por hipótese fática distinta ou de questão jurídica não examinada, a impor outra solução jurídica.

3.1.2.2.1 Rescisória de violação de norma jurídica e a exigência de prequestionamento

Assevere-se, *ab initio* que "pré", do latim *prae*, revela anterioridade, preexistência da questão. Não é viável negar debate prévio, onde e quando da sua existência.

José Frederico Marques[22] define o prequestionamento como sendo uma criação da jurisprudência como pressuposto de admissibilidade do recurso extraordinário. Há, entrementes, acórdãos que enfrentam, de certo modo, a questão, ao definir o prequestionamento em termos estritamente formais como sendo a "provocação do julgador pelo interessado", efetivada quando na instância *a quo*, a medida é expressamente ventilada nas razões do Recurso, quando se tratar de recurso extraordinário. Há acórdãos também cuja análise revela que o prequestionamento se dá quando "há debate de teses divergentes no mesmo juízo" (debate pelo Tribunal).

O Supremo Tribunal Federal firmou jurisprudência no sentido da exigibilidade do prequestionamento como pressuposto do Recurso Extraordinário, de modo que este, por sua natureza, pressupõe sempre o prequestionamento da matéria ventilada na petição do apelo. Tem concluído o Excelso Pretório ser indispensável para a admissibilidade do recurso extraordinário que a matéria haja sido prequestionada no recurso interposto. *Vide* Súmulas 282 e 356 do STF.

Ainda sobre o assunto, não poderíamos perder de vista que não era apenas nos Recursos de natureza extraordinária que se impunha a exigência de

---

[22] MARQUES, José Frederico. *Manual de direito processual civil*. 9. ed. São Paulo: Saraiva, 1987. v. 3, p. 183.

prequestionamento do ponto suscitado. Também se verificava a observância de tal formalidade para a propositura de ação rescisória, quando invocada violação literal de disposição de lei (antigo CPC, art. 485, V) consoante se inferia da antiga redação da Súmula 298, do TST, em sede trabalhista, que dispunha:

> Enunciado 298 do TST – Res. 8/1989, *DJ* 14.04.1989 – Incorporadas as Orientações Jurisprudenciais 36, 72, 75 e 85, parte final, da SBDI-2 – Res. 137/2005, *DJ* 22, 23 e 24.08.2005
>
> Conclusão acerca da ocorrência de violação literal de lei – Sentença rescindenda trabalhista
>
> I – A conclusão acerca da ocorrência de violação literal de lei pressupõe pronunciamento explícito, na sentença rescindenda, sobre a matéria veiculada. (ex-Súmula 298 – Res. 8/1989, *DJ* 14.04.1989)
>
> II – O prequestionamento exigido em ação rescisória diz respeito à matéria e ao enfoque específico da tese debatida na ação e não, necessariamente, ao dispositivo legal tido por violado. Basta que o conteúdo da norma, reputada como violada, tenha sido abordado na decisão rescindenda para que se considere preenchido o pressuposto do prequestionamento. (ex-OJ 72 da SBDI-2 – inserida em 20.09.2000)
>
> III – Para efeito de ação rescisória, considera-se prequestionada a matéria tratada na sentença quando, examinando remessa de ofício, o Tribunal simplesmente a confirma. (ex-OJ 75 da SBDI-2 – inserida em 20.04.2001)
>
> IV – A sentença meramente homologatória, que silencia sobre os motivos de convencimento do juiz, não se mostra rescindível, por ausência de prequestionamento. (ex-OJ 85 da SBDI-2 – parte final – inserida em 13.03.2002 e alterada em 26.11.2002)
>
> V – Não é absoluta a exigência de prequestionamento na ação rescisória. Ainda que a ação rescisória tenha por fundamento violação de dispositivo legal, é prescindível o prequestionamento quando o vício nasce no próprio julgamento, como se dá com a sentença "extra, citra e ultra petita". (ex-OJ 36 da SBDI-2 – inserida em 20.09.2000).

Hodiernamente, seguindo os mesmos fundamentos da doutrina, o Supremo Tribunal Federal decidiu no sentido de que, em se tratando de ação rescisória, o prequestionamento não seria exigido, *in verbis*:

> Trata-se de agravo de instrumento interposto de decisão que não admitiu recurso extraordinário (art. 102, III, *a*) que indica violação dos arts. 5º, XXXV, LIV e LV, 7º, I, e 37, II, da Constituição Federal. Cito a do acórdão recorrido (fls. 247): "Ação rescisória. Extinção do contrato de trabalho.

Aposentadoria. Violação de lei. Súmula 298 do TST. Para que se possa perquirir a violação de preceitos de lei em ação rescisória, ainda que se trate de ação autônoma, é imprescindível que na sentença rescindenda haja emissão de tese sobre a matéria trazida a lume na ação rescisória (Súmula 298 do TST). Dessa forma, não se viabiliza o acolhimento do pedido rescindente formulado com fulcro no art. 485, V, do CPC, haja vista que no acórdão rescindendo complementado pelos acórdãos de Embargos de Declaração foi restabelecida a sentença de improcedência com fundamento na Orientação Jurisprudencial 177 da SBDI-1, vigente à época da prolação do decisum rescindendo, sem qualquer enfrentamento da matéria à luz dos arts. 5º, II e XXXVI, 7º, I, 37, II e XVI, 102, § 2º, e 173, § 1º, II, todos da Constituição Federal de 1988. Pedido julgado improcedente". Sustenta-se no recurso extraordinário o afastamento da exigência de prequestionamento em ação rescisória e a procedência do pedido inicial. É o relatório. Decido. Com razão a parte ora agravante. Deve incidir, por analogia, a orientação firmada pelo Plenário deste Tribunal, no julgamento do RE 328.812-ED, rel. min. Gilmar Mendes, que entendeu pela inaplicabilidade da Súmula 343 nos casos cuja matéria de fundo tem cunho constitucional, mesmo que a decisão rescindenda tenha se baseado em interpretação controvertida ou seja anterior à orientação fixada pelo Supremo Tribunal Federal. Transcrevo a ementa: "Ementa: (...) 4. Ação Rescisória. Matéria constitucional. Inaplicabilidade da Súmula 343/STF. 5. A manutenção de decisões das instâncias ordinárias divergentes da interpretação adotada pelo STF revela-se afrontosa à força normativa da Constituição e ao princípio da máxima efetividade da norma constitucional. 6. Cabe ação rescisória por ofensa à literal disposição constitucional, ainda que a decisão rescindenda tenha se baseado em interpretação controvertida ou seja anterior à orientação fixada pelo Supremo Tribunal Federal. (...)" (RE 328.812-ED, Rel. min. Gilmar Mendes, Tribunal Pleno, *DJe* de 02.05.2008). Nesse sentido: RE 111.656-AgR, Rel. Min. Ellen Gracie, *DJe* de 03.12.2008; AI 704.301, Rel. Min. Cármen Lúcia, *DJe* de 01.09.2008 e AI 555.806-AgR, Rel. Min. Eros Grau, *DJe* de 18.04.2008. Ademais, as Turmas do Supremo Tribunal Federal fixaram o entendimento de que "o requisito do prequestionamento não se aplica à ação rescisória, que não é recurso, mas ação contra a sentença transitada em julgado, atacável, ainda que a lei invocada não tenha sido examinada na decisão rescindenda" (AR 732 Embargos, Rel. Min. Soares Muñoz, Plenário, *DJ* de 09.05.1980). Nesse sentido: RE 444.810-AgR (Rel. Min. Eros Grau, Primeira Turma, *DJ* de 22.04.2005); AI 598.295-AgR (Rel. Min. Cezar Peluso, Segunda Turma, *DJ* 17.08.2007) e RE 566.930, Rel. Min. Ellen Gracie, *DJe* de 04.10.2010. Por oportuno, assinalo que o Tribunal Regional adotou o entendimento desta Corte, formado no julgamento da medida cautelar na ADI 1.721 (cf. fls. 64). Todavia, o Tribunal Superior do Trabalho reformou tal decisão, aplicando a Orientação Jurisprudencial 177/SBDI-I. Do exposto, e com base no art. 544, § 3º e § 4º, do Código de Processo Civil, dou provimento ao agravo e o converto em recurso extraordinário, para, nos termos do art. 557, § 1º-A, do referido diploma legal, dar-lhe parcial provimento para afastar a exigência de prequestionamento e determinar o retorno dos autos ao Tribunal *a quo*, onde deverá ter prosseguimento o julgamento da ação rescisória. À Secretaria, desentranhe-se e arquive-se a petição 32.598/2010 (fls. 291-416), tendo em vista que o subscritor não é parte nos autos. Publique-se. Brasília, 15 de dezembro de 2010. (STF – AI 749207/BA, Rel. Min. Joaquim Barbosa, j. 15.12.2010, *DJe*-024, divulg. 04.02.2011, public. 07.02.2011).

Sob esse mesmo entendimento, na seara trabalhista, foi a Súmula 298 do TST alterada, passando a dispor com a seguinte redação:

> Súmula 298 TST – Ação rescisória. Violação a disposição de lei. Pronunciamento explícito (Redação alterada pelo Tribunal Pleno na sessão realizada em 06.02.2012) – Res. 177/2012, *DEJT* divulgado em 13, 14 e 15.02.2012
>
> I – A conclusão acerca da ocorrência de violação literal a disposição de lei pressupõe pronunciamento explícito, na sentença rescindenda, sobre a matéria veiculada.
>
> II – O pronunciamento explícito exigido em ação rescisória diz respeito à matéria e ao enfoque específico da tese debatida na ação, e não, necessariamente, ao dispositivo legal tido por violado. Basta que o conteúdo da norma reputada violada haja sido abordado na decisão rescindenda para que se considere preenchido o pressuposto.
>
> III – Para efeito de ação rescisória, considera-se pronunciada explicitamente a matéria tratada na sentença quando, examinando remessa de ofício, o Tribunal simplesmente a confirma.
>
> IV – A sentença meramente homologatória, que silencia sobre os motivos de convencimento do juiz, não se mostra rescindível, por ausência de pronunciamento explícito.
>
> V – Não é absoluta a exigência de pronunciamento explícito na ação rescisória, ainda que esta tenha por fundamento violação de dispositivo de lei. Assim, prescindível o pronunciamento explícito quando o vício nasce no próprio julgamento, como se dá com a sentença "*extra, citra* e *ultra petita*".

Ad exemplum: quando o juiz violar literalmente a lei, utilizando uma inaplicável ao caso, desprezando aquela que verdadeiramente aplicar-se-ia ao fato, a parte deve embargar de declaração solicitando que o juiz se refira à lei desprezada.

Denote-se que a nova redação da aludida Súmula 298 traz as expressões pronunciamento explícito e prequestionamento, não havendo falar em identidade de conceitos dessas expressões. Isso porque o pronunciamento explícito relaciona-se diretamente com o ato do juiz, enquanto o prequestionamento é ato da parte quando da interposição dos recursos no processo. De sua leitura constata-se que não precisa ocorrer o prequestionamento, bastando constar do ato do juiz a matéria em questão.

No mesmo sentido, orienta-se a doutrina majoritária. Vejamos a lição de Manoel Antônio Teixeira Filho[23], que reza:

> Assim dizemos por que, no caso da ação rescisória, por exemplo, não se justifica a exigência de prequestionamento, sabendo-se que a referida ação instaura uma nova relação jurídica processual, que somente se vincula à anterior, que cessou com a emissão da decisão rescindenda, sob o aspecto lógico.

Ainda sobre o tema, Carlos Henrique Bezerra Leite[24] também se pronunciou:

> Realmente, se a rescisória não é recurso, não há como admitir a exigência do prequestionamento na matéria nela tratada na decisão rescindenda. O prequestionamento, como se sabe, é fruto de política judiciária dos tribunais superiores com o intuito de afunilar, cada vez mais, o cabimento dos recursos de natureza extrema, como o recurso de revista, o recurso especial e o recurso extraordinário.
>
> Noutro dizer, em seara de rescisória, o prequestionamento só é exigível quando se tratar de prescrição, que anteriormente era albergada de forma expressa no § 5º do art. 219 do antigo Código de Processo Civil, e que passou no novo CPC a ser evidenciada quando da leitura do art. 487, II em se tratando de direitos patrimoniais, a prescrição só poderá ser acolhida se alegada oportunamente por quem deveria. Se prescrito o direito de ação, não arguido *opportuno tempore*, não cabe, ao depois do trânsito em julgado da sentença, a parte a quem a prescrição aproveitaria, ajuizar rescisória, pois inexistiu, *in casu*, o prequestionamento. Nesta esteira está a Súmula nº 153 do TST, que dispõe, "Súmula 153. Prescrição (mantida) – Res. 121/2003, *DJ* 19, 20 e 21.11.2003 Não se conhece de prescrição não arguida na instância ordinária (ex-Prejulgado nº 27)".

---

[23] TEIXEIRA FILHO, Manoel Antonio. *Sistema dos recursos trabalhistas*. 11. ed. São Paulo: LTr, 2011. p. 278.

[24] LEITE, Carlos Henrique Bezerra. *Curso de direito processual do trabalho*. 10. ed. São Paulo: LTr, 2012. p. 1.320.

3.1.2.2.2 Rescisória em face de violação de jurisprudências (súmulas e orientações jurisprudenciais) e costume

Não cabe rescisória de violação de jurisprudência, bem como súmulas ou orientações jurisprudenciais, pois não são leis. Nesse sentido está a Súmula 343 do STF:

> Súmula 343 do STF – Cabimento. Ação rescisória. Ofensa a literal dispositivo baseado em texto legal de interpretação controvertida nos tribunais.
>
> Não cabe ação rescisória por ofensa a literal dispositivo de lei, quando a decisão rescindenda se tiver baseado em texto legal de interpretação controvertida nos tribunais.

Ademais, não cabe violação de costumes.

Em âmbito trabalhista, verifica-se que também não seria admissível a interposição de ação rescisória em face da violação à norma de convenção coletiva ou acordo coletivo. Nesse sentido, foi editada a Orientação Jurisprudencial 25 da Seção de Dissídios Individuais II – SDI II, que dispõe:

> 25. Ação rescisória. Regência pelo CPC de 1973. Expressão "lei" do art. 485, V, do CPC de 1973. Não inclusão do ACT, CCT, portaria, regulamento, súmula e orientação jurisprudencial de tribunal. (Atualizada em decorrência do CPC de 2015) Res. 212/2016, *DEJT*, divulgado em 20, 21 e 22.09.2016)
>
> Não procede pedido de rescisão fundado no art. 485, V, do CPC de 1973 quando se aponta contrariedade à norma de convenção coletiva de trabalho, acordo coletivo de trabalho, portaria do Poder Executivo, regulamento de empresa e súmula ou orientação jurisprudencial de tribunal. (ex-OJ 25 da SDI-2, inserida em 20.09.2000 e ex-OJ 118 da SDI-2, *DJ* 11.08.2003)

Assim, as decisões têm seguido a referida orientação, senão vejamos:

> Ação rescisória. Violação de convenção coletiva. Conceito de lei. Não abrangência. A jurisprudência desta Corte perfilha entendimento segundo o qual somente é cabível ação rescisória com supedâneo no artigo 485, inciso V, quando a possível afronta ocorrer a literal dispositivo de lei, excluindo-se dessa hipótese norma de convenção coletiva, acordo coletivo de trabalho e portaria do Poder Executivo. Incidência da Orientação Jurisprudencial nº 25 da SBDI-2. Na hipótese dos autos, o Recorrente, utilizando-se da alegação de violação de dispositivo de lei, pretende, na verdade rediscutir a interpretação dada pela decisão rescindenda às cláusulas convencionais. Naquele julgado, foi preconizado não ser a estabilidade provisória prevista na convenção coletiva limitada ao prazo para obtenção da aposentadoria proporcional, mas

sim a partir do surgimento deste direito até a integralização do período para a aposentadoria integral. Portanto, a pretensão deduzida nesta ação torna-se inviável, porquanto o que pode ser analisado nesta demanda é a arguição de violação de dispositivo de lei, e não por via oblíqua a má interpretação ou afronta à convenção coletiva. Recurso ordinário desprovido (TST, ROAR 2739002620055040000, Subseção II Especializada em Dissídios Individuais, Rel. Emmanoel Pereira, j. 11.09.2007, *DJ* 01.10.2007).

Atenção merece o já citado art. 966 do CPC, que teve por meio da Lei nº 13.256, de 2016, acrescentados os §§ 5º e 6º. Nesse contexto, verifica-se que, caberá ação rescisória com fundamento no inciso V – violar manifestamente norma jurídica –, contra decisão baseada em enunciado de súmula ou acórdão proferido em julgamento de casos repetitivos que não tenha considerado a existência de distinção entre a questão discutida no processo e o padrão decisório que lhe deu fundamento. Assim, incumbirá ao autor, sob pena de inércia, demonstrar, fundamentadamente, tratar-se de situação particularizada por hipótese fática distinta ou de questão jurídica não examinada, a impor outra solução jurídica.

Merecem atenção as súmulas vinculantes, que foram introduzidas no ordenamento jurídico brasileiro em razão da Emenda Constitucional 45, de 2004, determinando a Carta Magna, em seu art. 103-A:

> Art. 103-A. O Supremo Tribunal Federal poderá, de ofício ou por provocação, mediante decisão de dois terços dos seus membros, após reiteradas decisões sobre matéria constitucional, aprovar súmula que, a partir de sua publicação na imprensa oficial, terá efeito vinculante em relação aos demais órgãos do Poder Judiciário e à administração pública direta e indireta, nas esferas federal, estadual e municipal, bem como proceder à sua revisão ou cancelamento, na forma estabelecida em lei. (Incluído pela Emenda Constitucional 45, de 2004).

Sobre o tema, já se pronunciou o ilustre doutrinador Nelson Nery quando expõe:

> Embora não tenha natureza estrita de lei, a esta é equiparada porque vincula, em caráter geral e abstrato, o Poder Judiciário como um todo (STF e todos os demais órgãos do Poder Judiciário) e o Poder Executivo, considerado em sua integralidade (administração pública direta e indireta, nas esferas federal, estadual distrital e municipal), caracterizando-se como lei *lato sensu*. Consequentemente, sentença ou acórdão de mérito transitado em julgado que a tenha violado pode ser rescindido por ação rescisória, com fundamento no CPC 966 V. No mesmo sentido: Wambier-Alvim Wambier-Medina. *Reformas 3*, p. 280. O julgado que deixa de aplicar súmula vinculante do STF pode também ser impugnado pelas vias recursais e por reclamação direta ao STF (CF 103-A § 3º, LSV 7º). Ao julgar a reclamação, o STF não tem

poder de revisão, mas apenas de cassação: verificando que o ato judicial ou administrativo cassará a decisão judicial, determinando à administração ou ao órgão judicial que profira outra decisão no lugar daquela. Como a súmula vinculante se equipara à lei em sentido *lato*, pode sofrer, em tese, controle de constitucionalidade. No sentido da admissibilidade da ação rescisória de decisão proferida contra súmula vinculante do STF: Câmara. *Rescisória*, pp. 82/84; Marcos Paulo Passoni. Sobre o cabimento da ação rescisória com fundamento em violação a literal proposição de sumula vinculante (*RP* 171/242). Tendo em vista o poder vinculante da súmula vinculante em relação a todos os órgãos e tribunais (CPC 927 II), a possibilidade da ação rescisória por desobediência à sumula acabaria por se estender aos demais entendimentos sumulados dos Tribunais brasileiros[25].

É cediço que o art. 485, V, do antigo CPC previa violação de literal dispositivo de lei, no entanto o que se observa conforme dito alhures foi a necessidade de interpretação de forma ampla do conceito de lei.

Sob esse prisma, no novo Código de Processo Civil passou a se dispor, no art. 966, V, do cabimento da ação rescisória de decisões que violarem manifestamente a norma jurídica.

Assim, sob essa nova ótica, admitir-se-ia a possibilidade de ação rescisória em face da violação não só da lei, deixando de lado a interpretação literal do texto de lei, considerando a norma jurídica no seu sentido amplo, o que abarcaria outras espécies de normas jurídicas.

Convém assinalar desta feita que o texto de lei, previsto no dispositivo do art. 485, V, do antigo Digesto Processual, não pode ser interpretado literalmente, onde qualquer norma jurídica genérica poderia se levar à rescisão, independentemente de estar ou não veiculada em lei[26].

3.1.2.2.3 Rescisória de violação de princípios gerais do direito

Logo, quanto à violação de jurisprudência, de súmulas e enunciados e de costume, é ponto pacífico quanto ao não cabimento da rescisória. Entretanto, no pertinente a princípios gerais de direito *auctores utraque trahunt*. Parte da doutrina e da jurisprudência não os admite, embora outra parte – da qual fazemos parte – defenda o seu cabimento.

De acordo com o vaticinado por certa parcela da doutrina, o princípio geral de direito, ainda que não expresso em lei, autoriza rescisória, porque é lei supletiva (LINDB, art. 4º, e CLT, art. 8º).

---

[25] *Comentários ao Código de Processo Civil*, ob. cit., p. 1.922.
[26] BARBOSA MOREIRA, José Carlos. *Comentários ao Código de Processo Civil*. 13. ed. Rio de Janeiro: Forense, 2006. p. 131.

Com efeito, como aquiescemos com essa corrente, teceremos algumas considerações acerca dos princípios para justificarmos esse ponto de vista.

Na expressão de Meton Marques de Lima[27], "Princípio é o momento em que alguma coisa tem origem; é a causa primária; é o elemento essencial na Constituição de um corpo".

Noutro falar, seguindo as pegadas de Meton, a palavra "princípio" reporta-nos sempre ao início, ao originário, ao que antecede, e, por meio dele, investigamos os meios e objetivamos os fins.

Ensina De Plácido e Silva[28] que princípio, "derivado do latim *principium* (origem, começo), em sentido vulgar, quer exprimir o começo de vida ou o primeiro instante em que as pessoas ou as coisas começam a existir. É, amplamente, indicativo do começo ou da origem de qualquer coisa. No sentido jurídico, notadamente no plural, quer significar as normas elementares ou os requisitos primordiais instituídos como base, como alicerce de alguma coisa. E, assim, princípios revelam o conjunto de regras ou preceitos, que se fixaram para servir de norma a toda espécie de ação jurídica, traçando, assim, a conduta a ser tida em qualquer operação jurídica. Desse modo, exprimem sentido. Mostram-se a própria razão fundamental de ser das coisas jurídicas, convertendo-se em perfeitos axiomas. Princípios Jurídicos, sem dúvida, significam os pontos básicos, que servem de ponto de partida ou de elementos vitais do próprio Direito. Indicam o alicerce do Direito. E, nesta acepção, não se compreendem somente os fundamentos jurídicos, legalmente instituídos, mas todo axioma jurídico derivado da cultura jurídica universal. Compreendem, pois, os fundamentos da Ciência Jurídica, onde se firmaram as normas originárias ou as leis científicas do Direito, que traçam as noções em que se estrutura o próprio Direito. Assim, nem sempre os princípios se inscrevem nas leis. Mas, porque servem de base ao Direito, são tidos como preceitos fundamentais para a prática do Direito e proteção aos direitos".

Na mesma linha de raciocínio, extremamente importante os ensinamentos do professor Ivo Dantas da Faculdade de Direito do Recife[29], que frisa: "Para nós, princípios são categoria lógica e, tanto quanto possível, universal, muito embora não possamos esquecer que, antes de tudo, quando incorporados a um sistema jurídico-constitucional-positivo, refletem a própria estrutura ideológica do Estado, como tal, representativa dos valores consagrados por uma

---

[27] LIMA, Francisco Meton Marques de. *Interpretação e aplicação do direito do trabalho à luz dos princípios jurídicos*. Fortaleza: Ioce, 1988. p. 99.
[28] DE PLÁCIDO E SILVA. *Vocabulário jurídico*. 11. ed. Rio de Janeiro: Forense, 1989. v. III, J-P, p. 447.
[29] DANTAS, Ivo. *Princípios constitucionais e interpretação constitucional*. Rio de Janeiro: Lumen Juris, 1995. p. 59-60.

determinada sociedade". Em seguida o professor testifica que: "Por outro lado, se tanto o Princípio quanto a Norma consagrados nos textos constitucionais refletem um posicionamento ideológico (opção política frente a diferentes valores) – repitamos –, existe entre eles uma hierarquização. A partir desta, o primeiro ocupa posição de destaque, irradiando, em decorrência e necessariamente, o conteúdo daquela".

No mesmo sentido se orienta o professor Souto Maior Borges, outro ilustre professor da Faculdade de Direito do Recife[30], aludindo que "a violação de um princípio constitucional importa em ruptura da própria Constituição, representando por isso mesmo uma inconstitucionalidade de consequências muito mais graves do que a violação de uma simples norma, mesmo constitucional. A doutrina vem insistindo na acentuação da importância dos princípios para iluminar a exegese dos mandamentos constitucionais".

Ampliando o quadro das considerações, é de toda prudência trazermos à liça o pensamento de Maurício Godinho Delgado[31], que vaticina: "A palavra princípio traduz, de uma maneira geral, a noção de proposições ideais que se gestam na consciência de pessoas e grupos sociais a partir de uma certa realidade e que, após gestadas, direcionam-se à compreensão, reprodução ou recriação dessa realidade. Nessa acepção, princípios políticos, morais ou religiosos, por exemplo, importariam em proposições ideais resultantes de um determinado contexto político cultural ou religioso que se reportam à realidade como diretrizes de correspondentes condutas políticas, morais ou religiosas. Em tal sentido, os princípios seriam elementos componentes da visão de mundo essencial que caracteriza as pessoas e grupos sociais, resultando de suas práticas cotidianas e sobre elas influindo. Na dinâmica das pessoas e sociedades, os princípios atuariam como enunciados que refletem e informam, em maior ou menor grau, as práticas individuais e sociais correspondentes".

Com efeito, na ciência do Direito, os princípios são de primacial importância. Entrementes, não são considerados preceitos de ordem absoluta, já que servem para nortear e orientar os cientistas e aplicadores do Direito.

É sabido e consabido que os princípios cumprem perante o Direito as mais diversas funções, quer seja na fase da elaboração da norma jurídica, chamada por Delgado de fase "inicial, pré-jurídica ou pré-política", quer seja na fase "propriamente jurídica ou tipicamente jurídica" quando a norma já

---

[30] BORGES, Souto Maior. *Lei complementar tributária*. São Paulo: RT, 1975. p. 13-14.
[31] DELGADO, Maurício Godinho. Princípios do direito do trabalho. *Jornal Trabalhista*, ano XI, nº 535, dez. 1994, p. 1.208.

foi elaborada, encontrando-se em pleno vigor[32]. Nesse espírito, é na segunda fase que os princípios se encontram verdadeiramente patenteados e de manifesta utilização.

Na fase inicial, "pré-jurídica ou pré-política" é que os princípios gerais do direito, além daqueles específicos a certos ramos, influem profundamente, embora de maneira limitada[33], na construção e elaboração das normas jurídicas, norteando os parlamentares encarregados dessa tarefa.

É nessa fase que eles agem como "virtuais fontes materiais do Direito" como "veios iluminadores à elaboração da norma jurídica". Ex.: princípios sociais, princípios morais, princípio da razoabilidade etc.

Na fase posterior ou "jurídica", os princípios assumem funções diversificadas. Aqueles denominados "descritivos ou informativos" têm o destacado papel na exegese do Direito, não por atuarem como fonte formal, mas como "instrumental de auxílio à interpretação jurídica", já que sua função é contribuir no processo de compreensão da norma[34]. Ex.: princípio *in dubio pro misero* no direito do trabalho. Por outro lado, os princípios "normativos" têm o afã crucial de orientar os cientistas e aplicadores do direito no "processo de integração jurídica".

Outrossim, é alvissareiro asseverar que os princípios, em outro plano, podem objetivar o papel de "fontes formais supletivas do Direito", sendo utilizados como "fontes normativas subsidiárias, à falta de outras normas jurídicas utilizáveis pelo intérprete e aplicador do Direito"[35]. Ex.: princípio da isonomia etc.

No particular, "a proposição consubstanciada no princípio incide sobre o caso concreto, como se norma jurídica específica fosse"[36]. É o que se processa em situações nas quais certamente não existem normas jurídicas no conjunto das fontes normativas existentes. Estes princípios são chamados de "princípios

---

[32] DELGADO, Maurício Godinho. Princípios do direito do trabalho. *Jornal Trabalhista*, ano XI, nº 535, dez. 1994, p. 1.208.
[33] Na fase "pré-jurídica ou política" os princípios influenciam de maneira limitada vez que "as principais fontes materiais do Direito encontram-se fora do sistema jurídico, consubstanciando-se através dos movimentos sociais, políticos e filosóficos".
[34] DELGADO, Maurício Godinho. Princípios do direito do trabalho. *Jornal Trabalhista*, ano XI, nº 535, dez. 1994, p. 1.208.
[35] DELGADO, Maurício Godinho. Princípios do direito do trabalho. *Jornal Trabalhista*, ano XI, nº 535, dez. 1994, p. 1.208.
[36] DELGADO, Maurício Godinho. Princípios do direito do trabalho. *Jornal Trabalhista*, ano XI, nº 535, dez. 1994, p. 1.208.

normativos", já que agem como normas jurídicas sobre determinados casos concretos não abrangidos por fonte normativa específica.

Essa utilização dos princípios como fonte normativa é expressamente autorizada pelos arts. 4º da Lei de Introdução às Normas do Direito Brasileiro e 8º da CLT[37].

Aumentando a égide de considerações, não é ocioso rememorarmos o magistério de Sanchez de la Torre[38], quando enfatiza que os princípios gerais do Direito têm a função de inspirar determinada legislação positiva. Sob esse aspecto, "os Princípios Gerais do Direito no silêncio da lei ou nas fissuras que ela apresenta, são chamados ao ato da decisão, pelo juiz, para completarem a ordem jurídica ou para corrigirem as distorções que os desdobramentos da prolixidade legiferante ocasionam ao pretendido, mas não alcançado, sentido de justiça, no equacionamento de interesses entre as pessoas".

Ainda sobre o assunto, também não é supérfluo analisarmos os ensinamentos de Wladimir Novaes Martinez[39], quando vaticina que os princípios gerais do direito dispõem das seguintes funções: a) informadora, na elaboração

---

[37] LINDB, art. 4º: "Quando a lei for omissa, o juiz decidirá o caso de acordo com a analogia, os costumes e os princípios gerais de direito".
CLT, art. 8º: Com o advento da Lei nº 13.467, de 13 de julho de 2017, que alterou dispositivos da Consolidação das Leis Trabalhistas, passará a dispor o mencionado artigo com a seguinte redação:
Art. 8º (...) "As autoridades administrativas e a Justiça do trabalho, na falta de disposições legais ou contratuais, decidirão, conforme o caso, pela jurisprudência, por analogia, por equidade e outros princípios e normas gerais de direito, principalmente do direito do trabalho, e, ainda, de acordo com os usos e costumes, o direito comparado, mas sempre de maneira que nenhum interesse de classe ou particular prevaleça sobre o interesse público".
§ 1º O direito comum será fonte subsidiária do direito do trabalho.
§ 2º Súmulas e outros enunciados de jurisprudência editados pelo Tribunal Superior do Trabalho e pelos Tribunais Regionais do Trabalho não poderão restringir direitos legalmente previstos nem criar obrigações que não estejam previstas em lei.
§ 3º No exame de convenção coletiva ou acordo coletivo de trabalho, a Justiça do Trabalho analisará exclusivamente a conformidade dos elementos essenciais do negócio jurídico, respeitado o disposto no art. 104 da Lei nº 10.406, de 10 de janeiro de 2002 (Código Civil), e balizará sua atuação pelo princípio da intervenção mínima na autonomia da vontade coletiva" (NR).
[38] Cf. SANCHEZ DE LA TORRE, Angel. *Los principios clásicos del derecho*. Madrid: Unión Editorial, 1975. p. 23.
[39] MARTINEZ, Wladimir Novaes. *Princípios de direito previdenciário*. São Paulo: LTr, 1983. p. 34-35.

da norma; b) construtora, indicando e formulando uma filosofia dominante no ordenamento jurídico; c) normativa, quando inseridos expressamente em norma positiva, tornando-se, no caso, de aplicação obrigatória; d) interpretativa, colaborando no entendimento de normas jurídicas com forma e conteúdo polêmicos; e) integrativa, como instrumentos de integração do ordenamento jurídico, substituindo direta ou indiretamente as omissões do legislador.

Noutro falar, os princípios são utilizados como instrumento no processo da interpretação das normas, como fonte material na fase inicial ou pré-jurídica, como elemento integrador do direito em caso de omissão de norma sobre o fato concreto e até mesmo como fonte formal de direito, supletiva, subsidiária à falta de outras normas para incidir sobre o fato concreto.

Utilizados de vez como fontes materiais ou formais, e de vez como elementos de interpretação ou integração do direito, os princípios são de primacial importância em todos os ramos do direito. Quer seja no direito processual, material e até no que chamamos de "justiça constitucional"[40].

Conforme já tratado nos tópicos anteriores, em que pese o art. 485, V, ter previsto violação de literal dispositivo de lei, o entendimento da doutrina e jurisprudência repousava sob a necessidade de interpretação de forma ampla do conceito de lei, o que acabou por culminar no novo Código de Processo Civil na ampliação para quando se violar manifestamente a norma jurídica.

Assim, sob essa nova ótica, se admitiria a possibilidade de ação rescisória em face da violação não só da lei, deixando de lado a interpretação literal do texto de lei, considerando a norma jurídica no seu sentido amplo, o que abarcaria outras espécies de normas jurídicas.

Sobre o tema, Elisson Miessa[41] discorreu sobre a hipótese em tela com o advento do novo CPC: "acompanhando o entendimento doutrinário e jurisprudencial, passa a permitir expressamente o cabimento da ação rescisória na hipótese de decisão de mérito que viole manifestamente norma jurídica (art. 966, V), o que inclui, inclusive, os princípios".

---

[40] A Justiça Constitucional, apenas à guisa de elucidação, é composta pelo direito processual constitucional, que compreende o elenco de normas de direito processual ínsitas na Constituição Federal, e pelo direito constitucional processual, compreendendo a "reunião dos princípios para o fim de regular a denominada jurisdição constitucional" (SCHWAB, Karl Henz. Divisão de funções e o juiz natural. *Apud* NERY JUNIOR, Nelson. *Princípios do processo civil na Constituição Federal*. 3. ed. São Paulo: RT, 1996. v. 21, p. 19 (Coleção Estudos de Direito de Processo)).

[41] MIESSA, Elisson. *Processo do trabalho para concursos*. 2. ed. Salvador: JusPodivm, 2015. p. 769.

A Jurisprudência já se posicionava dessa forma, quando da admissibilidade de rescisória em face da violação de princípios gerais do direito, sob a ótica de interpretação ampla do art. 485, V, do antigo CPC, senão vejamos:

> Processual civil. Ação rescisória. Falta de peças essenciais. Artigo 485, V, do CPC. Violação a princípios gerais de direito. Possibilidade. Improcedência do pedido. Quando o autor não apresenta os documentos essenciais à compreensão da causa, mas o réu os apresenta, fica suprida a deficiência. A interpretação do artigo 485, inciso V, do CPC, deve ser ampla e abarca a analogia, os costumes e os princípios gerais de Direito (art. 4º da LICC). A interpretação divergente de princípios ou de posicionamento jurisprudencial não autoriza a rescisão do acórdão (Súmulas 343 do STF e 143 do TFR). Pedido rescisório improcedente. Decisão unânime (STJ, AR 822/SP 1998/0076178-0, 1ª Seção, Rel. Min. Franciulli Netto, j. 26.04.2000, *DJ* 28.08.2000, p. 50, *RSTJ* vol. 135, p. 49).

Sob esse prisma, no novo Código de Processo Civil passou-se a dispor, no art. 966, V, do cabimento da ação rescisória de decisões que violarem manifestamente a norma jurídica.

3.1.2.2.4 Rescisória decorrente de modificação de jurisprudência

A jurisprudência para o direito cumpre papel de primordial importância.

Ela que "Tem curso entre 450 e 500 a.C. Atribuiu-se a *Gneo* Flávio, filho de um liberto de Apio Cláudio Cecus a publicação de um *librum actiones*. Em 502, o primeiro Pontífice plebeu, Tibério Coruncânio, iniciou o ensino público do Direito, acabando-se aí o monopólio dos pontífices quanto ao Direito. A fase seguinte, chamada de cautelar, resume-se na obra 'Tripertita' composta no fim do VI século. Esta obra constitui-se num precioso comentário de *ius civile* derivado da lei e da interpretação, recolhendo todo o trabalho dos séculos precedentes"[42].

Para os romanos, *juris prudentia* constituía a própria Ciência do Direito. Juris prudentes eram os homens capazes, (prudentes – juízes supremos) que determinavam o direito aplicável aos casos concretos. "A Jurisprudência vinha a ser, portanto, a interpretação do Direito, ou melhor, segundo a famosa definição de Ulpiano: 'o conhecimento das coisas divinas e humanas, a ciência do justo e do injusto' (Da jurisprudência, *RF* 202/373)"[43].

A jurisprudência, no magistério de Limongi França[44], possui a função de interpretar a lei (interpreta-a haja vista que "define o significado da nor-

---

[42] ROSAS, Roberto; ARAGÃO, Paulo Cezar. *Comentários ao Código de Processo Civil*. São Paulo: RT, 1975. v. V, p. 21.
[43] SANCHES, Sidney. *Uniformização da jurisprudência*. São Paulo: RT, 1975. p. 3.
[44] FRANÇA, Rubens Limongi. Jurisprudência – Seu caráter de forma e expressão do direito. In: SANTOS, J. M. de Carvalho. *Repertório enciclopédico do direito brasileiro*.

ma jurídica"); vivificá-la (vivifica-a, eis que ao eliminar as controvérsias, o Judiciário a faz viver); humanizá-la (humaniza-a, porquanto a personaliza, ou seja, aproxima a norma geral e abstrata do elemento humano a que se destina. E o próprio julgador presta sua contribuição pessoal); suplementá--la (suplementa-a, já que lhe supre as inevitáveis lacunas); e rejuvenescê-la (rejuvenesce-a, vez que ajusta a lei às condições do tempo em que incide).

Hodiernamente, sobre a jurisprudência dois sistemas apresentam-se: o da *Common Law* e o da *Civil Law*.

No sistema da *Common Law* a decisão judicial constitui um preceito *erga omnes* que se impõe aos demais casos. Chama-se precedente, com força de lei, conduta essa que se baseia na parêmia *Stare decisis et non quieta movere*[45]. O sistema da *Common Law* é utilizado nos países de origem anglo-saxônica, como a Inglaterra e os Estados Unidos, que, sem oscilações políticas e sociais, opõem-se a países em desenvolvimento, instáveis politicamente, não permitindo uma reiteração nas situações jurídicas[46].

No sistema da *Civil Law*, ou sistema do direito escrito na lei, a jurisprudência, embora constitua um precedente, não se constitui como preceito *erga omnes*, pois não tem força vinculativa aos demais casos similares.

Aqui no Brasil, a jurisprudência ocupa papel de realce, "destacando-se como *primus inter pares* a do STF. A Egrégia Corte, (...) como poder de ordem constitucional tem entre seus poderes o de unificar a jurisprudência nacional, ilidindo as divergências entre os vários Tribunais do País (...) A Súmula da Jurisprudência Predominante deu notável destaque à jurisprudência do STF procurando expungir dúvidas e vacilações quando existisse diretriz assentada"[47].

"A jurisprudência, com sua notável força criadora, antecipa-se, inúmeras vezes, à lei, por meio das construções, ditas jurisprudenciais. A lei não poderá discriminar, apontar ou indicar todas as posições ou impedir as controvérsias que surgem"[48].

Ademais, parte da doutrina considera-a como sendo fonte criadora de direito; e outra parte entende que ela "se limita a reconhecer e declarar a vontade concreta da lei".

Rio de Janeiro: Borsoi, s.d. p. 30-272.

[45] Permanecendo como está decidido se não abalando o consolidado.
[46] ROSAS, Roberto; ARAGÃO, Paulo Cezar. *Comentários ao Código de Processo Civil*. São Paulo: RT, 1975. v. V, p. 23.
[47] ROSAS, Roberto; ARAGÃO, Paulo Cezar. *Comentários ao Código de Processo Civil*. São Paulo: RT, 1975. v. V, p. 23.
[48] ROSAS, Roberto; ARAGÃO, Paulo Cezar. *Comentários ao Código de Processo Civil*. São Paulo: RT, 1975. v. V, p. 23.

Como fonte criadora do direito, tem como ardorosos defensores Felipe Clemente de Diego (*La Jurisprudência como fuente del Derecho*), e José Puig Brutau (*La Jurisprudentia Fuente del Derecho*). Segundo eles, a jurisprudência é a fonte de comandos jurídicos, da mesma forma que a doutrina o será. Da jurisprudência surge o comando-aplicação, e da doutrina o comando-conceito. Por outro lado, Luigi Lombardi é taxativo quando afirma a existência de um direito jurisprudencial[49].

Outrossim, a jurisprudência como fonte criadora do direito também encontra seus fundamentos na teoria filosófico-jurídica de Hans Kelsen, que no processo se reflete como a teoria unitarista na relação entre direito e processo, e como elemento reconhecedor e declaratório da vontade concreta da lei, encontra fundamento na posição dualista de Gustav Radbrush[50].

Outros defendem que a jurisprudência não é verdadeira fonte criadora do direito, mas apenas se limita a reconhecer e declarar a vontade concreta da lei (posição dualista). Essa é a posição dominante aceita por juristas como Liebman, Cândido Rangel Dinamarco, entre outros.

Ampliando o plano de atuação, ressaltemos, por oportuno, que parece insustentável a posição de que a jurisprudência seja fonte criadora do direito, haja vista que o princípio, norma ou interpretação reiterada do Tribunal Superior, não é obrigatória para o mesmo Tribunal, e nem mesmo para os tribunais inferiores.

A jurisprudência, reiteração de julgados interpretando o direito, mesmo consubstanciado em Súmulas, não tem o condão de vincular, ou seja, não possui força normativa. Seu grau de influência decorre da autoridade e espírito dos tribunais de que emana, pretendendo alcançar o ideal de justiça para todos os casos submetidos à mesma norma legal[51].

Convém ressaltar do grande avanço no pertinente à jurisprudência quando da possibilidade de confecção de súmulas vinculantes pelo STF, a partir da Emenda Constitucional 45, de 2004, determinando a Carta Magna, em seu art. 103-A:

> Art. 103-A. O Supremo Tribunal Federal poderá, de ofício ou por provocação, mediante decisão de dois terços dos seus membros, após reiteradas decisões sobre matéria constitucional, aprovar súmula que, a partir de sua publicação na imprensa oficial, terá efeito vinculante em relação aos demais órgãos do Poder Judiciário e à administração pública direta e indireta, nas esferas federal,

---

49 ROSAS, Roberto; ARAGÃO, Paulo Cezar. *Comentários ao Código de Processo Civil*. São Paulo: RT, 1975. v. V, p. 23-24.
50 GRECO FILHO, Vicente. *Direito processual civil brasileiro*. São Paulo: Saraiva, 1996. v. 2, p. 369.
51 GRECO FILHO, Vicente. *Direito processual civil brasileiro*. São Paulo: Saraiva, 1996. v. 2, p. 369.

estadual e municipal, bem como proceder à sua revisão ou cancelamento, na forma estabelecida em lei. (Incluído pela Emenda Constitucional 45, de 2004).

Sobre a possibilidade de ação rescisória objeto do referido item, recentemente o Supremo Tribunal Federal decidiu que não cabe ação rescisória contra decisões com trânsito em julgado, proferidas em harmonia com a jurisprudência do STF, mesmo que ocorra alteração posterior do entendimento da Corte sobre a matéria. Esse foi o entendimento esposado no Recurso Extraordinário (RE) 590.809, por meio do qual uma empresa metalúrgica do Rio Grande do Sul questiona acórdão de ação rescisória ajuizada pela União, relativa a disputa tributária na qual houve mudança posterior de jurisprudência do STF. Vejamos a transcrição da mencionada decisão no tocante a nossa matéria de estudo, *in verbis*:

> (...) A rescisória deve ser reservada a situações excepcionalíssimas, ante a natureza de cláusula pétrea conferida pelo constituinte ao instituto da coisa julgada. Disso decorre a necessária interpretação e aplicação estrita dos casos previstos no artigo 485 do Código de Processo Civil, incluído o constante do inciso V, abordado neste processo. Diante da razão de ser do verbete, não se trata de defender o afastamento da medida instrumental – a rescisória – presente qualquer grau de divergência jurisprudencial, mas de prestigiar a coisa julgada se, quando formada, o teor da solução do litígio dividia a interpretação dos Tribunais pátrios ou, com maior razão, se contava com óptica do próprio Supremo favorável à tese adotada. Assim deve ser, indiferentemente, quanto a ato legal ou constitucional, porque, em ambos, existe distinção ontológica entre texto normativo e norma jurídica (...) Não posso admitir, sob pena de desprezo à garantia constitucional da coisa julgada, a recusa apriorística do mencionado verbete, como se a rescisória pudesse "conformar" os pronunciamentos dos tribunais brasileiros com a jurisprudência de último momento do Supremo, mesmo considerada a interpretação da norma constitucional. Neste processo, ainda mais não sendo o novo paradigma ato declaratório de inconstitucionalidade, assento a possibilidade de observar o Verbete nº 343 da Súmula se satisfeitos os pressupostos próprios (...) (STF, Recurso Extraordinário 590.809/RS, Plenário, Rel. Min. Marco Aurélio, 11.09.2014).

3.1.3 Admissibilidade decorrente da *quaestio facti*

3.1.3.1 Quando a decisão rescindenda se fundar em prova, cuja falsidade tenha sido apurada em processo criminal, ou seja, provada na própria rescisória

O Regulamento 737, de 1850, art. 680, § 3º, discriminou acerca da nulidade: "A sentença é nula: sendo fundada em instrumentos ou depoimentos julgados falsos em juízo competente". O Decreto 3.084, de 5 de novembro de

1989, parte terceira, art. 99, *c*, dispunha: "A sentença é nula sendo fundada em instrumentos ou depoimentos julgados falsos em juízo competente".

A Consolidação das Leis do Processo Civil de Ribas, em seu art. 1.613, § 1º, 4, previa: "Há manifesta nulidade se a sentença é dada por falsas provas, declarando-se e especificando-se a falsidade, a qual não fosse antes alegada no feito, ou admitida a prova". Já o CPC de 1939 previa em seu art. 798, II, com redação dada pela Lei 70, de 20 de agosto de 1947, que: "Será nula a sentença quando o seu principal fundamento for prova declarada falsa em juízo criminal, ou de falsidade inequivocamente apurada na própria ação rescisória", cuja redação primitiva dispunha: "Será nula a sentença fundada em prova cuja falsidade se tenha apurado no juízo criminal"[52].

No direito estrangeiro sobre o tema observaram-se as seguintes pontuações na legislação: 1) França. O antigo Code de Procédure Civile, por meio do art. 480, 9º, asseverava: "Si l' on a jugé sur pièces reconnues déclarées fauses depuis le jugement". 2) Alemanha. Zivilprozessordnung, ZPO, § 580, 1 e 2: "Die Restitutionsklage findet statt 1. Wenn der Gegner durch Beeidigung einer Aussage, auf die das urteil gegründet ist, sich einer Vorsätslichen oder fahrlässigen Verletzung der Eidespflicht schuldig gemacht hat; 2. Wenn eine Urkunde, auf die das Urteil gegründet ist, fälschlich angefertigt oder verfälscht war". 3) Itália. Art. 395 2: "Se si è giudicato in base a prove riconosciute o comunque dichiarate false dopo la sentenza oppure che la parte soccombente ignorava essere state riconosciute o dichiarate tali prima della sentenza". 4) Portugal. Código de Processo Civil, art. 771, b: "Quando se apresente sentença já transitada que tenha verificado a falsidade de documento ou acto judicial, (...)"[53].

Frise-se que a falsidade documental ou o testemunho falso constituem, em tese, crimes.

Se a sentença se baseou em qualquer deles, para decidir a questão posta em juízo, e se posteriormente o prejudicado, arguindo na justiça criminal, a falsidade daqueles elementos probatórios, veio a obter sentença declaratória de falsidade, ou que condenou a testemunha ou o autor do documento falso, tal decisão importa em tornar possível o uso da ação rescisória para rever a sentença anterior.

---

[52] VIDIGAL, Luís Eulálio de Bueno. *Comentários ao Código de Processo Civil*. São Paulo: RT, 1974. v. VI, p. 121.

[53] VIDIGAL, Luís Eulálio de Bueno. *Comentários ao Código de Processo Civil*. São Paulo: RT, 1974. v. VI, p. 122.

Auspicioso sublinhar que a presunção falsa em que se baseou a sentença também enseja a rescisória, desde que tal presunção tenha induzido significativamente na decisão, de modo que a mesma não pudesse ser diferente sem aquela.

Pontes de Miranda[54] dispõe que a prova falsa pode ser de qualquer natureza.

Não distingue a lei entre falsidade material e falsidade ideológica, imaterial ou intelectual[55], tampouco exige que se tenha suscitado no processo em que foi proferida a sentença rescindenda, a questão da falsidade, nem que ao interessado haja sido possível suscitá-la naquele processo, *v.g.*, porque só depois veio a ter conhecimento da falsidade.

Sobre o conceito de falsidade, oportuno rever os ensinamentos de Lamberto Ramponi: "A palavra falsidade, no seu mais largo significado, é empregada para indicar qualquer supressão, modificação ou alteração da verdade, seja qual for o meio com que se produza e obtenha. Sob o ponto de vista jurídico, a falsidade se distingue essencialmente em duas espécies, a saber: falsidade material e falsidade imaterial, ideológica ou intelectual. A primeira consiste na composição de um ato falso, ou ainda nos cancelamentos, alterações, modificações de uma ou mais partes de um ato verdadeiro; a segunda consiste na exposição em um ato de fatos ou declarações não subsistentes ou não conformes à verdade. A falsidade, pois, seja de uma ou de outra espécie, pode dizer respeito tanto ao ato público como ao escrito particular, pois que qualquer documento pode estar sujeito a total ou parcial alteração na sua forma ou na sua substância. Mas, uma vez que a matéria da falsidade pode interessar tanto ao direito e ao processo civil quanto ao direito e ao processo penal, importa preliminarmente distinguir acuradamente, e nitidamente diferençar a falsidade civil e a falsidade penal ou crime de falsidade. Do ponto de vista penal, a falsidade resulta, como qualquer crime, do conjunto de dois elementos, o objetivo e o subjetivo, o primeiro dos quais consiste da materialidade do ato, o segundo tem em vista a imputabilidade do agente. Do exposto resulta que, embora existindo objetivamente a falsidade, quando não subsista ao mesmo tempo a imputabilidade do agente (...) o juízo penal não tem mais razão de existir, porque,

---

[54] PONTES DE MIRANDA, Francisco Cavalcanti. *Comentários ao Código de Processo Civil*. Rio de Janeiro: Forense, 1974. t. VI, p. 319.

[55] Ocorre falsidade ideológica, imaterial ou intelectual, quando o conteúdo do documento é falso. Ex.: assinatura falsa. Ocorre falsidade material quando o próprio documento em sua inteireza é falso. Ex.: documento trocado.

onde não há a imputabilidade, aí não pode haver responsabilidade e contra indivíduo irresponsável nada tem a fazer a justiça punitiva. Além disso, pois que não há juízo sem ação, se esta extinguiu-se (como pela morte do réu ou pela prescrição), ainda em tal caso não tem mais razão de ser o juízo penal. E, finalmente, este não pode subsistir se o autor do fato for desconhecido. Mas do ponto de vista civil bem diversamente corre a coisa, porque não se considera da falsidade senão o elemento objetivo, não se faz qualquer indagação (que seria descabida) sobre a imputabilidade e a responsabilidade do agente, mas somente se tem em vista a materialidade do fato. Este conceito é expresso com breves mas eficazes palavras por Ricci, quando diz: o processo civil não vai em busca do réu; preocupa-se tão somente em repelir um meio que prejudica a descoberta da verdade, e que pode levar o juiz a aceitar, com toda a boa-fé, a falsidade em lugar da verdade: esta por isso caminha diretamente ao seu escopo sem de forma alguma cuidar de indagar a vontade daquele que deu a vida a falsidade[56]".

No diapasão, importante distinguir a falsidade da simulação: "A simulação é o contrário daquilo que o ato contém e manifesta. Toda falsidade envolve simulação, mas nem toda simulação constitui falsidade. Em ambas, há desconformidade entre o ocorrido e o relatado. Na falsidade, porém, essa desconformidade ofende os interesses de uma das partes, ao passo que na simulação, as partes se põem de acordo, ou inocentemente, ou para ferir interesses de terceiros. Como a regra deve ser a imutabilidade da decisão passada em julgado, a simulação não pode servir de base à ação rescisória, pois devem entender-se restritivamente os casos do art. 485 do CPC"[57].

Frise-se que, "se, no juízo criminal, lograr o acusado absolvição, sob o fundamento de não constituir crime o fato imputado, tal circunstância não bastará para impedir a propositura da rescisória. Não o obstará, igualmente, a decisão que decretar a extinção da punibilidade ou que, simplesmente, ordenar o arquivamento do inquérito, inclusive por haver falecido o indigitado falsificador ou se for este criminalmente irresponsável"[58].

---

[56] Apud VIDIGAL, Luis Eulálio de Bueno. *Comentários ao Código de Processo Civil*. São Paulo: RT, 1974. v. VI, p. 129-130.

[57] VIDIGAL, Luís Eulálio de Bueno. *Comentários ao Código de Processo Civil*. São Paulo: RT, 1974. v. VI, p. 131-132 – Onde está escrito art. 485 do CPC, leia-se art. 966, considerando o advento do Novo CPC.

[58] PAULA, Alexandre de. *Código de Processo Civil anotado*. 6. ed. São Paulo: RT, 1994. v. II, p. 1.832.

Em campo trabalhista, se uma ação reclamatória é julgada improcedente com base em condenação criminal sofrida pelo trabalhador, este pode pleitear a rescisão da sentença proferida nessa ação demonstrando que, no processo criminal, a condenação se baseou no testemunho falso de uma única testemunha irresponsável. Ressalte-se, por oportuno, que a rescisória só será admitida se a sentença criminal se baseou unicamente no depoimento da testemunha irresponsável, não cabendo a rescisória se a sentença se baseou em outras testemunhas responsáveis. Demais disso, quando, por exemplo, a sentença tiver se baseado em laudo pericial declaratório de trabalho perigoso, quando na realidade a empresa nunca trabalhara com inflamáveis ou explosivos alimenta rescisória com base em prova falsa[59].

Assim, colhemos o presente julgado do Superior Tribunal de Justiça sobre o tema, a título exemplificativo:

> Processual civil. Ação rescisória extinta sem julgamento do mérito. Prova falsa. Art. 485, VI, do CPC. Sentença proferida em ação de usucapião. Certidão cartorária supostamente falsa. Documento não relevado no julgado rescindendo. 1. O art. 485, VI, do CPC é absolutamente claro no sentido de não bastar que a prova supostamente falsa tenha sido juntada nos autos do julgado rescindendo, fazendo-se indispensável que o julgado rescindendo esteja fundamentado no mencionado elemento probatório. No presente caso, entretanto, verifica-se que a sentença não está lastreada expressamente na certidão supostamente falsa, nem afirmou ser o bem imóvel particular ou público. 2. O fato de constar da sentença, em seu relatório, que "com a exordial vieram os documentos de fls. 6 *usque* 30" não é suficiente para deferir a pretensão recursal. Sob esse enfoque, a tese do recorrente revela mera presunção de que tenha o Juiz de Direito, implicitamente, fundamentado a sentença especificamente no conteúdo da certidão cartorária ora impugnada, acolhendo-a como verdadeira, o que não se pode admitir. Os autores juntaram vários documentos, constantes entres as fls. 6 e 30 do processo de usucapião, podendo o Magistrado ter levado em consideração qualquer um deles ou, ainda, a omissão do próprio Estado do Paraná que, intimado, quedou inerte. 3. Recurso especial não provido (STJ, 4ª Turma, Rel. Min. Antonio Carlos Ferreira, j. 25.03.2014).

Importa destacar que a mencionada hipótese de admissibilidade da ação rescisória, tratada neste item no antigo CPC, está prevista no art. 966, VI, do novo Digesto Processual, que dispõe: "Art. 966. A decisão de mérito,

---

[59] COSTA, José de Ribamar da. *Direito processual do trabalho*. 5. ed. atual. de acordo com a nova Constituição Federal. São Paulo: LTr, 1992. p. 189.

transitada em julgado, pode ser rescindida quando: (...) VI – for fundada em prova cuja falsidade tenha sido apurada em processo criminal ou venha a ser demonstrada na própria ação rescisória".

3.1.3.2 Quando *"obtiver o autor, posteriormente ao trânsito em julgado, prova nova cuja existência ignorava ou de que não pôde fazer uso, capaz, por si só, de lhe assegurar pronunciamento favorável"*

O Regulamento 737, de 1850, dispõe em seus arts. 577, § 8º, 3, e 579, § 4º, 3: "São admissíveis na execução embargos infringentes do julgado, com prova produzida *incontinenti*, sendo opostos pelo executado com documentos havidos ou obtidos depois da sentença". No Decreto 3.084, de 5 de novembro de 1898, parte terceira, art. 604, *h*, previa: "São admissíveis na execução embargos infringentes do julgado, com prova *incontinenti* de prejuízo, opostos pelo executado, oferecendo estes documentos obtidos depois da sentença". No CPC de 1939, o aparecimento de documento novo posterior à sentença era totalmente irrelevante[60].

No direito estrangeiro sobre o tema observaram-se as seguintes pontuações na legislação: 1) França. Antigo Code de Procédure Civile por meio do art. 480, 10º estipulava: "Si, depuis le jugement, il a été recouvré des pièces décisives qui avaient été retenues par le fait de la partie". 2) Alemanha. Zivilprozessordnung, ZPO, § 580, 7, b: "Die Restitutionsklage findet statt wenn die Partei eine andere Urkunde auffindet oder zu benutzen in den Stan gesetzt wird, die eine ihr günstigere Entscheidung herbeigeführt hben würde". 3) Itália. Codice di Procedura Civil e, art. 395, 3: "Se dopo la sentenza sono stati travati uno o piů documenti decisivi che la parte non aveva potuto produrre in giudizio per causa di forza maggiore o per fatto dell'avversario". 4) Portugal. Código de Processo Civil, art. 771, *c*: "Quando se apresente documento de que a parte não tivesse conhecimento, ou de que não tivesse podido fazer uso, no processo em que foi proferida a decisão a rever e que, por si só, seja suficiente para modificar a decisão em sentido mais favorável à parte vencida"[61].

Nas palavras de Francisco Antonio de Oliveira[62], "documento novo não significa que somente teve existência após o julgamento da lide. Ao

---

[60] VIDIGAL, Luís Eulálio de Bueno. *Comentários ao Código de Processo Civil*. São Paulo: RT, 1974. p. 139.

[61] VIDIGAL, Luís Eulálio de Bueno. *Comentários ao Código de Processo Civil*. São Paulo: RT, 1974. p. 139-140.

[62] OLIVEIRA, Francisco Antonio de. *Das medidas cautelares e procedimentos especiais*. 2. ed. São Paulo: RT, 1991. p. 276.

contrário, a sua existência é anterior a ação, mas por algum motivo alheio à vontade da parte somente dele veio ter conhecimento posteriormente. Vale dizer, se tinha conhecimento da sua existência e dele não utilizou não poderá fazê-lo. Se tinha conhecimento e negligenciou na sua apresentação também não poderá fazê-lo agora".

Há de tratar-se de prova documental suficiente a admitir-se a hipótese de que tivesse sido produzida a tempo, para levar o órgão julgador a convicção diversa daquela a que chegou.

Sobre o tema, colhemos os seguintes transcritos:

> Recurso ordinário em ação rescisória. Documento novo. Art. 485, VII, do CPC. Não caracterização. Nos termos da Súmula 402 desta Corte, documento novo é o cronologicamente velho, já existente ao tempo da decisão rescindenda, mas ignorado pelo interessado ou de impossível utilização, à época, no processo. – Na hipótese, o documento a que se apega a parte refere-se a evento posterior à prolação da decisão rescindenda. Recurso ordinário conhecido e desprovido (TST, RO 173009320115170000, Subseção II Especializada em Dissídios Individuais, Rel. Alberto Luiz Bresciani de Fontan Pereira, j. 12.11.2013, DEJT 22.11.2013).
>
> Recurso ordinário em ação rescisória. Documento novo. Não caracterização. Súmula nº 402/TST. Na hipótese, a autora pretende, com fulcro no art. 485, VII, do CPC, ante a apresentação de cópia do protocolo de requerimento de licença remunerada prevista em Lei Orgânica Municipal do réu, a rescisão da sentença que julgou improcedente o pedido de indenização da licença especial não gozada, por ausência de prova de pedido administrativo. Todavia, o documento apresentado não se caracteriza como novo, uma vez que a autora, não ignorava a sua existência, vez que por ela produzido, bem como não comprovou a impossibilidade de utilizá--lo quando do ajuizamento da reclamação trabalhista e, assim, buscar sua exibição nos termos da lei processual. Incidência da Súmula nº 402/TST. Recurso ordinário conhecido e não provido (TST, RO 9331620115090000, Subseção II Especializada em Dissídios Individuais, Rel. Hugo Carlos Scheuermann, j. 12.11.2013, DEJT 22.11.2013).

Não é documento novo o que já constava de registro público; aquele que deixou de ser produzindo na ação principal por desídia ou negligência da parte em obtê-lo; o constituído após a sentença rescindenda.

Nós, particularmente, achamos que em processo trabalhista a rescisão do contrato de trabalho de empregado com menos de um ano em que o patrão pagou todos os direitos do obreiro, e essa rescisão foi extraviada, tendo o obreiro ajuizado ação pleiteando novamente os direitos, em caso de sucumbência, e transitada em julgado a sentença, sendo encontrada a rescisão extraviada, esta serve de fundamento da rescisória com base em documento novo.

Importa destacar que a mencionada hipótese de admissibilidade da ação rescisória, tratada neste item, estava prevista no art. 485, inciso VII, do CPC, que dispunha: "Art. 485. A sentença de mérito, transitada em julgado, pode ser rescindida quando: (...) VII – depois da sentença, o autor obtiver documento novo, cuja existência ignorava, ou de que não pôde fazer uso, capaz, por si só, de lhe assegurar pronunciamento favorável".

No novo Código de Processo Civil, o art. 966, VII, manteve o sentido do legislador, alterando-se o alcance da antiga redação de que dispunha o antigo CPC, dispondo: "VII – obtiver o autor, posteriormente ao trânsito em julgado, prova nova cuja existência ignorava ou de que não pôde fazer uso, capaz, por si só, de lhe assegurar pronunciamento favorável".

O novo CPC vem então alterar a denominação "documento novo" para "prova nova", de modo a ampliar o seu cabimento, permitindo o ajuizamento da ação rescisória, ainda que a prova não seja documental. Logo, a prova nova será obtida pelo autor posteriormente ao trânsito em julgado da decisão[63].

3.1.3.3 Quando "houver fundamento para invalidar confissão, desistência ou transação, em que se baseou a sentença", nos termos do antigo CPC

Importa destacar que a mencionada hipótese estava prevista no Código de Processo Civil de 1973 no art. 485, VIII, do CPC, que dispunha: "Art. 485. A sentença de mérito, transitada em julgado, pode ser rescindida quando: (...) VIII – houver fundamento para invalidar confissão, desistência ou transação, em que se baseou a sentença".

Tal disposição gerava controvérsia, sobretudo, pela redação do art. 486 que dispunha: "Os atos judiciais, que não dependem de sentença, ou em que esta for meramente homologatória, podem ser rescindidos, como os atos jurídicos em geral, nos termos da lei civil".

Convém assinalar que, com a edição do atual Código de Processo Civil de 2015, houve a supressão de tal dispositivo em seu texto. No entanto, o § 4º do art. 966 cuidou de dispor qual a solução diante da ocorrência de tais hipóteses, em que reza: "Os atos de disposição de direitos, praticados pelas partes ou por outros participantes do processo e homologados pelo juízo,

---

[63] MIESSA, Elisson. *Processo do trabalho para concursos*. 2. ed. Salvador: JusPodivm, 2015. p. 770.

bem como os atos homologatórios praticados no curso da execução, estão sujeitos à anulação, nos termos da lei".

Considerando a antiga disposição do CPC de que baseava uma das hipóteses de cabimento da ação rescisória em confissão, desistência ou transação, trataremos dos três institutos, seguindo as edições anteriores, apenas a título de ilustração.

3.1.3.3.1 Transação

O art. 840 do Código Civil dispõe sobre a confissão, na qual é lícito aos interessados prevenirem ou terminarem o litígio mediante concessões mútuas.

Sobre o tema, Francisco Antônio de Oliveira[64] dispõe:

> Há que se distinguir entre sentença que homologa transação e sentença que, em apreciando a transação como base de decidir, acolhe ou repele o pedido. No primeiro caso, a sentença é das chamadas transparentes simples envoltório de um ato jurídico que não é seu conteúdo próprio. A utilidade da homologação é apenas a de chancelar a manifestação conjunta de vontade das partes no sentido de colocarem termo a litígio: a rigor, não é precisamente a sentença que extingue o processo, mas a transação mesma, e a sentença apenas constata e declara a extinção. Tem a homologação, mais a serventia de apor à manifestação de vontade das partes o selo da autoridade estatal, para que a transação se alce à categoria de título executivo, se contiver em si mesma as potencialidades necessárias. De qualquer modo, a sentença encontra o litígio já extinto, cessado, e se profere em processo já esvaziado do seu objeto. A lide findou, mediante autocomposição, não mediante heterocomposição, embora depois de se haver constituído em conteúdo de um processo. A sentença não dá e não denega razão a quem quer que seja; só homologa, isto é, equipara, nivela a solução transacional do litígio, quanto à eficácia, à solução jurisdicional *stricto sensu* (Fadel).

Na outra hipótese, única a que se aplicava a regra do art. 485, VIII, do antigo CPC, há julgamento no mais estrito sentido, pois a sentença cumpre o litígio por sua eficácia própria, e não por mero reconhecimento da eficácia de um ato das partes.

---

[64] OLIVEIRA, Francisco Antônio de. *Comentários aos enunciados do TST*. 3. ed. São Paulo: RT, 1996. p. 635.

As partes continuam desafetas, cada qual aspirando a ter razão, resistindo uma a uma, à pretensão da outra: o conflito continua vivo, e só pela sentença será solvido.

Supõe-se que tenha ocorrido uma transação anterior, e que nela venha a basear-se a sentença, o que é bem diferente de homologar. Por algum motivo, todavia, essa transação não encerrou o litígio.

Isso pode facilmente ocorrer quando, tendo havido transação, e cabe aqui lembrar, que esta não é necessariamente feita em juízo, nem durante o processo, um dos figurantes do correspondente negócio jurídico vem furtar-se ao seu cumprimento, instaurando ou reavivando o litígio que o acordo visara resolver ou prevenir.

Pode ser até que a divergência diga respeito à validade da transação ou à interpretação de seus termos; se lhe reconhecer a validade, a sentença, naturalmente, nela se há de basear, acolhendo a exceção.

Assim, se a sentença viesse a homologar transação realizada pelas partes adentrando em seu conteúdo, esta sim poderia ser objeto de ação rescisória, nos termos do art. 485, VIII, do CPC de 1973, no entanto, para a discussão a respeito dos vícios na transação homologada judicialmente, o instrumento viável seria a ação anulatória, prevista no art. 486 do CPC de 1973.

Sobre o tema, vejamos decisão do STJ, *in verbis*:

> Processual civil. Violação ao art. 535, do CPC. Inexistência. Ação popular anulatória de acordo homologado judicialmente em sede de ação civil pública com a anuência do *parquet*. Coisa julgada material. Inocorrência. Crivo jurisdicional adstrito às formalidades da transação. Cabimento da ação anulatória do art. 486, do CPC. Inocorrência das hipóteses taxativas do art. 485, do CPC. 1. Inexiste ofensa ao art. 535 do CPC, quando o Tribunal de origem, embora sucintamente, pronuncia-se de forma clara e suficiente sobre a questão posta nos autos. Ademais, o magistrado não está obrigado a rebater, um a um, os argumentos trazidos pela parte, desde que os fundamentos utilizados tenham sido suficientes para embasar a decisão. 2. A ação anulatória, prevista no art. 486, do CPC, tem por finalidade desconstituir o ato processual, homologado judicialmente, enquanto que o alvo da ação rescisória, do art. 485, do CPC, é a sentença transitada em julgado, que faz coisa julgada material. O efeito pretendido pela primeira é a anulação do ato enquanto que na rescisória é a prolação de nova sentença no *judicium rescisorium*. 3. A ação rescisória somente é cabível quando houver sentença de mérito propriamente dita, que é aquela em que o magistrado põe fim ao processo analisando os argumentos suscitados pelas partes litigantes e concluindo-a com um ato de inteligência e soberania. 4. A sentença que homologa a transação fundamentando-se

no conteúdo da avença, é desconstituível por meio de ação rescisória fulcrada no art. 485, VIII, do CPC. 5. Não obstante, em sendo a sentença meramente homologatória do acordo, adstrita aos aspectos formais da transação, incabível a ação rescisória do art. 485, VIII, do CPC, posto ausente requisito primordial da rescindibilidade do julgado. Nestes casos, a desconstituição da transação, pelos defeitos dos atos jurídicos em geral, se faz por meio de ação anulatória, fulcrada no art. 486, do CPC. 6. Acordo extrajudicial homologado por sentença, em sede de ação civil pública, com a concordância expressa do órgão ministerial, e lesivo aos interesses da administração pública, é passível de anulação, *in abstracto*, na forma do art. 486, do CPC, sob os fundamentos que autorizam a ação popular. 7. *In casu*, a ação popular assume cunho declaratório porquanto o ato lesivo o foi subjetivamente complexo, passando pelo crivo do *Parquet* e do juízo. Propriedade da ação, *in genere*, porquanto a possibilidade jurídica do pedido não implica em acolhimento do pleito meritório. 8. Recurso especial provido (STJ, REsp 450.431/PR 2002/0090797-5, 1ª Turma, Rel. Min. Luiz Fux, j. 18.09.2003, *DJ* 20.10.2003, p. 185, *RSTJ* vol. 180, p. 94).

Como já esclarecemos alhures, o novo CPC aboliu a hipótese do art. 485, VIII, do antigo CPC e, atualmente, o § 4º do art. 966 cuidou de dispor qual a solução diante da ocorrência de tais hipóteses; reza: "Os atos de disposição de direitos, praticados pelas partes ou por outros participantes do processo e homologados pelo juízo, bem como os atos homologatórios praticados no curso da execução, estão sujeitos à anulação, nos termos da lei".

Mister se faz distinguir ainda conciliação de transação.

A conciliação segundo Leib Soibelman[65], consiste em "Fazer com que as partes entrem em acordo, dispensando uma decisão de mérito do juiz, cuja sentença passa a ser meramente homologatória da vontade das partes, embora com o mesmo valor de uma sentença ordinária".

Embora seja a conciliação, a exemplo da transação, resultado da vontade das partes, é sempre resultante da aproximação havida no âmbito judicial, e se consuma com a homologação.

A transação, do latim *transactio*, de *transigere* (transigir), exprimindo a ação de transigir, tem, em conceito gramatical, o sentido de pacto, convenção, ajuste, em virtude do qual as pessoas realizam um contrato, ou promovem uma negociação[66]. "No conceito do Direito Civil, no entanto, e como expressão

---

[65] SOIBELMAN, Leib. *Enciclopédia jurídica*. Rio de Janeiro: Ed. Rio, s.d. v. I, p. 151.
[66] DE PLÁCIDO E SILVA. *Vocabulário jurídico*. 11. ed. Rio de Janeiro: Forense, 1989. v. VI, A-Z, p. 403.

usada em sentido estrito, transação é a convenção em que, mediante concessões recíprocas, duas ou mais pessoas ajustam certas cláusulas e condições para que previnam litígio, que se possa suscitar entre elas, ou ponham fim a litígio já suscitado... Por essa razão, a transação é igualmente denominada de composição amigável, porque, por ela em verdade, se recompõem, voluntariamente, os direitos dos transatores ou transigentes"[67].

Tem ela, por seu turno, natureza extrajudicial ou judicial. Celebrada, torna-se eficaz entre partes, independentemente de homologação judicial. Entrementes, só produzirá efeitos processuais, inclusive contra terceiros, após a homologação.

A conciliação, assim como a transação, tem sua fonte na vontade das partes e implica reciprocidade de concessões e existência de dúvida (*res dubia*), controvérsia ou litígio, com a correspondente intenção de lhe pôr termo. Mas a conciliação opera outro fator, que é a vontade do Estado, atuada mediante o funcionário ou o juiz de conciliação que a lei determinar, não sendo, portanto, uma composição estritamente voluntária e nem sempre resultando em reciprocidade.

A transação é extrajudicial ou judicial; a conciliação é de natureza judicial, sempre.

3.1.3.3.2 Confissão

Dispõe o art. 389 do novo CPC que: "Há confissão, judicial ou extrajudicial, quando a parte admite a verdade de fato contrário ao seu interesse e favorável ao do adversário".

A confissão judicial tanto pode ser espontânea como provocada, nos termos do art. 390. A espontânea, se requerida pela parte ou por mandatário com poderes especiais (CPC, art. 390, parágrafo único), terá seu termo lavrado nos autos. Já a provocada constará do depoimento pessoal prestado pela parte.

A espontânea pode ser feita pela própria parte ou por mandatário com poderes especiais (CPC, art. 390, parágrafo único).

(1) A confissão extrajudicial, feita por escrito à parte ou a quem a represente, tem a mesma eficácia probatória judicial: feita a terceiro, ou contida em testamento, será livremente apreciada pelo juiz.

---

[67] DE PLÁCIDO E SILVA. *Vocabulário jurídico*. 11. ed. Rio de Janeiro: Forense, 1989. v. III, J-P, p. 403-404.

(2) A confissão é de regra indivisível, não podendo a parte que a quiser invocar como prova, aceitá-la no que lhe for favorável, e rejeitá-la no que lhe for desfavorável.

Convém assinalar que ação rescisória conforme visto neste item poderia ser utilizada para invalidar confissão em que se baseou a sentença. No entanto, na seara trabalhista, verifica-se que a Súmula 404 do TST veio interpretar a questão no que tange à confissão ficta, resultante da revelia, senão vejamos:

> Súmula nº 404 do TST
> Ação rescisória. Fundamento para invalidar confissão. Confissão ficta. Inadequação do enquadramento no art. 485, VIII, do CPC de 1973 – Res. 209/2016, *DEJT* divulgado em 01, 02 e 03.06.2016
> O art. 485, VIII, do CPC de 1973, ao tratar do fundamento para invalidar a confissão como hipótese de rescindibilidade da decisão judicial, referia-se à confissão real, fruto de erro, dolo ou coação, e não à confissão ficta resultante de revelia.

3.1.3.3.3 Desistência

No pertinente a este item, de se ressaltar que o CPC previu três espécies de desistência: a desistência da ação (art. 485, VIII); a renúncia ao direito sobre que se funda a ação (art. 487, *c*); e o reconhecimento, feito pelo réu, da procedência do pedido (arts. 487, *a*, e 269, II). A desistência assinalada em primeiro lugar é uma das hipóteses de extinção do processo sem apreciação do mérito. Já a segunda e a terceira são hipóteses de extinção do processo com apreciação do mérito. No contexto, como o art. 485 se referia a sentença de mérito, "É claro que o item VIII se refere apenas à segunda e à terceira"[68].

Noutro falar, no concernente à desistência, esta diz respeito à ação, e tem como consequência a extinção do processo sem o julgamento do mérito (art. 485, VIII, do CPC). E, por óbvio, não havendo julgamento do mérito, não desafia ação rescisória.

Por desistência aí, há de se entender, pois, renúncia: o caso é unicamente o previsto art. 487, *c*, do CPC. Logo, conclui-se que o legislador pretendeu se referir à renúncia, e não à desistência propriamente dita, já que a desistência, homologada pelo juiz, acarreta a extinção do processo sem apreciação do mérito, o que não alimenta ação rescisória.

---

[68] VIDIGAL, Luís Eulálio de Bueno. *Comentários ao Código de Processo Civil*. São Paulo: RT, 1974. v. VI, p. 146.

Sobre o tema, vejamos o presente julgado:

> Processual civil. Ação rescisória. Art. 485, VIII, do CPC. Desistência no sentido de renúncia. Não configuração. Sentença rescindenda calcada em precedentes do STJ e nos efeitos vislumbrados em ato declaratório fazendário na linha desses julgados. Utilização da *actio* como sucedâneo de recurso. Inadmissibilidade. 1. Está legalmente autorizada a rescisão de julgado de mérito transitado em julgado, quando houver "fundamento para invalidar confissão, desistência ou transação, em que se baseou a sentença" (art. 485, VIII, do CPC). 2. Por desistência, enquanto termo empregado na redação do art. 485, VIII, do CPC, deve-se entender renúncia, já que a ação rescisória apenas pode ser ajuizada contra sentença/acórdão de mérito. 3. Não se enxerga a configuração da "desistência" a que se refere o art. 485, VIII, do CPC, haja vista que a Fazenda Nacional não peticionou nos autos originários, trazendo pleito em tal direção (cf. o parágrafo 1º, do art. 19, da Lei nº 10.522/2002). O que aconteceu foi que o Julgador originário decidiu com invocação de julgados do STJ e por entender que teria havido, na linha desses precedentes do STJ, o reconhecimento administrativo da inadmissibilidade de incidência do IR sobre os valores de IHT, pela expedição do Ato Declaratório nº 7, de 7.11.2006, pela Procuradoria-Geral da Fazenda Nacional. Assim, a sentença rescindenda não se norteou em pleito fazendário de renúncia ao direito sobre o qual se fundava a ação, pois tal sequer existiu, na seara judicial. 4. A mudança de entendimento do STJ sobre a matéria que ensejou a expedição do ato declaratório não enseja a nulidade do ato administrativo emanado na vigência do posicionamento anterior. De igual modo, não houve invalidação do ato declaratório pelo Ministro da Fazenda, mas simples suspensão até a definição no STJ sobre o tema, momento em que se analisaria a necessidade de sua revogação, não se olvidando que a revogação não tem efeitos *ex tunc*, mas simplesmente *ex nunc*. 5. Veja-se que a sentença rescindenda foi proferida no período, por assim dizer, de transição entre os entendimentos do STJ. Não trouxe, a decisão rescindenda, interpretação aberrante, mas interpretação possível para o momento. 6. A ação rescisória não se presta a funcionar como recurso, que não se deduziu em tempo hábil. A ação rescisória não é recurso, mas *actio* de natureza excepcional, exatamente por ter o condão de fazer decair a força da coisa julgada, admitindo-se apenas nas estritas hipóteses legais. 7. Improcedência do pedido da ação rescisória (TRF-5, AR 6.272/RN 0065275-02.2009.4.05.0000, Pleno, Rel. Des. Federal Francisco Cavalcanti, j. 14.04.2010, *DJE* 28.04.2010, p. 132, 2010).

Com efeito, se a sentença viesse a homologar transação realizada pelas partes, bem como desistência ou confissão, esta sim poderia ser objeto de ação rescisória, nos termos do art. 485, VIII, do CPC/1973. Entrementes, no disciplinamento do novo CPC, o de 2015, tais hipóteses foram retiradas como causas de admissibilidade de cabimento da ação rescisória.

3.1.3.4 Quando "for fundada em erro de fato verificável do exame dos autos"

Importa destacar que a mencionada hipótese estava prevista no Digesto Processual de 1973, no art. 485, IX, do CPC, que dispunha: "Art. 485. A sentença de mérito, transitada em julgado, pode ser rescindida quando: (...) IX – fundada em erro de fato, resultante de atos ou de documentos da causa".

Hoje, com o atual Código de Processo Civil, está disciplinada a mencionada hipótese no art. 966, com nova redação, que dispõe, em seu inciso VIII: "for fundada em erro de fato verificável do exame dos autos".

Define o § 1º do art. 966 do novo CPC que: "Há erro de fato quando a decisão rescindenda admitir fato inexistente ou quando considerar inexistente fato efetivamente ocorrido, sendo indispensável, em ambos os casos, que o fato não represente ponto controvertido sobre o qual o juiz deveria ter se pronunciado".

Ademais nas hipóteses anteriores, nos termos do § 2º do dispositivo citado, "será rescindível a decisão transitada em julgado que, embora não seja de mérito, impeça: I – nova propositura da demanda; ou II – admissibilidade do recurso correspondente".

No direito anterior, o erro de fato não era considerado motivo de nulidade da sentença, a não ser quando resultasse de prova falsa. No direito estrangeiro sobre o tema observaram-se as seguintes pontuações na legislação: 1) na França e na Alemanha não há disposição legal específica sobre erro de fato; 2) são, na França, genericamente considerados erros de fato os provenientes de dolo de uma das partes, prova falsa, retenção de peças decisivas; 3) na Alemanha, os provenientes de juramento ilegal da parte, de perito ou de testemunha, de documento falso, de coação e prevaricação; 4) na Itália, o art. 395, 4º, frisa: Se a sentença é efeito de um erro de fato resultante dos atos ou documentos da causa. Há este erro quando a decisão é fundada sobre a suposição de um fato cuja verdade é incontrastavelmente excluída, ou quando é suposta a inexistência de um fato cuja verdade é positivamente estabelecida e, num e noutro caso, se o fato não constitui ponto controverso sobre o qual a sentença teve de pronunciar-se; 5) já em Portugal não há disposição legal específica sobre erro de fato[69].

---

[69] VIDIGAL, Luís Eulálio de Bueno. *Comentários ao Código de Processo Civil*. São Paulo: RT, 1974. v. VI, p. 149-150.

O erro relevante, no caso, é o que passou despercebido pelo juiz, o qual deu como existente um fato que não existiu, ou vice-versa.

Se a existência ou a inexistência do fato foi ponto controvertido, e o juiz optou por uma das versões, ainda que erradamente, a rescisória não será admitida. Ex.: a empresa, por meio do seu preposto, em depoimento pessoal, confessa que o reclamante tinha contrato de emprego. O juiz, por ocasião do julgamento, afirma que não houve confissão real, já que o preposto afirma que não havia vínculo empregatício. Outro exemplo: o juiz ao julgar a reclamação declara ser ela improcedente, sob o fundamento de que certo documento, que se encontrava nos autos, era uma declaração do reclamante, no sentido de que causou prejuízo à empresa de forma dolosa, quando – na verdade – essa declaração pertencia a outro funcionário.

Tem-se, pois, que quatro pressupostos devem estar presentes para que o erro permita a rescindibilidade da sentença de mérito: a) que a sentença seja fundada em erro de fato. Digno salientar, se tal não ocorresse, o resultado da sentença seria outro; b) o erro de fato deverá ser apurável por simples constatação na ação matriz, não se admitindo, jamais, produção probatória na ação rescisória para demonstrá-lo; c) que não tenha havido controvérsia, vale dizer, que a matéria em si, erro de fato (existência ou inexistência) não pode ter sido objeto de discussão. Se assim ocorreu, não se há de falar em erro de fato, mas, quando muito, em má apreciação da prova, e, nesse caso, a rescisória é indesafiável; d) que não tenha havido pronunciamento judicial sobre o tema. Vale dizer, que não tenha havido controvérsia sobre o fato (art 966, § 1º), isto é, que uma parte não haja contestado a alegação da outra, e o fato não seja revelável de ofício. Existindo controvérsia, o juiz terá errado *in judicando*, o que não enseja ação rescisória.

O erro de fato deve surgir de forma clara e induvidosa. O erro é de percepção, jamais de interpretação. O julgador percebe algo que não existe no mundo real, ou deixa de perceber o que realmente existe. Na interpretação, existe uma apreciação prévia da matéria, não se podendo falar em erro de fato, mas sim, quando muito, em má apreciação da prova.

O erro de fato tem que ser demonstrado pelo melhor exame das provas constantes dos autos, e não por meio de novas provas.

Ocorre erro de fato, também, quando o juiz se baseia em laudo pericial realizado por perito impedido. Da mesma forma, constitui erro de fato a afirmação, pelo juiz, de que os autos não abrigam documento que lá se encontra, bem como transcrever, com erros, documento existente nos autos.

No processo trabalhista, uma hipótese de erro de fato consiste em acatar justa causa de certo empregado, afirmando existir nos autos documento assinado por ele nesse sentido, quando na realidade é de homônimo seu.

Sobre o erro de fato, transcrevemos o presente julgado:

> Recurso ordinário em ação rescisória. Responsabilidade dos ex-sócios. Alegação de violação de dispositivos de lei e de erro de fato. Ausência de pronunciamento explícito sobre a matéria. Improcedência da pretensão rescisória quanto ao primeiro fundamento. Procedência parcial, todavia, quanto ao segundo fundamento, porquanto constatada a ocorrência de erro de fato. 1. Hipótese em que no tange as alegadas violações de dispositivos de lei, não obstante se possa cogitar da ocorrência de vícios na execução, não há como acolher a pretensão rescisória porquanto ausente pronunciamento específico destas questões processuais na decisão rescindenda, incidindo o entendimento sedimentado na Súmula nº 298, I e II desta Corte. 2. Já no que tange ao erro de fato, estamos diante da hipótese em que a reclamante foi admitida em 01/11/93 pela AMR – Panificadora e Confeitaria Ltda e despedida em 05/10/97 pela nova denominação social da AMR, a Panificadora Paulista – ME, cujos sócios eram seus empregadores. 3. Os autores da ação rescisória foram sócios da Panificadora e Confeitaria Doce Ponto Ltda até 31/10/1994, quando se retiraram da sociedade, ingressando como sócios A. M. R. e S. M. V. R., cuja averbação da respectiva alteração no contrato social se deu em 15/12/1994. 4. Portanto, quando da referida alteração social, a reclamante era empregada da empresa adquirente, Panificadora Paulista desde 01/11/1993, de modo que nunca trabalhou para a empresa da qual os autores eram sócios enquanto estes detinham esta condição. 5. Assim, o fato afirmado na decisão rescindenda de que os ora recorrentes, ex-sócios da Doce Ponto, foram empregadores da reclamante não corresponde à realidade fática, caracterizando erro de fato. Aplicação do entendimento assente na OJ 136 da SBDI-II/TST: "A caracterização do erro de fato como causa de rescindibilidade de decisão judicial transitada em julgado supõe a afirmação categórica e indiscutida de um fato, na decisão rescindenda, que não corresponde à realidade dos autos. O fato afirmado pelo julgador, que pode ensejar ação rescisória calcada no inciso IX do art. 485 do CPC, é apenas aquele que se coloca como premissa fática indiscutida de um silogismo argumentativo, não aquele que se apresenta ao final desse mesmo silogismo, como conclusão decorrente das premissas que especificaram as provas oferecidas, para se concluir pela existência do fato. Esta última hipótese é afastada pelo § 2º do art. 485 do CPC, ao exigir que não tenha havido controvérsia sobre o fato e pronunciamento judicial esmiuçando as provas". 6. Impõe-se, assim, o reconhecimento de erro de fato (art. 485, IX, do CPC) e, em decorrência, proceder ao corte rescisório da sentença de embargos à execução proferi-

da nos autos da ação matriz e, em juízo rescisório, julgar procedentes os embargos à execução opostos, liberando-os da responsabilidade contratual na condição de ex-sócios da Panificadora e Confeitaria Doce Ponto Ltda. e, consequentemente, liberando o bem imóvel penhorado. Recurso ordinário parcialmente provido (TST, RO 355320105120000, Subseção II Especializada em Dissídios Individuais, Rel. Hugo Carlos Scheuermann, j. 30.04.2013, *DEJT* 10.05.2013).

Frise-se ainda que, na seara trabalhista, duas orientações jurisprudenciais do TST da SBDI-2 orientam o tema, senão vejamos:

> OJ 103 – Ação rescisória. Contradição entre fundamentação e parte dispositiva do julgado. Cabimento. Erro de fato (*DJ* 29.04.2003)
> É cabível a rescisória para corrigir contradição entre a parte dispositiva do acórdão rescindendo e a sua fundamentação, por erro de fato na retratação do que foi decidido.
> 136. AÇÃO RESCISÓRIA. ERRO DE FATO. CARACTERIZAÇÃO (atualizada em decorrência do CPC de 2015) – Res. 208/2016, DEJT divulgado em 22, 25 e 26.04.2016
> A caracterização do erro de fato como causa de rescindibilidade de decisão judicial transitada em julgado supõe a afirmação categórica e indiscutida de um fato, na decisão rescindenda, que não corresponde à realidade dos autos. O fato afirmado pelo julgador, que pode ensejar ação rescisória calcada no inciso VIII do art. 966 do CPC de 2015 (inciso IX do art. 485 do CPC de 1973), é apenas aquele que se coloca como premissa fática indiscutida de um silogismo argumentativo, não aquele que se apresenta ao final desse mesmo silogismo, como conclusão decorrente das premissas que especificaram as provas oferecidas, para se concluir pela existência do fato. Esta última hipótese é afastada pelo § 1º do art. 966 do CPC de 2015 (§ 2º do art. 485 do CPC de 1973), ao exigir que não tenha havido controvérsia sobre o fato e pronunciamento judicial esmiuçando as provas.

3.1.4 Admissibilidade decorrente da figura do juiz

Ainda para melhor didática, analisaremos esse caso de admissibilidade de ação rescisória elencados anteriormente no art. 485, I, do CPC e que atualmente estão dispostos no novo CPC, no art. 966, I, que dispõe: "Art. 966. A decisão de mérito, transitada em julgado, pode ser rescindida quando: I – se verificar que foi proferida por força de prevaricação, concussão ou corrupção do juiz".

Assim, consoante, o magistério de Batalha[70], dividiremos em **circunstâncias pessoais do juiz** e **circunstâncias funcionais do juiz**.

3.1.4.1 Circunstâncias pessoais do juiz

Consideram-se circunstâncias pessoais a prevaricação, a concussão e a corrupção, tratadas no art. 966, I, do novo CPC.

3.1.4.1.1 Prevaricação

O Regulamento 737, de 1850, art. 680, § 1º, frisava: "A sentença é nula sendo dada por juiz peitado ou subornado". O Decreto 3.084, de 5 de novembro de 1898, parte terceira, art. 99, dispunha: "A sentença é nula sendo dada por juiz peitado ou subornado". A Consolidação das Leis do Processo Civil de Ribas, art. 1.613, § 1º, nº 3, previa: "Há manifesta nulidade se a sentença é dada por peita ou suborno dos juízes". O CPC de 1939, art. 798, I, *a*: "Será nula a sentença quando proferida por juiz peitado"[71].

No direito estrangeiro sobre o tema observou-se as seguintes pontuações na legislação: 1) França, *Code de Procédure Civile*. O Código não prevê o dolo do juiz. A doutrina e a jurisprudência só admitem *a requête civile* quando o erro não é imputável ao juiz. Contra o erro imputável ao juiz o recurso cabível é a cassação. 2) Alemanha. *Zivilprozessordnung*, ZPO § 578: "5. die Restitutionsklage findet statt Wenn ein Richter bei dem Urteil mitgevirkt hat, der sich in Beziehung auf den Rechstreit einer Verletzung seiner Amtspflichten gegen die Partei schuldig gemacht hat, sofern diese Verletzung mit einer im Wege des gerichtlichem Strafverfahrens zu verhangenden offentlichen Strafe bedroht ist". 3) Itália. *Codice di Procedura Civile*, art. 395: "Se la sentenza è effetto del dolo del giudice, accertato con sentenza passata in giudicato". 4) Portugal, art. 771, *a*: "Quando se mostre, pôr sentença criminal passada em julgado, que foi proferida pôr prevaricação, concussão, peita, suborno ou corrupção do juiz ou de algum dos juízes que na decisão intervieram"[72].

---

[70] BATALHA, Wilson de Souza Campos. *Tratado de direito judiciário do trabalho*. São Paulo: LTr, 1977. p. 625.
[71] VIDIGAL, Luís Eulálio de Bueno. *Comentários ao Código de Processo Civil*. São Paulo: RT, 1974. v. VI, p. 51.
[72] VIDIGAL, Luís Eulálio de Bueno. *Comentários ao Código de Processo Civil*. São Paulo: RT, 1974. v. VI, p. 51-52.

Prevaricação, nas palavras de Coqueijo Costa[73], é a "Infidelidade ao dever funcional e ao desempenho deste com parcialidade".

Para o mestre Pinto Ferreira[74], prevaricando, "a pessoa visa ao interesse ou sentimento pessoal. O interesse pessoal é aquele que importa de qualquer modo à pessoa e tem por objeto um lucro ou ganho material, ou uma vantagem moral... Já o sentimento é a afeição, que gera a simpatia, a dedicação, a benevolência, a parcialidade; o ódio que produz efeitos contrários; a contemplação que é a condescendência, a conformação com a vontade alheia. Podem ser importantes ainda o amor, a inveja, a amizade, e a inimizade, o despeito, a tolerância e a intolerância, a gratidão, o ciúme".

Pontes de Miranda[75], com apoio em Emanuel Gonçalves da Sylva, afirma que deve ser considerado peitado ou subornado o juiz que profere sentença por gratidão, ambição ou ódio, ou por temor de perder o cargo. Entrementes, "Se, porém, fundar a rescisória em que o juiz procurou satisfazer interesse ou sentimento pessoal – ambição, ódio, gratidão, temor – será necessário provar, ainda, que faltou aos deveres do cargo ou infringiu disposição literal de lei"[76].

Nesse diapasão, o art. 319 do Código Penal define a prevaricação como sendo: "Retardar ou deixar de praticar, indevidamente ato de ofício, ou praticá-lo contra disposição expressa de lei, para satisfazer interesse ou sentimento pessoal".

Para alguns autores na prevaricação, o agente substitui a vontade da lei pelo seu arbítrio, praticando não o ato que deveria praticar como dever de ofício, mas outros, contrários ao que diz a lei.

Ampliando a égide de análise, auspicioso asseverar que nosso atual CPC só admite como motivo para rescindir a sentença a prevaricação, a concussão ou corrupção do juiz.

"Essa orientação resulta de uma concepção... imperfeita, da função do advogado. A lei o considera mero mandatário da parte. Como tal, o advogado responde pelos prejuízos que causar. Esqueceu-se, porém, o legislador de que o advogado é também auxiliar da justiça, como sempre se entendeu. Não seria demais, portanto, abrir-se o caminho da rescisória às partes prejudicadas por

---

[73] COSTA, Coqueijo. *Ação rescisória*. 6. ed. São Paulo: LTr, 1993. p. 51.
[74] FERREIRA, Luiz Pinto. *Teoria e prática dos recursos e da ação rescisória no processo civil*. 2. ed. São Paulo: Saraiva, 1988. p. 267.
[75] PONTES DE MIRANDA, Francisco Cavalcanti. *Tratado da ação rescisória*. 5. ed. Rio de Janeiro: Forense, 1976. p. 221-222.
[76] VIDIGAL, Luís Eulálio de Bueno. *Comentários ao Código de Processo Civil*. São Paulo: RT, 1974. v. VI, p. 59-60.

seus advogados que cometessem o crime de patrocínio infiel ou patrocínio simultâneo (art. 355 do CP)"[77].

3.1.4.1.2 Concussão

Concussão, a seu turno, é sinônimo de extorsão. Consiste em exigir para si ou para outrem, direta ou indiretamente, ainda que fora da função ou antes de assumi-la, mas em razão dela, vantagem indevida (CP, art. 316). Ato do juiz de exigir do particular o que não é devido, utilizando de artifícios, consubstancia a concussão.

3.1.4.1.3 Corrupção

A corrupção, que pode ser ativa e passiva, consiste em "Solicitar ou receber, para si ou para outrem, direta ou indiretamente, ainda que fora da função ou antes de assumi-la, mas em razão dela, vantagem indevida, ou aceitar promessa de tal vantagem" (art. 317 do CP). A corrupção se materializa por qualquer espécie de suborno direto ou indireto do magistrado.

Pontes de Miranda[78], ao analisar o assunto, enfatiza que tanto a corrupção ativa quanto a passiva do juiz desafia a interposição de ação rescisória. Noutro polo, situa-se Manoel Antonio Teixeira Filho[79], sublinhando ser insustentável a interposição de ação rescisória, em caso de corrupção ativa, pois que: "A corrupção ativa constitui crime praticado por particular, contra a administração da justiça, não sendo admissível, por isso, que possa vir a ser posto em prática pelo juiz, que, como ressabemos, é órgão de um dos Poderes da União (Const. Fed., arts. 2º e 92)". Tem o mesmo ponto de vista Pinto Ferreira, distinguindo concussão da corrupção. Para ele, "Enquanto na concussão há exigência, na corrupção existe a solicitação e o recebimento da vantagem indevida (CP, art. 312). Somente a corrupção passiva é a que concerne à ação rescisória... o juiz corrupto é, na prática, o juiz peitado, que se vende ou tem vantagem para proferir sentença em favor de uma parte"[80].

---

[77] VIDIGAL, Luís Eulálio de Bueno. *Comentários ao Código de Processo Civil*. São Paulo: RT, 1974. v. VI, p. 58, citando MOREL, René. *Traité elémentaire de procedure civile*. 1. ed. Paris: Sirey, 1932.
[78] PONTES DE MIRANDA, Francisco Cavalcanti. *Tratado de direito privado*. Rio de Janeiro: Forense, 1994. t. VIII, p. 224.
[79] TEIXEIRA FILHO, Manoel Antonio. *Ação rescisória no processo do trabalho*. São Paulo: LTr, 1991. p. 200.
[80] FERREIRA, Luiz Pinto. *Teoria e prática dos recursos e da ação rescisória no processo civil*. 2. ed. São Paulo: Saraiva, 1988. p. 267.

Estamos que Teixeira Filho assiste razão, em face da coerência do asseverado.

De ser mencionado que não é exigível que o juiz tenha sido condenado previamente pela prática de um desses crimes, haja vista que a prova pode ser feita na própria ação rescisória, cujo resultado independe da solução de eventual processo criminal. Outrossim, "Condenado o juiz no crime, projeta-se aquela decisão no cível: absolvido o magistrado na esfera criminal, pode ser julgada procedente a pretensão rescisória no cível. No caso de membro de órgão colegiado, basta que um dos prolatores do voto vencedor tenha cometido o crime para que seja rescindível o acórdão. O vício cometido por juiz que votou vencido não enseja rescisória, porque o ato do magistrado não teve nenhuma influência no julgamento, salvo se forem interpostos e providos embargos infringentes, dando prevalência ao anterior voto vencido"[81].

3.1.4.2 *Circunstâncias funcionais*

As circunstâncias funcionais consistem em analisar se o juiz prolator da sentença rescindenda era detentor de competência absoluta, e se não era impedido.

Importa destacar que a mencionada hipótese está prevista no novo Digesto Processual no art. 966, II, que dispõe: "Art. 966. A decisão de mérito, transitada em julgado, pode ser rescindida quando: (...) II – for proferida por juiz impedido ou por juízo absolutamente incompetente".

3.1.4.2.1 Incompetência absoluta

O Regulamento 737, de 1850, art. 680, § 1º, previa: "A sentença é nula sendo dada por juiz incompetente". O Decreto 3.084, de 5 de novembro de 1989, parte terceira, art. 99, *a*, dispunha: "A sentença é nula sendo dada por juiz incompetente". A Consolidação das Leis do Processo Civil de Ribas, art. 1.613, § 1º, nº 5, previa: "Há manifesta nulidade se a sentença é dada por juízes incompetentes". Já o CPC de 1939, em seu art. 798, I, considerava que: "Será nula a sentença proferida por juiz incompetente *ratione materiae*"[82].

---

[81] NERY JR., Nelson; NERY, Rosa Maria de Andrade. *Código de Processo Civil comentado*. 2. ed. rev. e ampl. São Paulo: RT, 1996. p. 863. (Importa destacar que, com o advento do novo CPC, não mais constam os embargos infringentes como recurso.)

[82] VIDIGAL, Luís Eulálio de Bueno. *Comentários ao Código de Processo Civil*. São Paulo: RT, 1974. v. VI, p. 60.

No direito estrangeiro sobre o tema observaram-se as seguintes pontuações na legislação: 1) França. Não há disposição correspondente no *Code de Procédure Civile*. A doutrina não admite a *requête* contra violação de formas imputável ao juiz. A incompetência, evidentemente imputável ao juiz, enseja o recurso de cassação (Leis de 27 de novembro – 1º de dezembro de 1790, art. 3º; 20 de abril de 1810, art. 7º): a incompetência absoluta do juiz enquadra-se na regra geral da violação da lei (Lei de 27 ventôse, ano VIII, art. 77). 2) Alemanha. *Zivilprozessordnung*, § 579, I, 1: "die Nichtigkeitsklage findet statt wenn das erkennende Gericht nicht vorschriftsmassig bessetst war". 3) Itália. Não se admite a *revocazione* por incompetência, suspeição ou impedimento do juiz. O caso é de cassação. Codice di Procedura Civile, art. 360, 2: "Le sentenze definitive pronunciate in grado d'appello o in unico grado, esclude quelle del concilitore, possono essere impugnte con ricorso per cassazione per violazione delle norme sulla competenza, quando non è prescritto il regolamento di competenza". 4) Portugal. A incompetência do juiz não é caso de rescindibilidade ou anulação do julgado[83].

O CPC de 1973, em seu art. 485, dispunha sobre o tema: "A sentença de mérito, transitada em julgado, pode ser rescindida quando: (...) II – proferida por juiz impedido ou absolutamente incompetente".

Destaque-se que, quando da leitura do inciso I do art. 966 do novo CPC, que trata de tal hipótese, diferentemente do antigo CPC, admite-se a ação rescisória de decisão emanada por juízo impedido ou absolutamente incompetente.

Em caso de incompetência absoluta, a rescisória se faz admissível. Entrementes, inadmissível será, quando o juízo for relativamente incompetente, já que a competência relativa pode ser prorrogada voluntariamente, em caso de não arguição desta incompetência, *opportuno tempore*, pela parte altera.

Sobre o tema, colhe-se o seguinte verbete:

> Processual civil. Ação rescisória ajuizada contra a União. Acórdão do Tribunal de Justiça do Distrito Federal. Competência do Tribunal Regional Federal. Incompetência relativa do juízo de primeiro grau, prorrogada. Inexistência de violação literal de lei e erro de fato. Improcedência da ação.
> 1. A incompetência relativa deve ser suscitada por meio de exceção, no momento oportuno, sob pena de prorrogação. Na hipótese, não alegada a incompetência territorial, no momento processual adequado, prorrogou-se

---

[83] VIDIGAL, Luís Eulálio de Bueno. *Comentários ao Código de Processo Civil*. São Paulo: RT, 1974. v. VI, p. 69.

a jurisdição, não dando ensejo, por isso, à procedência de ação rescisória com fundamento no art. 485, inciso II, do CPC. 2. De igual modo não houve violação a literal disposição das regras de competência pelo acórdão rescindendo, que manteve a sentença proferida no juízo supostamente incompetente. 3. Ação rescisória que se julga improcedente (TRF-1, AR 16.994/DF 0016994-46.1997.4.01.0000, 3ª Seção, Rel. Des. Federal Daniel Paes Ribeiro, j. 06.07.2010, *e-DJF1* 26.07.2010).

3.1.4.2.2 Impedimento

O Regulamento 737, de 1850, art. 680, § 1º, previa: "A sentença é nula sendo dada por juiz suspeito". O Decreto 3.084, de 5 de novembro de 1989, parte terceira, art. 99, a, dispunha: "A sentença é nula sendo dada por juiz suspeito". A Consolidação das Leis do Processo Civil de Ribas não considerava expressamente o caso de suspeita ou impedimento do juiz. A doutrina criticava decisão do Supremo Tribunal de Justiça no sentido da declaração da nulidade manifesta da sentença proferida por juiz suspeito. O CPC de 1938, art. 798, I, *a*, estipulava: "Será nula a sentença quando proferida por juiz impedido"[84].

No direito estrangeiro sobre o tema observaram-se as seguintes pontuações na legislação: 1) França. Não há disposição correspondente no *Code de Procédure Civile*. A doutrina não admite a *requête* contra violação de formas imputáveis ao juiz. O impedimento, evidentemente imputável ao juiz, enseja o recurso de cassação (Leis de 27 de novembro – 1º de dezembro de 1790, art. 3º; 20 de abril de 1810, art. 7º): a incompetência absoluta do juiz enquadra-se na regra geral da violação da lei (Lei de 27 ventôse, ano VIII, art. 77). 2) Alemanha. *Zivilprozessordnung*, § 579, I, 3: "Die Nichtigkeitsklage findet statt wenn bei der Entscheidung ein Richter mitgewirkt hat, obgleich er wegem Besorgniss der Befangenheit obglehnt und das Ablehnungsgesuch fur begrundt erkalart war". 3) Itália. Não se admite a revocazione por incompetência, suspeição ou impedimento do juiz. O caso é de cassação. "Codice di Procedura Civile, art. 360, 2: Le sentenze definitive pronunciate in grado d'appello o in unico grado, escluse quelle del conciliatore, possono essere impugnte con ricorso per cassazione per violazione delle norme sulla competenza, quando non è prescritto il regolamento di competenza". 4) Portugal. Embora o Código de Processo Civil considere em duas secções diferentes os impedimentos e as suspeições (arts. 122 e 126), não incluiu no art. 668 (como era de se esperar) o impedimento do juiz como causa da

---

[84] VIDIGAL, Luís Eulálio de Bueno. *Comentários ao Código de Processo Civil*. São Paulo: RT, 1974. v. VI, p. 61.

nulidade da sentença. Também não é previsto no art. 771 como fundamento para o recurso de revisão de sentença passada em julgado[85].

A rescisória é admissível quando o juiz for impedido. De ressaltar que o impedimento é de natureza objetiva, pois tratado taxativamente na lei. Diferentemente da suspeição, que é de natureza subjetiva.

Em caso de mera suspeição, deve a parte no prazo estabelecido por lei, que é de 15 (quinze) dias da ciência inequívoca do ato suspeito (CPC art. 146), alegar a suspeição, em petição específica dirigida ao juiz do processo, na qual indicará o fundamento da recusa, podendo instruí-la com documentos em que se fundar a alegação e com rol de testemunhas.

Entrementes, se a parte só tomou conhecimento do ato suspeito após o trânsito em julgado da sentença, cabível será a rescisória. Admitir o contrário seria premiar incomensurável injustiça.

Convém mencionar ainda, na seara trabalhista de decisão recente do TST tratando de ação rescisória que pugnava pela nulidade do acordão pelo fato da desembargadora redatora do acordão de embargos declaratórios haver se declarado suspeita no julgamento do recurso ordinário. A decisão mencionou que a suspeição de magistrado não está expressamente prevista no art. 485 do antigo CPC (hoje as hipóteses estão previstas no art. 966 do novo CPC). Vejamos o teor do mencionado dispositivo:

> Recurso ordinário. Ação rescisória. 1. Magistrado suspeito que participou do julgamento dos embargos declaratórios em que concedido efeito modificativo ao julgado. Violação do art. 485, II, do CPC. Analogia. Hipótese em que a Autora pretende rescindir o julgamento de embargos de declaração por meio do qual se concedeu efeito modificativo ao julgado, ao argumento de que a Desembargadora redatora dos declaratórios havia, antes do julgamento embargado, se declarado suspeita. Tratando-se a hipótese dos autos de suspeição de magistrado, e não de impedimento, não é permitido o corte rescisório fundado no inciso II do art. 485 do CPC. Revela-se incabível a aplicação analógica do referido dispositivo processual, pois somente nas hipóteses expressamente previstas no rol do art. 485 do CPC é que se permite desconstituir a coisa julgada. Recurso conhecido e desprovido. 2. Violação dos arts. 3º e 62, II, da CLT. Não configuração. Na ação primitiva não se discutiu a possibilidade de ausência dos elementos caracterizadores da relação empregatícia no interregno em que o Réu exerceu o cargo de diretor. Assim, inexistindo no julgado que

---

[85] VIDIGAL, Luís Eulálio de Bueno. *Comentários ao Código de Processo Civil*. São Paulo: RT, 1974. v. VI, p. 61-62.

se pretende rescindir qualquer discussão acerca da existência de subordinação jurídica no período em que o Réu esteve ocupando a diretoria, resta inviável o corte rescisório pretendido com amparo no art. 3º da CLT. Incidência da Súmula 298/TST. Relativamente à alegação de ofensa ao art. 62, II, da CLT, restou consignado na decisão rescindenda que a prova produzida em audiência atestou que o Réu não exercia atribuições de mando e gestão, sendo que tais poderes, segundo disposto no estatuto social da empresa, concentravam-se no diretor superintendente. Portanto, tendo a Corte Regional analisado os fatos e as circunstâncias da causa e concluído, a partir do exame do acervo probatório, que o trabalhador não possuía poderes de mando e gestão, não é possível chegar à conclusão diversa sem reexaminar os fatos e as provas do processo primitivo. Corte rescisório inviabilizado conforme diretriz da Súmula 410/TST. Recurso conhecido e desprovido. 3. Litigância de má-fé. A Autora ajuizou a presente ação rescisória, fundada na alegação de violação art. 3º da CLT, sustentando que o contrato de trabalho do Réu fora suspenso quando este foi guindado ao cargo de diretor. A parte assumiu posição em franca desarmonia com o que havia afirmado na defesa oferecida na reclamação trabalhista, ocasião em refutou veementemente a tese de suspensão do contrato de trabalho. Não é razoável ou tolerável que os fatos experimentados pelos litigantes, no âmbito da relação material que vivenciaram, sejam alterados de maneira expressiva, para justificar pretensões manifestamente improcedentes. Nesse contexto, demonstrada a adulteração dos fatos vivenciados pelas partes em disputa, resta configurada a litigância de má-fé, nos termos do art. 17, II, do CPC. Recurso conhecido e desprovido (TST, RO 427900-26.2009.5.01.0000, Rel. Min. Douglas Alencar Rodrigues, 05.08.2014).

3.1.5 Admissibilidade decorrente do dolo ou fraude à lei

No direito anterior, não havia disposição legal específica sobre o dolo da parte vencedora em detrimento da vencida[86].

No direito estrangeiro sobre o tema observou-se as seguintes pontuações na legislação: 1) França. Antigo *Code de Procédure Civile* por meio do art. 480, 1 frisava: "La requête civile est ouverte s'il y a eu dol personnel, c'est à dire, des manoeuvres frauduleuses pratiquées par l'une des parties ou son représentant et qui ont déterminé la conviction du juge en sa faveur". 2) Alemanha. Zivilprozessordnung, ZPO, § 580, 4: "die Restitutionsklage findet statt wenn das Urteil von dem Vertreter der Partei oder vom dem egner

---

[86] VIDIGAL, Luís Eulálio de Bueno. *Comentários ao Código de Processo Civil*. São Paulo: RT, 1974. v. VI, p. 79.

oder dessen Vertreter durch eine in Beziehung auf den Rechtstreit verübte Handlung erwirkt ist, die mit einer im Wege des Gerichtlichen Strafverfahrens zu verhangendem offentlichem Strafe bedroht ist". 3) Itália. Codice di Procedura Civile, art. 395, 1: "Le sentenze pronunziate in grado d'appello o in unico grado possono essere impugnate per revocazione se sono l'effeto del dolo di una dele parti in damno dell'altr". 4) Portugal. O dolo da parte não é causa de revisão de sentença passada em julgado[87].

Importa destacar que a mencionada hipótese estava prevista no Digesto Processual, no art. 485, III, do CPC de 1973, que dispunha: "Art. 485. A sentença de mérito, transitada em julgado, pode ser rescindida quando: (...) II – resultar de dolo da parte vencedora em detrimento da parte vencida, ou de colusão entre as partes, a fim de fraudar a lei".

De igual forma previu o novo CPC, que dispõe, no art. 966, referente às hipóteses de cabimento de ação rescisória, em seu inciso III; entretanto, acrescentou a mencionada hipótese aos casos de coação e simulação: "Art. 966. A decisão de mérito, transitada em julgado, pode ser rescindida quando: (...) III – resultar de dolo ou coação da parte vencedora em detrimento da parte vencida ou, ainda, de simulação ou colusão entre as partes, a fim de fraudar a lei".

O dolo é o comportamento voluntário com o escopo de dar prejuízo a alguém. Consiste na utilização de artifícios para prejudicar outrem.

A coação é o comportamento que enseja vício na vontade do agente incutindo a este fundado temor de dano iminente e considerável à sua pessoa, à sua família, ou aos seus bens (art. 151 do Código Civil).

No que tange à simulação, estará presente nos seguintes casos: art. 167, § 1º: "Haverá simulação nos negócios jurídicos quando: I – aparentarem conferir ou transmitir direitos a pessoas diversas daquelas às quais realmente se conferem, ou transmitem; II – contiverem declaração, confissão, condição ou cláusula não verdadeira; III – os instrumentos particulares forem antedatados, ou pós-datados".

A colusão, de sua parte, é o conluio, a combinação escusa entre as partes, com o escopo de se obter fim ilícito.

Quanto ao caso, art. 142. Convencendo-se, pelas circunstâncias, de que autor e réu se serviram do processo para praticar ato simulado ou conseguir fim vedado por lei, o juiz proferirá decisão que impeça os objetivos das par-

---

[87] VIDIGAL, Luís Eulálio de Bueno. *Comentários ao Código de Processo Civil*. São Paulo: RT, 1974. v. VI, p. 79.

tes, aplicando, de ofício, as penalidades da litigância de má-fé. Ex.: quando determinado empregador, utilizando de colusão com amigo íntimo, no afã de fraudar os direitos trabalhistas dos empregados, pede que esse amigo ajuíze reclamação trabalhista contra ele. Perdendo a demanda, vende todos os seus bens para saldar a dívida, não restando mais nada para garantir os direitos dos empregados, quando na realidade o pagamento lhe é devolvido, posteriormente.

O dolo que enseja a rescisória consiste na prática, pela parte vencedora, de atos ardis e maliciosos, e de maquinações e atividades enganosas em geral, condutas vedadas pelo art. 80 do CPC, capazes de subtrair da parte contrária o direito de produzir atos e provas no processo, reduzindo-lhe a capacidade de defesa e afastando o juiz de uma decisão de acordo com a verdade[88].

"O dolo a que se refere o inciso III do art. 485 do CPC ocorre quando a parte impede ou dificulta a atuação processual do adversário ou influencia o magistrado, de modo que o pronunciamento do órgão judicial teria sido diverso se inocorrentes tais vícios processuais (...) Não caracteriza dolo processual, ensejador de propositura de ação rescisória, o simples fato de a parte silenciar a respeito de fatos contrários a ela, posto que tal proceder não constitui ardil do qual resulta cerceamento de defesa ou o desvio do juiz de uma sentença justa"[89].

Certo autor de peso frisa que o juiz tem poderes para impedir que o fim ilícito se consume (art. 142 do CPC), mas, se ao juiz passou despercebido o conluio, e o fim ilícito foi alcançado, transitado o em julgado a decisão, só resta o ajuizamento da ação rescisória para tentar rescindir a sentença.

Bueno Vidigal[90], citando Chiovenda, estipula que "O Código refere-se ao dolo da parte vencedora. Esse dispositivo deve ser interpretado extensivamente; abrange, também, o dolo do representante legal". Ademais, acrescenta o citado autor na mesma página: "As hipóteses de dolo de terceiro (falso depoimento, falsa perícia), que as doutrinas italiana e francesa consideram, caem, no Brasil, no item VI (prova falsa)".

---

[88] RIZZI, Sérgio. *Ação rescisória*, apud NERY JR., Nelson; NERY, Rosa Maria de Andrade. *Código de Processo Civil comentado*. 2. ed. rev. e ampl. São Paulo: RT, 1996. p. 864.
[89] NEGRÃO, Theotonio. *Código de Processo Civil e legislação processual em vigor*. 27. ed. São Paulo: Saraiva, 1996. p. 350. (Pela inovação legislativa, o novo CPC passou a dispor no art. 966, III, tal hipótese de cabimento da ação rescisória.)
[90] VIDIGAL, Luís Eulálio de Bueno. *Comentários ao Código de Processo Civil*. São Paulo: RT, 1974. v. VI, p. 83.

Por outro lado, vaticina Vidigal[91], referindo-se a Glasson, que: "No direito francês, quando houver pluralidade de partes, o dolo cometido por um dos litisconsortes não pode ser invocado contra os outros. Essa lição prevalece para o direito brasileiro, segundo o disposto no art. 48 do código. Salvo disposição em contrário, os litisconsortes serão considerados, em suas relações com a parte adversa, como litigantes distintos; os atos e as omissões de um não prejudicarão nem beneficiarão os outros".

Sobre o tema, veiculam-se os julgados abaixo, a título exemplificativo:

> Recurso ordinário. Ação rescisória. Sentença homologatória de acordo judicial. Colusão configurada. As alegações veiculadas no recurso ordinário não têm o condão de infirmar a fundamentação do acórdão recorrido que, amparado na prova produzida nos autos, concluiu pela existência de colusão a invalidar o acordo celebrado, considerando não só a inverossimilhança da alegação de os reclamantes terem permanecido por mais de um ano e oito meses sem receber a contraprestação decorrente da relação de emprego, no valor equivalente a vinte salários mínimos mensais, mas igualmente o fato de eles continuarem a representar a reclamada judicialmente, mesmo após a renúncia aos mandatos efetivada no acordo homologado, a suscitar fundada suspeita sobre a efetiva existência de vínculo empregatício. Diante desses fatos e da circunstância de os reclamantes possuírem o controle da parte administrativa e financeira da empresa, avulta a convicção de que o real intuito das partes foi o de resguardar eventuais créditos da reclamada na hipótese de ser decretada sua falência. Recurso a que se nega provimento (TST, ROAR 1387400742002504, Subseção II Especializada em Dissídios Individuais, Rel. Antônio José de Barros Levenhagen, j. 14.12.2004, *DJ* 18.02.2005).
>
> Recurso especial. Omissão do acórdão recorrido. Inexistência. Prequestionamento implícito. Mérito recursal. Ação rescisória. Afronta ao art. 485, III, do CPC. Dolo da parte vencedora. Caracterização. Adimplemento substancial da avença pelo réu. Afastamento da teoria da *exceptio non adimpleti contractus*. Indução do réu à revelia na ação originária. Embaraço ao exercício da ampla defesa e do contraditório. Configuração. Efetiva vulneração do dispositivo legal. Desconstituição da sentença. Remessa dos autos ao tribunal *a quo*. Retomada do julgamento pela instância singular. 1 – A alegada omissão do v. acórdão recorrido não encontra respaldo no entendimento assente nesta Corte, porquanto é

---

[91] VIDIGAL, Luís Eulálio de Bueno. *Comentários ao Código de Processo Civil*. São Paulo: RT, 1974. v. VI, p. 83.

pacífico o cabimento de prequestionamento implícito para os fins da abertura da via especial. 2 – A procedência do pedido rescisório exige o enquadramento da situação nas hipóteses elencadas pelo art. 485 do Código de Processo Civil. *In casu*, a pretensão do recorrente em caracterizar o comportamento da parte contrária como dolo, a teor do inciso III do dispositivo mencionado, resta caracterizada, considerando-se o quadro fático-probatório delineado pela instância ordinária. 3 – O Tribunal de Justiça do Distrito Federal e dos Territórios consignou que as partes celebraram acordo extrajudicial após a propositura da ação de reconhecimento e dissolução de sociedade de fato, tendo a autora se obrigado a desistir de sua pretensão desde que o réu doasse imóvel à filha comum do casal, com usufruto pela mãe, sendo que o demandado cumpriu substancialmente com a avença, embora não em sua integralidade; a autora, por seu turno, quedou-se inadimplente. Desta forma, não incide a Teoria da *Exceptio Non Adimpleti Contractus*. 4 – *In casu*, o réu foi induzido a quedar-se inerte na esfera da ação originária, o que culminou com a decretação de sua revelia e a prolação de sentença que julgou procedentes os pedidos insertos na inicial, o que evidencia a violação ao art. 485, III, 1ª parte, do diploma processual civil. 5 – A doutrina interpreta que a noção de dolo traz ínsita, ainda, a ideia de que a parte sucumbente sofreu impedimento ou gravame em sua atuação processual para que reste delimitada a causa de rescindibilidade, tal como se descortina no presente caso. 6 – Assim, uma vez constatada a ocorrência de afronta ao dispositivo indicado, dá-se provimento ao presente recurso especial para determinar a desconstituição da r. sentença de mérito, com a retomada do julgamento da ação originária pelo órgão jurisdicional de 1º grau (STJ, REsp 656.103/DF 2004/0059113-9, 4ª Turma, Rel. Min. Jorge Scartezzini, j. 12.12.2006, *DJ* 26.02.2007, p. 595).

No processo trabalhista, Manoel Antonio Teixeira Filho[92] cita o seguinte exemplo de colusão, quando ocorre "A simulada ruptura do contrato de trabalho pelo empregador, sem justa causa, com o objetivo de permitir que o empregado saque os valores depositados em sua conta relativa ao FGTS".

No caso, cabe ao Ministério Público interpor a ação rescisória para pôr termo a esse conluio (CPC, art. 967, III, *b*).

---

[92] TEIXEIRA FILHO, Manoel Antonio. *Ação rescisória no processo do trabalho*. São Paulo: LTr, 1991. p. 237.

3.1.6 Outros casos de admissibilidade

Traz-se à baila que autores como Manoel Antonio Teixeira Filho[93], Christóvão Piragibe Tostes Malta[94], dentre outros, defendem serem taxativos os casos de rescindibilidade, asseverando só ser possível a rescisão dentro dos casos previsto no art. 966 do novo CPC.

Entrementes, o Código Eleitoral, acrescentado pela Lei Complementar 86, de 14.05.1996, acrescenta o art. 22, *j*, que dispõe: "A ação rescisória, nos casos de inelegibilidade, desde que intentada dentro do prazo de cento e vinte dias de decisão irrecorrível, possibilitando-se o exercício do mandato eletivo até o seu trânsito em julgado", sendo o TSE competente para apreciar e julgar a presente ação.

Com efeito, declarado pelos Tribunais Regionais Eleitorais, por sentença transitada em julgado, que o candidato é inelegível, por ausência de algum dos pressupostos positivos da elegibilidade ou em face da presença de qualquer dos pressupostos negativos, este tem a legitimidade, desde que fundada em norma jurídica, de ajuizar perante o TSE, no prazo de cento e vinte dias, a competente ação rescisória no afã de que possa concorrer a eleição, possibilitando-se o exercício do mandato eletivo até o seu julgamento final e consequente trânsito em julgado.

No mesmo sentido o parágrafo único do art. 4º da Medida Provisória 1.577/1997 estabelece que: "além das hipóteses referidas no art. 485 do Código de Processo Civil, será cabível ação rescisória quando a indenização fixada em ação de desapropriação for flagrantemente superior ao preço de mercado do bem desapropriado".

Outrossim, em matéria trabalhista, o art. 10, parágrafo único, do Decreto-lei 2.335/1987 assevera ser possível rescindir sentença que concedeu aumento a título de reposição salarial, quando frustrada a negociação em dissídio coletivo.

Por outro lado, pode ser, também, rescindida sentença de partilha, se feita com preterição de formalidades legais, ou se foi preterido herdeiro, ou incluído quem não o era (art. 658 do CPC).

---

[93] TEIXEIRA FILHO, Manoel Antonio. *Ação rescisória no processo do trabalho*. São Paulo: LTr, 1991. p. 237.

[94] MALTA, Christovão Piragibe Tostes. *Prática do processo trabalhista*. 26. ed. São Paulo: LTr, 1995. p. 571.

3.1.7 Aplicação do brocardo *jura novit curia*

Inicialmente, convém assinalar que as questões de fato, em geral dependem de iniciativa da parte para que possam ser conhecidas pelo magistrado. Já as questões de direito, poderão ser apreciadas de ofício, sob os moldes do princípio da *jura novit curia*.

Parte da jurisprudência e da doutrina defendem não se aplicar à rescisória o brocardo *jura novit curia*.

Nós, suplicando a indulgência dos doutos defensores desse ponto de vista, ousamos discordar. "A ação rescisória somente pode fundamentar-se em qualquer dos incisos do art. 966; 'A omissão em indicar o dispositivo aplicável, contudo, não prejudicaria a postulação, desde que, à luz da narrativa dos fatos, fosse possível identificar o fundamento: *jura novit curia*'".

"Os brocardos jurídicos *jura novit curia et da mihi factum, dabo tibi jus* são aplicáveis às ações rescisórias. Ao autor cumpre precisar os fatos que autorizam a concessão da providência jurídica reclamada, incumbindo ao juiz conferir-lhes o adequado enquadramento legal. Se o postulante, embora fazendo menção aos incisos III e VI do art. 485 do CPC, deduz como *causae petendi* circunstâncias fáticas que encontram correspondência normativa na disciplina dos incisos V e IX, nada obsta que o julgador, atribuindo correta qualificação jurídica às razões expostas na inicial, acolha a pretensão rescisória. O que não se admite é o decreto de procedência estribado em fundamento distintos dos alinhados na peça vestibular"[95].

Nesse sentido, colhemos o presente julgado:

> Processual civil. Agravo regimental no agravo de instrumento. Locação predial urbana. Ação rescisória. Desconstituição de sentença proferida em embargos de terceiro. Cerceamento de defesa. 1. Ação rescisória julgada procedente, por ofensa ao princípio constitucional da ampla defesa, para anular sentença de improcedência proferida em embargos de terceiro, nos quais se questionava a legalidade de penhora sobre bem de família. 2. Há cerceamento de defesa se o magistrado julga antecipadamente a lide e conclui pela improcedência do pedido, por falta de provas do direito alegado, sem facultar a produção de provas previamente requerida pela parte. 3. Aplica-se à ação rescisória o princípio segundo o qual as leis são do conhecimento do juiz, bastando que as partes lhe apresentem os fatos

---

[95] NEGRÃO, Theotonio. *Código de Processo Civil e legislação processual em vigor*. 26. ed. São Paulo: Saraiva, 1994. p. 367. (Dada a inovação do novo CPC, passou a se discriminar as hipóteses de cabimento da ação rescisória no art. 966.)

(*jura novit curia* e da *mihi factum dabo tibi ius*). Precedentes. 4. Havendo controvérsia sobre questão eminentemente fática, é inadequada a via do recurso especial para infirmar o julgado, consoante o disposto na Súmula n. 7 do STJ. Necessidade, no caso, de se conhecer os exatos termos da petição inicial da ação rescisória, para fins de se constatar eventual afronta ao princípio da congruência. 5. Os beneficiários da justiça gratuita estão dispensados do depósito prévio de que trata o art. 488, II, do Código de Processo Civil. 6. Agravo regimental não provido (STJ, AgRg no Ag 710.145/SP 2005/0159589-8, 6ª Turma, Rel. Min. Rogerio Schietti Cruz, j. 05.06.2014, *DJe* 25.06.2014).

Na seara trabalhista, o mencionado princípio foi objeto da edição de duas orientações jurisprudenciais da SBDI-2 do TST posteriormente convertidas na Súmula 408 do TST, que trata das hipóteses de sua aplicação ou não ao caso concreto, senão vejamos:

> Súmula 408 do TST. Ação rescisória. Petição inicial. Causa de pedir. Ausência de capitulação ou capitulação errônea no art. 966 do CPC de 2015. Art. 485 do CPC de 1973. Princípio "iura novit curia" (nova redação em decorrência do CPC de 2015) – Res. 208/2016, DEJT divulgado em 22, 25 e 26.04.2016.
>
> Não padece de inépcia a petição inicial de ação rescisória apenas porque omite a subsunção do fundamento de rescindibilidade no art. 966 do CPC de 2015 (art. 485 do CPC de 1973) ou o capitula erroneamente em um de seus incisos. Contanto que não se afaste dos fatos e fundamentos invocados como causa de pedir, ao Tribunal é lícito emprestar-lhes a adequada qualificação jurídica ("iura novit curia"). No entanto, fundando-se a ação rescisória no art. 966, inciso V, do CPC de 2015 (art. 485, inciso V, do CPC de 1973), é indispensável expressa indicação, na petição inicial da ação rescisória, da norma jurídica manifestamente violada (dispositivo legal violado sob o CPC de 1973), por se tratar de causa de pedir da rescisória, não se aplicando, no caso, o princípio "iura novit curia". (ex-Ojs nºs 32 e 33 da SBDI-2 – inseridas em 20.09.2000).

Sobre o tema, colhe-se o presente verbete:

> Agravo. Ação rescisória. Aplicação da Orientação Jurisprudencial 25 da SBDI-2 e da Súmula 408, ambas do TST. Ausência de demonstração de desacerto do despacho agravado. Aplicação de multa. 1. Não merece reparo o despacho agravado que denegou seguimento ao recurso ordinário em ação rescisória, tendo em vista que o apelo está em manifesto confronto com a jurisprudência pacífica desta Corte (Orientação Jurisprudencial 25 da SBDI-2 e Súmula 408), uma vez que, em relação: a) ao pleito de

rescisão no que pertine à condenação em honorários advocatícios, foi apontado, na petição inicial, como violada tão somente a Lei 1.060/50, mas sem explicitar o artigo pretensamente tido como malferido pela decisão rescindenda, o que conduz à inépcia da petição inicial, a teor da parte final da Súmula 408 do TST; b) à alegada contrariedade à Súmula 219 do TST e ao Enunciado 79 da 1ª Jornada de Direito Material e Processual na Justiça do Trabalho, a presente rescisória esbarra no óbice da OJ 25 da SBDI-2 desta Corte. 2. O agravo não trouxe nenhum argumento que infirmasse a fundamentação do despacho hostilizado, revelando-se manifestamente infundado, o que impõe a aplicação de multa prevista no art. 557, § 2º, do CPC, já que a matéria se encontra pacificada no âmbito desta Corte (OJ 25 da SBDI-2 e Súmula 408), descabendo cogitar de nova discussão sobre a questão neste Colegiado. Agravo desprovido, com aplicação de multa (TST, Ag-RO 44034620105070000, Subseção II Especializada em Dissídios Individuais, Rel. Ives Gandra Martins Filho, j. 27.09.2011, *DEJT* 30.09.2011).

4

DO PROCESSAMENTO DA AÇÃO RESCISÓRIA

4.1 PROCESSAMENTO

4.1.1 Observações preliminares (prazo)

A petição inicial deve ser escrita, acompanhada de tantas cópias quantos forem os réus e ajuizada no prazo decadencial[1] de dois anos, nos termos do art. 975 do Digesto Processual para as hipóteses do art. 966.

É o que se depreende da leitura do mencionado artigo, *in verbis*:

> Art. 975. O direito à rescisão se extingue em 2 (dois) anos contados do trânsito em julgado da última decisão proferida no processo.

Convém assinalar ainda que, nos termos do mencionado dispositivo, em seu § 2º, se a ação for fundada no inciso VII do art. 966 do CPC – prova nova cuja existência ignorava ou de que não pôde fazer uso, capaz, por si só, de lhe assegurar pronunciamento favorável –, nesse caso, o termo inicial do prazo será a data de descoberta da prova nova. Também deve se observar aqui o prazo máximo de 5 (cinco) anos, contado do trânsito em julgado da última decisão proferida no processo.

Sob esse prisma, em se tratando de ação rescisória ajuizada pela Fazenda Pública Federal, Estadual e Municipal, bem como pelas Autarquias e Fundações Públicas, por meio da Medida Provisória 1.577, de 11.06.1997, publicada no *Diário Oficial da União* do dia 12.06.1997, o governo achou por

---

[1] Nesse sentido a maioria da jurisprudência e grande parte da doutrina. Na doutrina: TEIXEIRA, Sálvio de Figueiredo. *Código de Processo Civil anotado*. 6. ed. atual. com as leis da "Reforma". São Paulo: Saraiva, 1996. p. 330.

bem ampliá-lo para quatro anos, nos seguintes termos: "Art. 4º O direito de propor ação rescisória por parte da União, dos Estados, do Distrito Federal, dos Municípios, bem como das autarquias e das fundações instituídas pelo Poder Público extingue-se em **quatro** anos, contados do trânsito em julgado da decisão" (grifamos). Posteriormente tal prazo fora ampliado pela MP 1.577-5, dispondo da seguinte forma: "Art. 4º O direito de propor ação rescisória por parte da União, dos Estados, do Distrito Federal, dos Municípios, bem como das autarquias e das fundações instituídas pelo Poder Público extingue-se em cinco anos, contados do trânsito em julgado da decisão".

No entanto, a referida Medida Provisória foi objeto da Ação Direta de Inconstitucionalidade 1.753, que entendeu por bem suspender a eficácia das alterações realizadas no art. 188 do CPC de 1973, considerando que a alteração de normas do Código de Processo Civil não se faz em regime de urgência, *in verbis*:

> Ação rescisória: MProv. 1577-6/97, arts. 4º e parág. único: a) ampliação do prazo de decadência de dois para cinco anos, quando proposta a ação rescisória pela União, os Estados, o DF ou os Municípios e suas respectivas autarquias e fundações públicas (art. 4º) e b) criação, em favor das mesmas entidades públicas, de uma nova hipótese de rescindibilidade das sentenças – indenizações expropriatórias ou similares flagrantemente superior ao preço de mercado (art. 4º, parág. único): arguição plausível de afronta aos arts. 62 e 5º, I e LIV, da Constituição: conveniência da suspensão cautelar: medida liminar deferida. 1. Medida provisória: excepcionalidade da censura jurisdicional da ausência dos pressupostos de relevância e urgência à sua edição: raia, no entanto, pela irrisão a afirmação de urgência para as alterações questionadas à disciplina legal da ação rescisória, quando, segundo a doutrina e a jurisprudência, sua aplicação à rescisão de sentenças já transitadas em julgado, quanto a uma delas – a criação de novo caso de rescindibilidade – é pacificamente inadmissível e quanto à outra – a ampliação do prazo de decadência – é pelo menos duvidosa. 2. A igualdade das partes é imanente ao procedural *due process of law*; quando uma das partes é o Estado, a jurisprudência tem transigido com alguns favores legais que, além da vetustez, têm sido reputados não arbitrários por visarem a compensar dificuldades da defesa em juízo das entidades públicas; se, ao contrário, desafiam a medida da razoabilidade ou da proporcionalidade, caracterizam privilégios inconstitucionais: parece ser esse o caso das inovações discutidas, de favorecimento unilateral aparentemente não explicável por diferenças reais entre as partes e que, somadas a outras vantagens processuais da Fazenda Pública, agravam a consequência perversa de retardar sem limites a satisfação do direito do particular já reconhecido em juízo. 3. Razões de conveniência da suspensão

cautelar até em favor do interesse público (STF, ADI 1.753/DF, Tribunal Pleno, Rel. Min. Sepúlveda Pertence, j. 16.04.1998, *DJ* 12.06.1998, p. 51, *Ement.* vol-01914-01, p. 40, *RTJ* vol-00172-01, p. 32).

Tem como *dies a quo* o trânsito em julgado da decisão rescindenda, e *dies ad quem* o último horário do prazo de dois anos. Considerando o sistema de recebimento de petições por meio eletrônico, o art. 213 do CPC prevê que a prática eletrônica de ato processual pode ocorrer em qualquer horário até as 24 (vinte e quatro) horas do último dia do prazo.

O prazo, a despeito de o Código Civil, no art. 178, tê-lo chamado de prescricional, é de decadência[2], e não de prescrição, "Com todas as diversidades teóricas, práticas e técnicas decorrentes de cada instituto, tanto que o CPC menciona 'extingue-se' e, não, prescreve, quanto ao 'direito de propor ação rescisória'"[3].

Outrossim, "A rigor, o que se extingue não é, aliás o 'Direito de propor ação rescisória': este existirá sempre, como simples manifestação particular do direito de ação. Extingue-se, sim, o direito mesmo à rescisão da sentença viciada. O fenômeno passa-se no plano *material*, não no plano *processual*, como de resto deixa entrever o próprio Código, quando estatui que a pronúncia da decadência acarreta a extinção do processo 'Com julgamento do mérito' (art. 487, inciso III). Escoado *in albis* o biênio, não é a ação rescisória que se torna inadmissível: é o direito à rescisão da sentença, o direito que se deduziria em juízo, que cessa de existir. O caso é, tecnicamente, de improcedência no *iudicium rescindens*, conquanto, por exceção inspirada em considerações de ordem prática, a lei autorize (ou antes, ordene) o indeferimento da inicial pelo relator, se desde logo verificada a decadência (art. 490, nº I, combinado com o art. 295, nº IV)"[4].

Auspicioso ressaltar que o Código de 1939 não tratava do prazo para o ajuizamento da rescisória, que era regulado pelo prazo prescricional de cinco anos estatuído pelo Código Civil de 1916 em seu art. 178, § 10, VIII.

---

[2] Prazo decadencial é aquele que nunca se suspende nem se interrompe, mesmo havendo menor interessado. Outrossim, indeferida a inicial, mesmo permitindo-se a renovação da rescisória, o prazo decadencial não se interrompe ou suspende pela citação para a ação incidentalmente frustrada.
[3] LIMA, Alcides de Mendonça. *Processo civil no processo trabalhista*. 4. ed. atual. São Paulo: LTr, 1992. p. 114.
[4] BARBOSA MOREIRA, José Carlos. *Comentários ao Código de Processo Civil*. Rio de Janeiro: Forense, 1974. v. V, p. 177 (sobre o tema, no novo CPC veja-se os seguintes artigos: 967, III; 968 § 3º e 332 § 1º).

Entrementes, o Código de 1973 fixou o prazo extintivo do direito de promover a ação rescisória em apenas dois anos, a contar do trânsito em julgado da decisão rescindenda, prazo esse decadencial, e não prescricional, conforme se depreende da emenda que o Congresso introduziu no projeto do Ministro Buzaid, para substituir a expressão "prescreve" por "extingue-se" no texto do art. 495[5]. Frise-se que tal prazo permanece com o novo CPC.

Não é ocioso acrescentar que a nossa ordenação jurídica fixou prazo único para todas as possíveis tentativas de rescisão, seja qual for o fundamento da rescisória.

Ademais, a despeito de o prazo ser decadencial, é pacífico perante a jurisprudência que o prazo bianual somente começa a correr a partir do primeiro dia útil seguinte ao trânsito em julgado da sentença ou do acórdão rescindendo (§ 3º do art. 224 do CPC).

Por outro lado, se o prazo para ingresso da rescisória for concluído durante as férias forenses, em dia em que for determinado o fechamento do fórum ou em dia em que o expediente forense for encerrado antes da hora normal, este se prorroga até o primeiro dia útil seguinte ao término do período de férias (art. 184, § 1º). Entretanto, deve ser observado o sistema de recebimento de petições por meio eletrônico, que funciona 24 horas por dia. Serão, assim, consideradas tempestivas as petições recebidas até as 24 horas do último dia do prazo processual (horário oficial de Brasília).

Ampliando o quadro de considerações, deve-se enfatizar que o prazo decadencial para a propositura da ação rescisória começa a correr a partir do primeiro dia útil seguinte ao trânsito em julgado da última decisão proferida no processo.

Entrementes, a interposição de recurso cabível, mesmo com efeito meramente devolutivo, como especial, extraordinário ou agravo de despacho denegatório de especial ou extraordinário, embora não conhecido, afasta o *dies a quo* (primeiro dia de contagem do prazo) da decadência, exceto se apresentado *inopportuno tempore*, ou por parte ilegítima.

Se apresentado serodiamente ou por parte ilegítima, o recurso não poderia ter produzido o efeito de afastar o trânsito em julgado da decisão rescindenda. *In casu*, o prazo da rescisória começa a correr do trânsito em julgado do acórdão proferido no recurso, mesmo que seja de não conhecimento.

---

[5] THEODORO JÚNIOR, Humberto. *Curso de direito processual civil*. 18. ed. rev. e atual. Rio de Janeiro: Forense, 1996. v. I, p. 653.

Nesse sentido é o seguinte aresto colacionado por Negrão[6]:

> Processual civil. Ação rescisória. Prazo decadencial. *Dies a quo*. 1. O *dies a quo* da contagem do prazo decadencial de dois anos para a propositura da ação rescisória é a data em que se deu o trânsito em julgado da última decisão. 2. Nos casos em que o recurso especial interposto contra o acórdão rescindendo é inadmitido por intempestividade, o prazo em comento conta-se a partir do término do lapso para a interposição do apelo raro. Precedentes. 3. Recurso especial improvido (STJ, REsp 756.024/PR 2005/0091358-9, 2ª Turma, Rel. Min. Castro Meira, j. 25.10.2005, *DJ* 14.11.2005, p. 287).

Em caso de sentença proferida contra a edilidade pública, ensejando reexame necessário, o prazo decadencial conta-se, para a parte em favor da qual foi instituído o reexame, do trânsito em julgado do acórdão que manteve ou reformou a sentença.

Demais disso, "Uma sentença pode transitar em julgado, para uma das partes, depois do trânsito em julgado para a outra, o que ocorre, p. ex., nas ações em que é parte a Fazenda Pública, com prazo em dobro para recorrer, e um particular, ou as partes foram intimadas da sentença em datas diferentes. Nestas hipóteses, o prazo para propositura da rescisória se conta, para cada interessado da data em que, para ele, transitou em julgado a sentença ou a parte da sentença de que não recorreu"[7].

Em causas de alçada prevista na Lei de Execuções Fiscais (Lei 6.830/1980), a sentença prolatada nos embargos infringentes, pelo mesmo juiz, só transita em julgado no dia em que se vence o prazo para apresentação de embargos declaratórios contra essa sentença e não apresentados. Se apresentados, somente do trânsito em julgado da decisão proferida nos embargos declaratórios, se não for apresentado recurso extraordinário. Se for, do trânsito em julgado do acórdão proferido no extraordinário.

No processo trabalhista, a Lei 5.584/1970 criou as causas de alçada ou procedimento sumário. São aquelas cujo valor de alçada na data da distribuição, ou fixado pelo juiz na sessão de Conciliação, seja igual ou inferior a dois salários mínimos. Das sentenças proferidas nessas causas não cabe recurso, salvo embargos de declaração, ou, se houver violação da Constituição Federal,

---

[6] NEGRÃO, Theotonio. *Código de Processo Civil e legislação processual em vigor*. 27. ed. São Paulo: Saraiva, 1996. p. 364.

[7] NEGRÃO, Theotonio. *Código de Processo Civil e legislação processual em vigor*. 27. ed. São Paulo: Saraiva, 1996. p. 364.

recurso ordinário ou, ainda, pedido de revisão. Sobre a admissibilidade do recurso ordinário em matéria constitucional, vejamos a decisão transcrita:

> Recurso de revista. Procedimento sumário. Causa de alçada. Matéria constitucional. Cabimento de recurso ordinário. A teor do art. 2º, § 4º, da Lei 5.584/70, não cabe recurso contra decisão proferida em dissídio de alçada, tido como tal aquele cujo valor fixado para a causa não excede a dois salários mínimos, salvo quando discutida matéria constitucional. Consignado, pelo Tribunal de origem, que o recurso ordinário interposto versa sobre matéria constitucional, a hipótese dos autos subsume-se àquela excepcionada no mencionado dispositivo legal. Recurso de revista conhecido e provido (TST, RR 1918004320095090094, 3ª Turma, Rel. Rosa Maria Weber, j. 28.09.2011, *DEJT* 07.10.2011).

Com efeito, apesar de não caber recurso, alimenta rescisória. O prazo para a apresentação da rescisória começa a correr do trânsito em julgado da decisão, ou se houverem sido apresentados embargos declaratórios, da sentença proferida nos embargos de declaração. No contexto, se houver afronta à Constituição Federal, com apresentação de recurso ordinário, inicia-se a contagem da data de publicação do acórdão proferido pelo TRT, no recurso ordinário.

Por outro ângulo, havendo impugnação apenas parcial à decisão (arts. 1.002 e 1.008), a parte não impugnada transita em julgado, iniciando, portanto, o prazo para a propositura da ação rescisória no pertinente a essa parte.

Ainda no processo do trabalho, foi editada a Súmula 100 do C. TST regulamentando a ação rescisória nessa justiça especializada:

> Súmula 100 do TST – Ação rescisória. Decadência (incorporadas as Orientações Jurisprudenciais 13, 16, 79, 102, 104, 122 e 145 da SBDI-2) – Res. 137/2005, *DJ* 22, 23 e 24.08.2005
>
> I – O prazo de decadência, na ação rescisória, conta-se do dia imediatamente subsequente ao trânsito em julgado da última decisão proferida na causa, seja de mérito ou não. (ex-Súmula 100 – alterada pela Res. 109/2001, *DJ* 20.04.2001)
>
> II – Havendo recurso parcial no processo principal, o trânsito em julgado dá-se em momentos e em tribunais diferentes, contando-se o prazo decadencial para a ação rescisória do trânsito em julgado de cada decisão, salvo se o recurso tratar de preliminar ou prejudicial que possa tornar insubsistente a decisão recorrida, hipótese em que flui a decadência a partir do trânsito em julgado da decisão que julgar o recurso parcial. (ex-Súmula 100 – alterada pela Res. 109/2001, *DJ* 20.04.2001)

III – Salvo se houver dúvida razoável, a interposição de recurso intempestivo ou a interposição de recurso incabível não protrai o termo inicial do prazo decadencial. (ex-Súmula 100 – alterada pela Res. 109/2001, *DJ* 20.04.2001)

IV – O juízo rescindente não está adstrito à certidão de trânsito em julgado juntada com a ação rescisória, podendo formar sua convicção através de outros elementos dos autos quanto à antecipação ou postergação do "dies a quo" do prazo decadencial. (ex-OJ 102 da SBDI-2 – *DJ* 29.04.2003)

V – O acordo homologado judicialmente tem força de decisão irrecorrível, na forma do art. 831 da CLT. Assim sendo, o termo conciliatório transita em julgado na data da sua homologação judicial. (ex-OJ 104 da SBDI-2 – *DJ* 29.04.2003)

VI – Na hipótese de colusão das partes, o prazo decadencial da ação rescisória somente começa a fluir para o Ministério Público, que não interveio no processo principal, a partir do momento em que tem ciência da fraude. (ex-OJ 122 da SBDI-2 – *DJ* 11.08.2003)

VII – Não ofende o princípio do duplo grau de jurisdição a decisão do TST que, após afastar a decadência em sede de recurso ordinário, aprecia desde logo a lide, se a causa versar questão exclusivamente de direito e estiver em condições de imediato julgamento. (ex-OJ 79 da SBDI-2 – inserida em 13.03.2002)

VIII – A exceção de incompetência, ainda que oposta no prazo recursal, sem ter sido aviado o recurso próprio, não tem o condão de afastar a consumação da coisa julgada e, assim, postergar o termo inicial do prazo decadencial para a ação rescisória. (ex-OJ 16 da SBDI-2 – inserida em 20.09.2000)

IX – Prorroga-se até o primeiro dia útil, imediatamente subsequente, o prazo decadencial para ajuizamento de ação rescisória quando expira em férias forenses, feriados, finais de semana ou em dia em que não houver expediente forense. Aplicação do art. 775 da CLT. (ex-OJ 13 da SBDI-2 – inserida em 20.09.2000)

X – Conta-se o prazo decadencial da ação rescisória, após o decurso do prazo legal previsto para a interposição do recurso extraordinário, apenas quando esgotadas todas as vias recursais ordinárias. (ex-OJ 145 da SBDI-2 – *DJ* 10.11.2004)

No pertinente à decadência, esta será afastada quando a ação rescisória for proposta na véspera de sua consumação, mesmo que a citação seja efetuada além do prazo de 10 (dez) dias (CPC, art. 240, § 2º) contando que a demora para a sua objetivação se dê em face da deficiência do aparelho judiciário (§ 3º).

Havendo litisconsórcio necessário, a relação processual não se aperfeiçoará sem que todos eles sejam chamados a integrar a lide. Não suprida essa necessidade, o processo será extinto sem apreciação do mérito.

Logo, a petição que tem que ser escrita, deve obedecer a todos os requisitos dos arts. 319, 320 e 106 do CPC, devendo ser dirigida ao Presidente do Tribunal, que, recebendo-a, distribui-la-á para um relator, o qual, por sua vez, manda citar a *altera parte*, vencedora da ação rescindenda, para apresentar defesa (CPC, art. 970) num prazo, determinado no despacho, que vai de 15 a 30 dias.

4.1.2 Requisitos gerais da petição inicial da rescisória

4.1.2.1 Considerações iniciais

Em face da natureza jurídica de ação que a rescisória dispõe, a sua interposição deve ser feita levando-se em consideração, além dos pressupostos processuais e das condições que analisaremos mais adiante, também todos os requisitos gerais da petição inicial constantes nos arts. 319, 320 e 106, além de demandar a observância dos requisitos específicos previstos nos arts. 966 a 968 do CPC.

Registre-se, por oportuno, que, mesmo revel, "Mantendo-se ausente em todas as fases do processo principal, pode propor ação rescisória contra a sentença que o condenou e transitou em julgado. Basta que, na propositura, atenda aos pressupostos processuais básicos desse tipo de ação"[8], que estudaremos mais adiante.

Sobre a petição inicial na ação rescisória, dispunha o art. 488 do anterior Digesto Processual:

> Art. 488. A petição inicial será elaborada com observância dos requisitos essenciais do art. 282, devendo o autor:
>
> I – cumular ao pedido de rescisão, se for o caso, o de novo julgamento da causa;
>
> II – depositar a importância de 5% (cinco por cento) sobre o valor da causa, a título de multa, caso a ação seja, por unanimidade de votos, declarada inadmissível, ou improcedente.
>
> Parágrafo único. Não se aplica o disposto no nº II à União, ao Estado, ao Município e ao Ministério Público.

---

[8] ALMEIDA, Isis de. *Manual de direito processual do trabalho*. 7. ed. São Paulo: LTr, 1995. v. 1, p. 364.

Assim, a peça vestibular da rescisória deveria, necessariamente, sob pena de extinção sem apreciação do mérito, observar os requisitos externos e internos exigidos pelo art. 282 do antigo Código de Processo Civil, *in verbis*: "A petição inicial indicará: I) o juiz ou tribunal a quem é dirigida; II) os nomes, prenomes, estado civil, profissão, domicílio e residência do autor e do réu; III) o fato e os fundamentos jurídicos do pedido; IV) o pedido, com as suas especificações; V) o valor da causa; VI) as provas com que o autor pretende demonstrar a verdade dos fatos alegados; VII) o requerimento para a citação do réu".

Nos moldes do art. 282 do antigo CPC, considerava-se requisito externo a forma pela qual deve ser objetivada a peça proemial, ou seja, esta deve ser escrita, embora possa vir manuscrita, datilografada ou impressa, desde que datada e assinada pelo procurador do autor ou pelo próprio autor quando este agir em causa própria.

A exigência feita no art. 282 do mencionado CPC, por meio dos incisos I *usque* VII, consagra os requisitos internos, requisitos esses que são de duas ordens: os requisitos previstos nos incisos I, II, V, VI, VII[9], que dizem respeito ao processo, e outros, os previstos nos incisos III e IV[10], que se referem ao mérito e "constituem, propriamente, o libelo".

Importa asseverar que, com o advento da Lei 13.105/2015, que dispôs acerca do Novo Código de Processo Civil Brasileiro, os requisitos para a petição inicial passaram a ser dispostos da seguinte forma, senão vejamos:

1) Regra geral, prevista nos arts. 319, 320 e 106, os quais dispõem:

> Art. 319. A petição inicial indicará:
>
> I – o juízo a que é dirigida;
>
> II – os nomes, os prenomes, o estado civil, a existência de união estável, a profissão, o número de inscrição no Cadastro de Pessoas Físicas ou no Cadastro Nacional da Pessoa Jurídica, o endereço eletrônico, o domicílio e a residência do autor e do réu;

---

[9] Assevera o art. 282, I, II, V, VI e VII: "A petição inicial indicará: I – o juiz ou tribunal a que é dirigida; II – os nomes, prenomes, estado civil, profissão, domicílio e residência do autor e do réu; III – *omissis*; IV – *omissis*; V – o valor da causa; VI – as provas com que o autor pretende demonstrar a verdade dos fatos alegados; VII – o requerimento para a citação do réu".

[10] Os incisos III e IV do art. 282 frisam ser requisito da petição inicial: os fatos e os fundamentos jurídicos do pedido, e o pedido, com as suas especificações.

III – o fato e os fundamentos jurídicos do pedido;

IV – o pedido com as suas especificações;

V – o valor da causa;

VI – as provas com que o autor pretende demonstrar a verdade dos fatos alegados;

VII – a opção do autor pela realização ou não de audiência de conciliação ou de mediação.

Art. 320. A petição inicial será instruída com os documentos indispensáveis à propositura da ação.

Art. 106. Quando postular em causa própria, incumbe ao advogado:

I – declarar, na petição inicial ou na contestação, o endereço, seu número de inscrição na Ordem dos Advogados do Brasil e o nome da sociedade de advogados da qual participa, para o recebimento de intimações;

II – comunicar ao juízo qualquer mudança de endereço.

2) Regra específica da ação rescisória, prevista no art. 968, *in verbis*:

Art. 968. A petição inicial será elaborada com observância dos requisitos essenciais do art. 319, devendo o autor:

I – cumular ao pedido de rescisão, se for o caso, o de novo julgamento do processo;

II – depositar a importância de cinco por cento sobre o valor da causa, que se converterá em multa caso a ação seja, por unanimidade de votos, declarada inadmissível ou improcedente.

Urge-se salientar que, ainda que a ação rescisória seja proposta no juízo trabalhista, aplicam-se as regras previstas no Digesto Processual, nos moldes do art. 836 da CLT.

4.1.2.2 Juiz a quem é dirigida

A inicial da rescisória tem que ser necessariamente dirigida ao tribunal competente, seja no Processo Comum ou no Processo Trabalhista, pois deverá indicar "O juízo a que é dirigida", nos moldes do art. 319, I, do CPC c/c art. 840, § 1º, da CLT. Nesse diapasão, essa parte é considerada o cabeçalho ou endereço da peça vestibular[11].

---

[11] Com o advento da Lei nº 13.467/2017 passa o art. 840, § 1º, da CLT a dispor: "§ 1º Sendo escrita, a reclamação deverá conter a designação do juízo, a qualificação das

4.1.2.3 Partes e suas qualificações

Parte, nas palavras de Mascaro Nascimento[12], "É toda pessoa capaz no pleno gozo de seus direitos".

Suplicando a indulgência do douto, *permissa maxima venia*, estamos que o conceito é incompleto, porquanto – a despeito de toda pessoa capaz no pleno gozo de seus direitos poder ser parte – necessariamente o simples fato de ser capaz e estar no pleno gozo de seus direitos não implica ser parte, pois só o será após a provocação do Estado para a instauração do processo.

A matéria pertinente às partes do polo ativo e passivo da ação rescisória será estudada mais adiante no item legitimidade.

Assim é que, no art. 319, II, do Digesto Processual, temos como necessárias as indicações dos nomes, prenomes, estado civil, existência de união estável, profissão, número de inscrição no Cadastro de Pessoas Físicas ou no Cadastro Nacional da Pessoa Jurídica, endereço eletrônico, domicílio e residência do autor e do réu.

4.1.2.4 Fundamentos jurídicos do pedido

Diz o art. 319, III, do CPC que na inicial deverão ser indicados "o fato e os fundamentos jurídicos do pedido".

Por outro lado, a CLT, previa em seu art. 840, § 1º, apenas a breve exposição dos fatos de que resulte o dissídio... Tratava-se de requisito respeitante ao mérito da causa. Com o advento da Lei nº 13.467, de 13 de julho de 2017, que alterou a Legislação Trabalhista, o supracitado artigo passou a mencionar: "§ 1º Sendo escrita, a reclamação deverá conter a designação do juízo, a qualificação das partes, a breve exposição dos fatos de que resulte o dissídio, o pedido, que deverá ser certo, determinado e com indicação de seu valor, a data e a assinatura do reclamante ou de seu representante".

O autor exporá na inicial o fato e os fundamentos jurídicos de sua pretensão, de modo que resulte claro o pedido. Esse requisito é chamado de causa de pedir, *causa petendi* ou fundamento jurídico, que não se confunde com fundamento legal.

---

partes, a breve exposição dos fatos de que resulte o dissídio, o pedido, que deverá ser certo, determinado e com indicação de seu valor, a data e a assinatura do reclamante ou de seu representante".

[12] NASCIMENTO, Amauri Mascaro. *Curso de direito processual do trabalho*. São Paulo: Saraiva, 1990. p. 134.

O Código de Processo Civil assim como a CLT, quanto aos fundamentos do pedido, se filiam à teoria da substanciação, em oposição à teoria da individualização.

Pela teoria da individualização adotada pelo direito germânico, bastaria que se expusesse na inicial, como fundamento do pedido, a relação jurídica, "A natureza do direito controvertido, o fundamento jurídico geral – direito real, direito pessoal: que sendo senhor..., que sendo credor... Bastaria, pois, indicar a causa próxima (*fundamentum actionis proximum*)"[13].

A teoria da substanciação impõe que na fundamentação do pedido se "Compreendam a causa próxima e a causa remota (*fundamentum actionis remotum*), as quais consistem no fato gerador do direito pretendido". Não basta dizer "que é credor", mas é preciso dizer também porque é credor[14].

"A exposição dos fatos deve ser clara e precisa, isto é, devem os fatos ser narrados inteira e ordenadamente, de modo a tirar-se deles a conclusão pretendida pelo autor. Clareza e precisão não impedem e sim recomendam concisão"[15].

Fundamento jurídico do pedido, portanto, não é a norma de direito em que este se apoia. A norma jurídica em que se tutela a pretensão poderá ser indicada e achamos de boa política que o seja, mas, como já foi visto, não se impõe ao autor a indicação.

Logo, o fundamento jurídico da ação rescisória consiste na narração acurada da situação, indicando a correta correspondência normativa a um dos incisos do art. 966 do CPC.

Quando a sentença impugnada se basear em dois ou mais fundamentos, cada um deles suficiente para justificar a prestação jurisdicional que se pretende atacar, o vício de apenas um dos fundamentos não alimenta a rescisória. Ex.: "Sentença impugnada concluiu com base em dois fundamentos. Relativamente a um deles, o autor da rescisória demonstra que decorreu de haver considerado convincente prova falsa, não focalizando o outro fundamento, o

---

[13] SANTOS, Moacyr Amaral. *Primeiras linhas de direito processual civil*. 21. ed. São Paulo: Saraiva, 2000. v. 2, p. 134.

[14] SANTOS, Moacyr Amaral. *Primeiras linhas de direito processual civil*. 21. ed. São Paulo: Saraiva, 2000. v. 2, p. 134.

[15] SANTOS, Moacyr Amaral. *Primeiras linhas de direito processual civil*. 21. ed. São Paulo: Saraiva, 2000. v. 2, p. 134.

qual consistiu na aplicação de certa lei. A rescisória não poderia ser julgada procedente, porque a sentença continuaria válida, ainda que comprovada a falsidade da prova; de fato, se a conclusão da sentença tinha inequívoco amparo em determinada lei, independentemente da prova produzida, o fato de uma prova reputada válida não ser verdadeira torna-se irrelevante e não há motivo para anular-se o aresto impugnado"[16].

Convém destacar que, com o advento do novo CPC, se faz possível ação rescisória parcial, com fundamento em apenas um capítulo da decisão, nos moldes do art. 966, § 3º, que dispõe: "A ação rescisória pode ter por objeto apenas um capítulo da decisão".

4.1.2.5 O pedido e suas especificações

Pedido ou *petitum* é o objeto da demanda. É o objeto da ação e do processo. É o que o autor pede.

O pedido deve ser concludente e de maneira lógica surgir da causa de pedir.

O pedido imediato consiste na providência jurisdicional por excelência, que é a sentença, podendo esta ser meramente declaratória, constitutiva ou condenatória[17]; já o pedido mediato consiste naquilo que se quer obter com a sentença.

Pedido, portanto, é a expressão da pretensão. "É o que se pede em juízo. É a dedução da pretensão em juízo." Assim, no pedido "se contém a suscitação de uma provisão jurisdicional (pedido imediato), na tutela de um bem jurídico (pedido imediato)"[18]. O pedido contém uma declaração de vontade, logo está sujeito à interpretação.

---

[16] MALTA, Christovão Piragibe Tostes. *Prática do processo trabalhista*. 26. ed. São Paulo: LTr, 1995. p. 572.

[17] Sentença declaratória é aquela que se limita e declarar a existência ou inexistência de um direito, de uma relação jurídica. Ex.: sentença declaratória da falsidade ou autenticidade de um documento. Sentença declaratória apenas da existência do vínculo de emprego. A sentença constitutiva, a seu turno, além de declarar a existência de um direito, modifica ou extingue esse direito. A condenatória é aquela que condena numa ação ou omissão, numa obrigação de fazer ou de dar. De asseverar que todas as sentenças constitutivas ou condenatórias são declaratórias, mas nem todas as sentenças declaratórias são constitutivas ou condenatórias.

[18] SANTOS, Moacyr Amaral. *Primeiras linhas de direito processual civil*. 21. ed. São Paulo: Saraiva, 2000. v. 2, p. 134.

Em consonância com o princípio da iniciativa processual ou dispositivo, consagrado no art. 2º do CPC e consubstanciado na axiomática parêmia latina *nemo judex sine actore, ne procedat judex ex officio*, o CPC consagra outro princípio, o da adstrição do juiz ao pedido da parte no art. 141 do CPC: "Art. 141. O juiz decidirá o mérito nos limites propostos pelas partes, sendo-lhe vedado conhecer de questões não suscitadas a cujo respeito a lei exige iniciativa da parte". O mesmo dispositivo é repetido no art. 492 do CPC na parte pertinente aos elementos e efeitos da sentença, quando giza: "Art. 492. É vedado ao juiz proferir decisão de natureza diversa da pedida, bem como condenar a parte em quantidade superior ou em objeto diverso do que lhe foi demandado". Isso, em processo, também se chama de limites objetivos da coisa julgada.

Dessa forma, sob pena de julgamento *extra*, *ultra* ou *citra petita*, deve o magistrado, em caso de dúvida, interpretar observando o conjunto da postulação e, ainda, o princípio da boa-fé (art. 322, § 2º, do CPC).

Noutro falar, o pedido da ação rescisória deve consistir na rescisão da sentença (*judiscium rescindens*) cumulado com o de novo julgamento (*judiscium rescissorium*), consoante se verá no item requisito específico.

4.1.2.6 Valor da causa

É requisito da proemial do processo comum a indicação do valor da causa, não só naquelas que tomam procedimento ordinário, mas também nas que seguem o procedimento sumaríssimo ou procedimentos especiais, e ainda nas de processo de execução.

O valor da causa constará sempre da petição inicial, mesmo que esta não tenha conteúdo econômico; na inicial se lhe atribuirá um valor: "A toda causa será atribuído valor certo, ainda que não tenha conteúdo econômico imediatamente aferível" (CPC, art. 291).

No processo civil é importante o valor da causa, pois serve este para fixar as custas e o procedimento (se ordinário ou sumário).

Consoante o art. 292 do CPC, o valor da causa constará da petição inicial ou da reconvenção e será: "I – na ação de cobrança de dívida, a soma monetariamente corrigida do principal, dos juros de mora vencidos e de outras penalidades, se houver, até a data de propositura da ação; II – na ação que tiver por objeto a existência, a validade, o cumprimento, a modificação, a resolução, a resilição ou a rescisão de ato jurídico, o valor do ato ou o de sua parte controvertida; III – na ação de alimentos, a soma de 12 (doze) prestações mensais pedidas pelo autor; IV – na ação de divisão, de demarcação e de reivindicação, o valor de avaliação da área ou do bem objeto do pedido; V – na ação indenizatória, inclusive a fundada em dano moral, o valor pretendido; VI – na ação em que há cumulação de pedidos, a quantia correspondente à soma dos valores de todos eles; VII – na ação em que os pedidos são alternativos, o de maior valor; VIII – na ação em que houver pedido subsidiário, o valor do pedido principal".

A impugnação ao valor da causa deve ser feita em preliminar de contestação, sob pena de preclusão, em que o juiz decidirá a respeito, impondo-se, se for o caso, a complementação das custas, nos termos do art. 293 do CPC.

O valor da causa da rescisória deve ser o valor atualizado da causa matriz, de onde emanou o título judicial rescindendo. Deve, portanto, ter como base o valor atualizado da demanda de onde emanou o título judicial rescindendo, salvo quando se pretender rescindir de forma apenas parcial a sentença, haja vista que o valor da causa deve equivaler ao benefício patrimonial pretendido.

Nesse sentido:

> Processual civil. Valor da causa em ação rescisória. Correspondência com o conteúdo econômico perseguido por meio da demanda. Precedentes desta Corte. 1. O valor da causa deve manter correlação com o conteúdo econômico perseguido pela demanda. 2. Se a pretensão da parte é rescindir decisão judicial que fixou honorários advocatícios, o valor da causa deve ser a eles correlatos. Precedentes desta Corte. Agravo regimental improvido (STJ, AgRg no REsp 1.210.370/AL 2010/0163615-0, 2ª Turma, Rel. Min. Humberto Martins, j. 04.10.2011, *DJe* 14.10.2011).

4.1.2.7 Os meios de prova

É ônus do autor, na inicial, comunicar ao juiz e ao réu de que meios de prova pretende valer-se para demonstrar a verdade de suas asseverações. Não há necessidade, entretanto, de indicar a prova que se vai produzir *in concreto*, isto é, de individualizar-se a prova, bastando menção à espécie de prova, qual seja prova documental, testemunhal, depoimento pessoal, exames periciais etc.

De rememorar desde já que, se a prova a ser utilizada for a documental, quando nela se fundamentar o pedido, deverá o autor instruir a inicial de acordo com o norte do art. 320 do CPC.

Observe-se que, em seara de rescisória, nem todos os casos de admissibilidade admitem instrução probatória. Veja-se, por exemplo, a alegação de violação de norma jurídica (CPC, art. 966, V) ou a alegação de ofensa à coisa julgada (CPC, art. 966, IV). De forma que apenas nos casos que admitem instrução probatória é necessário indicar quais são os meios de provas e as provas as quais o autor pretende apresentar.

4.1.2.8 Instrumento de mandato

Salvo o caso de o autor postular em causa própria, a propedêutica do processo comum será acompanhada do instrumento de mandato conferido ao advogado que a subscreve: "O advogado não será admitido a postular em juízo sem procuração, salvo para evitar preclusão, decadência ou prescrição, ou para praticar ato considerado urgente" (CPC, art. 104).

Mas nesses casos, "independentemente de caução, exibir a procuração no prazo de 15 (quinze) dias, prorrogável por igual período por despacho do juiz" (CPC, art. 104, § 1º).

Entretanto, "O ato não ratificado será considerado ineficaz relativamente àquele em cujo nome foi praticado, respondendo o advogado pelas despesas e por perdas e danos" (CPC, art. 104, § 2º).

Noutro falar, deflui-se que impossível é postular em campo de processo comum sem que seja por intermédio de advogado, salvo em certas ações, como *habeas corpus* e nos Juizados Especiais Cíveis.

No processo trabalhista, a despeito da existência do princípio do *jus postulandi* consagrado no art. 791 da CLT, em que pese a sua existência, a Súmula 425 do C. TST veio disciplinar os casos de inadmissibilidade desse princípio, senão vejamos:

> Súmula 425 do TST – *Jus postulandi* na Justiça do Trabalho. Alcance. Res. 165/2010, *DEJT* divulgado em 30.04.2010 e 03 e 04.05.2010
>
> O *jus postulandi* das partes, estabelecido no art. 791 da CLT, limita-se às Varas do Trabalho e aos Tribunais Regionais do Trabalho, não alcançando a ação rescisória, a ação cautelar, o mandado de segurança e os recursos de competência do Tribunal Superior do Trabalho.

Com efeito, como a ação rescisória é ação de competência originária dos tribunais, mister se faz a juntada do contrato de mandato para a sua propositura.

Em seara de processo trabalhista, da mesma forma a exigência se faz mister. É que, por ser uma ação civil, como ocorre com o mandado de segurança, utilizada subsidiariamente no processo trabalhista, *ex vi* do art. 769 da CLT, o seu ajuizamento deve obedecer às regras dos arts. 319, 320 e 106.

Verificando a incapacidade processual ou a irregularidade da representação da parte, será observada a regra disposta no art. 76 do Digesto Processual, no qual será suspenso o processo e marcado prazo para sanar o defeito, sob pena de nulidade do processo.

Por ser exigida a representação regular por advogado, a condenação em honorários advocatícios se impõe ainda mais que o parágrafo único, do art. 974 do CPC reporta-se ao art. 82, § 2º, do mesmo diploma.

Frise-se que, na seara trabalhista, tem-se a Súmula 219, II, do C. TST acerca da admissibilidade dos honorários em sede de ação rescisória, *in verbis*:

> Súmula 219 do TST – HONORÁRIOS ADVOCATÍCIOS. CABIMENTO (alterada a redação do item I e acrescidos os itens IV a VI na sessão do Tribunal Pleno realizada em 15.03.2016) – Res. 204/2016, DEJT divulgado em 17, 18 e 21.03.2016.
>
> I – Na Justiça do Trabalho, a condenação ao pagamento de honorários advocatícios não decorre pura e simplesmente da sucumbência, devendo a parte, concomitantemente: a) estar assistida por sindicato da categoria profissional; b) comprovar a percepção de salário inferior ao dobro do salário mínimo ou encontrar-se em situação econômica que não lhe permita demandar sem prejuízo do próprio sustento ou da respectiva família. (art. 14, § 1º, da Lei nº 5.584/1970). (ex-OJ nº 305 da SBDI-I).
>
> II – É cabível a condenação ao pagamento de honorários advocatícios em ação rescisória no processo trabalhista.
>
> III – São devidos os honorários advocatícios nas causas em que o ente sindical figure como substituto processual e nas lides que não derivem da relação de emprego.
>
> IV – Na ação rescisória e nas lides que não derivem de relação de emprego, a responsabilidade pelo pagamento dos honorários advocatícios da sucumbência submete-se à disciplina do Código de Processo Civil (arts. 85, 86, 87 e 90).
>
> V – Em caso de assistência judiciária sindical, revogado o art. 11 da Lei nº 1060/50 (CPC de 2015, art. 1072, inc. III), os honorários advocatícios assistenciais são devidos entre o mínimo de dez e o máximo de vinte por cento sobre o valor da condenação, do proveito econômico obtido ou, não sendo possível mensurá-lo, sobre o valor atualizado da causa (CPC de 2015, art. 85, § 2º).
>
> VI – Nas causas em que a Fazenda Pública for parte, aplicar-se-ão os percentuais específicos de honorários advocatícios contemplados no Código de Processo Civil.

4.1.3 Requisitos específicos da petição inicial da rescisória

4.1.3.1 *Prova do trânsito em julgado da decisão*

É indispensável a juntada na inicial da prova do trânsito em julgado da sentença que se quer rescindir, embora a ausência desse documento não acarrete, de logo, a carência de ação, pois haverá que ser concedido um prazo para a sua juntada (CPC, art. 321).

No âmbito trabalhista, a Súmula 299 do TST dispõe sobre tal comprovação, senão vejamos:

> Súmula nº 299 do TST
>
> Ação rescisória. Decisão rescindenda. Trânsito em julgado. Comprovação. Efeitos (nova redação do item II em decorrência do CPC de 2015) – Res. 211/2016, *DEJT* divulgado em 24, 25 e 26.08.2016
>
> I – É indispensável ao processamento da ação rescisória a prova do trânsito em julgado da decisão rescindenda. (ex-Súmula nº 299 – Res. 8/1989, *DJ* 14, 18 e 19.04.1989)
>
> II – Verificando o relator que a parte interessada não juntou à inicial o documento comprobatório, abrirá prazo de 15 (quinze) dias para que o faça (art. 321 do CPC de 2015), sob pena de indeferimento. (ex-Súmula nº 299 – Res 8/1989, *DJ* 14, 18 e 19.04.1989)
>
> III – A comprovação do trânsito em julgado da decisão rescindenda é pressuposto processual indispensável ao tempo do ajuizamento da ação rescisória. Eventual trânsito em julgado posterior ao ajuizamento da ação rescisória não reabilita a ação proposta, na medida em que o ordenamento jurídico não contempla a ação rescisória preventiva. (ex-OJ nº 106 da SBDI-2 – *DJ* 29.04.2003)
>
> IV – O pretenso vício de intimação, posterior à decisão que se pretende rescindir, se efetivamente ocorrido, não permite a formação da coisa julgada material. Assim, a ação rescisória deve ser julgada extinta, sem julgamento do mérito, por carência de ação, por inexistir decisão transitada em julgado a ser rescindida. (ex-OJ nº 96 da SBDI-2 – inserida em 27.09.2002)

Sobre o tema, colhemos o presente julgado:

> Recurso ordinário em agravo regimental. Ação rescisória. Indeferimento da petição inicial. Ausência de juntada da certidão de trânsito em julgado da decisão rescindenda. A não observância do prazo concedido pelo juiz, para o atendimento da recomendação constante da Súmula 299, I, do TST, no que se refere à prova do trânsito em julgado da decisão rescindenda, autoriza a extinção do processo sem resolução de mérito, por ausência de pressuposto de constituição e de desenvolvimento válido e regular (CPC, art. 267, IV). Inteligência da Súmula 263 do TST. Recurso ordinário conhecido e desprovido (TST, RO 42796020125010000, Subseção II Especializada em Dissídios Individuais, Rel. Alberto Luiz Bresciani de Fontan Pereira, j. 08.10.2013, *DEJT* 11.10.2013).

4.1.3.2 Requerimento da cumulação do judiscium rescindens com o judiscium rescissorium

O art. 968, I, do CPC enfatiza que a petição inicial deverá ser elaborada em obediência ao art. 319 do CPC, devendo o autor: "I – cumular ao pedido de rescisão, se for o caso, o de novo julgamento do processo".

A expressão contida no preceptivo "se for o caso" tem o escopo de evitar a supressão de um grau de jurisdição.

De asseverar que a ressalva contida no dispositivo se faz mister em face de que, se a ação rescisória tiver o escopo de rescindir sentença que violou coisa julgada (CPC, art. 966, IV), o tribunal, em caso de julgá-la procedente, desconstituirá apenas a sentença rescindenda, porquanto o que nela (sentença rescindenda) foi decidido já fora objeto de uma decisão anterior, transitada em julgado. Portanto, nesse caso, mesmo que seja pleiteada a cumulação do *judiscium rescindens* (de rescisão de sentença) com o *judiscium rescissorium* (de novo julgamento da causa), o tribunal apenas rescindirá a sentença, já que desnecessário se faz proceder a novo julgamento.

Outrossim, quando a rescisória se fundar no inciso II do art. 966, sob a alegação de juízo absolutamente incompetente, também não é necessário requerer a cumulação do pedido, haja vista que, rescindida a sentença dada por esse magistrado, serão os autos remetidos ao juiz competente, para que este profira decisão.

Desnecessário, também, requerer a cumulação, em caso de sentença que declarou indevidamente a prescrição ou a decadência.

Por outro lado, em sede de processo trabalhista, sentença que declarou a inexistência do vínculo empregatício para evitar supressão de instância ensejará o envio do processo ao juízo de primeiro grau, com vistas a prolatar novo julgamento, garantindo, desta vez, o vínculo empregatício.

Da mesma forma, em campo de processo trabalhista, consoante posição de Isis de Almeida[19], quando a rescisória for ajuizada para rescindir acordo realizado numa reclamatória, "Parece-nos que ocorreria apenas o *judiscium rescindens*, pois a Conciliação se deu antes que se tivesse adentrado o mérito da reclamatória, que é o caso mais comum, sendo mais comum ainda realizar-se o acordo antes mesmo de ter sido oferecida a defesa".

---

[19] ALMEIDA, Isis de. *Manual de direito processual do trabalho*. 7. ed. São Paulo: LTr, 1995. v. 1, p. 366-367.

Nos demais casos, se a ação tiver por fundamento os demais incisos do art. 966 do CPC, no pedido deve constar a rescisão da sentença (*judiscium rescindens*) com o de outro julgamento (*judiscium rescissorium*) que será objetivado pela mesma turma julgadora ou por outro órgão jurisdicional conforme o caso[20]. No contexto, se competente o tribunal, ele próprio prolatará um novo julgamento, em face da celeridade processual (CPC, art. 974).

A justificação desse novo julgamento pelo tribunal é a economia processual, para "Evitar os percalços de que o vencedor na Ação Rescisória teria com a propositura de nova ação", ainda mais que tal fato "colocaria o autor da ação rescisória em posição de flagrante superioridade no processo, porque o êxito na rescisão do acórdão lhe garantiria muito provavelmente o da própria demanda".

Todavia, a despeito de a lei adjetiva e de grande parte da doutrina[21] exigirem a cumulação do pedido de rescisão com o de novo julgamento, se for o caso, opiniões existem no sentido de que esse pedido é implícito. Veja os seguintes arestos colacionados do Código de Theotonio Negrão[22]:

> O pedido de cumulação dos dois juízos, "rescindens" (de rescisão de sentença) e "rescissorium" (de novo julgamento da causa) é implícito. Decorre da lei ("devendo o autor") e da própria natureza das coisas porque, se foi rescindida uma decisão, outra deve substituí-la, para que não se omita a prestação jurisdicional (*RT* 646/136, *RJTJESP* 110/396, 117/361, 119/395).
>
> O pedido de cumulação dos dois juízos, o juízo "rescindens e juízo rescissorium", pode em princípio ser considerado implícito. E será até impertinente se o fundamento do pedido de rescisão tiver sido a própria nulidade do acórdão rescindendo, por "ultra petita", devendo, assim, operar-se no colegiado de segundo grau um novo julgamento da apelação, nos limites do postulado na petição recursal (STJ, REsp 1.544/RJ, 4ª Turma, Rel. p/ ac. Min Athos Carneiro, j. 02.10.1990, deram provimento, maioria, *DJU* 29.04.1991, p. 5.271, 1º col., em).

---

[20] O *judiscium rescissorium* não será mais proferido pelo mesmo órgão prolator do *judiscium rescindens* se, por motivo posterior, não for mais competente para tal.

[21] Tem posição de que o pedido cumulatório do *judiscium rescindens* com o *judiscium rescissorium* é obrigatório: NERY JÚNIOR, Nelson. *Código de Processo Civil comentado*. 2. ed. rev. e ampl. São Paulo: RT, 1996. p. 872 e BARBOSA MOREIRA, José Carlos. *Comentários ao Código de Processo Civil*. Rio de Janeiro: Forense, 1974. v. V, p. 103, 161, entre outros.

[22] NEGRÃO, Theotonio. *Código de Processo Civil e legislação processual em vigor*. 26. ed. São Paulo: Saraiva, 1995. p. 375.

Entendemos assim, pela obrigatoriedade de cumulação de pedidos, *iudicium rescindens* e *iudicium rescissorium*, na ação rescisória (CPC, art. 968, I), exceto nas demandas fundadas na existência de coisa julgada, na incompetência absoluta do órgão prolator da sentença e em caso de sentença que declarou indevidamente a prescrição ou a decadência.

Sobre o tema também colhemos o presente julgado:

> Processual civil. Ação rescisória. Cumulação de pedidos. Art. 488, I, do CPC. Obrigatoriedade. A cumulação dos pedidos do *iudicium rescindens* e do *iudicium rescissorium*, prevista no art. 488, I, do CPC, ressalvados os casos em que não é cabível (como, por exemplo, os de ação rescisória proposta com fulcro nos incisos II ou IV do art. 485 do CPC), é obrigatória, não se podendo considerar como implícito o pedido de novo julgamento, tendo em vista que o *caput* daquele dispositivo dispõe, expressamente, que o autor deve formular ambos os requerimentos na inicial. Recurso conhecido e provido (STJ, REsp 386.410/RS 2001/0149127-5, 5ª Turma, Rel. Min. Felix Fischer, j. 13.04.2004, *DJ* 14.06.2004, p. 265, *REVFOR* vol. 377, p. 337).

4.1.3.3 Prova do depósito de 5% sobre o valor da causa

O CPC, no art. 968, II, alude a que o autor da ação rescisória deverá depositar a importância de 5% sobre o valor da causa, a título de multa, para que seja revertido em favor do réu, e, havendo mais de um, seja rateado proporcionalmente, caso a ação seja por unanimidade julgada improcedente.

Sobre esse assunto é silente o nosso código. Todavia, somos da opinião de que esse valor deveria ser convertido em favor do Estado, uma vez que se trata de multa.

Se houver desistência da ação antes da citação, o depósito deve ser devolvido ao autor. Entrementes, após a citação é vedado ao autor desistir da ação, salvo com aquiescência do réu. No caso, não cabe à decisão que homologar a desistência decretar a perda da importância depositada previamente, haja vista que a exigência do art. 968, II, do CPC não visa compor danos de natureza processual, mas apenas desestimular a desmedida multiplicação de rescisória.

> Processual civil. Ação rescisória. Desistência. Depósito prévio. Art. 488, II, do CPC. Utilização para pagamento de honorários advocatícios. Impossibilidade. Artigo 494 do CPC. Hipóteses taxativas. 1. A destinação do depósito prévio (art. 488, II, do CPC), realizado no âmbito da ação

rescisória, se subsume às hipóteses taxativas descritas no art. 494 do CPC: "Art. 494. Julgando procedente a ação, o tribunal rescindirá a sentença, proferirá, se for o caso, novo julgamento e determinará a restituição do depósito; declarando inadmissível ou improcedente a ação, a importância do depósito reverterá a favor do réu, sem prejuízo do disposto no art. 20". Precedentes do REsp 754.254/RS; REsp 754.254/RS; STJ: REsp 754.254/RS, Relator Ministro Castro Meira, Segunda Turma, *DJ* de 29.05.2009 e AgRg na AR 839/SP, Relatora Ministra Nancy Andrighi, Primeira Seção, *DJ* 01.08.2000. 2. A exegese da parte final do art. 494 do CPC revela que o depósito prévio não possui caráter indenizatório, uma vez que não objetiva o ressarcimento do réu por eventuais despesas com honorários advocatícios ou desgaste pela propositura de nova demanda, ao revés, assume nítida relação com o exercício abusivo do direito de ação. 3. *Mutatis mutandis*, a taxatividade da destinação do depósito prévio, coadjuvado pela *ratio essendi* da instituição do depósito prévio (art. 488, II, do CPC), impede a utilização do valor depositado, para pagamento de honorários advocatícios fixados no feito rescisório. 4. Sobre o *thema* não discrepa a abalizada doutrina: "(...) Destino do Depósito – Ao julgar, deve o Tribunal pronunciar-se acerca do depósito da importância de 5% sobre o valor da causa, feito pelo autor nos termos do art. 488, nº II. Ou essa importância será restituída ao autor, ou reverterá em benefício do réu (ou dos réus, se mais de um houver). O pronunciamento independe de provocação da parte; omitindo, enseja embargos de declaração (art. 535, nº II). Todavia, a eventual subsistência da omissão não obstará ao levantamento da importância depositada, por aquele a quem ela caiba *ex vi legis*. Diz o art. 494 que a restituição ocorrerá quando julgar 'procedente a ação', e que a importância será entregue ao réu quando a ação for declarada 'inadmissível ou improcedente'. No contexto comentado, as palavras 'procedente' e 'improcedente' referem-se ao pedido de rescisão, e portanto ao resultado do *iudicium rescindens*, sendo irrelevante o teor do julgamento proferido, se for o caso, no *iudicium rescissorium*, favorável ou desfavorável – pouco importa – ao autor. "Desde que se chegue a rescindir a sentença, fica certo que o autor tinha razão em impugnar-lhe a validade, e tanto basta para que faça jus à restituição da quantia depositada. Por motivo diverso, a solução é a mesma na hipótese de desistência da ação, que não pode ser equiparada à inadmissibilidade, e menos ainda à de improcedência (...) Ao contrário do que ocorre com o reembolso das custas e o pagamento dos honorários de advogado, a entrega da quantia depositada ao réu não tem caráter de ressarcimento, não visa a compensá-lo de qualquer desfalque patrimonial. Por isso, para que o autor se sujeite à perda do depósito, é irrelevante o comportamento do réu. O que se sanciona é o abuso no exercício do direito de ação; *de lege ferenda*, pedido o depósito, a importância deveria reverter sempre aos cofres públicos (...)" (José Carlos Barbosa Moreira, in *Comentários ao Código de Processo Civil*, vol. V, 15ª

Ed. Forense, 2009, p. 212-213). 5. Recurso Especial desprovido (STJ, REsp 943.796/PR 2007/0089253-0, 1ª Turma, Rel. Min. Luiz Fux, j. 01.12.2009, DJe 17.12.2009).

O valor da causa deve ter como base o valor atualizado da demanda de onde emanou o título judicial rescindendo. Entrementes, quando se pretender rescindir de forma apenas parcial a sentença, o valor da causa deve equivaler ao benefício patrimonial pretendido.

Esse depósito é dispensável para o beneficiário da Justiça Gratuita, para a massa falida, para a União, para o Estado e para o Município, embora, se vencidos na rescisória, no final tenham a obrigação de pagar.

Em se tratando de beneficiário da assistência judiciária, este fará a solicitação da dispensa na petição da rescisória provando a condição de beneficiário da Justiça Gratuita.

O relator, ao receber a petição, apreciará o pedido de gratuidade, negando ou concedendo a dispensa. Se negado o pedido, este deve ser efetuado num prazo estipulado pelo relator.

Ademais, o INSS também dispõe da mesma regalia concedida à União, em virtude da Lei 8.620/1993.

Frise-se ainda que o novo CPC não trouxe qualquer alteração em relação ao valor do depósito, no entanto, no tocante aos entes para os quais o depósito é dispensável, deu nova redação incluindo a estes o Distrito Federal, as respectivas autarquias e fundações de direito público, bem como o Ministério Público, a Defensoria Pública e, ainda, os que tiverem obtido o benefício da gratuidade de justiça (art. 968, § 1º).

Em sede trabalhista, desde a edição da Lei 11.495/2007, que trouxe nova redação ao art. 836 da CLT, passou-se a exigir o depósito prévio, no percentual de 20%, com exceção de quando houver prova da miserabilidade jurídica do autor, nos seguintes termos:

> Art. 836. É vedado aos órgãos da Justiça do Trabalho conhecer de questões já decididas, excetuados os casos expressamente previstos neste Título e a ação rescisória, que será admitida na forma do disposto no Capítulo IV do Título IX da Lei nº 5.869, de 11 de janeiro de 1973 – Código de Processo Civil, sujeita ao depósito prévio de 20% (vinte por cento) do valor da causa, salvo prova de miserabilidade jurídica do autor. (Redação dada pela Lei 11.495, de 2007).

Acerca do depósito prévio, deve ser observada a Instrução Normativa 36 do TST, e ser comprovado o referido depósito juntamente com a petição inicial da ação rescisória, sob pena de extinção do processo sem resolução do mérito. Sobre o depósito prévio, vejamos o presente julgado:

> Embargos de declaração em recurso ordinário em ação rescisória. Depósito prévio. Pressuposto de validade da relação processual. Ausência de recolhimento ou depósito a menor. Extinção do processo. Impossibilidade de emenda à inicial. Ausência dos requisitos do art. 535 do CPC. Intenção protelatória da embargante. Multa do art. 538, parágrafo único, do CPC. Trata-se de embargos de declaração pretendendo a reforma da decisão recorrida, que confirmou o posicionamento do acórdão regional, em que fora decretada extinção do processo, sem julgamento de mérito, tendo em vista a insuficiência do depósito prévio de que trata o art. 836 da CLT. Isso porque não foi observada a determinação do art. 4º da Instrução Normativa nº 31, que estipula a correção do valor da causa até a data do ajuizamento da ação rescisória. Depreende-se do cotejo das razões expendidas nos embargos de declaração com a decisão ora embargada que a pretensão da embargante é promover a revisão do posicionamento adotado por esta Subseção, de que o valor depositado era insuficiente, quer se adote como base de cálculo o montante da liquidação da sentença quer o valor declinado na petição dos embargos de terceiros, pois, de acordo com a Instrução Normativa nº 31 desta Corte, esse valor deve ser corrigido. Toda a argumentação da embargante é no sentido de demonstrar que o depósito prévio deveria observar a importância fixa e não corrigida do valor dado à causa nos embargos de terceiros, contrariamente ao decidido. A conduta da parte recorrente, por injustificável, acaba retardando o desfecho da demanda e revelando o intuito protelatório da medida intentada. Desse modo, aplica-se a multa por embargos de declaração protelatórios, de que trata o parágrafo único do art. 538 do CPC. Embargos de declaração desprovidos, com aplicação da multa do art. 538, parágrafo único, do CPC (TST, ED-RO 4771420105050000, Subseção II Especializada em Dissídios Individuais, Rel. Luiz Philippe Vieira de Mello Filho, j. 13.09.2011, *DEJT* 16.09.2011).

4.1.4 Pressupostos processuais

Os pressupostos processuais são elementos cuja presença é imprescindível para a existência e para a validade da relação processual (positivos), e de outra parte, cuja inexistência é imperativa para que a relação processual exista validamente (negativos).

Na sentença, o primeiro ponto a ser analisado é o relativo aos pressupostos processuais, que consistem no primeiro momento lógico merecedor da atenção do juiz.

Os pressupostos processuais se classificam em: pressupostos de **existência ou validade** e pressupostos de **desenvolvimento**.

Os de existência ou validade subdividem-se em **subjetivos e objetivos**.

Os subjetivos se referem ao **juiz** e às **partes**.

Em relação ao juiz, o primeiro pressuposto processual é a **Jurisdição**.

Já assinalava Chiovenda[23] no início do século que "O primeiro pressuposto processual, ou seja, a primeira condição para poder examinar-se no mérito a demanda judicial, é... que a demanda se haja endereçado a um órgão do Estado revestido de Jurisdição".

Definindo Jurisdição, Chiovenda[24] afirma que: "É a função do Estado que tem por escopo a atuação da vontade concreta da lei por meio da substituição, pela atividade de órgãos públicos, da atividade de particulares, ou de outros órgãos públicos, já no afirmar a existência da vontade da lei, já no torná-la, praticamente, efetiva".

Discorrendo sobre Jurisdição, Sérgio Bermudes[25] enfatiza: "No sistema constitucional brasileiro (não necessariamente noutros), a Jurisdição é entregue a um poder do Estado, o Poder Judiciário (de *judiciarius*, adjetivo de *judicium*, julgamento, ato de julgar, que vem de *jedex*, juiz; de *judicare*, julgar, este último de *jus*, direito, e *dicere*, dizer), integrado sempre por agentes estatais, chamados *juízes*, substantivo cuja etimologia se acaba de explicar (não importa que o órgão onde atuam lhes confira denominação especial, como a de ministro ou desembargador), investidos de dignidade especialíssima, e cercados das garantias de vitaliciedade, em proveito próprio, mas em benefício dos jurisdicionados, para que exerçam sua função com independência, pois, ao se desincumbirem dela, como adverte Chiovenda, só estão sujeitos à lei (CPC, art. 126) e aos ditames da sua consciência".

Cândido Rangel Dinamarco[26], por seu lado, analisando o instituto sob um ângulo publicista, adverte como sendo um "Instrumento do Estado,

---

[23] CHIOVENDA, Giuseppe. *Instituições de direito processual civil*. Trad. da 2ª edição italiana por J. Guimarães Menegale, acompanhado de notas pelo Prof. Enrico Tullio Liebman. 2ª ed., com uma introdução do Prof. Alfredo Buzaid. São Paulo: Saraiva, 1965. v. II, p. 3. (Leia-se art. 106 do CPC considerando a Lei 13.105/2015, que alterou o Código de Processo Civil brasileiro.)

[24] CHIOVENDA, Giuseppe. *Instituições de direito processual civil*. Trad. da 2ª edição italiana por J. Guimarães Menegale, acompanhado de notas pelo Prof. Enrico Tullio Liebman. 2ª ed., com uma introdução do Prof. Alfredo Buzaid. São Paulo: Saraiva, 1965. v. II, p. 3.

[25] BERMUDES, Sérgio. *Introdução ao processo civil*. Rio de Janeiro: Forense, 1995. p. 23-24. No art. 126 do CPC, leia-se art. 140, considerando o advento do novo CPC.

[26] DINAMARCO, Cândido Rangel. *A instrumentalidade do processo*. 3. ed. rev. e atual. São Paulo: Malheiros, 1993. p. 81.

que ele usa para o cumprimento de objetivos seus". Registra, ademais, Dinamarco que o processo jurisdicional tem compromissos e limitações assim distribuídos e coordenados: "a) O Estado promete proceder ao exame, em via jurisdicional, de toda lamentação que lhe seja trazida com a alegação de moléstia causada a direitos ou interesses juridicamente protegidos (garantia da inafastabilidade do controle jurisdicional em matéria não penal); b) promete abster-se da autotutela, submetendo-se também ele próprio à ordem processual (seja em matéria repressiva, seja para satisfação de interesses próprios não protegidos pelo princípio da autoexecutoriedade); c) considera-se condicionado ao ajuizamento de uma demanda do interessado, para poder dar início ao exercício da Jurisdição em cada caso (daí o valor da ação, como instituto processual); d) no exercício da Jurisdição, reprime a si próprio a emissão de atos imperativos (provimentos) sem ter dado suficientes oportunidades de defesa ao demandado, para equilíbrio entre a situação deste e a do autor da demanda; e) institui e observa normas para o exercício da Jurisdição e, com isso, dá realce ao valor processo, ao procedimento e ao contraditório que legitima os atos imperativos impostos".

Noutro aludir, para que haja processo o juiz deve estar investido na Jurisdição (*juris dictio*), que é o poder de julgar que pertence ao Estado, e este, por delegação, confere tal poder às autoridades judiciárias.

O segundo pressuposto processual em relação ao juiz é a **competência**.

O juiz deve estar investido no poder de julgar (Jurisdição) e ser competente *ex ratione materiae, ex ratione personae et ex ratione loci*, pois todo juiz, de regra, é detentor da Jurisdição, mas nem todos são detentores de competência para julgar determinada causa.

Nas palavras de Teresa Arruda Alvim Pinto[27], "Estará presente o pressuposto processual da competência, se o juiz for apenas relativamente incompetente, vez que a incompetência relativa se prorroga pela não apresentação da exceção de incompetência em razão do lugar".

A **imparcialidade** é outro pressuposto processual relativo ao juiz.

Quando se fala em pressupostos processuais subjetivos, costuma-se falar em Jurisdição, competência e imparcialidade.

Será imparcial o juiz que não for impedido, pois, se for apenas suspeito, o pressuposto processual da imparcialidade estará presente, haja vista que

---

[27] PINTO, Teresa Arruda Alvim. *Nulidades da sentença*. 3. ed. rev. e ampl. São Paulo: RT, 1993. p. 28.

se trata de irregularidade sanável e também porque o juiz não está obrigado a declarar-se suspeito.

A suspeição é de natureza subjetiva, diferentemente do impedimento, que é de natureza objetiva.

Sendo suspeito o juiz, não peticionar alegando a exceção de no prazo de 15 (quinze) dias (CPC, art. 146), presume-se que ela aceitou a figura do juiz suspeito.

Em relação às partes, costuma-se elencar como pressuposto processual a *legitimatio ad processum*.

Existe diferença substancial entre a *legitimatio ad processum*, pressuposto processual, e a *legitimatio ad causam*, condição da ação.

A legitimidade para a causa se confunde com a capacidade de direito ou de gozo, também chamada de capacidade jurídica ou capacidade de ser parte, haja vista que a legitimação para a causa se refere ao exercício da ação.

A legitimação para o processo, também chamada de capacidade processual, capacidade de agir, capacidade para estar em juízo ou capacidade de fato ou de exercício se confunde com a própria estrutura do processo, pois "É a aptidão conferida pela lei processual, que absorveu os critérios da lei civil (art. 7º do CPC) e ainda criou outras situações (ex.: art. 12, V, e parágrafo 2º do CPC) para agir em juízo"[28].

Oportuno salientar que todas as pessoas são detentoras da legitimidade para a causa (condição da ação), inclusive qualquer criança considerada incapaz, desde que seja verdadeiramente o titular do direito subjetivo em jogo.

Entrementes, nem todos têm a legitimidade para o processo.

Noutro falar, o nascituro, o menor, o pródigo, sendo titulares do direito de ação, têm a legitimidade para a causa. E, somente a partir do momento em que passarem a ser representados ou assistidos, passarão a ter a capacidade processual.

Portanto, é exemplo de pressuposto processual desse naipe a representação no direito brasileiro do menor pelo representante legal ou assistente, e também por advogado.

---

[28] PINTO, Teresa Arruda Alvim. *Nulidades da sentença*. 3. ed. rev. e ampl. São Paulo: RT, 1993. p. 28. (O art. 7º do CPC deverá ser substituído pelo que dispõe o art. 70, considerando o novo CPC; também o art. 12, V, deverá ser substituído pelo art. 75, VII.)

Os pressupostos objetivos são divididos em **intrínsecos** e **extrínsecos**.

Os intrínsecos são aqueles ínsitos no processo:

Petição inicial apta é um deles. Para existir uma relação processual válida, tem que haver uma petição inicial apta (não pode ser inepta).

Por ser esse vício sanável e suprível, consoante se vê do art. 321 do CPC, o juiz necessariamente concederá prazo de 15 (quinze) dias para que o autor emende a inicial, sob pena de extinção do processo sem apreciação do mérito.

Citação válida é outro. Para que a relação jurídico-processual se transforme em triangular[29], mister se faz que a citação seja objetivada de forma válida e eficaz, sob pena de *absolutio ab instantia*, o que acarreta a nulidade processual.

São eles considerados pressupostos positivos, pois necessários e imprescindíveis.

Os extrínsecos são os exteriores e estranhos à relação jurídico-processual.

Litispendência e **coisa julgada** são dois deles. Impedem a existência e a validade da relação processual a litispendência e a coisa julgada, que são consideradas pressupostos processuais negativos.

Sabe-se que são elementos identificadores da ação as partes, a causa de pedir e o pedido; havendo identidade entre esses três elementos, haverá lide pendente.

Portanto, consoante o art. 337, § 1º, do CPC: "Verifica-se a litispendência ou a coisa julgada quando se reproduz ação anteriormente ajuizada".

Por outro lado, a coisa julgada consiste no fato de já ter havido pronunciamento judicial de mérito trânsito em julgado sobre uma ação idêntica (*eadem persona, eadem causa petendi, eadem petitum*).

Os pressupostos de desenvolvimento são aqueles a serem atendidos depois que o processo se estabeleceu regularmente, a fim de que possa ter curso também regular, até a sentença de mérito ou a providência jurisdicional definitiva. Ex.: morte do advogado ou sua renúncia ao mandato no curso do processo. Caberá à parte constituir novo mandatário, e, se não o fizer no prazo que lhe é assinado, o processo se extinguirá sem julgamento do mérito, se se tratar do autor, ou a parte se tornará revel, se se tratar do réu.

---

[29] Com a distribuição da ação, a relação é entre o Estado-juiz e a parte autora, portanto bilateral ou bipolar. Após a citação válida, a relação processual se transforma em trilateral ou triangular.

4.1.5 Condições da ação

Os elementos que compõem a ação são três, que estudaremos adiante. Entrementes, inicialmente, não é supérfluo tecermos algumas considerações sobre a ação propriamente dita.

Ressaltemos, por ser interessante, que "os três elementos umbilicalmente entrelaçados e que representam a trilogia estrutural dos conceitos básicos ou fundamentais do direito processual são Jurisdição, processo e ação".

No que se refere à ação, é de bom alvitre asseverar que em uma sociedade estatal os homens se relacionam das mais diversas formas, realizando um sistema de valores dinâmico, o que torna indispensável a existência de normas disciplinadoras, a fim de tornar possível não só a obtenção, mas a manutenção e o desenvolvimento do agrupamento social, bem como a sua convivência harmoniosa[30].

No que diz respeito a esse conjunto de regras ou normas a que denominamos direito objetivo, sua observância deve ser garantida pelo Estado, por meio de uma função que lhe é inerente, qual seja a Jurisdição[31].

A Jurisdição deve ser exercida pelos órgãos do Poder Judiciário, entrementes, não há confundi-la com o órgão que a exerce, devendo ser exercitada nos limites previstos pela ordem jurídica e conforme as modalidades por ela determinadas.

No particular, o Estado tem a função de fazer observar o direito objetivo, desde que seja acionado, já que a Jurisdição não é espontânea, mas provocada, em face do que preceitua o princípio da iniciativa processual ou dispositivo consagrado no art. 2º do CPC, consubstanciado na axiomática parêmia latina *nemo judex sine actore, ne procedat judex ex officio*. Salvo em casos excepcionais, como sói ocorrer na prestação voluntária da Jurisdição, a exemplo de dissídio coletivo de natureza jurídica ou declaratória (greve). Esse é, inclusive, parte dos ensinamentos de Celso Agrícola Barbi[32].

Nesse contexto, é por meio de uma ação que se exerce o poder de provocar a tutela jurisdicional, no afã de recompor o direito violado ou na

---

[30] FERRARI, Regina Maria Macedo Nery. *Controle da constitucionalidade das leis municipais*. 2. ed. São Paulo: RT, 1994. p. 91.
[31] Jurisdição é o poder de julgar que, em decorrência do *imperium*, pertence ao Estado, e este delega às autoridades judiciárias (jurisdição judiciária).
[32] BARBI, Celso Agrícola. *Ação declaratória principal e incidente*. 6. ed. Rio de Janeiro: Forense, 1987. p. 17.

iminência de o ser. Lembrando que os conceitos de ação e processo não se confundem: enquanto ação diz respeito ao direito subjetivo de alguém pleitear a proteção jurisdicional, "Processo é a relação jurídica em que se desenvolve o conhecimento e o julgamento do pedido manifestado pela parte autora"[33]. É a operação pela qual o Estado, por intermédio do Poder Judiciário, presta a tutela jurisdicional.

Sobre o conceito de ação *auctores utraque trahunt* (*os autores divergem a respeito*), e centenas de teorias tentando discutir o assunto surgiram, sem – contudo – ter sido encontrada uma posição consensual.

À guisa de ilustração, analisaremos, neste opúsculo, algumas teorias.

Sabe-se que a concepção civilista de ação remonta ao direito romano, que a considera o direito de alguém perseguir em juízo o que lhe é devido. Impossível, porém, é separá-la do direito material. Sobre esse assunto, Windscheid e Muther, no século passado, criaram célebre polêmica: enquanto Windscheid considera o conceito romano de ação inconfundível com a ideia moderna do direito, Muther sustenta que, depois de os romanos terem defendido o seu caráter bilateral, a ação passa a ser uma "pretensão", no sentido de se aspirar à tutela jurisdicional dirigida ao Estado, traduzindo o "Direito de qualquer pessoa movimentar a máquina judiciária independentemente de ter sofrido efetiva lesão a seu direito material", pois não há confundir ação com o direito material[34].

Por outro turno, Wach, em oposição à teoria civilista clássica, admite que "O direito de ação tem existência própria, que não se confunde com o direito material, embora dele não se encontre desvinculado, e que é endereçado contra o Estado e dirigido contra o adversário"[35]. Assim, cabe ao ente estatal conceder a proteção do direito e ao adversário suportar as consequências dela decorrentes.

Discorrendo sobre o assunto, assevera Chiovenda, em face da existência própria da ação, que é um direito autônomo que não se confunde com o direito material que "A ação é o poder jurídico de dar vida à condição para atuação

---

[33] SILVA JÚNIOR, Walter Antunes da. Condições da ação e pressupostos processuais. *RePro*, nº 70, p. 64, *apud* FERRARI, Regina Maria Macedo Nery. *Controle da constitucionalidade das leis municipais*. 2. ed. São Paulo: RT, 1994. p. 91.
[34] LOPES, João Batista. *Ação declaratória*. São Paulo: RT, 1991. p. 18.
[35] FERRARI, Regina Maria Macedo Nery. *Controle da constitucionalidade das leis municipais*. 2. ed. São Paulo: RT, 1994. p. 91.

da vontade da lei". Para tanto, é necessário que se observem as condições da ação para que o juiz possa fazê-la atuar[36].

Dessa forma, as condições da ação se constituem nos requisitos necessários para que o juiz possa fazer atuar a vontade da lei.

Nessa égide de considerações, de boa política frisar que os doutrinadores Plosz (Húngaro) e o Alemão Degenkolb sustentam que o direito de ação é um direito público, subjetivo, exercido contra o Estado, impossível, portanto, de ser confundido com direito subjetivo material, que poderá existir ou não. Assim, cabe-nos admitir a possibilidade de qualquer pessoa poder acionar a máquina judiciária e obrigar o Estado a prestar-lhe a tutela jurídica[37].

Liebman, influenciador dos também processualistas Alfredo Buzaid, José Frederico Marques e outros[38], teve seus posicionamentos acatados pelo Código Vigente.

Demonstra o processualista citado que o autor, tendo direito à ação, não tem necessariamente garantida a sentença favorável, o que só decorrerá da efetiva existência do direito e das condições da ação, ou seja, desde que presentes a possibilidade jurídica do pedido, o interesse de agir e a legitimidade das partes. Só assim, terá o autor consagrado o seu direito à ação.

Noutro falar, para Liebman, citado por João Batista Lopes, "Ação é o direito de provocar a Jurisdição para se obter um provimento de mérito, favorável ou desfavorável, isto é, nenhuma lei pode garantir, antecipadamente, a vitória do autor na causa"[39].

O direito de ação tem caráter instrumental, não se confundindo, pois, com o direito material.

Não ocorrendo uma das condições da ação, teremos o que se denomina "carência de ação", o que não ousa impedir que seja proposta novamente, já que não houve julgamento de mérito do pedido.

Não poderíamos deixar de mostrar, também, a opinião do não menos famoso Calamandrei, que, partindo da análise de questões político-jurídicas, como aquelas que se referem à liberdade, autoridade e poder do Estado,

---

[36] CHIOVENDA, Giuseppe. *Rivista de Diritto Processuale Civile*, v. 10, p. 30-31, 1993, apud FERRARI, Regina Maria Macedo Nery. *Controle da constitucionalidade das leis municipais*. 2. ed. São Paulo: RT, 1994. p. 92.
[37] LOPES, João Batista. *Ação declaratória*. São Paulo: RT, 1991. p. 23.
[38] A forte influência se deu em virtude de ter esse processualista trabalhado e lecionado por muito tempo aqui no Brasil.
[39] LOPES, João Batista. *Ação declaratória*. São Paulo: RT, 1991. p. 23.

liberalismo, individualismo e outras, considera inútil buscar a verdadeira definição de ação. Para esse autor, o que importa é buscar a que melhor se adapte ao momento presente.

Concluímos, assim, ser relativo o conceito de ação, por depender não exclusivamente da melhor e da tecnicamente mais perfeita teoria, mas, deixando-nos influenciar por fatores externos podemos admitir o desenvolvimento do tema, sempre buscando uma solução que talvez dificulte o processo de deliberação[40].

Contudo, em que pese o poder-dever de dirimir conflitos de interesses do poder judicante, de acordo com o magistério de Walter Antunes, "Só pode e deve se pronunciar acerca do mérito da questão, se o titular da pretensão satisfizer as condições da ação e os pressupostos processuais"[41].

Ampliando o quadro de análise, e a título ilustrativo, cumpre ressaltar que Jurisdição e processo subordinam-se a requisitos e condições indispensáveis à sua própria existência e eficácia.

Não se pode alcançar a tutela jurisdicional mediante qualquer manifestação de vontade perante o órgão judicante.

Noutro dizer, tem-se primeiro que observar os requisitos de estabelecimento e desenvolvimento válidos da relação processual, que são os pressupostos processuais, como a competência do juízo, a representação por advogado habilitado, a forma adequada do procedimento etc.

Auspicioso frisar que, "Para que o processo seja eficaz para atingir o fim almejado pela parte, não basta a simples validade jurídica da relação processual regularmente estabelecida entre os interessados e o juiz. Para atingir a prestação jurisdicional, ou seja, a solução do mérito, é necessário que a lide seja deduzida em juízo com observância de alguns requisitos básicos, sem cuja presença o órgão jurisdicional não estará em situação de enfrentar o litígio e dar às partes uma solução que componha definitivamente o conflito de interesses"[42].

Vale dizer, a existência da ação depende de alguns requisitos constitutivos que se chamam condições da ação, cuja ausência de qualquer deles

---

[40] FERRARI, Regina Maria Macedo Nery. *Controle da constitucionalidade das leis municipais.* 2. ed. São Paulo: RT, 1994. p. 91.
[41] SILVA JÚNIOR, Walter Antunes da. Condições da ação e pressupostos processuais. *RePro*, nº 70, p. 64, *apud* FERRARI, Regina Maria Macedo Nery. *Controle da constitucionalidade das leis municipais.* 2. ed. São Paulo: RT, 1994. p. 93.
[42] THEODORO JÚNIOR, Humberto. *Curso de direito processual civil.* 24. ed. Rio de Janeiro: Forense, 1998. v. 1, p. 51-52.

leva à "carência de ação", e cujo exame deve ser feito, em cada caso concreto, preliminarmente à apreciação do mérito, em caráter prejudicial.

As condições da ação são os "requisitos que a ação deve preencher para que se profira uma decisão de mérito"[43].

De se registrar que as condições da ação são requisitos imprescindíveis para o ingresso em juízo, tanto se trate de Jurisdição contenciosa como voluntária, e devem ser atendidos tanto por quem pretende ajuizar a ação (autor) como pelos que devam contestá-la (réus) ou por terceiros, que nela pretendam ingressar como intervenientes (assistente, opoente etc.), assim como pelos interessados, em se tratando de Jurisdição voluntária.

O art. 17 do CPC pondera: "Art. 17. Para postular em juízo é necessário ter interesse e legitimidade".

Legitimidade ou *legitimatio ad causam*. A noção de legitimidade é relacionada com a noção de capacidade.

O pretendente à tutela jurisdicional deve ser aquele diretamente interessado ou envolvido no objeto do pedido.

Noutro asseverar, legitimidade é a titularidade ativa e passiva da ação.

Segundo o art. 330, II, do CPC, a petição inicial será indeferida quando a parte for manifestamente ilegítima.

Como foi visto em pressupostos processuais, existem dois tipos de legitimidade: a legitimidade para a causa (*legitimatio ad causam*), também chamada de capacidade de direito ou de gozo, capacidade jurídica ou capacidade de ser parte, refere-se ao exercício da ação. A legitimação para o processo, também chamada de capacidade processual, capacidade de agir, capacidade para estar em juízo ou capacidade de fato ou de exercício, que se confunde com a própria estrutura do processo, pois "é a aptidão conferida pela lei processual, que absorveu os critérios da lei civil (art. 7º do CPC) e ainda criou outras situações (ex.: art. 12, V, e parágrafo 2º do CPC) para agir em juízo"[44].

Interesse – para propor a ação, a parte tem que ter interesse econômico ou moral, desde que seja jurídico.

---

[43] SANTOS, Moacyr Amaral. *Primeiras linhas de direito processual civil*. 14. ed. São Paulo: Saraiva, 1990. v. I, p. 165.

[44] PINTO, Teresa Arruda Alvim. *Nulidades da sentença*. 3. ed. rev. e ampl. São Paulo: RT, 1993. p. 28. (O art. 7º do CPC deverá ser substituído pelo que dispõe o art. 70, considerando o novo CPC; também o art. 12, V, deverá ser substituído pelo art. 75, VII.)

O processo jamais será utilizado como simples instrumento de indagação ou de consulta.

Só havendo dano, ou na iminência de tal fato ocorrer, é que se autoriza o exercício do direito de ação.

Esse interesse consiste na necessidade que alguém tem de recorrer ao Judiciário para obter a tutela protetiva do direito lesado ou na iminência de o ser.

Dessa forma, não haverá interesse se o direito não tiver sido violado, ou na iminência de tal fato acontecer.

O interesse na rescisória consiste em ver rescindida uma sentença proferida com um dos vícios previstos no art. 966 do CPC.

4.1.6 Indeferimento da petição inicial

Em sede de rescisória, mister se faz ao magistrado realizar um exame preliminar da peça propedêutica, ao lhe ser submetida a despacho determinativo da citação. Com efeito, poderá ele, conforme seja o vício que dela surja, desde logo indeferi-la, antes ou depois das diligências previstas no art. 321 do CPC.

Outrossim, a petição inicial será indeferida, nos termos do art. 330, quando: I – for inepta → A inépcia da inicial redunda na inexistência das condições da ação (falta de interesse de agir, ilegitimação para agir, impossibilidade jurídica do pedido); II – a parte for manifestamente ilegítima → Com fundamento no mesmo inciso, pode ser indeferida no caso de manifesta falta de *legitimatio ad processum*, ou seja, um dos pressupostos processuais de existência e validade subjetivas em relação às partes; III – o autor carecer de interesse processual; IV – não atendidas as prescrições dos arts. 106 e 321.

Considera-se, demais disso, inepta a inicial quando, § 1º do mesmo artigo: I – lhe faltar pedido ou causa de pedir; II – o pedido for indeterminado, ressalvadas as hipóteses legais em que se permite o pedido genérico; III – da narração dos fatos não decorrer logicamente a conclusão; IV – contiver pedidos incompatíveis entre si.

"O fato de o juiz deferir a petição inicial, apesar de suas omissões, de seus vícios, defeitos ou irregularidades, e, pois, quando deverá tê-la indeferido, não torna preclusa a possibilidade de ser ela posteriormente indeferida, por provocação do réu, através de sua contestação (CPC art. 301) ou mesmo de ofício". (Leia-se o art. 337, considerando a mudança do CPC.)

A petição inicial, portanto, poderá ser indeferida por qualquer dos casos previstos no art. 330 do CPC e ainda, especificamente na ação rescisória, pela ausência de depósito exigido no art. 968, II, do CPC (*vide* § 3º desse mesmo dispositivo).

Antes, porém, se a falha for sanável, deverá o relator conceder prazo para que ela seja emendada, nos moldes do art. 321 do CPC. Somente depois é que poderá indeferi-la.

Quando a falha for insanável, pode o relator indeferir a exordial de plano.

Traz-se à baila que, se a inicial for indeferida, nem assim se suspende ou interrompe-se o prazo para o ajuizamento de outra rescisória. Sobre o tema:

> Recurso ordinário. Ação rescisória. Decadência. Causas de impedimento, suspensão ou interrupção. Inaplicabilidade. Ajuizamento de ação rescisória anterior. Irrelevância. 1. O prazo bienal para ajuizamento da ação rescisória conta-se do trânsito em julgado da decisão que se pretende rescindir (art. 495 do CPC). Tal prazo é sabidamente decadencial, razão pela qual não lhe é aplicável, por injunção legal, as normas que impedem, suspendem ou interrompem a prescrição (art. 207 do CCB). 2. À vista de tais considerações, mostra-se irrelevante ao decurso do prazo decadencial tenha o autor ajuizado ação rescisória anterior, ou mesmo os trânsitos em julgado das sentenças proferidas nos juízos civil e penal. 3. Constata-se da petição inicial que a decisão que se pretende rescindir transitara em julgado em 11/6/2003 e ação rescisória foi ajuizada em 23/6/2010. Incontrastável, assim, o completo decurso do prazo decadencial. Correta a pronúncia da decadência e o consequente indeferimento da petição inicial, a teor dos arts. 295, IV, e 495 do CPC. Precedentes. Recurso ordinário conhecido e não provido (TST, RO 1111000602010502, Subseção II Especializada em Dissídios Individuais, Rel. Hugo Carlos Scheuermann, j. 14.05.2013, *DEJT* 24.05.2013).

4.1.7 Resposta do réu

4.1.7.1 Contestação

Como foi visto, a petição deve ser dirigida ao Presidente do Tribunal, que, recebendo-a, distribui para um relator, o qual, por sua vez, manda citar a *altera parte*, vencedora da ação rescindenda, para apresentar defesa (CPC, art. 970) num prazo, determinado no despacho, que vai de 15 a 30 dias.

A contestação do réu observará as mesmas regras previstas para a defesa em geral, podendo utilizar exceções, preliminares, prejudiciais etc.

O antigo CPC previa em seu art. 188: "Art. 188. Computar-se-á em quádruplo o prazo para contestar e em dobro para recorrer quando a parte for a Fazenda Pública ou o Ministério Público".

Quanto às pessoas jurídicas de direito público em campo de ação rescisória, a jurisprudência se posicionava no sentido de seguimento da regra do art. 188 do CPC, a qual impõe o prazo em quádruplo para contestar. Nesse sentido colhemos parte de julgado do Superior Tribunal de Justiça discorrendo sobre o tema em comento:

> Por primeiro, é de rigor pontificar que os autores são partes legítimas para a propositura da ação, conforme o disposto no art. 487, I, do CPC, e que a ação rescisória foi ajuizada dentro do prazo legal, uma vez que o acórdão rescindindo transitou em julgado no dia 26 de junho de 1997 e a presente demanda foi protocolada em 21 de janeiro de 1998. Observado, portanto, o biênio legal previsto no art. 495 do Código de Processo Civil. As custas foram devidamente recolhidas, conforme guia de depósito juntada à fl. 172. Passo, portanto, à análise das preliminares suscitadas. Em primeiro lugar, os requerentes, em réplica (fls. 196/203), pleiteiam o desentranhamento da contestação apresentada pela União, por suposta intempestividade. Na espécie, verifica-se que a Procuradoria-Geral da União foi citada em 19 de março de 1998 e a contestação protocolizada perante este Superior Tribunal em 13 de agosto do mesmo ano. À União foi assinalado o prazo de 30 (trinta) dias para resposta, conforme mandado de citação acostado à fl. 182. Quanto ao tema em discussão, este eg. Tribunal Superior já exarou entendimento no sentido de ser também aplicável o prazo privilegiado estabelecido pelo art. 188 do CPC nas ações rescisórias. Senão vejamos:
> "Processo civil. Ação rescisória. Prazo para contestação. Artigo 188 do Código de Processo Civil.
> 1. A regra do artigo 188 do Código de Processo Civil, referente à dilação de prazos processuais, é aplicável ao prazo de resposta para a ação rescisória.
> 2. Precedentes do STF e do STJ.
> 3. Recurso especial conhecido".
> (REsp 363.780/RS. Relator Ministro Paulo Gallotti. Sexta Turma. *DJ* 02.12.2002).
> "Ação rescisória. Prazo em quádruplo para autarquia oferecer contestação. Mantém-se o benefício estabelecido pelo art. 188 do CPC, mesmo após o advento da Carta Política de 1988. Agravo regimental a que se nega provimento".
> (AgRg na AR 250/MT. Relator Ministro Barros Monteiro. Segunda Seção. *DJ* 06.08.1990).
> Em decisões monocráticas mais recentes, os em. Ministros Francisco Falcão e Mauro Campbell Marques pronunciaram-se no mesmo sentido:
> "(...) O recorrente alega violação ao art. 319, do CPC, sustentando que, na hipótese de rescisória, não há previsão de prazo em quádruplo para a Fazenda Pública contestar.

(...) Em relação ao prazo para a Fazenda Pública contestar ação rescisória, esta eg. Corte de Justiça já deliberou sobre a aplicação do art. 188, do CPC (...)".

(AREsp 025693. Relator Ministro Francisco Falcão. *DJ* 28.11.2011).

"Trata-se de ação rescisória proposta (...) contra a Fazenda Nacional, objetivando rescindir acórdão proferido por esta Corte que reconheceu a não incidência da correção monetária de créditos escriturais judicialmente reconhecidos, mais especificamente créditos-prêmio de IPI referentes ao período de 12.5.1990 a 5.10.1990.

(...)

Aferida a tempestividade da ação rescisória (...), determino a citação do(s) réu(s) para resposta no prazo legal de 15 (quinze) dias, ao quádruplo, totalizando 60 (sessenta) dias, na forma dos arts. 188 c/c 491, do CPC e art. 234, do RISTJ. (...)

(AR 4.788/SP. Relator Ministro Mauro Campbell Marques. *DJ* 04.10.2011).

Dessa forma, conquanto não assinalada, no despacho que recebera a inicial e determinara a citação, a observação acerca da prerrogativa assegurada à União pelo art. 188 do CPC, é dispensável debate acerca de sua aplicação no caso de ação rescisória, em face do entendimento acima demonstrado.

Assim sendo, não vigora a alegada intempestividade da contestação, formulada pelos autores (...)" (STJ, 3ª Seção, Rel. Min. Nefi Cordeiro, j. 13.08.2014).

Importa asseverar que, com o advento da Lei 13.105/2015, que instituiu o novo Código de Processo Civil no ordenamento jurídico brasileiro, houve a extinção do prazo em quádruplo para contestar, permanecendo a contagem do prazo em dobro nas seguintes hipóteses:

Art. 180. O Ministério Público gozará de prazo em dobro para manifestar-se nos autos, que terá início a partir de sua intimação pessoal, nos termos do art. 183, § 1º.

Art. 183. A União, os Estados, o Distrito Federal, os Municípios e suas respectivas autarquias e fundações de direito público gozarão de prazo em dobro para todas as suas manifestações processuais, cuja contagem terá início a partir da intimação pessoal.

Art. 186. A Defensoria Pública gozará de prazo em dobro para todas as suas manifestações processuais.

Art. 229. Os litisconsortes que tiverem diferentes procuradores, de escritórios de advocacia distintos, terão prazos contados em dobro para todas as suas manifestações, em qualquer juízo ou tribunal, independentemente de requerimento.

4.1.7.2 Revelia

Ainda que o réu não apresente defesa, a revelia não produz os efeitos da *ficta confessio*, ou seja, os fatos alegados pelo autor não são tidos como verdadeiros, prosseguindo-se na regular instrução do processo. Sobre o assunto não seria ocioso analisarmos o posicionamento do mestre de renomada, que conhece do assunto *ex professo*, Coqueijo Costa[45], *in verbis*:

> Em outra obra, já sustentávamos que, "Na rescisória, a revelia trabalhista não implica em confissão ficta, porque ela impõe audiência (CLT, art. 844), que nunca é instalada perante o relator, no tribunal (CPC art. 492)[46]. Na rescisória do processo comum, em que o réu for revel, a revelia não produz o efeito previsto no art. 319[47] do CPC (Barbosa Moreira, "Comentários" da Forense, Vol. V, pág. 158), que é, segundo Ada Pellegrini Grinover, de presunção *juris tantum* e não de confissão ficta ("Os princípios constitucionais e o CPC", págs. 100/101).

Ademais, poderá haver conluio entre as partes com o objetivo de conseguir, por vias indiretas, a retratação da coisa julgada. Para tanto, bastaria que o réu da ação rescisória deixasse de apresentar defesa. A revelia não produz na rescisória confissão, pois o litígio versa sobre direitos indisponíveis (inciso II do art. 345 do CPC). A rescisão de uma sentença extrapola meros interesses individuais. Como assinala Coqueijo Costa: "É absurdo pensar que possam as partes na rescisória dispor sobre a desconstituição da coisa julgada entregue pelo Estado".

No mesmo sentido se orienta Valentin Carrion[48] quando arremata: "A *revelia* na rescisória não produz confissão ficta (CLT, art. 844), porque não há audiência, perante o relator, do art. 319[49] do CPC". Ademais, "nela, o julgamento antecipado da lide só pode ocorrer nos casos do art. 330, I"[50].

Sobre o tema, já decidiu o Superior Tribunal de Justiça, *in verbis*:

> Previdenciário. Ação rescisória. Aposentadoria por invalidez. Rurícola. Violação do art. 485, incisos V e VI, do CPC. Revelia. Art. 319 do CPC.

---

[45] COSTA, Coqueijo. *Ação rescisória*. 6. ed. São Paulo: LTr, 1993. p. 144.
[46] Onde se lê art. 492, com a instituição do novo CPC, passa a ser art. 972.
[47] Onde se lê art. 319, leia-se art. 344 do novo CPC.
[48] CARRION, Valentin. *Comentários à Consolidação das Leis do Trabalho* – legislação complementar, jurisprudência. 19. ed. atual. e ampl. São Paulo: Saraiva, 1995. p. 610.
[49] Leia-se art. 344 do novo CPC.
[50] Leia-se art. 355 do novo CPC.

Não ocorrência. Pedido improcedente. 1. Em observância ao princípio da preservação da coisa julgada não incidem sobre a rescisória os efeitos da revelia previstos no art. 319 do CPC. 2. Não prospera a alegação de que os advogados que atuaram no processo originário não tinham poderes para representar a ré, seja porque do exame dos autos não se pode concluir, efetivamente, pela ausência de poderes do causídico que subscrevia as peças, seja porque seria incabível a extinção do feito sem que se desse a oportunidade, à parte autora, à época, da regularização de sua representação processual. 3. Não tendo a questão sobre a qualidade de segurada sido objeto de análise do acórdão rescindendo, a matéria não pode ser discutida em ação rescisória, uma vez que o STJ limitou-se a decidir acerca do termo inicial do benefício de aposentadoria por invalidez. 4. O relatório apresentado pelos auditores fiscais da Previdência, per se, não traz a carga probante necessária a ilidir o conjunto probatório confirmado nas instâncias ordinárias, sobre o qual o manto da coisa julgada já operou o seu efeito. 5. Ação julgada improcedente (STJ, 3ª Seção, Rel. Min. Arnaldo Esteves Lima, j. 14.12.2009).

Na seara trabalhista, temos a orientação da Súmula 398 sobre a revelia e os seus efeitos em sede de ação rescisória:

> Súmula 398 do TST – Ação rescisória. Ausência de defesa. Inaplicáveis os efeitos da revelia (alterada em decorrência do CPC de 2015) – Res. 219/2017, DEJT divulgado em 28, 29 e 30.06.2017
>
> Na ação rescisória, o que se ataca é a decisão, ato oficial do Estado, acobertado pelo manto da coisa julgada. Assim, e considerando que a coisa julgada envolve questão de ordem pública, a revelia não produz confissão na ação rescisória. (ex-OJ 126 da SBDI-2 – *DJ* 09.12.2003).

4.1.7.3 Reconvenção

De regra não se admite a reconvenção, apesar da omissão do CPC. Entretanto, alguns juristas de renome[51] advogam a admissibilidade, desde que também de cunho rescisório e quando preencher os requisitos do art. 343 do CPC. Noutro aludir, quando houver sucumbência recíproca na sentença rescindenda, de maneira que a reconvenção será outra ação rescisória da mesma sentença rescindenda proposta pelo réu da rescisória.

---

[51] Nesse sentido, BARBOSA MOREIRA, José Carlos. *Comentários ao Código de Processo Civil*. Rio de Janeiro: Forense, 1974. v. V, p. 113; PONTES DE MIRANDA, Francisco Cavalcanti. *Tratado da ação rescisória*. Rio de Janeiro: Forense, 1976. p. 85; OLIVEIRA, Francisco Antonio de. *Ação rescisória*: enfoques trabalhistas: doutrina, jurisprudência, súmulas. 4. ed. São Paulo: LTr, 2012. p. 137.

Nesse sentido:

> Ação rescisória e reconvenção. Violação à literal disposição de lei. Art. 485, V, do CPC. Finsocial. Empresa exclusivamente prestadora de serviços. Majorações de alíquota declaradas inconstitucionais no julgamento do RE 150.764. Acórdão rescindendo que afirmou o enquadramento da empresa como exclusivamente prestadora de serviços, mas extirpou as referidas majorações com base em precedente aplicável às empresas comerciais e industriais. Art. 56 do ADCT. Violação. 1. A reconvenção tanto pode dirigir-se à ação rescisória (juízo rescindente) como à ação do juízo rescisório ("novo julgamento da causa", art. 488, I). Nesse último caso não há necessidade de enquadramento da reconvenção em uma das hipóteses do art. 485 do CPC, tampouco do depósito prévio exigido pelo art. 488, II, do CPC. 2. A reconvenção em rescisória não se presta para deduzir nova tese defensiva, não constante do processo originário. 3. É prescindível novo debate da matéria pela Corte, quando já tenha ela sido enfrentada no julgamento do *leading case*. 4. Reconvenção não conhecida. 5. Preliminar de descabimento da ação por incidência da Súmula STF 343. Argumento rejeitado ante a jurisprudência desta Corte que elide a incidência da súmula quando envolvida discussão de matéria constitucional. 6. Este Tribunal, ao julgar o RE 187.436, rel. Min. Março Aurélio, declarou a constitucionalidade das majorações de alíquotas do Finsocial quanto às empresas exclusivamente prestadoras de serviços (art. 7º da Lei 7.787/89, art. 1º da Lei 7.894/89 e art. 1º da Lei 8.147/90) 7. Decisão rescindenda que destoa da orientação firmada nesse precedente e afronta os arts. 195 da CF e 56 do ADCT, conforme a interpretação firmada no mesmo julgado. 8. Ação rescisória julgada procedente (STF, AR 1.578/PR, Tribunal Pleno, Rel. Min. Ellen Gracie, j. 26.03.2009, *DJe*-157, divulg. 20.08.2009, public. 21.08.2009, *Ement*. vol-02370-01, p. 89).

Ilustrativamente, veja-se o pensamento de Coqueijo Costa: "Só é possível se de rescisória também se cuidar. Havendo conexão entre as duas é admissível, como, por exemplo na rescisão de sentença em que o autor e réu tenham sido vencidos e vencedores em parte e ambos afirmem ter sido contra literal disposição de lei a sentença naquilo que lhes foi adverso"[52].

Outrossim, o CPC permite a cumulação de pedidos (rescisão da coisa julgada e novo julgamento da lide): "nada obsta a que, estando ambos cumulados, em reconvenção, o réu oponha ao *iudicium rescissorium*, vale dizer,

---

[52] COSTA, Coqueijo. *Direito processual do trabalho*. 2. ed. Rio de Janeiro: Forense, 1984. p. 293.

ao novo pedido de julgamento feito pelo autor, o reconvencional, porque aí, atendida a conexidade própria e necessária à reconvenção, a economia processual o recomendaria"[53].

Sobre o assunto, e em sede de processo do trabalho, Tostes Malta[54] cita o seguinte exemplo de reconvenção em rescisória no processo trabalhista: "na execução de uma sentença, o tribunal regional, julgando agravo de petição, fixa o valor do débito do réu em X, sob o fundamento de que assim previa a decisão transitada em julgado no processo de conhecimento. O empregador ajuíza ação rescisória sustentando que o acórdão regional atacado violou a coisa julgada, porquanto esta previa o valor da condenação de X-1. O empregado contesta ação e reconvém, argumentando no sentido de que realmente a coisa julgada foi agredida, mas em sentido oposto ao pretendido pelo empregador, pois da coisa julgada decorria um valor para a condenação de X + 2".

Assim, será admissível reconvenção em ação rescisória, desde que seu objeto seja o de, também, rescindir o julgado objeto da rescisória.

4.1.7.4 Prova

Aumentando o campo de análise, asseveramos que, consoante vaticinava o art. 492 do CPC, se os fatos dependessem de prova, o relator delegaria competência ao Juiz, onde deverá ser produzida, fixando prazo de 45 (quarenta e cinco) a 90 (noventa) dias para a devolução dos autos.

Urge salientar que, com o advento da Lei 13.105/2015 e a introdução de novo Código de Processo Civil brasileiro, passa-se a dispor de novo prazo, senão vejamos: "Art. 972. Se os fatos alegados pelas partes dependerem de prova, o relator poderá delegar a competência ao órgão que proferiu a decisão rescindenda, fixando prazo de 1 (um) a 3 (três) meses para a devolução dos autos".

Na seara trabalhista, após o esgotamento do prazo para razões finais serão os autos remetidos à Procuradoria Regional do Trabalho para emissão de parecer, com o retorno ao Relator para julgamento no colegiado, antes passando pelo revisor[55].

---

[53] FADEL, Sérgio Sahione. *Código de Processo Civil comentado*. Rio de Janeiro: José Konfino Editor, 1974. t. III, p. 90.
[54] MALTA, Christóvão Pirabige Tostes; ALMEIDA, Silvana Pacheco Lopes de. *Ação rescisória no processo trabalhista*. Rio de Janeiro: Ed. Trabalhistas, 1989. p. 60.
[55] OLIVEIRA, Francisco Antonio de. *Ação rescisória*: enfoques trabalhistas: doutrina, jurisprudência, súmulas. 4. ed. São Paulo: LTr, 2012. p. 141.

4.1.7.5 Transação

A rescisória tem natureza jurídica essencialmente processual e só remotamente tem escopo patrimonial. Assim, havendo acordo ou transação das partes, a petição deverá ser apresentada no juízo da execução da sentença rescindenda, único competente para a homologação do acordo, mediante comunicação ao relator da ação rescisória.

Nada impede, entretanto, que as partes, de comum acordo, desistam da rescisória interposta perante o Tribunal. Mas qualquer acordo ou transação sobre direitos patrimoniais deverá ser apresentado ao juízo da execução da sentença rescindenda, pois ali é o local onde fora discutida a matéria patrimonial que ora se executa.

Muito interessante se apresentam as duas ementas que se transcreve, trazidas à baila pelo ilustre João de Lima Teixeira Filho[56], *verbis*:

> O acordo na execução da sentença de mérito não impede a propositura da ação rescisória em busca da rescisão daquela sentença, já executada, salvo em caso de renúncia ao uso da ação rescisória. Recurso provido por cabível a ação (TST, Proc. RO-AR-494/80, Pleno, Rel. Min. Idélio Martins, DJ 22.10.1982).

> Extingue-se o processo se as partes transigirem (inciso III, art. 296 do CPC) e o despacho homologatório tem valor de sentença. Esta só através de ação rescisória poderá ser desconstituída (TRT-8º Reg., Proc. AI-721/82, Rel. Juiz Arthur Seixas, j. 08.09.1982).

4.1.7.6 Razões finais, intervenção de terceiro, prescrição, execução, cautelar, irretroatividade da lei

Terminada a instrução, conceder-se-á prazo comum de 10 (dez) dias para objetivação das razões finais, de acordo com o art. 973 do CPC[57].

Não se admite a denunciação da lide nem tampouco a ação de oposição.

Verifica-se a prescrição intercorrente quando a ação rescisória ficar paralisada por mais de cinco anos (Súmula 264 do STF).

---

[56] TEIXEIRA FILHO, João de Lima. *Repertório de jurisprudência trabalhista*. Rio de Janeiro: Freitas Bastos, 1983. v. II, p. 62-63.

[57] Diz o art. 973 do CPC: "Concluída a instrução, será aberta vista ao autor e ao réu para razões finais, sucessivamente, pelo prazo de 10 (dez) dias. Parágrafo único. Em seguida, os autos serão conclusos ao relator, procedendo-se ao julgamento pelo órgão competente".

Embora a lei testifique que a execução se processa perante o tribunal que prolatou o acórdão (CPC, art. 516, I), Coqueijo Costa ensina que, proferida decisão de natureza condenatória no julgamento da ação rescisória, a execução deve ser feita nos autos da ação principal, aos quais serão apensados os autos da rescisória[58].

No contexto, de enfatizar que é admissível algumas ações cautelares *ante lite* ou *pendente litem* à ação rescisória, como: produção antecipada de prova, exibição de documentos, busca e apreensão etc.[59]

Por fim, é digno de menção que a ação rescisória é regida pela lei que vigia à época da prolação da sentença rescindenda; do contrário, uma decisão proferida de acordo com o direito positivo da época poderia posteriormente se tornar anulável, o que atentaria contra a segurança, que deve imperar na sociedade. Logo, não há a retroatividade.

---

[58] COSTA, Coqueijo. *Direito processual do trabalho*. 2. ed. Rio de Janeiro: Forense, 1981. p. 440.

[59] LACERDA, Galeno. *Comentários ao Código de Processo Civil*. Rio de Janeiro: Forense, 1981. t. I, v. VIII, p. 65.

5

DA LEGITIMIDADE NA AÇÃO RESCISÓRIA

5.1 LEGITIMIDADE

5.1.1 Legitimidade ativa

5.1.1.1 Legitimidade ativa de quem foi parte na ação matriz

A legitimidade ativa estava prevista no art. 487 do CPC/1973. Estipulava o precitado dispositivo: "Tem legitimidade para propor a ação: I) quem for parte no processo ou o seu sucessor a título universal ou singular; II) o terceiro juridicamente interessado; III) o Ministério Público: a) se não foi ouvido no processo, em que lhe era obrigatória a intervenção; b) quando a sentença é o efeito de colusão das partes, a fim de fraudar a lei".

O novo Código de Processo Civil, inovação legislativa advinda da Lei 13.105/2015, passou a dispor sobre os mencionados legitimados no art. 967: "Art. 967. Têm legitimidade para propor a ação rescisória: I – quem foi parte no processo ou o seu sucessor a título universal ou singular; II – o terceiro juridicamente interessado; III – o Ministério Público: a) se não foi ouvido no processo em que lhe era obrigatória a intervenção; b) quando a decisão rescindenda é o efeito de simulação ou de colusão das partes, a fim de fraudar a lei; c) em outros casos em que se imponha sua atuação; IV – aquele que não foi ouvido no processo em que lhe era obrigatória a intervenção. Parágrafo único. Nas hipóteses do art. 178, o Ministério Público será intimado para intervir como fiscal da ordem jurídica quando não for parte".

Da leitura do dispositivo antes transcrito, e procedendo à hermenêutica mais simples, extrai-se a ilação de que o CPC atribui, clara e precisamente, legitimidade ativa para a ação rescisória a quem foi parte no processo. Não exige que esse legitimado haja permanecido até o final, ostentando a qualidade de parte no momento em que foi proferida a decisão rescindenda[1]. Nem se diga que a interpretação gramatical é apenas de natureza ancilar, por isso que esse é o processo inicial e elementar da compreensão de qualquer texto, ainda que aparentemente obscuro. Por outra forma de hermenêutica chegar-se-á à mesma conclusão: *primus* porque Carlos Maximiliano[2] preleciona: "A interpretação gramatical ou filológica é de extrema valia na exegese das leis, *secundus* porque *in claris cessat interpretatio*" (quando a lei for clara não cabe ao intérprete procurar-lhe um sentido diferente do que lhe resulta evidente).

5.1.1.2 Legitimidade ativa do Ministério Público

Constata-se, ademais, que o Ministério Público também tem legitimidade para instaurar a rescisória (art. 967, III, do novo CPC): "a) se não foi ouvido no processo em que lhe era obrigatória a intervenção; b) quando a decisão rescindenda é o efeito de simulação ou de colusão das partes, a fim de fraudar a lei; c) em outros casos em que se imponha sua atuação".

Oportuno ressaltar que "o Ministério Público é, na sociedade moderna, a instituição destinada à preservação dos valores fundamentais do Estado enquanto comunidade"[3], sendo definido pela Constituição como "Instituição permanente, essencial à função jurisdicional do Estado, incumbindo-lhe a defesa da ordem jurídica, do regime democrático e dos interesses sociais e individuais indisponíveis (CF, art. 127)"[4].

---

[1] NERY JR., Nelson; NERY, Rosa Maria de Andrade. *Código de Processo Civil comentado*. 2. ed. rev. e ampl. São Paulo: RT, 1996. p. 871.

[2] MAXIMILIANO, Carlos. *Hermenêutica e aplicação do direito*. 13. ed. Rio de Janeiro: Forense, 1993. p. 33-37.

[3] CINTRA, Antonio Carlos de Araújo; GRINOVER, Ada Pellegrini; DINAMARCO, Cândido Rangel. *Teoria geral do processo*. 10. ed. rev. e ampl. São Paulo: Malheiros, 1994.

[4] "Ainda que, como ensina a doutrina mais autorizada, a verdadeira origem da Instituição seja na França, identificam-se nos procuradores Caesaris remotos precursores dos atuais *promotores* e curadores (embora apenas com funções de defensores do patrimônio do imperador). No Egito de 4.000 anos a um corpo de funcionários com atribuições que substancialmente se assemelham às do Ministério Público moderno era encarregado de: I – ser a língua e os olhos do rei do país; II – castigar os rebeldes, reprimir os violentos, proteger os cidadãos pacíficos; III – acolher os pedidos do homem justo e verdadeiro, perseguindo o malvado e mentiroso; IV – ser o marido da viúva e o pai do órfão; V – fazer ouvir as palavras da acusação, indicando as disposições legais aplicáveis em cada caso; VI – tomar parte nas instruções para descobrir a verdade" (CINTRA, Antonio Carlos de Araújo; GRINOVER, Ada

Reportando-se ao Ministério Público em Portugal, J. J. Gomes Canotilho vaticina[5]: "Originariamente concebido como 'órgão de ligação' entre o poder judicial e o poder político, o Ministério Público é, nos termos constitucionais, um órgão do poder judicial ao qual estão fundamentalmente cometidas as tarefas de: (1) representar o Estado; (2) exercer a ação penal; (3) defender a legalidade democrática; (4) defender os interesses que a lei determinar".

Na mesma linha, o citado autor acrescenta: "Embora hierarquicamente subordinados, os agentes do Ministério Público são *magistrados* com garantias de autonomia e independência constitucionais... que os coloca numa posição de 'sujeição à lei' equiparável à dos juízes...". "A magistratura do Ministério Público não tem, como se deduz já das considerações antecedentes, uma 'natureza administrativa'. Integrando-se no poder judicial, a função do magistrado do Ministério Público é, porém, diferente da do juiz (*jurisdictio*): este aplica e concretiza, através da extrinsecação de normas de decisão, o direito objectivo a um caso concreto; aquele colabora no exercício do poder jurisdicional, sobretudo através do exercício da ação penal e da iniciativa de defesa da legalidade democrática"[6].

O art. 178 do CPC trata das hipóteses de intervenção do Ministério Público, a saber, nos processos que envolvam: I – interesse público ou social; II – interesse de incapaz; III – litígios coletivos pela posse de terra rural ou urbana.

Sob os auspícios da Justiça do Trabalho funcionam os membros do Ministério Público do Trabalho pertencentes ao Ministério Público da União, cuja lei que o disciplina é a Lei Complementar à Constituição 75, de 20 de maio de 1993.

Ao Ministério Público do Trabalho compete, entre outras coisas, promover as ações que lhe sejam atribuídas pela Constituição Federal; promover ação civil pública; propor ações necessárias à defesa dos direitos e interesses dos menores, incapazes e índios decorrentes das relações de trabalho; funcionar nas sessões dos Tribunais Trabalhistas, manifestando-se verbalmente sobre a matéria em debate, sempre que entender necessário; instaurar instância

---

Pellegrini; DINAMARCO, Cândido Rangel. *Teoria geral do processo*. 10. ed. rev. e atual. São Paulo: Malheiros, 1995. p. 207).

[5] CANOTILHO, J. J. Gomes. *Direito constitucional*. 6. ed. rev. Coimbra: Almedina, 1995. p. 767.

[6] CANOTILHO, J. J. Gomes. *Direito constitucional*. 6. ed. rev. Coimbra: Almedina, 1995. p. 767.

em caso de greve; intervir obrigatoriamente em todos os feitos no segundo e terceiro graus; intervir nos feitos de interesse público.

Se o Ministério Público tiver sido parte na ação matriz (CPC, art. 177), tem legitimidade ampla para ajuizar ação rescisória. Em ação que reclamava sua intervenção (CF, arts. 127 e 129; CPC, art. 178; LACP, art. 5º, § 1º; CDC, art. 92), mesmo tendo efetivamente atuado e intervindo como *custos legis* no processo (CPC, art. 179), pode o Ministério Público ajuizar ação rescisória quando a sentença tiver resultado de colusão das partes a fim de fraudar a lei[7].

Ampliando o quadro de explanação, no pertinente à primeira hipótese que exige a intervenção do Ministério Público, tratada no inciso III do art. 967, "a", qual seja, "Se não foi ouvido no processo, em que lhe era obrigatória a intervenção", o *parquet* examinará se a não intervenção trouxe prejuízo à defesa do interesse público, ou daquele cujos interesses lhe cabiam patrocinar; e só aí, então, lhe cumprirá propor a rescisória, sendo certo, no entanto, que esse juízo prévio o próprio *parquet* é que deverá fazer.

Sobre esse assunto, José Carlos Barbosa Moreira[8] vaticina que "A hipótese nada mais é do que um caso particular da prescrita no art. 485, nº V (violação de literal disposição de lei): se era obrigatória a intervenção do Ministério Público, e não se deu, violado foi o art. 179. Assim, também a parte se legitima aí à propositura da rescisória, com fundamento na violação".

Com certa razão Barbosa Moreira. Entrementes, se a parte que em tese teria legitimidade para ajuizar a rescisória com base em violação de lei (art. 179 do CPC) não o fizer, o Ministério Público só deverá ajuizá-la se a não intervenção trouxe prejuízo à defesa do interesse público ou daquele cujos interesses lhe cabia patrocinar. O *punctum pruriens* da questão se resume no prejuízo ao interesse público ou ao prejuízo dos que o Ministério Público devia patrocinar.

No concernente à segunda hipótese, o *parquet* é "autor *pro populo*, pois a ação rescisória será proposta para a defesa da ordem jurídica, conspurcada e atingida pelo processo fraudulento"[9]. Nesse segundo caso não é necessário que o Ministério Público tenha intervindo como fiscal da lei na ação cuja sentença quer se rescindir (matriz, originária), pois desnecessária a sua

---

[7] NERY JR., Nelson; NERY, Rosa Maria de Andrade. *Código de Processo Civil comentado*. 2. ed. rev. e ampl. São Paulo: RT, 1996. p. 871.

[8] BARBOSA MOREIRA, José Carlos. *Comentários ao Código de Processo Civil*. Rio de Janeiro: Forense, 1974. v. V, p. 145. (A hipótese ventilada acima se refere, no novo CPC, ao art. 966, V.)

[9] MARQUES, José Frederico. *Manual de direito processual civil*. 9. ed. rev. e atual. São Paulo: Saraiva, 1987. v. 3, p. 266.

intervenção. Nele, a legitimação do Ministério Público é consequência necessária da natureza da fraude. "Trata-se de natureza processual cuja vítima é o próprio juiz." "É verdade por todos reconhecida que o sujeito passivo do dolo processual é o juiz. Sobretudo, qualquer dúvida deve ser eliminada quando se trate de dolo bilateral... na hipótese de colusão, o dolo não se dirige nunca contra a parte adversária. Esta não somente conhece a fraude e a consente, mas é ela própria que a quis e a quer, de acordo com a outra parte. Portanto, nenhuma das duas age dolosamente perante a outra, porque ambas o concertaram para efetivá-lo. Portanto, a sentença que é efeito da colusão não se pode dizer devida ao dolo de uma das partes, mas é fruto do dolo de ambas. E, uma vez que em nenhum caso a colusão se dirige contra a parte adversária, essa não pode ter como sujeito passivo senão o juiz, para cujo engano concorrem ambos os contendores"[10].

Logo, o Ministério Público tem legitimidade para propor a rescisória em termos genéricos, nos casos do art. 966, se tiver sido parte na ação cuja sentença se quer rescindir, ou como *custos legis*. Nessa segunda condição duas hipóteses se lhe apresentam: quando era necessária a sua intervenção e não foi chamado, e quando houver colusão ou dolo entre as partes para fraudar a lei.

Nesse sentido, esposa o art. 967 do atual Digesto Processual:

Art. 967. Têm legitimidade para propor a ação rescisória: (...)

III – o Ministério Público:

a) se não foi ouvido no processo em que lhe era obrigatória a intervenção;

b) quando a decisão rescindenda é o efeito de simulação ou de colusão das partes, a fim de fraudar a lei;

c) em outros casos em que se imponha sua atuação;

IV – aquele que não foi ouvido no processo em que lhe era obrigatória a intervenção.

Parágrafo único. Nas hipóteses do art. 178, o Ministério Público será intimado para intervir como fiscal da ordem jurídica quando não for parte.

Ademais, ensina Barbosa Moreira[11] que a legitimidade para propor a rescisória no caso da letra *b* do art. 967, III, não é exclusiva, mas também

---

[10] CARNELUTTI, Francesco. *Studi di diritto processuale*. Cedam, 1939. v. III, p. 118, citando Guarneri Citati. Apud VIDIGAL, Luís Eulálio de Bueno. *Comentários ao Código de Processo Civil*. São Paulo: RT, 1974. v. VI, p. 187-188.

[11] BARBOSA MOREIRA, José Carlos. *Comentários ao Código de Processo Civil*. Rio de Janeiro: Forense, 1974. v. V, p. 1.457. (A citação faz menção aos arts. 485 e 487 do

pertence às partes. "A colusão em fraude à lei figura entre os pressupostos de rescindibilidade arrolados no art. 485 (nº III, *fine*), e não apenas entre os previstos no dispositivo específico referente à legitimidade do Ministério Público. Por seu turno, o art. 487, nº III, não contém qualquer indicação textual no sentido de limitar ao Ministério Público a legitimação para a rescisória, com fundamento quer na letra *a*..., quer na letra *b*. Se tiver ocorrido pluralidade de partes, aquela ou aquelas que não haja(m) participado do conluio pode(m), sem sombra de dúvida, pleitear a rescisão da sentença...".

Importa destacar ainda o que estabelece, na seara trabalhista, o conteúdo da Súmula 407 do Colendo TST, que dispõe acerca da legitimidade *ad causam* do *Parquet* na propositura da ação rescisória:

> Súmula 407 do TST – Ação rescisória. Ministério Público. Legitimidade "ad causam" prevista no art. 967, III, "a", "b" e "c" do CPC de 2015. Art. 487, III, "a" e "b", do CPC de 1973. Hipóteses meramente exemplificativas (nova redação em decorrência do CPC de 2015) – Res. 208/2016, *DEJT* divulgado em 22, 25 e 26.04.2016.
>
> A legitimidade "ad causam" do Ministério Público para propor ação rescisória, ainda que não tenha sido parte no processo que deu origem à decisão rescindenda, não está limitada às alíneas "a", "b" e "c" do inciso III do art. 967 do CPC de 2015 (art. 487, III, "a" e "b", do CPC de 1973), uma vez que traduzem hipóteses meramente exemplificativas (ex-OJ nº 83 da SBDI-2 – inserida em 13.03.2002).

5.1.1.3 Legitimidade ativa de terceiros

Outrossim, têm legitimidade ativa para o ajuizamento da rescisória os sucessores das partes da ação matriz e também o terceiro interessado, como o denunciante ou denunciado, inclusive aqueles terceiros que não tenham participado da relação processual da ação matriz. Por exemplo: em processo civil, o sublocatário que não integrou a relação processual de ação renovatória tem legitimidade para propor rescisória da sentença naquela ação proferida.

No pertinente ao terceiro interessado, este, diante de uma decisão pode **não ter nenhum interesse** (aquele completamente indiferente à decisão), pode ter interesse de **"simples ou puro fato"** (o que poderia ser beneficiado ou prejudicado pela decisão, mas sem que sua relação jurídica com qualquer

---

antigo CPC, no entanto, em razão do advento do novo CPC, leia-se, respectivamente, arts. 966 e 967.)

das partes sofresse influência. É a hipótese do terceiro que usa servidão de outrem para facilitar o trânsito a seu imóvel. Seu interesse é de puro fato porque relação jurídica alguma de que é titular sofre influência da sentença que, por exemplo, extinguiu a servidão. A servidão do prédio vizinho, sendo cancelada, juridicamente não afeta o terceiro, por não estar a ela vinculada nenhuma relação jurídica sua) e pode ter **interesse jurídico** (sofre influência em sua relação jurídica), sem, contudo, sofrer nenhuma influência da coisa julgada[12].

Toda vez que o terceiro não tiver nenhum interesse ou seu interesse for de simples ou puro fato, este não terá legitimidade para a rescisória. No mesmo sentido, quando seu interesse for jurídico, mas a coisa julgada, nem por prejudicialidade da relação de direito material[13] o afetar, este também não terá legitimidade para a rescisória, haja vista que, mesmo com interesse na causa, a questão ainda fica em aberto com relação a ele. Entrementes, havendo relação de prejudicialidade de direito material na relação jurídica de

---

[12] SANTOS, Ernane Fidélis dos. *Manual de direito processual civil.* 4. ed. atual. e reform. São Paulo: Saraiva, 1996. v. I, p. 596.

[13] "Embora a coisa julgada não atinja o terceiro, por força de sua limitação subjetiva (art. 472), há casos em que a decisão se torna prejudicial da relação de direito material de que é ele titular. Não é a eficácia da coisa julgada que o prejudica, mas as condições de existência do próprio direito material, prejudicado pela decisão. Julgado procedente o pedido reivindicatório, prejudicado fica o contrato de locação feito pelo réu, na qualidade de proprietário, com terceiro. Instituído usufruto, uso ou habitação, se o aparente proprietário for demandado e se for reconhecido não ser ele titular do direito de propriedade, sem nenhuma validade fica tendo o direito real de gozo por ele instituído. O mesmo acontece com a garantia hipotecária, se quem a deu for julgado não proprietário. O sublocatário fica também com seu contrato sem validade, se o locatário-sublocador for despejado. [...] Em casos como o do terceiro interessado, sem relação de prejudicialidade, poderá ter ele atuado como assistente (art. 50) e até ocorrer de não lhe ser admitido discutir a justiça da decisão em processo posterior, onde passou ele a ser parte (art. 55). Ainda assim, a legitimação para a rescisória não o socorre, pois a coisa julgada não o atinge; será legitimado, isto sim, mas como parte, para rescindir sentença do processo em que posteriormente for parte, ainda que a decisão esteja relacionada com a justiça presumida do art. 55, com fundamento na mesma presunção de justiça da outra causa que o prejudicou poderá pedir a rescisão da sentença que lhe foi contrária. Atuou, por exemplo, no processo em que foi assistente, juiz impedido. Não pode o assistente, posteriormente, já no processo em que é parte, alegar a injustiça da decisão (art. 55), mas o impedimento anterior do juiz pode ser causa de rescisória da nova sentença que o prejudicou, não da que foi proferida em processo, onde exerceu o direito de assistência" (SANTOS, Ernane Fidelis dos. *Manual de direito processual civil.* 4. ed. atual. e reform. São Paulo: Saraiva, 1996. v. I, p. 597).

que é titular o terceiro, outra forma não há de reconstituição de seu direito, senão rescindindo a sentença prejudicial[14].

Na seara trabalhista, temos a Súmula 82 do C. TST, donde se extrai a necessidade de demonstração do interesse jurídico, *in verbis*:

> Súmula 82 do TST – Assistência (nova redação) – Res. 121/2003, *DJ* 19, 20 e 21.11.2003
>
> A intervenção assistencial, simples ou adesiva, só é admissível se demonstrado o interesse jurídico e não o meramente econômico.

Explicitando melhor a matéria, vejamos o presente julgado:

> Recurso ordinário. Ação rescisória. Ilegitimidade ativa do Estado do Maranhão. Reclamação trabalhista proposta contra sociedade de economia mista. Interesse jurídico. Não configuração. Além das partes envolvidas no processo, tem legitimidade para propor a ação rescisória o terceiro juridicamente interessado (inciso II do artigo 487 do Código de Processo Civil). Conforme a melhor doutrina e a jurisprudência dos Tribunais pátrios, a legitimação do terceiro para a propositura de rescisória está condicionada à existência de interesse jurídico e não apenas o meramente econômico. Para a caracterização daquele é necessário que haja alguma interligação ou dependência entre a relação jurídica do terceiro com uma das partes envolvidas no processo do qual surgiu a decisão rescindenda e a relação jurídica posta em apreciação na respectiva ação. Este Colegiado tem reiteradamente decidido que o fato de o Estado do Maranhão ter sido incluído no polo passivo da execução, devido à ausência de bens da sociedade de economia mista para saldar o débito apurado, não o legitima para propor ação rescisória relativa à reclamação trabalhista da qual não foi parte. No caso, não se vislumbra o necessário interesse jurídico, senão o meramente econômico. Precedentes. Processo extinto, sem resolução de mérito (TST, RO 41004620115160000, Subseção II Especializada em Dissídios Individuais, Rel. Emmanoel Pereira, j. 19.03.2013, *DEJT* 26.03.2013).

Havendo litisconsórcio unitário facultativo, o terceiro não é legitimado à ação rescisória, pois contra ele não existe julgamento definitivo. Ex.: pedido de anulação de testamento objetivado por apenas um dos que poderiam ser beneficiados e julgado improcedente não impede a quem não participou do processo de promover outra ação com o mesmo objeto, haja vista que a

---

[14] SANTOS, Ernane Fidelis dos. *Manual de direito processual civil*. 4. ed. atual. e reform. São Paulo: Saraiva, 1996. v. I, p. 597.

decisão contrária é *res inter alios*. Por outro lado, quando a hipótese for de litisconsórcio necessário unitário e este não tiver sido formado, não há ação rescisória nem para quem participou do processo, nem para quem dele não participou, pois, no caso, não há coisa julgada operando, porquanto a sentença é inteiramente ineficaz[15].

No diapasão, a permissibilidade de o terceiro intentar a ação rescisória ocorre apenas quando a *res judicata*, de certo modo, atingi-lo, mesmo que indiretamente.

Questão que merece manifesto é saber quem tem legitimidade para propor a rescisória quando se tratar de substituição processual.

Antes de respondermos à indagação, não é ocioso objetivarmos algumas reflexões sobre esse instituto para melhor compreensão do tema.

O art. 18 do CPC define o instituto da substituição processual quando arremata: "Art. 18. Ninguém poderá pleitear direito alheio em nome próprio, salvo quando autorizado pelo ordenamento jurídico".

Interpretando esse dispositivo, extrai-se a ilação de que uma terceira pessoa só poderá pleitear direitos alheios em seu próprio nome, apenas e quando houver lei autorizando esse pleito.

Tal fato pode ocorrer, por exemplo, em seara de direito comum, com o marido na defesa dos bens dotais da mulher, com o Ministério Público na ação de acidente do trabalho ou na ação civil de indenização do dano *ex delicto*, quando a vítima for pobre. Outrossim, a Lei 7.347/1985, que instituiu a ação civil pública, reconheceu legitimidade excepcional para as associações civis e outras entidades, para – na defesa de direitos que não são próprios – demandar em juízo, em nome próprio, a responsabilidade por danos ao meio ambiente, ao consumidor e aos bens e direitos de valor artístico, estético, histórico, turístico e paisagístico. Tudo isso porque existe lei autorizando.

Conclui-se, ademais, que, quando o advogado pleiteia em nome de terceiros direito de terceiros, não ocorre substituição processual, mas a figura da representação processual.

Demais disso, no direito processual comum há casos de substituição processual em que a parte processual é pessoa distinta daquela que é parte material do negócio jurídico litigioso. Uma dessas hipóteses ocorre quando a parte, na pendência do processo, aliena a coisa litigiosa ou cede o direito pleiteado em juízo. Embora o alienante deixe de ser o sujeito material da lide,

---

[15] SANTOS, Ernane Fidelis dos. *Manual de direito processual civil*. 4. ed. atual. e reform. São Paulo: Saraiva, 1996. v. I, p. 598.

continua a figurar na relação processual como parte (sujeito do processo), agindo em nome próprio, mas na defesa de direito material de terceiro, o adquirente (art. 109 do CPC).

Vê-se que o processo é fonte autônoma de bens. Desse modo, o direito substancial pode ser transferido sem afetar o direito processual, assim como a ação pode ser transferida independentemente do direito substancial.

Em sede de direito processual trabalhista, entendíamos que a **substituição processual** ou **legitimação extraordinária**, por ser uma anomalia jurídica, somente seria permitida quando expressamente autorizada pela lei, sendo essa a intelecção contida no art. 18 do CPC.

Nosso entendimento tinha como referencial o que escreveu Pontes de Miranda[16]: "Compreende-se que só a lei possa estabelecer que alguém exerça, em nome próprio, direito alheio. A titularidade do direito é que leva à pretensão e à ação de direito material, remédio jurídico processual. O que o artigo 18 do CPC estatui é que não pode dizer que tem direito, pretensão e ação, quem não é titular do direito, e, pois, também não o é da pretensão e da ação; mais ainda, não pode exercer a 'ação', qualquer que seja a espécie, como se titular fosse, mesmo admitindo que o direito é alheio... Só lei especial pode atribuir a alguém o poder de exercer a pretensão pré-processual e a processual em nome próprio".

Na CLT, a figura da legitimação extraordinária era patenteada nos casos dos arts. 872 e 195, § 2º. Da literalidade desses artigos, observava-se que existia claramente a figura dupla subjetiva do substituto e do substituído.

Tínhamos o entendimento de que a *Lex Fundamentalis* de outubro de 1988, ao abordar a matéria no art. 8º, III, que frisa: "**ao sindicato cabe a defesa dos direitos e interesses coletivos ou individuais da categoria, inclusive em questões judiciais ou administrativas**", não tratava de **substituição processual**, e sim de legitimação ordinária, porquanto tinha apenas elevado, a nível constitucional, a obrigatoriedade consagrada em lei ordinária do sindicato da categoria de prestar assistência judiciária aos respectivos trabalhadores, genericamente, sem ressalvas, agasalhando a categoria.

No contexto, a legislação ordinária, pós-Constituição de 1988, dispôs sobre substituição processual de forma ampliativa, em relação aos substituídos, passando à legitimação anômala do sindicato, antes limitada aos associados,

---

[16] PONTES DE MIRANDA, Francisco Cavalcanti. *Comentários ao Código de Processo Civil*. Rio de Janeiro: Forense, 1974. t. I, p. 200-201. (Dada a instituição de novo Código de Processo Civil, passou a tratar da matéria no art. 18.)

para agasalhar todos os integrantes da categoria. Nesse sentido foram as Leis 7.708/1989, que tratava de política salarial, 7.839/1989 e 8.036/1990, que se referia ao FGTS, e 8.073/1990, que também tratava de política salarial.

Noutro falar, achávamos que a previsão legal infraconstitucional autorizava a legitimação dos sindicatos, para, em nome próprio, atuar judicialmente em defesa dos direitos individuais da categoria, no que coubesse à **política salarial, FGTS, insalubridade, periculosidade e direitos obtidos em sentenças normativas.**

Inclusive, a Súmula 310 do Colendo TST (Súmula cancelada – Res. 119/2003, *DJ* 01.10.2003) veio e corroborou o nosso antigo ponto de vista quando enfatizou, *in verbis*:

> I) O artigo 8º inciso III, da Constituição da República, não assegura a substituição processual pelo sindicato;
>
> II) a substituição processual autorizada ao sindicato pelas Leis nºs 6708, de 30.10.1979 e 7.218 de 29.10.1984, limitada aos associados, restringe-se às demandas que visem aos reajustes salariais previstos em lei, ajuizadas até 3 de julho de 1989, data em que entrou em vigor a Lei nº 7.788;
>
> III) a Lei 7.788/89, em seu artigo 8º, assegurou, durante sua vigência, a legitimidade do sindicato como substituto processual da categoria;
>
> IV) a substituição processual autorizada pela Lei nº 8.073, de 30 de julho de 1990, ao sindicato alcança todos os integrantes da Categoria, e é restrita às demandas que visem à satisfação de reajustes salariais específicos resultantes de disposição prevista em lei de política salarial;
>
> V) em qualquer ação proposta pelo sindicato como substituto processual, todos os substituídos serão individualizados na petição inicial, e, para o início da execução, devidamente identificados, pelo número da Carteira de Trabalho e Previdência Social ou de qualquer documento de identidade;
>
> VI) é lícito aos substituídos integrar a lide como assistente litisconsorcial, acordar, transigir e renunciar, independentemente de autorização ou anuência do substituto;
>
> VII) na liquidação da sentença exequenda, promovida pelo substituto, serão individualizados os valores devidos a cada substituído, cujos depósitos para quitação serão levantados através de guias expedidas em seu nome ou de procurador com poderes especiais para esse fim, inclusive nas ações de cumprimento;
>
> VIII) quando o Sindicato for o autor da ação na condição de substituto processual não serão devidos honorários advocatícios.

Entrementes, é particularmente jubiloso consignar, mudamos nosso ponto de vista. *Primus*, porque, quando o TST declarou que o inciso II do art. 8º da Constituição Federal não era autoaplicável, não tinha competência para fazê-lo. É que, em se tratando de matéria constitucional, em virtude da relevância e das implicações práticas que a edição de um Enunciado acarreta, estamos que Guilherme Mastrichi Basso[17] tem razão quando assevera que "Não deve o Tribunal Superior do Trabalho fazê-lo". *Secundus*, porque, sendo o Supremo Tribunal Federal o "guardião-mor" da *Lex Legum*, é a ele que cabe dar, em última instância, a interpretação sobre a elaboração e edição de Súmula a respeito de matéria constitucional (art. 102, *caput*, da CF/1988). *Tertius*, porque pode o Supremo Tribunal Federal contrariar interpretação desse naipe, dada pelo Tribunal Superior do Trabalho, e essa interpretação de fato ocorreu.

Foi em Sessão Plenária, realizada em 7 de maio de 1993, apreciando o Mandado de Injunção 347-5, sendo Impetrante o Sindicato dos Trabalhadores do Serviço Público Federal em Santa Catarina, e Impetrado o Excelentíssimo Senhor Presidente da República, figurando como Relator o Ministro Néri da Silveira, acórdão Publicado no *DJU* de 08.04.1994, instado a enfrentar preliminar de ilegitimidade de parte do Sindicato Impetrante, arguida pela Consultoria-Geral da República, à unanimidade, entendeu ser caso de substituição processual à figura prevista no inciso III do art. 8º da Carta Magna de 1988, bem como ser tal dispositivo **autoaplicável**, concluindo pela rejeição da prejudicial, e, por isso mesmo, reconhecendo expressamente a legitimação da entidade sindical impetrante para residir em juízo.

Na lição sempre precisa de Manoel Antonio Teixeira Filho[18] sobre o tema, "O pleno do TST, pela Resolução Administrativa n. 119 (*DJ* de 1º.10.2003) cancelou essa Súmula (310). Isso não significa, necessariamente, que doravante, se deva reconhecer que o art. 8º, inciso III, da Constituição Federal seja atributivo da qualidade de substituto processual ao sindicato e que a substituição processual seja ampla, irrestrita, não mais estando jungida às leis de política salarial. Assim dizemos porque a Súmula nº 310 do TST, na verdade, constituía mera repercussão jurisprudencial da legislação aplicável, sendo certo que essa legislação segue a viger, na inteireza de suas disposições".

---

[17] BASSO, Guilherme Mastrichi. Da pertinência do cancelamento do Enunciado 310 do TST. *Revista LTr*, 58, n. 9, set. 1994.
[18] TEIXEIRA FILHO, Manoel Antonio. *Ação rescisória no processo do trabalho*. 4. ed. São Paulo: LTR, 2005. p. 107-108.

Noutro falar, a substituição processual na Justiça do Trabalho permitida aos sindicatos[19], diferentemente do que pensávamos, **hoje é ampla, total e irrestrita**, pois assim decidiu o Supremo Tribunal Federal, órgão supremo do Poder Judiciário.

Nesse espírito, é prerrogativa do sindicato substituir processualmente os membros da categoria que representa de forma ampla e irrestrita.

Diante da explanação retro sobre o que consiste e quando cabe o instituto da substituição processual, cabe-nos agora responder à indagação formulada anteriormente sobre a questão da legitimidade.

Em se tratando do instituto da substituição processual, os sujeitos da relação processual são os substitutos, mas quem sofre a incidência da coisa julgada são os sujeitos da lide ou substituídos. Entrementes, a parte ativa para a ação rescisória é o substituto processual, embora os sujeitos da lide ou substituídos sejam terceiros juridicamente interessados que sofrem, diretamente, a incidência da coisa julgada, e, por via de consequência, ficam legitimados também para ajuizarem a rescisória. Ademais, naqueles casos de substituição processual, quando o substituto for autor da ação em processo no qual se proferiu a sentença rescindenda, a rescisória há de ser contra ele proposta, se possível[20], e contra o substituído, como litisconsorte necessário, por ser o sujeito da lide, já que, no processo, não apenas se rescinde a sentença, como também se procede a novo julgamento[21].

Ademais, no processo trabalhista, como a legitimação extraordinária ou substituição processual é sempre concorrente, o substituído não está impedido de propor, diretamente, a ação rescisória, ou defender-se em rescisória em que figure como réu (CPC, art. 17)[22].

Em sede trabalhista, Coqueijo Costa[23] alude ser incabível o ajuizamento de rescisória por sindicato representando a categoria, ao argumento de que:

---

[19] As associações não têm essa legitimidade tão ampla como os sindicatos, pois necessitam, diferentemente dos sindicatos, para ter legitimidade para representar seus filiados, judicial ou extrajudicialmente, de autorização escrita.

[20] No caso de a ação ter sido ajuizada pelo marido, já morto, contra ele será impossível ajuizar a rescisória.

[21] SANTOS, Ernane Fidelis dos. *Manual de direito processual civil*. 4. ed. atual. e reform. São Paulo: Saraiva, 1996. v. I, p. 599.

[22] OLIVEIRA, Francisco Antonio de. *Medidas cautelares, procedimentos especiais, mandado de segurança, ação rescisória e ação anulatória no processo trabalhista*. 2. ed. São Paulo: RT, 1991. p. 260.

[23] COSTA, Coqueijo. *Ação rescisória*. 6. ed. São Paulo: LTr, 1993. p. 115.

"Não tem o órgão de classe legitimidade para propor mandado de segurança ou ação rescisória na Justiça do Trabalho, pois ela é adstrita as 'reclamações' trabalhistas (ações ordinárias em primeiro grau)". Entrementes, a jurisprudência tem-se orientado em sentido diverso, admitindo-o.

Sobre o tema, vejamos os presentes julgados:

> Agravo regimental no recurso especial. Ação rescisória. Sindicatos. Polo passivo. Servidores associados. Litisconsórcio passivo facultativo. Decadência. Súmula 106/STJ. 1. A jurisprudência desta Corte Superior firmou entendimento de que não há falar em ocorrência de prescrição ou decadência quando a ação for ajuizada no prazo adequado e a demora na citação dos réus der-se por motivos inerentes ao mecanismo da justiça (Súm. 106/STJ). 2. Os sindicatos possuem legitimação extraordinária (ativa ou passiva) para representar seus associados na defesa de seus direitos e interesses coletivos e individuais. 3. Em se tratando de ação rescisória ajuizada para desconstituir acórdão de demanda ajuizada tão só pelos sindicatos da categoria, não é de se exigir que o autor integre à lide os servidores representados, litisconsortes facultativos, dentro do prazo decadencial. 4. Agravo regimental provido para afastar a decadência da ação rescisória (STJ, AgRg no REsp 1.168.247/RJ 2009/0232031-4, 6ª Turma, Rel. Min. Nefi Cordeiro, j. 04.09.2014, *DJe* 17.09.2014).

> Recurso ordinário. Ação rescisória. Sindicato profissional. Legitimidade. 1. Decisão rescindenda mediante a qual, reconhecendo-se a legitimidade do Sindicato para atuar na qualidade de substituto processual dos empregados do reclamado, deferiu-se-lhes o pagamento de diferenças salariais pelo percebimento de taxa de serviço (gorjetas) e a respectiva anotação em CTPS. 2. Decisão desta Subseção Especializada por meio da qual, reconhecendo-se a violação do art. 8º, III, da Constituição Federal no acórdão rescindendo, julgou-se procedente a pretensão desconstitutiva para, em juízo rescisório, declarar-se extinto o processo originário sem resolução de mérito, por carência de ação, ante a ilegitimidade de parte do sindicato, na forma do art. 267, VI, do Código de Processo Civil. 3. Interposição de recurso extraordinário pelo sindicato, o qual foi parcialmente provido pelo Supremo Tribunal Federal para declarar a ampla legitimidade do sindicato. 4. Retorno dos autos a esta Corte, a fim de ser analisada a violação aos demais dispositivos de lei apontados na ação rescisória. 5. Ausência de afronta aos arts. 832 da CLT, 128, 343, § 2º, e 460 do CPC e 118 do Código Civil de 1916. Recurso ordinário a que se nega provimento, mantendo-se a conclusão de improcedência da pretensão desconstitutiva (TST, ROAR 3599406519975025555, Subseção II Especializada em Dissídios Individuais, Rel. Alberto Luiz Bresciani de Fontan Pereira, j. 31.03.2009, Data de Publicação: 17.04.2009).

5.1.2 Legitimidade passiva

No que concerne à legitimidade passiva, de regra esta pertence ao vencedor da ação rescindenda ou juízo rescindendo.

No diapasão, todos os participantes da relação processual oriunda da ação matriz devem ser citados na qualidade de litisconsortes necessários, haja vista que o acórdão proferido na rescisória atingirá a esfera jurídica de todos.

No dizer de Alexandre Freitas Câmara[24]:

> Estarão no processo da ação rescisória, note-se bem, quem tenha sido parte no processo original, e não necessariamente os sujeitos da relação jurídica de direito material nele deduzida. Assim, por exemplo, se no processo original houve substituição processual, será o *substituto*, e não o *substituído*, quem ocupará o polo passivo da demanda da rescisão.

Em sede trabalhista, a Súmula 406 do TST sobre a matéria disciplina:

> Súmula 406 do TST – Ação rescisória. Litisconsórcio. Necessário no polo passivo e facultativo no ativo. Inexistente quanto aos substituídos pelo sindicato (conversão das Orientações Jurisprudenciais 82 e 110 da SBDI-2) – Res. 137/2005, *DJ* 22, 23 e 24.08.2005.
>
> I – O litisconsórcio, na ação rescisória, é necessário em relação ao polo passivo da demanda, porque supõe uma comunidade de direitos ou de obrigações que não admite solução díspar para os litisconsortes, em face da indivisibilidade do objeto. Já em relação ao polo ativo, o litisconsórcio é facultativo, uma vez que a aglutinação de autores se faz por conveniência e não pela necessidade decorrente da natureza do litígio, pois não se pode condicionar o exercício do direito individual de um dos litigantes no processo originário à anuência dos demais para retomar a lide. (ex-OJ 82 da SBDI-2 – inserida em 13.03.2002).
>
> II – O Sindicato, substituto processual e autor da reclamação trabalhista, em cujos autos fora proferida a decisão rescindenda, possui legitimidade para figurar como réu na ação rescisória, sendo descabida a exigência de citação de todos os empregados substituídos, porquanto inexistente litisconsórcio passivo necessário. (ex-OJ 110 da SBDI-2 – *DJ* 29.04.2003).

---

[24] CÂMARA, Alexandre Freitas. *Ação rescisória*. 2. ed. São Paulo: Atlas, 2012. p. 89.

6

DOS EFEITOS DA AÇÃO RESCISÓRIA E A TUTELA PROVISÓRIA

6.1 EFEITOS DA RESCISÓRIA SOBRE A EXECUÇÃO EM CURSO

6.1.1 Considerações iniciais

De acordo com a antiga redação do art. 489 do Código de Processo Civil de 1973, a ação rescisória não suspendia a execução da sentença rescindenda. Frise-se também que esse era o entendimento do extinto TFR, que, inclusive, editou Súmula 234: "Não cabe medida cautelar em ação rescisória para obstar os efeitos da coisa julgada".

O mencionado art. 489 teve seu conteúdo alterado, passando, a partir da Lei 11.280/2006, a ter a seguinte redação: "Art. 489. O ajuizamento da ação rescisória não impede o cumprimento da sentença ou acórdão rescindindo, ressalvada a concessão, caso imprescindíveis e sob os pressupostos previstos em lei, de medidas de natureza cautelar ou antecipatória de tutela".

Francisco Antonio de Oliveira[1] dispõe acerca das alterações do art. 489, *in verbis*: "Com o advento da Lei nº 11.280/2006, acrescentou-se ao art. 489 do CPC, a ressalva da possibilidade da concessão, em casos imprescindíveis e sob os pressupostos previstos em lei, de medidas de natureza cautelar ou de antecipação de tutela. A ressalva trazida é oportuna, pois deixa ao douto critério do juiz relator a possibilidade de verificar se e quando a cautela poderá ser concedida".

---

[1] OLIVEIRA, Francisco Antonio de. *Ação rescisória*: enfoques trabalhistas: doutrina, jurisprudência, súmulas. 4. ed. São Paulo: LTr, 2012.

Nesse sentido, vejamos o que dispõem os seguintes julgados:

> Agravo regimental. Ação rescisória. Decisão denegatória de antecipação de tutela. Medida que não se desvela imprescindível. Inteligência do art. 489 do Código de Processo Civil. Recurso desprovido. "A norma [art. 489 do CPC] exige que a medida de urgência obstaculizadora da execução do julgado, que é exceção à regra, além de preencher os requisitos necessários a toda cautelar (*fumus boni juris e periculum in mora*), seja também 'imprescindível', sem o que a medida não pode ser concedida. [...] Em outras palavras, imprescindível é o extraordinário. Não são consideradas imprescindíveis as medidas de urgência que sejam 'convenientes' para a parte requerente". (Nelson Nery Junior e Rosa Maria de Andrade Nery. *Código de Processo Civil Comentado e Legislação Extravagante*. 10ª Edição, Editora Revista do Tribunais, p. 799), escólio este de todo aplicável ao caso dos autos, porquanto a medida antecipatória requestada, malgrado conveniente, não se desnuda imprescindível para a autarquia acionante (TJSC, AGR 20130725566/SC 2013.072556-6 (Acórdão), Grupo de Câmaras de Direito Público Julgado, Rel. João Henrique Blasi, j. 10.06.2014).

> Processual civil. Agravo regimental em ação rescisória. Antecipação dos efeitos da tutela. Garantia da coisa julgada. Lei 11.280/06. Redação do art. 489 CPC. Possibilidade de deferimento. Pressupostos autorizadores. Não configuração. Indeferimento. 1. Entendo que por ser a coisa julgada um princípio constitucional de maior segurança jurídica, a sua cláusula não pode ser molestada por provimentos acautelatórios, só passíveis de modificação por ação própria. 2. A despeito desse entendimento, a Lei nº 11.280, de 16.02.06, deu nova redação ao art. 489, do CPC, que passou a dispor expressamente sob a possibilidade de deferimento de medidas cautelares ou antecipatória de tutela, em casos imprescindíveis e sob os pressupostos previstos em lei. 3. Ausente a verossimilhança da alegação, porque a decisão rescindenda (sentença proferida em Embargos à Execução) não resolveu mérito da lide, limitando-se à conclusão de intempestividade. 4. Agravo regimental a que se nega provimento (TRF-1, AGRAR 42.169/PI 2006.01.00.042169-9, 1ª Seção, Rel. Des. Federal José Amilcar Machado, j. 31.07.2007, *DJ* 11.10.2007, p. 5).

Com o advento da Lei 13.105/2015, que instituiu o novo Código de Processo Civil no ordenamento jurídico brasileiro, passou-se a dispor sobre o tema da seguinte forma: "Art. 969. A propositura da ação rescisória não impede o cumprimento da decisão rescindenda, ressalvada a concessão de tutela provisória".

Veja-se que o aludido CPC resguardou a preocupação do antigo quando da necessidade de se proteger a intangibilidade da coisa julgada, bem como os casos em que se faz necessária efetivamente a suspensão do julgado.

6.1.2 Tutela provisória em ação rescisória

6.1.2.1 Observações preliminares sobre tutela provisória

Com a reforma processual de 1994, vários institutos foram introduzidos no álbum processual civil de 1973, com escopo primacial da simplificação dos ritos. Um em especial que salta aos olhos foi o da antecipação dos efeitos da tutela jurisdicional meritória (antecipação do julgamento ou provimento), inserido no art. 273 do diploma adjetivo. Tal mudança se deu em face da ânsia pela entrega de uma prestação jurisdicional efetiva, célere, econômica e com capacidade de resolver os litígios de forma mais confiável, visando, também, reduzir os comportamentos protelatórios.

A antecipação dos efeitos da prestação jurisdicional não veio para neutralizar o processo cautelar, nem tampouco o poder geral de cautela do juiz, haja vista que o que se concede no primeiro caso é a pretensão meritória de forma antecipada, enquanto que no segundo apenas se fornece uma medida preventiva para evitar perecimento de direito.

A nossa ordenação jurídico-processual, mesmo antes da introdução desse instituto, no art. 273 do CPC de 1973, já se permitia fossem concedidos os efeitos da tutela meritória, embora "sem uma construção sistematizada e com aplicação genérica, uma vez que só podia ser deferida em situações específicas e vinculada a determinado tipo de relação jurídica"[2].

À guisa de ilustração, existe desde 1973, data em que o antigo CPC foi promulgado, por meio do art. 928 a possibilidade de se antecipar pretensão em peça jurídica de manutenção ou reintegração de posse, desde que observados todos os pressupostos necessários. O art. 928 dispunha, *ad literam*: "Estando a petição inicial devidamente instruída, o juiz deferirá, sem ouvir o réu, a expedição do mandado liminar de manutenção ou de reintegração; no caso contrário, determinará que o autor justifique previamente o alegado, citando-se o réu para comparecer à audiência que for designada".

Importa asseverar que o disciplinado no art. 928 do Digesto Processual de 1973 agora está disposto no novo Código de Processo Civil, em seu art. 647, *in verbis*: "Art. 647. Cumprido o disposto no art. 642, § 3º, o juiz facultará às partes que, no prazo comum de 15 (quinze) dias, formulem o pedido de quinhão e, em seguida, proferirá a decisão de deliberação da partilha,

---

[2] DELGADO, José Augusto. Reflexões sobre os efeitos da tutela antecipada. In: DINIZ, José Janguiê Bezerra (coord.). *Estudo do direito processual trabalhista civil e penal*. Brasília: Consulex, 1996. p. 189.

resolvendo os pedidos das partes e designando os bens que devam constituir quinhão de cada herdeiro e legatário".

Em legislação esparsa, também se previu tal instituto. Veja-se o art. 12 da Lei 7.347/1985, norteadora da ação civil pública que estipula: "Poderá o juiz conceder mandado liminar, com ou sem justificação prévia, em decisão sujeita a agravo". Outrossim, analise-se o § 1º e incisos do art. 59 da Lei 8.245/1991 que disciplina as locações dos imóveis urbanos e os procedimentos a elas pertinentes.

Tal preceptivo vaticina: "Conceder-se-á liminar para desocupação em quinze dias, independentemente da audiência da parte contrária e desde que prestada a caução no valor equivalente a três meses de aluguel, nas ações que tiverem por fundamento exclusivo: I – o descumprimento do mútuo acordo (art. 9º inciso I), celebrado por escrito e assinado pelas partes e por duas testemunhas, no qual tenha sido ajustado o prazo mínimo de seis meses para desocupação, contado da assinatura do instrumento; II – o disposto no inciso II do art. 47, havendo prova escrita da rescisão do contrato de trabalho ou sendo ela demonstrada em audiência prévia; III – o término do prazo da locação para temporada, tendo sido proposta a ação de despejo em até trinta dias após o vencimento do contrato; IV – a morte do locatário sem deixar sucessor legítimo na locação, de acordo com o referido no inciso I do art. 11, permanecendo no imóvel pessoas não autorizadas por lei; V – a permanência do sublocatário no imóvel, extinta a locação, celebrada com o locatário; VI – o disposto no inciso IV do art. 9º, havendo a necessidade de se produzir reparações urgentes no imóvel, determinadas pelo poder público, que não possam ser normalmente executadas com a permanência do locatário, ou, podendo, ele se recuse a consenti-las; (Incluído pela Lei 12.112, de 2009); VII – o término do prazo notificatório previsto no parágrafo único do art. 40, sem apresentação de nova garantia apta a manter a segurança inaugural do contrato; (Incluído pela Lei 12.112, de 2009); VIII – o término do prazo da locação não residencial, tendo sido proposta a ação em até 30 (trinta) dias do termo ou do cumprimento de notificação comunicando o intento de retomada; (Incluído pela Lei 12.112, de 2009); IX – a falta de pagamento de aluguel e acessórios da locação no vencimento, estando o contrato desprovido de qualquer das garantias previstas no art. 37, por não ter sido contratada ou em caso de extinção ou pedido de exoneração dela, independentemente de motivo. (Incluído pela Lei 12.112, de 2009)".

Várias nações do mundo já inseriram em seus ordenamentos jurídicos tal instituto há mais de quatro décadas. A Itália, *v.g.*, teve-o incorporado ao art. 700 do *Códice de Procédure Civile*, em 1942. A Alemanha, por seu lado, incorporou ao seu código de procedimento (ZPO) instituto nos §§ 935 e 940[3].

O art. 273 do antigo CPC trazia em seu bojo os pressupostos necessários da tutela antecipada. Vaticinava o citado artigo que: "Art. 273. O juiz poderá, a requerimento da parte, antecipar, total ou parcialmente, os efeitos da tutela pretendida no pedido inicial, desde que, existindo prova inequívoca, se convença da verossimilhança da alegação e: (Redação dada pela Lei 8.952, de 13.12.1994) I – haja fundado receio de dano irreparável ou de difícil reparação; ou (Incluído pela Lei 8.952, de 13.12.1994) II – fique caracterizado o abuso de direito de defesa ou o manifesto propósito protelatório do réu. (Incluído pela Lei 8.952, de 13.12.1994) § 1º Na decisão que antecipar a tutela, o juiz indicará, de modo claro e preciso, as razões do seu convencimento. (Incluído pela Lei 8.952, de 13.12.1994) § 2º Não se concederá a antecipação da tutela quando houver perigo de irreversibilidade do provimento antecipado. (Incluído pela Lei 8.952, de 13.12.1994) § 3º A efetivação da tutela antecipada observará, no que couber e conforme sua natureza, as normas previstas nos arts. 588, 461, §§ 4º e 5º, e 461-A. (Redação dada pela Lei 10.444, de 07.05.2002) § 4º A tutela antecipada poderá ser revogada ou modificada a qualquer tempo, em decisão fundamentada. (Incluído pela Lei 8.952, de 13.12.1994) § 5º Concedida ou não a antecipação da tutela, prosseguirá o processo até final julgamento. (Incluído pela Lei 8.952, de 13.12.1994) § 6º A tutela antecipada também poderá ser concedida quando um ou mais dos pedidos cumulados, ou parcela deles, mostrar-se incontroverso. (Incluído pela Lei 10.444, de 07.05.2002) § 7º Se o autor, a título de antecipação de tutela, requerer providência de natureza cautelar, poderá o juiz, quando presentes os respectivos pressupostos, deferir a medida cautelar em caráter incidental do processo ajuizado. (Incluído pela Lei 10.444, de 07.05.2002)".

Essa espécie de tutela de urgência de natureza satisfativa vem conferida no novo Código de Processo Civil e, com o fito de simplificar e dar celeridade a esse procedimento, houve a unificação das medidas de urgência, reunidas agora no título denominado "Tutela Provisória" – Livro V. Essa tutela provisória poderá ter caráter de urgência ou evidência, sendo que o de urgência poderá ser cautelar ou antecipatório.

---

[3] SANTOS, Ernane Fidelis dos. *Novos perfis do processo civil brasileiro*. Belo Horizonte: Del Rey, 1996. p. 23, citando BAUR, Fritz. *Tutela jurídica mediante cautelares*. Porto Alegre: Fabris, 1985. p. 44-45.

Na lição do doutrinador Danilo Gonçalves Gaspar[4], sobre a sistemática contida na redação final da Lei 13.105/2015, distinta do texto inicialmente aprovado, descreveu como sendo: "A redação final do novo CPC contemplou a tutela provisória como um gênero que engloba a tutela de urgência e tutela de evidência. Por sua vez, a tutela de urgência se refere a uma espécie de tutela provisória que compreende duas subespécies, quais sejam: tutela provisória de urgência cautelar e tutela provisória de urgência antecipada".

Dispõe o art. 294 do novo CPC: "A tutela provisória pode fundamentar-se em urgência ou evidência. Já o parágrafo único preceitua que a tutela provisória de urgência, cautelar ou antecipada, pode ser concedida em caráter antecedente ou incidental".

O juiz poderá então determinar as medidas que considerar adequadas para efetivação da tutela provisória, nos termos do art. 297 do novo CPC. Frise-se também que a teor do art. 298, na decisão que conceder, negar, modificar ou revogar a tutela provisória, o juiz justificará as razões de seu convencimento de modo claro e preciso. Essa tutela provisória deverá ser requerida ao juízo da causa e, quando antecedente, ao juízo competente para conhecer do pedido principal.

A tutela de urgência será concedida quando houver elementos que evidenciem a probabilidade do direito e o perigo de dano ou o risco ao resultado útil do processo, nos termos do art. 300 do novo CPC.

Ainda sobre a matéria tutela de urgência extraímos o que, com propriedade, tratou Danilo Gonçalves Gaspar[5], quando listou os requisitos para a concessão de tutela de urgência, quais sejam: a) *fumus boni iuris* (art. 300), b) *periculum in mora* (art. 300), c) perigo de irreversibilidade dos efeitos da decisão (art. 300, § 3º).

Sendo assim, será concedida tutela de urgência baseada na probabilidade da certeza do direito ou quando evidenciado este, podendo ser concedida liminarmente ou após justificação prévia (vide § 2º do mencionado dispositivo). Destaque-se desta feita, que o § 3º, deste mencionado artigo, a tutela de urgência, de natureza antecipada, não será concedida quando houver perigo de irreversibilidade dos efeitos da decisão.

---

4   GASPAR, Danilo Gonçalves. *O novo Código de Processo Civil e seus reflexos no processo do trabalho*. Org. Élisson Miessa. Salvador: JusPodivm, 2015. p. 388.

5   GASPAR, Danilo Gonçalves. *O novo Código de Processo Civil e seus reflexos no processo do trabalho*. Org. Élisson Miessa. Salvador: JusPodivm, 2015. p. 396-397.

Frise-se ainda que o art. 300, § 1º, do novo CPC traz ainda à baila a necessidade de exigir caução real ou fidejussória idônea para ressarcir os danos que a outra parte possa vir a sofrer, conforme o caso, podendo a caução ser dispensada se a parte economicamente hipossuficiente não puder oferecê-la.

Já com relação à concessão da tutela da evidência, não há exigência da presença do perigo de dano ou de risco ao resultado útil do processo e se apresentará nas seguintes hipóteses: "Art. 311. A tutela da evidência será concedida, independentemente da demonstração de perigo de dano ou de risco ao resultado útil do processo, quando: I – ficar caracterizado o abuso do direito de defesa ou o manifesto propósito protelatório da parte; II – as alegações de fato puderem ser comprovadas apenas documentalmente e houver tese firmada em julgamento de casos repetitivos ou em súmula vinculante; III – se tratar de pedido reipersecutório fundado em prova documental adequada do contrato de depósito, caso em que será decretada a ordem de entrega do objeto custodiado, sob cominação de multa; IV – a petição inicial for instruída com prova documental suficiente dos fatos constitutivos do direito do autor, a que o réu não oponha prova capaz de gerar dúvida razoável. Parágrafo único. Nas hipóteses dos incisos II e III, o juiz poderá decidir liminarmente".

Na lição sempre precisa de Marcus Vinicius Rios Gonçalves a respeito da tutela de evidência, temos que "a de evidência não tem por fim afastar um perigo, e será deferida mesmo que ele não exista. Para compreender a sua finalidade, é preciso lembrar que normalmente o autor é quem sofre com a demora do processo, pois é ele quem formula a pretensão, que permanece não atendida até o final (ou até determinada fase). Cabe ao autor, em regra, suportar o ônus da demora. A tutela de evidência inverte esse ônus, sendo quando o réu age de forma abusiva ou com o intuito protelatório, seja quando o direito cuja proteção o autor postula revista-se de evidência, o que ocorre nas hipóteses dos incisos II e IV do art. 311, seja, ainda, quando se tratar de pedido reipersecutório fundado em prova documentada adequada de contrato de depósito"[6].

No tocante ao ingresso de ação rescisória, com o fito de suspender a execução da decisão que formou a coisa julgada material, no antigo Código de Processo Civil de 1973 previa-se: "Art. 489. O ajuizamento da ação rescisória não impede o cumprimento da sentença ou acórdão rescindendo, ressalvada a concessão, caso imprescindíveis e sob os pressupostos previstos em lei, de

---

[6] GONÇALVES, Marcus Vinicius Rios. *Direito Processual Civil Esquematizado*. Pedro Lenza (Coord.). 7. Ed. São Paulo: Saraiva, 2016. p. 351.

medidas de natureza cautelar ou antecipatória de tutela". Com o novo CPC, tal artigo foi descrito com nova redação, que dispõe: "Art. 966. A propositura da ação rescisória não impede o cumprimento da decisão rescindenda, ressalvada a concessão de tutela provisória".

Na lição de Marcus Vinicius Rios Gonçalves:

> para o deferimento da tutela de urgência, é indispensável a plausibilidade do pedido de rescisão e o risco de prejuízo irreparável ou de difícil reparação, caso o cumprimento da decisão não seja suspenso. Cumpre ao relator da ação rescisória apreciar o pedido de liminar.[7]

Desta feita, a antiga discussão de qual medida – antecipatória ou cautelar – seria aplicável, agora resta sanada com a unificação das medidas de urgência no novo CPC.

6.1.2.2 Processamento do pedido

No que diz pertinência ao procedimento, é de ser asseverado que no antigo Código de Processo Civil previa-se que deveria se dar o pedido antecipatório a partir do requerimento da parte (art. 273).

O novo Código de Processo Civil, conforme visto alhures, dispõe em seu art. 294 sobre a tutela provisória que pode fundamentar-se em urgência ou evidência. O seu parágrafo único do art. 294 prevê que as tutelas de urgência, sejam elas cautelar ou antecipadas, poderão ser concedidas em caráter antecedente ou de forma incidental.

Frise-se que essa tutela provisória será requerida ao juízo da causa e, quando antecedente, ao juízo competente para conhecer do pedido principal, nos termos do art. 299.

No tocante à tutela de evidência, convém assinalar que está será deferida em cognição sumária e em caráter provisório nas hipóteses previstas nos incisos do art. 311 do Digesto Processual[8].

Nos casos em que a urgência for contemporânea à propositura da ação, a teor do art. 303, a petição inicial pode limitar-se ao requerimento da tutela

---

[7] GONÇALVES, Marcus Vinicius Rios. Direito Processual Civil Esquematizado. Pedro Lenza (coord.) 7. ed. São Paulo: Saraiva, 2016, p. 566.

[8] GONÇALVES, Marcus Vinicius Rios. *Direito Processual Civil Esquematizado*. Pedro Lenza (Coord.). 7. ed. São Paulo: Saraiva, 2016. p. 370.

antecipada e à indicação do pedido de tutela final, com a exposição da lide, do direito que se busca realizar e do perigo de dano ou do risco ao resultado útil do processo.

No procedimento da tutela cautelar requerida em caráter antecedente, nos termos do art. 305 do novo CPC, a petição inicial da ação que visa à prestação de tutela cautelar em caráter antecedente indicará a lide, seu fundamento e a exposição sumária do direito que se objetiva assegurar, e o perigo de dano ou o risco ao resultado útil do processo.

Quanto à legitimidade para requerer e providenciar, nosso posicionamento é que são detentores desse direito: o autor, todo aquele que tiver *legitimatio ad causam* para ajuizar a ação e o Ministério Público; este último, quando se tratar de direitos indisponíveis.

Desta feita, é o juiz da causa o detentor da competência para apreciar o pedido de tutela provisória no direito processual comum, e, quando antecedente deverá ser requerida ao juízo competente para conhecer do pedido principal. Em se tratando de processo de competência originária dos tribunais, ou quando o processo já tiver sido julgado em grau de recurso, a competência é do colegiado, pois a *quaestio juris* se refere ao próprio mérito.

No novo CPC, o art. 300, § 2º, prevê que a tutela de urgência pode ser concedida liminarmente ou após justificação prévia.

Nos casos de procedimento da tutela antecipada requerida em caráter antecedente – nos termos do art. 303, § 1º, do CPC –, concedida a tutela, o réu será citado e intimado para a audiência de conciliação ou de mediação na forma do art. 333; não havendo autocomposição, o prazo para contestação será contado na forma do art. 335 (o réu poderá oferecer contestação, por petição, no prazo de quinze dias, cujo termo inicial será a data).

Já nos casos de procedimento da tutela cautelar, requerida em caráter antecedente, nos termos do art. 306, o réu será citado para, no prazo de cinco dias, contestar o pedido e indicar as provas que pretende produzir.

Dessa decisão, no processo civil cabe agravo de instrumento, pois, por ser interlocutória, não põe termo ao processo, a teor do que dispõe o art. 1.015 do novo CPC; cabe agravo de instrumento contra as decisões interlocutórias que versarem sobre: I – tutelas provisórias. Em seara de processo trabalhista, o agravo é inadmissível, uma vez que ele só tem o escopo de destrancar recurso. Logo, da decisão que concede ou denega tutela provisória na Justiça do Trabalho não cabe qualquer recurso, mas simples protesto, em face do princípio da irrecorribilidade das decisões interlocutórias. José Augusto

Delgado defende caber correição parcial ou mandado de segurança, que não tem natureza jurídica recursal[9].

A decisão que concede a tutela de forma antecipada pode ser revogada ou modificada. É o que dispõe o art. 296 do novo CPC, *in verbis*: A tutela provisória conserva sua eficácia na pendência do processo, mas pode, a qualquer tempo, ser revogada ou modificada.

No relativo à execução da tutela provisória, o art. 297, parágrafo único, dispõe que a efetivação da tutela provisória observará as normas referentes ao cumprimento provisório da sentença, no que couber.

6.1.2.3 Tutela provisória no processo do trabalho

Com o processo do trabalho a inovação do art. 273 do antigo CPC ("O juiz poderá, a requerimento da parte, antecipar, total ou parcialmente, os efeitos da tutela pretendida no pedido inicial, desde que, existindo prova inequívoca, se convença da verossimilhança da alegação e...") era perfeitamente compatível, *ex vi* do art. 769 da CLT, *mutatis mutandis*.

No contexto, como se trata de antecipar o conteúdo meritório da própria sentença, a competência para o referido pronunciamento é do colegiado, ou seja, das Juntas de Conciliação e Julgamento, ou do Juiz de Direito no exercício da *jurisdictio* trabalhista, e não do juízo monocrático, cuja atuação se restringe às hipóteses do art. 649 da CLT[10]. Em se tratando de processo de competência originária de TRT ou se já houve a interposição de recurso, a competência passa a ser do tribunal, do relator do processo.

Sobre o tema, vejamos o que dispõe a OJ 68 da SDI II do C. TST:

> OJ 68 – Antecipação de tutela. Competência (nova redação) – *DJ* 22.08.2005
>
> Nos Tribunais, compete ao relator decidir sobre o pedido de antecipação de tutela, submetendo sua decisão ao Colegiado respectivo, independentemente de pauta, na sessão imediatamente subsequente.

São casos comuns de antecipação de tutela no processo do trabalho: 1) hipótese de dirigente sindical, quando dispensado irregularmente, sem

---

[9] DELGADO, José Augusto. Reflexões sobre os efeitos da tutela antecipada. In: DINIZ, José Janguiê Bezerra (coord.). *Estudo do direito processual trabalhista civil e penal*. Brasília: Consulex, 1996. p. 198.

[10] BARROS, Alice Monteiro de. Tutela antecipada no processo do trabalho. In: DINIZ, José Janguiê Bezerra (coord.). *Estudo do direito processual trabalhista, civil e penal*. Brasília: Consulex, 1996. p. 83.

inquérito. "A prova inequívoca do direito capaz de convencer o juízo da verossimilhança da alegação está perfeitamente caracterizada, pois o empregado é portador de estabilidade provisória e sendo o inquérito essencial à sua dispensa, a nulidade desta é claramente visível. Também o dano irreparável se delineia neste caso, pois estando desempregado, o dirigente sindical fica impedido de exercer as funções para as quais fora eleito, prejudicando-se e, principalmente, à categoria profissional a que pertence"[11]; 2) antecipação de tutela pleiteada por dirigentes e representantes sindicais que sofreram punições e foram anistiados pela Lei 8.632/1993. Este caso ainda não encontra guarida uniforme na jurisprudência, embora já haja decisão no Tribunal do Paraná concedendo (cf. *Revista Gênesis*, nº 38, p. 197); 3) antecipação do pedido meritório de diferença salarial. Alice de Barros Monteiro acha suscetível se conceder a tutela de forma antecipada quando se tratar de salário inferior ao mínimo, ou quando o salário pago for inferior ao da categoria profissional, ou ainda, quando o pago for inferior ao ajustado, pois segundo ela o que "está em jogo é a própria sobrevivência do obreiro"[12].

Outrossim, entende a citada autora, no mesmo trabalho, ser possível a antecipação da tutela em dissídios coletivos. *Permissa maxima venia*, nesse ponto com ela não concordamos. É que não pode haver deferimento de tutela antecipada no dissídio coletivo, por inexistir direito material em apreciação e existência, consequentemente, de relação jurídica concreta. Consoante se depreende do didatismo inteligente do § 2º do art. 114 da Constituição Federal, os Tribunais Trabalhistas estabelecem, em dissídio coletivo, apenas normas de condutas, em face do poder normativo da Justiça do Trabalho. A concessão da tutela antecipada só pode ocorrer se presentes os pressupostos exigidos para tal, após a prolação e publicação da sentença normativa.

Sobre o tema, vejamos as orientações jurisprudenciais a seguir:

> OJ 64 – Mandado de segurança. Reintegração liminarmente concedida (inserida em 20.09.2000)
> Não fere direito líquido e certo a concessão de tutela antecipada para reintegração de empregado protegido por estabilidade provisória decorrente de lei ou norma coletiva.

---

[11] BARROS, Alice Monteiro de. Tutela antecipada no processo do trabalho. In: DINIZ, José Janguiê Bezerra (coord.). *Estudo do direito processual trabalhista, civil e penal*. Brasília: Consulex, 1996. p. 84-85.

[12] BARROS, Alice Monteiro de. Tutela antecipada no processo do trabalho. In: DINIZ, José Janguiê Bezerra (coord.). *Estudo do direito processual trabalhista, civil e penal*. Brasília: Consulex, 1996. p. 84-85.

OJ 65 – Mandado de segurança. Reintegração liminarmente concedida. Dirigente sindical (inserida em 20.09.2000)

Ressalvada a hipótese do art. 494 da CLT, não fere direito líquido e certo a determinação liminar de reintegração no emprego de dirigente sindical, em face da previsão do inciso X do art. 659 da CLT.

OJ 67 – Mandado de segurança. Transferência. Art. 659, IX, da CLT (inserida em 20.09.2000)

Não fere direito líquido e certo a concessão de liminar obstativa de transferência de empregado, em face da previsão do inciso IX do art. 659 da CLT.

OJ 142 – Mandado de segurança. Reintegração liminarmente concedida (*DJ* 04.05.2004)

Inexiste direito líquido e certo a ser oposto contra ato de Juiz que, antecipando a tutela jurisdicional, determina a reintegração do empregado até a decisão final do processo, quando demonstrada a razoabilidade do direito subjetivo material, como nos casos de anistiado pela Lei nº 8.878/94, aposentado, integrante de comissão de fábrica, dirigente sindical, portador de doença profissional, portador de vírus HIV ou detentor de estabilidade provisória prevista em norma coletiva.

6.1.2.4 Tutela provisória contra a Fazenda Pública

Quando começamos a escrever a primeira edição do presente trabalho o nosso entendimento era no sentido de que podia haver a concessão dos efeitos da tutela antecipada contra a Fazenda Pública. Numa ação de repetição de indébito, por exemplo, ensinávamos que a ordem devia ser expedida com a preparação do precatório. Apenas, o juiz não devia transmitir a propriedade do bem, isto é, não devia fazer uso da verba posta no orçamento.

Entrementes, em 27 de março de 1997 foi publicada no *Diário Oficial da União* a Medida Provisória 1.570, de 26 do referido mês, posteriormente convertida na Lei 9.494/1997, no seguinte teor: "Art. 1º Aplica-se à tutela antecipada prevista nos arts. 273 e 461 do Código de Processo Civil o disposto nos arts. 5º e seu parágrafo único e 7º da Lei 4.348, de 26 de junho de 1964, no art. 1º e seu § 4º da Lei 5.021, de 9 de junho de 1966 e nos arts. 1º, 3º e 4º da Lei nº 8.437, de 30 de junho de 1992".

Procedendo a hermenêutica sistemática do preceptivo retromencionado, constatamos que a medida proibia a antecipação dos efeitos da tutela (CPC/1973, art. 272) e a concessão de liminar (CPC/1973, art. 461) em casos específicos, "visando à reclassificação ou equiparação de servidores públicos, ou à concessão de aumento ou extensão de vantagens" (Lei 4.348/1964, art. 5º, *caput*), a concessão de antecipação de tutela ou a liminar "para efeito de pagamento de vencimentos e vantagens pecuniárias" (Lei 5.021/1966, art. 1º,

§ 4º), e, de igual modo, proíbe a antecipação ou liminar "que esgote, no todo ou em parte, o objeto da ação" (Lei 5.021/1966, art. 1º, § 3º).

Ademais, estipulava-se que, quando houvesse risco de a pessoa jurídica de direito público vir a sofrer dano, a antecipação da tutela ou a liminar somente poderia ser concedida, pelo juiz ou relator, se o requerente prestasse garantia real ou fidejussória.

Ampliando a seara de reflexões, de registrar, entretanto, que consoante se depreende do art. 62 da *Lex Fundamentalis*, a adoção de medidas provisórias pelo Presidente da República, está subordinada ao atendimento de dois requisitos, quais sejam: **relevância e urgência da matéria**.

No contexto, segundo os mais abalizados constitucionalistas, de mister para que a medida seja expedida, a concorrência de ambos os requisitos, em virtude da existência do conectivo "e", o que constatamos não existiu.

No particular, a medida em apreciação trata de normas meramente processuais, não havendo nenhum excepcional interesse público, o que nos leva a afirmar que os "pressupostos constitucionais" foram descartados, acarretando, no contexto, inconstitucionalidade formal.

Não bastasse a inconstitucionalidade formal, está também eivada de inconstitucionalidade material, segundo a lição respeitadíssima de Teixeira Filho[13]: "ao cercear, em alguns casos, e ao restringir, em outros, a possibilidade de os juízes realizarem a antecipação dos efeitos da tutela jurisdicional de que trata o art. 273, do CPC, ou de concederem medidas liminares, com fulcro no art. 461, do mesmo Código, a Medida Provisória em questão, na verdade, se traduziu num espantoso vilipêndio do Poder Executivo à independência do Poder Judiciário. Advirta-se que a Constituição Federal, no art. 2º declara serem Poderes da União, independentes e harmônicos entre si, o Legislativo, o Executivo e o Judiciário, consagrando, com isso, a clássica tripartição idealizada por Charles-Louis de Secondat, Barão de la Brède e de Montesquieu ('O Espírito das Leis', 1.748). Note-se que essa independência é tão importante para a normalidade da vida democrática do País, e para a República, que o próprio constituinte introduziu cláusula inflexível, materializada no art. 60, inciso III, pela qual vedou a possibilidade de Emenda Constitucional destinada a abolir a separação dos poderes (...) A violação perpetrada pela Medida Provisória nº 1.507/97 aos dispositivos constitucionais aludidos é tanto mais grave se considerarmos que, por meio dela, o Executivo legislou

---

[13] TEIXEIRA FILHO, Manoel Antonio. A Medida Provisória nº 1.507/97 e sua múltipla inconstitucionalidade. *Revista LTr*, São Paulo: LTr, v. 61, nº 4, abr. 1997, p. 450-454.

em causa própria, corresponde a afirmar, no interesse da Fazenda Pública e em total menoscabo às situações de periclitância do direito que os particulares ostentam em face da Administração [...] Pôr outro lado, a Medida Provisória nº 1.507/97, na parte em que impede a antecipação dos efeitos da tutela jurisdicional ou a concessão de medida liminar em determinadas situações de inegável periclitância de direito, ou em que condiciona a emissão dessas providências de urgência e a prestação de caução, real ou fidejussória, agride a regra contida no art. 5º, inciso XXXV, da Constituição Federal. Por essa norma se declara que nenhuma lesão ou ameaça a direito poderá ser excluída da apreciação do Poder Judiciário".

Com efeito, para o Poder Executivo, as diretrizes fixadas pela medida provisória representam o atendimento de algumas necessidades de defesa do erário público contra a antecipação de tutela em processos nos quais são discutidos vencimentos de servidores públicos e que, por essa razão, não devem ser executados antes da decisão final proferida pelo Poder Judiciário.

No diapasão, louvável seria a medida não fosse ela eivada de inconstitucionalidade formal e material, o que, aliás, tem pautado a expedição de quase todas as medidas provisórias, o que nos faz permanecer com o ponto de vista inicial, qual seja: de que é possível a concessão de antecipação de tutela contra a Fazenda Pública desde que presentes todos os requisitos concessivos.

Ademais, impende destacar que a Lei 9.494/1997, resultante da conversão da Medida Provisória 1.570/1997, fora objeto da ADC 444/1997, que decidiu pela constitucionalidade do art. 1º da aludida lei, que disciplina a aplicação da tutela antecipada pelos juízes contra a Fazenda Pública.

Com efeito, a decisão que concede tutela antecipada contra pessoa jurídica de direito público alimenta remessa necessária (novo Código de Processo Civil, art. 496, e DL 779/1969), principalmente porque enseja execução provisória[14].

6.1.2.5 Conclusões sobre tutela provisória em sede de ação rescisória

Feitas essas considerações sobre a tutela antecipada, digno de mencionar é que, como já visto alhures, com o advento da Lei 13.105/2015, que instituiu o novo Código de Processo Civil, houve a unificação das medidas de urgência, reunidas agora no título denominado "Tutela Provisória" – Livro V.

---

[14] CALMON DE PASSOS, José Joaquim. *Inovações no Código de Processo Civil*. 2. ed. Rio de Janeiro: Forense, 1996. p. 28.

Outrossim, o art. 969 do Digesto Processual prevê que "A propositura da ação rescisória não impede o cumprimento da decisão rescindenda, ressalvada a concessão de tutela provisória".

Frise-se que essa tutela provisória poderá ter caráter de urgência ou evidência, sendo que o de urgência poderá ser cautelar ou antecipatório.

Desta feita, tais medidas permitem-se a suspensão da execução definitiva no todo ou em parte, de modo a não prejudicar o julgamento célere da ação rescisória, e serão analisadas caso a caso.

6.2 ÓRGÃO COMPETENTE PARA APRECIAR E JULGAR A RESCISÓRIA

O Código de Processo Civil de 1973 previa que a sentença de mérito, transitada em julgado, poderia ser rescindida.

Oportuno ressaltar que o art. 485, *caput*, do CPC/1973, ao estabelecer que a "sentença" de mérito podia ser rescindida, falou menos do que queria dizer, pois o termo "sentença", aqui impropriamente colocado, devia ser entendido em sentido amplo, significando "decisão". Em reforço a esse argumento vinha a manifestação da doutrina que, conquanto não se detinha na hipótese ora levantada, reconhecia a rescindibilidade dos acórdãos, sendo que o CPC os definia expressamente (CPC, art. 163), fazendo nítida e precisa distinção entre estes e a sentença (CPC, art. 162, § 1º)[15].

Para sanar tal omissão o novo Código de Processo Civil, ao tratar da ação rescisória, em seu art. 966, disciplina que caberá tal instituto das decisões de mérito, transitadas em julgado.

No diapasão, em face do efeito substitutivo da sentença pelo acórdão (art. 1.008 do novo CPC)[16], só ele está sujeito a ser impugnado por ação rescisória, e não a sentença. No particular, o fundamento da rescisória deve dirigir-se à decisão substitutiva e não à substituída.

---

[15] NERY JR., Nelson; NERY, Rosa Maria de Andrade. *Código de Processo Civil comentado*. 2. ed. rev. e ampl. São Paulo: RT, 1996. p. 862. (Frise-se que a mencionada citação refere-se ao antigo Código de Processo Civil.)

[16] Diz-se que ocorre o efeito substitutivo da sentença pelo acórdão quando o recurso for conhecido, provido ou não. Ademais, quando o recurso não for conhecido, ou, embora conhecido, for acolhida uma preliminar de nulidade processual, o efeito substitutivo não ocorrerá. É que o processo será anulado, devolvendo os autos ao juízo de primeiro grau para reabrir a instrução processual.

A competência para julgar a rescisória de sentença é do tribunal que seria competente para conhecer do recurso contra essa sentença.

Demais disso, "Na ação rescisória, o órgão judiciário competente para decidi-la se sobrepõe, nos graus de Jurisdição, àqueles que antes se pronunciaram sobre a causa, proferindo nova decisão que deve prevalecer sobre aquelas anteriormente pronunciadas"[17].

As rescisórias de acórdãos de Tribunais Regionais também são julgadas pelo próprio Tribunal, de acordo com o Regimento Interno de cada Tribunal.

A título ilustrativo, no Tribunal de Justiça de Pernambuco cabe à Corte Especial daquele Tribunal julgar as ações rescisórias de seus acórdãos (art. 29, XII); compete à Seção Cível processar e julgar a ação rescisória de acórdão de Câmara Cível (art. 68, I, c).

Já no Tribunal Regional Federal da 5ª Região, sediado em Recife, o Regimento Interno prevê competência do Plenário daquela corte para apreciar e julgar: "(...) as ações rescisórias de julgados seus, das Turmas e dos Juízes Federais da Região" (art. 6º, I, b).

Por outro lado, o Regimento Interno do Superior Tribunal de Justiça atribui competência à Corte Especial processar e julgar: "(...) as ações rescisórias de seus próprios julgados" (art. 11, V), e às Seções processar e julgar: "(...) as ações rescisórias de seus julgados e das Turmas que compõem a respectiva área de especialização" (art. 12, II).

Quanto ao Supremo Tribunal Federal, a competência para julgar as rescisórias de julgados do Tribunal, quer seja do Plenário, de Turma ou até de julgado do próprio Presidente, pertence ao Tribunal Pleno (RISTF, arts. 6º, I, c, e 259).

> Súmula 249: "É competente o Supremo Tribunal Federal para a ação rescisória quando, embora não tendo conhecido do Recurso Extraordinário, ou havendo negado provimento ao Agravo, tiver apreciado a questão federal controvertida".
>
> Súmula 515: "A competência para a ação rescisória não é do Supremo Tribunal Federal quando a questão federal, apreciada no recurso extraordinário ou no agravo de instrumento, seja diversa da que foi suscitada no pedido rescisório". Mas, "sendo o STF competente para julgar um dos

---

[17] MARQUES, José Frederico. *Manual de direito processual civil*. 9. ed. rev. e atual. São Paulo: Saraiva, 1987. v. 3, p. 267.

aspectos da rescisória, sua competência se prorroga àqueles que por ele não foram examinados anteriormente" (RTJ 86/67: Pleno)[18].

Nesse sentido:

> Agravo regimental. Reclamação constitucional. Ação rescisória ajuizada na origem. Usurpação da competência do STJ. Não ocorrência. Pedido rescisório diverso da questão federal decidida no recurso especial. Aplicação da Súmula 515/STF. Precedentes. Controvérsia jurisprudencial. Caso concreto. 1. "A competência para a ação rescisória não é do Supremo Tribunal Federal, quando a questão federal, apreciada no recurso extraordinário ou no agravo de instrumento, seja diversa da que foi suscitada no pedido rescisório" (Súmula 515/STF). 2. Controvérsia jurisprudencial acerca da possibilidade de ajuizamento de ação rescisória na origem para rescindir capítulo do julgado não apreciado por esta Corte. 3. Necessidade de se observar o entendimento anteriormente manifestado para o caso concreto, em respeito à segurança jurídica. 4. Usurpação de competência inocorrente. 5. Agravo regimental desprovido (STJ, 2ª Seção, Rel. Min. Paulo de Tarso Sanseverino, j. 08.05.2013).

"Em tema de ação rescisória, é essencial que o acórdão rescindendo, proferido pelo STF, tenha efetivamente apreciado a questão federal controvertida, quer acolhendo-a, quer repelindo-a. É essa circunstância que define, para efeito do procedimento rescisório, a competência originária do STF. Súmula 515" (STF-Pleno: *RT* 701/224)[19].

Compete, de regra, ao relator todas as providências e decisões interlocutórias até o julgamento, facultada, inclusive, a delegação de competência a juízo de primeiro grau para a prática de atos de instrução.

A teor do que dispõe o novo CPC:

> Art. 971. Na ação rescisória, devolvidos os autos pelo relator, a secretaria do tribunal expedirá cópias do relatório e as distribuirá entre os juízes que compuserem o órgão competente para o julgamento.
>
> Parágrafo único. A escolha de relator recairá, sempre que possível, em juiz que não haja participado do julgamento rescindendo.

---

[18] NEGRÃO, Theotonio. *Código de Processo Civil e legislação processual em vigor*. 27. ed. São Paulo: Saraiva, 1996. p. 1.249.

[19] NEGRÃO, Theotonio. *Código de Processo Civil e legislação processual em vigor*. 27. ed. São Paulo: Saraiva, 1996. p. 1.249.

No contexto, "na ação rescisória não estão impedidos juízes que participaram do julgamento rescindendo" (Súmula 252 do STF).

As rescisórias para desconstituírem os acórdãos prolatados pelo antigo Tribunal Federal de Recursos são de competência dos Tribunais Regionais Federais.

Em seara de rescisória, se ocorrer qualquer das hipóteses de indeferimento da exordial, a competência do relator para declarar extinto o processo sem julgamento do mérito subsiste.

Em se tratando de processo trabalhista, a ação rescisória contra sentença de Varas, acórdãos regionais e sentença de Juiz de Direito investido na função de julgador trabalhista, a competência é dos TRTs, inclusive, se foi interposto recurso de revista desde que não conhecidos. Nesse sentido, vejamos o que dispõe a Súmula 192 do C. TST):

> Súmula nº 192 do TST
> Ação rescisória. Competência (atualizada em decorrência do CPC de 2015) – Res. 212/2016, *DEJT* divulgado em 20, 21 e 22.09.2016
> I – Se não houver o conhecimento de recurso de revista ou de embargos, a competência para julgar ação que vise a rescindir a decisão de mérito é do Tribunal Regional do Trabalho, ressalvado o disposto no item II.
> II – Acórdão rescindendo do Tribunal Superior do Trabalho que não conhece de recurso de embargos ou de revista, analisando arguição de violação de dispositivo de lei material ou decidindo em consonância com súmula de direito material ou com iterativa, notória e atual jurisprudência de direito material da Seção de Dissídios Individuais (Súmula nº 333), examina o mérito da causa, cabendo ação rescisória da competência do Tribunal Superior do Trabalho. (ex-Súmula nº 192 – alterada pela Res. 121/2003, *DJ* 21.11.2003)
> III – Sob a égide do art. 512 do CPC de 1973, é juridicamente impossível o pedido explícito de desconstituição de sentença quando substituída por acórdão do Tribunal Regional ou superveniente sentença homologatória de acordo que puser fim ao litígio.
> IV – Na vigência do CPC de 1973, é manifesta a impossibilidade jurídica do pedido de rescisão de julgado proferido em agravo de instrumento que, limitando-se a aferir o eventual desacerto do juízo negativo de admissibilidade do recurso de revista, não substitui o acórdão regional, na forma do art. 512 do CPC. (ex-OJ nº 105 da SBDI-2 – *DJ* 29.04.2003)
> V – A decisão proferida pela SBDI, em agravo regimental, calcada na Súmula nº 333, substitui acórdão de Turma do TST, porque emite juízo de mérito, comportando, em tese, o corte rescisório. (ex-OJ nº 133 da SBDI-2 – *DJ* 04.05.2004).

Se o TRT é dividido em turmas, a competência é do plenário (CLT, art. 678, I, *c*, 2); quando dividido em grupo de turmas, a competência é do grupo de turmas ou grupo normativo.

O Regimento Interno do Tribunal Regional do Trabalho da 6ª Região, sediado em Recife, frisa ser de competência do Tribunal Pleno processar e julgar originariamente "c) as ações rescisórias das sentenças das Varas do Trabalho e de seus próprios acórdãos" (art. 22, I, *c*).

Perante o Tribunal Superior do Trabalho, consoante art. 213, caberá ação rescisória dos acórdãos prolatados pelo Tribunal, no prazo e nas hipóteses previstas na legislação processual aplicável, observadas, para o julgamento, as regras alusivas à competência dos Órgãos judicantes da Corte.

Nos termos do art. 214, parágrafo único, registrada e autuada, a ação rescisória será distribuída, mediante sorteio, a um relator, dentre os ministros integrantes da Subseção II Especializada em Dissídios Individuais, e designado revisor o ministro que a ele se seguir na ordem decrescente de antiguidade no órgão.

O Regimento Interno do TST prevê ainda nos seguintes dispositivos no tocante à competência: "Art. 70. À Seção Especializada em Dissídios Coletivos compete: I – originariamente: (...) d) julgar as ações rescisórias propostas contra suas sentenças normativas. Art. 71. À Seção Especializada em Dissídios Individuais, em composição plena ou dividida em duas Subseções, compete: (...) III – à Subseção II: a) originariamente: 1. julgar as ações rescisórias propostas contra suas decisões, as da Subseção I e as das Turmas do Tribunal".

Frise-se ainda que a Orientação Jurisprudencial 70 da SDI-II do TST giza:

> OJ 70 – Ação rescisória. Manifesto e inescusável equívoco no direcionamento. Inépcia da inicial. Extinção do processo (alterada em 26.11.2002)
> O manifesto equívoco da parte em ajuizar ação rescisória no TST para desconstituir julgado proferido pelo TRT, ou vice-versa, implica a extinção do processo sem julgamento do mérito por inépcia da inicial."

Todavia, na lição do doutrinador Élisson Miessa[20], a inovação trazida pelo novo Digesto Processual que ocasionará mudanças no entendimento do TST "consiste na adequação do juízo, após o reconhecimento da incompetência, afastando assim a extinção do processo sem resolução do mérito,

---

[20] MIESSA, Élisson. *Processo do trabalho para concursos públicos*. 2. ed. Salvador: JusPodivm, 2015. p. 755.

como ocorre atualmente. Desse modo, reconhecida a incompetência do tribunal para julgar a ação rescisória, o autor será intimado para emendar a petição inicial, a fim de adequar o objeto da ação rescisória, quando a decisão apontada como rescindenda tenha sido substituída por decisão posterior (art. 968, § 5º, II). Nessa hipótese, após a emenda da petição inicial será permitido ao réu complementar os fundamentos de defesa. Em seguida, serão os autos remetidos ao tribunal competente (art. 968, § 6º)".

6.3 INTERVENÇÃO OBRIGATÓRIA DO MINISTÉRIO PÚBLICO NA RESCISÓRIA

O Novo CPC prevê as hipóteses de intervenção do Ministério Público, em seu art. 178, que reza:

> Art. 178. O Ministério Público será intimado para, no prazo de trinta dias, intervir como fiscal da ordem jurídica:
>
> I – nas causas que envolvam interesse público ou social;
>
> II – nas causas que envolvam interesse de incapaz;
>
> III – nas causas que envolvam litígios coletivos pela posse de terra rural ou urbana;
>
> IV – nas demais hipóteses previstas em lei ou na Constituição Federal.

Em se tratando de interposição de ação rescisória, esta demanda intervenção obrigatória do Ministério Público, por tratar-se de causa de interesse público ou social, evidenciado pela fiscalização da validade da decisão passada em julgado, protegida constitucionalmente.

"É dever primacial do Estado defender a subsistência das decisões judiciais escorreitas e de concorrer para que não vicejem decisões eivadas por vícios graves, como aqueles enumerados no CPC 485; essa é a medida do interesse público, a tornar obrigatória a intervenção do Ministério Público, em todas as ações rescisórias"[21].

---

[21] TJSP, AR 4.371/SP, Rel. Des. Nereu César de Moraes, v.u., j. 24.11.1981. No mesmo sentido: *RJTSP* 56/270; *RT* 528/105, in: NERY JR., Nelson; NERY, Rosa Maria de Andrade. *Código de Processo Civil comentado*. 2. ed. rev. e ampl. São Paulo: RT, 1996. p. 868. (Devido ao ingresso em nosso ordenamento jurídico do novo CPC, onde se lê art. 485 deve-se ler art. 966.)

Outrossim, na seara trabalhista, merece destaque a Súmula 407 do c. TST, que dispõe sobre a legitimidade do Ministério Público para a propositura de ação rescisória, senão vejamos:

> Súmula 407 do TST – Ação rescisória. Ministério Público. Legitimidade "ad causam" prevista no art. 967, III, "a", "b" e "c" do CPC de 2015. Art. 487, III, "a" e "b", do CPC de 1973. Hipóteses meramente exemplificativas (nova redação em decorrência do CPC de 2015) – Res. 208/2016, DEJT divulgado em 22, 25 e 26.04.2016.
>
> A legitimidade "ad causam" do Ministério Público para propor ação rescisória, ainda que não tenha sido parte no processo que deu origem à decisão rescindenda, não está limitada às alíneas "a", "b" e "c" do inciso III do art. 967 do CPC de 2015 (art. 487, III, "a" e "b", do CPC de 1973), uma vez que traduzem hipóteses meramente exemplificativas (ex-OJ nº 83 da SBDI-2 – inserida em 13.03.2002).

7

DOS RECURSOS EM SEDE DE AÇÃO RESCISÓRIA

7.1 RECURSOS ADMISSÍVEIS EM RESCISÓRIA NO PROCESSO CIVIL E NO PROCESSO TRABALHISTA

7.1.1 No processo civil

7.1.1.1 Considerações iniciais

A decisão que indeferir a ação rescisória no processo civil pode ser impugnada por remédio previsto no regimento interno do tribunal. Omisso este, cabível será o mandado de segurança[1].

De regra, os regimentos internos dos tribunais trazem em seu bojo o recurso de agravo interno para impugnar a decisão indeferitória da rescisória.

Entretanto, o Regimento Interno do TRF da 5ª Região, sediado em Recife, o Regimento Interno do STJ, bem como o do Supremo Tribunal Federal não trazem dispositivos expressos admitindo agravo regimental de indeferimento liminar de rescisória[2]. De igual sorte, também não prevê o

---

[1] TEIXEIRA, Sálvio de Figueiredo. *Código de Processo Civil anotado*. 6. ed. atual. com as leis da "Reforma". São Paulo: Saraiva, 1996. p. 328.

[2] O art. 218 do RITRF 5ª Região estipula: "Cabe, em 15 (quinze) dias, salvo as exceções legais, agravo interno contra decisão de Presidente do Tribunal ou de Turma, bem assim de Relator, que poderá, fundamentadamente, reconsiderá-la, ou submetê-la, na primeira sessão seguinte, para que o colegiado competente sobre ela se pronuncie, computando-se o seu voto". "Art. 259. Contra decisão proferida por Ministro caberá agravo interno para que o respectivo órgão colegiado sobre ela se pronuncie, confirmando-a ou reformando-a. Por outro lado, o art. 317 do RISTF, que trata do agravo regimental, sublinha: "Ressalvadas as exceções previstas neste Regimento, caberá agravo regimental, no prazo de cinco dias de decisão do Presidente do Tribunal, de Presidente de Turma ou do Relator, que causar prejuízo ao direito da parte".

novo Regimento interno do Tribunal de Justiça de Pernambuco, mas cujo agravo está previsto no art. 367, com redação pela Resolução nº 395, de 30 de março 2017). No contexto, dissentimos do pensamento do Ministro Sálvio, pois, apesar de omissos, estamos que o remédio cabível deve ser o agravo regimental, haja vista que o mandado de segurança tem como essência proteger direito líquido e certo, o que de regra o indeferimento liminar de uma ação rescisória não constitui.

Logo, de decisão perante os Tribunais de Justiça ou perante os Tribunais Regionais Federais que indefere liminarmente ação rescisória cabe agravo interno.

Da decisão final proferida numa ação rescisória, de competência originária dos Tribunais de Justiça, ou dos Tribunais Regionais Federais, consoante magistério de Fidélis dos Santos[3], cabem os seguintes recursos: embargos de declaração (novo CPC, art. 1.022), recurso especial e recurso extraordinário (CPC, art. 983).

Perante o STJ, a decisão que indefere liminarmente a rescisória alimenta agravo interno. Da decisão final proferida em rescisória de competência originária do STJ cabem embargos de declaração. Se for unânime, não cabe nenhum recurso, salvo se houver violação da Constituição Federal, caso em que alimentará o recurso extraordinário.

No âmbito do STF, em caso de indeferimento liminar, enseja o agravo regimental. Da decisão final proferida em rescisória de competência originária do STF caberão apenas embargos declaratórios.

Importa asseverar que o antigo Código de Processo Civil previa ainda a possibilidade dos embargos infringentes, nos termos do seu art. 530, recurso esse que não foi acolhido pelo novo CPC.

7.1.1.2 Embargos de declaração

7.1.1.2.1 Considerações iniciais

Instaurado o processo de conhecimento ou de cognição, o juiz, após a realização da instrução processual com a colheita das provas, prolatará uma sentença.

---

[3] SANTOS, Ernane Fidelis dos. *Manual de direito processual civil*. 4. ed. São Paulo: Saraiva, 1996. v. 1, p. 604.

Prolatada a sentença e publicada[4], abre-se prazo para o sucumbente apresentar recurso. O primeiro recurso a ser interposto de uma sentença final é aquele chamado de embargos declaratórios, desde que a sentença venha eivada de "omissão, obscuridade ou contradição".

7.1.1.2.2 Cabimento

Antes da reforma processual de dezembro de 1994, o art. 464 do antigo CPC asseverava, *in verbis*: "Cabem Embargos de Declaração quando: I) há na sentença obscuridade, dúvida ou contradição; II) for omitido ponto sobre que devia pronunciar-se a sentença". Entrementes, é particularmente alegre consignar, a Lei 8.950, de 13 de dezembro de 1994, pôs termo a esse dispositivo, modificando o art. 535 do mesmo diploma. O art. 535, unificado com o 464, trouxe a seguinte redação ao CPC de 1973: "Cabem embargos de declaração quando: I) houver, na sentença ou no acórdão, obscuridade ou contradição; II) for omitido ponto sobre o qual devia pronunciar-se o juiz ou tribunal".

Note-se que o art. 535 tratou dos embargos declaratórios a serem interpostos tanto das sentenças dos juízes *a quo* como dos juízes *ad quem*. O legislador, de forma correta, unificou os dois embargos declaratórios, dando tratamento unitário em um único lugar. Ademais, observe-se que o termo "dúvida" existente no antigo artigo foi retirado.

Ocorre omissão, à guisa de ilustração, quando o juiz omite ponto sobre qual deveria se manifestar.

Outrossim, a contradição sói ocorrer quando o *decisum* da sentença negou provimento à ação, quando o conteúdo da motivação ou fundamentação induzia ao seu provimento.

A obscuridade, do latim *obscuritate*, consiste na falta de clareza, de luz. "Se, materialmente, algo não está devidamente iluminado, nada se vê. O ambiente está às escuras".

A obscuridade é a manifestação do pensamento do juiz na sentença, embora com confusão de ideias, não restando, como deveria, suficiente clareza e transparência.

Antônio Álvares da Silva[5] sublinha que "Uma sentença se diz 'obscura' quando se envolve em membrana que impede a luz. Não é clara, transparente.

---

[4] O objetivo da publicação é dar ciência às partes do conteúdo da sentença.
[5] SILVA, Antônio Álvares da. Os recursos trabalhistas à luz das modificações do CPC – comentários à Lei 8.950 de 13.12.94 e sua aplicação subsidiária ao processo trabalhista. *Revista LTr*, São Paulo, v. 59, n. 4.

Não manifesta corretamente o processo lógico de que deve ser portadora. Enfim, não realiza com suficiência a prestação da Jurisdição em razão da deficiência de transmissão dos conceitos em que se fundamentou".

Demais disso, é exemplo de obscuridade a linguagem rebuscada que não permite às partes compreender o verdadeiro sentido da sentença.

O novo Código de Processo Civil disciplina em seu art. 494 que, publicada a sentença, o juiz só poderá alterá-la: I – para corrigir-lhe, de ofício ou a requerimento da parte, inexatidões materiais ou erros de cálculo; II – por meio de embargos de declaração.

O novo CPC, mantendo as hipóteses anteriormente previstas de cabimento dos embargos de declaração, esclarece que estes serão possíveis contra decisão monocrática ou colegiada para (art. 1.022): I – esclarecer obscuridade ou eliminar contradição; II – suprir omissão de ponto sobre o qual devia pronunciar-se o juiz ou tribunal; III – corrigir erro material. Parágrafo único. Eventual efeito modificativo dos embargos de declaração somente poderá ocorrer em virtude da correção do vício, desde que ouvida a parte contrária no prazo de cinco dias.

Frise-se que o prazo para a sua interposição está previsto no art. 1.023, que giza: "Art. 1.023. Os embargos serão opostos, no prazo de 5 (cinco) dias, em petição dirigida ao juiz, com indicação do erro, obscuridade, contradição ou omissão, e não se sujeitam a preparo".

De realçar ainda sobre o assunto que os embargos primitivos apenas suspendiam[6] o prazo para a interposição de qualquer recurso. Hoje, a interposição interrompe. *Vide* o art. 538 no antigo CPC, *in verbis*: "Os Embargos de declaração interrompem o prazo para a interposição de outros recursos por qualquer das partes".

Já o novo CPC estipula em seu art. 1.026: "Os embargos de declaração não possuem efeito suspensivo e interrompem o prazo para a interposição de recurso". Ora, conforme o § 1º do mencionado dispositivo, a eficácia da decisão monocrática ou colegiada poderá ser suspensa pelo respectivo juiz ou relator se demonstrada a probabilidade de provimento do recurso ou, sendo relevante a fundamentação, se houver risco de dano grave ou de difícil reparação.

---

[6] Faz-se mister diferenciar suspensão e interrupção de prazo. Na suspensão ocorre uma parada abrupta e momentânea, mas o prazo, já percorrido antes da parada, é contado com o prazo a percorrer. Soma-se o prazo anterior com o posterior. Na interrupção também ocorre uma parada momentânea, mas o prazo já percorrido não é contado. Exclui-se o prazo já percorrido. O prazo recomeça do zero.

É azado o momento de se abordar a questão da interposição de embargos declaratórios intempestivos ou incabíveis para nos certificarmos se estes interrompem o prazo para a interposição de outros recursos. De asseverar que a jurisprudência torrencial, antes da publicação da Lei 8.950/1994, não atribuía efeito suspensivo aos embargos.

Revendo anteriormente posicionamento acerca da matéria, somos pelo entendimento do C. TST sobre o tema, onde o efeito interruptivo dos embargos de declaração somente pode ser alcançado quando atendidos seus pressupostos de admissibilidade. Neste sentido:

> Ementa. Agravo de instrumento. Recurso de revista. Procedimento Sumaríssimo. Não conhecimento do recurso ordinário. Embargos de declaração opostos fora do prazo legal. Não interrupção do prazo recursal. Precedentes. Os embargos de declaração foram opostos fora do prazo legal, portanto não possuem o condão de interromper o prazo do recurso ordinário. Nesse sentido, diversos precedentes do Tribunal Superior do Trabalho. Estando a decisão proferida pelo Tribunal Regional em conformidade com a jurisprudência pacificada desta Corte Superior, não há falar em violação dos arts. 5º, LV, da CF e 538 do CPC e tampouco em divergência jurisprudencial. Incidência do art. 896, § 7º, da CLT, c/c 557 do CPC, e da Súmula nº 333 do TST. Agravo de instrumento de que se conhece e a que se nega provimento (TST, AIRR 3684920125100013, Publicação *DEJT* 19.02.2016).

7.1.1.2.3 Multa

Outro ponto nevrálgico trazido pela nova lei retromencionada se refere à multa em face de embargos protelatórios.

No CPC de 1973, tanto o juiz de primeiro grau quanto o de segundo podiam aplicar multa em caso de interposição de embargos declaratórios, nos moldes do parágrafo único do art. 538 do antigo CPC, *verbo ad verbum*:

> Quando manifestamente protelatórios os embargos, o **juiz ou o tribunal**, declarando que o são, condenará o embargante a pagar ao embargado multa não excedente a um por cento sobre o valor da causa. Na reiteração de embargos protelatórios, a multa será elevada até dez por cento, ficando condicionada a interposição de qualquer outro recurso ao depósito do valor respectivo.

Registre-se que pelo sistema transato, a multa era revertida em favor do Estado. Hoje, a multa é revertida em favor do embargado.

Hoje, o novo CPC majorou o valor da multa, prevendo em seu art. 1.026, § 2º, que, quando manifestamente protelatórios os embargos de declaração, o juiz ou o tribunal, em decisão fundamentada, condenará o embargante a pagar ao embargado multa não excedente a dois por cento sobre o valor atualizado da causa.

Havendo reiteração de embargos de declaração manifestamente protelatórios, a multa será elevada a até dez por cento sobre o valor atualizado da causa, e a interposição de qualquer recurso ficará condicionada ao depósito prévio do valor da multa, à exceção da Fazenda Pública e do beneficiário de gratuidade da justiça, que a recolherão ao final (art. 1.026, § 3º, do CPC).

Convém assinalar que não se admitirão novos embargos de declaração se os dois anteriores houverem sido considerados protelatórios (art. 1.026, § 4º, do CPC).

Em campo de processo trabalhista a questão da multa prevista no dispositivo retromencionado é admissível de forma subsidiária; resta-nos saber, todavia, sobre qual valor deve ser calculada essa multa, já que não é requisito da petição inicial trabalhista o valor da causa.

Ademais, sendo omisso esse valor, o juiz o fixará para efeito de alçada (art. 2º da Lei 5.584/1970). Caso não seja omisso, mas com valor inferior a dois salários mínimos, a causa será de alçada, também chamada de procedimento sumário, e da sentença nela proferida não ensejará recurso, salvo se houver violação da Constituição Federal[7].

Entretanto, se o valor da alçada for, por exemplo, igual a três salários mínimos, isso não implicará que o valor da condenação necessariamente seja o mesmo, acrescido da correção monetária. Pode ser centenas de vezes superior, porquanto o valor da alçada, em processo trabalhista, somente é utilizado para determinar o tipo de procedimento, se sumário irrecorrível ou ordinário recorrível. Nesse contexto, somos que a multa, em processo trabalhista, deverá ser calculada sobre o valor da condenação, e não sobre o valor da alçada ou da causa.

É que a *mens legislatoris* materializada no parágrafo único do art. 538 do antigo CPC e atualmente prevista no art. 1.026 do novo CPC certamente foi a de penalizar o embargante, procrastinador, sobre o real valor do litígio[8].

---

[7] Tem ganhado força uma corrente jurisprudencial que defende estar revogado o art. 2º da Lei 5.584/1970 pelo art. 5º, LV, que consagra o princípio do duplo grau de jurisdição (ampla defesa).

[8] Observe-se que, nos moldes do art. 292, que enfatiza que o valor da causa, será: I – na ação de cobrança de dívida, a soma monetariamente corrigida do principal, dos

E como no processo trabalhista o valor da causa ou de alçada não representa o real valor da lide, nada mais certo que aplicar a multa sobre o valor da condenação, porquanto aplicá-la sobre o valor da causa, que não se vincula ao valor da condenação, seria o mesmo que a inaplicar, haja vista que a multa seria insignificante.

Outrossim, se a sentença condenou em obrigação de fazer, deve o juiz arbitrar um determinado valor de condenação para efeito de custas em caso de recurso, levando em consideração a própria obrigação de fazer, desde que seja razoável, para que a multa seja calculada sobre ele.

Por outro lado, em se tratando de reclamante pobre na forma da lei, que interpõe embargos declaratórios protelatórios, estamos que a multa deve ser aplicada sobre o valor da condenação arbitrada na sentença, multa essa que, em face da impossibilidade de o reclamante pagar, de imediato, poderá ser descontada dos créditos que receberá em seara de execução.

No caso, este poderá recorrer sem o pagamento da multa, em face da impossibilidade imediata do pagamento. Entrementes, o valor será descontado do seu crédito, pois a multa é revertida para a parte contrária.

Poderia haver argumento no sentido de que, se o empregado for o sucumbente, impossível seria arbitrar a multa sobre o valor da condenação, porquanto não haveria condenação. Afastaríamos esse argumento aludindo que, em caso de o empregado sucumbir, este jamais iria interpor embargos protelatórios, porquanto estes não lhe beneficiariam.

Em caso de inconformismo, a parte poderá recorrer; pela regra, todavia, só após o pagamento da referida multa[9].

---

juros de mora vencidos e de outras penalidades, se houver, até a data de propositura da ação; II – na ação que tiver por objeto a existência, a validade, o cumprimento, a modificação, a resolução, a resilição ou a rescisão de ato jurídico, o valor do ato ou o de sua parte controvertida; III – na ação de alimentos, a soma de 12 (doze) prestações mensais pedidas pelo autor; IV – na ação de divisão, de demarcação e de reivindicação, o valor de avaliação da área ou do bem objeto do pedido; V – na ação indenizatória, inclusive a fundada em dano moral, o valor pretendido; VI – na ação em que há cumulação de pedidos, a quantia correspondente à soma dos valores de todos eles; VII – na ação em que os pedidos são alternativos, o de maior valor; VIII – na ação em que houver pedido subsidiário, o valor do pedido principal. Diferentemente do processo trabalhista, já que o valor da causa ou de alçada, que não tem parâmetros objetivos na lei, só serve para determinar o procedimento processual, se ordinário ou sumário.

9   O pagamento de imediato, no nosso sentir, não será necessário em caso de reclamante multado, pobre na forma da lei. Caso em que a multa deverá ser descontada *a posteriori* em seus créditos.

Assim é que o art. 1.026, § 3º, do CPC prevê: "Na reiteração de embargos de declaração manifestamente protelatórios, a multa será elevada a até dez por cento sobre o valor atualizado da causa, e a interposição de qualquer recurso ficará condicionada ao depósito prévio do valor da multa, à exceção da Fazenda Pública e do beneficiário de gratuidade da justiça, que a recolherão ao final".

De ressaltar, também, que quando os embargos declaratórios tiverem o objetivo de prequestionar qualquer matéria, no afã de se ajuizar recurso de natureza extraordinária, este nunca poderá ser considerado protelatório, nos moldes da Súmula 98 do STJ, que giza: "Embargos de Declaração manifestados com notório propósito de prequestionamento não têm caráter protelatório".

7.1.1.2.4 Natureza jurídica

Debate acirrado existe acerca da natureza jurídica dos embargos declaratórios.

Antes da publicação da Lei 8.950/1994, havia aqueles que consideravam recurso apenas os embargos previstos no art. 536 do antigo CPC interpostos de acórdãos, porquanto aquele preceito estava inserido no capítulo (rol) dos recursos, e o prazo para sua interposição, por ser de 5 (cinco) dias, era considerado recursal. Para essa mesma corrente, os embargos previstos no art. 465 do CPC não tinham as características de recurso, porquanto não se inseriam no capítulo do CPC que tratava dos recursos, como também o prazo, de 48 (quarenta e oito) horas, não podia ser considerado recursal.

Mesmo após o surgimento da Lei 8.950/1994, o debate continuava.

Os embargos declaratórios, quer sejam de sentença de primeiro grau, como de segundo, estavam previstos no art. 536 do CPC de 1973, inseridos no elenco dos recursos e com prazo de 5 (cinco) dias.

Autores como Manoel Antonio Teixeira Filho[10] consideram esse instituto uma simples petição ou simples providência elucidativa da sentença. Arremata Teixeira Filho: "a natureza não recursal dos Embargos Declaratórios ancora, portanto, não no fato de serem julgados pelo mesmo

---

[10] TEIXEIRA FILHO, Manoel Antonio. *Sistema dos recursos trabalhistas*. 8. ed. atual. de acordo com as Leis 8.950/1994 e 8.952/1994. São Paulo: LTr, 1995. p. 337-338; CÂMARA, Alexandre Freitas. *Lições de direito processual civil*. Rio de Janeiro: Lumen Juris, 2007. v. II, p. 123; DIDIER JR., Fredie; CUNHA, Leonardo José Carneiro. *Curso de direito processual civil*. Salvador: JusPodivm, 2007. v. III, p. 159; SCHIAVI, Mauro. *Manual de direito processual do trabalho*. 3. ed. São Paulo: LTr, 2010. p. 765.

órgão prolator da decisão embargada, e sim na sua finalidade de aclarar a sentença, de integrá-la; enfim, de corrigir alguma falha de expressão formal do pronunciamento do juízo".

Por outro lado, ressalta o autor que o instituto não demanda contrarrazões, pagamento de custas e, de conseguinte, preparo; o objetivo não é modificar o decidido, mas de aclarar e esclarecer a sentença, e a relação que surge é apenas bipolar, pois formada entre o embargante e o juiz.

José Carlos Barbosa Moreira[11] defende que a natureza dos embargos de declaração deve ser definida pelo legislador, embora reconheça que nos principais sistemas processuais eles não são tidos como recurso. Por sua vez, Ricardo Damião Areosa[12] defende que as peculiaridades dos embargos de declaração os fazem ainda mais se inserir no campo dos recursos processuais, na medida em que são semelhantes. São elas: 1. são obstáculos à coisa julgada; 2. ocorrem na mesma relação processual que a decisão embargada; 3. são cabíveis a qualquer pronunciamento judicial; e 4. devolutividade, pois devolvem à apreciação judicial questão decidida, para que o juiz retifique ou ratifique a decisão embargada.

Na lição sempre precisa de Alexandre Freitas Câmara[13], os embargos de declaração possuem natureza de verdadeiro recurso: "os embargos de declaração estão tratados no CPC dentro do título que regula os recursos. Além disso, no art. 538, o CPC dispõe que a interposição dos embargos de declaração interrompe o prazo para o oferecimento de outros recursos, o que mostra que a lei atribui ao instituto de que aqui se trata a natureza recursal". (Frise-se que, com o advento do novo CPC, tal conteúdo está presente no art. 1.026.)

Nessa mesma esteira encontra-se o posicionamento de Fredie Didier Júnior[14] quando leciona que os embargos de declaração constituem um recurso, por estarem descritos no rol do art. 496 do antigo CPC (art. 994 do novo CPC), atendendo assim ao princípio da taxatividade.

---

[11] BARBOSA MOREIRA, José Carlos. *Comentários ao Código de Processo Civil*. Rio de Janeiro: Forense, 2001. v. V, p. 540.
[12] AREOSA, Ricardo Damião. *Recursos e meios de impugnação*. Rio de Janeiro: Lumen Juris, 2010. p. 314.
[13] CÂMARA, Alexandre Freitas. *Lições de direito processual civil*. Rio de Janeiro: Lumen Juris, 2007. v. II, p. 123.
[14] DIDIER JR., Fredie; CUNHA, Leonardo José Carneiro. *Curso de direito processual civil*. Salvador: JusPodivm, 2007. v. III, p. 159.

Importa ainda destacar, como bem elenca Mauro Schiavi[15]: "os embargos de declaração têm natureza recursal, pois a própria lei os inclui no rol dos recursos. Além disso, inegavelmente, os embargos têm efeito de complementar a prestação jurisdicional e até mesmo modificar a decisão".

7.1.1.2.5 Considerações finais

O juiz de primeiro grau deverá julgar os embargos declaratórios no prazo de 5 (cinco) dias. No tribunal, o relator deverá apresentá-los em mesa na sessão subsequente, proferindo voto. Não havendo julgamento nessa sessão, será o recurso incluído em pauta (CPC, art. 1.024, § 1º).

O não cumprimento do estatuído na norma adjetiva civil enseja a interposição da correição parcial.

Publicada a decisão dos embargos declaratórios, o prazo para interposição de outros recursos inicia-se no dia seguinte ao da publicação.

Nos embargos declaratórios não há, de regra, contramanifestação do embargado, não há custas, e, por conseguinte, não há preparo, como também não se permite sustentação oral na tribuna em caso de embargos declaratórios interpostos de acórdão. Há, apenas, uma relação bipolar entre o embargante e o juiz.

No entanto, nos termos do § 4º do art. 1.024 do CPC, caso o acolhimento dos embargos de declaração implique modificação da decisão embargada, o embargado que já tiver interposto outro recurso contra a decisão originária tem o direito de complementar ou alterar suas razões, nos exatos limites da modificação, no prazo de 15 (quinze) dias, contado da intimação da decisão dos embargos de declaração.

7.1.1.3 Do recurso especial

7.1.1.3.1 Considerações iniciais

Enfatiza com muita propriedade Barbosa Moreira[16] que o recurso especial, também chamado de excepcional ou extremo, é considerado uma "Inovação da Carta Federal de 1988 que lhe transferiu parte das funções anteriormente exercidas pelo recurso extraordinário, agora utilizável, com

---

[15] SCHIAVI, Mauro. *Manual de direito processual do trabalho*. 3. ed. São Paulo: LTr, 2010. p. 765.

[16] BARBOSA MOREIRA, José Carlos. *O novo processo civil brasileiro*. 18. ed. Rio de Janeiro: Forense, 1996. p. 185.

exclusividade, em matéria constitucional". Esse recurso tem função essencial de "Manutenção da autoridade e unidade da lei federal, tendo em vista que na Federação existem múltiplos organismos judiciários encarregados de aplicar o direito positivo elaborado pela União"[17]. O instituto recursal tem, portanto, função eminente "política", pois se presta a resolver matéria federal controvertida. Nesse espírito, tal recurso é admissível apenas contra acórdãos de tribunais, jamais de juízo singular, nem mesmo em causas consideradas de alçada, e só devolve ao STJ *quaestio juris*, ou seja, matéria exclusivamente de direito.

Por meio do recurso especial "É possível impugnar acórdão proferido em causa da competência originária de algum dos tribunais mencionados no texto constitucional, ou no julgamento de outro recurso, ou ainda em hipótese de reexame obrigatório, em segundo grau de Jurisdição. Tal como se dá quanto ao recurso extraordinário, afigura-se correto entender que a decisão impugnada não precisa ser de mérito: assim, *v.g.*, será impugnável pelo recurso especial acórdão que, ao extinguir processo sem exame do *meritum causae*, houver adotado, quanto à disposição de lei processual, entendimento diferente do consagrado em decisão de tribunal diverso"[18].

7.1.1.3.2 Cabimento

O inciso III do art. 105 da *Lex Mater* vaticina: "Compete ao STJ: (...) III – julgar em **recurso especial**, as causas decididas, em única ou última instância, pelos Tribunais Regionais Federais ou pelos tribunais dos Estados, do Distrito Federal e Territórios, quando a decisão recorrida: a) contrariar tratado ou lei federal, ou negar-lhes vigência; b) julgar válida lei ou ato de governo local contestado em face de lei federal; c) der a lei federal interpretação divergente da que lhe haja atribuído outro tribunal".

Sobre o preceptivo constitucional, pormenores especiais hão de ser observados. A primeira observação que merece manifestação é quanto à questão de cabimento do recurso especial das causas decididas em única ou última instância. Ressalte-se, por oportuno, que das decisões proferidas nas causas de competência originária, *v.g.*, ação rescisória, quando, por exemplo, der a lei federal interpretação destoante da que lhe haja dado outro tribunal, ou quando tiver contrariado lei federal, desse acórdão cabe recurso especial

---

[17] THEODORO JÚNIOR, Humberto. *Curso de direito processual civil*. 18. ed. Rio de Janeiro: Forense, 1996. v. I, p. 599.
[18] BARBOSA MOREIRA, José Carlos. *O novo processo civil brasileiro*. 18. ed. Rio de Janeiro: Forense, 1996. p. 186.

para o STJ. Nessa linha de pensamento, o dispositivo permite concluir que as decisões não denegatórias de mandado de segurança de competência originária dos tribunais regionais, quando estas contrariarem lei federal, permitem seja interposto recurso especial, além da remessa de ofício. Demais disso, por meio de recurso especial impugna-se julgamento proferido em recursos, e até mesmo o reexame obrigatório objetivado em segundo grau de Jurisdição.

Ampliando o campo de análise, o dispositivo constitucional faculta-nos extrair vários pressupostos de admissibilidade desse remédio *juris* recursal. Pressupostos prévios ou preliminares e pressupostos pertinentes aos permissivos constitucionais[19].

Consideram-se pressupostos preliminares:

1) **Decisão proferida única e exclusivamente por tribunal.** Nunca se admitirá a interposição de especial de decisão proferida por juiz de primeiro grau. Também não se admite especial da decisão colegiada proferida em apelação nos Juizados Especiais Cíveis.

2) **Esgotamento de todos os institutos recursais de natureza ordinária.** O especial demanda, preambularmente, seja esgotada a instância ordinária. Desta feita, diferentemente do que ocorre nos recursos não excepcionais, deverão os recursos especial e extraordinário preencherem não somente o pressuposto da sucumbência, mas o esgotamento de todos os institutos recursais de natureza ordinária.

3) **A exigência do prequestionamento da matéria devolvida nas razões do especial.** Somente se permite seja interposto o especial se a matéria devolvida foi expressamente examinada (prequestionada) pelo tribunal recorrido. Manoel Antonio Teixeira Filho[20] afirma que "o prequestionamento constitui requisito que só se justifica sob os pontos de vista lógico e jurídico". Logo, em se tratando de recurso de natureza ordinária, este não demanda o prequestionamento. Entrementes, em se tratando de recurso de natureza extraordinária, o prequestionamento se faz mister. O prequestionamento é pressuposto dos recursos de natureza extraordinária, e sua inobservância acarreta o não conhecimento do recurso. Pressuposto tradicionalmente exigido nos recursos de natureza

---

[19] Terminologia utilizada por: GRECO FILHO, Vicente. *Direito processual civil brasileiro*. 11. ed. São Paulo: Saraiva, 1996. v. 2, p. 357-358.

[20] TEIXEIRA FILHO, Manoel Antonio. *Curso de direito processual do trabalho*. São Paulo: LTr, 2009. v. II, p. 1.628.

extraordinária na ordenação jurídica brasileira, os quais são estritamente tratados nas Súmulas 282 e 356 do STF. A não apreciação da matéria pela instância recorrida demanda, necessariamente, a apresentação de embargos declaratórios objetivando sanar a omissão. No particular, "Não é possível, a apresentação de matéria ou fundamentos novos, por mais relevantes que sejam, que não tenham sido objeto de exame expresso na decisão recorrida. Somente em duas situações dispensa-se o prequestionamento: no caso de o fundamento novo aparecer exclusivamente no próprio acórdão recorrido, como por exemplo, se o acórdão julga *extra* ou *ultra petita* sem que esse fato tenha ocorrido na sentença; e se, a despeito da interposição dos embargos de declaração, o tribunal se recusa a examinar a questão colocada"[21].

> Diz-se prequestionada determinada matéria quando o órgão julgador haja adotado entendimento explícito a respeito. Verificada a omissão, incumbe à parte protocolar embargos declaratórios, no que consubstanciam verdadeiro ônus processual. A persistência do órgão julgador no erro de proceder desafia a veiculação, no extraordinário, não da matéria sobre a qual não chegou a haver a emissão de juízo, mas de transgressão ao devido processo legal com o pedido de declaração de nulidade do provimento. Impossível é atribuir aos declaratórios efeito que eles não têm, ou seja, de, pelo simples conteúdo, revelarem o prequestionamento, que nada mais é do que o debate e a decisão prévios do tema" (Ac. da 2ª T. do STF no RE 172.097-3/SP-AGr. Reg., Rel. Min. Marco Aurélio, *DJU* 12.04.1994, p. 13.003).

Ademais,

> "Faz-se imprescindível que os embargos sejam acolhidos pela Corte de origem para que seja sanada a possível omissão constante do v. acórdão embargado. – Se o órgão julgador persistir na omissão, rejeitando os embargos, deve a parte veicular no recurso especial a ofensa às regras processuais pertinentes e não insistir na violação aos preceitos legais relativos ao mérito da causa, sem que sobre eles haja o tribunal *a quo* emitido juízo explícito. Recurso especial não conhecido" (ac. do STJ, no REsp 63.200-5/SP, Rel. Min. César Asfor Rocha, *DJU* 21.08.1995, p. 25.353)[22].

---

[21] GRECO FILHO, Vicente. *Direito processual civil brasileiro*. 11. ed. São Paulo: Saraiva, 1996. v. 2, p. 358.
[22] THEODORO JÚNIOR, Humberto. *CPC anotado*. 2. ed. Rio de Janeiro: Forense, 1996. p. 242-243.

Recurso extraordinário. Prequestionamento. Configuração. Razão de ser. O prequestionamento não resulta da circunstância de a matéria haver sido arguida pela parte recorrente. A configuração do instituto pressupõe debate e decisão prévios pelo Colegiado, ou seja, emissão de juízo sobre o tema. O procedimento tem como escopo o cotejo indispensável a que se diga do enquadramento do recurso extraordinário no permissivo constitucional. Se o Tribunal de origem não adotou tese explícita a respeito do fato jurígeno veiculado nas razões recursais, inviabilizado fica o entendimento sobre a violência ao preceito evocado pelo recorrente. Agravo. Artigo 557, § 2º, do Código de Processo Civil. Multa. Se o agravo é manifestamente infundado, impõe-se a aplicação da multa prevista no § 2º do artigo 557 do Código de Processo Civil, arcando a parte com o ônus decorrente da litigância de má-fé (AI 827.894-AgR/RJ, 1ª Turma, Rel. Min. Marco Aurélio, *DJe* 07.11.2011).

Processual civil. Previdenciário. Ajuizamento da demanda após cinco anos do indeferimento administrativo. Prescrição. Decreto 20.910/1932. Ausência de prequestionamento. Súmula 282/STF. Matéria de ordem pública. Necessidade de prequestionamento. Recurso especial. Alínea *c*. Não demonstração da divergência. 1. Não se conhece de Recurso Especial quanto à matéria (arts. 103 e 103-A da Lei 8.213/1991), que não foi especificamente enfrentada pelo Tribunal de origem, dada a ausência de prequestionamento. Incide, por analogia, a Súmula 282/STF. 2. Para que se configure prequestionamento implícito, é necessário que o Tribunal *a quo* emita juízo de valor a respeito da aplicação da norma federal ao caso concreto – o que não ocorreu. 3. "É vedado o exame *ex officio* de questão não debatida na origem, ainda que se trate de matéria de ordem pública, como a prescrição" (AgRg nos EDcl nos EAg 1.127.013/SP, Rel. Ministro Cesar Asfor Rocha, Corte Especial, *DJe* 23.11.2010). 4. A divergência jurisprudencial deve ser comprovada, cabendo a quem recorre demonstrar as circunstâncias que identificam ou assemelham os casos confrontados, com indicação da similitude fática e jurídica entre eles. Indispensável a transcrição de trechos do relatório e do voto dos acórdãos recorrido e paradigma, realizando-se o cotejo analítico entre ambos, com o intuito de bem caracterizar a interpretação legal divergente. O desrespeito a esses requisitos legais e regimentais (art. 541, parágrafo único, do CPC e art. 255 do RI/STJ) impede o conhecimento do Recurso Especial, com base na alínea *c* do inciso III do art. 105 da Constituição Federal. 5. Agravo Regimental não provido (STJ, AgRg no REsp 1.372.041/PB 2013/0084498-1, 2ª Turma, Rel. Min. Herman Benjamin, j. 14.05.2013, *DJe* 22.05.2013).

4) **O especial é admissível para questões meritórias e para questões processuais, desde que não estejam preclusas.** Não são apenas os acórdãos que examinam o mérito que alimentam especial, mas também

aqueles que acolhem questões de *error in procedendo*, ou seja, quando não examinam o mérito, mas violam normas processuais.

5) **Que a matéria devolvida seja de direito (*quaestio juris*).** A má apreciação da prova ou dos fatos resta sepultada na instância ordinária. Observe-se, porém, que o "erro sobre critérios de apreciação da prova ou a errada aplicação de regras de experiência são matéria de direito", pois violadoras de normas procedimentais fundamentais, permitindo, portanto, a interposição do especial.

6) **A matéria devolvida somente pode se referir à interpretação ou aplicação de direito federal**, jamais estadual ou municipal.

7) **Rigorosa observância da regularidade procedimental.** Qualquer que seja a falha no procedimento, como especial sem as razões ou com elas, mas sem indicarem expressamente o dispositivo federal violado, implica o não conhecimento do recurso.

No concernente aos pressupostos pertinentes aos permissivos constitucionais, temos que:

1) **Decisão contrária a tratado ou lei federal, ou que negar-lhes a vigência.** Contrariar, socorrendo-nos do *Aurélio*[23], significa: contestar, estar ou agir em contradição, fazer oposição. Contrariar lei ou tratado é decidir em contradição, em desacordo, é aplicar erroneamente ou desatender ao seu preceito. Negar vigência significa "declarar revogada ou deixar de aplicar a norma legal federal". Nos dois casos, cumpre trazer à baila que a norma contrariada ou declarada revogada pode ser material ou processual, inclusive regulamentar.

"Para ter cabimento o recurso especial pela letra 'a', é preciso demonstrar de forma inequívoca e frontal a violação ao texto infraconstitucional e não de forma implícita ou oblíqua" (Ac. da 2ª T. do STJ de 15.12.1993, no AI 44.316-7/SP-Agr, REg, Rel. Min. José de Jesus Filho; *RSTJ* 57/21)[24].

> Recurso especial. Ministério Público Federal. Ação civil pública proposta contra a União, o Estado da Paraíba e clínica particular. Exclusão da União da lide. Incompetência da Justiça Federal. Artigo 47 do CPC. Ausência

---

[23] HOLANDA, Aurélio Buarque de. *Novo dicionário*. 15. ed. s.l. Nova Fronteira, s.d.
[24] THEODORO JÚNIOR, Humberto. *CPC anotado*. 2. ed. Rio de Janeiro: Forense, 1996. p. 243.

de prequestionamento. Exame de cláusulas contratuais. Impossibilidade de reconhecimento de violação reflexa de legislação infraconstitucional. Divergência jurisprudencial não configurada. O douto colegiado *a quo* não enxergou, sequer vislumbrou, os temas discutidos no presente recurso especial, limitando-se a examinar as normas legais referentes ao repasse dos recursos do Sistema Único de Saúde aos Estados, Municípios e Distrito Federal. "A simples interpretação de cláusula contratual não enseja recurso especial" (Súmula n. 5/STJ). "Para ter cabimento o recurso especial pela letra 'a', é preciso demonstrar de forma inequívoca e frontal a violação ao texto infraconstitucional, e não de forma implícita ou oblíqua" (*RSTJ* 57/21), o que se não deu, no caso ora em exame. Desate deste recurso a prejudicar o exame da necessidade da presença da União na lide. Recurso especial não conhecido (STJ, REsp 151.802/PB 1997/0073655-5, 2ª Turma, Rel. Min. Franciulli Netto, j. 26.03.2002, *DJ* 01.07.2002, p. 272, *RSTJ* vol. 160, p. 197).

2) **Decisão que julgar válida lei ou ato de governo local (estadual ou municipal) contestado em face de lei federal.** O caso ocorre quando se aplica a norma local, desprezando a lei federal.

3) **Interpretação dada à lei federal divergente ou destoante do que foi dado por outro tribunal.** Aqui o acórdão confrontado ou paradigma tem que ser necessariamente de outro tribunal, jamais do mesmo, ainda que de outra turma ou câmara, "valendo a divergência entre Tribunal de Justiça e Tribunal de Alçada", pois são diferentes. Pode ser do próprio STJ ou do STF. Essa decisão paradigma ou confrontante tem que ter sido proferida em última instância ordinária. A decisão paradigma não pode estar superada, o que não implica que as decisões antigas estejam superadas. Decisão superada é aquela sobre cujo tema já existe orientação jurisprudencial diferente, definida pelo próprio tribunal ou pelos tribunais superiores. A divergência há que ser explícita no próprio corpo do acórdão, e não apenas na ementa. Essa divergência tem que ser justificada por certidão, ou transcrita em repertório, expressamente descriminada nas razões do recurso, indicando a fonte.

"Insuficiente, para tanto, a mera transcrição de ementas que, sobre não integrarem o acórdão, podem não retratar com fidelidade a decisão ementada" (Ac. unân. da 1ª T. do STJ, de 29.06.1992, no REsp 16.202-0/RJ, Rel. Min. César Asfor Rocha, *DJU* 24.08.1992, p. 12.983)[25].

---

[25] THEODORO JÚNIOR, Humberto. *CPC anotado*. 2. ed. Rio de Janeiro: Forense, 1996. p. 243.

7.1.1.3.3 Procedimento

O procedimento do recurso especial é similar ao do recurso extraordinário previsto no antigo CPC e presente no novo CPC em seu art. 1.029, que dispõe:

> Art. 1.029. O recurso extraordinário e o recurso especial, nos casos previstos na Constituição Federal, serão interpostos perante o presidente ou o vice-presidente do tribunal recorrido, em petições distintas que conterão:
> I – a exposição do fato e do direito;
> II – a demonstração do cabimento do recurso interposto;
> III – as razões do pedido de reforma ou de invalidação da decisão recorrida.

Deverá ser interposto no prazo de 15 dias, nos termos do art. 1.003, § 5º, que começa a fluir sempre da publicação das conclusões da decisão recorrida, acompanhada com a prova do preparo (art. 1.007), sendo-lhe aplicáveis as normas sobre contagem, prorrogação, suspensão e interrupção dos prazos recursais em geral, perante o Presidente ou Vice-Presidente do Tribunal recorrido em petição que conterá: I) a exposição do fato e do direito; II) a demonstração do cabimento do recurso interposto; III) as razões do pedido de reforma ou de invalidação da decisão recorrida (CPC, art. 1.029).

Afora essa hipótese, quando recebido o recurso, o recorrido será intimado para em igual prazo apresentar contrarrazões (CPC, art. 1.030). Findo esse prazo, serão os autos conclusos ao presidente ou ao vice-presidente do tribunal recorrido, que deverá, nos moldes do art. 1.030:

> Art. 1.030. (...)
> I – negar seguimento: (Incluído pela Lei nº 13.256, de 2016)
> (...)
> b) a recurso extraordinário ou a recurso especial interposto contra acórdão que esteja em conformidade com entendimento do Supremo Tribunal Federal ou do Superior Tribunal de Justiça, respectivamente, exarado no regime de julgamento de recursos repetitivos; (Incluída pela Lei nº 13.256, de 2016)
> II – encaminhar o processo ao órgão julgador para realização do juízo de retratação, se o acórdão recorrido divergir do entendimento do Supremo Tribunal Federal ou do Superior Tribunal de Justiça exarado, conforme o caso, nos regimes de repercussão geral ou de recursos repetitivos; (Incluído pela Lei nº 13.256, de 2016)

III – sobrestar o recurso que versar sobre controvérsia de caráter repetitivo ainda não decidida pelo Supremo Tribunal Federal ou pelo Superior Tribunal de Justiça, conforme se trate de matéria constitucional ou infraconstitucional; (Incluído pela Lei nº 13.256, de 2016)

IV – selecionar o recurso como representativo de controvérsia constitucional ou infraconstitucional, nos termos do § 6º do art. 1.036; (Incluído pela Lei nº 13.256, de 2016)

V – realizar o juízo de admissibilidade e, se positivo, remeter o feito ao Supremo Tribunal Federal ou ao Superior Tribunal de Justiça, desde que: (Incluído pela Lei nº 13.256, de 2016)

a) o recurso ainda não tenha sido submetido ao regime de repercussão geral ou de julgamento de recursos repetitivos; (Incluída pela Lei nº 13.256, de 2016)

b) o recurso tenha sido selecionado como representativo da controvérsia; ou (Incluída pela Lei nº 13.256, de 2016)

c) o tribunal recorrido tenha refutado o juízo de retratação. (Incluída pela Lei nº 13.256, de 2016.)

Admitido o recurso especial, o Superior Tribunal de Justiça julgará o processo, aplicando o direito.

Se o relator, no Superior Tribunal de Justiça, entender que o recurso especial versa sobre questão constitucional, deverá conceder prazo de quinze dias para que o recorrente demonstre a existência de repercussão geral e se manifeste sobre a questão constitucional. Cumprida a diligência, remeterá o recurso ao Supremo Tribunal Federal, que, em juízo de admissibilidade, poderá devolvê-lo ao Superior Tribunal de Justiça, nos termos do art. 1.032 do novo CPC.

Se o presidente ou o vice denegar seguimento ao recurso, cabe agravo para o STJ em 15 dias, nos termos do § 5º do art. 1.003.

Assim, nos termos do art. 1.042, "Cabe agravo contra decisão do presidente ou do vice-presidente do tribunal recorrido que inadmitir recurso extraordinário ou recurso especial, salvo quando fundada na aplicação de entendimento firmado em regime de repercussão geral ou em julgamento de recursos repetitivos.

A petição de agravo será dirigida ao presidente ou vice-presidente do tribunal de origem e independe do pagamento de custas e despesas postais, aplicando-se a ela o regime de repercussão geral e de recursos repetitivos, inclusive quanto à possibilidade de sobrestamento e do juízo de retratação. No STJ, o agravo é distribuído a um relator e processado nos termos regimentais.

O agravado será intimado, de imediato, para oferecer resposta no prazo de 15 (quinze) dias e, após o prazo de resposta, não havendo retratação, o agravo será remetido ao tribunal superior competente.

Havendo a interposição conjunta de recurso extraordinário e recurso especial, os autos deverão ser remetidos ao Superior Tribunal de Justiça, onde, concluído o julgamento do recurso especial, serão os autos remetidos ao Supremo Tribunal Federal para, se não estiver o recurso extraordinário prejudicado, seja ele apreciado (CPC, art. 1.031).

Em princípio, nos termos do regimento interno em vigor, a competência para julgar o recurso especial é de qualquer das Turmas (§ 5º, art. 255 do RISTJ). Se o recurso tiver subido em virtude de provimento de agravo, estará preventa para julgá-lo a Turma que houver conhecido do agravo. Abre-se vista, se for o caso, ao Ministério Público para emitir parecer, e depois o relator pede dia para julgamento.

Observe-se o art. 932 do CPC, que atribui em certos casos competência ao relator para julgar, ele mesmo, o recurso.

Nos termos do art. 937: "Na sessão de julgamento, depois da exposição da causa pelo relator, o presidente dará a palavra, sucessivamente, ao recorrente, ao recorrido e, nos casos de sua intervenção, ao membro do Ministério Público, pelo prazo improrrogável de 15 (quinze) minutos para cada um, a fim de sustentarem suas razões, nas seguintes hipóteses, nos termos da parte final do *caput* do art. 1.021(...) III – no recurso especial".

Também pode acontecer que o relator do especial, no STJ, entenda ser o recurso extraordinário prejudicial àquele.

Em tal hipótese, sobrestará o julgamento do especial, por decisão irrecorrível, e remeterá os autos ao STF, para julgamento do extraordinário. Fica ressalvada ao relator deste, no entanto, a possibilidade de, não lhe parecendo configurada a prejudicialidade, devolver os autos ao STJ, a fim de que julgue, primeiro, o especial (art. 1.031, §§ 1º, 2º e 3º).

No particular, vejam-se as seguintes ementas que exemplificam o caso de extraordinário que tem preferência ao especial:

> Processual civil. Embargos de declaração. Omissão. Ocorrência. Atribuição de efeitos infringentes. (ISS. Arrendamento mercantil. Obrigação de fazer. Questão prejudicial ao exame do recurso especial (alegação de violação aos artigos 535, do CPC, 110 do CTN c/c 1º, § único, da Lei 6.099/74, e 12 do Decreto-lei 406/68). Aplicação do art. 543, § 2º, do CPC. Remessa ao STF para apreciação do recurso extraordinário. Fundamento constitucional autônomo prejudicial ao exame do recurso especial). 1. É cabível a modificação de julgado impugnado por embargos de declaração

quando verificada naquele a ocorrência de omissão, nos termos do art. 535 do CPC. 2. O acórdão embargado incorreu em omissão, porquanto não analisou a alegação de violação a dispositivos infraconstitucionais. 3. O acórdão regional apresenta fundamento constitucional autônomo, apto, por si só, a preservar o resultado do julgamento do Tribunal, qual seja, a incidência do ISS sobre operações de arrendamento mercantil, prejudicial às demais questões suscitadas em sede de recurso especial. 4. Deveras, interposto agravo de instrumento contra decisão denegatória de admissibilidade do recurso extraordinário junto ao Pretório Excelso (fls. 982/991), cumpre aguardar o pronunciamento da Corte Suprema, tendo em vista que o acórdão objurgado resta fundado em matéria constitucional, prejudicial à análise dos dispositivos apontados por violados em sede de recurso especial, tanto mais que, se denegado aquele recurso, o recurso especial manterá a sua viabilidade ao pálio da violação de artigos de normas infraconstitucionais. Ao revés, provido o recurso extraordinário, esvazia-se o interesse recursal da presente impugnação. 5. Embargos de declaração acolhidos com efeitos infringentes. Sobrestamento do recurso especial na forma do art. 543, § 2º, do CPC (STJ, EDcl nos EDcl no REsp 974.767/RS 2006/0248560-5, 1ª Turma, Rel. Min. Luiz Fux, j. 23.04.2009, DJe 25.05.2009).

Com a ressalva oportunamente feita, conhecendo do recurso o tribunal, seja para dar-lhe, seja para negar-lhe provimento, o acórdão proferido no julgamento do especial substitui, no que fora objeto da impugnação, o acórdão recorrido pelo especial (art.1.008). Não se limita o tribunal a cassar a decisão do órgão *a quo*. O trânsito em julgado que sobrevenha será do acórdão do STJ, ainda que este haja confirmado o pronunciamento do tribunal inferior.

7.1.1.3.4 Efeito

Em campo de especial, como foi visto, devolve-se matéria exclusivamente de direito. No antigo Código de Processo Civil não era permitido o efeito suspensivo, nos termos do § 2º do art. 542, admitindo-se fosse executada provisoriamente a sentença, por meio da chamada carta de sentença, ou em autos suplementares, quando houvesse.

Atualmente, com o novo CPC, observa-se que é possível atribuir efeito suspensivo ao recurso especial, nos termos do art. 1.029, senão vejamos:

> Art. 1.029 (...)
> § 5º O pedido de concessão de efeito suspensivo a recurso extraordinário ou a recurso especial poderá ser formulado por requerimento dirigido:

I – ao tribunal superior respectivo, no período compreendido entre a publicação da decisão de admissão do recurso e sua distribuição, ficando o relator designado para seu exame prevento para julgá-lo; (Redação dada pela Lei nº 13.256, de 2016)

II – ao relator, se já distribuído o recurso;

III – ao presidente ou ao vice-presidente do tribunal recorrido, no período compreendido entre a interposição do recurso e a publicação da decisão de admissão do recurso, assim como no caso de o recurso ter sido sobrestado, nos termos do art. 1.037. (Redação dada pela Lei nº 13.256, de 2016).

De ressaltar que, diferentemente das cortes de cassação do direito italiano e francês, conhecido o recurso especial e, sendo esse provido, o STJ aplica a lei ao caso concreto. Isso implica que, se for dado provimento, haverá a substituição do acórdão recorrido pela decisão do STJ (art. 1.008 do novo CPC), e é esse que transitará em julgado e contra ele é que caberá a rescisória, conforme o caso, não se devolvendo a matéria ao tribunal de origem para que profira outro julgamento, como sói ocorrer naqueles países. Salvo nos casos de *error in procedendo*, incorrendo na pena de suprimir uma instância inferior.

7.1.1.3.5 Preparo

Antes da Lei 8.039/1990, que alterou substancialmente o CPC de 1973 no pertinente a recursos, posteriormente revogada pela Lei 8.950/1994, havia dispositivos expressos que regulavam o preparo do recurso extraordinário e do especial, sob risco de deserção (arts. 543 e 545 do antigo CPC).

Entretanto, nem a Lei 8.038/1990, nem a Lei 8.950/1994 tratavam da questão do preparo, de maneira que a matéria ficou atribuída aos Regimentos Internos do STF e do STJ.

Hoje, com o advento do novo CPC, os mencionados dispositivos acima passaram a ser dispostos nos arts. 1.031 e 1.021.

O Regimento Interno do STJ, por sua vez, com a Redação dada pela Emenda Regimental 9, de 2008, passou a exigir o preparo do recurso especial, nos termos do que disciplina o seu art. 112, *in verbis*: "No Tribunal, serão devidas custas nos processos de sua competência originária ou recursal". Ainda sobre o tema: "§ 2º O pagamento dos preços será antecipado ou garantido com depósito, consoante tabela aprovada pelo Presidente. § 3º O Presidente do Tribunal, anualmente, fará expedir a tabela de custas atualizada segundo o índice estabelecido em lei".

7.1.1.3.6 Considerações finais

Por tratar-se de simples desdobramento do antigo recurso extraordinário, prevalece para o especial a jurisprudência do STF.

Aplicam-se, assim, ao especial algumas súmulas do STF naquilo que lhe for análogo, como a Súmula 283. Nesse sentido vejamos recente decisão do STJ:

> Decisão. Trata-se de recurso especial interposto por Helbert Gomes dos Reis, com fundamento no art. 105, inc. III, alínea "a", da Constituição Federal, contra o acórdão proferido pelo Tribunal de Justiça do Estado de Minas Gerais assim ementado: "Apelação cível. Ação de indenização. Inscrição nos órgãos restritivos de crédito. Débitos decorrentes de conta bancária. Exercício regular de direito. Dano moral. Inocorrência. Devedor contumaz. Comprovado o negócio jurídico celebrado entre as partes, o débito dele decorrente, bem como a ausência de pagamento, legitima a cobrança, bem como a inclusão do nome do devedor nos cadastros restritivos de crédito. Não há falar em indenização por danos morais se o devedor tiver outros apontamentos anteriores com seu nome, e não fizer prova da ilegalidade das negativações preexistentes" (e-STJ fl. 102). Os embargos de declaração opostos foram rejeitados. Nas razões do recurso especial, o recorrente alega violação dos arts. 302, 535, II, do Código de Processo Civil (CPC), 6º, III, 46 e 52 do Código de Defesa do Consumidor (CDC) e 186, 394 e 927 do Código Civil (CC). Sustenta a ocorrência de negativa de prestação jurisdicional, porquanto o Tribunal de origem não apreciou a contradição referente a violação do art. 302 do CPC materializada na ausência de impugnação específica quanto à origem da dívida negativada. Também não foram apreciados os arts. 6º, III, 46 e 52 do CDC e 394 do CC, os quais comprovariam ou não a existência da dívida. Além disso, também houve contradição em afirmar que não se tratava de conta salário, porquanto o documento apresentado informa que houve o requerimento de abertura de tal conta. Aduz que ao se admitir a existência de dívida não adimplida, era dever das instâncias ordinárias declinar o valor, juros, encargos e vencimento da obrigação, assim como o tempo e o modo de pagamento. Afirma que enseja indenização por dano moral a inscrição indevida de seu nome em cadastros restritivos de crédito, devendo os consectários legais serem pagos a partir da data do evento danoso. Com as contrarrazões (e-STJ fls. 140/142), o recurso foi admitido na origem. É o relatório. Decido. A irresignação não merece prosperar. O recorrente busca com a presente demanda ser indenizado por danos morais decorrentes da inclusão de seu nome nos cadastros restritivos de crédito. As instâncias ordinárias, com base nos documentos colacionados aos autos, concluíram pela inexistência do dever de reparar em virtude de dívida do recorrente

não adimplida. Irresignado, aponta o recorrente em seu recurso especial violação a vários dispositivos legais. No tocante à violação do art. 535 do CPC, verifica-se que o Tribunal de origem motivou adequadamente sua decisão, solucionando a controvérsia com a aplicação do direito que entendeu cabível à hipótese. Não há falar, portanto, em existência de omissão apenas pelo fato de o julgado recorrido ter decidido em sentido contrário à pretensão da parte. Registre-se que a omissão relevante capaz de fazer retornar os autos à origem é aquela que tem a capacidade de alterar o resultado do julgamento, o que não se vislumbra nos presentes autos. No mais, o aresto recorrido partiu da premissa de que os documentos constantes dos autos comprovam a existência da obrigação que ensejou a restrição do nome do recorrente, conforme se observa da leitura dos seguintes trechos do acórdão: "(...) No caso em apreço, a inscrição do débito em nome do apelante pela ré está provada nas f. 13. Todavia, a negativação foi lícita, uma vez que os documentos de fls. 53/55, comprovam a abertura de contrato de conta depósito, sendo que o documento de f. 54 é parte integrante do contrato, não havendo que se falar em ausência de assinatura, pois foi aposta no final do contrato, na f. 55" (*e-STJ* fl. 104). Como se vê, alterar o entendimento do Tribunal local de que a restrição foi lícita exigiria por parte desta Corte o reexame de matéria fática, bem como a reanálise de cláusulas contratuais, procedimentos vedados na estreita via do recurso especial, consoante entendimento sumulado nos enunciados ns. 5 e 7 deste Tribunal. Ainda que assim não fosse, é certo que há no acórdão fundamento suficiente para negar a indenização pleiteada, o qual diz respeito a existência de outras negativações em nome do recorrente. Eis a letra do voto condutor na parte que interessa: "(...) Por fim, não se pode olvidar que o apelante possui outras negativações em seu nome, anteriores à inclusão realizada pela ré e, não se desincumbindo do seu ônus de provar a inexigibilidade de tais dívidas, aplicável a Súmula 385 do STJ, *in verbis*: 'Da anotação irregular em cadastro de proteção ao crédito, não cabe indenização por dano moral, quando preexistente legítima inscrição, ressalvado o direito ao cancelamento' (*e-STJ* fl. 105). Tal fundamento foi inatacado pelo recorrente, o que atrai a incidência da Súmula nº 283/STF, aplicada por analogia: 'É inadmissível o recurso extraordinário, quando a decisão recorrida assenta em mais de um fundamento suficiente e o recurso não abrange todos eles.'" Ante o exposto, conheço em parte do recurso especial para negar-lhe provimento. Publique-se. Intimem-se. Brasília (DF), 14 de abril de 2016 (STJ, Recurso Especial 1.593.389 – MG (2016/0077023-0), Rel. Min. Ministro Ricardo Villas Bôas Cueva).

Súmulas do STJ sobre recurso especial já existentes:

Súmula 5 – A simples interpretação de cláusula contratual não enseja recurso especial.

Súmula 7 – A pretensão de simples reexame de prova não enseja recurso especial.

Súmula 13 – A divergência entre julgados do mesmo tribunal não enseja recurso especial.

Súmula 83 – Não se conhece do recurso especial pela divergência, quando a orientação do tribunal se firmou no mesmo sentido da decisão recorrida.

Súmula 86 – Cabe recurso especial contra acórdão proferido no julgamento de agravo de instrumento.

Súmula 115 – Na instância especial é inexistente recurso interposto por advogado sem procuração nos autos.

Súmula 123 – A decisão que admite, ou não, o recurso especial deve ser fundamentada, com o exame dos seus pressupostos gerais e constitucionais.

Súmula 126 – É inadmissível recurso especial, quando o acórdão recorrido assenta em fundamentos constitucional e infraconstitucional, qualquer deles suficiente, por si só, para mantê-lo, e a parte vencida não manifesta recurso extraordinário.

Súmula 203 – Não cabe recurso especial contra decisão proferida por órgão de segundo grau dos Juizados Especiais(*).

(*) A Corte Especial, na sessão extraordinária de 23 de maio de 2002, julgando o AgRg no Ag 400.076-BA, deliberou pela alteração do enunciado da Súmula 203. Redação anterior (decisão de 04.02.1998, DJ 12.02.1998, p. 35): Não cabe recurso especial contra decisão proferida, nos limites de sua competência, por órgão de segundo grau dos juizados especiais.

Súmula 211 – Inadmissível recurso especial quanto à questão que, a despeito da oposição de embargos declaratórios, não foi apreciada pelo Tribunal *a quo*.

Súmula 418 – É inadmissível o recurso especial interposto antes da publicação do acórdão dos embargos de declaração, sem posterior ratificação (Cancelada).

7.1.1.4 Do recurso extraordinário

7.1.1.4.1 Considerações iniciais

Já escrevemos noutras páginas[26], seguindo as pegadas de autores de obras, não ser exagero afirmar que o recurso extraordinário, também chamado de apelo extremo, não pertence ao direito processual civil, nem ao direito pro-

---

[26] DINIZ, José Janguiê Bezerra. Do recurso extraordinário no processo trabalhista. *Jornal Trabalhista*, ano XI, n. 514, jul. 1994, p. 669.

cessual penal, nem tampouco ao direito processual trabalhista. Sobrepondo a todos esses segmentos de regulamentação, somente pode localizar-se na esfera JURÍDICA em que diretamente incide à *Lex Fundamentalis*. Nessa perspectiva, assim como Humberto Theodoro Júnior[27] e Manoel Antonio Teixeira Filho[28], ouso afirmar que esse recurso pertence ao direito processual constitucional[29].

Como ele é de altitude constitucional, só pode, portanto, desaparecer do sistema recursal mediante alteração da *Lex Legum*.

Importa notar, no particular, que o recurso em tela não é criação do direito pátrio, mas, sim, do além-mar. Ele surgiu no direito anglo-saxão sob a denominação *judiciary act*.

Na América Latina, coube à Argentina a primazia de incorporar ao seu direito positivo esse instituto, tomando como parâmetro o modelo utilizado do direito norte-americano. No Brasil, o apelo extremo surgiu com o Decreto 848 de 1890, e foi inserido na Constituição Federal de 1891 também com inspiração do *judiciary act*. Com o Decreto 221 de 1894, passou a denominar-se Recurso Extraordinário, e nesse sentido, também foi inserido na *norma interna corporis* do Supremo Tribunal Federal e só *a posteriori* passou a fazer parte da legislação infraconstitucional.

Não poderíamos deixar de frisar que o *punctum pruriens* desse *remedium juris* é assegurar o primado e a supremacia da Constituição Federal, além de "Manter, dentro do sistema federal e da descentralização do Poder Judiciário, a autoridade e a unidade da Constituição"[30]. Logo, tem o recurso extraordinário como função essencial tutelar a autoridade e a integridade das normas constitucionais. Noutro falar, tem ele função exclusivamente política.

---

[27] THEODORO JÚNIOR, Humberto. *Curso de direito processual civil*. 18. ed. Rio de Janeiro: Forense, 1996. v. I, p. 588.

[28] TEIXEIRA FILHO, Manoel Antonio. *Sistema dos recursos trabalhistas*. 5. ed. São Paulo: LTr, 1991. p. 356.

[29] O direito processual constitucional, que compreende o elenco de normas de direito processual ínsitas na Constituição Federal, pertence à chamada Justiça Constitucional, que – por seu turno – é composta também pelo direito constitucional processual, compreendendo a "reunião dos princípios para o fim de regular a denominada jurisdição constitucional". Karl Heinz Schwab (Divisão de Funções e o Juiz Natural. *Apud* NERY JÚNIOR, Nelson. *Princípios do processo civil na Constituição Federal*. 3. ed. São Paulo: RT, 1996. v. 21, p.19. (Coleção Estudos de Direito de Processo).

[30] THEODORO JÚNIOR, Humberto. *Curso de direito processual civil*. 18. ed. Rio de Janeiro: Forense, 1996. v. I, p. 595.

7.1.1.4.2 Cabimento

O art. 102, III, da Constituição Federal alberga a seguinte regra: "Compete ao Supremo Tribunal Federal, precipuamente, a guarda da Constituição, cabendo-lhe:(...)III – julgar mediante Recurso Extraordinário as causas decididas em única[31] ou última[32] instância, quando a decisão recorrida: **a) contrariar dispositivo desta Constituição; b)declarar a inconstitucionalidade de tratado ou lei federal; c) julgar válida lei ou ato de governo local contestado em face desta Constituição;** d) julgar válida lei local contestada em face de lei federal".

Logo, o art. 102, III, da CF não exige mais que a decisão recorrida tenha sido proferida por tribunal. Basta que tenha sido a única ou última instância.

Nesse sentido esposa o entendimento exarado nas Súmulas 281 e 640 do STF, que gizam, respectivamente:

> Súmula 281 do STF – É inadmissível o recurso extraordinário, quando couber na justiça de origem, recurso ordinário da decisão impugnada.
>
> Súmula 640 do STF – *É cabível recurso extraordinário contra decisão proferida por juiz de primeiro grau nas causas de alçada, ou por turma recursal especial cível e criminal.*
>
> Agravo regimental no recurso extraordinário. Direito do trabalho. Causa de alçada. Não esgotadas as instâncias ordinárias. Súmula nº 281/STF. Precedentes. 1. O recurso extraordinário é inadmissível quando não tenha sido esgotada a prestação jurisdicional pelo Tribunal de origem. Incidência da Súmula nº 281/STF. 2. Agravo regimental não provido (STF, RE 553.683/SP, 1ª Turma, Rel. Min. Dias Toffoli, j. 07.02.2012, *DJe*-050, divulg. 08.03.2012, public. 09.03.2012).
>
> Recurso extraordinário. Justiça do Trabalho. Causa de alçada (Lei nº 5.584/70, art. 2º, § 4º). Ausência de esgotamento das vias recursais ordinárias. Descabimento do apelo extremo. Súmula 281/STF. Diretriz jurisprudencial firmada pelo Supremo Tribunal Federal. Recurso improvido. – O prévio esgotamento das instâncias recursais ordinárias constitui pressuposto de admissibilidade do recurso extraordinário. Súmula 281/STF. – No âmbito do processo trabalhista, somente decisões emanadas do Tribunal Superior do Trabalho revelam-se passíveis de impugnação mediante recurso extraordinário. Mesmo que haja discussão de matéria constitucional em sede de dissídios individuais, e ainda

---

[31] Competência originária.
[32] Competência recursal.

que se trate de causa de alçada (Lei nº 5.584/70, art. 2º, § 4º), não se mostra lícito interpor recurso extraordinário "per saltum", incumbindo, a quem recorre, exaurir, previamente, perante os órgãos competentes da Justiça do Trabalho, as vias recursais definidas pela legislação processual trabalhista, sob pena de a inobservância desse pressuposto recursal específico tornar insuscetível de conhecimento o apelo extremo deduzido. Precedentes (STF) (STF, RE 638.224/SP, 2ª Turma, Rel. Min. Celso de Mello, j. 20.05.2011, DJe-118, divulg. 20.06.2011, public. 21.06.2011, Ement. vol-02548-02, p. 245).

Em relação ao primeiro caso de cabimento "contrariar dispositivo da Constituição", significa que a decisão recorrida deve afrontar ou violar norma expressa da Constituição Federal. A norma afrontada deve ser direta, jamais de forma oblíqua ou indireta.

No que diz pertinência à declaração de "inconstitucionalidade de tratado ou lei federal", alimenta recurso extraordinário quando a decisão recorrida negar vigência a essa norma, mediante a declaração de sua inconstitucionalidade. O juízo deixa de aplicá-la por achá-la inconstitucional, ou aplica-a, dando interpretação destoante da que lhe deu o Excelso Pretório.

Enseja também recurso extraordinário quando o *decisum* recorrido venha a julgar a validade de Lei ou ato de Governo Local, desprezando a Constituição Federativa ou Lei Federal. Ao firmar a validade de ato ou governo local contrariando em face da Constituição Federal, a decisão estará afastando a aplicação da Constituição, podendo, portanto, ser inconstitucional, daí o cabimento do extraordinário.

Importa destacar ainda a necessidade de comprovação da repercussão geral para a admissibilidade do recurso extraordinário, nos termos do art. 102, § 3º, da Constituição Federal, que dispõe:

> Art. 102. (...)
> § 3º No recurso extraordinário o recorrente deverá demonstrar a repercussão geral das questões constitucionais discutidas no caso, nos termos da lei, a fim de que o Tribunal examine a admissão do recurso, somente podendo recusá-lo pela manifestação de dois terços de seus membros. (Incluída pela Emenda Constitucional 45, de 2004).

Nos termos do art. 1.035, § 1º, do novo CPC, para efeito de repercussão geral, será considerada a existência ou não de questões relevantes do ponto de vista econômico, político, social ou jurídico que ultrapassem os interesses subjetivos do processo.

Outrossim, o novo CPC dispõe que existirá repercussão geral nas hipóteses do art. 1.035, § 3º, sendo estas:

> Art. 1.035. (...)
> § 3º Haverá repercussão geral sempre que o recurso impugnar acórdão que:
> I – contrarie súmula ou jurisprudência dominante do Supremo Tribunal Federal;
> II – (revogado);
> III – tenha reconhecido a inconstitucionalidade de tratado ou de lei federal, nos termos do art. 97 da Constituição Federal.

Por fim, importa destacar acerca da repercussão geral o procedimento descrito também no art. 1.035, §§ 9º e 11, cujos conteúdos transcrevemos a seguir:

> Art. 1.035. [...]
> § 9º O recurso que tiver a repercussão geral reconhecida deverá ser julgado no prazo de 1 (um) ano e terá preferência sobre os demais feitos, ressalvados os que envolvam réu preso e os pedidos de *habeas corpus*.
> § 10. (Revogado).
> § 11. A súmula da decisão sobre a repercussão geral constará de ata, que será publicada no diário oficial e valerá como acórdão.

7.1.1.4.3 Procedimento

O procedimento do recurso extraordinário é similar ao do recurso especial analisado anteriormente, cuja previsão está no art. 1.029, que dispõe: "Art. 1.029. O recurso extraordinário e o recurso especial, nos casos previstos na Constituição Federal, serão interpostos perante o presidente ou o vice-presidente do tribunal recorrido, em petições distintas que conterão: I – a exposição do fato e do direito; II – a demonstração do cabimento do recurso interposto; III – as razões do pedido de reforma ou de invalidação da decisão recorrida".

Deverá ser interposto no prazo de 15 dias, nos termos do art. 1.003, §5º, do novo CPC, que começa a fluir sempre da publicação das conclusões da decisão recorrida, acompanhada com a prova do preparo (art. 1.007), sendo-lhe aplicáveis as normas sobre contagem, prorrogação, suspensão e interrupção dos prazos recursais em geral, perante o Presidente ou Vice-Presidente do Tribunal recorrido em petição que conterá: "I – exposição do fato e do direito; II – a demonstração do cabimento do Recurso interposto;

III – as razões do pedido de reforma ou de invalidação da decisão recorrida" (CPC, art. 1.029). De ressaltar que, se de primeiro grau a decisão recorrida, a petição deverá ser encaminhada ao presidente ou ao vice-presidente por meio do juiz que a tenha proferido.

Destaque-se o teor da Súmula 640, do STF, que giza: "É cabível recurso extraordinário contra decisão proferida por juiz de primeiro grau nas causas de alçada, ou por turma recursal de juizado especial cível e criminal".

Quando recebido o recurso, o recorrido será intimado para em igual prazo apresentar contrarrazões (CPC, art. 1.030). A impugnação ao recurso pode ser no plano da admissibilidade ou no mérito.

Admitido o recurso extraordinário, o Supremo Tribunal Federal julgará o processo, aplicando o direito (CPC, art. 1.034).

Se o presidente ou o vice denegar seguimento ao recurso, cabe agravo, nos termos do art. 1.042 do novo CPC, no prazo de 15 dias.

Havendo a interposição conjunta de recurso extraordinário e recurso especial, os autos deverão ser remetidos ao Superior Tribunal de Justiça, onde, concluído o julgamento do recurso especial, serão os autos remetidos ao Supremo Tribunal Federal para, se não estiver o recurso extraordinário prejudicado, seja ele apreciado (CPC, art. 1.031).

Em princípio, nos termos do regimento interno em vigor, a competência para julgar o recurso extraordinário é de qualquer das Turmas. Se o recurso tiver subido em virtude de provimento de agravo, estará prevento para julgá-lo a competência da Turma que houver conhecido do agravo. Abre-se vista, se for o caso, ao Procurador-Geral da República, por 15 dias, para emitir parecer, e depois, o relator pede dia para julgamento.

Observe-se o art. 932 do CPC, que atribui em certos casos competência ao relator para julgar, ele mesmo, o recurso.

Na sessão de julgamento, após o relatório, podem usar da palavra os advogados do recorrente e do recorrido, pelo tempo máximo de 15 minutos. O julgamento obedece, quanto à forma, aos preceitos regimentais.

Com a ressalva oportunamente feita, conhecendo do recurso o tribunal, seja para dar-lhe, seja para negar-lhe provimento, o acórdão proferido no julgamento do extraordinário substitui, no que fora objeto da impugnação, o acórdão recorrido (art. 1.008). Não se limita o tribunal a cassar a decisão do órgão *a quo*. O trânsito em julgado que sobrevenha será do acórdão do STF, ainda que este haja confirmado o pronunciamento do tribunal inferior.

7.1.1.4.4 Efeito

No antigo Código de Processo Civil não era permitido o efeito suspensivo, nos termos do § 2º do art. 542, admitindo-se fosse executada provisoriamente a sentença, por meio da chamada carta de sentença, ou em autos suplementares, quando houvesse.

Atualmente, com o novo CPC, observa-se que é possível atribuir efeito suspensivo ao recurso extraordinário, nos termos do art. 1.029, senão vejamos:

> Art. 1.029. (...)
> § 5º O pedido de concessão de efeito suspensivo a recurso extraordinário ou a recurso especial poderá ser formulado por requerimento dirigido:
> I – ao tribunal superior respectivo, no período compreendido entre a publicação da decisão de admissão do recurso e sua distribuição, ficando o relator designado para seu exame prevento para julgá-lo;
> II – ao relator, se já distribuído o recurso;
> III – ao presidente ou ao vice-presidente do tribunal recorrido, no período compreendido entre a interposição do recurso e a publicação da decisão de admissão do recurso, assim como no caso de o recurso ter sido sobrestado, nos termos do art. 1.037.

O extraordinário tem efeito devolutivo. Note-se que o STF, conhecendo do recurso, não se restringe a anular a decisão recorrida, mas, fixando tese jurídica correta, aplica-o à espécie. Não se trata, pois, de simples cassação, senão de julgamento que, seja qual for o sentido que se profira, substitui a decisão contra a qual se recorreu, salvo se a questão federal se relacionar com *error in procedendo*, que possa invalidá-la.

7.1.1.4.5 Natureza jurídica

A natureza jurídica do apelo extremo é, sem a menor sombra de dúvida, recursal. É recurso de natureza extraordinária, porquanto tem como escopo transcendental submeter ao reexame pelo mais alto pretório, a cúpula do Poder Judiciário Federal, as decisões dos pretórios inferiores, federais e estaduais que tenham violado diretamente a Constituição Federal.

7.1.1.4.6 Preparo

Como foi dito anteriormente, antes da Lei 8.039/1990 havia dispositivos expressos que regulavam o preparo do recurso extraordinário e do especial, sob pena de deserção. Essa mesma lei alterou substancialmente o CPC no pertinente a recursos, e foi posteriormente revogada pela Lei 8.950/1994 (arts. 543 e 545 do antigo CPC).

Entretanto, nem a Lei 8.038/1990, nem a Lei 8.950/1994 tratavam da questão do preparo, de maneira que a matéria ficou atribuída aos Regimentos Internos do STF e do STJ.

O Regimento Interno do STF, no art. 57, sublinha: "Art. 57. Salvo os casos de isenção, compete às partes antecipar o pagamento. Parágrafo único. O preparo compreende o recolhimento de custas e das despesas de todos os atos do processo, inclusive o porte de remessa e retorno, quando for o caso".

No diapasão, de ser ressaltado que a questão cuida de assunto processual de competência exclusiva da União, conforme o art. 22, I, que giza: "Compete privativamente à União legislar sobre: I – direito civil, (...) processual...".

Com efeito, como se trata de matéria referente a direito processual, a competência para legislar é exclusiva da União, pelo que se deve observar o regime previsto no art. 1.007 do CPC, que cuida do preparo para os recursos em geral.

7.1.1.4.7 Considerações finais

Sobre recurso extraordinário, vejam-se as seguintes Súmulas do STF:

> Súmula 228 – Não é provisória a execução na pendência de recurso extraordinário, ou de agravo destinado a fazê-lo admitir.
>
> Súmula 249 – É competente o Supremo Tribunal Federal para a ação rescisória, quando, embora não tendo conhecido do recurso extraordinário, ou havendo negado provimento ao agravo, tiver apreciado a questão federal controvertida.
>
> Súmula 272 – Não se admite como ordinário recurso extraordinário de decisão denegatória de mandado de segurança.
>
> Súmula 279 – Para simples reexame de prova não cabe recurso extraordinário.
>
> Súmula 280 – Por ofensa a direito local não cabe recurso extraordinário.
>
> Súmula 281 – É inadmissível o recurso extraordinário, quando couber na Justiça de origem, recurso ordinário da decisão impugnada.
>
> Súmula 282 – É inadmissível o recurso extraordinário, quando não ventilada, na decisão recorrida, a questão federal suscitada.
>
> Súmula 283 – É inadmissível o recurso extraordinário, quando a decisão recorrida assenta em mais de um fundamento suficiente e o recurso não abrange todos eles.
>
> Súmula 284 – É inadmissível o recurso extraordinário, quando a deficiência na sua fundamentação não permitir a exata compreensão da controvérsia.

Súmula 285 – Não sendo razoável a arguição de inconstitucionalidade, não se conhece do recurso extraordinário fundado na letra "c" do art. 101, III, da Constituição Federal.

Súmula 286 – Não se conhece do recurso extraordinário fundado em divergência jurisprudencial, quando a orientação do Plenário do Supremo Tribunal Federal já se firmou no mesmo sentido da decisão recorrida.

Súmula 287 – Nega-se provimento ao agravo, quando a deficiência na sua fundamentação, ou na do recurso extraordinário, não permitir a exata compreensão da controvérsia.

Súmula 288 – Nega-se provimento a agravo para subida de recurso extraordinário, quando faltar no traslado o despacho agravado, a decisão recorrida, a petição de recurso extraordinário ou qualquer peça essencial à compreensão da controvérsia.

Súmula 289 – O provimento do agravo por uma das turmas do Supremo Tribunal Federal ainda que sem ressalva, não prejudica a questão do cabimento do recurso extraordinário.

Súmula 291 – No recurso extraordinário pela letra "d" do art. 101, III, da Constituição, a prova do dissídio jurisprudencial far-se-á por certidão, ou mediante indicação do "Diário da Justiça" ou de repertório de jurisprudência autorizado, com a transcrição do trecho que configure a divergência, mencionadas as circunstâncias que identifiquem ou assemelhem os casos confrontados.

Súmula 292 – Interposto o recurso extraordinário por mais de um dos fundamentos indicados no art. 101, III, da Constituição, a admissão apenas por um deles não prejudica o seu conhecimento por qualquer dos outros.

Súmula 299 – O recurso ordinário e o extraordinário interpostos no mesmo processo de mandado de segurança, ou de "habeas corpus", serão julgados conjuntamente pelo Tribunal Pleno.

7.1.2 No processo trabalhista

7.1.2.1 Considerações iniciais

No direito processual trabalhista, do despacho que indeferir liminarmente ação rescisória cabe agravo regimental, quer seja no âmbito dos regionais ou do próprio TST no prazo previsto nos regimentos internos de cada tribunal.

Convém destacar a lição de Élisson Miessa acerca da distinção entre agravo regimental e interno, senão vejamos:

> A doutrina não é uniforme quanto à distinção do agravo interno (inominado) e do agravo regimental, para uns, o novo CPC acaba com a distinção entre eles, vez que foram contemplados conjuntamente no art.

1.021, o qual admite que "contra decisão proferida pelo relator caberá agravo interno para o respectivo órgão colegiado, observadas quanto ao processamento, as regras do regimento interno do tribunal. Para outros, os quais pensamentos estar com a razão, o agravo interno é o previsto nos arts. 894, § 4º, da CLT e 1.021 do NCPC, aplicável supletivamente ao processo do trabalho (TST-IN nº 39/2016, art. 3º, XXIX)", enquanto o agravo regimental está previsto no próprio regimento interno do tribunal.[33]

Perante os TRTs, o agravo regimental ou interno é cabível, em geral, nos seguintes casos:

a) das decisões proferidas pelo Corregedor em reclamações correcionais (CLT, art. 709, § 1º);

b) do despacho do relator que indeferir liminarmente petição de ação rescisória;

c) do despacho do relator, que indeferir, liminarmente, ação de mandado de segurança;

d) do despacho do relator que conceder ou denegar medida liminar;

e) de despacho do relator que cause gravame às partes, desde que não caiba outro recurso específico.

Ilustrativamente, ressaltamos que o Regimento Interno do TRT da 6ª Região, por meio do art. 155, prevê: "Caberá agravo regimental, no prazo de oito dias, mediante petição incidental nos próprios autos: I – da decisão do Desembargador Presidente do Tribunal ou de Turma que extinguir liminarmente a ação, conceder ou indeferir antecipação de tutela ou medida liminar, em processo de sua competência; (alterado pela Res. Adm. TRT 07/2013, *DEJT* 12.04.2013) II – da decisão do Desembargador Corregedor Regional nas correições parciais; (alterado pela Res. Adm. TRT 07/2013, *DEJT* 12.04.2013) III – da decisão do Desembargador relator que indeferir, liminarmente, ação da competência originária do Tribunal (artigos 110, § 1º, 115); (alterado pela Res. Adm. TRT 07/2013, *DEJT* 12.04.2013) IV – da decisão do Desembargador relator que negar seguimento ou prover recursos; (alterado pela Res. Adm. TRT 07/2013, *DEJT* 12.04.2013) V – da decisão do Desembargador relator que conceder ou indeferir antecipação de tutela ou medida liminar; (alterado pela Res. Adm. TRT 07/2013, *DEJT* 12.04.2013) VI – do despacho do desembargador relator que conceder ou denegar antecipação de tutela ou

---

[33] MIESSA, Elisson. *Manual dos Recursos Trabalhistas*: teoria e prática. Salvador: JusPodivm, 2017, p. 450.

medida liminar em ação cautelar, mandado de segurança ou ação rescisória; (nova redação dada pela Res. Adm. TRT 09/2008, *DOE* 20.05.2008)".

Por outro lado, o art. 235 do RITST também prevê o agravo regimental nos seguintes termos: "Art. 235. Cabe agravo regimental, no prazo de oito dias, para o Órgão Especial, Seções Especializadas e Turmas, observada a competência dos respectivos órgãos, nas seguintes hipóteses: I – do despacho do Presidente do Tribunal que denegar seguimento aos embargos infringentes; II – do despacho do Presidente do Tribunal que suspender execução de liminar e sou de decisão concessiva de mandado de segurança; III – do despacho do Presidente do Tribunal que conceder ou negar suspensão da execução de liminar, antecipação de tutela ou da sentença em cautelar; IV – do despacho do Presidente do Tribunal concessivo de liminar em mandado de segurança ou em ação cautelar; V – do despacho do Presidente do Tribunal proferido em pedido de efeito suspensivo; VI – das decisões e despachos proferidos pelo Corregedor-Geral da Justiça do Trabalho; VII – do despacho do Relator que negar prosseguimento a recurso, ressalvada a hipótese do art. 239; VIII – do despacho do Relator que indeferir inicial de ação de competência originária do Tribunal; e IX – do despacho ou da decisão do Presidente do Tribunal, de Presidente de Turma ou do Relator que causar prejuízo ao direito da parte, ressalvados aqueles contra os quais haja recursos próprios previstos na legislação ou neste Regimento (Redação dada pela Emenda Regimental 4/2012)".

Na Justiça do Trabalho, da decisão proferida em rescisória perante os TRTs cabem embargos de declaração e recurso ordinário para o Tribunal Superior do Trabalho, em 8 (oito) dias (CLT, art. 895, *II*). Das decisões proferidas pelo TST, em rescisória de sua competência originária, cabem embargos de declaração e embargos infringentes, caso a decisão não seja unânime (RITST, art. 232).

De ser ressaltado que, segundo Alcides de Mendonça Lima[34], os embargos infringentes são inconstitucionais, haja vista que não são estatuídos na CLT ou em outra lei, "que seriam as únicas fontes legais regulares". Sublinha, ademais, que, apesar da proeminência do TST, este "não gozava do privilégio atribuído, exclusivamente, ao Supremo Tribunal Federal, pelo art. 119, § 3º, da Constituição Federal de 67, agora excluída pela de 88. Tratava-se de norma de caráter restrito e excepcional, e não se estendia a qualquer outra entidade do Poder Judiciário. Foi um modo de não deixar decisão irrecorrível; mas o alvo foi alcançado ao arrepio da hierarquia legislativa. O Pleno do STF, por

---

[34] LIMA, Alcides de Mendonça. *Processo civil no processo trabalhista*. 4. ed. atual. São Paulo: LTr, 1992. p. 117.

maioria de votos, em embargos, mantendo assim julgado do próprio Pleno, considerou inconstitucionais artigos do Regimento Interno do antigo TFR por tratar de matéria processual não prevista em lei (Representação 1.092, de 03.02.1986 –*RTJ*, Vol. 117, pág. 921). A situação é idêntica nos dois casos)".

Se a decisão for unânime, nenhum outro recurso caberá, salvo se houver violação da Constituição Federal, caso em que alimentará o recurso extraordinário.

Sobre o tema, vejamos as Súmulas a seguir transcritas:

> Súmula 158 do TST – Ação rescisória (mantida) – Res. 121/2003, *DJ* 19, 20 e 21.11.2003
>
> Da decisão de Tribunal Regional do Trabalho, em ação rescisória, é cabível recurso ordinário para o Tribunal Superior do Trabalho, em face da organização judiciária trabalhista. (ex-Prejulgado nº 35)
>
> **Súmula nº 192 do TST**
>
> **Ação rescisória. Competência (atualizada em decorrência do CPC de 2015) – Res. 212/2016, *DEJT* divulgado em 20, 21 e 22.09.2016**
>
> I – Se não houver o conhecimento de recurso de revista ou de embargos, a competência para julgar ação que vise a rescindir a decisão de mérito é do Tribunal Regional do Trabalho, ressalvado o disposto no item II.
>
> II – Acórdão rescindendo do Tribunal Superior do Trabalho que não conhece de recurso de embargos ou de revista, analisando arguição de violação de dispositivo de lei material ou decidindo em consonância com súmula de direito material ou com iterativa, notória e atual jurisprudência de direito material da Seção de Dissídios Individuais (Súmula nº 333), examina o mérito da causa, cabendo ação rescisória da competência do Tribunal Superior do Trabalho. (ex-Súmula nº 192 – alterada pela Res. 121/2003, *DJ* 21.11.2003)
>
> III – Sob a égide do art. 512 do CPC de 1973, é juridicamente impossível o pedido explícito de desconstituição de sentença quando substituída por acórdão do Tribunal Regional ou superveniente sentença homologatória de acordo que puser fim ao litígio.
>
> IV – Na vigência do CPC de 1973, é manifesta a impossibilidade jurídica do pedido de rescisão de julgado proferido em agravo de instrumento que, limitando-se a aferir o eventual desacerto do juízo negativo de admissibilidade do recurso de revista, não substitui o acórdão regional, na forma do art. 512 do CPC. (ex-OJ nº 105 da SBDI-2 – *DJ* 29.04.2003)
>
> V – A decisão proferida pela SBDI, em agravo regimental, calcada na Súmula nº 333, substitui acórdão de Turma do TST, porque emite juízo de mérito, comportando, em tese, o corte rescisório. (ex-OJ nº 133 da SBDI-2 – *DJ* 04.05.2004)

Ao apresentar o recurso, a parte deverá pagar as custas que lhe forem atribuídas no prazo recursal (CLT, art. 789, § 4º).

Ademais, se o recorrente da decisão condenatória proferida na ação rescisória for o empregador, este terá que depositar no prazo da interposição do recurso o valor da condenação para efeito de depósito recursal.

Assim utilizamos do exemplo extraído do ilustre doutrinador Élisson Miessa onde destaca:

> Empresa X é condenada ao pagamento de horas extras e adicional de periculosidade, tendo como valor da condenação o importe de R$ 50.000,00. A empresa interpõe recurso ordinário, devendo efetuar o recolhimento do depósito recursal o montante de R$ 8.959,63 (teto legal do depósito recursal). Caso seu recurso não seja provido no TRT e pretenda recorrer de revista ao TST, deverá efetuar novo depósito recursal para esse último recurso, agora no valor de R$ 17.919,26 (teto legal), pois ambos os depósitos não alcançaram o valor total da condenação, ou seja, totalizaram R$ 26.878,89.[35]

Logo, além dos recursos já estudados acima *per summa capita*, cabe, em campo trabalhista, das decisões proferidas na ação rescisória, o recurso ordinário, que veremos a seguir.

7.1.2.2 Recurso ordinário

7.1.2.2.1 Considerações iniciais

O art. 895 da CLT sublinha caber recurso ordinário das decisões definitivas ou terminativas. Decisões definitivas, é oportuno lembrar, são aquelas que põem termo ao processo apreciando as questões meritórias ou de fundo, enquanto as sentenças terminativas extinguem o processo, sem resolução do mérito. Transcrevemos então o conteúdo do art. 895, *in verbis*:

> Art. 895. Cabe recurso ordinário para a instância superior:
>
> I – das decisões definitivas ou terminativas das Varas e Juízos, no prazo de 8 (oito) dias; e
>
> II – das decisões definitivas ou terminativas dos Tribunais Regionais, em processos de sua competência originária, no prazo de 8 (oito) dias, quer nos dissídios individuais, quer nos dissídios coletivos.

---

[35] MIESSA, Elisson. *Manual dos Recursos Trabalhistas*: teoria e prática. Salvador: JusPodivm, 2017, p. 163.

Desta feita, o recurso ordinário é cabível não apenas de decisão que põe termo ao processo proferida por Vara ou Juiz de Direito, mas de acórdãos proferido pelos TRTs em ação de competência originária, como a rescisória.

7.1.2.2.2 Pressupostos do recurso ordinário

Prima facie, cumpre observar que pressupostos recursais são os requisitos necessários a que os recursos sejam analisados pelos órgãos de julgamento[36].

Pela classificação que adotamos, os pressupostos dos recursos são: **gerais ou específicos**. Os gerais dividem-se em OBJETIVOS e SUBJETIVOS. Objetivos: a) recorribilidade do ato; b) tempestividade; c) adequação; d) preparo; e) regularidade de representação; f) inexistência de fatos extintivos ou impeditivos ao direito de recorrer; g) forma escrita. Subjetivos: a) legitimidade; b) capacidade; c) lesividade, sucumbência ou interesse.

Os específicos são aqueles inerentes a apenas alguns recursos, como o prequestionamento, que é o pressuposto próprio do recurso de revista e do recurso extraordinário.

Cumpre observar que a Lei 13.015/2014, com vigência a partir de 19 de setembro de 2014, instituiu novos requisitos para a admissibilidade de recursos no âmbito da Justiça do Trabalho, introduzindo a sistemática do recurso repetitivo, cuja aplicação se dará aos recursos que forem interpostos das decisões publicadas a partir dessa vigência, nos termos do art. 1º do Ato 491, de 23.09.2014 –TST.

7.1.2.2.2.1 Pressupostos gerais objetivos

A) Recorribilidade do ato

O pressuposto da recorribilidade do ato nos remete ao fato de que no processo nem todos os atos que o juiz pratica comportam recurso. As partes não podem recorrer, por exemplo, contra as decisões interlocutórias, os despachos, nos moldes do art. 1.001 do novo CPC.

Assim, é preciso que o ato praticado admita recurso para que possa ser impugnado por essa via processual. Caso o ato praticado pelo juiz não admita recurso, cabe à parte apresentar "protesto" por cerceamento do direito de

---

[36] Observe-se que também existem pressupostos recursais negativos, como, por exemplo, a desistência tácita. Com efeito, esses são elementos que, se presentes, impedem que os recursos sejam conhecidos.

defesa ou, se for o caso, interpor mandado de segurança ou *habeas corpus*. Com efeito, a parte pode usar outro meio de impugnação, no que remetemos nosso leitor ao tema "sucedâneos recursais".

Como se depreende, nenhum recurso caberá das decisões proferidas nos dissídios de alçada, com exceção do recurso extraordinário, conforme art. 102, III, *a*, da Constituição Federal de 1988.

Registre-se, ainda, que sobre a recorribilidade do ato entendem alguns doutrinadores como Manoel Antonio Teixeira Filho[37], Mauro Schiavi e Carlos Henrique Bezerra Leite[38] que as decisões sobre liquidação, sobre os moldes do art. 884, § 3º, da CLT, são irrecorríveis.

Cumpre-nos assinalar, ainda sobre o tema em comento, o ensinamento do doutrinador Mauro Schiavi[39], que preleciona: "a decisão que homologa os cálculos, apesar de ser chamada de 'sentença', nem sequer encerra o procedimento de liquidação, pois as impugnações podem ser renovadas na impugnação, pelo reclamante e nos embargos à execução pela reclamada. Portanto, acreditamos que ela é uma decisão especial, irrecorrível, que tem índole de uma decisão interlocutória qualificada ou mista, que decide a fase de liquidação sem *status* de definitividade".

B) Tempestividade

Os recursos devem ser apresentados *oportuno tempore*, dentro do prazo, jamais extemporaneamente, ou seja, fora do prazo previsto na legislação.

Sobre os prazos, é salutar fazermos algumas observações.

A importância da previsão de prazos para todos os atos se alicerça no princípio da celeridade processual. A inexistência de prazos implicaria o congestionamento de processos e, possivelmente, a morosidade do julgamento, impossibilitando a solução da causa.

Consoante enuncia o art. 218 do novo CPC, "os atos processuais serão realizados nos prazos prescritos em lei", sob pena de preclusão do direito de praticá-los por qualquer das partes litigantes.

---

[37] TEIXEIRA FILHO, Manoel Antonio. *Curso de direito processual do trabalho*. São Paulo: LTr, 2009. v. II, p. 1461.

[38] LEITE, Carlos Henrique Bezerra. *Curso de direito processual do trabalho*. 10. ed. São Paulo: LTr, 2012. p. 686.

[39] SCHIAVI, Mauro. *Manual de direito processual do trabalho*. 3. ed. São Paulo: LTr, 2010. p. 701-707.

Consoante Mascaro[40], "prazo é o tempo no qual deve ser praticado um ato processual". Já nas palavras de Theodoro Júnior[41], "prazo é o espaço de tempo em que o ato processual da parte pode ser validamente praticado".

Todo prazo é limitado pelo termo inicial (*dies a quo*) e pelo termo final (*dies ad quem* ou *dies cedit*). Como termo inicial, nasce a faculdade da parte para promover o ato; como termo final, extingue-se a faculdade.

A maioria dos prazos encontra-se estabelecida por lei, seja no CPC, seja na CLT. Havendo omissão, caberá ao juiz assinar o prazo em complexidade com o ato *ex vi* do art. 218, § 1º, do CPC.

É auspicioso notar que, tanto para as partes como para o juiz e os serventuários, existem prazos preestabelecidos. Para as primeiras, os prazos são chamados de PRÓPRIOS, que podem ser atingidos pelo efeito preclusivo. Entretanto, para os juízes e serventuários, os prazos são chamados de prazos IMPRÓPRIOS, e da inobservância destes não decorrem consequências processuais de impossibilidade de prática do ato, a princípio[42].

De regra, no processo trabalhista o prazo para recorrer é de oito dias, diferentemente do processo civil, no qual o prazo para recurso é, de regra, 15 dias.

O recurso intempestivo terá o seguimento negado ou não será conhecido, dependendo do momento em que for constatada a falta.

C) Adequação

O sucumbente, além de observar o prazo, necessariamente terá que escolher o recurso adequado, porquanto, interpondo um recurso errôneo, ficará impossibilitado de apresentar outro, mesmo ainda sobejando prazo, pois se opera o efeito preclusivo da recorribilidade recursal (preclusão da recorribilidade recursal). Terá havido preclusão consumativa. O mesmo sói acontecer com a interposição de dois recursos. Se o primeiro interposto é o errado, opera-se a preclusão da recorribilidade, e o segundo torna-se sem efeito.

---

[40] NASCIMENTO, Amauri Mascaro. *Curso de direito processual trabalhista*. 12. ed. São Paulo: Saraiva, 1990. p. 163.

[41] THEODORO JÚNIOR, Humberto. *Curso de direito processual civil*. 18. ed. Rio de Janeiro: Forense, 1996. v. I. p. 237.

[42] Observamos, relativamente ao descumprimento de prazos pelos juízes, que a regra do art. 233 do CPC prevê a possibilidade de representação contra o magistrado e de sua substituição na prática do ato por outro juiz. Vejamos o teor da regra: "§ 2º Qualquer das partes, o Ministério Público ou a Defensoria Pública poderá representar ao juiz contra o serventuário que injustificadamente exceder os prazos previstos em lei".

Entremestes, como foi visto anteriormente, em virtude do princípio da fungibilidade recursal, não havendo erro grosseiro e estando presentes os requisitos do recurso correto, admite-se o conhecimento de um recurso por outro.

Ademais, conforme o princípio da complementariedade, poderá o recorrente dar complementação aos fundamentos contidos em seu recurso já interposto. Isso se ocorrer a modificação da decisão decorrente do acolhimento dos embargos declaratórios. Outrossim, não se está diante da possibilidade de interposição de novo recurso, mas sim de complementação de recurso nos moldes já citados.

Ainda com relação ao pressuposto da adequação, já lecionou Mauro Schiavi[43], citando Nelson Nery Júnior, "a recorribilidade e a adequação precisam andar parelhas, pois se, por exemplo, contra a sentença se interpuser o agravo, não se terá preenchido o pressuposto do cabimento, ocasionando o não conhecimento do recurso".

D) Regularidade de representação

A parte que deseja interpor recurso deve atentar não só para a regularidade da peça de recurso, como também da documentação de representação que acosta junto a esta. Nesse sentido iniciaremos a análise da regularidade sobre o prisma do *jus postulandi*, nos termos do art. 791 da CLT, *in verbis*:

> Art. 791. Os empregados e os empregadores poderão reclamar pessoalmente perante a Justiça do Trabalho e acompanhar as suas reclamações até o final.
>
> § 1º Nos dissídios individuais os empregados e empregadores poderão fazer-se representar por intermédio do sindicato, advogado, solicitador, ou provisionado, inscrito na Ordem dos Advogados do Brasil.
>
> § 2º Nos dissídios coletivos é facultada aos interessados a assistência por advogado.
>
> §3º A constituição de procurador com poderes para o foro em geral poderá ser efetivada, mediante simples registro em ata de audiência, a requerimento verbal do advogado interessado, com anuência da parte representada. (Redação dada pela Lei 12.437, de 2011).

---

[43] SCHIAVI, Mauro. *Manual de direito processual do trabalho*. 3.ed. São Paulo: LTr, 2010. p. 708-713.

Como advento da **Súmula 425** do TST, o *jus postulandi* das partes limitou-se às varas do trabalho e aos Tribunais Regionais do Trabalho, não se aplicando nas ações rescisórias, nas ações cautelares, no mandado de segurança e nos recursos de competência do C. TST, onde devem as partes necessariamente estar assistidas por advogados devidamente habilitados com procuração concedida por mandato tácito ou expresso.

E) Preparo

As custas são encargos decorrentes do regular andamento processual e representam as despesas realizadas ao longo do processo, recaindo tal ônus à parte sucumbente.

É interessante assinar que no processo civil apenas as custas da tramitação do recurso consubstanciam o preparo.

Convém assinalar sobre o tema o que dispõe o novo CPC, em seu art. 1.007: "no ato de interposição do recurso, o recorrente comprovará, quando exigido pela legislação pertinente, o respectivo preparo, inclusive porte de remessa e de retorno, sob pena de deserção". Dispõe ainda em seu §2º: "A insuficiência no valor do preparo, inclusive porte de remessa e de retorno, implicará deserção se o recorrente, intimado na pessoa de seu advogado, não vier a supri-lo no prazo de 5 (cinco) dias".

Nos termos do § 1º do art. 1.007 do novo CPC, são dispensados de preparo, inclusive porte de remessa e de retorno, os recursos interpostos pelo Ministério Público, pela União, pelo Distrito Federal, pelos Estados, pelos Municípios, e respectivas autarquias, e pelos que gozam de isenção legal.

Em relação a esse privilégio, Antônio Álvares da Silva[44] propugna que:

> Tais privilégios outorgados ao poder público não têm supedâneo constitucional, quando analisados em face do art. 1º da Constituição Federal, que reconhece o princípio da igualdade e veda "distinção de qualquer natureza" entre os cidadãos. É claro que tal igualdade se transpõe para o processo onde as partes – autor e réu, têm que ser tratadas igualmente, o que, por si só, exclui qualquer privilégio de uma em relação à outra, quer se tratando de prazos ou isenções.

---

[44] SILVA, Antônio Álvares da. *Questões polêmicas de direito do trabalho*. São Paulo: LTr, 1994. v. IV, p. 173-175.

Acrescenta o citado autor, na mesma página, que só ao Ministério Público, na defesa da ordem jurídica, do regime democrático e dos interesses sociais e individuais indisponíveis, seria lícita a isenção.

A deserção pode ser relevada se o recorrente provar justo impedimento. Aí, o Juiz fixará prazo para que o preparo seja objetivado (CPC, art. 1.007, § 6º), cuja decisão será irrecorrível.

No processo trabalhista, o preparo é consubstanciado pelas custas recursais, determinadas na sentença e que deverão ser pagas e comprovado o recolhimento, dentro do prazo de interposição do recurso, *ex vi* art. 789, § 1º, da CLT, c/c a Súmula 53 do TST, e pelo depósito recursal ou depósito prévio pecuniário, em se tratando de recurso interposto pelo empregador sucumbente em decisão condenatória de quantia, conforme preceitua o art. 899 da CLT, depósito que deverá ser realizado no prazo da interposição do recurso (Súmula 245 do TST).

F) Depósito recursal

O depósito recursal visa à garantia do juízo por parte do empregador que foi condenado por uma decisão condenatória de caráter pecuniário. A propósito dispõe a Súmula 161 do C. TST sobre a matéria:

> Súmula 161 do TST – Depósito. Condenação a pagamento em pecúnia (mantida) – Res. 121/2003, *DJ* 19, 20 e 21.11.2003.
>
> Se não há condenação a pagamento em pecúnia, descabe o depósito de que tratam os §§ 1º e 2º do art. 899 da CLT. (ex-Prejulgado nº 39).

Em sede de ação rescisória, importa asseverar ainda o que dispõe a Súmula 99 do TST, senão vejamos:

> Súmula 99 do TST – Ação rescisória. Deserção. Prazo (incorporada a Orientação Jurisprudencial 117 da SBDI-2) – Res. 137/2005, *DJ* 22, 23 e 24.08.2005.
>
> Havendo recurso ordinário em sede de rescisória, o depósito recursal só é exigível quando for julgado procedente o pedido e imposta condenação em pecúnia, devendo este ser efetuado no prazo recursal, no limite e nos termos da legislação vigente, sob pena de deserção. (ex-Súmula 99 – alterada pela Res. 110/2002, *DJ* 15.04.2002 – e ex-OJ 117 da SBDI-2 – *DJ* 11.08.2003).

Convém destacar que o depósito recursal será realizado na conta vinculada ao juízo e corrigido de acordo com os índices da poupança, nos moldes do art. 899, § 4º, com recente alteração dada pela Lei nº 13.467/2017.

O valor do depósito recursal, a princípio, é o valor da condenação atribuído na sentença, em se observando certo limite-teto. Põe-se em tela que o valor-teto é reajustado bimestralmente pela variação acumulada do INPC do IBGE dos dois meses imediatamente anteriores (§ 4º do art. 40 da Lei 8.177/1991).

Estão isentos da obrigatoriedade do depósito recursal a União, os Estados, o Distrito Federal, os municípios, as autarquias e as fundações públicas que não desenvolvam atividade econômica, consoante o art. 1º, IV, do Decreto-lei 779/1969. Outrossim, da massa falida também não se exige o depósito (TST, Súmula 86). Por outro lado, as empresas públicas e sociedades de economia mista, por possuírem personalidade jurídica de direito privado, não estão isentas.

Atenção especial deve ser dada à Empresa Brasileira de Correios e Telégrafos – ECT. Isso porque os Tribunais Regionais do Trabalho e o C. TST têm adotado o entendimento de que tal empresa pública se equipara à Fazenda Pública, gozando das prerrogativas desta. Nesse passo, transcrevemos decisão recente do C. TST:

> **ECT. Equiparação à Fazenda Pública. Isenção de custas processuais e depósito recursal.** O Tribunal Pleno desta Corte, julgando o Incidente de Uniformização de Jurisprudência nº IUJ-ROMS-652.135/2000(06/11/2003), decidiu alterar a redação da Orientação Jurisprudencial nº 87 da SBDI-1, para excluir da sua abrangência a ECT, exatamente por ter-se entendido que goza das mesmas prerrogativas processuais atribuídas à Fazenda Pública. **Assim, deve ser reconhecida a isenção das custas processuais e a dispensa do depósito recursal. Nessas condições, a decisão regional em que se considerou deserto o agravo de petição interposto pela reclamada, em razão da falta de recolhimento de custas e do depósito recursal em sede de embargos de execução, merece reforma, pois está em conflito com a jurisprudência desta Corte.** Recurso de revista conhecido e provido (RR83300-07.2004.5.15.0120, 2ª Turma, Rel. Min. José Roberto Freire Pimenta, j. 26.09.2012, Data de Publicação: 05.10.2012).

Por fim, conforme a regra do § 1º do art. 899 da CLT, "Transitada em julgado a decisão recorrida, ordenar-se-á o levantamento imediato da importância de depósito, em favor da parte vencedora, por simples despacho do juiz". Anotamos que a prolação de sentenças líquidas, em qualquer dos procedimentos, facilitará o acesso do trabalhador à efetividade do julgado a partir da liberação do depósito recursal.

Esclarecendo ainda os mecanismos adotados na interposição de recurso e consequente depósito recursal, o C. TST editou a Súmula 426, na qual trata da utilização da guia GFIP, vejamos:

> Súmula 426 do TST – Depósito recursal. Utilização da Guia GFIP. Obrigatoriedade (editada em decorrência do julgamento do processo TST--IUJEEDRR91700-09.2006.5.18.0006) – Res. 174/2011, *DEJT* divulgado em 27, 30 e 31.05.2011.
>
> Nos dissídios individuais o depósito recursal será efetivado mediante a utilização da Guia de Recolhimento do FGTS e Informações à Previdência Social – GFIP, nos termos dos §§ 4º e 5º do art. 899 da CLT, admitido o depósito judicial, realizado na sede do juízo e à disposição deste, na hipótese de relação de trabalho não submetida ao regime do FGTS.

G) Inexistência de fato extintivo ou impeditivo do direito de recorrer

A ocorrência de algum dos fatos que ensejam a extinção ou impedem o poder de recorrer implica o não conhecimento do recurso interposto, proferindo-se, portanto, juízo de admissibilidade negativo.

Os fatos extintivos do poder de recorrer são: a renúncia ao recurso e a concordância com a decisão. Com o fato impeditivo ao direito de recorrer tem-se a desistência.

H) Forma escrita

Os recursos trabalhistas precisam ser interpostos necessariamente por escrito, ainda que vigore no processo atual o princípio da oralidade, que não significa a desnecessidade de registro escrito dos atos processuais.

A escrita é para a documentação dos atos processuais, e o recurso, como relevante ato processual, necessita ser documentado.

No processo do trabalho não há recurso que possa ser interposto oralmente. O protesto, prática consagrada no processo trabalhista para a alegação de nulidade, não tem natureza de recurso, mas de sucedâneo recursal.

7.1.2.2.2.2 Pressupostos gerais subjetivos

Os pressupostos subjetivos dizem pertinência aos sujeitos. Constituem pressupostos subjetivos: a legitimidade, a capacidade e a sucumbência ou lesividade da decisão, que corresponde ao interesse de recorrer.

A) Legitimidade

Tem legitimidade para recorrer a parte, ainda que revel; o terceiro juridicamente interessado, mesmo que ele não tenha participado da fase cognitiva; e o Ministério Público, quando figurar na causa, nos moldes do art. 996 do novo CPC.

O direito de recorrer é uma extensão ou prolongamento do direito de ação. Assim como para a ação se exige a legitimidade, para o recurso também se exige. A legitimidade para recorrer é, inicialmente, de quem figura no processo como parte. É óbvio que o recorrente precisa juntar a legitimidade como interesse, este, como visto, que surge da sucumbência.

B) Capacidade

Além da legitimidade, o recorrente, por ocasião da interposição do recurso, deve ser plenamente capaz.

No tocante ao tema capacidade, vale-se destacar que o entendimento adotado pelo C. TST acerca da regularidade de representação constante no art. 13 do CPC/1973[45], em fase recursal, é inadmissível, sob os moldes da Súmula 383, senão vejamos:

> **Súmula nº 383 do TST**
>
> **Recurso. Mandato. Irregularidade de representação. CPC de 2015, arts. 104 e 76, § 2º (nova redação em decorrência do CPC de 2015) – Res. 210/2016, *DEJT* divulgado em 30.06.2016 e 01 e 04.07.2016**
>
> I – É inadmissível recurso firmado por advogado sem procuração juntada aos autos até o momento da sua interposição, salvo mandato tácito. Em caráter excepcional (art. 104 do CPC de 2015), admite-se que o advogado, independentemente de intimação, exiba a procuração no prazo de 5 (cinco) dias após a interposição do recurso, prorrogável por igual período

---

[45] "Art. 13. Verificando a incapacidade processual ou a irregularidade da representação das partes, o juiz, suspendendo o processo, marcará prazo razoável para ser sanado o defeito. Não sendo cumprido o despacho dentro do prazo, se a providência couber: I – ao autor, o juiz decretará a nulidade do processo; II – ao réu, reputar-se-á revel; III – ao terceiro, será excluído do processo." No novo CPC, vejamos, o presente artigo: Art. 76. Verificada a incapacidade processual ou a irregularidade da representação da parte, o juiz suspenderá o processo e designará prazo razoável para que seja sanado o vício. § 1º Descumprida a determinação, caso o processo esteja na instância originária: I – o processo será extinto, se a providência couber ao autor; II – o réu será considerado revel, se a providência lhe couber; III – o terceiro será considerado revel ou excluído do processo, dependendo do polo em que se encontre.

mediante despacho do juiz. Caso não a exiba, considera-se ineficaz o ato praticado e não se conhece do recurso.

II – Verificada a irregularidade de representação da parte em fase recursal, em procuração ou substabelecimento já constante dos autos, o relator ou o órgão competente para julgamento do recurso designará prazo de 5 (cinco) dias para que seja sanado o vício. Descumprida a determinação, o relator não conhecerá do recurso, se a providência couber ao recorrente, ou determinará o desentranhamento das contrarrazões, se a providência couber ao recorrido (art. 76, § 2º, do CPC de 2015).

C) O interesse

É o mais importante pressuposto subjetivo. Só aquele que foi lesado, sucumbente, vencido, que sofreu dano ou gravame com a decisão tem interesse em recorrer.

Tem interesse também em recorrer aquele que, mesmo vencedor, o foi por fundamento fático, quando sobre o mesmo ponto tinha a parte utilizado outros fundamentos de ordem legal e até constitucional.

Por outro lado, tem interesse também o vencedor que teve como embasamento um fundamento doutrinário, outro jurisprudencial e outro legal, sendo que a sua pretensão foi acolhida com base num fundamento doutrinário.

Como a sentença que se embasou em fundamento fático ou doutrinário é plausível de ser reformada, no nosso ponto de vista, é perfeitamente possível que a parte recorra, de modo a garantir o seu direito, também pelos fundamentos de ordem legal e até jurisprudencial.

Portanto, o lesado ou sucumbente tem interesse, haja vista que este consiste na necessidade de pedir a proteção jurisdicional ao órgão *ad quem*, uma vez que na ótica do recorrente o seu direito não foi protegido ou foi violado pela Vara do Trabalho.

7.1.2.2.3 Juízo de admissibilidade

O recurso ordinário passa, necessariamente, pelo crivo de dois juízos de admissibilidade.

No que respeita ao recurso ordinário interposto de decisões prolatadas em ações de competência originária dos TRTs – ação rescisória –, objeto do presente título, o recurso é interposto perante o TRT competente apresentado contra sentença; o primeiro juízo de admissibilidade é exercido pelo TRT, que, ao recebê-lo, analisa se os pressupostos subjetivos e objetivos foram observados e, na falta de algum deles, tranca ou nega seguimento ao recurso.

Contra a decisão que nega seguimento ao recurso cabe agravo de instrumento ou embargos de declaração, neste último caso, se flagrante o equívoco na inadmissibilidade – art. 897-A da CLT.

Cumpre registrar que, consoante o art. 900 da CLT, "interposto o recurso, será notificado o recorrido para oferecer as suas razões, em prazo igual ao que tiver o recorrente".

O segundo juízo de admissibilidade é o exercido pelo juízo *ad quem* ou o juízo competente para análise meritória do recurso. Ele fica a cargo de nova análise no TST pelos Ministros relatores.

Todas as questões de fato e de direito debatidas no processo de conhecimento podem ser suscitadas. As novas questões, todavia, só podem ser suscitadas se as partes provarem que deixaram de fazê-lo por motivo de força maior (art. 1.014 do CPC/2015).

7.1.2.2.4 Procedimento

O recurso ordinário desenvolve-se perante a Vara do Trabalho ou Juiz de Direito investido na jurisdição trabalhista, perante a Procuradoria do Trabalho do Ministério Público da União e perante o Tribunal Regional do Trabalho (TRT).

Casos há, entrementes, em se tratando de ação de competência originária dos tribunais, como sói ocorrer com a ação rescisória e o mandado de segurança, que o recurso ordinário se desenvolva perante o TRT que julgou a ação; perante a Procuradoria-Geral do Trabalho e perante o TST, que irá julgá-lo.

Tratando-se de recurso ordinário interposto de decisões prolatadas em ações de competência originária dos TRTs, o recurso é interposto perante o TRT competente. Após a objetivação do primeiro juízo de admissibilidade, o recurso será remetido ao TST, que, antes de distribuí-lo, remetê-lo-á à Procuradoria-Geral do Trabalho e, somente após seu retorno da Procuradoria, é que o Tribunal Superior do Trabalho procederá à distribuição para os ministros relator e revisor.

8

GRÁFICOS, SÚMULAS E NORMAS EM MATÉRIA RESCISÓRIA

8.1 AÇÃO RESCISÓRIA EM GRÁFICOS

Apenas para melhor didática, resolvemos ilustrar o nosso trabalho com o procedimento da rescisória em gráficos (Gráficos 1 e 2), seguindo a orientação de Edson Cosac Bortolai[1].

---

[1] BORTOLAI, Edson Cosac. *Código de Processo Civil em gráficos* – estudo lógico. São Paulo: Malheiros, 1993. p. 165-169.

Gráfico 1

DECISÃO TRANSITADA EM JULGADO

CABIMENTO: AÇÃO RESCISÓRIA
Art. 966, do CPC
O direito à rescisão se extingue em 2 (dois) anos contados do trânsito em julgado da última decisão proferida no processo. (art. 975, *caput*, do CPC).

Decisões de mérito que:

I – se verificar que foi proferida por força de prevaricação, concussão ou corrupção do juiz;

II – for proferida por juiz impedido ou por juízo absolutamente incompetente;

III – resultar de dolo ou coação da parte vencedora em detrimento da parte vencida ou, ainda, de simulação ou colusão entre as partes, a fim de fraudar a lei;

IV – ofender a coisa julgada;

V – violar manifestamente norma jurídica (nos moldes do § 5º, do art. 966, nesta hipótese, cabe ação rescisória contra decisão baseada em enunciado de súmula ou acórdão proferido em julgamento de casos repetitivos que não tenha considerado a existência de distinção entre a questão discutida no processo e o padrão decisório que lhe deu fundamento);

VI – for fundada em prova cuja falsidade tenha sido apurada em processo criminal ou venha a ser demonstrada na própria ação rescisória;

VII – obtiver o autor, posteriormente ao trânsito em julgado, prova nova cuja existência ignorava ou de que não pôde fazer uso, capaz, por si só, de lhe assegurar pronunciamento favorável;

VIII – for fundada em erro de fato verificável do exame dos autos.

Decisões que não sejam de mérito mas que impeçam:

I – nova propositura da demanda;

ou

II – admissibilidade do recurso correspondente.

*Os atos de disposição de direitos, praticados pelas partes ou por outros participantes do processo e homologados pelo juízo, bem como os atos homologatórios praticados no curso da execução, estão sujeitos à anulação, nos termos da lei.

Legitimados:

I – quem foi parte no processo ou o seu sucessor a título universal ou singular;

II – o terceiro juridicamente interessado;

III – o Ministério Público:

Requisitos Gerais: art. 319, do CPC

Petição inicial deve atentar para os requisitos gerais e específicos

Requisitos Específicos: Art. 968

I – cumular ao pedido de rescisão, se for o caso, o de novo julgamento do processo; II – depositar a importância de cinco por cento sobre o valor da causa, que se converterá em multa caso a ação seja, por unanimidade de votos, declarada inadmissível ou improcedente.

Não se aplica a necessidade de depósito à União, aos Estados, ao Distrito Federal, aos Municípios, às suas respectivas autarquias e fundações de direito público, ao Ministério Público, à Defensoria Pública e aos que tenham obtido o benefício de gratuidade da justiça.

No caso do § 5º, do art. 966 caberá ao autor, sob pena de inépcia, demonstrar, fundamentadamente, tratar-se de situação particularizada por hipótese fática distinta ou de questão jurídica não examinada, a impor outra solução jurídica.

Gráfico 2

| Será julgado liminarmente improcedente o pedido da ação rescisória, nos termos do art. 332, se contrariar: I – enunciado de súmula do Supremo Tribunal Federal ou do Superior Tribunal de Justiça; II – acórdão proferido pelo Supremo Tribunal Federal ou pelo Superior Tribunal de Justiça em julgamento de recursos repetitivos; III – entendimento firmado em incidente de resolução de demandas repetitivas ou de assunção de competência; IV – enunciado de súmula de tribunal de justiça sobre direito local **ou** se verificar, desde logo, a ocorrência de decadência ou de prescrição. | ↔ | Petição da ação rescisória deverá ser interposta ao tribunal e distribuída a um relator e recairá, sempre que possível, em juiz que não haja participado do julgamento rescindendo. | ↔ | Se da análise do pedido se verificar incompetência do tribunal para julgar a ação rescisória, o autor será intimado para emendar a petição inicial, a fim de adequar o objeto da ação rescisória, quando a decisão apontada como rescindenda: I – não tiver apreciado o mérito e não se enquadrar na situação prevista no § 2º do art. 966; II – tiver sido substituída por decisão posterior.

O relator ordenará a citação do réu, designando-lhe prazo nunca inferior a 15 (quinze) dias nem superior a 30 (trinta) dias para, querendo, apresentar resposta, ao fim do qual, com ou sem contestação, observar-se-á, no que couber, o procedimento comum. |

↕

Se os fatos alegados pelas partes dependerem de prova, o relator poderá delegar a competência ao órgão que proferiu a decisão rescindenda, fixando prazo de 1 (um) a 3 (três) meses para a devolução dos autos.

↕

Concluída a instrução, será aberta vista ao autor e ao réu para razões finais, sucessivamente, pelo prazo de 10 (dez) dias. Em seguida, os autos serão conclusos ao relator, procedendo-se ao julgamento pelo órgão competente

↙ ↘

Julgando procedente o pedido, o tribunal rescindirá a decisão; proferirá, se for o caso, novo julgamento e determinará a restituição do depósito a que se refere o inciso II do art. 968.

Julgado improcedente, poderá a parte interpor Recurso Especial ou Extraordinário, conforme o caso em concreto, e nos casos dos arts. 102, III e 105, III da CF/88.

Na Justiça do Trabalho, caberá Recurso Ordinário para o TST.

8.2 SÚMULAS SOBRE AÇÃO RESCISÓRIA

8.2.1 Súmulas do Supremo Tribunal Federal

Súmula 249 – É competente o Supremo Tribunal Federal para a Ação Rescisória, quando, embora não tendo conhecido do Recurso Extraordinário, ou havendo negado provimento ao Agravo, tiver apreciado a questão federal controvertida.

Súmula 252 – Na Ação Rescisória, não estão impedidos juízes que participaram do julgamento rescindendo.

Súmula 264 – Verifica-se a prescrição intercorrente pela paralisação da Ação Rescisória por mais de cinco anos.

Súmula 338 – Não cabe Ação Rescisória no âmbito da Justiça do Trabalho.

Súmula 343 – Não cabe Ação Rescisória por ofensa a literal disposição de lei, quando a decisão rescindenda se tiver baseado em texto legal de interpretação controvertida nos tribunais.

Súmula 514 – Admite-se Ação Rescisória contra sentença transitada em julgado, ainda que contra ela não se tenham esgotado todos os recursos.

Súmula 515 – A competência para a Ação Rescisória não é do Supremo Tribunal Federal, quando a questão federal, apreciada no Recurso Extraordinário ou no Agravo de Instrumento, seja diversa da que foi suscitada no pedido rescisório.

8.2.2 Súmulas do extinto TFR sobre ação rescisória

Súmula 129 – É exigível das autarquias o depósito prévio no art. 488, II, do Código de Processo Civil, para efeito de processamento da ação rescisória.

Súmula 134 – Não cabe ação rescisória por violação de literal disposição de lei se, ao tempo em que foi prolatada a sentença rescindenda, a interpretação era controvertida nos Tribunais, embora posteriormente se tenha fixado favoravelmente à pretensão do autor.

Súmula 234 – Não cabe medida cautelar em ação rescisória para obstar os efeitos da coisa julgada.

8.2.3 Súmulas do TST sobre ação rescisória

Súmula 83 – Ação rescisória. Matéria controvertida (incorporada a Orientação Jurisprudencial 77 da SBDI-2) – Res. 137/2005, DJ 22, 23 e 24.08.2005

I – Não procede pedido formulado na ação rescisória por violação literal de lei se a decisão rescindenda estiver baseada em texto legal infraconstitucional de interpretação controvertida nos Tribunais. (ex-Súmula 83 – alterada pela Res. 121/2003, DJ 21.11.2003)

II – O marco divisor quanto a ser, ou não, controvertida, nos Tribunais, a interpretação dos dispositivos legais citados na ação rescisória é a data da inclusão, na Orientação Jurisprudencial do TST, da matéria discutida. (ex-OJ 77 da SBDI-2 – inserida em 13.03.2002)

Súmula 99 – Ação rescisória. Deserção. Prazo (incorporada a Orientação Jurisprudencial 117 da SBDI-2) – Res. 137/2005, DJ 22, 23 e 24.08.2005

Havendo recurso ordinário em sede de rescisória, o depósito recursal só é exigível quando for julgado procedente o pedido e imposta condenação em pecúnia, devendo este ser efetuado no prazo recursal, no limite e nos termos da legislação vigente, sob pena de deserção. (ex-Súmula 99 – alterada pela Res. 110/2002, DJ 15.04.2002 – e ex-OJ 117 da SBDI-2 – DJ 11.08.2003)

Súmula 100 – Ação rescisória. Decadência (incorporadas as Orientações Jurisprudenciais 13, 16, 79, 102, 104, 122 e 145 da SBDI-2) – Res. 137/2005, DJ 22, 23 e 24.08.2005

I – O prazo de decadência, na ação rescisória, conta-se do dia imediatamente subsequente ao trânsito em julgado da última decisão proferida na causa, seja de mérito ou não. (ex-Súmula 100 – alterada pela Res. 109/2001, DJ 20.04.2001)

II – Havendo recurso parcial no processo principal, o trânsito em julgado dá-se em momentos e em tribunais diferentes, contando-se o prazo decadencial para a ação rescisória do trânsito em julgado de cada decisão, salvo se o recurso tratar de preliminar ou prejudicial que possa tornar insubsistente a decisão recorrida, hipótese em que flui a decadência a partir do trânsito em julgado da decisão que julgar o recurso parcial. (ex-Súmula 100 – alterada pela Res. 109/2001, DJ 20.04.2001)

III – Salvo se houver dúvida razoável, a interposição de recurso intempestivo ou a interposição de recurso incabível não protrai o termo inicial do prazo decadencial. (ex-Súmula 100 – alterada pela Res. 109/2001, *DJ* 20.04.2001)

IV – O juízo rescindente não está adstrito à certidão de trânsito em julgado juntada com a ação rescisória, podendo formar sua convicção através de outros elementos dos autos quanto à antecipação ou postergação do "dies a quo" do prazo decadencial. (ex-OJ 102 da SBDI-2 – *DJ* 29.04.2003)

V – O acordo homologado judicialmente tem força de decisão irrecorrível, na forma do art. 831 da CLT. Assim sendo, o termo conciliatório transita em julgado na data da sua homologação judicial. (ex-OJ 104 da SBDI-2 – *DJ* 29.04.2003)

VI – Na hipótese de colusão das partes, o prazo decadencial da ação rescisória somente começa a fluir para o Ministério Público, que não interveio no processo principal, a partir do momento em que tem ciência da fraude. (ex-OJ 122 da SBDI-2 – *DJ* 11.08.2003)

VII – Não ofende o princípio do duplo grau de jurisdição a decisão do TST que, após afastar a decadência em sede de recurso ordinário, aprecia desde logo a lide, se a causa versar questão exclusivamente de direito e estiver em condições de imediato julgamento. (ex-OJ 79 da SBDI-2 – inserida em 13.03.2002)

VIII – A exceção de incompetência, ainda que oposta no prazo recursal, sem ter sido aviado o recurso próprio, não tem o condão de afastar a consumação da coisa julgada e, assim, postergar o termo inicial do prazo decadencial para a ação rescisória. (ex-OJ 16 da SBDI-2 – inserida em 20.09.2000)

IX – Prorroga-se até o primeiro dia útil, imediatamente subsequente, o prazo decadencial para ajuizamento de ação rescisória quando expira em férias forenses, feriados, finais de semana ou em dia em que não houver expediente forense. Aplicação do art. 775 da CLT. (ex-OJ 13 da SBDI-2 – inserida em 20.09.2000)

X – Conta-se o prazo decadencial da ação rescisória, após o decurso do prazo legal previsto para a interposição do recurso extraordinário, apenas quando esgotadas todas as vias recursais ordinárias. (ex-OJ 145 da SBDI-2 – *DJ* 10.11.2004)

Súmula 158 – Ação rescisória (mantida) – Res. 121/2003, *DJ* 19, 20 e 21.11.2003

Da decisão de Tribunal Regional do Trabalho, em ação rescisória, é cabível recurso ordinário para o Tribunal Superior do Trabalho, em face da organização judiciária trabalhista. (ex-Prejulgado 35)

Súmula nº 192 – Ação rescisória. Competência (atualizada em decorrência do CPC de 2015) – Res. 212/2016, *DEJT* divulgado em 20, 21 e 22.09.2016

I – Se não houver o conhecimento de recurso de revista ou de embargos, a competência para julgar ação que vise a rescindir a decisão de mérito é do Tribunal Regional do Trabalho, ressalvado o disposto no item II.

II – Acórdão rescindendo do Tribunal Superior do Trabalho que não conhece de recurso de embargos ou de revista, analisando arguição de violação de dispositivo de lei material ou decidindo em consonância com súmula de direito material ou com iterativa, notória e atual jurisprudência de direito material da Seção de Dissídios Individuais (Súmula nº 333), examina o mérito da causa, cabendo ação rescisória da competência do Tribunal Superior do Trabalho. (ex-Súmula nº 192 – alterada pela Res. 121/2003, *DJ* 21.11.2003)

III – Sob a égide do art. 512 do CPC de 1973, é juridicamente impossível o pedido explícito de desconstituição de sentença quando substituída por acórdão do Tribunal Regional ou superveniente sentença homologatória de acordo que puser fim ao litígio.

IV – Na vigência do CPC de 1973, é manifesta a impossibilidade jurídica do pedido de rescisão de julgado proferido em agravo de instrumento que, limitando-se a aferir o eventual desacerto do juízo negativo de admissibilidade do recurso de revista, não substitui o acórdão regional, na forma do art. 512 do CPC. (ex-OJ nº 105 da SBDI-2 – *DJ* 29.04.2003)

V – A decisão proferida pela SBDI, em agravo regimental, calcada na Súmula nº 333, substitui acórdão de Turma do TST, porque emite juízo de mérito, comportando, em tese, o corte rescisório. (ex-OJ nº 133 da SBDI-2 – *DJ* 04.05.2004).

Súmula 259 – Termo de conciliação. Ação rescisória (mantida) – Res. 121/2003, *DJ* 19, 20 e 21.11.2003
Só por ação rescisória é impugnável o termo de conciliação previsto no parágrafo único do art. 831 da CLT.

Súmula 298 – Ação rescisória. Violação a disposição de lei. Pronunciamento explícito (Redação alterada pelo Tribunal Pleno na sessão realizada em 06.02.2012) – Res. 177/2012, *DEJT* divulgado em 13, 14 e 15.02.2012

I – A conclusão acerca da ocorrência de violação literal a disposição de lei pressupõe pronunciamento explícito, na sentença rescindenda, sobre a matéria veiculada.

II – O pronunciamento explícito exigido em ação rescisória diz respeito à matéria e ao enfoque específico da tese debatida na ação, e não, necessariamente, ao dispositivo legal tido por violado. Basta que o conteúdo da norma reputada violada haja sido abordado na decisão rescindenda para que se considere preenchido o pressuposto.

III – Para efeito de ação rescisória, considera-se pronunciada explicitamente a matéria tratada na sentença quando, examinando remessa de ofício, o Tribunal simplesmente a confirma.

IV – A sentença meramente homologatória, que silencia sobre os motivos de convencimento do juiz, não se mostra rescindível, por ausência de pronunciamento explícito.

V – Não é absoluta a exigência de pronunciamento explícito na ação rescisória, ainda que esta tenha por fundamento violação de dispositivo de lei. Assim, prescindível o pronunciamento explícito quando o vício nasce no próprio julgamento, como se dá com a sentença "extra, citra e ultra petita".

Súmula nº 299 – Ação rescisória. Decisão rescindenda. Trânsito em julgado. Comprovação. Efeitos (nova redação do item II em decorrência do CPC de 2015) – Res. 211/2016, *DEJT* divulgado em 24, 25 e 26.08.2016

I – É indispensável ao processamento da ação rescisória a prova do trânsito em julgado da decisão rescindenda. (ex-Súmula nº 299 – Res. 8/1989, *DJ* 14, 18 e 19.04.1989)

II – Verificando o relator que a parte interessada não juntou à inicial o documento comprobatório, abrirá prazo de 15 (quinze) dias para que o faça (art. 321 do CPC de 2015), sob pena de indeferimento. (ex-Súmula nº 299 – Res 8/1989, *DJ* 14, 18 e 19.04.1989)

III – A comprovação do trânsito em julgado da decisão rescindenda é pressuposto processual indispensável ao tempo do ajuizamento da ação rescisória. Eventual trânsito em julgado posterior ao ajuizamento da ação rescisória não reabilita a ação proposta, na medida em que o ordenamento jurídico não contempla a ação rescisória preventiva. (ex-OJ nº 106 da SBDI-2 – *DJ* 29.04.2003)

IV – O pretenso vício de intimação, posterior à decisão que se pretende rescindir, se efetivamente ocorrido, não permite a formação da coisa julgada material. Assim, a ação rescisória deve ser julgada extinta, sem julgamento do mérito, por carência de ação, por inexistir decisão transitada em julgado a ser rescindida. (ex-OJ nº 96 da SBDI-2 – inserida em 27.09.2002)

Súmula 365 – Alçada. Ação rescisória e mandado de segurança (conversão das Orientações Jurisprudenciais 8 e 10 da SBDI-1) – Res. 129/2005, DJ 20, 22 e 25.04.2005

Não se aplica a alçada em ação rescisória e em mandado de segurança. (ex-OJs 8 e 10 da SBDI-1 – inseridas em 01.02.1995)

Súmula 397 do TST – Ação rescisória. Art. 966, IV, do CPC de 2015. Art. 485, IV, do CPC de 1973. Ação de cumprimento. Ofensa à coisa julgada emanada de sentença normativa modificada em grau de recurso. Inviabilidade. Cabimento de mandado de segurança. (atualizada em decorrência do CPC de 2015) – Res. 208/2016, DEJT divulgado em 22, 25 e 26.04.2016

Não procede ação rescisória calcada em ofensa à coisa julgada perpetrada por decisão proferida em ação de cumprimento, em face de a sentença normativa, na qual se louvava, ter sido modificada em grau de recurso, porque em dissídio coletivo somente se consubstancia coisa julgada formal. Assim, os meios processuais aptos a atacarem a execução da cláusula reformada são a exceção de pré-executividade e o mandado de segurança, no caso de descumprimento do art. 514 do CPC de 2015 (art. 572 do CPC de 1973). (ex-OJ 116 da SBDI-2, DJ 11.08.2003)

Súmula 398 – Ação rescisória. Ausência de defesa. Inaplicáveis os efeitos da revelia (alterada em decorrência do CPC de 2015) – Res. 219/2017, DEJT divulgado em 28, 29 e 30.06.2017

Na ação rescisória, o que se ataca na ação é decisão, ato oficial do Estado, acobertado pelo manto da coisa julgada. Assim, e considerando que a coisa julgada envolve questão de ordem pública, a revelia não produz confissão na ação rescisória. (ex-OJ nº 126 da SBDI-2 – DJ 09.12.2003)

Súmula 399 – Ação rescisória. Cabimento. Sentença de mérito. Decisão homologatória de adjudicação, de arrematação e de cálculos (conversão das Orientações Jurisprudenciais 44, 45 e 85, primeira parte, da SBDI-2) – Res. 137/2005, DJ 22, 23 e 24.08.2005

I – É incabível ação rescisória para impugnar decisão homologatória de adjudicação ou arrematação. (ex-OJs 44 e 45 da SBDI-2 – inseridas em 20.09.2000)

II – A decisão homologatória de cálculos apenas comporta rescisão quando enfrentar as questões envolvidas na elaboração da conta de liquidação, quer solvendo a controvérsia das partes quer explicitando, de ofício, os motivos pelos quais acolheu os cálculos oferecidos por uma das partes ou pelo setor de cálculos, e não contestados pela outra. (ex-OJ 85 da SBDI-2 – primeira parte – inserida em 13.03.2002 e alterada em 26.11.2002).

Súmula nº 400 – Ação rescisória de ação rescisória. Violação manifesta de norma jurídica. Indicação da mesma norma jurídica apontada na rescisória primitiva (mesmo dispositivo de Lei sob o CPC de 1973). (Nova redação em decorrência do CPC de 2015 – Res. 208/2016, *DEJT* divulgado em 22, 25 e 26.04.2016)

Em se tratando de rescisória de rescisória, o vício apontado deve nascer na decisão rescindenda, não se admitindo a rediscussão do acerto do julgamento da rescisória anterior. Assim, não procede rescisória calcada no inciso V do art. 966 do CPC de 2015 (art. 485, V, do CPC de 1973) para discussão, por má aplicação da mesma norma jurídica, tida por violada na rescisória anterior, bem como para arguição de questões inerentes à ação rescisória primitiva. (ex-OJ nº 95 da SBDI-2 – inserida em 27.09.2002 e alterada *DJ* 16.04.2004)

Súmula 401 – Ação rescisória. Descontos legais. Fase de execução. Sentença exequenda omissa. Inexistência de ofensa à coisa julgada (conversão da Orientação Jurisprudencial 81 da SBDI-2) – Res. 137/2005 – *DJ* 22, 23 e 24.08.2005

Os descontos previdenciários e fiscais devem ser efetuados pelo juízo executório, ainda que a sentença exequenda tenha sido omissa sobre a questão, dado o caráter de ordem pública ostentado pela norma que os disciplina. A ofensa à coisa julgada somente poderá ser caracterizada na hipótese de o título exequendo, expressamente, afastar a dedução dos valores a título de imposto de renda e de contribuição previdenciária. (ex-OJ 81 da SBDI-2 – inserida em 13.03.2002)

Súmula nº 402 – Ação rescisória. Prova nova. Dissídio coletivo. Sentença normativa (nova redação em decorrência do CPC de 2015) – Res. 217/2017 – *DEJT* 20, 24 e 25.04.2017

I – Sob a vigência do CPC de 2015 (art. 966, inciso VII), para efeito de ação rescisória, considera-se prova nova a cronologicamente velha, já existente ao tempo do trânsito em julgado da decisão rescindenda, mas ignorada pelo interessado ou de impossível utilização, à época, no processo.

II – Não é prova nova apta a viabilizar a desconstituição de julgado:

a) sentença normativa proferida ou transitada em julgado posteriormente à sentença rescindenda; b) sentença normativa preexistente à sentença rescindenda, mas não exibida no processo principal, em virtude de negligência da parte, quando podia e deveria louvar-se de documento já existente e não ignorado quando emitida a decisão rescindenda. (ex-OJ nº 20 da SBDI-2 – inserida em 20.09.2000).

Súmula 403 – Ação rescisória. Dolo da parte vencedora em detrimento da vencida. Art. 485, III, do CPC (conversão das Orientações Jurisprudenciais 111 e 125 da SBDI-2) – Res. 137/2005, *DJ* 22, 23 e 24.08.2005

I – Não caracteriza dolo processual, previsto no art. 485, III, do CPC, o simples fato de a parte vencedora haver silenciado a respeito de fatos contrários a ela, porque o procedimento, por si só, não constitui ardil do qual resulte cerceamento de defesa e, em consequência, desvie o juiz de uma sentença não condizente com a verdade. (ex-OJ 125 da SBDI-2 – *DJ* 09.12.2003)

II – Se a decisão rescindenda é homologatória de acordo, não há parte vencedora ou vencida, razão pela qual não é possível a sua desconstituição calcada no inciso III do art. 485 do CPC (dolo da parte vencedora em detrimento da vencida), pois constitui fundamento de rescindibilidade que supõe solução jurisdicional para a lide. (ex-OJ 111 da SBDI-2 – *DJ* 29.04.2003)

Súmula nº 404 – Ação rescisória. Fundamento para invalidar confissão. Confissão ficta. Inadequação do enquadramento no art. 485, VIII, do CPC de 1973 – Res. 209/2016, *DEJT* 01, 02 e 03.06.2016

O art. 485, VIII, do CPC de 1973, ao tratar do fundamento para invalidar a confissão como hipótese de rescindibilidade da decisão judicial, referia-se à confissão real, fruto de erro, dolo ou coação, e não à confissão ficta resultante de revelia.

Súmula nº 405 – Ação rescisória. Tutela provisória (nova redação em decorrência do CPC de 2015) – Res. 208/2016, *DEJT* 22, 25 e 26.04.2016

Em face do que dispõem a MP 1.984-22/2000 e o art. 969 do CPC de 2015, é cabível o pedido de tutela provisória formulado na petição inicial de ação rescisória ou na fase recursal, visando a suspender a execução da decisão rescindenda.

Súmula 406 – Ação rescisória. Litisconsórcio. Necessário no polo passivo e facultativo no ativo. Inexistente quanto aos substituídos pelo sindicato (conversão das Orientações Jurisprudenciais 82 e 110 da SBDI-2) – Res. 137/2005, *DJ* 22, 23 e 24.08.2005

I – O litisconsórcio, na ação rescisória, é necessário em relação ao polo passivo da demanda, porque supõe uma comunidade de direitos ou de obrigações que não admite solução díspar para os litisconsortes, em face da indivisibilidade do objeto. Já em relação ao polo ativo, o litisconsórcio é facultativo, uma vez que a aglutinação de autores se faz por conveniência e não pela necessidade decorrente da natureza do litígio, pois não se pode condicionar o exercício do direito individual de um dos litigantes no processo originário à anuência dos demais para retomar a lide. (ex-OJ 82 da SBDI-2 – inserida em 13.03.2002)

II – O Sindicato, substituto processual e autor da reclamação trabalhista, em cujos autos fora proferida a decisão rescindenda, possui legitimidade para figurar como réu na ação rescisória, sendo descabida a exigência de citação de todos os empregados substituídos, porquanto inexistente litisconsórcio passivo necessário. (ex-OJ 110 da SBDI-2 – *DJ* 29.04.2003)

Súmula 407 – Ação rescisória. Ministério Público. Legitimidade "ad causam" prevista no art. 967, III, "a", "b" e "c" do CPC de 2015. Art. 487, III, "a" e "b", do CPC de 1973. Hipóteses meramente exemplificativas (nova redação em decorrência do CPC de 2015) – Res. 208/2016, *DEJT* 22, 25 e 26.04.2016

A legitimidade "ad causam" do Ministério Público para propor ação rescisória, ainda que não tenha sido parte no processo que deu origem à decisão rescindenda, não está limitada às alíneas "a", "b" e "c" do inciso III do art. 967 do CPC de 2015 (art. 487, III, "a" e "b", do CPC de 1973), uma vez que traduzem hipóteses meramente exemplificativas (ex-OJ 83 da SBDI-2 – inserida em 13.03.2002)

Súmula 408 – Ação rescisória. Petição inicial. Causa de pedir. Ausência de capitulação ou capitulação errônea no art. 966 do CPC de 2015. Art. 485 do CPC de 1973. Princípio "iura novit curia" (nova redação em decorrência do CPC de 2015) – Res. 208/2016, *DEJT* 22, 25 e 26.04.2016

Não padece de inépcia a petição inicial de ação rescisória apenas porque omite a subsunção do fundamento de rescindibilidade no art. 966 do CPC de 2015 (art. 485 do CPC de 1973) ou o capitula erroneamente em um de seus incisos. Contanto que não se afaste dos fatos e fundamentos invocados como causa de pedir, ao Tribunal é lícito emprestar-lhes a adequada qualificação jurídica ("iura novit curia"). No entanto, fundando-se a ação rescisória no art. 966, inciso V, do CPC de 2015 (art. 485, inciso V, do CPC de 1973), é indispensável expressa indicação, na petição inicial da ação rescisória, da norma jurídica manifestamente violada (dispositivo legal violado sob o CPC de 1973), por se tratar de causa de pedir da rescisória, não se aplicando, no caso, o princípio "iura novit curia". (ex-OJs 32 e 33 da SBDI-2 – inseridas em 20.09.2000)

Súmula 409 – Ação rescisória. Prazo prescricional. Total ou parcial. Violação do art. 7º, XXIX, da CF/1988. Matéria infraconstitucional (conversão da Orientação Jurisprudencial 119 da SBDI-2) – Res. 137/2005, *DJ* **22, 23 e 24.08.2005**

Não procede ação rescisória calcada em violação do art. 7º, XXIX, da CF/1988 quando a questão envolve discussão sobre a espécie de prazo prescricional aplicável aos créditos trabalhistas, se total ou parcial, porque a matéria tem índole infraconstitucional, construída, na Justiça do Trabalho, no plano jurisprudencial. (ex-OJ 119 da SBDI-2 – *DJ* 11.08.2003)

Súmula 410 – Ação rescisória. Reexame de fatos e provas. Inviabilidade (conversão da Orientação Jurisprudencial 109 da SBDI-2) – Res. 137/2005 *DJ* **22, 23 e 24.08.2005**

A ação rescisória calcada em violação de lei não admite reexame de fatos e provas do processo que originou a decisão rescindenda. (ex-OJ 109 da SBDI-2 – *DJ* 29.04.2003)

Súmula 411 – Ação rescisória. Sentença de mérito. Decisão de Tribunal Regional do Trabalho em agravo regimental confirmando decisão monocrática do relator que, aplicando a Súmula nº 83 do TST, indeferiu a petição inicial da ação rescisória. Cabimento (conversão da Orientação Jurisprudencial 43 da SBDI-2) – Res. 137/2005, *DJ* **22, 23 e 24.08.2005**

Se a decisão recorrida, em agravo regimental, aprecia a matéria na fundamentação, sob o enfoque das Súmulas ns. 83 do TST e 343 do STF, constitui sentença de mérito, ainda que haja resultado no indeferimento da petição inicial e na extinção do processo sem julgamento do mérito. Sujeita-se, assim, à reforma pelo TST, a decisão do Tribunal que, invocando controvérsia na interpretação da lei, indefere a petição inicial de ação rescisória. (ex-OJ 43 da SBDI-2 – inserida em 20.09.2000)

Súmula nº 412 – Ação rescisória. Regência pelo CPC de 1973. Sentença de mérito. Questão processual (nova redação em decorrência do CPC de 2015) – Res. 217/2017 – *DEJT* **20, 24 e 25.04.2017**

Sob a égide do CPC de 1973, pode uma questão processual ser objeto de rescisão desde que consista em pressuposto de validade de uma sentença de mérito. (ex-OJ nº 46 da SBDI-2 – inserida em20.09.2000)

Súmula nº 413 – Ação rescisória. Sentença de mérito. Violação do art. 896, "a", da CLT (nova redação em decorrência do CPC de 2015) – Res. 209/2016, *DEJT* **01, 02 e 03.06.2016**

> É incabível ação rescisória, por violação do art. 896, "a", da CLT, contra decisão transitada em julgado sob a égide do CPC de 1973 que não conhece de recurso de revista, com base em divergência jurisprudencial, pois não se cuidava de sentença de mérito (art. 485 do CPC de 1973). (ex-OJ n° 47 da SBDI-2 – inserida em 20.09.2000)

Súmula n° 414 – Mandado de segurança. Tutela provisória concedida antes ou na sentença (nova redação em decorrência do CPC de 2015) – Res. 217/2017 – *DEJT* divulgado em 20, 24 e 25.04.2017

I – A tutela provisória concedida na sentença não comporta impugnação pela via do mandado de segurança, por ser impugnável mediante recurso ordinário. É admissível a obtenção de efeito suspensivo ao recurso ordinário mediante requerimento dirigido ao tribunal, ao relator ou ao presidente ou ao vice-presidente do tribunal recorrido, por aplicação subsidiária ao processo do trabalho do artigo 1.029, § 5°, do CPC de 2015.

II – No caso de a tutela provisória haver sido concedida ou indeferida antes da sentença, cabe mandado de segurança, em face da inexistência de recurso próprio.

III – A superveniência da sentença, nos autos originários, faz perder o objeto do mandado de segurança que impugnava a concessão ou o indeferimento da tutela provisória.

8.2.4 Orientações jurisprudenciais do TST sobre ação rescisória

8.2.4.1 Orientações Jurisprudenciais da SDI-2

2. Ação rescisória. Adicional de insalubridade. Base de cálculo. Salário mínimo. Cabível (mantida a redação na sessão do Tribunal Pleno realizada em 26.06.2008) – Res. 148/2008, *DJ* 04 e 07.07.2008 – Republicada *DJ* 08, 09 e 10.07.2008

Viola o art. 192 da CLT decisão que acolhe pedido de adicional de insalubridade com base na remuneração do empregado.

4. Ação rescisória. Banco do Brasil. Adicional de caráter pessoal. ACP (inserida em 20.09.2000)

Procede, por ofensa ao art. 5°, inciso XXXVI, da CF/1988, o pedido de rescisão de julgado que acolheu Adicional de Caráter Pessoal em favor de empregado do Banco do Brasil S.A.

5. Ação rescisória. Banco do Brasil. AP e ADI. Horas extras. Súmula n° 83 **do TST. Aplicável (inserida em 20.09.2000)**

Não se acolhe pedido de rescisão de julgado que deferiu a empregado do Banco do Brasil S.A. horas extras após a sexta, não obstante o pagamento dos adicionais AP e ADI, ou AFR quando a decisão rescindenda for anterior à Orientação Jurisprudencial nº 17, da Seção de Dissídios Individuais do TST (07.11.94). Incidência das Súmulas ns. 83 do TST e 343 do STF.

6. Ação rescisória. Cipeiro suplente. Estabilidade. ADCT da CF/88, art. 10, II, "a". Súmula nº 83 do TST (nova redação) – DJ 22.08.2005

Rescinde-se o julgado que nega estabilidade a membro suplente de CIPA, representante de empregado, por ofensa ao art. 10, II, "a", do ADCT da CF/1988, ainda que se cuide de decisão anterior à Súmula nº 339 do TST. Incidência da Súmula nº 83 do TST.

7. Ação rescisória. Competência. Criação de Tribunal Regional do Trabalho. Na omissão da lei, é fixada pelo art. 678, inc. I, "c", item 2, da CLT (nova redação) – DJ 22.08.2005

A Lei nº 7.872/1989 que criou o Tribunal Regional do Trabalho da 17ª Região não fixou a sua competência para apreciar as ações rescisórias de decisões oriundas da 1ª Região, o que decorreu do art. 678, I, "c", item 2, da CLT.

8. Ação rescisória. Complementação de aposentadoria. Banespa. Súmula nº 83 do TST (nova redação) – DJ 22.08.2005

Não se rescinde julgado que acolheu pedido de complementação de aposentadoria integral em favor de empregado do BANESPA, antes da Súmula nº 313 do TST, em virtude da notória controvérsia jurisprudencial então reinante. Incidência da Súmula nº 83 do TST.

9. Ação rescisória. Conab. Aviso DIREH 2/84. Súmula nº 83 do TST. Aplicável (inserida em 20.09.2000)

Não se rescinde julgado que reconheceu garantia de emprego com base no Aviso DIREH 02/84 da Conab, antes da Súmula nº 355 do TST, em virtude da notória controvérsia jurisprudencial então reinante. Incidência da Súmula nº 83 do TST.

10. Ação rescisória. Contrato nulo. Administração Pública. Efeitos. Art. 37, II e § 2º, da CF/88 (inserida em 20.09.2000)

Somente por ofensa ao art. 37, II e § 2º, da CF/1988, procede o pedido de rescisão de julgado para considerar nula a contratação, sem concurso público, de servidor, após a CF/88.

11. Ação rescisória. Correção monetária. Lei nº 7.596/87. Universidades federais. Implantação tardia do plano de classificação de cargos. Violação de lei. Súmula nº 83 do TST. Aplicável (inserida em 20.09.2000)

Não se rescinde julgado que acolhe pedido de correção monetária decorrente da implantação tardia do Plano de Classificação de Cargos de Universidade Federal previsto na Lei nº 7.596/87, à época em que era controvertida tal matéria na jurisprudência. Incidência da Súmula nº 83 do TST.

12. Ação Rescisória. Decadência. Consumação antes ou depois da edição da Medida Provisória nº 1.577/97. Ampliação do prazo – Res. 208/2016, DEJT divulgado em 22, 25 e 26.04.2016

I – A vigência da Medida Provisória nº 1.577/1997 e de suas reedições implicou o elastecimento do prazo decadencial para o ajuizamento da ação rescisória a favor dos entes de direito público, autarquias e fundações públicas. Se o biênio decadencial do art. 495 do CPC de 1973 findou após a entrada em vigor da referida medida provisória e até sua suspensão pelo STF em sede liminar de ação direta de inconstitucionalidade (ADIn 1753-2), tem-se como aplicável o prazo decadencial elastecido à rescisória. (ex-OJ nº 17 da SDI-2 – inserida em 20.09.2000)

II – A regra ampliativa do prazo decadencial para a propositura de ação rescisória em favor de pessoa jurídica de direito público não se aplica se, ao tempo em que sobreveio a Medida Provisória nº 1.577/97, já se exaurira o biênio do art. 495 do CPC. Preservação do direito adquirido da parte à decadência já consumada sob a égide da lei velha. (ex-OJ nº 12 da SDI-2 – inserida em 20.09.2000)

18. Ação rescisória. Decadência. União. Lei Complementar nº 73/93, art. 67. Lei nº 8.682/93, art. 6º (inserida em 20.09.2000)

O art. 67 da Lei Complementar nº 73/93 interrompeu todos os prazos, inclusive o de decadência, em favor da União no período compreendido entre 14.02.93 e 14.08.93.

19. Ação rescisória. Desligamento incentivado. Imposto de renda. Abono pecuniário. Violação de lei. Súmula nº 83 do TST. Aplicável (inserida em 20.09.2000)

Havendo notória controvérsia jurisprudencial acerca da incidência de imposto de renda sobre parcela paga pelo empregador ("abono pecuniário") a título de "desligamento incentivado", improcede pedido de rescisão do julgado. Incidência da Súmula nº 83 do TST.

21. Ação rescisória. Duplo grau de jurisdição. Trânsito em julgado. Inobservância. Decreto-Lei nº 779/69, art. 1º, V. Incabível (nova redação) – *DJ* 22.08.2005

É incabível ação rescisória para a desconstituição de sentença não transitada em julgado porque ainda não submetida ao necessário duplo grau de jurisdição, na forma do Decreto-Lei nº 779/69. Determina-se que se oficie ao Presidente do TRT para que proceda à avocatória do processo principal para o reexame da sentença rescindenda.

23. Ação rescisória. Estabilidade. Período pré-eleitoral. Violação de lei. Súmula nº 83 do TST. Aplicável (inserida em 20.09.2000)

Não procede pedido de rescisão de sentença de mérito que assegura ou nega estabilidade pré-eleitoral, quando a decisão rescindenda for anterior à Orientação Jurisprudencial nº 51, da Seção de Dissídios Individuais do TST (25.11.96). Incidência da Súmula nº 83 do TST.

24. Ação rescisória. Estabilidade provisória. Reintegração em período posterior. Direito limitado aos salários e consectários do período da estabilidade (inserida em 20.09.2000)

Rescinde-se o julgado que reconhece estabilidade provisória e determina a reintegração de empregado, quando já exaurido o respectivo período de estabilidade. Em juízo rescisório, restringe-se a condenação quanto aos salários e consectários até o termo final da estabilidade.

25. Ação rescisória. Regência pelo CPC de 1973. Expressão "lei" do art. 485, V, do CPC de 1973. não inclusão do ACT, CCT, portaria, regulamento, súmula e orientação jurisprudencial de tribunal. (atualizada em decorrência do CPC de 2015) Res. 212/2016, *DEJT* divulgado em 20, 21 e 22.09.2016

Não procede pedido de rescisão fundado no art. 485, V, do CPC de 1973 quando se aponta contrariedade à norma de convenção coletiva de trabalho, acordo coletivo de trabalho, portaria do Poder Executivo, regulamento de empresa e súmula ou orientação jurisprudencial de tribunal. (ex-OJ 25 da SDI-2, inserida em 20.09.2000 e ex-OJ 118 da SDI-2, *DJ* 11.08.2003)

26. Ação rescisória. Gratificação de nível superior. SUFRAMA (inserida em 20.09.2000)

A extensão da gratificação instituída pela SUFRAMA aos servidores celetistas exercentes de atividade de nível superior não ofende as disposições contidas nos arts. 37, XIII, e 39, § 1º, da CF/88.

30. Ação rescisória. Multa. Art. 920 do Código Civil de 1916 (art. 412 do Código Civil de 2002) (nova redação em decorrência da incorporação da Orientação Jurisprudencial 31 da SBDI-II) – *DJ* 22.08.2005

Não se acolhe, por violação do art. 920 do Código Civil de 1916 (art. 412 do Código Civil de 2002), pedido de rescisão de julgado que:

a) em processo de conhecimento, impôs condenação ao pagamento de multa, quando a decisão rescindenda for anterior à Orientação Jurisprudencial nº 54 da Subseção I Especializada em Dissídios Individuais do TST (30.05.94), incidindo o óbice da Súmula nº 83 do TST; (ex-OJ 30 da SDI-2 – inserida em 20.09.2000)

b) em execução, rejeita-se limitação da condenação ao pagamento de multa, por inexistência de violação literal. (ex-OJ 31 da SDI-2 – inserida em 20.09.2000)

34. Ação rescisória. Planos econômicos – Res. 208/2016, DEJT divulgado em 22, 25 e 26.04.2016

I – O acolhimento de pedido em ação rescisória de plano econômico, fundada no art. 485, inciso V, do CPC de 1973, pressupõe, necessariamente, expressa invocação na petição inicial de afronta ao art. 5º, inciso XXXVI, da Constituição Federal de 1988. A indicação de ofensa literal a preceito de lei ordinária atrai a incidência da Súmula nº 83 do TST e Súmula nº 343 do STF.

II – Se a decisão rescindenda é posterior à Súmula nº 315 do TST (Res. 07, *DJ* 22.09.93), inaplicável a Súmula nº 83 do TST.

35. Ação rescisória. Planos econômicos. Coisa julgada. Limitação à data-base na fase de execução (inserida em 20.09.2000)

Não ofende a coisa julgada a limitação à data-base da categoria, na fase executória, da condenação ao pagamento de diferenças salariais decorrentes de planos econômicos, quando a decisão exequenda silenciar sobre a limitação, uma vez que a limitação decorre de norma cogente. Apenas quando a sentença exequenda houver expressamente afastado a limitação à data-base é que poderá ocorrer ofensa à coisa julgada.

38. Ação rescisória. Professor-adjunto. Ingresso no cargo de professor-titular. Exigência de concurso público (Lei nº 7.596/87, Decreto nº 94.664/87 e art. 206, V, CF/88) (inserida em 20.09.2000)

A assunção do professor-adjunto ao cargo de professor titular de universidade pública, sem prévia aprovação em concurso público, viola o art. 206, inciso V, da Constituição Federal. Procedência do pedido de rescisão do julgado.

39. Ação rescisória. Reajustes bimestrais e quadrimestrais. Lei nº 8.222/91. Súmula nº 83 do TST. Aplicável (inserida em 20.09.2000)

Havendo controvérsia jurisprudencial à época, não se rescinde decisão que aprecia a possibilidade de cumulação das antecipações bimestrais e reajustes quadrimestrais de salário previstos na Lei nº 8.222/91. Incidência da Súmula nº 83 do TST.

41. Ação rescisória. Sentença "citra petita". Cabimento (atualizada em decorrência do CPC de 2015) – Res. 208/2016, DEJT divulgado em 22, 25 e 26.04.2016

Revelando-se a sentença "citra petita", o vício processual vulnera os arts. 141 e 492 do CPC de 2015 (arts. 128 e 460 do CPC de 1973), tornando-a passível de desconstituição, ainda que não interpostos embargos de declaração.

54. Mandado de segurança. Embargos de terceiro. Cumulação. Penhora. Incabível (atualizada em decorrência do CPC de 2015) – Res. 208/2016, DEJT divulgado em 22, 25 e 26.04.2016

Ajuizados embargos de terceiro (art. 674 do CPC de 2015 – art. 1.046 do CPC de 1973) para pleitear a desconstituição da penhora, é incabível mandado de segurança com a mesma finalidade.

ROMS 555215/1999 – Min. João Oreste Dalazen.

69. Fungibilidade recursal. Indeferimento liminar de ação rescisória ou mandado de segurança. Recurso para o TST. Recebimento como agravo regimental e devolução dos autos ao TRT (inserida em 20.09.2000)

Recurso ordinário interposto contra despacho monocrático indeferitório da petição inicial de ação rescisória ou de mandado de segurança pode, pelo princípio de fungibilidade recursal, ser recebido como agravo regimental. Hipótese de não conhecimento do recurso pelo TST e devolução dos autos ao TRT, para que aprecie o apelo como agravo regimental.

70. Ação rescisória. Manifesto e inescusável equívoco no direcionamento. Inépcia da inicial. Extinção do processo (alterada em 26.11.2002)

O manifesto equívoco da parte em ajuizar ação rescisória no TST para desconstituir julgado proferido pelo TRT, ou vice-versa, implica a extinção do processo sem julgamento do mérito por inépcia da inicial.

71. Ação rescisória. Salário profissional. Fixação. Múltiplo de salário mínimo. Art. 7º, IV, da CF/88 (nova redação) – DJ 22.11.2004

A estipulação do salário profissional em múltiplos do salário mínimo não afronta o art. 7º, inciso IV, da Constituição Federal de 1988, só incorrendo em vulneração do referido preceito constitucional a fixação de correção automática do salário pelo reajuste do salário mínimo.

76. Ação rescisória. Ação cautelar para suspender execução. Juntada de documento indispensável. Possibilidade de êxito na rescisão do julgado (inserida em 13.03.2002)

É indispensável a instrução da ação cautelar com as provas documentais necessárias à aferição da plausibilidade de êxito na rescisão do julgado. Assim sendo, devem vir junto com a inicial da cautelar as cópias da petição inicial da ação rescisória principal, da decisão rescindenda, da certidão do trânsito em julgado da decisão rescindenda e informação do andamento atualizado da execução.

78. Ação rescisória. Cumulação sucessiva de pedidos. Rescisão da sentença e do acórdão. Ação única. Art. 326 do CPC de 2015. Art. 289 do CPC de 1973 (atualizada em decorrência do CPC de 2015) – Res. 208/2016, DEJT divulgado em 22, 25 e 26.04.2016

É admissível o ajuizamento de uma única ação rescisória contendo mais de um pedido, em ordem sucessiva, de rescisão da sentença e do acórdão. Sendo inviável a tutela jurisdicional de um deles, o julgador está obrigado a apreciar os demais, sob pena de negativa de prestação jurisdicional.

80. Ação rescisória. Decadência. "Dies a quo". Recurso deserto. Súmula nº 100 do TST (inserida em 13.03.2002)

O não conhecimento do recurso por deserção não antecipa o "dies a quo" do prazo decadencial para o ajuizamento da ação rescisória, atraindo, na contagem do prazo, a aplicação da Súmula nº 100 do TST.

81. Ação rescisória. Descontos legais. Fase de execução. Sentença exequenda omissa. Inexistência de ofensa à coisa julgada (cancelada em decorrência da sua conversão na Súmula 401) – *DJ* **22.08.2005**

Os descontos previdenciários e fiscais devem ser efetuados pelo juízo executório, ainda que a sentença exequenda tenha sido omissa sobre a questão, dado o caráter de ordem pública ostentado pela norma que os disciplina. A ofensa à coisa julgada somente poderá ser caracterizada na hipótese de o título exequendo, expressamente, afastar a dedução dos valores a título de imposto de renda e de contribuição previdenciária.

84. Ação rescisória. Petição inicial. Ausência da decisão rescindenda e/ou da certidão de seu trânsito em julgado devidamente autenticadas. Peças essenciais para a constituição válida e regular do feito. Arguição de ofício. Extinção do processo sem julgamento do mérito (alterado em 26.11.2002)

A decisão rescindenda e/ou a certidão do seu trânsito em julgado, devidamente autenticadas, à exceção de cópias reprográficas apresentadas por pessoa jurídica de direito público, a teor do art. 24 da Lei nº 10.522/02, são peças essenciais para o julgamento da ação rescisória. Em fase recursal, verificada a ausência de qualquer delas, cumpre ao Relator do recurso ordinário arguir, de ofício, a extinção do processo, sem julgamento do mérito, por falta de pressuposto de constituição e desenvolvimento válido do feito.

94. Ação rescisória. Colusão. Fraude à lei. Reclamatória simulada extinta (inserida em 27.09.2002)

A decisão ou acordo judicial subjacente à reclamação trabalhista, cuja tramitação deixa nítida a simulação do litígio para fraudar a lei e prejudicar terceiros, enseja ação rescisória, com lastro em colusão. No juízo rescisório, o processo simulado deve ser extinto.

97. Ação rescisória. Violação do art. 5º, II, LIV e LV, da Constituição Federal. Princípios da legalidade, do devido processo legal, do contraditório e da ampla defesa (nova redação) – DJ 22.08.2005

Os princípios da legalidade, do devido processo legal, do contraditório e da ampla defesa não servem de fundamento para a desconstituição de decisão judicial transitada em julgado, quando se apresentam sob a forma de pedido genérico e desfundamentado, acompanhando dispositivos legais que tratam especificamente da matéria debatida, estes sim, passíveis de fundamentarem a análise do pleito rescisório.

101. Ação rescisória. Inciso IV do art. 966 do CPC de 2015. Art. 485, IV, do CPC de 1973. Ofensa a coisa julgada. Necessidade de fixação de tese na decisão rescindenda (atualizada em decorrência do CPC de 2015) – res. 208/2016, DEJT divulgado em 22, 25 e 26.04.2016

Para viabilizar a desconstituição do julgado pela causa de rescindibilidade do inciso IV, do art. 966 do CPC de 2015 (inciso IV do art. 485 do CPC de 1973), é necessário que a decisão rescindenda tenha enfrentado as questões ventiladas na ação rescisória, sob pena de inviabilizar o cotejo com o título executivo judicial tido por desrespeitado, de modo a se poder concluir pela ofensa à coisa julgada.

103. Ação rescisória. Contradição entre fundamentação e parte dispositiva do julgado. Cabimento. Erro de fato (DJ 29.04.2003)

É cabível a rescisória para corrigir contradição entre a parte dispositiva do acórdão rescindendo e a sua fundamentação, por erro de fato na retratação do que foi decidido.

107. Ação rescisória. Decisão rescindenda de mérito. Sentença declaratória de extinção de execução. Satisfação da obrigação (atualizada

em decorrência do CPC de 2015) – res. 208/2016, *DEJT* divulgado em 22, 25 e 26.04.2016

Embora não haja atividade cognitiva, a decisão que declara extinta a execução, nos termos do art. 924, incisos I a IV c/c art. 925 do CPC de 2015 (art. 794 c/c 795 do CPC de 1973), extingue a relação processual e a obrigacional, sendo passível de corte rescisório.

112. Ação rescisória. Violação de lei. Decisão rescindenda por duplo fundamento. Impugnação parcial (*DJ* 29.04.2003)

Para que a violação da lei dê causa à rescisão de decisão de mérito alicerçada em duplo fundamento, é necessário que o Autor da ação rescisória invoque causas de rescindibilidade que, em tese, possam infirmar a motivação dúplice da decisão rescindenda.

123. Ação rescisória. Interpretação do sentido e alcance do título executivo. Inexistência de ofensa à coisa julgada (título alterado) – *DJ* 22.08.2005

O acolhimento da ação rescisória calcada em ofensa à coisa julgada supõe dissonância patente entre as decisões exequenda e rescindenda, o que não se verifica quando se faz necessária a interpretação do título executivo judicial para se concluir pela lesão à coisa julgada.

124. Ação rescisória. Art. 966, inciso II, do CPC de 2015. Art. 485, II, do CPC de 1973. Arguição de incompetência absoluta. Prequestionamento inexigível (atualizada em decorrência do CPC de 2015) – Res. 208/2016, *DEJT* divulgado em 22, 25 e 26.04.2016

Na hipótese em que a ação rescisória tem como causa de rescindibilidade o inciso II do art. 966 do CPC de 2015 (inciso II do art. 485 do CPC de 1973), a arguição de incompetência absoluta prescinde de prequestionamento.

128. Ação rescisória. Concurso público anulado posteriormente. Aplicação da Súmula nº 363 do TST (*DJ* 09.12.2003)

O certame público posteriormente anulado equivale à contratação realizada sem a observância da exigência contida no art. 37, II, da Constituição Federal de 1988. Assim sendo, aplicam-se à hipótese os efeitos previstos na Súmula nº 363 do TST.

131. Ação rescisória. Ação cautelar para suspender execução da decisão rescindenda. Pendência de trânsito em julgado da ação rescisória principal. Efeitos (*DJ* 04.05.2004)

A ação cautelar não perde o objeto enquanto ainda estiver pendente o trânsito em julgado da ação rescisória principal, devendo o pedido cautelar ser julgado procedente, mantendo-se os efeitos da liminar eventualmente deferida, no caso de procedência do pedido rescisório ou, por outro lado, improcedente, se o pedido da ação rescisória principal tiver sido julgado improcedente.

132. Ação rescisória. Acordo homologado. Alcance. Ofensa à coisa julgada (*DJ* 04.05.2004)

Acordo celebrado – homologado judicialmente – em que o empregado dá plena e ampla quitação, sem qualquer ressalva, alcança não só o objeto da inicial, como também todas as demais parcelas referentes ao extinto contrato de trabalho, violando a coisa julgada, a propositura de nova reclamação trabalhista.

134. Ação rescisória. Decisão rescindenda. Preclusão declarada. Formação da coisa julgada formal. Impossibilidade jurídica do pedido (*DJ* 04.05.2004)

A decisão que conclui estar preclusa a oportunidade de impugnação da sentença de liquidação, por ensejar tão somente a formação da coisa julgada formal, não é suscetível de rescindibilidade.

135. Ação rescisória. Violação do art. 37, "caput", da CF/1988. Necessidade de prequestionamento (*DJ* 04.05.2004)

A ação rescisória calcada em violação do artigo 37, "caput", da Constituição Federal, por desrespeito ao princípio da legalidade administrativa exige que ao menos o princípio constitucional tenha sido prequestionado na decisão.

136. Ação rescisória. Erro de fato. Caracterização (atualizada em decorrência do CPC de 2015) – Res. 208/2016, *DEJT* divulgado em 22, 25 e 26.04.2016

A caracterização do erro de fato como causa de rescindibilidade de decisão judicial transitada em julgado supõe a afirmação categórica e indiscutida de um fato, na decisão rescindenda, que não corresponde à realidade dos autos. O fato afirmado pelo julgador, que pode ensejar ação rescisória calcada no inciso VIII do art. 966 do CPC de 2015 (inciso IX do art. 485 do CPC de 1973), é apenas aquele que se coloca como premissa fática indiscutida de um silogismo argumentativo, não aquele que se apresenta ao final desse mesmo silogismo, como conclusão decorrente das premissas que especificaram as provas oferecidas, para se concluir pela existência do fato. Esta última hipótese é afastada pelo § 1º do art. 966 do CPC de 2015 (§ 2º do art. 485 do CPC de 1973), ao exigir que não tenha havido controvérsia sobre o fato e pronunciamento judicial esmiuçando as provas.

ROAR 791510/2001 – Min. Ives Gandra. *DJ* 27.09.2002 – Decisão unânime

146. Ação rescisória. Início do prazo para apresentação da contestação. Art. 774 da CLT (atualizada em decorrência do CPC de 2015) – Res. 208/2016, *DEJT* divulgado em 22, 25 e 26.04.2016

A contestação apresentada em ação rescisória obedece à regra relativa à contagem de prazo constante do art. 774 da CLT, sendo inaplicável o art. 231 do CPC de 2015 (art. 241 do CPC de 1973).

147. Ação rescisória. Valor da causa (cancelada) – Res. 142/2007, *DJ* 10, 11 e 15.10.2007

O valor da causa, na ação rescisória de sentença de mérito advinda de processo de conhecimento, corresponde ao valor da causa fixado no processo originário, corrigido monetariamente. No caso de se pleitear a rescisão de decisão proferida na fase de execução, o valor da causa deve corresponder ao montante da condenação.

150. Ação rescisória. Regência pelo CPC de 1973. Decisão rescindenda que extingue o processo sem resolução de mérito por acolhimento de coisa julgada. Conteúdo meramente processual. Impossibilidade jurídica do pedido (atualizada em decorrência do CPC de 2015) Res. 212/2016, *DEJT* divulgado em 20, 21 e 22.09.2016

Reputa-se juridicamente impossível o pedido de corte rescisório de decisão que, reconhecendo a existência de coisa julgada, nos termos do art. 267, V, do CPC de 1973, extingue o processo sem resolução de mérito, o que, ante o seu conteúdo meramente processual, a torna insuscetível de produzir a coisa julgada material.

151. Ação rescisória e mandado de segurança. Procuração. Poderes específicos para ajuizamento de reclamação trabalhista. Irregularidade de representação processual. Fase recursal. Vício processual sanável. (nova redação em decorrência do CPC de 2015) – Res. 211/2016, *DEJT* divulgado em 24, 25 e 26.08.2016

A procuração outorgada com poderes específicos para ajuizamento de reclamação trabalhista não autoriza a propositura de ação rescisória e mandado de segurança. Constatado, todavia, o defeito de representação processual na fase recursal, cumpre ao relator ou ao tribunal conceder prazo de 5 (cinco) dias para a regularização, nos termos da Súmula nº 383, item II, do TST.

152. Ação rescisória e mandado de segurança. Recurso de revista de acórdão regional que julga ação rescisória ou mandado de segurança. Princípio da fungibilidade. Inaplicabilidade. Erro grosseiro na interposição do recurso (*DEJT* divulgado em 03, 04 e 05.12.2008)

A interposição de recurso de revista de decisão definitiva de Tribunal Regional do Trabalho em ação rescisória ou em mandado de segurança, com fundamento em violação legal e divergência jurisprudencial e remissão expressa ao art. 896 da CLT, configura erro grosseiro, insuscetível de autorizar o seu recebimento como recurso ordinário, em face do disposto no art. 895, "b", da CLT.

154. Ação rescisória. Acordo prévio ao ajuizamento da reclamação. Quitação geral. Lide simulada. Possibilidade de rescisão da sentença homologatória de acordo apenas se verificada a existência de vício de consentimento (*DEJT* divulgado em 09, 10 e 11.06.2010)

A sentença homologatória de acordo prévio ao ajuizamento de reclamação trabalhista, no qual foi conferida quitação geral do extinto contrato, sujeita-se ao corte rescisório tão somente se verificada a existência de fraude ou vício de consentimento.

155. Ação rescisória e mandado de segurança. Valor atribuído à causa na inicial. Majoração de ofício. Inviabilidade. (cancelada) – RES; 206/2016, *DEJT* divulgado em 18, 19 e 20.04.2016

Atribuído o valor da causa na inicial da ação rescisória ou do mandado de segurança e não havendo impugnação, nos termos do art. 261 do CPC, é defeso ao Juízo majorá-lo de ofício, ante a ausência de amparo legal. Inaplicável, na hipótese, a Orientação Jurisprudencial da SBDI-2 nº 147 e o art. 2º, II, da Instrução Normativa nº 31 do TST.

157. Ação rescisória. Decisões proferidas em fases distintas de uma mesma ação. Coisa julgada. Não configuração. (Atualizada em decorrência do CPC de 2015) – res. 208/2016, *DEJT* divulgado em 22, 25 e 26.04.2016

A ofensa à coisa julgada de que trata o inciso IV do art. 966 do CPC de 2015 (inciso IV do art. 485 do CPC de 1973) refere-se apenas a relações processuais distintas. A invocação de desrespeito à coisa julgada formada no processo de conhecimento, na correspondente fase de execução, somente é possível com base na violação do art. 5º, XXXVI, da Constituição da República.

158. Ação rescisória. Declaração de nulidade de decisão homologatória de acordo em razão de colusão (art. 485, III, do CPC). Multa por litigância de má-fé. Impossibilidade (*DEJT* divulgado em 12, 13 e 16.04.2012)

A declaração de nulidade de decisão homologatória de acordo, em razão da colusão entre as partes (art. 485, III, do CPC), é sanção suficiente em relação ao procedimento adotado, não havendo que ser aplicada a multa por litigância de má-fé.

8.2.5 Súmulas do STJ sobre ação rescisória

Súmula 175 – Descabe o depósito prévio nas ações rescisórias propostas pelo INSS.

Súmula 401 – O prazo decadencial da ação rescisória só se inicia quando não for cabível qualquer recurso do último pronunciamento judicial.

RESOLUÇÃO Nº 203, DE 15 DE MARÇO DE 2016.

Edita a Instrução Normativa nº 39, que dispõe sobre as normas do Código de Processo Civil de 2015 aplicáveis e inaplicáveis ao Processo do Trabalho, de forma não exaustiva.

O EGRÉGIO PLENO DO TRIBUNAL SUPERIOR DO TRABALHO, em Sessão Extraordinária hoje realizada, sob a Presidência do Excelentíssimo Senhor Ministro Ives Gandra da Silva Martins Filho, Presidente do Tribunal, presentes os Excelentíssimos Senhores Ministros Emmanoel Pereira, Vice-Presidente do Tribunal, Renato de Lacerda Paiva, Corregedor-Geral da Justiça do Trabalho, João Oreste Dalazen, Antonio José de Barros Levenhagen, João Batista Brito Pereira, Maria Cristina Irigoyen Peduzzi, Aloysio Corrêa da Veiga, Luiz Philippe Vieira de Mello Filho, Alberto Luiz Bresciani de Fontan Pereira, Maria de Assis Calsing, Dora Maria da Costa, Guilherme Augusto Caputo Bastos, Márcio Eurico Vitral Amaro, Walmir Oliveira da Costa, Maurício Godinho Delgado, Kátia Magalhães Arruda, Augusto César Leite de Carvalho, José Roberto Freire Pimenta, Delaíde Alves Miranda Arantes, Hugo Carlos Scheuermann, Alexandre de Souza Agra Belmonte, Cláudio Mascarenhas Brandão, Douglas Alencar Rodrigues, Maria Helena Mallmann e a Excelentíssima Vice-Procuradora-Geral do Trabalho, Dr.ª Cristina Aparecida Ribeiro Brasiliano considerando a vigência de novo Código de Processo Civil (Lei nº 13.105, de 17.03.2015) a partir de 18 de março de 2016, considerando a imperativa necessidade de o Tribunal Superior do Trabalho posicionar-se, ainda que de forma não exaustiva, sobre as normas do Código de Processo Civil de 2015 aplicáveis e inaplicáveis ao Processo do Trabalho, considerando que as normas dos arts. 769 e 889 da CLT não foram revogadas pelo art. 15 do CPC de 2015, em face do que estatui o art. 2º, § 2º da Lei de Introdução às Normas do Direito Brasileiro, considerando a plena possibilidade de compatibilização das normas em apreço, considerando o disposto no art. 1046, § 2º, do CPC, que expressamente preserva as "disposições especiais dos procedimentos regulados em outras leis", dentre as quais sobressaem as normas especiais que disciplinam o Direito Processual do Trabalho, considerando o escopo de identificar apenas questões polêmicas e algumas das questões inovatórias relevantes para efeito de aferir a compatibilidade ou não de aplicação subsidiária ou supletiva ao Processo do Trabalho do Código de Processo Civil de 2015, considerando a exigência de transmitir segurança jurídica aos jurisdicionados e órgãos da Justiça do Trabalho, bem assim o escopo de prevenir nulidades processuais em detrimento da desejável celeridade, considerando que o Código de Processo Civil de 2015 não adota de forma absoluta a observância do princípio do contraditório prévio como vedação à decisão surpresa, como transparece, entre outras, das hipóteses de julgamento liminar de improcedência do pedido (art. 332, *caput* e § 1º, conjugado com a norma explícita do parágrafo único do art. 487), de tutela provisória liminar de urgência ou da evidência (parágrafo único do art. 9º) e de indeferimento liminar da petição inicial (CPC, art. 330), considerando que o conteúdo da aludida garantia do contraditório há que se compatibilizar com os princípios da celeridade, da oralidade e da concentração de atos processuais no Processo do Trabalho, visto que este, por suas especificidades e pela natureza alimentar das pretensões nele deduzidas, foi concebido e estruturado para a outorga rápida e impostergável da tutela jurisdicional (CLT, art. 769), considerando que está *sub judice* no Tribunal Superior do Trabalho a possibilidade de imposição de multa pecuniária ao executado e de liberação de depósito em favor do exequente, na pendência de recurso, o que obsta, de momento, qualquer manifestação da Corte sobre a incidência no Processo do Trabalho das normas dos arts. 520 a 522 e § 1º do art. 523 do CPC de 2015, considerando que os enunciados de súmulas dos Tribunais do Trabalho a que se referem os incisos V e VI do § 1º do art. 489 do CPC de 2015 são exclusivamente os que contenham os fundamentos determinantes da decisão (*ratio decidendi* – art. 926, § 2º),

RESOLVE:

Aprovar a Instrução Normativa nº 39, nos seguintes termos:
INSTRUÇÃO NORMATIVA Nº 39/2016.
Dispõe sobre as normas do Código de Processo Civil de 2015 aplicáveis e inaplicáveis ao Processo do Trabalho, de forma não exaustiva.
Art. 1º Aplica-se o Código de Processo Civil, subsidiária e supletivamente, ao Processo do Trabalho, em caso de omissão e desde que haja compatibilidade com as normas e princípios do Direito Processual do Trabalho, na forma dos arts. 769 e 889 da CLT e do art. 15 da Lei nº 13.105, de 17.03.2015.
§ 1º Observar-se-á, em todo caso, o princípio da irrecorribilidade em separado das decisões interlocutórias, de conformidade com o art. 893, § 1º da CLT e Súmula nº 214 do TST.

§ 2º O prazo para interpor e contra-arrazoar todos os recursos trabalhistas, inclusive agravo interno e agravo regimental, é de oito dias (art. 6º da Lei nº 5.584/70 e art. 893 da CLT), exceto embargos de declaração (CLT, art. 897-A).

Art. 2º Sem prejuízo de outros, não se aplicam ao Processo do Trabalho, em razão de inexistência de omissão ou por incompatibilidade, os seguintes preceitos do Código de Processo Civil:

I – art. 63 (modificação da competência territorial e eleição de foro);

II – art. 190 e parágrafo único (negociação processual);

III – art. 219 (contagem de prazos em dias úteis);

IV – art. 334 (audiência de conciliação ou de mediação);

V – art. 335 (prazo para contestação);

VI – art. 362, III (adiamento da audiência em razão de atraso injustificado superior a 30 minutos);

VII – art. 373, §§ 3º e 4º (distribuição diversa do ônus da prova por convenção das partes);

VIII – arts. 921, §§ 4º e 5º, e 924, V (prescrição intercorrente);

IX – art. 942 e parágrafos (prosseguimento de julgamento não unânime de apelação);

X – art. 944 (notas taquigráficas para substituir acórdão);

XI – art. 1010, § 3º(desnecessidade de o juízo *a quo* exercer controle de admissibilidade na apelação);

XII – arts. 1043 e 1044 (embargos de divergência);

XIII – art. 1070 (prazo para interposição de agravo).

Art. 3º Sem prejuízo de outros, aplicam-se ao Processo do Trabalho, em face de omissão e compatibilidade, os preceitos do Código de Processo Civil que regulam os seguintes temas:

I – art. 76, §§ 1º e 2º (saneamento de incapacidade processual ou de irregularidade de representação);

II – art. 138 e parágrafos (*amicus curiae*);

III – art. 139, exceto a parte final do inciso V (poderes, deveres e responsabilidades do juiz);

IV – art. 292, V (valor pretendido na ação indenizatória, inclusive a fundada em dano moral);

V – art. 292, § 3º (correção de ofício do valor da causa);

VI – arts. 294 a 311 (tutela provisória);

VII – art. 373, §§ 1º e 2º (distribuição dinâmica do ônus da prova);

VIII – art. 485, § 7º (juízo de retratação no recurso ordinário);

IX – art. 489 (fundamentação da sentença);

X – art. 496 e parágrafos (remessa necessária);

XI – arts. 497 a 501 (tutela específica);

XII – arts. 536 a 538 (cumprimento de sentença que reconheça a exigibilidade de obrigação de fazer, de não fazer ou de entregar coisa);

XIII – arts. 789 a 796 (responsabilidade patrimonial);

XIV – art. 805 e parágrafo único (obrigação de o executado indicar outros meios mais eficazes e menos onerosos para promover a execução);

XV – art. 833, incisos e parágrafos (bens impenhoráveis);

XVI – art. 835, incisos e §§ 1º e 2º (ordem preferencial de penhora);

XVII – art. 836, §§ 1º e 2º (procedimento quando não encontrados bens penhoráveis);

XVIII – art. 841, §§ 1º e 2º (intimação da penhora);

XIX – art. 854 e parágrafos (BacenJUD);

XX – art. 895 (pagamento parcelado do lanço);

XXI – art. 916 e parágrafos (parcelamento do crédito exequendo);

XXII – art. 918 e parágrafo único (rejeição liminar dos embargos à execução);

XXIII – arts. 926 a 928 (jurisprudência dos tribunais);

XXIV – art. 940 (vista regimental);

XXV – art. 947 e parágrafos (incidente de assunção de competência);

XXVI – arts. 966 a 975 (ação rescisória);

XXVII – arts. 988 a 993 (reclamação);

XXVIII – arts. 1.013 a 1.014 (efeito devolutivo do recurso ordinário – força maior);

XXIX – art. 1.021 (salvo quanto ao prazo do agravo interno)

Art. 4º Aplicam-se ao Processo do Trabalho as normas do CPC que regulam o princípio do contraditório, em especial os artigos 9º e 10, no que vedam a decisão surpresa.

§ 1º Entende-se por "decisão surpresa" a que, no julgamento final do mérito da causa, em qualquer grau de jurisdição, aplicar fundamento jurídico ou embasar-se em fato não submetido à audiência prévia de uma ou de ambas as partes.

§ 2º Não se considera "decisão surpresa" a que, à luz do ordenamento jurídico nacional e dos princípios que informam o Direito Processual do Trabalho, as partes tinham obrigação de prever, concernente às condições da ação, aos pressupostos de admissibilidade de recurso e aos pressupostos processuais, salvo disposição legal expressa em contrário.

Art. 5º Aplicam-se ao Processo do Trabalho as normas do art. 356, §§ 1º a 4º, do CPC que regem o julgamento antecipado parcial do mérito, cabendo recurso ordinário de imediato da sentença.

Art. 6º Aplica-se ao Processo do Trabalho o incidente de desconsideração da personalidade jurídica regulado no Código de Processo Civil (arts. 133 a 137), assegurada a iniciativa também do juiz do trabalho na fase de execução (CLT, art. 878).

§ 1º Da decisão interlocutória que acolher ou rejeitar o incidente:

I – na fase de cognição, não cabe recurso de imediato, na forma do art. 893, § 1º da CLT;

II – na fase de execução, cabe agravo de petição, independentemente de garantia do juízo;

III – cabe agravo interno se proferida pelo Relator, em incidente instaurado originariamente no tribunal (CPC, art. 932, inciso VI).

§ 2º A instauração do incidente suspenderá o processo, sem prejuízo de concessão da tutela de urgência de natureza cautelar de que trata o art. 301 do CPC.

Art. 7º Aplicam-se ao Processo do Trabalho as normas do art. 332 do CPC, com as necessárias adaptações à legislação processual trabalhista, cumprindo ao juiz do trabalho julgar liminarmente improcedente o pedido que contrariar:

I – enunciado de súmula do Supremo Tribunal Federal ou do Tribunal Superior do Trabalho (CPC, art. 927, inciso V);

II – acórdão proferido pelo Supremo Tribunal Federal ou pelo Tribunal Superior do Trabalho em julgamento de recursos repetitivos (CLT, art. 896-B; CPC, art. 1046, § 4º);

III – entendimento firmado em incidente de resolução de demandas repetitivas ou de assunção de competência;

IV – enunciado de súmula de Tribunal Regional do Trabalho sobre direito local, convenção coletiva de trabalho, acordo coletivo de trabalho, sentença normativa ou regulamento empresarial de observância obrigatória em área territorial que não exceda à jurisdição do respectivo Tribunal (CLT, art. 896, "b", *a contrario sensu*).

Parágrafo único. O juiz também poderá julgar liminarmente improcedente o pedido se verificar, desde logo, a ocorrência de decadência.

Art. 8º Aplicam-se ao Processo do Trabalho as normas dos arts. 976 a 986 do CPC que regem o incidente de resolução de demandas repetitivas (IRDR).

§ 1º Admitido o incidente, o relator suspenderá o julgamento dos processos pendentes, individuais ou coletivos, que tramitam na Região, no tocante ao tema objeto de IRDR, sem prejuízo da instrução integral das causas e do julgamento dos eventuais pedidos distintos e cumulativos igualmente deduzidos em tais processos, inclusive, se for o caso, do julgamento antecipado parcial do mérito.

§ 2º Do julgamento do mérito do incidente caberá recurso de revista para o Tribunal Superior do Trabalho, dotado de efeito meramente devolutivo, nos termos dos arts. 896 e 899 da CLT.

§ 3º Apreciado o mérito do recurso, a tese jurídica adotada pelo Tribunal Superior do Trabalho será aplicada no território nacional a todos os processos, individuais ou coletivos, que versem sobre idêntica questão de direito.

Art. 9º O cabimento dos embargos de declaração no Processo do Trabalho, para impugnar qualquer decisão judicial, rege-se pelo art. 897-A da CLT e, supletivamente, pelo Código de Processo Civil (arts. 1022 a 1025; §§ 2º, 3º e 4º do art. 1.026), excetuada a garantia de prazo em dobro para litisconsortes (§ 1º do art. 1.023).

Parágrafo único. A omissão para fins do prequestionamento ficto a que alude o art. 1.025 do CPC dá-se no caso de o Tribunal Regional do Trabalho, mesmo instado mediante embargos de declaração, recusar-se a emitir tese sobre questão jurídica pertinente, na forma da Súmula nº 297, item III, do Tribunal Superior do Trabalho.

Art. 10. Aplicam-se ao Processo do Trabalho as normas do parágrafo único do art. 932 do CPC, §§ 1º a 4º do art. 938 e §§ 2º e 7º do art. 1.007. Parágrafo único. A insuficiência no valor do preparo do recurso, no Processo do Trabalho, para os efeitos do § 2º do art. 1007 do CPC, concerne unicamente às custas processuais, não ao depósito recursal (o parágrafo único foi revogado pela Resolução nº 218 de 17-4-2017).

Art. 11. Não se aplica ao Processo do Trabalho a norma do art. 459 do CPC no que permite a inquirição direta das testemunhas pela parte (CLT, art. 820).

Art. 12. Aplica-se ao Processo do Trabalho o parágrafo único do art. 1.034 do CPC. Assim, admitido o recurso de revista por um fundamento, devolve-se ao Tribunal Superior do Trabalho o conhecimento dos demais fundamentos para a solução apenas do capítulo impugnado.

Art. 13. Por aplicação supletiva do art. 784, I (art. 15 do CPC), o cheque e a nota promissória emitidos em reconhecimento de dívida inequivocamente de natureza trabalhista também são títulos extrajudiciais para efeito de execução perante a Justiça do Trabalho, na forma do art. 876 e segs. da CLT.

Art. 14. Não se aplica ao Processo do Trabalho o art. 165 do CPC, salvo nos conflitos coletivos de natureza econômica (Constituição Federal, art. 114, §§ 1º e 2º).

Art. 15. O atendimento à exigência legal de fundamentação das decisões judiciais (CPC, art. 489, § 1º) no Processo do Trabalho observará o seguinte:

I – por força dos arts. 332 e 927 do CPC, adaptados ao Processo do Trabalho, para efeito dos incisos V e VI do § 1º do art. 489 considera-se "precedente" apenas:

a) acórdão proferido pelo Supremo Tribunal Federal ou pelo Tribunal Superior do Trabalho em julgamento de recursos repetitivos (CLT, art. 896-B; CPC, art. 1.046, § 4º);

b) entendimento firmado em incidente de resolução de demandas repetitivas ou de assunção de competência;

c) decisão do Supremo Tribunal Federal em controle concentrado de constitucionalidade;

d) tese jurídica prevalecente em Tribunal Regional do Trabalho e não conflitante com súmula ou orientação jurisprudencial do Tribunal Superior do Trabalho (CLT, art. 896, § 6º);

e) decisão do plenário, do órgão especial ou de seção especializada competente para uniformizar a jurisprudência do tribunal a que o juiz estiver vinculado ou do Tribunal Superior do Trabalho.

II – para os fins do art. 489, § 1º, incisos V e VI do CPC, considerar-se-ão unicamente os precedentes referidos no item anterior, súmulas do Supremo Tribunal Federal, orientação jurisprudencial e súmula do Tribunal Superior do Trabalho, súmula de Tribunal Regional do Trabalho não conflitante com súmula ou orientação jurisprudencial do TST, que contenham explícita referência aos fundamentos determinantes da decisão (*ratio decidendi*).

III – não ofende o art. 489, § 1º, inciso IV do CPC a decisão que deixar de apreciar questões cujo exame haja ficado prejudicado em razão da análise anterior de questão subordinante.

IV – o art. 489, § 1º, IV, do CPC não obriga o juiz ou o Tribunal a enfrentar os fundamentos jurídicos invocados pela parte, quando já tenham sido examinados na formação dos precedentes obrigatórios ou nos fundamentos determinantes de enunciado de súmula.

V – decisão que aplica a tese jurídica firmada em precedente, nos termos do item I, não precisa enfrentar os fundamentos já analisados na decisão paradigma, sendo suficiente, para fins de atendimento das exigências constantes no art. 489, § 1º, do CPC, a correlação fática e jurídica entre o caso concreto e aquele apreciado no incidente de solução concentrada.

VI – é ônus da parte, para os fins do disposto no art. 489, § 1º, V e VI, do CPC, identificar os fundamentos determinantes ou demonstrar a existência de distinção no caso em julgamento ou a superação do entendimento, sempre que invocar precedente ou enunciado de súmula.

Art. 16. Para efeito de aplicação do § 5º do art. 272 do CPC, não é causa de nulidade processual a intimação realizada na pessoa de advogado regularmente habilitado nos autos, ainda que conste pedido expresso para que as comunicações dos atos processuais sejam feitas em nome de outro advogado, se o profissional indicado não se encontra previamente cadastrado no Sistema de Processo Judicial Eletrônico, impedindo a serventia judicial de atender ao requerimento de envio da intimação direcionada. A decretação de nulidade não pode ser acolhida em favor da parte que lhe deu causa (CPC, art. 276).

Art. 17. Sem prejuízo da inclusão do devedor no Banco Nacional de Devedores Trabalhistas (CLT, art. 642-A), aplicam-se à execução trabalhista as normas dos artigos 495, 517 e 782, §§ 3º, 4º e 5º do CPC, que tratam respectivamente da hipoteca judiciária, do protesto de decisão judicial e da inclusão do nome do executado em cadastros de inadimplentes.

Art. 18. Esta Instrução Normativa entrará em vigor na data da sua publicação.

Ministro IVES GANDRA DA SILVA MARTINS FILHO
Presidente do Tribunal Superior do Trabalho

9

CONCLUSÕES

De todo o exposto nos capítulos precedentes, com apoio nos comentários de fato e de direito expendidos, trazemos à baila as seguintes conclusões:

1) O instituto da ação rescisória da nossa ordenação processual positiva teve seu nascedouro com a *restituione in integrum* do direito romano.

2) No direito estrangeiro, verificamos que a *revocazione* da Itália, *la requête civile*, posteriormente chamada de *recours en révision* da França, e a revisão de Portugal são os institutos jurídicos que mais se assemelham à nossa ação rescisória, embora tenham natureza jurídica de recurso e não de ação.

3) A ação rescisória do direito positivo brasileiro era tratada pelos arts. 485 e 495 do CPC/1973; com o advento da Lei 13.105/2015, que instituiu o novo CPC, passa a ser disciplinada nos arts. 966 a 975, utilizados subsidiariamente no processo trabalhista; *ex vi* art. 769 da CLT, consagrador do princípio da subsidiariedade, só cabe de decisão de mérito desde que transitada em julgado.

4) Os casos de admissibilidade da ação rescisória estão elencados em *numerus clausus* no art. 966 do novo CPC (art. 485 do antigo CPC), admitindo-se, excepcionalmente, outros casos de admissibilidade desde que em virtude de lei.

5) A petição inicial da ação rescisória deve ser ajuizada atentando-se aos requisitos gerais previstos nos arts. 319, 320 e 103 do novo CPC, observando-se, ademais, os pressupostos processuais e as condições da ação, além dos requisitos específicos, quais sejam: 5.1) prova do trânsito em julgado da última decisão de mérito (na seara trabalhista, *vide* Súmula 100, IV, do TST); 5.2) pedido de cumulação do *judiscium rescindens* com o *judiscium rescissorium*; 5.3) prova do depósito de 5% sobre o valor da causa (art. 968, II, do novo CPC). Em sede trabalhista, desde a edição da Lei 11.495/2007,

que trouxe nova redação ao art. 836 da CLT, passou a exigir-se o depósito prévio, no percentual de 20%, com exceção de quando houver prova da miserabilidade jurídica do autor.

6) Serão legitimados para propor a ação rescisória quem foi parte no processo ou o seu sucessor a título universal ou singular, bem como o terceiro juridicamente interessado. Constata-se, ademais, que o Ministério Público também tem legitimidade para instaurar a rescisória (art. 967, III, do novo CPC): "a) se não foi ouvido no processo em que lhe era obrigatória a intervenção; b) quando a decisão rescindenda é o efeito de simulação ou de colusão das partes, a fim de fraudar a lei; c) em outros casos em que se imponha sua atuação".

7) A ação rescisória tem natureza jurídica de ação autônoma de impugnação de natureza constitutiva negativa quanto ao juízo rescindendo, dando ensejo à instauração de outra relação processual distinta daquela em que foi proferida a decisão rescindenda. No pertinente ao juízo rescisório, tem natureza declaratória constitutiva ou condenatória, conforme o caso. Justifica a natureza de ação: 7.1) porque o art. 994 do CPC, ao elencar todos os recursos admissíveis, nenhuma referência fez à ação rescisória; 7.2) porque a respectiva matéria se inscreve no Título I, Da ordem dos processos e dos processos de competência originária dos tribunais, Livro III, do novo CPC, tratante do processo nos tribunais; 7.3) porque o prazo para sua propositura é de dois anos (CPC, art. 975), sendo muito maior do que o dos recursos, que de regra é de 15 (quinze) dias, e estaria em completo desacordo com o espírito do CPC, todo inspirado nos princípios da rapidez, admitir-se a reiteração da instância depois de um interregno de dois anos; 7.4) na rescisória se permite, o que de regra não acontece com os recursos, a produção de provas testemunhais e periciais.

8) Como a ação rescisória não suspende a execução da sentença rescindenda em curso (CPC, art. 969), deve ser requerida na petição inicial a concessão de tutela provisória com a suspensão da execução em curso, a rescisão da sentença prolatada na ação matriz e a prolação de novo julgamento.

9) A interposição de qualquer rescisória demanda a intervenção obrigatória do Ministério Público, por tratar-se de causa de interesse público ou social (art. 178, I, do CPC), evidenciado pela fiscalização da validade da decisão passada em julgado, protegida constitucionalmente. No contexto, é dever primordial do Estado defender a subsistência das decisões judiciais escorreitas e de concorrer para que não vicejem decisões eivadas por vícios graves.

10

PARTE PRÁTICA

10.1 PETIÇÃO INICIAL DE RESCISÓRIA, COM BASE NO INCISO I DO ART. 966 DO CPC – PREVARICAÇÃO, CONCUSSÃO OU CORRUPÇÃO DO JUIZ

EXMO SR. DR. JUIZ PRESIDENTE DO EGRÉGIO TRIBUNAL REGIONAL DO TRABALHO DA 6ª REGIÃO

[espaçamento de 10 linhas]

C.B.L., brasileira, casada, bioquímica, portadora do RG 00.000.000-SSP/__ e da CTPS 000.00000.00-0 (UF), inscrita no CPF/MF sob o n. 000.000.000-00, endereço eletrônico nonono@nono.com.br, residente nesta cidade do Recife/PE, por meio do seu advogado infra-assinado, com instrumento de mandato em anexo (doc. 01), no qual consta endereço onde receberá as notificações, vem, perante V. Exa., propor AÇÃO RESCISÓRIA, com fulcro no art. 966, inciso I, do CPC, em face da I.Q.J.A. S.A, inscrita no CNPJ n. 00.000.000/0001-00, sito à Av. Leôncio José, n. 700, na cidade do Recife/PE, visando rescindir à r. decisão proferida nos autos da Reclamação Trabalhista 00000, pela 1ª Vara do Trabalho do Recife, pelos fundamentos que a seguir passa a expor.

1. Dos requisitos de admissibilidade

Inicialmente, importa destacar que a presente ação rescisória preenche os requisitos de admissibilidade, considerando a tempestividade de interposição do recurso, dentro do prazo de 2 (dois) anos, fixados no art. 975 do novo CPC.

Considerando a concessão dos benefícios da justiça gratuita nos autos (doc. 02), dispensado o depósito de 20% previsto no art. 836 da CLT.

2. Da prova do trânsito em julgado

Apresentamos, às fls. ..., comprovação do trânsito em julgado da decisão, ocorrida em 18.03.2014 (doc. 03), como também cópia da decisão rescindenda (doc. 04).

3. Dos fatos

A Reclamante ajuizou Reclamação Trabalhista em face da Reclamada, conforme cópia da inicial (doc. 05), a qual favorável à parte *ex adversa*. Na inicial, a Reclamante informou que trabalhou para a Reclamada de 1999 a 2013, na função de bioquímica, tendo sido demitida sem justa causa, pleiteando, além das verbas rescisórias, horas extras (2010/2013), bem como a complementação do percentual ao adicional de insalubridade, que era pago a menor.

Acontece que, apesar de a Reclamante ter instruído sua inicial com todas as provas necessárias, o que por si só já ensejaria a procedência da ação, trazendo inclusive testemunhas que corroboraram os fatos alegados, o MM. Juízo, contrariando tudo o que constava dos autos, julgou improcedentes os pedidos, fato esse que deixou incrédulos os presentes.

Porém, chegou ao conhecimento da autora, pelo Sr. Manoel Gomes, aposentado, que à época trabalhava para a Reclamada na função de tesoureiro, que tal decisão teve como fundamento não o que preceitua a lei, mas tão somente o fato de que o Douto Magistrado recebeu certa vantagem, em dinheiro, que foi depositada na conta corrente de sua esposa (doc. 06).

Frise-se a lição de Carlos Henrique Bezerra Leite (*Curso de Direito Processual do Trabalho*, 2008, p. 1.149), que dispõe que a "procedência da rescisória fundada em corrupção pode levar à nulidade da sentença e de todos os atos processuais dos quais tenha participado o juiz corrupto".

Vislumbra, assim, que o MM. Juízo *a quo* incorreu no delito previsto no art. 317 e parágrafos do Código Penal – corrupção passiva –, ocorrendo, desse modo, a hipótese do permissivo legal, prevista no inciso I do art. 966 do CPC, que viabiliza a desconstituição da r. decisão.

4. Do pedido

Por tudo o que aqui foi exposto, requer a Reclamante a este Eg. TRT que, estando configurados os elementos que ensejam a rescisão da r. decisão, nos moldes do dispositivo *ut supra* do Código de Processo Civil, seja proferido novo julgamento, reconhecendo-se, assim, os direitos da autora que foram dolosamente preteridos.

Requer também que se proceda à citação da ré para que, querendo, apresente sua defesa, sob as penas e cominações legais. Pleiteia, ainda, a produção de todas as provas admitidas em Direito.

Dá-se à causa o valor de R$...

Nestes Termos,
Pede Deferimento.

Recife, ... de .... de 2017

10.2 PETIÇÃO INICIAL DE RESCISÓRIA COM BASE NO INCISO II DO ART. 966 DO CPC - JUIZ IMPEDIDO OU POR JUÍZO ABSOLUTAMENTE INCOMPETENTE

EXMO SR. DR. JUIZ PRESIDENTE DO EGRÉGIO TRIBUNAL REGIONAL DO TRABALHO DA 6ª REGIÃO

[espaçamento de 10 linhas]

MUNICÍPIO X, neste ato devidamente representado por seu titular, vem, por meio de seu bastante procurador legal infra-assinado, conforme instrumento de mandato incluso (doc. 01) em cujo endereço receberá as intimações necessárias, propor, com fulcro no inciso II do art. 966 do CPC e demais dispositivos legais aplicáveis à espécie, propor AÇÃO RESCISÓRIA, com fulcro no art. 966, inciso I, do CPC, contra J.L.C., brasileiro, solteiro, RG, CPF, endereço eletrônico, residente e domiciliado à Rua na cidade do Recife/PE visando desconstituir o Acórdão proferido pela 3ª Turma desse Eg. TRT 6ª Região, o qual negou provimento ao Recurso Ordinário interposto nos autos da Reclamação Trabalhista ...., pelos fundamentos que a seguir se passa a expor.

1. Da prova do trânsito em julgado

Apresentamos, às fls. ..., certidão do trânsito em julgado da decisão, ocorrida em 20.08.2014 (doc. 02), como também cópia da decisão rescindenda (doc. 03).

2. Dos fatos

O Reclamante ajuizou Reclamação Trabalhista em face do Município Reclamado, conforme cópia da inicial (doc. 05) junto à Vara de Trabalho do Recife, alegando possuir vínculo empregatício com o ente Reclamado, pleiteando verbas rescisórias decorrentes dessa relação. Inconformado com a decisão, o ora Suplicante recorreu da r. sentença, que foi mantida pelo E. TRT.

Convém assinalar que o STF se posicionou no sentido de que o processamento de litígio entre servidores temporários e a Administração Pública perante a Justiça do Trabalho afronta a decisão do Pleno na ADI 3.395 MC/DF (*DJU* de 10.11.2006), na qual referendada cautelar que suspendeu liminarmente toda e qualquer interpretação conferida ao inciso I do art. 114 da CF, na redação dada pela EC 45/2004, que inclua, na competência da Justiça do Trabalho, a apreciação de causas que sejam instauradas entre o Poder Público e seus servidores, a ele vinculados por típica relação de ordem estatutária ou de caráter jurídico-administrativo.

Vejamos a ementa da ADI 3.395:

> Inconstitucionalidade. Ação direta. Competência. Justiça do Trabalho. Incompetência reconhecida. Causas entre o Poder Público e seus servidores estatutários. Ações que não se reputam oriundas de relação de trabalho. Conceito estrito desta relação. Feitos da competência da Justiça Comum. Interpretação do art. 114, inc. I, da CF, introduzido pela EC 45/2004. Precedentes. Liminar deferida para excluir outra interpretação. O disposto no art. 114, I, da Constituição da República, não abrange as causas instauradas entre o Poder Público e servidor que lhe seja vinculado por relação jurídico-estatutária.

Tornada líquida a sentença, o MM. Juízo de 1ª instância determinou a execução por carta precatória, haja vista tratar-se a Reclamada sediada em outro Estado, além de não possuir esta bens no Estado de Pernambuco.

Assim, verifica-se que a Justiça do Trabalho é incompetente para processar e julgar as ações que versam sobre irregularidades nas contratações de pessoal pelo ente público, devendo tais ações ser remetidas para Justiça Comum, motivo pelo qual se pleiteia a rescisão do v. acórdão.

3. Dos pedidos

Por tudo o que aqui foi exposto, requer o Município Suplicante a este Eg. TRT que, estando configurados os elementos que ensejam a rescisão da r. decisão, nos moldes do dispositivo *ut supra* do Código de Processo Civil, seja proferido novo julgamento, reconhecendo-se, assim, a incompetência da justiça do trabalho.

Requer também que se proceda à citação da parte ré para que, querendo, apresente sua defesa, sob as penas e cominações legais. Pleiteia, ainda, a produção de todas as provas admitidas em Direito.

Dá-se à causa o valor de R$...

Nestes Termos,
Pede Deferimento.

Recife, ... de .... de 2017

10.3 PETIÇÃO INICIAL DE RESCISÓRIA COM BASE NO INCISO III DO ART. 966 DO CPC – RESULTAR DE DOLO OU COAÇÃO DA PARTE VENCEDORA EM DETRIMENTO DA PARTE VENCIDA OU, AINDA, DE SIMULAÇÃO OU COLUSÃO ENTRE AS PARTES, A FIM DE FRAUDAR A LEI

EXMO SR. DR. JUIZ PRESIDENTE DO EGRÉGIO TRIBUNAL REGIONAL DO TRABALHO DA 6ª REGIÃO

[espaçamento de 10 linhas]

S.M.L., brasileira, casada, secretária, CPF 000.000.000-00, RG 00.000.000-SSP/__, CPTS 00.00000.00-0 (UF), endereço eletrônico nonono@nono.com.br, residente nesta cidade do Recife/PE, por meio do seu advogado infra-assinado, com instrumento de mandato em anexo (doc. 01), no qual consta endereço onde receberá as notificações, vem, perante V. Exa., propor AÇÃO RESCISÓRIA, com fulcro no art. 966, inciso III, do CPC, contra a LTB, com sede à cidade do Recife/PE, para desconstituir o v. Acórdão proferido pela 1ª Turma desse Eg. TRT, nos autos da Reclamação Trabalhista, com fulcro no inciso III do art. 966 do CPC, pelas razões a seguir aduzidas.

1. Dos requisitos de admissibilidade

Inicialmente, importa destacar que a presente ação rescisória preenche os requisitos de admissibilidade, considerando a tempestividade de interposição do recurso, dentro do prazo de 2 (dois) anos, fixados no art. 975 do novo CPC.

Considerando a concessão dos benefícios da justiça gratuita nos autos (doc. 02), dispensado o depósito de 20% previsto no art. 836 da CLT.

2. Da prova do trânsito em julgado

Apresentamos, às fls. ..., comprovação do trânsito em julgado da decisão, ocorrida em 11.03.2014 (doc. 03), como também cópia da decisão rescindenda (doc. 04).

3. Do direito violado

Consoante permite o inciso III do art. 966 do CPC, visa a presente Ação Rescisória rescindir a decisão de mérito que negou provimento ao Recurso Ordinário interposto pela Reclamante, ora Suplicante, mantendo a sentença prolatada nos autos da Reclamação Trabalhista proposta contra a Reclamada/Suplicada.

A Reclamante foi a Juízo pleitear o pagamento das verbas rescisórias, em face da despedida arbitrária e sem justa causa, após longos anos de serviços prestados. Ocorre que a Reclamada, durante todo o processo, agiu de má-fé, visando sempre procrastinar o feito e prejudicar a Reclamante, ocasionando-lhe o ônus desnecessário.

Após a decisão de 1ª instância, que lhe foi parcialmente favorável, a Reclamante/Suplicante interpôs Recurso Ordinário pleiteando pela reforma da sentença, bem como para que fosse reconhecido o seu direito ao recebimento de multa pela caracterização da litigância de má-fé da parte *ex adversa*.

Restou evidenciado nos autos a tentativa de procrastinação do feito por parte da Reclamada, quando as supostas testemunhas por ela indicadas, e que seriam ouvidas por cartas precatórias, inexistiam nos endereços informados ou não eram encontradas, ocasionando assim o retardamento no encerramento da instrução, bem como bastante onerosa para a Justiça, que arcou com despesas desnecessárias com as cartas precatórias.

4. Do pedido

Nesse mister, postula o Suplicante seja a presente Ação Rescisória recebida e julgada procedente, desconstituindo-se assim o v. Acórdão da Eg. 1ª Turma desse TRT, e proferindo-se novo julgamento, e seja reconhecida a litigância de má fé e o pleito referente à condenação em multa da Suplicada.

Requer também que se proceda à citação da ré para que, querendo, apresente sua defesa, sob as penas e cominações legais. Pleiteia, ainda, a produção de todas as provas admitidas em Direito.

Dá-se à causa o valor de R$...

Nestes Termos,
Pede Deferimento.

Recife, ... de .... de 2017

10.4 PETIÇÃO INICIAL DE RESCISÓRIA COM BASE NO INCISO IV DO ART. 966 DO CPC – OFENSA À COISA JULGADA

EXMO SR. DR. JUIZ PRESIDENTE DO EGRÉGIO TRIBUNAL REGIONAL DO TRABALHO DA 6ª REGIÃO

[espaçamento de 10 linhas]

P.E.F., brasileiro, casado, agricultor, CPF 000.000.000-00, RG 00.000.000-SSP/__, CPTS 00.00000.00-0 (UF), endereço eletrônico, residente nesta cidade, Recife/PE, por meio do seu advogado infra-assinado, com instrumento de mandato em anexo (doc. 01), no qual consta endereço onde receberá as notificações, vem, perante V. Exa., propor AÇÃO RESCISÓRIA, com fulcro no art. 966, inciso IV, do CPC, contra S.B., brasileiro, casado, trabalhador rural, CTPS 00.00000.00-0 (UF) série, residente e domiciliado na BR-301, s/n, Município de Bezerros/PE, para desconstituir o v. acórdão proferido pela 2ª Turma desse Eg. TRT, nos autos do Recurso Ordinário, com fulcro no inciso IV do art. 966 do CPC, pelas razões a seguir aduzidas:

1. Dos requisitos de admissibilidade

Inicialmente, importa destacar que a presente ação rescisória preenche os requisitos de admissibilidade, considerando a tempestividade de interposição do recurso, dentro do prazo de 2 (dois) anos, fixados no art. 975 do novo CPC.

2. Da prova do trânsito em julgado

Apresentamos, às fls. ..., certidão do trânsito em julgado da decisão, ocorrida em 30.06.2014 (doc. 02), como também cópia da decisão rescindenda (doc. 03).

3. Do direito violado

Consoante permite o inciso IV do art. 966 do CPC, visa a presente Ação Rescisória, precipuamente, rescindir a decisão de mérito que, conhecendo do Recurso Ordinário apresentado a destempo, reformou a sentença de 1ª instância, prolatada nos autos da Reclamação Trabalhista proposta pelo Suplicado/Reclamante na Vara do Trabalho de Bezerros/PE, constituindo-se assim em ofensa à coisa julgada.

O Reclamante foi a juízo pleitear a indenização decorrente do Programa de indenização Social (PIS), bem como abonos concedidos pelo Governo

Federal, sendo julgada improcedente no todo em 09 de junho de 2014, sendo o Reclamante notificado em 11 de junho de 2014 (docs. 04 e 05).

Inconformado, o Reclamante/Suplicado interpôs Recurso Ordinário perante esse Eg. TRT, em 20.06.2014, o qual foi conhecido e julgado procedente.

Observe-se, entretanto, V. Exa., que não há como admitir o conhecimento do remédio *juris*, em face da manifesta intempestividade dele, senão vejamos:

Prolatada a sentença em 09 de junho de 2014, tomando ciência a parte sucumbente em 11.06.2014, a este caberia interpor o referido Recurso até o dia 19 de junho de 2014. Deixando de fazê-lo na data que lhe é deferida por lei, encontra-se absolutamente intempestivo. Sendo a tempestividade um dos pressupostos de admissibilidade recursal, o seu conhecimento a destempo configura ofensa à coisa julgada.

4. Do pedido

Neste mister, postula o Suplicante seja a presente Ação Rescisória recebida e julgada procedente, desconstituindo-se assim o v. Acórdão e da Eg. 2ª Turma desse TRT, para que se mantenha a sentença *a quo*, sem o que restará violado o preceito constitucional do art. 5º, XXXVI.

Requer também que se proceda à citação da ré para que apresente sua defesa, querendo, sob as penas e cominações legais. Pleiteia, ainda, pela produção de quaisquer provas admitidas em Direito.

Dá-se à causa o valor de R$...

Nestes Termos,
Pede Deferimento.

Recife, ... de .... de 2017

10.5 PETIÇÃO INICIAL DE RESCISÓRIA COM BASE NO INCISO V DO ART. 966 DO CPC – VIOLAR MANIFESTAMENTE NORMA JURÍDICA

EXMO SR. DR. JUIZ PRESIDENTE DO EGRÉGIO TRIBUNAL REGIONAL DO TRABALHO DA 6ª REGIÃO

[espaçamento de 10 linhas]

CONDOMÍNIO DO EDIFÍCIO A. S. S., CNPJ 00.000.000/0001-00, sito à Av. Agamenon Magalhães, 11.420, Boa Vista, Recife/PE, vem, na pessoa de seu síndico, aqui representado por seu advogado infra-assinado, com instrumento de mandato em anexo (doc. 01), no qual consta endereço onde receberá as notificações, vem, perante V. Exa., propor AÇÃO RESCISÓRIA, com fulcro no art. 966, inciso V, do CPC, contra M.J., brasileiro, solteiro vigia, RG 00.000.000-SSP/__, CPF 000.000.000-00, CTPS 00.00000.00-0 (UF), residente na cidade do Recife/PE, para desconstituir sentença prolatada pela 2ª Vara do Trabalho de Recife, nos autos da Reclamação Trabalhista ...., com fulcro no inciso V do art. 966 do CPC, pelas razões a seguir aduzidas:

1. Da prova do trânsito em julgado

Apresentamos, às fls. ..., certidão do trânsito em julgado da decisão, ocorrida em 09.12.2014 (doc. 02), como também cópia da decisão rescindenda (doc. 03).

2. Dos requisitos de admissibilidade

Inicialmente, importa destacar que a presente ação rescisória preenche os requisitos de admissibilidade, considerando a tempestividade de interposição do recurso, dentro do prazo de 2 (dois) anos, fixados no art. 975 do novo CPC.

Prova do depósito recursal realizado – *vide* doc. 04.

3. Dos fatos

O Reclamante/Suplicado ajuizou Reclamação Trabalhista contra o Reclamado, ora Suplicante, pleiteando horas extras, adicional noturno, FGTS e multa do art. 477 da CLT.

Ocorre que, não se sabe por quê, o MM Juízo, julgando procedente a ação, condenou a parte ré, além das verbas pleiteadas na peça inicial do Autor/Reclamante, em Risco de Vida num percentual de 10% (dez por cento), pedido esse que, diga-se de passagem, nem mesmo fez parte dos requisitórios, como se prova mediante cópia da inicial e cópia da sentença rescindenda (docs. 05 e 03).

Configura-se, pois, que o douto juízo prolator da decisão rescindenda, *data venia*, proferiu julgamento de natureza diversa da pedida, ou seja, *extra petita*, inclusive sem fundamentação legal nenhuma que justificasse tal atitude.

Prevalece, assim, o entendimento de que a r. decisão meritória violou norma jurídica, no caso, o art. 492 do Código de Processo Civil, que reza:

> Art. 492. É vedado ao juiz proferir decisão de natureza diversa da pedida, bem como condenar a parte em quantidade superior ou em objeto diverso do que lhe foi demandado.

O permissivo legal para o acolhimento da presente Ação Rescisória encontra-se no inciso V do art. 966 do CPC, que, com efeito, foi aqui demonstrado.

4. Do pedido

Em face do exposto, uma vez provada a violação a norma jurídica, requer o Suplicante que esse Eg. TRT julgue procedente a Ação Rescisória para desconstituir a r. sentença *a quo*, pleiteando novo pronunciamento, para que seja determinada a exclusão de tal condenação.

Requer também que se proceda à citação da ré para que apresente sua defesa, querendo, sob as penas e cominações legais. Pleiteia, ainda, a produção de quaisquer provas admitidas em Direito.

Dá-se à causa o valor de R$...

Nestes Termos,
Pede Deferimento.

Recife, ... de .... de 2017

10.6 PETIÇÃO INICIAL DE RESCISÓRIA COM BASE NO INCISO VI DO ART. 966 DO CPC – FUNDADA EM PROVA CUJA FALSIDADE TENHA SIDO APURADA EM PROCESSO CRIMINAL OU VENHA A SER DEMONSTRADA NA PRÓPRIA AÇÃO RESCISÓRIA

EXMO SR. DR. JUIZ PRESIDENTE DO EGRÉGIO TRIBUNAL REGIONAL DO TRABALHO DA 6ª REGIÃO

[espaçamento de 10 linhas]

A.M.C., brasileira, solteira, bancária, CPF 000.000.000-00, RG 00.000.000-SSP/__, CTPS 00.00000.00-0 (UF), endereço eletrônico, residente na cidade do Recife/PE, por seu advogado infra-assinado, com instrumento de mandato em anexo (doc. 01), no qual consta endereço onde receberá as notificações, vem, perante V. Exa., propor AÇÃO RESCISÓRIA, com fulcro no art. 966, inciso VI, do CPC, contra BANCO B.S.A., inscrito no CNPJ 00.000.000/0001-00, sito à Av. Agamenon Magalhães, nº 948, Boa Vista, Recife/PE, para rescindir a r. sentença proferida nos autos da Reclamação Trabalhista ...., pela 3ª Vara do Trabalho de Recife, pelas razões a seguir aduzidas:

1. Dos requisitos de admissibilidade

Inicialmente, importa destacar que a presente ação rescisória preenche os requisitos de admissibilidade, considerando a tempestividade de interposição do recurso, dentro do prazo de 2 (dois) anos, fixados no art. 975 do novo CPC.

Considerando a concessão dos benefícios da justiça gratuita nos autos (doc. 02), dispensado o depósito de 20% previsto no art. 836 da CLT.

2. Da prova do trânsito em julgado

Apresentamos, às fls. ..., certidão do trânsito em julgado da decisão, ocorrida em 26.06.2014 (doc. 02), como também cópia da decisão rescindenda (doc. 03).

3. Dos fatos

A Reclamante/Suplicante ajuizou reclamação trabalhista contra a suplicada, conforme cópia da inicial (doc. 04), a qual foi favorável à parte *ex* adversa. Na inicial, a Reclamante informou que trabalhou para a Reclamada de 2012 a 2013, ocasião em que a Reclamada efetuou descontos em seu salário, destinados à inclusão da obreira em planos de assistência médico-hospitalar.

Entretanto, durante todo o tempo em que a obreira laborou para a Reclamada, nunca usufruiu desse benefício, mesmo porque nunca autorizou tais descontos. Ocorre que, cessado o vínculo entre as partes, constatou a Suplicante que tais descontos só poderiam ser realizados mediante autorização feita por escrito, ou caso contrário, se ela houvesse se beneficiado com tais serviços, o que não é o caso.

Por ocasião da audiência de instrução e julgamento, a empresa trouxe aos autos documentos que, segundo o patrono dela, autorizavam a Reclamada a efetuar tais descontos. Porém, trata-se de prova absolutamente falsa, haja vista que, conforme se observa da cópia em anexo (doc. 05), tais descontos beneficiaram a obreira e seus dependentes.

Acontece que, apesar de a Suplicante/Reclamante tratar-se de pessoa solteira, sem filhos ou parentes, a Reclamada instruiu sua defesa com comprovantes de despesas médicas feitas por dependentes da autora, nos quais não consta nem sequer sua assinatura, constituindo assim lesão ao disposto no art. 462 da CLT. Incidência da Súmula 342 do TST, que dispõe:

> Súmula 342 do TST – Descontos salariais. Art. 462 da CLT (mantida) – Res. 121/2003, *DJ* 19, 20 e 21.11.2003
>
> Descontos salariais efetuados pelo empregador, com a autorização prévia e por escrito do empregado, para ser integrado em planos de assistência odontológica, médico-hospitalar, de seguro, de previdência privada, ou de entidade cooperativa, cultural ou recreativo-associativa de seus trabalhadores, em seu benefício e de seus dependentes, não afrontam o disposto no art. 462 da CLT, salvo se ficar demonstrada a existência de coação ou de outro defeito que vicie o ato jurídico.

Trata-se, desse modo, da hipótese do permissivo legal, previsto no inciso VI do art. 966 do CPC, no qual se vislumbra que o MM Juízo *a quo* fundamentou sua decisão em prova falsa, que por si só o levou a acreditar que a autora autorizara e até usufruíra de tais benefícios.

4. Do pedido

Por tudo o que aqui foi exposto, requer a Suplicante a este Eg. TRT que, estando configurados os elementos que ensejam a rescisão da sentença, nos moldes do dispositivo *ut supra* do Código de Processo Civil, seja desconstituída a r. sentença violadora do direito da Suplicante, para que, proferindo novo julgamento, seja reconhecida a ilegalidade de tais descontos, para se julgar procedente a Reclamação Trabalhista.

Requer também que se proceda à citação da ré para que apresente sua defesa, querendo, sob as penas e cominações legais. Pleiteia, ainda, a produção de quaisquer provas admitidas em Direito.

Dá-se à causa o valor de R$...

Nestes Termos,
Pede Deferimento.

Recife, ... de .... de 2017

10.7 PETIÇÃO INICIAL DE RESCISÓRIA COM BASE NO INCISO VII DO ART. 966 DO CPC – PROVA NOVA

EXMO SR. DR. JUIZ PRESIDENTE DO EGRÉGIO TRIBUNAL REGIONAL DO TRABALHO DA 6ª REGIÃO

[espaçamento de 10 linhas]

M.C.S, brasileira, solteira, esteticista, CPF 000.000.000-00, RG 00.000.000-SSP/__, CTPS 00.00000.00-0 (UF), endereço eletrônico, residente na cidade do Recife/PE, por seu advogado infra-assinado, com instrumento de mandato em anexo (doc. 01), no qual consta endereço onde receberá as notificações, vem, perante V. Exa., propor AÇÃO RESCISÓRIA, com fulcro no art. 966, inciso VII, do CPC, contra P.C.E. LTDA., inscrita no CNPJ 00.000.000/0001-00, sito à Av. das Charretes, 9.945, Madalena, Recife/PE, para rescindir o v. Acórdão proferido nos autos da Reclamação Trabalhista ...., pela 3ª Vara do Trabalho de Recife, pelas razões a seguir aduzidas:

1. Dos requisitos de admissibilidade

Inicialmente, importa destacar que a presente ação rescisória preenche os requisitos de admissibilidade, considerando a tempestividade de interposição do recurso, dentro do prazo de 2 (dois) anos, fixados no art. 975 do novo CPC.

Considerando a concessão dos benefícios da justiça gratuita nos autos (doc. 02), dispensado o depósito de 20% previsto no art. 836 da CLT.

2. Da decisão do trânsito em julgado

Apresentamos, às fls. ..., certidão do trânsito em julgado da decisão, ocorrida em 16.06.2014 (doc. 02), como também cópia da decisão rescindenda (doc. 03).

3. Dos fatos

A Reclamante/Suplicante ajuizou reclamação trabalhista contra a Suplicada, conforme cópia da inicial (doc. 04), a qual foi favorável à parte *ex adversa*. Na inicial, a Reclamante informou que trabalhou para a Reclamada de 2012 a 2014, ocasião em que firmou para ela vários convênios com Associações, para prestação de serviços de estética.

Entretanto, além de negar a prestação de serviço, a Reclamada sonegou as cópias dos referidos contratos que serviriam da prova para ratificar a tese da Reclamante, tendo a parte ré se valido da prova oral de sua única testemunha, bem como do depoimento de seu titular, que falsamente alegou a existência da prestação de serviço, no período de junho a julho de 2012.

Ocorre que, não sendo possível à autora produzir a prova documental necessária e complementar, a MM Juíza da 3ª Vara julgou improcedentes os pedidos. Inconformada, a Reclamante interpôs recurso ordinário, tendo sido negado provimento a ele, mantendo-se a decisão de 1ª instância.

Acontece que, apesar de a Suplicante/Reclamante ter realizado todos os esforços necessários para a obtenção de tais contratos, inclusive junto às associações, só agora lhe foi possível obter cópias de alguns deles, e que, ora instrui a presente ação, e que serve de prova do vínculo entre ambas. Anexa, também, cópia dos recibos emitidos pela Reclamada, em que consta assinatura da requerente.

4. Do direito lesado

Trata-se, desse modo, da hipótese do permissivo legal, previsto no art. 966, inciso VII, do CPC, no qual houve a obtenção de documento novo pelo autor, após a sentença, do qual não pôde fazer uso durante o processo.

Esse também é o posicionamento de Pontes de Miranda (*in Tratado da Ação Rescisória*, 5ª Ed., fls. 326, quando diz:

> O documento que se obteve, sem que dele se tivesse podido usar o autor da Ação Rescisória, que foi vencido na ação em que se proferiu a sentença rescindenda, tem de ser bastante para que se julgasse procedente a ação. Ser bastante aí é ser necessário, mas não é de exigir-se que só ele bastasse, excluído outro, ou excluídos outros, que foram apresentados. O que se exige é que, sozinho ou ao lado de outros, que constaram dos autos, seja suficiente.

5. Do pedido

Por tudo o que aqui foi exposto, requer a Suplicante a este Eg. TRT que, estando configurados os elementos que ensejam a rescisão da sentença, nos moldes do dispositivo *ut supra* do Código de Processo Civil, seja desconstituído o v. acórdão violador do direito da Suplicante, e seja reconhecido o vínculo empregatício entre as partes e, por conseguinte, procedentes os pleitos referentes às verbas rescisórias.

Requer também que se proceda à citação da ré para que apresente sua defesa, querendo, sob as penas e cominações legais. Pleiteia, ainda, a produção de quaisquer provas admitidas em Direito.

Dá-se à causa o valor de R$...

Nestes Termos,
Pede Deferimento.

Recife, ... de .... de 2017

10.8 CONTESTAÇÃO DE RESCISÓRIA COM BASE NO INCISO VIII DO ART. 966 DO CPC – ERRO DE FATO

EXMO SR. DR. JUIZ PRESIDENTE DO EGRÉGIO TRIBUNAL REGIONAL DO TRABALHO DA 6ª REGIÃO

[espaçamento de 10 linhas]

C.S., brasileiro, solteiro, RG 00.000.000-SSP/__, CPF 000.000.000-00, CTPS 00.00000.00-0 (UF), residente na cidade do Recife/PE aqui representado por seu advogado infra-assinado, com instrumento de mandato em anexo (doc. 01), no qual consta endereço onde receberá as notificações, vem, perante V. Exa., apresentar CONTESTAÇÃO à AÇÃO RESCISÓRIA promovida por C.M. LTDA., já qualificada nos autos da ação em epígrafe, visando rescindir v. Acórdão proferido no Recurso Ordinário (Processo nº ...) pela 1ª Turma desse Eg. TRT, que, julgando improcedente o recurso, manteve a sentença do colegiado de 1ª instância, com fulcro no inciso VIII do art. 966 do CPC, pelas razões a seguir aduzidas:

1. Dos fatos

O Reclamante, ora Suplicante, aponta como fundamento para rescindir o julgado a existência de erro de fato, "... pela inexistência de citação ou qualquer notificação, afirma que por ser pessoa física deve ser pessoal a citação e não pode ser representado por preposto em audiência".

Para a ocorrência de erro de fato, conforme art. 966, inciso VIII, deverá uma sentença admitir um fato inexistente, ou, ainda, considerar inexistente um fato efetivamente ocorrido. Também se faz necessária a inexistência de controvérsia e a ausência de pronunciamento judicial sobre o fato. Ocorre que o Juízo de 1º grau decretou a revelia e confissão acertadamente, uma vez que o Autor/Reclamado foi devidamente citado (*vide* fls.). Ademais, fora notificado de todos os trâmites do processo (fls.)

Da mesma forma, segue o entendimento da Jurisprudência quanto ao erro de fato:

> Ação rescisória. Erro de fato. Não configuração. Existência de controvérsia e pronunciamento judicial sobre o fato. A jurisprudência inclinou-se no sentido de não reconhecer como erro de fato, passível de ensejar a rescisão do julgado, eventual má-apreciação das provas dos autos originários. Por outro lado, havendo pronunciamento judicial sobre o fato, fica afastado o enquadramento na hipótese do artigo 485, inciso IX, do CPC, conforme

previsão contida no parágrafo 2º do mesmo preceito legal. É o que ocorreu na hipótese dos autos, pois a decisão rescindenda emitiu pronunciamento expresso sobre o tema após a apreciação da prova produzida nos autos originários. Ademais, o erro de fato alegado pela Autora diz respeito exatamente à conclusão a que chegou o magistrado (TST, ROAR 760169, SBDI-2, Rel. Min. Emmanoel Pereira, *DJ* 13.02.2004).

Registre-se, ainda, que, segundo o ministro Emmanoel do colendo TST, a ação rescisória "não serve para corrigir provável injustiça havida na decisão impugnada, nem como sucedâneo de recurso" (AR 802814/2001.4).

2. Do pedido

Em face do exposto, uma vez provada a violação a norma jurídica, requer o Suplicante que esse EG. TRT julgue improcedente a Ação Rescisória para que se mantenha a decisão já exarada, por não haver qualquer afronta ao art. 966, inciso VIII, do Digesto processual.

Requer também que se proceda à citação da ré para que apresente sua defesa, querendo, sob as penas e cominações legais. Pleiteia, ainda, a produção de quaisquer provas admitidas em Direito.

Dá-se à causa o valor de R$...

Nestes Termos,
Pede Deferimento.

Recife, ... de .... de 2017

11

JURISPRUDÊNCIA

11.1 CABIMENTO DA AÇÃO RESCISÓRIA

Recurso ordinário. Ação rescisória.

I – Preliminar de deserção. Depósito recursal. Exigência. Oportunidade. A jurisprudência desta Corte é pacífica no sentido de ser exigível o requisito do depósito recursal, em sede de recurso ordinário em ação rescisória, apenas quando, no acórdão recorrido, o pedido for julgado procedente e houver condenação em pecúnia. Incidência da Súmula nº 99 do TST. Assim, sendo indeferida a petição inicial e extinto o processo, sem a resolução do mérito, não há necessidade de recolhimento de depósito para a interposição de recurso ordinário para a instância *ad quem*. Preliminar rejeitada. II – Ação rescisória. Cabimento. Decisão que declara a preclusão da oportunidade de suscitar a matéria em embargos à arrematação. Ausência de sentença de mérito. Impossibilidade jurídica do pedido. Conforme preceitua o *caput* do artigo 485 do CPC, apenas a decisão de mérito é rescindível. Não se enquadra nessa hipótese a decisão que manteve a declaração de preclusão da oportunidade de suscitar a matéria posta nos embargos à arrematação dos ora Autores. Revela-se, assim, a impossibilidade jurídica do pedido, ensejando a extinção da ação rescisória sem a resolução do mérito. Portanto, deve ser mantida a extinção do processo, sem a resolução do mérito, já pronunciada na origem, embora por fundamento diverso. Recurso ordinário não provido (TST, RO 116796420135020000, Subseção II Especializada em Dissídios Individuais, Relator Emmanoel Pereira, *DEJT* 22.05.2015).

Trata-se de ação rescisória ajuizada por Antônio Jair de Oliveira Nascimento, com o objetivo de desconstituir o acórdão proferido pela Segunda Turma desta Corte no julgamento do AgRg no AREsp nº 262.168/SP. Para melhor compreensão da controvérsia, reproduzo os seguintes trechos da petição inicial (fls. 2/12): [...] 1. A presente ação tem por objeto rescindir a decisão prolatada pelo juízo da Egrégia Segunda Turma do Superior Tribunal de Justiça, no Agravo em Recurso Especial sob o nº 262.168 – SP (2012/0249559-6), já transitado em julgado em 15.02.2016, conforme documento anexo, onde foram litigantes as partes supraqualificadas, pois, além de violação de literal disposição de Lei, consoante será demonstrado e comprovado mais adiante, ratifica-se a injustificável divergência dos julgados por essa Colenda Corte de casos análogos, que corroboram a ação em epígrafe. 2. Neste caso, detalhando-se os fatos, o Ministério Público do Estado de São Paulo propôs ação civil pública contra o Autor da presente demanda, pela prática de ato de improbidade administrativa, consistente na contratação de pessoas, por prazo determinado, no ano de 2002, sem concurso público. Afirmou o Ministério Público, na ação proposta, que o aqui Autor havia infringido o artigo 11, V, da Lei nº 8.429/92, requerendo sua condenação nas penas previstas no artigo 12, III, da mesma lei, excluindo-se da referida pena proposta a devolução dos salários pagos aos contratados, considerando-se que os serviços das pessoas contratadas foram, efetivamente, prestados, coibindo-se o enriquecimento ilícito do município. 3 Dessa forma, o pleito do Ministério Público era de que o Autor desta demanda fosse condenado por infringir o artigo 11, V, da Lei nº 8.429/92, aplicando-se as penas previstas no artigo 12, III, da mesma lei [...] 4 Na sentença de primeiro grau, a MM. Juíza entendeu que o Sr. Antonio Jair deveria ser incurso no artigo 10, VIII (parte final) da Lei nº 8.429/92, conforme documento anexo, condenando-o nos termos do artigo 12, da referida Lei, determinando sua inelegibilidade pelo prazo de cinco anos e à proibição de contratar com o Poder Público ou receber benefícios ou incentivos fiscais ou creditícios, direta ou indiretamente, ainda que por intermédio de pessoa jurídica da qual seja sócio majoritário, pelo prazo de cinco anos. Considerou, também, na referida sentença, assim como a posição do Ministério Público, que a multa civil não deveria ser aplicada, pelos motivos já expostos, registrando-se, inclusive, que até a promulgação da sentença de primeiro grau em 17.02.2010, o Autor desta demanda não tinha, após a saída da função pública ocupada, em 31.12.2004, qualquer vínculo com o setor público, ou seja, estava afastado há mais de cinco anos de qualquer função ou vínculo com a área pública. 5 Registra-se, diante dos fatos e da sentença prolatada, que o erário público não sofreu danos financeiros, conforme observa-se na sentença da MM. Juíza e da incontroversa posição do Ministério Público, sendo que, contrariando os posicionamentos apontados, o Autor desta demanda foi incurso no artigo 10, VIII (parte final), da Lei nº 8.429/92 e condenado nos termos do artigo 12, II, da referida Lei [...] 6 Na decisão da apelação prolatada pelo Egrégio Tribunal de Justiça do Estado de São Paulo, registrou-se o erro material na sentença de primeira instância, condenando o aqui Autor como incurso no *caput* do artigo 11, da Lei 8.429/92, não no artigo 10 da mesma Lei, anteriormente descrito na referida sentença, mantendo-se a pena nos termos do artigo 12, III, da referida Lei [...] 7 Ocorre, Excelência, que no caso aqui detalhado foi totalmente desconsiderado o entendimento pacífico do Egrégio Superior Tribunal de Justiça, conforme comprovam as decisões acostadas aos autos, de que a contratação de servidores públicos foi devidamente amparada por legislação municipal, como ficou incontestavelmente comprovado, impossibilitando-se a identificação da presença do elemento subjetivo necessário (dolo genérico) para a caracterização do ato de improbidade violador dos princípios da administração pública. 8 O Egrégio Tribunal do Estado de São Paulo, mesmo após a insistência do aqui Autor, de que as contratações foram amparadas por Lei Municipal (documento anexo), que estava em pleno vigor quando da contratação realizada, gozando tal lei de presunção de constitucionalidade e descaracterizando-se completamente o elemento subjetivo doloso, fato incontroverso e devidamente comprovado, ignorou completamente os fatos, dados e documentos apresentados, insistindo na INJUSTA condenação do Sr. Antonio Jair de Oliveira Nascimento. 9 A Lei Municipal nº 71, de 17 de janeiro de 1.992, em vigor na data da contratação, que amparou a decisão do Autor, nos seus artigos 276 e 277 determinavam que as contratações poderiam ser realizadas mediante algumas condições, plenamente atendidas no caso em epígrafe [...] 11 No contexto apresentado, Excelência, a irresignação do Autor da presente ação ficou evidenciada quando o Egrégio Superior Tribunal de Justiça também desconsiderou, totalmente, a Lei Municipal Complementar nº 71, de 17.01.1992, com as alterações introduzidas pela Lei Complementar nº 226, de 09.02.2001, que amparou legalmente a realização das referidas contratações, sob o argumento de que era inviável o reexame de matéria fático-probatória, mesmo considerando-se que o Tribunal anterior tenha decidido erroneamente, afrontando a jurisprudência e as decisões favoráveis em casos análogos, desconsiderando-se, ainda, que a pretensão, com o recurso proposto, era a de análise da qualificação jurídica atribuída aos fatos do Acórdão, que simplesmente ignoraram a referida Lei Municipal. 12 Afirmar que as contratações decorreram de ato ímprobo e de que houve dolo na conduta do Autor desta demanda, desconsiderando-se a Lei Municipal que amparou essas ações, é, no mínimo, uma decisão fundada em incontestável ERRO, ignorando-se um fato plenamente verificável nos autos. Constata-se, ainda, no caso em epígrafe, uma violação da norma jurídica, considerando-se que na separação dos poderes, possibilitou-se ao Legislativo Municipal a promulgação da referida Lei que amparou as contratações, considerando-se que essa Lei goza de presunção de legitimidade e constitucionalidade, enquanto não houver pronunciamento do Poder Judiciário em sentido contrário ou sua revogação, pelo próprio Poder Legislativo Municipal. 13 Ainda, no caso em epígrafe, deve-se considerar que o então prefeito municipal não acreditava estar cometendo um ato ilegal, pois seus assessores garantiam-lhe estar amparado por Lei Municipal, não havendo uma má intenção que justificasse a punição recebida. A improbidade só se justificaria se houvesse um ato ilegal, que violasse os princípios da Administração Pública, o que não ocorreu [...] 15 Dessa forma, por todo o exposto, a decisão que negou provimento ao agravo regimental por esse Egrégio Superior Tribunal de Justiça, confirmando a INJUSTA condenação do Sr. Antonio Jair de Oliveira Nascimento por improbidade, merece ser apropriadamente rescindida, cumulando-se com o pedido de um novo julgamento, em atendimento literal à toda legislação pertinente e a jurisprudência existente, conforme restará devidamente demonstrado pelos fundamentos a seguir detalhados. II Do cabimento da ação rescisória 16 A ação rescisória proposta está amparada pelos incisos IV e VIII, do artigo 966, do atual Código de Processo Civil, considerando-se o erro injustificável que desconsiderou totalmente uma Lei Municipal que autorizava e possibilitava a contratação dos servidores municipais, na situação aqui apresentada [...] 21 Diante do exposto, definitivamente, dúvida não pode haver de que se o Superior Tribunal de Justiça, de um modo ou de outro, enfrenta o mérito da controvérsia no julgamento de agravo ou, em particular, de recurso especial, é de sua exclusiva competência o conhecimento e o julgamento de ação rescisória visando à desconstituição do aresto que proferiu em tais situações. [...] Nesse diapasão, o autor requer seja julgada procedente a ação, "para rescindir o acórdão registrado sob o nº 2012/0249559-6, ref. o AgRg no Agravo em recurso especial nº 262.168-SP, originado pelo processo nº 0002381-59.2008.8.26.0338, cumulando-se com um novo julgamento, que atenda plenamente a legislação pertinente e considere a jurisprudência existente" (fl. 15). É o relatório. Passo a decidir. Ao apreciar o mencionado AREsp nº 262.168/SP, a Relatora, Ministra Assusete Magalhães, por meio de decisão monocrática, assentou que "a pretensão de infirmar os fundamentos do acórdão recorrido com o fito de se descaracterizar ato de improbidade administrativa demandaria o revolvimento de matéria fática, incidindo, assim, como óbice ao Recurso Especial, a Súmula 7 desta Corte, *in verbis*: 'a pretensão de simples reexame de prova não enseja recurso especial' (fl. 21)". Pois bem, contra essa decisão, o autor da presente rescisória interpôs agravo regimental, que resultou no acórdão objeto da presente ação rescisória. A ementa do aresto ficou assim redigida: administrativo e processual civil. Agravo regimental no agravo em recurso especial. Improbidade administrativa. Contratação de funcionários sem concurso público. Ato de improbidade administrativa reconhecido, pelas instâncias de origem. Acórdão do tribunal de origem que, à luz das provas dos autos, concluiu pela caracterização do ato de improbidade administrativa e pela existência do elemento subjetivo. Revisão. Súmula 7/STJ. Agravo regimental improvido. I. Agravo em Recurso Especial manifestado contra decisão que não admitiu Recurso Especial, interposto contra acórdão que manteve sentença que, em Ação Civil Pública, condenara o agravante, então Prefeito do Município de Mairiporã/SP, em razão da contratação de funcionários, sem concurso público. II. O Tribunal de origem, confirmando a sentença condenatória, concluiu, em face das circunstâncias fáticas dos autos, pela presença do elemento subjetivo necessário à caracterização da conduta ímproba. Assim, considerando a fundamentação do acórdão recorrido, o exame da irresignação do agravante, no sentido de que não houve a prática de ato de improbidade administrativa, por não ter sido comprovada a existência de dolo, na sua conduta, demandaria o reexame de matéria fática, o que é vedado, em Recurso Especial, nos termos da Súmula 7/STJ. Nesse sentido: STJ, AgRg no AREsp 510.520/RS, Rel. Ministro Humberto Martins, Segunda Turma, *DJe* de 15.12.2014; STJ, AgRg no REsp 1.443.217/PE, Rel. Ministro Mauro Campbell Marques, Segunda Turma, *DJe* de 30.09.2014. III. Agravo Regimental improvido. (AgRg no AREsp 262.168/SP, Relatora Ministra Assusete Magalhães, *DJe* 15.12.2015) Nesse contexto, as questões que o autor da presente rescisória pretende submeter ao crivo deste STJ não tiveram seu mérito apreciado pela Segunda Turma quando do julgamento do aludido regimental, que gerou o acórdão que agora se busca rescindir, o que enseja a desenganada incompetência do STJ para processar e julgar a indigitada rescisória. Noutros termos, o acórdão rescindendo limitou-se a assentar o não conhecimento do recurso especial do réu, cuja circunstância retira do STJ a qualidade de juiz natural para o enfrentamento e resolução da presente rescisória, cuja ação, sabidamente, supõe a existência de uma decisão rescindenda de mérito (cf. art. 966, *caput*, do CPC/15). Nessa linha de compreensão, confiram-se os seguintes julgados: Processual civil. Agravo regimental. Ação rescisória. Ajuizamento contra acórdão que aplicou a Súmula 83 do STJ sem apreciar o mérito da causa. Descabimento. 1. O Superior Tribunal de Justiça "não detém competência para a apreciação de ação rescisória quando não proferiu nenhum pronunciamento a respeito do mérito da demanda rescindenda" (AgRg na AR 5.604/MS, Rel. Ministro Moura Ribeiro, Segunda Seção, *DJe* 16.9.2015). 2. Hipótese em que a decisão agravada considerou que, além de a mudança jurisprudencial na interpretação da lei não constituir fundamento para a ação rescisória (Súmula 343 do STF), os temas nela ventilados não foram examinados pelo acórdão rescindendo. 3. Ainda que superados aqueles argumentos, subsiste empeço à apreciação da ação rescisória, visto que o julgado que se pretende rescindir decidiu com arrimo na Súmula 83 desta Corte. 4. Agravo regimental desprovido. (AgRg na AR 5.626/DF, Rel. Ministro Gurgel de Faria, Primeira Seção, julgado em 27.4.2016, *DJe* 4.5.2016) Processo civil. Agravo regimental. Ação rescisória. Decisão rescindenda. Recurso especial que não examinou o mérito da causa. Incompetência do STJ. 1. Negado seguimento ao recurso especial pelo óbice da Súmula 7/STJ, não houve exame do mérito da causa nesta instância, o que afasta a competência do Superior Tribunal de Justiça para julgamento da ação rescisória. 2. Aplicação, por analogia, da Súmula 515/STF ("A competência para a ação rescisória não é do Supremo Tribunal Federal quando a questão federal, apreciada no recurso extraordinário ou no agravo de instrumento, seja diversa da que foi suscitada no pedido rescisório."). 3. Agravo regimental não provido. (AgRg na AR 5.114/MG, Rel. Ministro Olindo Menezes, Primeira Seção, julgado em 25.2.2016, *DJe* 2.3.2016) Processual Civil. Administrativo. Ação rescisória ajuizada contra decisão monocrática que aplicou a Súmula 83/STJ. Inexistência de apreciação do mérito. Ausência de competência do STJ. Manifesta improcedência. Precedentes do STF e do STJ. 1. Ação rescisória manifestamente improcedente, porquanto ajuizada com o objetivo de extirpar o julgado havido no AREsp 401.641/RJ, cujo conhecimento foi negado com base na Súmula 83/STJ, pela aplicação do tema fixado no Recurso Especial Repetitivo 1.101.726/SP; a parte agravante reitera que teria havido erro na aplicação da tese repetitiva. 2. "Esta Corte não detém competência para a apreciação de ação rescisória quando não proferiu nenhum pronunciamento a respeito do mérito da demanda rescindenda. Hipótese em que se negou provimento a agravo em recurso especial com fundamento no óbice da Súmula nº 83 do STJ" (AgRg na AR 5.604/MS, Rel. Ministro Moura Ribeiro, Segunda Seção, *DJe* 16.9.2015). 3. "Não tendo o Supremo, no acórdão rescindendo, apreciado o mérito do conflito de interesses, surge inadequada, a teor do disposto no artigo 485 do Código de Processo Civil, a rescisória" (AgR no AR 2.364/DF, Relator Min. Marco Aurélio, Tribunal Pleno, Processo Eletrônico publicado no *DJe* 251 em 15.12.2015). Agravo regimental improvido. (AgRg na AR 5.744/RJ, Rel. Ministro Humberto Martins, Primeira Seção, julgado em 25.2.2016, *DJe* 2.3.2016) Ante o exposto, nego seguimento à ação rescisória, o que faço com base no art. 34, XVIII, do RISTJ; intime-se o autor para que, no prazo de 15 dias úteis, promova a emenda de que cuida o art. 968, §§ 5º e 6º, do CPC/15. Publique-se. Brasília (DF), 19 de abril de 2017. Ministro Sérgio Kukina Relator. (STJ, Ação Rescisória: AR 5953 SP 2016/0333456-2, Relator Ministro Sérgio Kukina, *DJ* 25.04.2017).

Ementa: Ação rescisória. Posse (bens imóveis). Ajuizamento com base no artigo 966, V e VIII, do CPC. Alegação de manifesta violação de norma jurídica e erro de fato. Indeferimento da inicial. I. A ação rescisória só tem cabimento nas hipóteses estritas do artigo 966 do Código de Processo Civil. Ajuizamento, no caso, com base nos incisos V e VIII daquele dispositivo (manifesta violação de norma jurídica e erro de fato). II. No caso de alegação de manifesta violação de dispositivo legal (inciso V do artigo 966 do CPC), o *judicium rescindens* só é admissível quando violada a regra em sua literalidade, descabendo o ajuizamento quando a decisão transitada em julgado adota uma das possíveis interpretações de dispositivo. III. Para que se configure a hipótese de erro de fato, é necessário que o erro: a) diga respeito a fatos; b) transpareça nos autos onde foi proferida a decisão rescindenda, bastando simples cópia do processo onde proferida sentença, sendo inaceitável a produção de provas para demonstrá-lo na ação rescisória; c) seja a causa determinante da decisão; d) suponha fato que inexistiu, ou inexistente fato que ocorreu – e não hipótese de valoração da prova; e) não tenha sido objeto de controvérsia; f) não seja objeto de pronunciamento judicial. IV. Pleito de reexame do conteúdo probante e análise da justiça da decisão, constituindo o feito rescisório verdadeiro sucedâneo recursal. Processo extinto na forma dos artigos 267, I e VI, 295, III, e 490, todos do Código de Processo Civil e artigo 267 do Regimento Interno desta Corte. Inicial indeferida liminarmente (TJRS, Ação Rescisória nº 70072269319, Nono Grupo de Câmaras Cíveis, Rel. Liege Puricelli Pires, j. 25.04.2017)**.**

Agravo regimental em recurso extraordinário com agravo. Ação rescisória. Cabimento. Controvérsia decidida com base na legislação infraconstitucional. A controvérsia relativa ao cabimento e aos pressupostos de admissibilidade da ação rescisória restringe-se ao âmbito infraconstitucional. Precedentes. Agravo regimental a que se nega provimento (STF, ARE 647.623/MG, 1ª Turma, Rel. Min. Roberto Barroso, j. 03.06.2014, *DJe*-125, divulg. 27.06.2014, public. 01.07.2014).

Processual civil. Agravo regimental no recurso especial em ação rescisória fundada no art. 485, V, do CPC. Finsocial. Alíquota. Empresas prestadoras de serviços. Ação rescisória. Cabimento. Súmula 343/STF. Inaplicabilidade. Matéria de índole constitucional. 1. Insurgem-se as empresas recorrentes contra acórdão que reconheceu o cabimento de ação rescisória ajuizada na origem. Depreende-se dos autos que o pleito rescisório buscava a desconstituição de decisão rescindenda, invocando, para tanto, entendimento do Supremo Tribunal a respeito da constitucionalidade do art. 28 da Lei 7.738/89, segundo o qual as empresas exclusivamente prestadoras de serviços estão obrigadas ao recolhimento da contribuição para o FINSOCIAL nos termos previstos no referido dispositivo legal. Em hipótese idêntica, a Primeira Seção deste Tribunal há muito reconheceu o cabimento de ação rescisória, sob o fundamento de que a Súmula nº 343 do STF ("não cabe ação rescisória por ofensa a literal disposição de lei, quando a decisão rescindenda se tiver baseado em texto legal de interpretação controvertida nos tribunais") somente se aplica à interpretação controvertida de lei federal, e não quanto ao conflito de regra constitucional (AR 938/MG, Rel. Min. Garcia Vieira, *DJU* de 11.03.02). 2. Agravo regimental não provido (STJ, AgRg no REsp 1.305.290/DF 2012/0010376-0, 2ª Turma, Rel. Min. Mauro Campbell Marques, j. 03.04.2014, *DJe* 09.04.2014).

Recurso ordinário. Ação rescisória. Cabimento. Decisão que pronuncia o abandono da causa e extingue o processo sem resolução o mérito. Ausência de sentença de mérito. Impossibilidade jurídica do pedido. Conforme preceitua o *caput* do artigo 485 do CPC, apenas a decisão de mérito é rescindível. Não se enquadra nessa hipótese a decisão que pronuncia o abandono da causa pelo Reclamante e extingue o processo, sem a resolução do mérito, com fundamento no artigo 267, inciso III, do CPC. Revela-se, assim, a impossibilidade jurídica do pedido, ensejando a extinção da ação rescisória sem a resolução do mérito. Processo extinto sem a resolução do mérito (TST, RO 3622520105110000, Subseção II Especializada em Dissídios Individuais, Rel. Emmanoel Pereira, j. 07.05.2013, *DEJT* 10.05.2013).

Processual civil. Agravo regimental no recurso especial. Ação rescisória. Não cabimento diante de nulidade decorrente de vício/inexistência de citação na demanda originária. Precedentes desta Corte. 1. A Segunda Seção deste Tribunal Superior firmou entendimento no sentido do "Descabimento da rescisória calcada em nulidade (...) por vício na citação, à míngua de sentença de mérito a habilitar esta via em substituição à própria, qual seja, a de *querela nulitatis*" (AR 771/PA, Segunda Seção, Rel. Ministro Aldir Passarinho Junior, *DJ* de 26.02.2007). 2. Agravo Regimental desprovido (STJ, AgRg no REsp 470.522/MG 2002/0119643-5, 3ª Turma, Rel. Min. Paulo Furtado (Desembargador convocado do TJ/BA), j. 03.08.2010, *DJe* 20.08.2010).

Ação rescisória. Direito civil e processual civil. Sentença rescindenda que reconheceu a união estável. Ausência de citação de herdeira. Não cabimento da ação rescisória diante de nulidade decorrente de vício/inexistência de citação. Cabível ação declaratória – *querela nullitatis*. Inadequação da via eleita. Ação inadmissível. 1. De acordo com a jurisprudência do Superior Tribunal de Justiça, é cabível ação declaratória de nulidade (*querela nullitatis*) para se combater sentença proferida com nulidade ou inexistência de citação, sendo inadequado o uso da ação rescisória. 2. Inadmissível a ação rescisória, o depósito de 5% sobre o valor da causa é revertido em favor do réu, sem prejuízo do disposto no art. 20 do CPC. 3. Extinção da ação sem julgamento do mérito. À unanimidade (TJPE, AR 600006846/PE 0004660-48.2007.8.17.0000, 4ª Câmara Cível, Rel. Jones Figueirêdo, j. 24.02.2011).

Recurso ordinário. Ação rescisória. Cabimento. Decisão que pronuncia o abandono da causa e extingue o processo sem resolução do mérito. Ausência de sentença de mérito. Impossibilidade jurídica do pedido. Conforme preceitua o *caput* do artigo 485 do CPC, apenas a decisão de mérito é rescindível. Não se enquadra nessa hipótese a decisão que pronuncia o abandono da causa pelo Reclamante e extingue o processo, sem a resolução do mérito, com fundamento no artigo 267, inciso III, do CPC. Revela-se, assim, a impossibilidade jurídica do pedido, ensejando a extinção da ação rescisória sem a resolução do mérito. Processo extinto sem a resolução do mérito (TST, RO 3622520105110000, Subseção II Especializada em Dissídios Individuais, Rel. Emmanoel Pereira, j. 07.05.2013, *DEJT* 10.05.2013).

Ação rescisória *versus* uniformização da jurisprudência. O Direito possui princípios, institutos, expressões e vocábulos com sentido próprio, não cabendo colar a sinonímia às expressões "ação rescisória" e "uniformização da jurisprudência". **Ação rescisória. Verbete nº 343 da súmula do Supremo.** O Verbete nº 343 da Súmula do Supremo deve de ser observado em situação jurídica na qual, inexistente controle concentrado de constitucionalidade, haja entendimentos diversos sobre o alcance da norma, mormente quando o Supremo tenha sinalizado, num primeiro passo, óptica coincidente com a revelada na decisão rescindenda (STF, RE 590.809/RS, Tribunal Pleno, Rel. Min. Marco Aurélio, j. 22.10.2014, *DJe*-230, divulg. 21.11.2014, public. 24.11.2014).

Recurso ordinário em ação rescisória. Decadência da ação declarada pela v. decisão recorrida. Nulidade de citação. No presente caso, nos autos da reclamação trabalhista onde se produziu a coisa julgada, apesar de todos os esforços, não foi a empresa encontrada, justificando-se, pois, a citação por edital na forma realizada em total consonância com o disposto no § 1º do artigo 841 da CLT e de modo idêntico a intimação da sentença. Neste passo, entendendo-se correto o procedimento adotado pelo Juízo primário e, portanto, restando devidamente intimada a empresa da reclamação trabalhista ajuizada pelo réu, deve ser mantida a decadência da ação, declarada pela v. decisão recorrida, por seus próprios e jurídicos fundamentos. Recurso ordinário não provido. **Recurso ordinário adesivo interposto pelo réu. Honorários advocatícios.** Na Justiça do Trabalho, mesmo em sede de ação rescisória, os honorários advocatícios são disciplinados por legislação própria, ficando a sua percepção condicionada ao preenchimento das exigências contidas no artigo 14 da Lei nº 5.584/70 (item II da Súmula nº 219 do TST). Recurso ordinário não provido (TST, ROAR 1232500952002509 1232500-95.2002.5.09.0900, Subseção II Especializada em Dissídios Individuais, Rel. Renato de Lacerda Paiva, j. 14.10.2008, *DJ* 07.11.2008).

Previdenciário. Processual civil. Ação rescisória. Art. 485, V, do CPC. Réu revel. Curador especial. Assistência judiciária gratuita. Presunção. Impossibilidade. Desconto das quantias pagas. Princípio dispositivo. Preclusão. Não ocorrência. Revelia. Interesse processual. Ilegitimidade passiva. Decadência do direito. Nulidade da citação. Súmula nº 343 do STF. Afastadas. Revisão de benefício. Índices de inflação expurgados. Descabimento. Honorários advocatícios. 1. Nos termos do artigo 4º da Lei nº 1.060/50, é a própria parte que deve afirmar sua real necessidade para obtenção dos benefícios da assistência judiciária. 2. O Defensor Público da União, nomeado curador especial da parte ré revel, não detém legitimidade para requerer os benefícios da justiça gratuita, por não ter conhecimento da situação econômica da curatelada. Além disso, a hipossuficiência da parte revel não pode ser presumida. 3. Observado o princípio dispositivo (artigo 2º do Código de Processo Civil), não se conhece da questão pertinente ao desconto de quaisquer quantias pagas, formulada pelos réus, por não ter havido pedido do autor nesse sentido. 4. A ação rescisória não pressupõe o prequestionamento da matéria nela suscitada, por ser ação, e não recurso (Precedentes da Terceira Seção). 5. Descabido falar em preclusão, pelo fato de ter havido concordância com os cálculos na ação subjacente, pois a ação rescisória visa justamente romper a preclusão máxima que é a coisa julgada. 6. A jurisprudência é pacífica quanto à não aplicação dos efeitos da revelia em sede de ação rescisória. 7. No caso, está demonstrado o interesse jurídico (condição da ação), consubstanciado na necessidade do INSS em ver desconstituído título que viola a lei. 8. Por outro lado, é inconcebível a ideia de diferenças negativas para os corréus apontados, considerada a DIB dos benefícios, anteriores a fevereiro de 1989, e a planilha apresentada à fl. 700/701, nas quais estão discriminados individualmente os valores apurados em fase de execução. 9. Não merece prosperar a preliminar de ilegitimidade passiva. Diferentemente do sustentado, não há necessidade da presença de todos os herdeiros na relação processual. Inteligência do artigo 112 da Lei nº 8.213/91. 10. A ação rescisória foi protocolada dentro do biênio decadencial referido no art. 495 do CPC. A citação tardia, no caso, é irrelevante, inclusive para os corréus falecidos antes do ajuizamento da ação, porquanto ocasionada pela complexidade da causa, aliada ao equivocado arquivamento do feito, a incidir, na espécie, a diretriz da Súmula nº 106 do Superior Tribunal de Justiça. 11. No tocante aos corréus/sucessores indicados, penso terem sido válidas as citações, nos termos dos artigos 226, 231, I, e 232, todos do Código de Processo Civil, e, portanto, não havia expirado o prazo decadencial, pois, em momento algum, o autor deixou de diligenciar pela citação dos litisconsortes. 12. Não cabe cogitar de aplicação da Súmula nº 343 do STF, pois a questão resolve matéria de ordem constitucional, atinente ao custeio da Seguridade Social, segundo artigos 195 e 201, § 9º, da Carta Magna. 13. Os reajustes dos benefícios previdenciários devem observar os índices legais previstos em legislação própria, sob pena de ofensa ao princípio do custeio, previsto no artigo 195, § 5º, da Constituição Federal. 14. Não há direito adquirido à incorporação aos benefícios dos índices inflacionários expurgados. Precedentes. 15. Violados os artigos 58 do ADCT e 195, § 5º, da Constituição Federal, a configurar a hipótese prevista no artigo 485, inciso V, do CPC. 16. Não conhecida a questão pertinente à irrepetibilidade de valores, formulada pelos réus/sucessores. Matéria preliminar rejeitada. Ação rescisória procedente. Pedido subjacente de incorporação dos expurgos inflacionários nos reajustes do benefício improcedente. 17. Sem verbas de sucumbência aos corréus/sucessores revéis nas verbas de sucumbência, em razão da ausência de pretensão à resistida. 18. Deixo de condenar, também, a corré, e as pensionistas/sucessoras dos corréus em honorários advocatícios, por litigarem sob o pálio da Justiça Gratuita. 19. Condeno os sucessores dos corréus, representados pela DPU, em honorários advocatícios, fixados em R$ 750,00 (setecentos e cinquenta reais) para cada um deles (TRF-3, AR 31.898/SP 0031898-85.1995.4.03.0000, 3ª Seção, Rel. Des. Federal Daldice Santana, j. 13.11.2014).

> **Processual civil. Ação monitória. Embargos do devedor. Sentença. Trânsito em julgado. Coisa julgada material. Multa do art. 538 do CPC. Mantida. Caráter protelatório. Divergência jurisprudencial. Ausência de similitude fática.** 1. A sentença de mérito, com trânsito em julgado, proferida nos embargos opostos pelo devedor em ação monitória, faz coisa julgada material, sendo defeso o reexame de questões já decididas. Art. 467 do CPC. 2. A multa prevista no art. 538, parágrafo único, do CPC deve ser mantida na hipótese em que tenha sido demonstrado, na instância ordinária, o caráter protelatório dos embargos de declaração. 3. É pressuposto para a configuração da divergência jurisprudencial a existência de similitude fática entre os acórdãos confrontados. 4. Recurso especial não conhecido (STJ, REsp 966.688/BA 2007/0133019-1, 4ª Turma, Rel. Min. João Otávio de Noronha, j. 16.03.2010, *DJe* 29.03.2010).

> **Recurso ordinário em ação rescisória. Penhora. Bem de família. Violação dos arts. 1º e 5º da Lei nº 8.009/1990. Não configuração. Incidência da compreensão depositada na Súmula 410/TST.** A ação rescisória não se destina à reavaliação da lide submetida ao Poder Judiciário, sob a ótica em que originalmente posta (Súmula 410/TST), mas à pesquisa dos vícios descritos pelo art. 485 do CPC, restritivamente estabelecidos como autorizadores do desfazimento da coisa julgada. A insatisfação da parte com o seu próprio desempenho ou com a solução dada ao litígio originário não autorizará a quebra da coisa julgada. Recurso ordinário em ação rescisória conhecido e desprovido (TST, RO 2008792201050400000, Subseção II Especializada em Dissídios Individuais, Rel. Alberto Luiz Bresciani de Fontan Pereira, j. 05.11.2013, *DEJT* 08.11.2013).

11.2 AÇÃO RESCISÓRIA E ADMISSIBILIDADE

> Cinge-se a controvérsia a saber se é possível a propositura de ação rescisória com o argumento de que o acórdão rescindendo confronta a jurisprudência do STJ. Sobre a ação rescisória fundada no inciso V do art. 485 do CPC/73, oportuno destacar que a Súmula nº 343/STF nega

o seu cabimento quando o texto legal tiver interpretação controvertida nos tribunais. A despeito disso, o STF tem admitido a ação rescisória por "ofensa à literal disposição constitucional, ainda que a decisão rescindenda tenha se baseado em interpretação controvertida, ou seja, anterior à orientação fixada pelo Supremo Tribunal Federal", porque "a manutenção de decisões das instâncias ordinárias divergentes da interpretação adotada pelo STF revela-se afrontosa à força normativa da Constituição e ao princípio da máxima efetividade da norma constitucional" (AR 1.478, *DJe* de 01.02.2012). No âmbito do STJ, a Primeira Seção decidiu que "a ação rescisória é cabível, se, à época do julgamento originário cessara a divergência, hipótese que o julgado divergente, ao revés de afrontar a jurisprudência, viola a lei que confere fundamento jurídico ao pedido" (AgRg nos EREsp 772.233/RS, *DJe* de 02.05.2016). A Segunda Seção, igualmente, assentou entendimento segundo o qual, "nas hipóteses em que, após o julgamento, a jurisprudência, ainda que vacilante, tiver evoluído para sua pacificação, a rescisória pode ser ajuizada" (AR 3.682/RN, *DJe* de 19.10.2011). Com efeito, a relativização da Súmula nº 343/STF visa a conferir maior eficácia jurídica aos precedentes dos Tribunais Superiores, ou melhor, "à tese ou ao princípio jurídico (*ratio decidendi*) assentado na motivação do provimento decisório", que é o precedente em sentido estrito. No entanto, convém destacar que embora todos os acórdãos exarados pelo STJ possuam eficácia persuasiva, funcionando como paradigma de solução para hipóteses semelhantes, nem todos constituem precedente de eficácia vinculante. Pela sistemática do CPC/73, apenas aqueles processados na forma do art. 543-C têm natureza impositiva para os órgãos subordinados. Já a nova sistemática adotada pelo CPC/15 impõe aos juízes e tribunais a observância obrigatória dos acórdãos proferidos pelo STJ em incidente de assunção de competência e julgamento de recurso especial repetitivo; e também da orientação do plenário ou do órgão especial (art. 927). Nessa toada, a despeito do nobre papel constitucionalmente atribuído ao STJ, de guardião da legislação infraconstitucional, não há como autorizar a propositura de ação rescisória – medida judicial excepcionalíssima – com base em julgados que não sejam de observância obrigatória, sob pena de se atribuir eficácia vinculante a precedente que, por lei, não o possui. Isso porque, a se admitir que a parte pudesse ajuizar a ação rescisória com base em quaisquer julgados do STJ, ainda que refletissem a "jurisprudência dominante", estar-se-ia impondo ao Tribunal o dever de decidir segundo o entendimento neles explicitado, o que afronta a sistemática processual dos precedentes. Em atenção à segurança jurídica, portanto, a coisa julgada só há de ser rescindida, com base no art. 485, V, do CPC/73, acaso a controvérsia seja solucionada pelo STJ em sentido contrário ao do acórdão rescindendo, por meio de precedente com eficácia vinculante (art. 543-C do CPC/73 ou art. 927 do CPC/15), que unifica a interpretação e aplicação da lei (STJ, REsp 1.655.722-SC, Rel. Min. Nancy Andrighi, por unanimidade, j. 14.3.2017, *DJe* 22.3.2017).

Agravo interno no agravo (art. 544 do CPC/73) – Ação rescisória – Decisão monocrática negando provimento ao reclamo, mantida a inadmissão do recurso especial. Insurgência da autora. 1. Segundo a reiterada jurisprudência deste Superior Tribunal de Justiça, não há que se confundir decisão contrária aos interesses da parte com negativa de prestação jurisdicional ou ausência de fundamentação. Precedentes. 2. O erro de fato, a autorizar o manejo da ação rescisória (art. 485, IX, do CPC/73, equivalente ao art. 966, § 1º, do CPC/15), é somente aquele verificado por situação provada nos autos e ignorada pelo julgador, não sendo cabível a rediscussão de matéria devidamente enfrentada e dirimida em decisão judicial transitada em julgado. Precedentes. Incidência da Súmula 83/STJ. 3. Não é cabível, em sede de recurso especial, rever as conclusões alcançadas pela Corte de origem a respeito da matéria suscitada e decidida no acórdão rescindendo por exigir reexame das provas contidas nos autos. Incidência da Súmula 7/STJ. Precedentes. 4. Agravo interno desprovido. (STJ, AgInt no AREsp 371917/MG, Relator Ministro Marco Buzzi, 25.04.2017).

Processual civil. Recurso especial. Ação rescisória. Violação a literal disposição de Lei. Não caracterização. Conclusão desfavorável ao autor que não autoriza a rescisão do julgado. Ausência de impugnação a fundamento autônomo. Incidência da Súmula 283/STF. 1. Na forma da jurisprudência do STJ, "somente se justifica a rescisão baseada no artigo 485, V, do Código de Processo Civil quando a lei é ofendida em sua literalidade, ensejando exegese absurda" (AR 2.931/SP, Rel. Ministro Castro Filho, Segunda Seção, *DJU* de 1º.2.2006). 2. É assente o entendimento firmado nesta Corte de que o eventual equívoco na interpretação das provas dos autos, por si só, não caracteriza violação literal a lei federal, mas, no máximo, indireta ou reflexa, o que não autoriza o manejo de Ação Rescisória. 3. Hipótese em que o Tribunal de origem, ao dirimir a controvérsia, concluiu que a simples circunstância de a conclusão ter sido desfavorável ao autor não autoriza a rescisão do julgado, além de que a Ação Rescisória não se presta à correção de eventual injustiça decorrente da apreciação do acervo probatório. 4. A ausência de impugnação dos fundamentos do aresto recorrido enseja a incidência, por analogia, do enunciado da Súmula 283 do Supremo Tribunal Federal. 5. Recurso Especial não provido. (STJ, REsp 1643981/SP, T2 Segunda turma, Relator Ministro Herman Benjamin, *DJe* 27.04.2017).

Processual civil. Administrativo. Ação rescisória. Art. 485, V, do CPC. Ofensa à literal disposição de lei. Servidora pública estadual. Regime jurídico único. Tempo de serviço sob o regime da CLT. Contagem para fins de licença especial. Art. 35, § 2º, da Constituição Estadual e art. 70, § 2º, da Lei nº 10.219/1992 declarados inconstitucionais pelo STF. Súmula 343/STF. Não incidência. 1. Nos termos da orientação jurisprudencial do STJ, admite-se o cabimento de ação rescisória, prevista no art. 485 do CPC/73 (vigente no momento do ajuizamento da ação), quando o acórdão rescindendo encontrar suporte em norma declarada inconstitucional pelo Supremo Tribunal Federal, ainda que à época do acórdão rescindendo o dispositivo legal tivesse interpretação divergente nos Tribunais Pátrios, afastando-se o óbice previsto na Súmula nº 343/STF. 2. No julgamento da Ação Direta de Inconstitucionalidade nº 1.695/PR, de relatoria do eminente Ministro Maurício Corrêa (*DJ* 28.5.2004), o Supremo Tribunal Federal julgou "(...) procedente, em parte, a ação para declarar a inconstitucionalidade da expressão 'computando-se o tempo de serviço prestado ao Estado, para os demais efeitos legais', contida no § 2º do artigo 35 da Constituição paranaense, bem como para, sem redução de texto, dar ao § 2º do artigo 70 da Lei Estadual 10219/92 interpretação conforme a Constituição Federal." 3. Pedido rescisório procedente (STJ, AR 3505/PR, Rel. Min. Antonio Saldanha Palheiro, 3ª Seção, *DJe* 17.03.2017).

Ação rescisória. Declaração de inconstitucionalidade de dispositivo de norma estadual, em sede de controle difuso de constitucionalidade, feita por órgão fracionário. Não observância da cláusula de reserva de plenário. Violação do artigo 97 da CF/88. Configuração. 1. Pretensão rescisória calcada na alegação de ofensa ao art. 97 da Constituição Federal. 2. O constituinte originário estatuiu, no artigo 97, a regra da cláusula de reserva de plenário (*full bench*), no que se refere ao controle difuso de constitucionalidade dos atos normativos realizados pelos tribunais. A regra é justificada pela necessidade de se conferir maior segurança às declarações de inconstitucionalidade, evitando-se decisões contrárias no âmbito de uma mesma Corte. Além disso, as leis são editadas com a presunção de que guardam harmonia com a Constituição, razão pela qual a declaração de inconstitucionalidade de um ato normativo, revelando-se situação excepcional, deve ser levada a efeito por um número expressivo de julgadores, imprimindo-se maior ao entendimento que vier a ser fixado. Trata-se, dessa forma, de verdadeira condição de eficácia da declaração de inconstitucionalidade, pelo que, sem que seja observado esse procedimento, não há como reconhecer a legalidade do provimento declaratório. 3. No caso dos autos, verifica-se que a Corte de origem, em julgamento de recurso ordinário, julgou inconstitucional o § 5º do art. 1º da Lei Estadual 5.567/1998, sem observar a cláusula de reserva de plenário, tampouco o devido procedimento contido nos arts. 480 a 483 do CPC de 1973. Cabe ressaltar, ainda, que o julgamento proferido não se enquadra em nenhuma das hipóteses de mitigação dessa regra, contrariando, assim, a norma do artigo 97 da Constituição Federal. 4. Dessa forma, o acórdão deve ser rescindido, com o retorno do feito originário à Corte *a quo*, a fim de que proceda a novo julgamento, nos termos do art. 97 da Carta de 1988. Recurso ordinário conhecido e provido (TST, RO – 31100-28.2010.5.17.0000, Rel. Min. Douglas Alencar Rodrigues, j. 25.04.2017, Subseção II Especializada em Dissídios Individuais, *DEJT* 28.04.2017).

Ação rescisória. Previdência pública. Pensão por morte. União estável. Prescrição do fundo de direito. Carência de ação não verificada. Inaplicabilidade da Súmula 343 do STF. 1. A jurisprudência tem admitido a ação rescisória ajuizada com fundamento no artigo 966, inciso V, do novo CPC, correspondente ao artigo 485, inciso V, do CPC/1973, uma vez que, tratando-se de matéria constitucional, não tem incidência a Súmula 343 do STF. 2. Caso em que a autora sustenta o cabimento do pleito rescisório, destacando que, na condição de companheira, requereu a concessão de pensão por morte pelo falecimento do instituidor, segurado do IPERGS, e que, reconhecido seu direito previdenciário, impõe-se a incidência de prescrição quinquenal das parcelas vencidas. 3. Decorridos mais de cinco anos entre a data do indeferimento do pedido administrativo de concessão de pensão por morte, e a data do ajuizamento da ação postulando a instituição do benefício, deve ser reconhecida a prescrição do fundo de direito. 4. Existência de entendimento diverso não implica demonstrar alguma violação à norma jurídica, mormente quando o entendimento recente do Superior Tribunal de Justiça e amplamente favorável ao reconhecimento da prescrição de fundo de direito em casos análogos. Tratando-se de pedido de habilitação de pensão, diversamente do que ocorre quando já há vínculo entre aquele que postula o direito e o instituto de previdência, não ajuizada a ação, em até cinco anos depois do óbito do segurado, configurada está a prescrição do próprio fundo de direito, não das parcelas vencidas, o que ocorreria na primeira situação. Precedentes do STJ e desta Corte. Julgaram improcedente o pedido rescisório. (TJRS, Ação Rescisória nº 70071833487, Primeiro Grupo de Câmaras Cíveis, Rel. Ricardo Torres Hermann, j. 25.04.2017).

Processual civil e administrativo. Ação rescisória. Competência do STJ. Análise do mérito da ação originária. Violação de literal disposição de lei. 1. O Superior Tribunal de Justiça é competente para julgar ação rescisória nos casos em que, apesar de não ter sido conhecido o recurso especial com fundamento no óbice das Súmulas 282/STF e 7 e 83/STJ, a decisão rescindenda analisa o mérito da demanda. Precedentes. 2. Não há de ser admitida ação rescisória que verse sobre questões que não foram objeto de apreciação no acórdão rescindendo. 3. Ação rescisória improcedente (STJ, AR 3.570/RS 2006/0112897-7, 3ª Seção, Rel. Min. Sebastião Reis Júnior, j. 14.05.2014, DJe 28.05.2014).

Processual civil. Rescisória. Ofensa à coisa julgada. Inexistência. 1. Hipótese em que a autora pretende rescindir julgado do Superior Tribunal de Justiça pelo argumento de ofensa à coisa julgada, relativa a acórdão anterior deste Tribunal. 2. O TRF proferiu dois julgados em Agravos de Instrumento distintos, que deram origem a dois Recursos Especiais (um deles corresponde ao acórdão rescindendo). 3. O primeiro acórdão da Corte Regional apreciou o mérito da demanda (incluiu juros compensatórios em precatório complementar), o que foi reformado pelo acórdão rescindendo. 4. O segundo acórdão do TRF não adentrou a questão de fundo, exatamente porque ela já havia sido analisada. O Recurso Especial respectivo foi apreciado em primeiro lugar pelo STJ (antes do acórdão rescindendo) e, coerentemente, dele não se conheceu por falta de prequestionamento quanto ao mérito. 5. Ocorreu, portanto, inversão da ordem que seria usual, mas sem ofensa às normas processuais. O Recurso Especial interposto contra o primeiro acórdão do TRF (relativo ao mérito da demanda) foi julgado posteriormente no STJ. O REsp atinente ao segundo julgado da Corte Regional (sem apreciação da questão de fundo) foi examinado anteriormente (sem juízo de mérito, por ausência de prequestionamento). 6. Inexiste ofensa à coisa julgada formal (os Recursos Especiais referem-se a acórdãos recorridos distintos) ou material (não houve análise de mérito no âmbito do REsp julgado anteriormente). 7. Ação Rescisória improcedente (STJ, AR 4.044/SC 2008/0182592-5, 1ª Seção, Rel. Min. Herman Benjamin, j. 23.11.2011, DJe 23.02.2012).

Ação rescisória. Previdenciário. Ofensa à coisa julgada. Inexistência. 1. No caso, não há identidade da causa de pedir, pois os fundamentos de fato e de direito são diversos, não sendo de falar, portanto, em ofensa à coisa julgada. 2. Ação rescisória improcedente (STJ, AR 2.783/RJ 2003/0035460-7, 3ª Seção, Rel. Min. Paulo Gallotti, j. 27.05.2009, DJe 17.06.2009).

Processual civil e previdenciário. Ação rescisória. Depósito prévio. Beneficiário da justiça gratuita. Dispensa. Ofensa à coisa julgada. Inexistência. Reajuste do benefício. Utilização simultânea dos critérios da equivalência salarial e do INPC. Impossibilidade. 1. Os beneficiários da justiça gratuita estão dispensados do depósito prévio de que trata o art. 488, II, do Código de Processo Civil. 2. Afasta-se o cabimento da rescisória fundamentada no art. 485, IV e V, do Código de Processo Civil, quando a interpretação do julgado revela que inexiste violação da coisa julgada e de literal disposição de lei. 3. Na linha dos precedentes desta Corte a respeito da matéria, descabe a utilização simultânea dos critérios da equivalência salarial e do INPC para reajuste dos benefícios previdenciários. 4. Ação rescisória improcedente (STJ, AR 3.037/SP 2004/0013769-4, 3ª Seção, Rel. Min. Sebastião Reis Júnior, j. 22.05.2013, *DJe* 05.06.2013).

Processual civil. Ação rescisória. Erro de fato. Art. 485, IX, do Código de Processo Civil. Não caracterização. Descabimento da ação rescisória. Agravo regimental não provido (STF, AR 1.571/RJ, Tribunal Pleno, Rel. Min. Teori Zavascki, j. 27.02.2014, *DJe*-057, divulg. 21.03.2014, public. 24.03.2014).

Ação rescisória. Processual civil. Dolo da parte vencedora. Erro de fato e violação de literal disposição da lei. Não ocorrência. Ação rescisória improcedente (STJ, AR 3.748/SC 2007/0080802-8, 2ª Seção, Rel. Min. Paulo de Tarso Sanseverino, j. 25.02.2015, *DJe* 02.03.2015).

Agravo regimental na ação rescisória. Decisão rescindenda. Discussão, no agravo, apenas acerca da legitimidade passiva. Inexistência de decisão de mérito. Inadmissibilidade da ação rescisória. Indeferimento da inicial. 1. Não se sujeita o acórdão que apenas reconhece a legitimidade passiva da parte à excepcional forma impugnativa da coisa julgada representada na ação rescisória. 2. Manifesta a inexistência de apreciação do mérito da demanda, refugindo-se, por completo, do quanto disposto no *caput* do art. 485 do CPC. 3. A competência desta Corte Superior para o processo e julgamento de ação rescisória restringe-se às decisões de seus órgãos fracionários que examinem o mérito da causa, o que não se confunde com aquela que reconhece a legitimidade passiva da parte. 4. Agravo regimental não provido (STJ, AgRg na AR 5.083/GO 2012/0240519-7, 2ª Seção, Rel. Min. Luis Felipe Salomão, j. 24.04.2013, *DJe* 30.04.2013).

Processo civil. Ação rescisória. Art. 485, V, CPC. Violação literal a dispositivo legal. Inocorrência. 1 – O manejo da ação rescisória é, por princípio, medida judicial excepcional, e sua admissão deve ser restritiva, em atenção ao princípio da segurança jurídica. 2 – Não merece prosperar a pretensão rescisória nos casos em que os dispositivos ventilados pelo postulante e a matéria trazida para deslinde não tenham sido examinados pelo julgado o qual se postula a desconstituição. 3 – Ação rescisória cujo pedido é julgado improcedente (STJ, AR 715/SP 1998/0001134-0, 3ª Seção, Rel. Min. Nefi Cordeiro, j. 13.08.2014, DJe 22.08.2014).

Ação rescisória. Ação monitória. Cheque. Prescrição. Art. 485, V e IX, do CPC. Violação literal a dispositivo legal e erro de fato não caracterizados. A prescrição da ação monitória fundada em cheque prescrito é de 05 (cinco) anos, conforme o art. 206, § 5º, I, do Código Civil. Hipótese em que a única prova da existência da dívida é o cheque apresentado pelo autor, vindo a ação fundada na cártula e não no negócio jurídico subjacente. Ação improcedente. Unânime (TJRS, AR 70059931071/RS, 6º Grupo de Câmaras Cíveis, Rel. Bayard Ney de Freitas Barcellos, j. 27.03.2015, DJ 13.04.2015).

Sentença arbitral. Não cabimento da ação rescisória. A sentença arbitral não pode ser desconstituída por ação rescisória, uma vez que a Lei 9.307/96 prevê a sua impugnação por meio de ação anulatória (TRT-18, 252200700018005/GO 00252-2007-000-18-00-5, Rel. Gentil Pio de Oliveira, DJe, ano II, nº 60, 07.04.2008, p. 3).

Ação rescisória. Violação de literal disposição de lei. Fraude de execução. Citação válida. Presunção relativa de conhecimento da ação em curso contra o alienante. 1. A exigência de "citação válida", para efeito de configuração de fraude de execução, conforme previsto no art. 593, II, do CPC, constitui presunção relativa de conhecimento de demanda executiva em curso contra o alienante do bem. 2. A ação rescisória não se presta a corrigir injustiças, má apreciação da prova ou erro de julgamento, senão aqueles catalogados em *numerus clausus* no art. 485 do CPC. 3. Pedido julgado improcedente (STJ, AR 3.574/SP 2006/0116147-4, 2ª Seção, Rel. Min. João Otávio de Noronha, j. 23.04.2014, DJe 09.05.2014).

Processo civil. Ação rescisória. Violação a literal disposição de lei. Acórdão decidido com respaldo em dispositivos infraconstitucionais segundo entendimento vigente à época. Aplicação da Súmula 343/STF. 1. Como a ação de origem foi decidida com base em dispositivos infraconstitucionais, aplicando entendimento corrente à época do julgado, incide na espécie o teor da Súmula 343/STF. 2. Ação rescisória inadmitida com extinção do processo (STJ, AR 4.671/PE 2011/0087579-4, 1ª Seção, Rel. Min. Eliana Calmon, j. 11.09.2013, DJe 30.09.2013).

Previdenciário. Ação rescisória. Prova falsa. Reexame de matéria fática. Súmula nº 7/STJ. Agravo regimental ao qual se nega provimento. 1. Tendo o Tribunal de origem entendido pela inexistência de prova falsa a ensejar a abertura da via rescisória, concluir em contrário demandaria necessário reexame de matéria fática, o que é obstado, na via especial, a teor da Súmula nº 7/STJ. 2. Agravo regimental ao qual se nega provimento (STJ, AgRg no Ag 1.345.399/SP 2010/0154910-6, 6ª Turma, Rel. Min. Maria Thereza de Assis Moura, j. 27.09.2011, DJe 05.10.2011).

Recurso especial. Ação rescisória. Interdito proibitório. Prova falsa. Artigo 485, VI, do Código de Processo Civil. Documento adulterado. Irrelevância para o julgamento da ação possessória. Erro de fato. Questão controvertida. Artigo 485, IX, do Código de Processo Civil. Matéria fática. 1. O documento falso que autoriza a desconstituição do julgado – art. 485, VI, do CPC – é aquele que contribuiu para as conclusões constantes desse julgado. Na hipótese dos autos, demonstrou-se que, entre as provas produzidas nos autos da ação cuja sentença se pretende rescindir, existe um documento adulterado; nada obstante, tal documento não interferiu na formação do convencimento do Juiz, inviabilizando, por conseguinte, o acolhimento da ação rescisória. 2. O provimento de ação rescisória, com base na alegação de erro de fato – art. 485, IX, do CPC –, exige o atendimento do seguinte requisito: o de que a matéria não tenha sido discutida nos autos da ação original. No caso dos autos, o acórdão rescindendo fez considerações sobre o documento tido por falsificado, mas concluiu por respaldar o julgado nas outras provas nos autos produzidas, mormente a pericial. 3. Nos termos da Súmula nº 7/STJ, é vedado ao STJ, no julgamento de recurso fundado no artigo 105, inciso III, da Constituição Federal, o reexame de matéria fático-probatória, ainda que o recurso especial tenha sido aviado em sede de ação rescisória. 4. Recurso especial não conhecido (STJ, REsp 975.014/ES 2007/0177162-6, 4ª Turma, Rel. Min. João Otávio de Noronha, j. 23.09.2008, DJe 15.12.2008).

Processual civil e previdenciário. Ação rescisória. Documento novo. Admissibilidade. Atividade rural. Início de prova material. Necessidade. Cônjuge. Trabalho urbano posterior. 1. Nos casos de trabalhadores rurais, este Superior Tribunal de Justiça tem adotado solução *pro misero*, de modo a admitir, como início de prova material, documentos anteriores à propositura da ação originária. 2. "Comprovado o labor urbano do cônjuge da parte autora, são inservíveis os documentos anteriores que atestam a qualidade de trabalhador rural daquele, razão pela qual não se prestam como início razoável de prova material da suposta atividade campesina da requerente" (AR 3.963, Rel. Ministro Sebastião Reis Júnior,

Terceira Seção, *DJe* de 25.6.2013). 3. Consoante enunciado da Súmula 149/STJ, a prova exclusivamente testemunhal não basta à comprovação da atividade rurícola, para efeito da obtenção de benefício previdenciário. 4. Ação rescisória improcedente (STJ, AR 3.625/SP 2006/0180884-0, 3ª Seção, Rel. Min. Nefi Cordeiro, j. 25.02.2015, *DJe* 05.03.2015).

Administrativo e processual civil. Agravo regimental no agravo em recurso especial. Ação rescisória. Documento novo. Configuração. Revisão. Impossibilidade. Necessidade de reexame de provas e fatos. Súmula 7/STJ. 1. A Corte de origem, após ampla análise do conjunto fático-probatório dos autos, concluiu ter restado demonstrado que o embargado não deixou de utilizar o laudo de seu exame psicotécnico por mera desídia, mas sim porque o documento era a ele inacessível, de forma que o referido documento deve ser aceito para os fins propostos no art. 485, VII, do CPC. A revisão de tal entendimento demanda o reexame dos fatos e provas constantes dos autos, o que é vedado no âmbito do recurso especial, nos termos da Súmula 7/STJ. 2. Agravo regimental não provido (STJ, AgRg no AREsp 382.446/MS 2013/0262873-7, 1ª Turma, Rel. Min. Benedito Gonçalves, j. 23.10.2014, *DJe* 03.11.2014).

Recurso ordinário. Ação rescisória. Documento novo. Descaracterização. Ainda que anterior à decisão rescindenda e mesmo que se concluísse pelo total desconhecimento do documento ao tempo da decisão rescindenda, não há como conferir a força probante pretendida, diante de todo o contexto probatório analisado naquele feito. Recurso ordinário a que se nega provimento (TST, RO 99855820115010000, Subseção II Especializada em Dissídios Individuais, Rel. Cláudio Mascarenhas Brandão, j. 19.11.2013, *DEJT* 22.11.2013).

Recurso ordinário. Ação rescisória. Preposto. Condição de empregado. Necessidade. Alegação de violação dos artigos 5º, LV, da CF/88; 843 e 844, da CLT. Não configuração. A invocação de ofensa ao inciso LV do art. 5º da CF/88 (ampla defesa) não socorre a Autora, já que, tratando-se de norma genérica, somente poderia ser violada por via reflexa, e, mesmo assim, apenas na hipótese em que se reconhecesse vulneração aos citados dispositivos infraconstitucionais que regulam, especificamente, a matéria processual trazida a juízo. A interpretação que vem sendo dada ao artigo 843, § 1º, da CLT desde muito tempo antes da prolação do acórdão rescindendo é no sentido de que, à exceção de reclamações ajuizadas por empregados domésticos, o preposto enviado para a audiência deve ser, necessariamente, algum empregado da Reclamada. Entendimento contido na OJ 99 da SBDI-1, recentemente convertida na Súmula 377 do TST. Recurso Ordinário desprovido (TST, Subseção II Especializada em Dissídios Individuais, Rel. José Simpliciano Fontes de F. Fernandes, j. 27.06.2006).

> **Ação rescisória. Impedimento do juiz. Atuação como mandatário comprovada.** O juiz não pode homologar acordo judicial em processo no qual figurou como mandatário de uma das partes. Comprovado o seu impedimento para atuar no caso, à luz do que dispõe o art. 134, II, do CPC, correta se mostra a rescisão da sentença homologatória, com fundamento no inciso II do art. 485 do CPC. Recurso ordinário desprovido (TST, ROAR 1929000220035030000, Subseção II Especializada em Dissídios Individuais, Rel. Ives Gandra Martins Filho, j. 07.03.2006, *DJ* 24.03.2006).

Processual civil. Ação rescisória. Guarda provisória concedida à avó. Benefício previdenciário. Art. 485, III, V e VI, do CPC. Violação a literal disposição de lei, dolo e falsidade da prova. Não ocorrência. I – O manejo da ação rescisória é, por princípio, medida judicial excepcional, e sua admissão deve ser restritiva, em atenção ao princípio da segurança jurídica. II – A rescisão fundada no inciso V do art. 485 do CPC exige afronta direta ao texto legal, ou seja, o entendimento firmado na decisão rescindenda deve desprezar o sistema das normas aplicáveis. III – A configuração do dolo processual depende da violação voluntária, pela parte vencedora, do dever de veracidade previsto no art. 17, II, do CPC, que induza o julgador a proferir decisão reconhecendo-lhe um falso direito (AR 3785/RJ. Segunda Turma. Rel. Ministro João Otávio de Noronha). IV – Consoante entendimento firmado pela Terceira Seção deste Sodalício Tribunal, "afasta-se o dolo ou a falsidade da prova se não houve impedimento ou dificuldade concreta para atuação da parte, sobretudo quando os elementos dos autos, em seu conjunto, denotam o acerto do julgado rescindendo" (AR 1370/SP. Rel. Ministro Sebastião Reis Júnior. Terceira Seção. *DJe* de 19.12.2013). V – Ação rescisória improcedente (STJ, AR 1.619/MT 2001/0047942-1, 3ª Seção, Rel. Min. Nefi Cordeiro, j. 25.02.2015, *DJe* 05.03.2015).

11.3 PROCESSAMENTO DA AÇÃO RESCISÓRIA

> **Processual civil. Agravo regimental em ação rescisória. Recurso especial Julgado sem que tenha havido exame do mérito das questões suscitadas na inicial da rescisória. Incompetência do Superior Tribunal de Justiça para o seu processamento e julgamento. Remessa dos autos ao tribunal competente. Caso concreto. Impossibilidade.** 1. Hipótese

em que o Superior Tribunal de Justiça, ao examinar o recurso especial interposto no processo originário, não enfrentou o mérito das questões veiculadas na petição inicial da presente ação rescisória, por isso não detendo competência para o processamento e julgamento desta última. 2. Ademais, não é possível a remessa dos autos ao Tribunal competente, pois o autor da rescisória se insurgiu contra o acórdão desta Corte, sendo inviável a correção do pedido e da causa de pedir articulados na exordial. Nesse sentido: EDcl no AgRg na AR 5.364/SC, Rel. Ministro Olindo Menezes, Primeira Seção, *DJe* 2.3.2016; AR 4.515/RN, Rel. Ministro Mauro Campbell Marques, Primeira Seção, *DJe* 19.3.2015. 3. Agravo regimental a que se nega provimento (STJ, AgRg na AR 5591/SP, Rel. Min. Sérgio Kukina, 1ª Seção, *DJe* 08.11.2016).

Processual civil. Embargos de declaração no agravo regimental no pedido de reconsideração na ação rescisória. Omissões evidenciadas. Excepcional atribuição de efeito infringente ao julgado. Restabelecimento da decisão que antecipou os efeitos da tutela de mérito. Poder geral de cautela. Ação indenizatória. Setor sucroalcooleiro. 1. Os embargos de declaração são cabíveis quando o provimento jurisdicional padece de omissão, contradição ou obscuridade, consoante o que dispõe o art. 535, I e II, do CPC, bem como para sanar a ocorrência de erro material. 2. No caso em foco, o recurso integrativo merece acolhimento, porque está evidenciada a ocorrência de omissões. De fato, o acórdão rescindendo abordou os três temas objetos de impugnação no bojo desta ação rescisória, quais sejam: (i) a existência de ato ilícito (*an debeatur*); (ii) o critério de apuração de dano (*quantum debeatur*); e (iii) o período em que perdurou o ato ilícito estatal. 3. As omissões constantes do acórdão embargado legitimam atribuir efeito modificativo ao presente julgado, para que seja reformado o acórdão de fls. 1.522-1.526, a fim de fixar a competência no STJ e consequentemente, determinar o processamento da ação rescisória. 4. À luz do poder geral de cautela, é de bom alvitre restabelecer a decisão que, às fls. 1.342-1.343, antecipou os efeitos da tutela de mérito e suspendeu o trâmite do processo executivo. 5. Embargos de declaração acolhidos, com excepcional atribuição de efeito modificativo ao julgado, para dar provimento ao anterior agravo regimental, a fim de fixar a competência no STJ e consequentemente determinar o processamento da ação rescisória. Restabelecimento da decisão de fls. 1.342-1.343, com o fim de antecipar os efeitos da tutela de mérito. (STJ, EDcl no AgRg no RCD na AR 5434/DF, Rel. Min. Benedito Gonçalves, 1ª Seção, *DJe* 18.11.2016).

Ação rescisória. ECA. Município de Porto Alegre. Vaga em educação infantil. Arguição de nulidade pela ausência de intimação pessoal. Via inadequada. Falta de interesse processual. Indeferimento da inicial. Extinção do processo. Caso em que, após a formação de coisa julgada material, a pretensão em ver declarada nulidade absoluta deve ser buscada através da "querela nullitatis insanabilis". Logo, a presente ação rescisória constitui-se em via inadequada para o fim almejado pelo autor, enquanto carecedor de ação, diante da ausência de interesse, razão pela qual a inicial vai indeferida. Precedentes deste Tribunal de Justiça e do STJ. Inicial indeferida, em monocrática. Extinção da ação rescisória. (TJRS, Ação Rescisória nº 70073124828, 4º Grupo de Câmaras Cíveis, Rel. Rui Portanova, j. 26.04.2017).

Recurso ordinário em agravo regimental em ação rescisória. Lei nº 5.869/73. Abono desempenho. Natureza jurídica. art. 485, V, do CPC. Violação do art. 457, § 1º, da CLT. Não caracterização. 1. Embora a rescisória não se equipare a recurso de índole extraordinária, inaugurando, em verdade, nova fase de conhecimento, necessário será, em se evocando vulneração de lei, que, no processo de origem e, em consequência, na decisão atacada, o tema correspondente seja manejado. Do contrário, agora com ofensa ao disposto no art. 474 do CPC, estar-se-ia repetindo a primeira ação, sob novo ângulo. 2. Não se pode concluir que a decisão rescindenda tenha ofendido preceito de lei, quando o julgador jamais foi provocado a sobre ele decidir (princípio da demanda). Não há, na decisão rescindenda, análise do tema sob o enfoque art. 457, § 1º, da CLT. Compreensão da Súmula 298/TST, I, desta Corte. 3. Por outro lado, a ação rescisória não se destina à reavaliação da lide submetida ao Poder Judiciário, sob a ótica em que originalmente posta, mas à pesquisa dos vícios descritos pelo art. 485 do CPC, restritivamente estabelecidos como autorizadores do desfazimento da coisa julgada. A insatisfação da parte com o seu próprio desempenho ou com a solução dada ao litígio originário não autorizará a quebra da coisa julgada. 4. Somente com o revolvimento de todo o conjunto probatório dos autos da reclamação trabalhista de origem seria possível verificar a natureza da parcela denominada abono desempenho. Recurso ordinário conhecido e desprovido (TST, RO – 6357-32.2015.5.15.0000, Rel. Min. Alberto Luiz Bresciani de Fontan Pereira, Subseção II Especializada em Dissídios Individuais, *Dejt* 17.06.2016).

Recurso ordinário em ação rescisória. Decisão rescindenda proferida em sede de execução, acórdão de agravo de petição. Alegação de ofensa à coisa julgada (art. 485, IV, do CPC) e de violação literal ao art. 5º, XXXVI, da Constituição (art. 485, V, do CPC). Inocorrência. No caso em que se examina, ambas as pretensões desconstitutivas decorrem do mesmo fato: a decisão rescindenda, qual seja, o acórdão que julgou agravo de petição, estabeleceu o sentido e o alcance da expressão "salário do paradigma", interpretando a sentença exequenda quanto às diferenças salariais por equiparação que o ora autor, então na condição de reclamante, fazia jus. A ofensa à coisa julgada que autoriza a rescisão, nos termos do artigo 485, inciso IV, do CPC, diz respeito ao trânsito em julgado operado em outra relação jurídica processual – e não na mesma ação (OJ 157 SBDI-II/TST). Por outro lado, também não há violação ao art. 5º, XXXVI, da Constituição, pois a jurisprudência desta Corte é no sentido de que somente se verifica ofensa à coisa julgada diante de inequívoca dissonância entre o comando da decisão exequenda e o prescrito na liquidação, o que não ocorre quando se faz necessária a interpretação do título executivo judicial para a aferição dos valores efetivamente devidos, como no caso dos autos (OJ 123 SBDI-II/TST). Recurso ordinário conhecido e não provido (TST, RO 56162820105020000, Subseção II Especializada em Dissídios Individuais, Rel. Hugo Carlos Scheuermann, j. 16.04.2013, *DEJT* 19.04.2013).

Ação rescisória. Juntada de documento. Ausência. Decadência. Intimada, em diferentes oportunidades, a instruir a inicial com documentos essenciais à configuração do interesse de agir, a parte não o fez. Descabe cogitar de aparelhamento da rescisória após o biênio decadencial (STF, AR 1.967/MG, Tribunal Pleno, Rel. Min. Marco Aurélio, j. 28.05.2014, *DJe*-114, divulg. 12.06.2014, public. 13.06.2014).

Ação rescisória. Juntada de documento. Ausência. Decadência. Intimada, em diferentes oportunidades, a instruir a inicial com documentos essenciais à configuração do interesse de agir, a parte não o fez. Descabe cogitar de aparelhamento da rescisória após o biênio decadencial (STF, AR 1.965/MG, Tribunal Pleno, Rel. Min. Marco Aurélio, j. 28.05.2014, *DJe*-115, divulg. 13.06.2014, public. 16.06.2014).

Ação rescisória. Decadência. A teor da iterativa jurisprudência do Superior Tribunal de Justiça, "a decadência da ação rescisória se comprova pelo trânsito em julgado da última decisão proferida no processo de conhecimento, aferido pelo transcurso do prazo recursal e não pela certidão de trânsito em julgado que, ademais, não aponta o trânsito naquela data, mas apenas certifica que a decisão transitou em julgado" (AgRg na AR 2.946,RJ, relatora a Ministra Maria Thereza de Assis Moura, *DJe* 19.03.2010; AgRg na AR 4.666, CE, relator o Ministro Herman Benjamin,

DJe 23.02.2012). Espécie em que a decisão que se pretende rescindir foi publicada no *Diário da Justiça Eletrônico* em 13 de outubro de 2011, tendo o prazo recursal começado a fluir no dia 14, encerrando-se no 28 de outubro de 2011. Sem a interposição de qualquer recurso, o acórdão impugnado transitou em julgado no dia 29 subsequente, e a presente ação rescisória só foi ajuizada em 30 de abril de 2014, a destempo, portanto. Agravo regimental desprovido (STJ, AgRg na AR 5.381/RS 2014/0100890-9, 1ª Seção, Rel. Min. Ari Pargendler, j. 11.06.2014, *DJe* 01.07.2014).

Ação rescisória. Acórdão rescindendo. Recurso especial não conhecido. Não apreciação do mérito da causa. Competência do Tribunal de origem. 1. A ação rescisória é o meio de desconstituir decisão (singular ou colegiada) que tenha adentrado o mérito da causa. 2. O recurso especial do qual não se conheceu deixa de produzir o efeito substitutivo apto a vincular a competência do STJ para julgamento de eventual ação rescisória. Nesse contexto, o *decisum* a ser rescindido é aquele proferido pelo órgão da instância inferior. 3. Devolução dos autos ao Tribunal de origem, preservados, contudo, os atos de citação já efetivados (STJ, AR 1.329/PR 2000/0050725-3, 2ª Seção, Rel. Min. João Otávio de Noronha, j. 25.09.2013, *DJe* 24.10.2013).

Processual civil. Embargos de declaração. Ação rescisória. Depósito prévio. Art. 488, inciso II, e 494 do CPC. Isenção. Assistência judiciária gratuita. Depósito efetuado. Omissão do acórdão quanto à sua destinação. 1. O benefício da assistência judiciária gratuita concedido nos autos de ação rescisória alcança o depósito prévio de que trata o art. 488, inciso II, do CPC. Precedentes deste Tribunal. 2. Na hipótese, entretanto, tendo sido realizado o depósito e julgada improcedente a ação rescisória, o valor depositado deve ser revertido às rés na forma prevista no art. 494 do CPC. 3. Embargos de declaração providos (TRF-1, EDAR 70.306/MG 0070306-14.2009.4.01.0000, 3ª Seção, Rel. Des. Federal Daniel Paes Ribeiro, j. 17.01.2012, *e-DJF1* p. 7, de 08.02.2012).

Ação rescisória. Depósito prévio. Impossibilidade de recolhimento posterior ao ajuizamento da ação. Consoante jurisprudência firmada no âmbito da SBDI-2 desta Corte, o recolhimento do depósito prévio de que tratam o art. 836 da CLT e a Instrução Normativa nº 31/2007 do TST deverá ser demonstrado no ato do ajuizamento da ação rescisória, não se admitindo a concessão de prazo para ulterior emenda à inicial, por se tratar o aludido depósito de pressuposto processual específico de constituição e de desenvolvimento válido e regular da ação rescisória. No caso em exame, a Autora não demonstrou o recolhimento do depósito prévio no ato do ajuizamento da ação. Assim, não atendido o pressuposto processual no momento oportuno, impõe-se a extinção do processo sem a resolução do mérito. Precedentes. Processo extinto sem a resolução do mérito. II – Ação cautelar em apenso. Não logrando êxito a ação rescisória, impossível divisar a plausibilidade do direito invocado pela Autora na ação cautelar incidental, circunstância que implica sua improcedência. Aplicação analógica da OJ nº 131 da SBDI-2 do TST. Ação cautelar julgada improcedente (TST, AR 19311660820085001931166-08.2008.5.00.0000, Subseção II Especializada em Dissídios Individuais, Rel. Emmanoel Pereira, j. 28.05.2013, *DEJT* 07.06.2013).

Ação rescisória. Indeferimento da inicial. Ação rescisória não se presta como sucedâneo de recursal. Hipóteses de rescindibilidade. A ação rescisória não é passível de utilização para modificar decisão preferida em sede de agravo de instrumento. Em que pese o esforço interpretativo da parte autora não está corroborada ofensa à coisa julgada. Este remédio jurídico somente é admissível nas hipóteses taxativamente previstas no artigo 485, do Código de Processo Civil, não sendo possível interpretação extensiva. Petição inicial indeferida, extinção do feito sem resolução do mérito (TJRS, AR 70051964146/RS, 3ª Câmara Especial Cível, Rel. Helena Marta Suarez Maciel, j. 26.03.2013, *DJ* 09.04.2013).

11.4 LEGITIMIDADE DA AÇÃO RESCISÓRIA

Processual civil. Recurso especial. Ação rescisória. Violação literal de disposição de lei. Não ocorrência. Responsabilidade civil. Acidente automobilístico. Animal em rodovia. Legitimidade passiva do DNIT. Precedentes. 1. Na ação rescisória fundada no art. 485, V, do CPC/1973, a violação de lei deve ser direta e evidente, descabendo a utilização desse instrumento para mera rediscussão da causa ou questionamento de interpretação legal possível. 2. No caso, o acórdão recorrido registrou que, nos termos da jurisprudência estabelecida naquela Corte, deve o DNIT responder pelo dano material advindo do acidente provocado por animal na pista. Por outro lado, da legislação invocada pela parte – arts. 80, 81 e 82 da Lei nº 10.233/2001, 20 da Lei nº 9.503/1997, 936 do Código Civil e 37 da Constituição Federal/1988 –, não é possível extrair, *ictu oculi*, a irresponsabilidade do recorrente pelo evento danoso. 3. Segundo o posicionamento desta Corte Superior, a União e o DNIT possuem legitimidade para figurar no polo passivo da ação reparatória proposta com fundamento na ocorrência de acidente automobilístico em rodovia federal. 4. Recurso especial a que se nega provimento, com majoração dos honorários advocatícios, na forma do art. 85, § 11, do CPC/2015 (STJ, REsp 1625384/PE, Rel. Min. Og Fernandes, 2ª Turma, DJe 08.02.2017).

Administrativo. Processual Civil. Ação civil pública. Enquadramento. Fiscais de abastecimento como auditores fiscais da Receita Federal. Legitimidade passiva da ANFAP. 1. A ANFAP ajuizou Ação Civil Pública para enquadrar diversos Fiscais de Abastecimento e Preço como Auditores Fiscais da Receita Federal, tendo a sentença julgado procedente o pedido. Antes do trânsito em julgado da sentença, a União propôs Ação Rescisória contra a ANFAP com o escopo de rescindir o julgado. 2. Deve ser indeferido o ingresso de outros possíveis interessados na Ação Rescisória, principalmente por não encontrar nenhum motivo que torne a ANFAP parte ilegítima para defesa da categoria na Ação Rescisória em tramitação. 3. Parecer do Representante do Ministério Público pelo não conhecimento do incidente processual. 4. O Recurso em Mandado de Segurança interposto pelo agravante contra a decisão do Tribunal Regional Federal da 2ª Região, que indeferiu o pedido de ingresso como litisconsorte necessário na Ação Rescisória, foi improvido pelo Eminente Ministro Mauro Campbell Marques. (RMS 37.402/RJ, Rel. Ministro Mauro Campbell Marques, Segunda Turma, DJe 4.9.2013). 5. Agravo Interno não provido (STJ, AgInt na PET na Pet 10509/RJ, Rel. Min. Herman Benjamin, 2ª Turma, DJe 29.11.2016).

Ação rescisória. Ilegitimidade de parte. Prova nova. Violação literal de dispositivo legal. O acolhimento do pedido rescisório exige a configuração de algumas das hipóteses legais. Pressupostos do art. 966, V, do CPC/15 não caracterizados. Documento novo não configurado no caso dos autos. Existência de decisão *ultra petita* importa na rescisão parcial do julgado para afastar a condenação de restituição do indébito em dobro. Mantida a devolução de modo simples. Ação rescisória parcialmente procedente (TJRS, Ação Rescisória nº 70068896364, 5º Grupo de Câmaras Cíveis, Tribunal de Justiça do RS, Rel. Marcelo Cezar Muller, j. 11.04.2017).

Agravo regimental na ação rescisória. Decisão rescindenda. Discussão, no agravo, apenas acerca da legitimidade passiva. Inexistência de decisão de mérito. Inadmissibilidade da ação rescisória. Indeferimento da inicial. 1. Não se sujeita o acórdão que apenas reconhece a legitimidade passiva da parte à excepcional forma impugnativa da coisa julgada representada na ação rescisória. 2. Manifesta a inexistência de apreciação do mérito da demanda, refugindo-se, por completo, do quanto disposto no *caput* do art. 485 do CPC. 3. A competência desta Corte Superior para o processo e julgamento de ação rescisória restringe-se às decisões de seus órgãos fracionários que examinem o mérito da causa, o que não se confunde com aquela que reconhece a legitimidade passiva da parte. 4. Agravo regimental não provido (STJ, AgRg na AR 5.083/GO 2012/0240519-7, 2ª Seção, Rel. Min. Luis Felipe Salomão, j. 24.04.2013, DJe 30.04.2013).

> **Recurso ordinário em ação rescisória. I – Ilegitimidade do Ministério Público do Trabalho. Não caracterização.** De acordo com a Súmula nº 407 do TST, "a legitimidade 'ad causam' do Ministério Público para propor ação rescisória, ainda que não tenha sido parte no processo que deu origem à decisão rescindenda, não está limitada às alíneas 'a' e 'b' do inciso III do artigo 487 do CPC, uma vez que traduzem hipóteses meramente exemplificativas". De toda sorte, no presente caso, o Autor veicula causa de pedir com base também no inciso III do artigo 485 do CPC, fato a afastar qualquer dúvida acerca da legitimidade ativa *ad causam* do Ministério Público do Trabalho. Preliminar rejeitada. **II – Reclamação trabalhista. Acordo homologado. Pedido de rescisão com fundamento no artigo 485, inciso IV, do CPC. Coisa julgada formada no mesmo processo em que proferida a decisão rescindenda. Ausência de tríplice identidade. Impossibilidade jurídica do pedido.** Nos termos da OJ nº 157 desta Subseção, "a ofensa à coisa julgada de que trata o art. 485, IV, do CPC refere-se apenas a relações processuais distintas. A invocação de desrespeito à coisa julgada formada no processo de conhecimento, na correspondente fase de execução, somente é possível com base na violação do art. 5º, XXXVI, da Constituição da República". Processo extinto sem resolução do mérito no particular. Nos termos da jurisprudência desta Eg. Subseção, o cabimento da ação rescisória por ofensa à coisa julgada está relacionado ao trânsito em julgado operado em outra ação, desde que caracterizada a identidade entre as demandas na forma do art. 301, §§ 1º e 2º, do CPC. Na hipótese dos autos, não há a reprodução de uma ação com identidade de partes, causa de pedir e pedido, mas suposta desarmonia entre a transação e a sentença constitutiva proferida no mesmo processo em que realizado o acordo, configurando incabível o pedido de desconstituição da sentença homologatória com amparo no inciso IV do art. 485 do CPC. **III. Violação dos arts. 5º, XXXVI, da Constituição Federal e 467 do CPC.** Ao contrário do alegado pelo Ministério Público do Trabalho, a homologação do acordo foi anterior ao trânsito em julgado da sentença pela qual reconhecido o vínculo de emprego entre os réus, não restando configurada a ofensa aos arts. 5º, XXXVI, da Constituição Federal e 467 do CPC. **IV. Alegação de colusão. Inexistência.** Nos termos do artigo 485, inciso III, do CPC, configura-se como causa justificadora

do pedido de corte rescisório a colusão entre as partes para fraudar a lei, a fim de prejudicar terceiros. Essa hipótese de rescindibilidade não se coaduna com a ocorrência de transação com concessões recíprocas, sem que haja prejuízos a terceiros ou mesmo fraude à lei. Na hipótese dos autos, não há indício de que os réus utilizaram o processo matriz com o objetivo de prejudicar terceiros, no caso, pela ausência de recolhimento de deduções previdenciárias e fiscais. Por outro lado, na medida em que cessado o vínculo de emprego e o respectivo estado de subordinação do empregado ao empregador, é válida a renúncia e a transação de direitos junto à Justiça do Trabalho, órgão imparcial. Precedentes da SBDI-2. Recurso ordinário provido (TST, RO 9400014200451500000, Subseção II Especializada em Dissídios Individuais, Rel. Emmanoel Pereira, j. 05.11.2013, *DEJT* 14.11.2013).

11.5 EFEITOS DA RESCISÓRIA SOBRE A EXECUÇÃO EM CURSO

Agravo interno no agravo (art. 544 do CPC/73) – Ação rescisória julgada improcedente – Deliberação monocrática que negou provimento ao reclamo. Insurgência dos autores. 1. Consoante orientação jurisprudencial do STJ "a violação a literal dispositivo de lei autoriza o manejo da ação rescisória apenas se do conteúdo do julgado que se pretende rescindir extrai-se ofensa direta a disposição literal de lei, dispensando-se o reexame de fatos da causa". (ut. AgRg no AREsp 450.787/GO, Rel. Ministro Luis Felipe Salomão, Quarta Turma, julgado em 15.05.2014, *DJe* 26.05.2014) Precedentes: EDcl no AgRg no REsp 1184763/MG, Rel. Ministro Ricardo Villas Bôas Cueva, Terceira Turma, j. 15.05.2014, *DJe* 22.05.2014; AgRg no AREsp 695.678/PB, Rel. Min. Humberto Martins, 2ª Turma, j. 16.06.2015, *DJe* 25.06.2015. 2. A antecipação de tutela em Ação Rescisória é medida excepcional e depende da presença de prova inequívoca da verossimilhança da alegação e do receio de dano irreparável ou de difícil reparação. Elementos inexistentes na hipótese dos autos. Precedentes. 3. Agravo interno desprovido (STJ, AgInt no AREsp 610134/SP, Rel. Min. Marco Buzzi, 4ª Turma, *DJe* 29.03.2017).

Ação rescisória. Tutela antecipada. Descabe, em mitigação precária e efêmera da coisa julgada, de envergadura constitucional, implementar, na rescisória, tutela antecipada (STF, AR 2.125/SP, Tribunal Pleno, Rel. Min. Marco Aurélio, j. 14.05.2014, *DJe*-152, divulg. 06.08.2014, public. 07.08.2014).

Agravo regimental em ação rescisória. Mandado de segurança. Crédito do finsocial. Inexistência de delimitação no acórdão rescindendo acerca da natureza jurídica da atividade exercida pelas impetrantes. **Legitimidade passiva. Litisconsórcio passivo necessário. Ausência de comprovação das distintas condições das impetrantes na petição inicial da rescisória. Extinção do feito. Art. 267, IV, do CPC. Agravo regimental não provido. 1. Para a formação de capítulos distintos no acórdão rescindendo, relativamente aos litigantes, é imprescindível que se tenha estabelecido naqueles autos originários diferenciação entre os litisconsortes, de modo a restar julgada tal distinção. 2. Não tendo havido delimitação na própria demanda, o acórdão nela proferido atingirá a todos, indistintamente e, por tal razão, a via rescisória exigirá a formação de litisconsórcio passivo entre todos os impetrantes da ação originária. Ação rescisória extinta (art. 267, IV, do Código de Processo Civil). Precedente: AR 1519/SC. 3. Agravo regimental não provido (STF, AR 1.485/RS, Tribunal Pleno, Rel. Min. Dias Toffoli, j. 19.09.2013, *DJe*-214, divulg. 28.10.2013, public. 29.10.2013).

Trata-se de ação rescisória promovida com o objetivo de desconstituir acórdão que, proferido pela colenda Primeira Turma desta Suprema Corte, negou provimento ao agravo interposto pela parte autora, mantendo, em consequência, a decisão monocrática proferida pelo Rel. Min. Dias Toffoli que conheceu e deu provimento ao RE 602.300/AM. Sustenta-se, na presente ação rescisória, que a decisão rescindenda teria transgredido literal disposição de lei (CPC, art. 485, IV e V), incidindo, o ato decisório em questão, em alegada ofensa a prescrições de índole constitucional (CF, art. 5°, XXXVI). O autor formulou pedido de tutela antecipada, para que fosse concedida "(...) a devida liminar para pagamento dos proventos, o que a situação presente comporta, já encontrando-se os autores com seus direitos adquiridos feridos, devendo-se repor as diferenças decorrentes da suspensão da segurança que foi determinada pelo acórdão rescindendo, para a aplicação precisa o Direito" (grifei). Passo a apreciar o pedido de antecipação dos efeitos da tutela jurisdicional. E, ao fazê-lo, indefiro o pleito em questão, por não se me afigurarem ocorrentes, na espécie, os pressupostos necessários ao acolhimento dessa postulação (CPC, art. 273, na redação dada pela Lei n° 8.952/94). Cumpre observar, neste ponto, que o ajuizamento da ação rescisória não obsta a imediata execução da decisão transitada em julgado (CPC, art. 489). É que a possibilidade abstrata de desconstituição da autoridade da "res judicata", por si só, não se revela suficiente para inibir, em sede processual civil, a execução de título executivo judicial definitivamente constituído. Torna-se irrecusável concluir, desse modo, que o mero ajuizamento de ação rescisória não afeta e não inviabiliza a pretensão executória daquele que teve seu direito reconhecido em juízo. Impõe-se acentuar, por isso mesmo, que a jurisprudência dos Tribunais – do Supremo Tribunal Federal, inclusive – tem proclamado ser inadmissível, em regra, a outorga de eficácia suspensiva ao ajuizamento da ação rescisória, em ordem a obstar os efeitos decorrentes da coisa julgada, qualquer que tenha sido o meio processual utilizado pela parte interessada: medida cautelar, mandado de segurança ou pedido de antecipação dos efeitos da tutela jurisdicional (*RTJ* 54/454 – *RTJ* 57/15 – *RTJ* 117/1 – *RT* 631/169 – MS 22.329/GO, Rel. Min. Celso de Mello – MS 22.371/PR, Rel. Min. Moreira Alves – *Revista do TFR* 155/311 – *Revista de Jurisprudência do TJSP* 121/290, *v.g.*). Cumpre advertir, no entanto, que situações excepcionais – configuradoras de potencial lesão à ordem pública e ao interesse social – podem autorizar, quando devidamente caracterizadas, a suspensão dos efeitos da decisão impugnada em sede de ação rescisória (Pet 1.318-MC/DF, Rel. Min. Celso de Mello – Pet 1.347-MC/SP, Rel. Min. Nelson Jobim): "Em casos excepcionais, esta Corte tem admitido a suspensão da execução de decisão transitada em julgado até o final julgamento da ação rescisória" (Pet 1.414/MG, Rel. Min. Moreira Alves – grifei). Na realidade, contudo, hão de ser extremamente graves os fundamentos invocados em sede rescisória, para que o Tribunal possa expedir provimento destinado a neutralizar, ainda que temporariamente, a eficácia jurídica emergente da coisa julgada em sentido material. Cumpre registrar que esse tem sido o entendimento prevalecente na prática jurisprudencial desta Suprema Corte, consoante evidenciam inúmeras decisões proferidas por seus eminentes Juízes (AR 1.531/SP, Rel. Min. Néri da Silveira – AR 1.600/PB, Rel. Min. Ilmar Galvão – AR 1.607/MS, Rel. Min. Moreira Alves – AR 1.608/RS, Rel. Min. Octavio Gallotti – AR 1.645/GO, Rel. Min. Nelson Jobim – Pet 2.280/SP, Rel. Min. Nelson Jobim, *v.g.*). Sendo assim, pelas razões expostas, e considerando inocorrer, na espécie, a situação excepcional a que se refere a jurisprudência desta Suprema Corte, indefiro o pedido de antecipação dos efeitos da tutela jurisdicional. 2. Cite-se o réu, a quem assino o prazo de trinta (30) dias para contestar, querendo, a presente ação rescisória (RISTF, art. 260). Publique-se. Brasília, 12 de abril de 2013. Ministro Celso de Mello Relator (STF, AR 2.347/AM, Rel. Min. Celso de Mello, j. 12.04.2013, *DJe*-073, divulg. 18.04.2013, public. 19.04.2013).

11.6 RECURSOS ADMISSÍVEIS

Processual civil. Ofensa ao art. 535 do CPC/1973. Violação do art. 538 do CPC/1973. Ausência de comando apto a infirmar os fundamentos

do acórdão. Súmula 284/STF. Alínea "c". Dissídio jurisprudencial não demonstrado.

1. A solução integral da controvérsia, com fundamento suficiente, não caracteriza ofensa ao art. 535 do CPC/1973. 2. O Tribunal de origem concluiu que o prazo para a execução individual de sentença coletiva teve início com o seu respectivo trânsito em julgado. No caso concreto, registrou que a fluência do prazo de prescrição ficou suspensa a partir da concessão de medida liminar em Ação Rescisória, que foi revogada por ocasião do acórdão que julgou improcedente o pedido rescisório, publicado em 16.12.2005. O trânsito em julgado do julgamento da Ação Rescisória se deu em 1º.9.2006, data em que foi publicado o acórdão proferido nos Embargos de Declaração. 3. A controvérsia tem por objeto a data em que se reiniciou, pelo prazo remanescente, a contagem da prescrição. A recorrente afirma que a exigibilidade do título executivo judicial foi restabelecida a partir do momento em que publicado o acórdão que julgou improcedente o pedido deduzido na Ação Rescisória e, ao mesmo tempo, revogou a liminar então cedida (16.12.2005), enquanto o órgão colegiado da Corte local afirmou que a contagem da prescrição só se reiniciou com a publicação do acórdão que julgou os aclaratórios (1º.9.2006). 4. Quanto ao mérito, há deficiência recursal na tentativa de demonstração de violação do art. 538 do CPC/1973. 5. Com efeito, a recorrente alega que o Tribunal de origem não poderia deslocar o reinício do prazo prescricional para a conclusão do julgamento dos aclaratórios, pois o recurso que lhe sucede (Recurso Especial) não é dotado de efeito suspensivo. 6. O Tribunal de origem, em relação a esse ponto, expressamente consignou, no acórdão proferido nos Embargos de Declaração, que "a suspensão do prazo prescricional dada pela oposição dos embargos de declaração se deu em razão da impossibilidade material do cumprimento da sentença proferida nos autos de Ação Civil Pública, e não pelos efeitos produzidos pelo recurso a ser oportunamente interposto" (fl. 470, *e-STJ*). 7. Em síntese, o órgão julgador não examinou o tema da suspensão e do reinício do prazo prescricional com base na exegese do art. 538 do CPC/1973 (que disciplina que a oposição de Embargos de Declaração interrompe o prazo específico para interposição dos recursos subsequentes) – pelo contrário, afirmou textualmente que essa norma é irrelevante na solução do caso concreto, pois o que obstou o reinício da prescrição nos moldes pleiteados pela recorrente foi a "impossibilidade material" de se antecipar o cumprimento da sentença. 8. Caberia, então, à parte interessada discutir e identificar a eventual inocorrência da alegada impossibilidade material, e não insistir, genericamente, na aplicação do art. 538 do CPC/1973, dis-

positivo esse que, nos termos acima explicitados, não possui fundamento para infirmar o conteúdo do acórdão hostilizado. Aplicação, no ponto, da Súmula 284/STF. 9. A divergência jurisprudencial deve ser comprovada, cabendo a quem recorre demonstrar as circunstâncias que identificam ou assemelham os casos confrontados, com indicação da similitude fática e jurídica entre eles. Indispensável a transcrição de trechos do relatório e do voto dos acórdãos recorrido e paradigma, realizando-se o cotejo analítico entre ambos, com o intuito de bem caracterizar a interpretação legal divergente. O desrespeito a esses requisitos legais e regimentais impede o conhecimento do Recurso Especial, com base na alínea "c" do inciso III do art. 105 da Constituição Federal. 10. Recurso Especial parcialmente conhecido e, nessa parte, não provido (STJ, REsp 1656440/PR, Rel. Min. Herman Benjamin, 2ª Turma, *DJe* 02.05.2017).

Agravo interno no agravo (art. 544 do CPC/73) – Ação rescisória – Decisão monocrática negando provimento ao reclamo, mantida a inadmissão do Recurso especial. Insurgência da autora. 1. Segundo a reiterada jurisprudência deste Superior Tribunal de Justiça, não há que se confundir decisão contrária aos interesses da parte com negativa de prestação jurisdicional ou ausência de fundamentação. Precedentes. 2. O erro de fato, a autorizar o manejo da ação rescisória (art. 485, IX, do CPC/73, equivalente ao art. 966, § 1º, do CPC/15), é somente aquele verificado por situação provada nos autos e ignorada pelo julgador, não sendo cabível a rediscussão de matéria devidamente enfrentada e dirimida em decisão judicial transitada em julgado. Precedentes. Incidência da Súmula 83/STJ. 3. Não é cabível, em sede de recurso especial, rever as conclusões alcançadas pela Corte de origem a respeito da matéria suscitada e decidida no acórdão rescindendo por exigir reexame das provas contidas nos autos. Incidência da Súmula 7/STJ. Precedentes. 4. Agravo interno desprovido (STJ, AgInt no AREsp 371917/MG, Rel. Min. Marco Buzzi, 4ª Turma, *DJe* 03.05.2017).

Recurso ordinário. Ação rescisória. Decisão homologatória de acordo. I – As alegações veiculadas no recurso ordinário, indicativas de que a homologação do acordo configuraria a hipótese de rescindibilidade do inciso III do artigo 485 do CPC remetem, na verdade, à ocorrência de vício de consentimento. II – Com efeito, insiste a recorrente na alegação de as recorridas, mediante a apresentação de documentos falsos na reclamação trabalhista, a terem induzido a erro quanto aos valores que deveriam servir de base para o cálculo das comissões. III – Das condições em que homologado o acordo sobressai, no entanto, a evidência de ter sido intenção das partes a de pôr fim ao litígio, mediante o pagamento da importância avençada (R$ 7.200,00, referentes à multa do artigo 477 da CLT, dano moral e FGTS), cujo recebimento implicaria a quitação do pedido formulado na reclamação trabalhista, aí incluídas diferenças de comissões, e do extinto contrato de trabalho. IV – Verifica-se que na audiência em que homologado o acordo compareceu a autora, acompanhada de seu advogado, e que os termos da conciliação foram consignados em ata, permitindo que acompanhasse tudo o que ocorria, não havendo indícios de que não tivesse noção do ato processual que estava praticando. V – Conclui-se, portanto, que o ajuste decorrera de concessões recíprocas livremente manifestadas, até porque se não fosse intenção da reclamante dar quitação integral dos pedidos formulados na reclamação trabalhista e do extinto contrato de trabalho poderia ter-se recusado a fazê-lo. VI – Vale ressaltar que eventual prejuízo em relação às comissões, extraído da constatação somente em outro processo de que os relatórios apresentados pelas reclamadas não seriam fidedignos, não constitui motivo suficiente para que se possa deduzir a existência de vícios que invalidem a transação, até porque é próprio dela não só extinguir, mas prevenir futuros litígios. VII – Não se configura, portanto, erro sobre a qualidade essencial do ato jurídico praticado, pois não demonstrado que a parte não tinha conhecimento de sua finalidade, qual seja, a de dar plena quitação das parcelas pleiteadas na inicial e do extinto contrato de trabalho. VIII – De igual modo, o corte rescisório não se viabiliza à luz do inciso VI do art. 485 do CPC, uma vez que, no tocante à prova falsa, Sérgio Rizzi ensina serem três os requisitos para a sua configuração: a arguição deve ter por objeto um dos meios de prova no qual há desconformidade entre o ocorrido e o que foi provado; a demonstração da falsidade deve ser feita mediante sentença criminal ou civil transitada em julgado ou no próprio processo da ação rescisória e, por fim, que o fato demonstrado pela prova falsa haja sido causa da conclusão da decisão rescindenda. IX – Alega a autora que a prova falsa estaria materializada nos relatórios de comissões apresentados pelas rés na instrução da reclamação trabalhista. X – Contudo, não logrou comprovar a pretendida falsidade dos documentos por nenhum dos meios citados e tampouco se constata em seu recurso ordinário a arguição de eventual cerceamento da dilação probatória ou o protesto por ter sido encerrada a instrução processual sem que lhe fosse concedida oportunidade para produzir a referida prova. XI – A par dessa circunstância, verifica-se que a documentação relativa às comissões não foi causa da conclusão da sentença rescindenda e nem o poderia, por ter a referida decisão se limitado a homologar o acordo celebrado entre as partes, o que afasta a possibilidade de rescisão do julgado à luz do inciso

VI do art. 485 do CPC. XII – Recurso a que se nega provimento. (TST, RO 967420115120000, Subseção II Especializada em Dissídios Individuais, Rel. Antonio José de Barros Levenhagen, *DEJT* 18.03.2016).

Recurso ordinário em ação rescisória – Ausência de fundamentação do recurso ordinário – Apelo desfundamentado – Súmula nº 422 do TST. No caso dos autos, verifica-se que as razões do recurso ordinário – que apenas alega que a certidão anexada aos autos comprova que o trânsito em julgado da decisão de mérito no processo originário se deu em 13.5.2013 – não tocam os fundamentos proferidos no acórdão recorrido, que registra que a certidão não é absoluta e os termos nela apostos poderão ser revistos pelo juiz, até mesmo de ofício, caso necessário, nos termos da Súmula nº 100, IV, do TST. Salientando, ainda, que as informações lá constantes estão em descompasso com os demais elementos verificados no processo, porquanto da decisão rescindenda foram cientificadas as partes na forma da Súmula nº 197 do TST, em 1.8.2012, tendo transitado em julgado em 9.8.2012. Dessa forma, não se conhece do recurso quando as razões do recorrente não impugnam os fundamentos da decisão recorrida, nos termos em que fora proposta. Incidência da Súmula nº 422 do TST. Recurso ordinário não conhecido (TST, RO – 10396-08.2015.5.03.0000, Rel. Min. Luiz Philippe Vieira de Mello Filho, j. 21.06.2016, Subseção II Especializada em Dissídios Individuais, *DEJT* 24.06.2016).

Recurso ordinário em ação rescisória. Inépcia da petição inicial e do recurso. Indeferimento. Extinção do processo sem resolução de mérito. 1. O TRT extinguiu o processo sem resolução do mérito, pois o Autor, mesmo após assinado prazo para emenda à petição inicial, não comprovou o trânsito em julgado do acórdão proferido na fase de execução. 2. A petição inicial da ação rescisória é manifestamente inepta, sendo que seus defeitos são renovados no recurso ordinário, o que impede a reforma do acórdão regional. De fato, tanto na petição inicial quanto nas razões do recurso ordinário, o Autor ora pede a rescisão do acórdão regional prolatado na fase de conhecimento, ora pugna pela desconstituição do julgamento proferido na etapa executiva. Embora a alegação de que foi violada a norma do art. 5º, XXXVI, da Constituição Federal sugira que a pretensão rescisória é dirigida contra o provimento proferido na etapa de execução, o Autor refere-se no recurso ao julgamento da Corte Regional transitado em julgado em 20.9.2013, com início do prazo decadencial para propositura da ação rescisória em 23.9.2013. Ora, como o acórdão regional referente ao julgamento do agravo de petição foi assinado eletronicamente pela Desembargadora Relatora em 17.11.2014, é evidente que o trânsito em julgado não pode ter ocorrido antes, na data de 20.9.2013.

Desse modo, é manifesta inépcia da petição inicial, pois da narração dos fatos não decorre logicamente a conclusão, circunstância que impõe o indeferimento da petição inicial, na forma do art. 295, parágrafo único, I, do CPC de 1973. Constatada a inépcia da petição inicial da ação rescisória, o exaurimento da instância não reclama a prévia concessão de oportunidade para saneamento (Súmula 263 do TST). 3. Por outro lado, ainda que se considere que a decisão rescindenda é o acórdão proferido na fase de execução, a solução da causa é exatamente aquela adotada pela Corte de origem, que extinguiu o processo sem resolução do mérito por ausência de pressuposto de desenvolvimento válido do processo, pois o Autor não trouxe aos autos a comprovação do trânsito em julgado correspondente. 4. Considerando que a inépcia da petição inicial, tanto quanto a ausência de pressuposto de desenvolvimento válido da relação processual reconhecida no acórdão recorrido, deságua na extinção do processo sem resolução do mérito, o apelo deve ser desprovido. Recurso ordinário conhecido e não provido. (TST, RO – 10350-02.2015.5.18.0000, Rel. Min. Douglas Alencar Rodrigues, j. 21.06.2016, Subseção II Especializada em Dissídios Individuais, *DEJT* 24.06.2016).

Agravo regimental na ação rescisória. Recurso especial julgado deserto. Ausência de decisão de mérito. Inadmissibilidade. Precedentes do STJ. 1. Não cabe ação rescisória ajuizada contra decisão, que negou seguimento a recurso especial, com base na deserção, porquanto não houve apreciação do mérito. Precedentes do STJ. 2. Agravo regimental desprovido (STJ, AgRg na AR 5.156/MG 2013/0066171-4, 2ª Seção, Rel. Min. Marco Buzzi, j. 25.02.2015, *DJe* 03.03.2015).

Processual civil. Embargos de declaração em decisão em ação rescisória. Efeitos infringentes. Recebimento como agravo regimental. Propósito de rescisão de sentença. Inépcia. Extinção. Precedentes. 1. A petição inicial da ação rescisória não esclarece qual o ato decisório (sentença ou acórdão que julgou o recurso especial) cuja rescisão é buscada. 2. Ausência de pertinência entre as questões de direito alegadas na inicial da ação rescisória e o conteúdo do julgado proferido pelo STJ. 3. Embargos de declaração recebidos como agravo regimental, a que se nega provimento (STJ, EDcl na AR 5.282/MG 2013/0356856-9, 2ª Seção, Rel. Min. Maria Isabel Gallotti, j. 08.10.2014, *DJe* 22.10.2014).

Processual civil. Recurso especial em ação rescisória. Interpretação de sucessão de leis. Súmula 343/STF. 1. Trata-se, originariamente, de Ação Rescisória movida pelo DNOCS contra servidores que debate vantagem remuneratória (Gratificação Complementação Salarial). O Tribunal de origem julgou a demanda improcedente ao afirmar que "os servidores têm direito à percepção da diferença remuneratória no período de novembro/89 a julho/92, quando administrativamente foi implantada nos rendimentos de todos os servidores da Autarquia a vantagem denominada 'complementação salarial'". 2. Na forma em que posto na petição inicial, o cerne do debate é legal (instituição da gratificação pelos Decretos-Lei 2.438/1988 e 2.280/1985, a caracterização da vantagem "complementação salarial" e a incorporação definitiva da verba à remuneração dos servidores pela Lei 8.460/1992). 3. Diversos precedentes do STJ reforçam o entendimento ao examinarem o tema à luz da legislação federal incidente (*v.g.* AgRg no REsp 1.044.470/CE, Rel. Ministro Og Fernandes, Sexta Turma, *DJe* 27.9.2012; AgRg no REsp 1.179.787/CE, Rel. Ministro Adilson Vieira Macabu, Desembargador convocado do TJ/RJ, Quinta Turma, *DJe* 20.09.2011). 4. Nos termos do art. 257 do RISTJ, aplica-se o direito à espécie para fazer incidir a Súmula 343/STF, segundo a qual "não cabe ação rescisória por ofensa a literal disposição de lei, quando a decisão rescindenda se tiver baseado em texto legal de interpretação controvertida nos tribunais". 5. Recurso Especial não provido (STJ, REsp 1.319.210/CE 2012/0076875-1, 2ª Turma, Rel. Min. Herman Benjamin, j. 16.04.2013, *DJe* 08.05.2013).

Processual civil. Agravo regimental em AREsp. Recurso especial interposto contra acórdão de ação rescisória. Ausência de indicação de violação art. 485, do CPC. 1. É questão processual firmada nesta Corte a de que o recurso especial interposto contra julgamento de ação rescisória deve ater-se ao exame de eventual afronta aos seus pressupostos legais. 2. Agravo regimental não provido (STJ, AgRg no AREsp 304.190/AL 2013/0053105-7, 2ª Turma, Rel. Min. Eliana Calmon, j. 07.05.2013, *DJe* 15.05.2013).

Agravo regimental no recurso extraordinário com agravo. Processual civil. Ação rescisória. Recurso extraordinário que impugna os fundamentos do julgado rescindendo: inviabilidade. Agravo regimental ao qual se nega provimento (STF, ARE 723.313/DF, 2ª Turma, Rel. Min. Cármen Lúcia, j. 19.03.2013, *DJe*-068, divulg. 12.04.2013, public. 15.04.2013).

Recurso ordinário. Ação rescisória. Recurso ordinário do réu. Pretensão desconstitutiva julgada procedente no TRT. I – Pedido de corte rescisório com fundamento no art. 485, IV, do CPC. Coisa julgada formada no mesmo processo em que proferida a decisão rescindenda. Impossibilidade jurídica do pedido. Nos termos da OJ nº 157 da SBDI-2 do TST, "a ofensa à coisa julgada de que trata o art. 485, IV, do CPC refere-se apenas a relações processuais distintas. A invocação de desrespeito à coisa julgada formada no processo de conhecimento, na correspondente fase de execução, somente é possível com base na violação do art. 5º, XXXVI, da Constituição da República". Pretensão desconstitutiva extinta sem resolução do mérito no particular. II – Recurso ordinário do réu. Deferimento dos benefícios da assistência judiciária gratuita ao autor. Prova da miserabilidade jurídica. Isenção do depósito prévio. Configuração. Para a concessão dos benefícios da assistência judiciária gratuita à pessoa física, não havendo prova em contrário, basta a mera declaração, na petição inicial, de que a parte não pode arcar com as despesas do processo sem prejuízo do sustento próprio ou da sua família (Precedentes). Na hipótese dos autos, na petição inicial, o Autor declarou não possuir condições de arcar com as despesas do processo sem prejuízo do sustento próprio e de sua família. Ressalte-se que a Ré não produziu nenhuma prova para infirmar o teor da referida declaração, mas apenas argumentou que o Autor recebe salário em valor suficiente para arcar com as despesas processuais. Assim, assiste ao Autor ao deferimento dos benefícios da assistência judiciária gratuita e, via de consequência, à isenção ao recolhimento do depósito prévio, nos termos do artigo 836 da CLT. Recurso ordinário não provido. III – Decisão rescindenda proferida na fase de execução. Coisa julgada. Violação do artigo 5º, inciso XXXVI, da Constituição Federal. Não ocorrência. Não há violação à literalidade do inciso XXXVI do artigo 5º da Constituição Federal quando, na forma da OJ nº 123 da SBDI-2, "se faz necessária a interpretação do título executivo judicial para se concluir pela lesão à coisa julgada". No caso, a discussão se a prescrição quinquenal pronunciada na sentença exequenda circunscreve ou não o direito às promoções situa-se no campo da interpretação do sentido e alcance do título executivo judicial. A sentença exequenda pronunciou a prescrição quinquenal de forma genérica, não descrevendo quais as parcelas seriam alcançadas pelos efeitos deletérios do tempo decorrentes da inércia do Reclamante. Assim, para afirmar que a prescrição pronunciada no título executivo não alcança os direitos de promoção, seria necessário interpretá-lo, pois sua literalidade nada revela a respeito, situação que atrai a incidência da citada OJ nº 123 da SBDI-2 do TST e inviabiliza o corte rescisório declarado no TRT. Recurso ordinário provido (TST, RO 865009420095050000, Subseção II Especializada em Dissídios Individuais, Rel. Emmanoel Pereira, j. 14.04.2015, *DEJT* 17.04.2015).

BIBLIOGRAFIA

ALMEIDA, Isis de. *Manual de direito processual do trabalho*. 7. ed. São Paulo: LTr, 1995. v. 1.

AMERICANO, Jorge. *Da ação rescisória*. 2. ed. São Paulo: Saraiva, 1926.

AREOSA, Ricardo Damião. *Recursos e meios de impugnação*. Rio de Janeiro: Lumen Juris, 2010.

BARBI, Celso Agrícola. *Ação declaratória principal e incidente*. 6. ed. Rio de Janeiro: Forense, 1987.

BARBOSA MOREIRA, José Carlos. *Comentários ao Código de Processo Civil*. Rio de Janeiro: Forense, 1974. v. V.

_____. *Comentários ao Código de Processo Civil*. Rio de Janeiro: Forense, 2001. v. V.

_____. *Comentários ao Código de Processo Civil*. 13. ed. Rio de Janeiro: Forense, 2006.

_____. *O novo processo civil brasileiro*. 18. ed. rev. e atual. Rio de Janeiro: Forense, 1996.

BARROS, Alice Monteiro de. Tutela antecipada no processo do trabalho. In: DINIZ, José Janguiê Bezerra (coord.). *Estudo do direito processual trabalhista, civil e penal*. Brasília: Consulex, 1996.

BASSO, Guilherme Mastrichi. Da pertinência do cancelamento do Enunciado 310 do TST. *Revista LTr*, 58, nº 9, set. 1994.

BATALHA, Wilson de Souza Campos. *Tratado de direito judiciário do trabalho*. São Paulo: LTr, 1977.

BATISTA, Francisco de Paula. Compêndio de teoria e prática do processo civil comparado com o comercial. 3. ed. Pernambuco, 1872.

BAUR, Fritz. *Tutela jurídica mediante cautelares*. Porto Alegre: Fabris, 1985.

BERMUDES, Sérgio. *Introdução ao processo civil.* Rio de Janeiro: Forense, 1995.

BERTOLIN, Patrícia Tuma Martins. *Reformulação do processo do trabalho* – Juizados de Pequenas Causas Trabalhistas. São Paulo: LTr, 1996.

BORGES, Souto Maior. *Lei complementar tributária.* São Paulo: RT, 1975.

BORTOLAI, Edson Cosac. *Código de Processo Civil em gráficos* – estudo lógico. São Paulo: Malheiros, 1993.

BRASIL, Ávio. *Rescisória de julgados.* 2. ed. Rio de Janeiro: Livraria Tupi Ed., s.d.

CALMON DE PASSOS, J. J. *Inovações no Código de Processo Civil.* 2. ed. Rio de Janeiro: Forense, 1996.

CÂMARA, Alexandre Freitas. *Ação rescisória.* 2. ed. São Paulo: Atlas, 2012.

_____. *Lições de direito processual civil.* Rio de Janeiro: Lumen Juris, 2007. v. II.

_____. *Lições de direito processual civil.* 12. ed. Rio de Janeiro: Lumen Juris, 2007. v. III.

CANOTILHO, J. J. Gomes. *Direito constitucional.* 6. ed. rev. Coimbra: Almedina, 1995.

CARREIRA ALVIM, J. E. *Ação monitória e temas polêmicos da reforma processual.* Belo Horizonte: Del Rey, 1995.

CARRION, Valentin. *Comentários à Consolidação das Leis do Trabalho* – legislação complementar, jurisprudência. 19. ed. atual. e ampl. São Paulo: Saraiva, 1995.

CHIOVENDA, Giuseppe. *Instituições de direito processual civil.* Trad. da 2. ed. italiana por J. Guimarães Menegale, acompanhada de notas pelo Prof. Enrico Tullio Liebman, com uma introdução do Prof. Alfredo Buzaid. São Paulo: Saraiva, 1965. v. I.

_____. *Instituições de direito processual civil.* Trad. da 2. ed. italiana por J. Guimarães Menegale, acompanhado de notas pelo Prof. Enrico Tullio Liebman. 2. ed., com uma introdução do Prof. Alfredo Buzaid. São Paulo: Saraiva, 1965. v. II.

_____. *Instituições de direito processual civil.* Trad. da 2. ed. italiana por J. Guimarães Menegale, acompanhado de notas pelo Prof. Enrico Tullio Liebman. 2. ed., com uma introdução do Prof. Alfredo Buzaid. São Paulo: Saraiva, 1965. v. III.

CINTRA, Antonio Carlos de Araújo; GRINOVER, Ada Pellegrini; DINAMARCO, Cândido Rangel. *Teoria geral do processo.* 10. ed. rev. e ampl. São Paulo: Malheiros, 1994.

_____; _____; _____. *Teoria geral do processo*. 22. ed. rev. e atual. São Paulo: Malheiros, 2006.

COSTA, Coqueijo. *Ação rescisória*. 6. ed. São Paulo: LTr, 1993.

_____. *Direito processual do trabalho*. 2. ed. Rio de Janeiro: Forense, 1984.

COSTA, José de Ribamar da. *Direito processual do trabalho*. 5. ed. atual. de acordo com a nova Constituição Federal. São Paulo: LTr, 1992.

COSTA, Moacyr Lobo da. *A revogação da sentença*. São Paulo: Ícone Ed., 1995.

CUNHA, Leonardo José Carneiro. *Curso de direito processual civil*. Salvador: JusPodivm, 2007. v. III.

DALAZEN, João Oreste. Sobre a ação monitória no processo do trabalho. *Revista LTr*, v. 59, nº 12, dez. 1995.

DANTAS, Ivo. *Direito adquirido, emendas constitucionais e controle da constitucionalidade*. Rio de Janeiro: Lumen Juris, 1997.

_____. *Princípios constitucionais e interpretação constitucional*. Rio de Janeiro: Lumen Juris, 1995.

DAVIS, Roberto. Juízo arbitral trabalhista. *Jornal Trabalhista*, Brasília: Consulex, nº 636, ano XIII, dez. 1996, p. 1.322.

DE PLÁCIDO E SILVA. *Vocabulário jurídico*. 4. ed. Rio de Janeiro: Forense, 1975.

_____. *Vocabulário jurídico*. 11. ed. Rio de Janeiro: Forense, 1989. v. I.

_____. *Vocabulário jurídico*. 11. ed. Rio de Janeiro: Forense, 1989. v. III.

_____. *Vocabulário jurídico*. 11. ed. Rio de Janeiro: Forense, 1989. v. VI.

DELGADO, José Augusto. Reflexões sobre os efeitos da tutela antecipada. In: DINIZ, José Janguiê Bezerra (coord.). *Estudo do direito processual trabalhista civil e penal*. Brasília: Consulex, 1996.

DELGADO, Maurício Godinho. Princípios do direito do trabalho. *Jornal Trabalhista*, ano XI, nº 535, dez. 1994, p. 1.208.

DIDIER JR., Fredie. Teoria da cognição judicial. In: DIDIER JR., Fredie. *Curso de direito processual civil*: introdução ao direito processual civil e processo de conhecimento. 14. ed. Salvador: JusPodivm, 2012. v. 1.

_____; CUNHA, Leonardo José Carneiro. *Curso de direito processual civil*. Salvador: JusPodivm, 2007. v. III.

DINAMARCO, Cândido Rangel. *A instrumentalidade do processo*. 3. ed. rev. e atual. São Paulo: Malheiros, 1993.

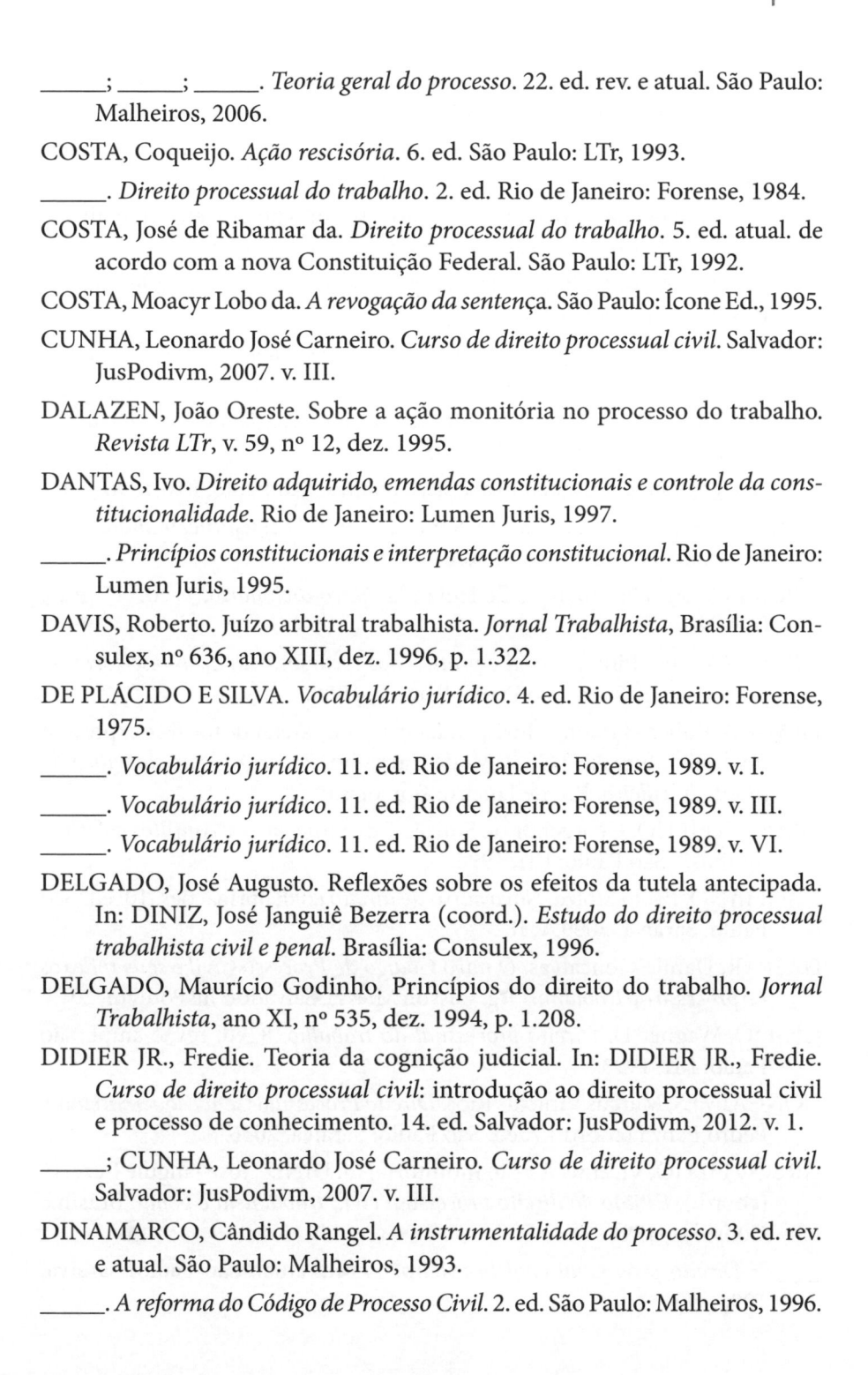

_____. *A reforma do Código de Processo Civil*. 2. ed. São Paulo: Malheiros, 1996.

DINIZ, José Janguiê Bezerra. Do recurso extraordinário no processo trabalhista. *Jornal Trabalhista*, ano XI, nº 514, jul. 1994, p. 669.

_____. *Os recursos no direito processual trabalhista*. 2. ed. Brasília: Consulex, 1996.

_____. Rápido bosquejo pertinente à ação rescisória no processo trabalhista. *Temas de processo trabalhista*. Brasília: Consulex, 1996.

_____. *Sentença trabalhista* – teoria, prática, jurisprudência e legislação. Brasília: Consulex, 1996.

FADEL, Sérgio Sahione. *Código de Processo Civil comentado*. Rio de Janeiro: José Konfino Editor, 1974. t. III.

FERRARI, Irany; MARTINS, Melchíades Rodrigues. *Ação rescisória na Justiça do Trabalho*. São Paulo: LTr, 1995.

_____; _____. *Julgados trabalhistas selecionados*. São Paulo: LTr, 1996. v. II.

FERRARI, Regina Maria Macedo Nery. *Controle da constitucionalidade das leis municipais*. 2. ed. São Paulo: RT, 1994.

FERREIRA, Aurélio Buarque de Holanda. *Novo dicionário*. 1. ed., 15. imp. (s.l). Nova Fronteira, s.d.

FERREIRA, Luiz Pinto. *Teoria e prática dos recursos e da ação rescisória no processo civil*. 2. ed. São Paulo: Saraiva, 1988.

FRANÇA, Rubens Limongi. Jurisprudência – seu caráter de forma e expressão do direito. In: SANTOS, J. M. de Carvalho. *Repertório enciclopédico do direito brasileiro*. Rio de Janeiro: Borsoi, s.d.

FRANCO FILHO, Georgenor de Souza. *A arbitragem e os conflitos coletivos no Brasil*. São Paulo: LTr, 1996.

GAGLIANO, Pablo Stolze. *Novo curso de direito civil*: obrigações. 10. ed. São Paulo: Saraiva, 2009. v. II.

GASPAR, Danilo Gonçalves. *O novo Código de Processo Civil e seus reflexos no processo do trabalho*. Org. Élisson Miessa. Salvador: JusPodivm, 2015.

GIGLIO, Wagner D. *Direito processual do trabalho*. 8. ed. rev. e ampl. São Paulo: LTr, 1993.

GONÇALVES, Marcus Vinicius Rios. *Direito Processual Civil Esquematizado*. Pedro Lenza (coord.) 7. ed. São Paulo: Saraiva, 2016.

GRECO FILHO, Vicente. A ação monitória. In: DINIZ, José Janguiê Bezerra (coord.). *Estudo do direito processual civil, trabalhista e penal*. Brasília: Consulex, 1996.

_____. *Direito processual civil brasileiro*. 11. ed. atual. São Paulo: Saraiva, 1996. v. 2.

HOLANDA, Aurélio Buarque de. *Novo dicionário*. 15. ed. Rio de Janeiro: Nova Fronteira, s.d.

IHERING, Rudolf Von. *A luta pelo direito*. 2. ed. Rio de Janeiro: Rio, 1990.

LACERDA, Galeno. *Comentários ao Código de Processo Civil*. Rio de Janeiro: Forense, 1981. t. I, v. VIII.

LEITE, Carlos Henrique Bezerra. *Curso de direito processual do trabalho*. 10. ed. São Paulo: LTr, 2012.

LEVENHAGEN, Antonio José de Souza. *Comentários ao Código de Processo Civil*. São Paulo: Atlas, 1987. v. II.

LIEBMAN, Enrico Tullio. *Estudos sobre o processo civil brasileiro*. São Paulo: Saraiva, 1947.

LIMA, Alcides de Mendonça. *Processo civil no processo trabalhista*. 4. ed. atual. São Paulo: LTr, 1992.

LIMA, Francisco Meton Marques de. Interpretação e aplicação do direito do trabalho à luz dos princípios jurídicos. Fortaleza: Ioce, 1988.

LIMA FILHO, Francisco da C. Ação monitória – cabimento no âmbito trabalhista. *Jornal Trabalhista*, Brasília, ano XIII, nº 597, mar. 1996, p. 282.

LOPES, João Batista. *Ação declaratória*. São Paulo: RT, 1991.

MAGALHÃES, Roberto Barcellos de. *A arte de advogar no cível à luz do novo Código de Processo*. Rio de Janeiro: José Konfino Editor, 1974. v. II.

MAGANO, Octavio Bueno. *Manual de direito do trabalho*: direito coletivo do trabalho. São Paulo: LTr, 1984. v. III.

MALTA, Christovão Piragibe Tostes. *Prática do processo trabalhista*. 26. ed. São Paulo: LTr, 1995.

_____; ALMEIDA, Silvana Pacheco Lopes de. *Ação rescisória no processo trabalhista*. Rio de Janeiro: Ed. Trabalhistas, 1989.

MARQUES, José Frederico. *Manual de direito processual civil*. 9. ed. rev. e atual. São Paulo: Saraiva, 1987. v. 3.

MARTINEZ, Wladimir Novaes. *Princípios de direito previdenciário*. São Paulo: LTr, 1983.

MAXIMILIANO, Carlos. *Hermenêutica e aplicação do direito*. 13. ed. Rio de Janeiro: Forense, 1993.

MENEZES, Cláudio Armando Couce de. Ação, processo e procedimento monitório na Justiça do Trabalho. *Jornal Trabalhista*, ano XIII, nº 588, jan. 1966, p. 30.

MIESSA, Élisson. *Processo do trabalho para concursos públicos*. 2. ed. Salvador: JusPodivm, 2015.

_____. *Manual de recursos trabalhistas: teoria e pratica*. 2. ed. Salvador: JusPodivm, 2017.

NASCIMENTO, Amauri Mascaro. *Curso de direito processual do trabalho*. São Paulo: Saraiva, 1990.

_____. *Curso de direito processual trabalhista*. 12. ed. São Paulo: Saraiva, 1990.

NEGRÃO, Theotonio. *Código de Processo Civil e legislação processual em vigor*. 26. ed. São Paulo: Saraiva, 1995.

_____. *Código de Processo Civil e legislação processual em vigor*. 27. ed. São Paulo: Saraiva, 1996.

NERY JÚNIOR, Nelson. *Código de Processo Civil comentado*. 2. ed. rev. e ampl. São Paulo: RT, 1996.

_____. *Princípios do processo civil na Constituição Federal*. 3. ed. São Paulo: RT, 1996. v. 21. (Coleção Estudos de Direito de Processo)

_____. *Princípios fundamentais* – teoria geral dos recursos. São Paulo: RT, 1990.

_____; NERY, Rosa Maria de Andrade. *Código de Processo Civil comentado*. 2. ed. rev. e ampl. São Paulo: RT, 1996.

_____; _____. *Comentários ao Código de Processo Civil*. São Paulo: RT, 2015.

OLIVEIRA, Francisco Antonio de. *Ação rescisória*: enfoques trabalhistas: doutrina, jurisprudência, súmulas. 4. ed. São Paulo: LTr, 2012.

_____. *Comentários aos enunciados do TST*. São Paulo: RT, 1991.

_____. *Comentários aos enunciados do TST*. 3. ed. São Paulo: RT, 1996.

_____. *Das medidas cautelares e procedimentos especiais*. 2. ed. São Paulo: RT, 1991.

_____. *Medidas cautelares, procedimentos especiais, mandado de segurança, ação rescisória e ação anulatória no processo trabalhista*. 2. ed. São Paulo: RT, 1991.

PAULA, Alexandre de. *Código de Processo Civil anotado*. 6. ed. São Paulo: RT, 1994. v. II.

_____. *O processo civil à luz da jurisprudência*. Rio de Janeiro: Forense, 1983. v. IV.

PINTO, Teresa Arruda Alvim. *Nulidades da sentença*. 3. ed. rev. e ampl. São Paulo: RT, 1993.

PONTES DE MIRANDA, Francisco Cavalcanti. *Comentários ao Código de Processo Civil*. Rio de Janeiro: Forense, 1974. t. I.

_____. *Comentários ao Código de Processo Civil*. Rio de Janeiro: Forense, 1974. t. VI.

_____. *Comentários ao Código de Processo Civil*. Rio de Janeiro: Forense, 1974. t. VII.

_____. *Tratado da ação rescisória*. 5. ed. Rio de Janeiro: Forense, 1976.

_____. *Tratado das ações*. São Paulo: RT, 1973. t. IV.

_____. *Tratado de direito privado*. Rio de Janeiro: Forense, 1994. t. VIII.

PRATA, Edson. *Jurisprudência do Código de Processo Civil* – ementário. Edição Universitária de Direito. São Paulo: Livraria e Editora Universitária de Direito Ltda., 1979. v. 2.

PUECH, Luiz Roberto de Rezende. Solução dos conflitos coletivos do trabalho. In: MAGANO, Octávio Bueno (coord.). *Curso de direito do trabalho em homenagem a Mozart Victor Russomano*. São Paulo: Saraiva, 1985.

RAMOS FILHO, Wilson. A nova Lei de Arbitragem e a solução dos conflitos coletivos de trabalho. *Revista LTr*, São Paulo: LTr, v. 61, nº 1, jan. 1997.

RIZZI, Sérgio. *Ação rescisória*. São Paulo: RT, 1979.

ROCCA, Fernando Della. *Istituzione di diritto procesuale canônico*. Torino: Ed. Utet, 1946.

ROSAS, Roberto; ARAGÃO, Paulo Cezar. *Comentário ao Código de Processo Civil*. São Paulo: RT, 1975. v. V.

RUSSOMANO, Mozart Victor. *Comentários à CLT*. 13. ed. Rio de Janeiro: Forense, 1990. v. II.

_____; CABANELAS, Guillermo. *Conflitos coletivos de trabalho*. São Paulo: RT, 1970.

SAAD, Eduardo Gabriel. *Direito processual do trabalho*. São Paulo: LTr, 1994.

SANCHES, Sidney. *Uniformização da jurisprudência*. São Paulo: RT, 1975.

SANCHEZ DE LA TORRE, Angel. *Los principios clásicos del derecho*. Madrid: Unión Editorial, 1975.

SANTOS, Ernane Fidelis dos. *Manual de direito processual civil*. 4. ed. atual. e reform. São Paulo: Saraiva, 1996. v. I.

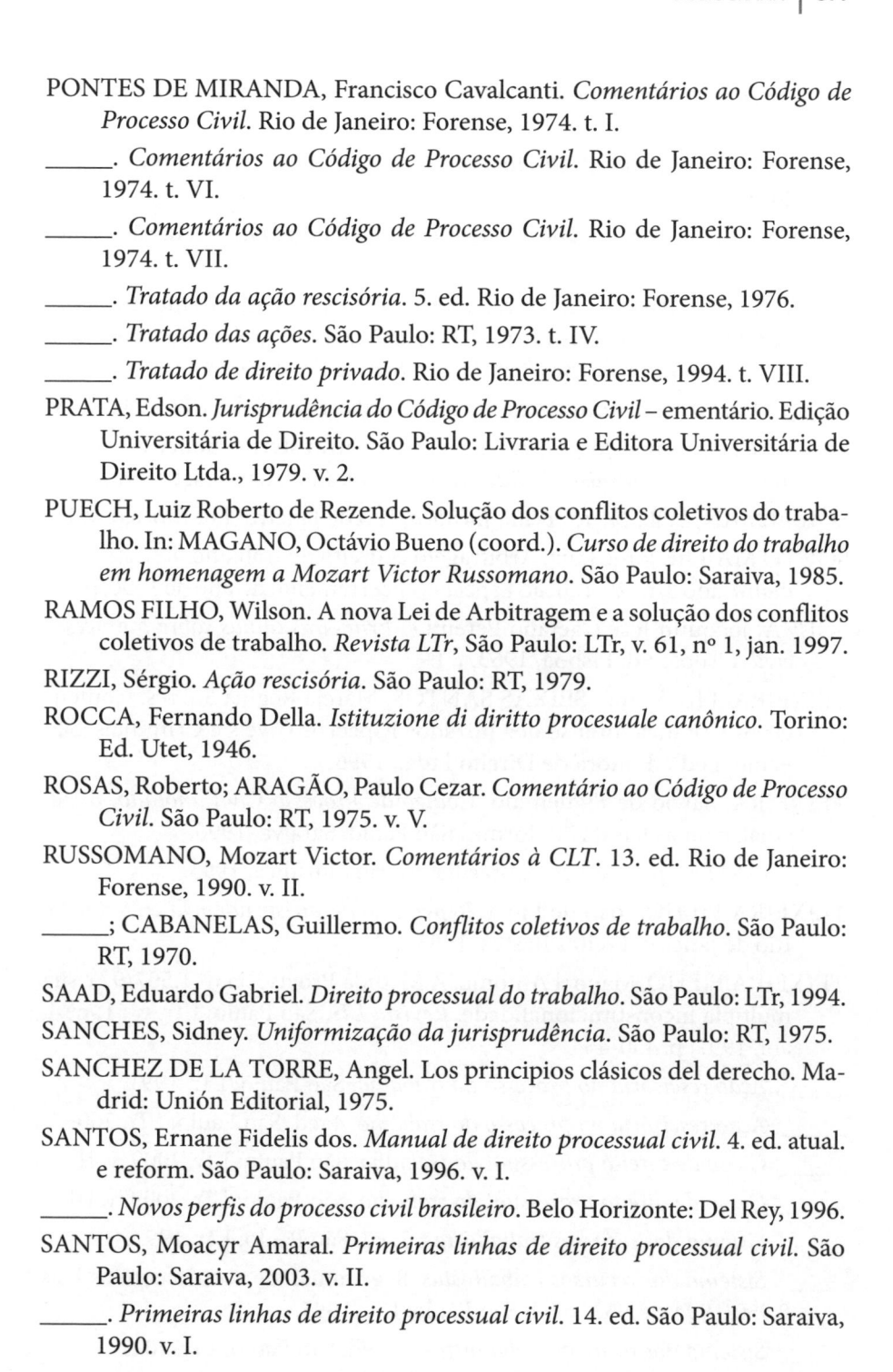

_____. *Novos perfis do processo civil brasileiro*. Belo Horizonte: Del Rey, 1996.

SANTOS, Moacyr Amaral. *Primeiras linhas de direito processual civil*. São Paulo: Saraiva, 2003. v. II.

_____. *Primeiras linhas de direito processual civil*. 14. ed. São Paulo: Saraiva, 1990. v. I.

_____. *Primeiras linhas de direito processual civil.* 15. ed. São Paulo: Saraiva, 1995. v. III.

_____. *Primeiras linhas de direito processual civil.* 21. ed. São Paulo: Saraiva, 2003. v. II.

SCHIAVI, Mauro. *Manual de direito processual do trabalho.* 3. ed. São Paulo: LTr, 2010.

SILVA, Antônio Álvares da. Os recursos trabalhistas à luz das modificações do CPC – comentários à Lei 8.950 de 13.12.94 e sua aplicação subsidiária ao processo trabalhista. *Revista LTr*, São Paulo, v. 59, nº 4.

_____. *Questões polêmicas de direito do trabalho.* São Paulo: LTr, 1994. v. IV.

SILVA NETO, Manoel Jorge e. A arbitragem e o Ministério Público do Trabalho. *Revista do Ministério Público da União*, ano III, nº 6, set. 1993, p. 66.

SOIBELMAN, Leib. *Enciclopédia jurídica.* Rio de Janeiro: Ed. Rio, s.d. v. I.

SOUTO MAIOR, Jorge Luiz. Arbitragem e direito do trabalho. *Revista Anamatra*, ano 8, nº 29, Edição Especial, encerramento do ano de 1996, p. 38.

SOUZA, Joaquim José Caetano Pereira e. *Primeiras linhas sobre o processo civil.* Lisboa: Ed. Lisboa, 1963. t. I.

TEIXEIRA, Elza Spanó; SEIXAS SANTOS, Márcia Regina Soares. *Comentários e prática forense dos Juizados Especiais Cíveis e Criminais.* São Paulo: Led – Editora de Direito Ltda., 1996.

TEIXEIRA, Sálvio de Figueiredo. *Código de Processo Civil anotado.* 6. ed. atual. com as leis da "Reforma". São Paulo: Saraiva, 1996.

_____. *O STJ e o processo civil.* Brasília: Brasília Jurídica, 1995.

TEIXEIRA FILHO, João de Lima. *Repertório de jurisprudência trabalhista.* Rio de Janeiro: Freitas Bastos, 1983. v. II.

TEIXEIRA FILHO, Manoel Antonio. A Medida Provisória nº 1.507/97 e sua múltipla inconstitucionalidade. *Revista LTr*, São Paulo: LTr, v. 61, nº 4, abr. 1997, p. 450-454.

_____. *Ação rescisória no processo do trabalho.* São Paulo: LTr, 1991.

_____. *Ação rescisória no processo do trabalho.* 4. ed. São Paulo: LTr, 2005.

_____. *Curso de direito processual do trabalho.* São Paulo: LTr, 2009. v. II.

_____. *Curso de direito processual do trabalho.* São Paulo: LTr, 2009. v. III.

_____. *Sistema dos recursos trabalhistas.* 5. ed. São Paulo: LTr, 1991.

_____. *Sistema dos recursos trabalhistas.* 8. ed. atual. de acordo com as Leis 8.950/1994 e 8.952/1994. São Paulo: LTr, 1995.

_____. *Sistema dos recursos trabalhistas.* 11. ed. São Paulo: LTr, 2011.

THEODORO JÚNIOR, Humberto. *CPC anotado*. 2. ed. Rio de Janeiro: Forense, 1996.

_____. *Curso de direito processual civil*. 18. ed. rev. e atual. Rio de Janeiro: Forense, 1996. v. I.

_____. *Curso de direito processual civil*. 24. ed. Rio de Janeiro: Forense, 1998. v. 1.

TUPINAMBÁ NETO, Hermes Afonso. *A solução dos conflitos coletivos no direito comparado* – uma visão crítica. São Paulo: LTr, 1993.

VIDIGAL, Luís Eulálio de Bueno. *Comentários ao Código de Processo Civil*. São Paulo: RT, 1974. v. VI.

TRABALHOS PUBLICADOS DO AUTOR

LIVROS

1 – *Os recursos no processo trabalhista: teoria e prática.* Brasília: Consulex, 1994. 2. ed., 1996. 3. e 4. eds., São Paulo: LTR.
2 – *A sentença no processo trabalhista: teoria e prática.* Brasília: Consulex, 1996.
3 – Temas de processo trabalhista, v. I. Brasília: Consulex, 1996.
4 – *Ação rescisória dos julgados.* São Paulo: LTR 1997. 2. ed. São Paulo: Atlas, 2016.
5 – *Manual para pagamento de dívidas com títulos da dívida pública.* Brasília: Consulex, 1998.
6 – *O Direito e a Justiça do trabalho diante da globalização.* São Paulo: LTR, 1999.
7 – *Ministério Público do Trabalho: ação civil pública, ação anulatória, ação de cumprimento.* Brasília: Consulex, 2004. 2. ed. São Paulo: Atlas, 2016.
8 – *Atuação do Ministério Público do Trabalho como* árbitro *nos dissídios individuais de competência da Justiça do trabalho.* São Paulo: LTR, 2005.
9 – Educação Superior no Brasil. Rio de Janeiro: Lumen Juris, 2007.
10 – *Desvelo* (Poemas). Recife: Bargaço, 1990, reed. 2011.
11 – *Educação na Era Lula.* Rio de Janeiro: Lumen Juris, 2011.
12 – *Política e economia na contemporaneidade.* Rio de Janeiro: Lumen Juris, 2012.
13 – *O Brasil e o mundo sob o olhar de um brasileiro.* Rio de Janeiro: Lumen Juris, 2012.
14 – Palavras em pergaminho. Rio de Janeiro: Lumen Juris, 2013.

15 – Transformando sonhos em realidade. São Paulo: Novo Século, 2015.

16 – *O Brasil da política e da politicagem: desafios e perspectivas*. Rio de Janeiro: Sextante, 2017.

LIVROS EM COORDENAÇÃO

1 – *Estudo de Direito processual (trabalhista, civil e penal)*. Brasília: Consulex, 1996.

2 – *Estudos de Direito constitucional (administrativo e tributário)*. Brasília: Consulex, 1998.

3 – *Direito processual (penal, civil, trabalhista e administrativo)*. Recife: Litoral, 1999.

4 – *Direito constitucional (administrativo, tributário e filosofia do Direito)*, v. II. Brasília: Esaf, 2000.

5 – *Direito penal (processo penal, criminologia e vitimologia)*, v. III. Brasília: Esaf, 2002.

6 – *Direito constitucional (administrativo, tributário e gestão pública)*, v. IV. Brasília: Esaf, 2002.

7 – *Direito civil (processo trabalhista e processo civil)*, v. V. Brasília: Esaf, 2002.

8 – *Direito (coletânea jurídica)*, v. VI. Recife: Ibed, 2002.

9 – *Direito & relações internacionais*, v. VII. Recife: Ibed, 2005.

10 – *Direito processual (civil, penal, trabalhista, constitucional e administrativo)*. Recife: Ibed, 2006.

11 – *Revista de Comunicação Social*, v. I (*Anais do Congresso de Comunicação*), Recife, Faculdade Maurício de Nassau, 2005, 146p.

12 – *Sapere, Revista Bimestral do Curso de Comunicação Social*, v. 1, Recife, Faculdade Maurício de Nassau, 2006, 145p.

13 – *Revista da Faculdade de Direito Maurício de Nassau*, ano 1, nº 1, Recife, Faculdade Maurício de Nassau, 2006.

14 – *Revista do Curso de Administração da Faculdade Maurício de Nassau*, v. 1, nº 1, Recife, Faculdade Maurício de Nassau, abr.-set. 2006.

15 – *Revista Turismo, Ciência e Sociedade*, v. 1, nº 1, Recife, Faculdade Maurício de Nassau, abr.-set. 2006.

16 – *Revista do Curso de Comunicação Social*, v. 1, Recife, Faculdade Maurício de Nassau, 2006.

17 – *Revista da Faculdade de Direito Maurício de Nassau*, ano 2, nº 2, Recife, Faculdade Maurício de Nassau, 2007.

18 – *Revista do Curso de Administração da Faculdade Maurício de Nassau*, v. 2, nº 2, Recife, Faculdade Maurício de Nassau, jun.-jul. 2007.

19 – *Revista da Faculdade de Direito Maurício de Nassau*, ano 3, nº 3, Recife, Faculdade Maurício de Nassau, 2008.

20 – *Revista da Faculdade de Direito Maurício de Nassau. Direito Constitucional*, v. XI, Recife, Faculdade Maurício de Nassau, 2009.

21 – *Revista da Faculdade de Direito Maurício de Nassau. Direito Público e Direito processual*, v. XII. Recife, Faculdade Maurício de Nassau, 2010.

ESTUDOS JURÍDICOS PUBLICADOS EM REVISTAS DE DIREITO DE CIRCULAÇÃO NACIONAL

1 – Sentença publicada no livro *Sentença trabalhista, teoria e prática*, de João Batista de Albuquerque. Belo Horizonte: Leditathi, 1994, p. 50-55.

2 – A intervenção de terceiros no processo trabalhista. *Jornal Trabalhista*, ano X, nº 485, p. 1.114, Brasília, Consulex. Republ. em *Repertório IOB de Jurisprudência*, nº 10/1998, p. 2/13.597, São Paulo: IOB, 2ª quinz. maio 1998.

3 – Os domésticos e seus direitos antes e depois da revisão constitucional. *Jornal Trabalhista*, ano XI, nº 501, p. 365, Brasília, Consulex, abr. 1994.

4 – O efeito do contrato de trabalho celebrado com a Administração Pública sem concurso de provas e títulos. *Jornal Trabalhista*, ano XI, nº 508, p. 529, Brasília, Consulex, jun. 1994. Republ. em *Rep. IOB de Jurisprudência*, nº 14/1994, Texto 2/9103, p. 236 São Paulo, IOB, 2ª quinz. jul. 1994; *ADT Advocacia Trabalhista*, ano XXIX, nº 32, ago. 1995, p. 351, Rio de Janeiro, Coad; e *Trabalho & Doutrina*. nº 17, p. 10, jun. 1998.

5 – Agravo regimental. *Informativo Consulex*, ano VIII, nº 26, p. 639, Brasília, Consulex, jun. 1994. Republ. *Jornal Trabalhista*, ano XI, nº 509, p. 545, Brasília, Consulex, jun. 1994.

6 – A estabilidade provisória e o inquérito para apuração: de falta grave e demissão de empregado estável. *Jornal Trabalhista*, ano XI, nº 510, p. 568, Brasília, Consulex, jun. 1994. Republ. *ADT Adv. Trabalhista*, ano XXIX, p. 126, Rio de Janeiro, Coad, jun. 1995.

7 – O instituto do pré-questionamento na Justiça do trabalho. *Jornal Trabalhista*, ano XI, nº 512, p. 611. Brasília, Consulex, jun. 1994.

8 – Questões polêmicas sobre o agravo de petição na Justiça do trabalho. *Jornal Trabalhista*, ano XI, nº 513, p. 643. Brasília, Consulex, jun. 1994.

9 – Do recurso extraordinário no processo trabalhista. *Jornal Trabalhista*, ano XI, nº 514, p. 669, Brasília, Consulex, jul. 1994.

10 – Alguns aspectos sobre o processo coletivo na Justiça do trabalho. *Jornal Trabalhista*, ano XI, nº 515, p. 689, Brasília, Consulex, jul. 1994.

11 – Justiça do trabalho e honorários advocatícios. *Jornal Trabalhista*, ano XI, nº 516, p. 710, Brasília, Consulex, ago. 1994.

12 – Rápido bosquejo pertinente à ação rescisória no processo trabalhista. *Jornal Trabalhista*, ano XI, nº 517, p. 740, Brasília, Consulex, ago. 1994.

13 – Causas de alçada e o pedido de revisão na Justiça do trabalho. *Jornal Trabalhista*, ano XI, nº 518, p. 763, Brasília, Consulex, ago. 1994.

14 – O *jus postulandi* antes e depois da Lei 8.906/94. *Jornal Trabalhista*, ano XI, nº 524, p. 927, Brasília, Consulex, set. 1994.

15 – A sentença no processo trabalhista. *Jornal Trabalhista*, ano XI nº 525, p. 956, Brasília, Consulex, out. 1994.

16 – Arguição da prescrição pelo Ministério Público do Trabalho em favor de entes públicos. *Jornal Trabalhista*, ano XI, nº 529, p. 1.037, Brasília, Consulex, out. 1994. Republ. em *Revista LTR*, 59-02/201, São Paulo, fev. 1995.

17 – Justiça do trabalho e Direito alternativo. *Jornal Trabalhista*, ano XI, nº 531, p. 1.094, Brasília, Consulex, nov. 1994.

18 – Breve paralelo entre a sentença no processo civil e trabalhista. *Informativo Consulex*, ano VII, nº 40, p. 1.011, Brasília, Consulex, out. 1994.

19 – A ação de embargos de terceiros na Justiça do trabalho. *Jornal Trabalhista*, ano XII, nº 541, p. 132, Brasília, Consulex, jan. 1995. Republ. *Revista do Direito Trabalhista*, nº 2, p. 432, Brasília, Consulex, fev. 1995; e em *ADT Advocacia Trabalhista*, ano XXIX, nº 33, p. 358, Rio de Janeiro, Coad.

20 – Dos embargos à execução na Justiça do trabalho. *Jornal Trabalhista*, ano XII, nº 539, p. 76, Consulex, Brasília, jan. 1995. Replubl. em *Informativo Consulex*, ano IX nº 3, p. 100, Brasília, Consulex, jan. 1995; e em *Repertório IOB de Jurisprudência*, nº 23/95, Texto 2/10735, 1ª quinz. dez. 1995.

21 – A Medida Provisória 794/94 e a participação dos empregados nos lucros da empresa. *Jornal Trabalhista*, ano XII, nº 542, p. 151, Brasília, Consulex, fev. 1995.

22 – A Lei 8.950/94 de 13 de dezembro de 1994 que alterou o Código de Processo Civil na parte pertinente a recursos e suas repercussões no Direito processual trabalhista. *Jornal Trabalhista*, ano XII, nº 544, p. 193, Brasília, Consulex, fev. 1995. Republ. em *Informativo Consulex*, ano IX nº 8, p. 240, Brasília, Consulex, fev. 1995; em *ADV. Advocacia Trabalhista, Seleções Jurídicas*, p. 17, Rio de Janeiro, Coad, abr. 1995; e em *Informativo Dinâmico IOB*, ano XIX, nº 58, p. 787, ago. 1995.

23 – Contrato de aprendizagem. *Jornal Trabalhista*, ano XII, nº 547, p. 268, Brasília, Consulex, mar. 1995. Republ. em *Informativo Consulex*, ano IX, nº 11, p. 324, Brasília, Consulex, mar. 1995; em *Revista do Direito Trabalhista*, nº 4, p. 46, Brasília, Consulex, abr. 1995; e em *Revista Consultoria Trabalhista*, ano XXX, p. 70, Rio de Janeiro, Coad, fev. 1996.

24 – A atual legitimação sindical anômala ou extraordinária: ampla, total e irrestrita. *ADT, Advocacia Trabalhista*, ano XXIX, p. 156, Rio De Janeiro, Coad, abr. 1995. Republ. em *ADV, Advocacia Dinâmica*, ano 15, p. 150, Rio de Janeiro, Coad, abr. 1995; em *Revista Nossos Tribunais, Jurisprudência Selecionada*, ano 4, p. 314, abr. 1995; e em *Jornal Trabalhista*, ano XIII, nº 590, p. 84, Brasília, Consulex.

25 – A greve na ordenação jurídica positiva brasileira. *Jornal Trabalhista*, ano XII, nº 552, p. 394, Brasília, Consulex, abr. 1995. Republ. em *Informativo Consulex*, ano IX, nº 16, p. 475, Brasília, Consulex; e em *ADT, Advocacia Trabalhista*, ano XXIX, p. 137, Rio de Janeiro, Coad, abr. 1995.

26 – Da equiparação salarial. *Revista do Direito Trabalhista*, nº 3, p. 63, Brasília, Consulex, mar. 1995. Republ. em *jornal trabalhista*, ano XII, n. 554, p. 445, Brasília, Consulex, maio 1995.

27 – Uso alternativo do Direito do trabalho. *Repertório IOB de Jurisprudência*, nº 9/95, Texto 2/10055, p. 121, São Paulo, IOB, 1ª quinz. maio 1995.

28 – Da petição inicial. *Jornal Trabalhista*, ano XII, nº 556, p. 502, Brasília, Consulex, maio 1995.

29 – Do novo recurso extraordinário no processo trabalhista à luz da Lei 8.950/94. *Jornal Trabalhista*, ano XII, nº 558, p. 544, Brasília, Consulex, maio 1995. Republ. em *ADT, Advocacia Trabalhista*, ano XXIX, p. 239, Rio de Janeiro, Coad, jun.; e em IOB *Informativo Dinâmico*, ano XIX, n. 43, p. 587, São Paulo, IOB, jun. 1995.

30 – Paralelo entre a nova liquidação de sentença no processo civil e trabalhista. *Jornal Trabalhista*, ano XII, n° 559, p. 577, jun. 1995. Republ. em *Informativo Consulex*, ano IX, n° 23, p. 682, Brasília, Consulex, jun. 1995.

31 – Nulidades no processo trabalhista. Jornal Trabalhista, ano XII, n° 564, p. 720, Brasília, Consulex, jul. 1995. Republ. em *Informativo Dinâmico IOB*, ano XIX, n° 40, p. 543, São Paulo, IOB, jun. 1995.

32 – O trabalho do menor na ordenação jurídica positiva. *Revista do Direito Trabalhista*, n° 5, p. 49, Brasília, Consulex, maio 1995. Republ. em *ADT, Advocacia Trabalhista*, ano XXIX, n° 26, p. 269, Rio de Janeiro, Coad, jul. 1995.

33 – Os efeitos da revelia quando revel for a Fazenda Pública. *Revista LTr*, 59-05/635, São Paulo, maio 1995. Republ. em *Jornal Trabalhista*, ano XIII, n° 589, p. 56, Brasília, Consulex.

34 – O recurso de revista na Justiça do trabalho: importantes observações. *Jornal Trabalhista*, ano XII, n° 560, p., Brasília, Consulex, jun. 1995.

35 – Breves considerações acerca do ato jurídico processual trabalhista à luz da Lei n° 8.951/94 que alterou o CPC. *Revista do Direito Trabalhista*, n. 6, p. 52, Brasília, Consulex, jun. 1995.

36 – Princípios norteadores do sistema recursal trabalhista. *Jornal Trabalhista*, ano XII, n° 561, p. 635, Brasília, Consulex, jun. 1995. Republ. em *Informativo Dinâmico IOB*, ano XIX n° 41, p. 557, São Paulo, IOB, jun. 1995.

37 – O instituto da estabilidade no atual Direito positivo. *Jornal Trabalhista*, ano XII, n° 563, p. 692. Brasília, Consulex, jul. 1995. Republ. em *Informativo Dinâmico IOB*, ano XIX, n° 59, São Paulo, IOB, ago. 1995.

38 – Os recursos de embargos perante o TST: algumas observações. ADT, *Advocacia Trabalhista*, ano XXIX, n° 28, p. 312, Rio de Janeiro, Coad, jul. 1995. Republ. em *ADV, Advocacia Dinâmica*, ano 15, n° 26, p. 281, Rio de Janeiro Coad; e em *Jornal Trabalhista*, ano XIII, n° 596, p. 250, Brasília, Consulex.

39 – Os novos embargos declaratórios na Justiça do trabalho à luz da Lei 8.950/94. *Revista do Direito Trabalhista*, n° 7, p. 62, Brasília, Consulex, jun. 1995. Replubl. em *Informativo Dinâmico IOB*, ano XIX, n° 44, p. 596. São Paulo, IOB, jun. 1995.

40 – Princípios gerais do Direito processual do trabalho. *Informativo Dinâmico IOB*, ano XIX, n° 53, Encarte Especial, São Paulo, IOB, jul. 1995.

41 – O assédio sexual para com a mulher trabalhadora e o consequente pedido de indenização por danos morais. *Revista do Direito Trabalhista*, n. 8, p. 39, Brasília, Consulex, ago. 1995. Republ. em *Repertório IOB de Jurisprudência*, nº 17/1995, p. 240, São Paulo, IOB, 1º quinz. set. 1995.

42 – Maternidade e paternidade: proteção jurídica. *Jornal Trabalhista*, ano XII, nº 569, p. 848, Brasília, Consulex, ago. 1995. Republ. em *Informativo Dinâmico IOB*, ano XIX, nº 80, São Paulo, IOB.

43 – O trabalho feminino na ordenação jurídica positiva brasileira: rápido bosquejo. RDT, *Revista do Direito Trabalhista*, nº 9, p. 51, Brasília, Consulex, set. 1995. Republ. em *Informativo Dinâmico IOB*, ano XIX, n. 73, Encarte Especial, São Paulo, IOB.

44 – O recurso ordinário no processo trabalhista à luz das Leis 8.950/94 e 8.952/94: breve enfoque. ADV, *Advocacia Dinâmica, Seleções Jurídicas*, p. 11, Rio de Janeiro, Coad, ago. 1995. Republ. em *Jornal Trabalhista*, ano XIII, nº 594, p. 196, Brasília, Consulex.

45 – Algumas reflexões sobre o aviso prévio. *Jornal Trabalhista*, ano XII, nº 583, Brasília, Consulex, nov. 1995.

46 – Breves considerações acerca da organização sindical no Brasil. *Jornal Trabalhista*, ano XIII, nº 602, p. 417, Brasília, Consulex.

47 – O Direito do trabalho e seus princípios. *Jornal Trabalhista*, ano XII, nº 582, p. 1.194, Brasília, Consulex, nov. 1995.

48 – O recurso adesivo no processo trabalhista à luz da Lei 8.950/94: sumário de um instante. *Jornal Trabalhista*, ano XII, p. 1.320, Brasília, Consulex. Republ. em *Revista Consultoria Trabalhista*, ano XXX, p. 13, Rio de Janeiro: Coad, jan. 1996.

49 – A preconizada igualdade jurídica entre homens e mulheres: realidade ou ficção. *Jornal Trabalhista*, ano, XII, nº 570, p. 871, Brasília, Consulex, ago. 1995. Republ. em *Informativo Dinâmico IOB*, ano XIX, nº 78, São Paulo, IOB.

50 – O instituto da correição parcial no processo do trabalho: breves considerações. *ADT, Advocacia Trabalhista*, ano XXIX, nº 34, p. 368, ago. 1995.

51 – O princípio da irrenunciabilidade dos direitos do obreiro. *Jornal Trabalhista*, ano XII, nº 587, p. 1.348. Brasília, Consulex.

52 – Do repouso anual remunerado: algumas reflexões. *Jornal Trabalhista*, ano XIII, nº 585, p. 1.292, Brasília, Consulex.

53 – O princípio da proteção ao obreiro. *Jornal Trabalhista*, ano XII, nº 584, p. 1.247, Brasília, Consulex.

54 – O recurso de agravo de instrumento no processo trabalhista: breve enfoque. *Jornal Trabalhista*, ano XII, nº 572, p. 940, Brasília, Consulex, set. 1995. Republ. em *Informativo Dinâmico IOB*, ano XIX, nº 66, Encarte Especial. São Paulo, IOB, set. 1995; e em *Revista Trabalho e Processo*, nº 7, São Paulo: Saraiva, p. 11-1, dez. 1995.

55 – A alienação judicial de bens penhorados no processo civil e trabalhista: similitudes e dessemelhanças. *Jornal Trabalhista*, ano XII, nº 581, p. 1.166, Brasília, Consulex. Republ. em *Informativo Consulex*, ano IX, nº 45, p. 1.314, Brasília, Consulex; em *Informativo Dinâmico IOB*, ano XX, n. 2, p. 31, São Paulo, IOB; e em *Revista Trabalho e Doutrina (Processo e Jurisprudência)*, nº 8, São Paulo, Saraiva, p. 100, mar. 1996.

56 – O fenômeno da terceirização. *Jornal Trabalhista*, ano XII, nº 600, p. 358, Brasília, Consulex. Republ. em *Revista LTr*, p. 60-02/197, fev. 1996; e em *Informativo Advocacia Trabalhista*, nº 18, p. 272, Rio de Janeiro, Coad, 10 maio 1998.

57 – O novo recurso de agravo de instrumento no processo trabalhista à luz da Lei nº 9.139 de 30.11.95 que alterou o CPC. *Jornal Trabalhista*, ano XIII, nº 591/2, p. 116 e 148, Brasília, Consulex. Republ. em *Revista Gênesis do Direito do Trabalho*, nº 39, p. 336, mar. 1996; e em *Informativo Dinâmico IOB*, ano XX, nº 26, p. 387, São Paulo, IOB.

58 – Os novos embargos infringentes à luz da Lei 8.950/94. In: DINIZ, José Janguiê Bezerra (coord.). *Estudo do Direito processual trabalhista, civil e penal*. Brasília: Consulex, 1996, p. 254/266. Republ. em *Revista da Esmape* (Escola Superior da Magistratura do Estado de Pernambuco), p. 310-338, nov. 1996.

59 – Os recursos na ação mandamental. *Jornal O Judiciário*, nº 2.

60 – Formas de solução dos conflitos trabalhista no Brasil. *Repertório IOB de Jurisprudência*, nº 1/97, p. 3/12.008, São Paulo: IOB, jan. 1997. Republ. em *Revista da Esmape* (Escola Superior da Magistratura do Estado de Pernambuco), nº 3, p. 287/310, nov. 1996.

61 – Princípios constitucionais do processo. *Revista da Esmape* (Escola Superior da Magistratura de Pernambuco), nº 4. Republ. em *Revista Trabalho & Doutrina*, nº 13, p. 104-123, São Paulo, Saraiva, jun. 1997; em *Revista dos Tribunais*, ano 86, v. 739, p. 731-752, maio 1997; em *Informativo Consulex*, ano XI, ns. 40 e 41, Brasília, Consulex, p. 1.053 (1.095), out. 1997; em *Jornal Trabalhista*, ano XIX, ns. 679 e 680, p. 1.043 (1.065), Brasília, Consulex, 6 out. 1997; e em *Revista Synthesis*, nº 26/1898, p. 65.

62 – Arbitragem como forma de solução dos conflitos trabalhistas no Brasil. *Jornal Trabalhista*, ano XIV, nº 667, p. 469-471. Brasília, Consulex, 5 maio 1997. Republ. em *Informativo Consulex*, ano XI, nº 18, p. 462-465, 5 maio 1997; em *Revista do Direito Trabalhista*, nº 5, p. 11-15, Brasília, Consulex, maio 1997; e em *Revista Trabalho & Doutrina*, nº 14, p. 62- 69, São Paulo, Saraiva, set. 1997.

63 – Sentenças que alimentam ação rescisória. *Revista do Direito Trabalhista*, n. 3, p. 18-23, Brasília, Consulex, mar. 1997.

64 – Rescisória de violação de lei e princípios gerais do Direito, Parte I. *Jornal Trabalhista*, ano XIV, nº 664, p. 634-636, Brasília, Consulex, 23 jun. 1997. Republ. em *Informativo Consulex*, ano XI, nº 25, p. 656-658, Brasília, Consulex, 23 jun. 1997.

65 – Rescisória de violação de lei e princípios gerais do Direito. Parte final. *Jornal Trabalhista*, ano XIV, nº 665, p. 663-664, Brasília, Consulex, 30 jun. 1997. Republ. em *Informativo Consulex*, ano XI, nº 26, p. 685/6, Brasília, Consulex, 30 jun. 1997.

66 – Rescisória de sentença que afronta coisa julgada. *Revista Jurídica Consulex*, ano I, nº 3, p. 43-44, Brasília, Consulex, mar. 1997.

67 – Legitimados para proporem ação rescisória dos julgados. *Jornal Trabalhista*, ano XIV, nº 656, p. 444-446, Brasília, Consulex, 28 abr. 1997. Republ. em *Informativo Consulex*, ano XI, nº 17, p. 440-442. Brasília, Consulex, 28 abr. 1997.

68 – Breves considerações acerca do recurso especial. *Revista Jurídica Consulex*, ano I, nº 5, p. 56-67, Brasília, Consulex, maio 1997.

69 – A ação injuntiva na ordenação jurídica brasileira. Parte I. *Jornal Trabalhista*, ano XIX, nº 662, Brasília, Consulex, p. 584-588, 9 jun. 1997. Republ. em *Informativo Consulex*, ano XI, nº 23, p. 602-604, Brasília, Consulex, 9 jun. 1997.

70 – A ação injuntiva na ordenação jurídica brasileira. Parte Final. *Jornal Trabalhista*, ano XIV, nº 663, Brasília, Consulex, p. 609-611, 16 jun. 1997. Republ. em *Informativo Consulex*, ano XI, nº 24, Brasília, Consulex, p. 627-629, 16 jun. 1997; e em *Estudos de Direito do trabalho e processo do trabalho em homenagem a J. L. Ferreira Prunes*. São Paulo: LTR, 1997, p. 106-120.

71 – Declaração incidental de inconstitucionalidade de lei. *Revista Jurídica Consulex*, ano I, nº 9, p. 58-59, Brasília, Consulex, 30 set. 1997. Republ. em *Informativo Dinâmico IOB*, ano XXI, ed. 73, p. ID 73/97-3, São Paulo, IOB, 13 out. 1997; e em *Informativo Consulex*, ano XI, nº 42, p. 1.121, 20 out. 1997.

72 – O valor da Justiça. *Revista da Escola Superior da Magistratura de Pernambuco (Esmape)*, n° 6, p. 301-360, out.-dez. 1997.

73 – Globalização e Justiça do trabalho. *Repertório IOB de Jurisprudência*, n° 3/98, p. 63-69, 1ª quinz. fev. 1998.

74 – A terceirização e o Direito do trabalho. *RDT, Revista do Direito Trabalhista*, n° 5, ano 4, maio 1998, p. 25-36, Brasília, Consulex. Republ. em *Revista Trabalho & Doutrina – Processo e Jurisprudência* (dir. Valentin Carrion), n° 21, p. 3, São Paulo, Saraiva, jun. 1999. Republ. em SCAFF, Fernando Facury (coord.). *Ordem econômica e social: estudos em homenagem a Ary Brandão de Oliveira*. São Paulo: LTR, 1999, p. 242.

75 – O mandado de segurança. *Jornal Trabalhista*, ano XV, n° 719, p. 764. Brasília, Consulex, 20 jul. 1998. Republ. em *Informativo Consulex*, ano XII, n° 29, p. 838, 20 jul. 1998.

76 – Perspectivas da Justiça do trabalho numa sociedade globalizada. *Jornal Trabalhista*, ANO XV, n° 724, p. 922, Brasília, Consulex, 24 ago. 1998. Republ. em *Revista da Esmape*, n° 7, p. 481-500, Recife, jan.-jun. 1998.

77 – Do contrato por prazo determinado (temporário). *Repertório IOB de Jurisprudência*, n° 18/98, Caderno 2, p. 389, São Paulo, IOB, 2ª quinz. set. 1998. Republ. em *Jornal Trabalhista*, ano XV, n° 736, p. 1.269, 16 nov. 1998; em *Revista Trabalho e Doutrina*, n° 19, p. 82-90, São Paulo, Saraiva, dez. 1998; e em *Revista do TRT da 6ª Região*, v. 10, n° 26, p. 30-41, Recife, 1998.

78 – A nova sistemática recursal trabalhista de acordo com a Lei 9.766 de 17.12.98. Parte I. *Informativo Jurídico In Consulex*, ano XIII, ns. 1, p. 3-6, 11 de jan. 1999, e 2, p. 8-13, 18 jan. 1999, Brasília, Consulex. Republ. em *JTB, Jornal Trabalhista Consulex*, ano XVI, ns. 742, p. 3-6, 11 jan. 1999; e 743, p. 5-11, 18 jan. 1999.

79 – A nova sistemática recursal trabalhista de acordo com a Lei 9.766 de 17.12.98. Parte II. *Informativo Jurídico In Consulex*, ano XIII, n° 2, p. 8-13, Brasília, Consulex, 18 jan. 1999. Republ. em *JTB, Jornal Trabalhista Consulex*, ano XVI, n° 743, p. 5-11, Brasília, Consulex, 18 jan. 1999. Republ. em *Revista Jurídica Consulex*, Leis & Decisões, ano III, v. II, n° 25, 31 jan. 1999. Republ. em *RDT, Revista Jurídica, Revista do Direito Trabalhista*, ano 5, n° 1, jan. 1999. Republ. em *Revista Genesis de Direito do Trabalho*, n° 78, p. 858, jun. 1999.

80 – A nova sistemática recursal brasileira. *Revista Jurídica Consulex*, Leis e Decisões, ano III, v. II, n° 25, 31 jan. 1999.

81 – Pagamento de dívidas trabalhistas com títulos da dívida pública. *Jornal do Direito, Informativo do Bureau Jurídico*, ano 2, nº 4. Republ. em *Revista Jurídica Trabalho & Doutrina*, nº 20, p. 99-110, São Paulo, Saraiva, mar. 1999; e em *Revista Jurídica LTr*, ano 63, p. 333 (63/03/333), mar. 1999.

82 – O recurso extraordinário à luz da Lei 9.756, de 17.12.98. *Repertório IOB de Jurisprudência*, nº 5/99, p. 121-129, 1ª quinz. mar. 1999.

83 – Competência da Justiça do trabalho para execução de termo de compromisso firmado perante o Ministério Público. *Informativo Jurídico In Consulex*, ano XIII, nº 12, Brasília, 22 mar. 1999. Republ. em *Repertório IOB de Jurisprudência*, nº 16/1999, 2ª quinz. ago. 1999.

84 – O recurso especial após a Lei 9.756 de 17/12/98. *Repertório IOB de Jurisprudência*, nº 6/1999, p. 3/15.381, 2ª quinz. mar. 1999.

85 – O agravo de instrumento de acordo com a Lei 9.756/98. *Jornal Trabalhista*, ano XVI, nº 762, Brasília, p. 16-762/15, 16-762/20, 31 maio 1999. Republ. em *Revista Trabalho & Doutrina* (dir. Valentin Carrion), Processo, Jurisprudência, nº 22, São Paulo: Saraiva, set. 1999.

86 – O Ministério Público do Trabalho. *JTB, Jornal Trabalhista Consulex*, ano XVI, nº 759, p. 16-759-8, 10 maio 1999

87 – O recurso de revista após a Lei 9.756/98. *Repertório IOB de Jurisprudência*, nº 18/1999, p. 2/15.235, 2ª quinz. set. 1999.

88 – Evolução e importância da Escola Jurídica do Recife. *Diário de Pernambuco*, Cad. Vida Urbana, 8 out. 1999.

89 – Limitação de dirigentes sindicais. *Repertório IOB de Jurisprudência*, 2ª quinz. out. 1999, nº 20/1999, TEXTO 2/1.549. Republ. em *Suplemento Trabalhista LTr*, nº 152/1999, p. 805.

90 – Revogação de normas processuais através de medidas provisórias. *Suplemento Trabalhista LTR* nº 152/1999, p. 805.

91 – Evolução dos cursos jurídicos no Brasil. *Diário de Pernambuco; Jornal do Commercio.*

92 – Embargos declaratórios. *Revista Prática Jurídica*, ano I, nº 5, p. 34-37, Brasília, Consulex, 31 ago. 2002. Republ. em *Revista do Direito Trabalhista*, ano 9, nº 3, p. 3-5, Brasília, Consulex, 3 mar. 2003.

93 – Do agravo regimental e dos embargos. *Revista do Direito Trabalhista*, ano 9, nº 9, p. 20-23, Brasília, Consulex, set. 2003.

94 – Ação de cumprimento. *Prática Jurídica*, ano II, nº 19, Brasília, Consulex, p. 46-51, 31 out. 2003.

95 – Ação anulatória e a atuação do Ministério Público do Trabalho. *Revista Jurídica Consulex*, ano VII, nº 165, p. 24-35, Brasília, Consulex, 30 nov. 2003.

96 – A efetividade do processo como instrumento de cidadania. *Revista Jurídica Consulex*, ano V, nº 155, p. 40-44, Brasília, Consulex, 30 jun. 2003. Republ. em *RBDC, Revista Brasileira de Direito Constitucional, Revista do Programa de Pós-Graduação* Lato Sensu *em Direito Constitucional*, Escola Superior de Direito Constitucional (ESDC), nº 4, p.17-23, jul.-dez. 2004.

97 – Agravo de petição, *Revista Prática Jurídica*, ano II, nº 24, p. 30-45, mar. 2004. Republ. em *Revista Prática Jurídica*, ano IV, nº 38, p. 52-55, maio 2005. Republ. em *Revista RDT*, ano 11, nº 6, p. 24-29, jun. 2005.

98 – Atuação do Ministério Público do trabalho como árbitro nos dissídios individuais de competência da Justiça do trabalho. *Revista Consulex*, ano VIII, nº 175, p. 7-11, 30 abr. 2004.

99 – Ação civil pública, Parte I. *Revista de Prática Jurídica*, ano II, nº 25, p. 30-45, abr. 2004. Republ. em *RDT*, ano 10, nº 12, Consulex, Brasília, DF, dez. 2004. Ação civil pública, Parte II. *Revista Prática Jurídica*, ano II, nº 26, p. 40-50, maio 2004; Ação civil pública, Parte Final. *Revista Prática Jurídica*, ano II, p. 56-62, jun. 2004.

100– Recursos trabalhistas e seus efeitos. *Revista Prática Jurídica*, ano IV, nº 34, p. 52-54, Brasília, Consulex, jan. 2005. Republ. em *RDT, Revista do Direito Trabalhista*, ano 11, nº 2, p. 20-21, Brasília, Consulex, fev. 2005.

101– Correição parcial, *Revista Prática Jurídica*, ano IV, nº 35, p. 56-58, Brasília, Consulex, fev. 2005. Republ. em *RDT, Revista do Direito Trabalhista*, ano 11, nº 5, p. 30-32, maio 2005.

102– Do agravo no processo trabalhista. *Prática Jurídica*, ano IV, nº 36, p. 52-57, 31 mar. 2005. Republ. em *RDT, Revista do Direito Trabalhista*, ano 11, nº 3, p. 34-38, mar. 2005.

103– Do recurso de embargos perante a Justiça do trabalho (infringentes, divergência e nulidade). *RDT, Revista do Direito Trabalhista*, ano 11, n. 4, p. 27-31, Brasília, Consulex, abr. 2005. Republ. em *Revista Prática Jurídica*, ano IV, nº 37, p. 54-57, 30 abr. 2005.

104– O Ministério Público no Direito comparado. Col. Bureau Jurídico, v. VII: Direito e Relações Internacionais, p. 213-249.

105– Evolução histórica do Ministério Público. *Revista Jurídica Consulex*, ano IX, nº 200, p. 12-13, 15 maio 2005.

106– O Ministério Público no Direito estrangeiro (França). *Revista Jurídica Consulex*, ano IX, nº 203, p. 13, 30 jun. 2005.

107– Pedido de providência perante os tribunais trabalhistas. *Revista Prática Jurídica*, ano IV, nº 39, p. 58-60, 30 jun. 2005. Republ. em *RDT, Revista do Direito Trabalhista*, ano 11, nº 8, p. 26-28, ago. 2005.

108– Recurso adesivo. *Revista Prática Jurídica*, ano IV, nº 42, p. 53-55, 30 set. 2005.

109– Liberdade: arma de um Estado democrático. *Revista Jurídica Consulex*, ano IX, nº 209, p. 31, 30 set. 205.

110– A escola privada e a lei do calote. *Revista Jurídica Consulex*, ano IX, nº 213, p. 50-51, 30 nov. 2005.

111– A derrota do leviatanismo burocrático. *Revista Jurídica Consulex*, ano IX, nº 212, p. 35, 15 nov. 2005.

112– Recurso de revisão de valor de alçada perante a Justiça do trabalho. *Revista do Direito Trabalhista*, ano 11, nº 11, p. 10-23, nov. 2005.

113– Será o fim do messianismo político? *Revista Jurídica Consulex*, ano X, nº 217, p. 17, 31 jan. 2006.

114– Agravo de instrumento no processo trabalhista, Parte II. *Revista de Direito Trabalhista*, ano V, nº 47, p. 54-60, 28 fev. 2006.

115– Podemos lá ficar americanizados? *Revista Aprender*, ano 5, nº 1, p. 73, jan.-fev. 2006. Republ. em *Revista Jurídica Consulex*, ano X, nº 222, p. 16, 15 abr. 2006.

116– Recurso de revista, Parte I. *Revista Prática Jurídica*, ano V, nº 49, p. 53-58, 30 abr. 2006.

117– Uma homenagem a Miguel Reale. *Revista Jurídica Consulex*, ano X, nº 224, p. 43, 15 maio 2006.

118– Recurso de revista, Parte II. *Revista Prática Jurídica*, ano V, nº 50, p. 59-62, 31 maio 2006.

119– Decreto-ponte: a transição para a reforma do ensino superior. *Revista Gestão Universitária*, nº 95, 17 maio 2006.

120– Violência x educação. *Revista Gestão Universitária*, ed. 98.

121– Recurso de revista, Parte III. *Revista Prática Jurídica*, ano V, nº 51, p. 57-61, 30 jun. 2006.

122– Decreto-ponte: a transição para a reforma do Ensino Superior. *L&C Revista de Administração Pública e Política*, ano IX, nº 97, p. 24, jul. 2006.

123– Educação: bem público ou direito das pessoas? *L&C Revista de Administração Pública*, ano IX, nº 99, p. 7-8, set. 2006.

124– O desafio da educação. *L&C Revista de Administração Pública e Política*, ano IX, nº 101, p. 27, nov. 2006.

125– Posição paritária do Conselho Nacional de Educação (CNE). *L&C, Revista de Administração Pública e Política*, ano IX, nº 92, p. 31, fev. 2006.

126– Faculdades "não recomendam". *Revista Jurídica Consulex*, ano XI, nº 242, p. 46-47, 15 fev. 2007.

127– Por uma educação pluralista. *L&C, Revista de Administração Pública e Política*, ano X, nº 104, p. 43, fev. 2007.

128– Pesquisa e desenvolvimento. *Revista linha direta (educação por escrito)*, ano 10, p. 16-17, mar. 2007.

129– Educação superior para os índios. *L&C, Revista de Administração Pública e Política*, ano X, nº 10, p. 407, maio 2007.

130– Ilegalidade da Portaria MEC nº 147/07. *L&C Revista de Administração Pública e Política*, ano X, nº 109, p. 44, jul. 2007.

131– Gênero, educação e trabalho. *RDT, Revista do Direito Trabalhista*, ano 13, nº 8, p. 11, ago. 2007.

132– Cartografia do mundo contemporâneo. *Prática Jurídica*, ano VI, nº 69, p. 8-9, 31 dez. 2007.

ARTIGOS PUBLICADOS EM JORNAIS DE CIRCULAÇÃO NACIONAL

1 – Empregado doméstico. *Diário de Pernambuco*, 14/05/1996.

2 – Assédio sexual. *Diário de Pernambuco*, 13/02/1998.

3 – A importância da Escola Jurídica do Recife na evolução dos cursos jurídicos no Brasil. *Diário de Pernambuco*, 25/03/1999.

4 – Estatização de vagas. *Diário de Pernambuco*, 28/02/2004.

5 – Reforma universitária. *Diário de Pernambuco*, 12/02/2004.

6 – Faculdades: vagas ociosas. *Diário de Pernambuco*, 27/02/2004.

7 – Políticas para o ensino superior privado. *Diário de Pernambuco*, 18/03/2004.

8 – Cursos de Direito. *Diário de Pernambuco*, 27/03/2004.

9 – Currais geoeducacionais. *Diário de Pernambuco*, 15/04/2004.

10 – Arbitragem ministerial. *Diário de Pernambuco*, 20/04/2004.

11 – Cotas no ensino superior. *Diário de Pernambuco*, 02/05/2004.
12 – O novo Provão. *Diário de Pernambuco*, 13/05/2004.
13 – Concluir curso superior, um grande negócio. *Diário de Pernambuco*, 20/05/2004.
14 – Sugestões à reforma universitária. *Diário de Pernambuco*, 02/07/2004.
15 – Avaliação e mérito pessoal. *Diário de Pernambuco*, 31/08/2004.
16 – Movimento estudantil e reforma universitária. *Diário de Pernambuco*, 10/09/2004.
17 – As esquerdas e a satanizacão do Estado mínimo. *Diário de Pernambuco*, 10/11/2004.
18 – Desconstruindo a reforma. *Diário de Pernambuco*, 17/12/2004.
19 – Reforma universitária. *Diário de Pernambuco*, 05/05/2005.
20 – As falácias da Medida Provisória 232. *Diário de Pernambuco*.
21 – Liberdade: arma de um Estado democrático. *Diário de Pernambuco*, 18/03/2005.
22 – Livre iniciativa no ensino superior. *Diário de Pernambuco*, 01/04/2005.
23 – Reforma universitária fragmentada. *Diário de Pernambuco*, 14/04/2005.
24 – Ciência, religião e verdade. *Diário de Pernambuco*, 20/04/2005.
25 – Reforma universitária. *Diário de Pernambuco*, 05/05/2005.
26 – Proteção aos direitos humanos. *Diário de Pernambuco*, 12/05/2005.
27 – Reforma universitária. *Diário de Pernambuco*, 15/06/2005.
28 – Educação pública, gratuita e de qualidade. *Diário de Pernambuco*, 02/06/2005.
29 – A efetividade do processo. *Diário de Pernambuco*, 27/05/2005. Republ. em 24/06/2005.
30 – Será o fim do messianismo político? *Diário de Pernambuco*, 09/08/2005.
31 – Escolas privadas e a lei do calote. *Diário de Pernambuco*, 21/10/2005.
32 – Paridade no Conselho Nacional de Educação. *Diário de Pernambuco*, 26/01/2006.
33 – Uma homenagem a Miguel Reale. *Diário de Pernambuco*.
34 – Transição para a reforma do ensino superior. Diário de Pernambuco.
35 – Violência x educação. *Diário de Pernambuco*, 06/06/2006.
36 – Reforma do ensino superior: um projeto condenado ao limbo. *Diário de Pernambuco*, 24/06/2006.
37 – Reminiscências (Copa). *Diário de Pernambuco*, 12/07/2006.

38 – Por uma educação pluralista. *Diário de Pernambuco*, 30/07/2006.
39 – Esporte x educação. *Diário de Pernambuco*, 18/08/2006.
40 – Invasão de competência. *Diário de Pernambuco*, 28/08/2006.
41 – Afronta ao princípio da legalidade. *Diário de Pernambuco*, 05/09/2006.
42 – Educação: bem público ou direito de todos? *Diário de Pernambuco*, 15/09/2006.
43 – Reforma do ensino superior e livre iniciativa. *Diário de Pernambuco*, 29/09/2006.
44 – Era uma vez uma crônica. *Jornal do Commercio*, 30/09/2006.
45 – Cartografia da Fundição Capunga. *Jornal do Commercio*, 05/10/2006.
46 – Educação e responsabilidade social. *Diário de Pernambuco*, 10/10/2006.
47 – Gratuidade do ensino público. *Diário de Pernambuco*, 24/10/2006.
48 – Um ato inconstitucional. *Jornal do Commercio*, 24/10/2006.
49 – O desafio da educação. *Jornal de Brasília*, 23/10/2006.
50 – Politizar *x* partidarizar. *Folha de Pernambuco*, 03/11/2006.
51 – Educação, saúde e ética. *Diário de Pernambuco*, 09.11/2006.
52 – Ensino público pago. *Jornal do Commercio*, Opinião, 18/11/2006.
53 – A educação na sociedade do conhecimento. *Diário de Pernambuco*, 22/11/2006.
54 – Ética e formação profissional. *Folha de Pernambuco*, 22/11/2006.
55 – Desigualdades raciais, escolaridade e mercado de trabalho. *Diário de Pernambuco*, 07/12/2006.
56 – Friedman, educação e Prouni. *Jornal do Commercio*, 9/12/2006.
57 – Empreendedorismo ético. *Diário de Pernambuco*, 21/12/2006.
58 – Capacidade empreendedora. *Jornal do Commercio*, 03/01/2007.
59 – A arte de empreender. *Diário de Pernambuco*, 06/01/2007.
60 – Faculdades contra o tráfico. *Folha de Pernambuco*, 07/01/2007.
61 – Faculdades não recomendam. *Jornal do Commercio*, 03/02/2007.
62 – Evasão na educação superior. *Folha de Pernambuco*, 06/02/2007.
63 – Ensino superior mais acessível. *Diário de Pernambuco*, 10/02/2007.
64 – Superchaves contra a humanidade. *Jornal do Commercio*, 24/02/2007.
65 – Educação e aquecimento global. *Diário de Pernambuco*, 15/03/2007.
66 – Educação e acessibilidade. *Jornal do Commercio*, 22/03/2007.
67 – Ensino a distância. *Jornal do Commercio*, 29/03/2007.

68 – Plano de Desenvolvimento da Educação. *Diário de Pernambuco*, 30/03/2007.
69 – Ilegalidade da Portaria MEC 147/2007. *Diário de Pernambuco*, 12/04/2007.
70 – Irretroatividade dos efeitos da Portaria MEC 147/2007. *Diário de Pernambuco*, 28/04/2007.
71 – Gênero, educação e trabalho. *Jornal do Commercio*, 30/04/2007.
72 – Educação superior para os índios. *Diário de Pernambuco*, 21/05/2007.
73 – Paridade de representação. *Jornal do Commercio*, 30/05/2007.
74 – A reforma do Judiciário e a teoria processual no contexto da crise política. *Folha de Pernambuco*, 01/06/2007.
75 – Reforma do Estado. *Folha de Pernambuco*, 07/06/2007.
76 – Cartografia do mundo contemporâneo I. *Diário de Pernambuco*, 19/06/2007.
77 – O sofisma do Enade. *Jornal do Commercio*, 23/06/2007.
78 – A educação no contexto da sociedade em redes. *Folha de Pernambuco*, 18/06/2007. Republ. com o título Educação e a sociedade em *Folha do Maranhão*, 24/06/2007.
79 – Cartografia do mundo contemporâneo II. *Diário de Pernambuco*, 04/07/2007.
80 – As novas fronteiras da educação. *Folha de Pernambuco*, 09/07/2007.
81 – Mais violência, menos educação. *Diário de Pernambuco*, 18/07/2007.
82 – Pedagogia da libertação. *Jornal do Commercio*, 20/07/2007.
83 – Avaliação do ensino superior. *Folha de Pernambuco*, 09/07/2007.
84 – O retorno de um paraibano. *Correio da Paraíba*, 27/07/2007. Republ. em *Folha de Pernambuco*, 17/08/2007.
85 – Corrida pela inovação. *Diário de Pernambuco*, 04/08/2007.
86 – Nunca é tarde demais para estudar. *Jornal do Commercio*, 18/08/2007. Republ. em *Diário de Pernambuco*, 19/08/2007.
87 – Umanova Casa de Cultura na Paraíba. *Folha de Pernambuco*, 03/09/2007.
88 – A catarse alienante da classe média. *Diário de Pernambuco*, 05/07/2007.
89 – Pan e Parapan. *Jornal do Commercio*, 17/09/2007.
90 – Dignidade da pessoa humana e direitos fundamentais. *Folha de Pernambuco*, 12/10/2007.

91 – Empreendedorismo e avanço da ciência. *Diário de Pernambuco*, 24/10/2007.

92 – O PAC e o combate ao fumo. *Jornal do Commercio*, 25/10/2007.

93 – Conceito máximo para a Capes. *Correio da Paraíba*, 04/11/2007. Republ. em *Diário de Pernambuco*, 09/11/2007.

94 – Onde fica o Brasil? *Folha de Pernambuco*, 22/11/2007.

95 – Reforma tributária: por um país mais competitivo. *Diário de Pernambuco*, 25/11/2007.

96 – Ministério Público: Quarto Poder? *Folha de Pernambuco*, 04/12/2007.

97 – Educação e crescimento econômico. *Jornal do Commercio*, 08/12/2007.

98 – Em defesa da liberdade. *Diário de Pernambuco*, 11/12/2007.

99 – Eis a verdade de "os fatos". *Jornal do Commercio*, 15/12/2007.

100 – Meritocracia educacional. *Jornal do Commercio*, 19/12/2007.

101 – Desigualdade educacional no Brasil. *Diário de Pernambuco*, 03/01/2008.

102 – Professor não é herói. *Jornal do Commercio*, 11/01/2008.

103 – Desigualdade educacional no Brasil. *Diário de Pernambuco*, 30/01/2008.

104 – A cultura de adoração à pobreza. *Jornal do Commercio*, 23/02/2008. Republ. em *Diário de Pernambuco*, 24/02/2008.

105 – Evolução histórica do Ministério Público. *Folha de Pernambuco*, 24/02/2008.

106 – Contrastes do vestibular. *Diário de Pernambuco*, 11/03/2008.

107 – Xucurus rumo à universidade. *Diário de Pernambuco*, 09/04/2008.

108 – Ignorância prejudica. *Jornal do Commercio*, 11/04/2008.

109 – Sociedade do trabalho x desemprego, Parte I. *Folha de Pernambuco*, 22/04/2008.

110 – Sociedade do trabalho x desemprego, Parte II. *Folha de Pernambuco*, 24/04/2008.

111 – Administração e desenvolvimento econômico, Parte I. *Folha de Pernambuco*, 02/05/2008.

112 – Educação básica é mais urgente. *Diário de Pernambuco*, 03/05/2008.

113 – Administração e desenvolvimento econômico, parte II. *Folha de Pernambuco*, 04/05/2008.

114 – Professor não é herói (2). *Jornal do Commercio*, 15/05/2008.

115 – Medicina ameaçada. *Jornal O Norte*, 09/05/2008. Republ. em *O Correio da Paraíba*, 15.05.2008; e em *Diário de Pernambuco*, 17/05/2008.

116– Projeto o fuçador: um caso de sucesso. *Folha de Pernambuco*, 19/05/2008.
117– Fim dos cursos de medicina. *Diário de Pernambuco*, 04/06/2008.
118– Vinte anos da Constituição cidadã. *Folha de Pernambuco*, 17/06/2008.
119– Rumo às metas do Plano Nacional de Educação. *Diário de Pernambuco*, 20/06/2008.
120– Engrenagem viciosa. *O Correio da Paraíba*, 02/07/2008. Republ. em *Diário de Pernambuco*, 11/07/2008.
121– Sinaes agoniza. *Jornal do Commercio*, 04/07/2008.
122– Ensino superior para brasileiros. *Correio Brasiliense*; *O povo*, CE, 02/08/2008.
123– Emprego: o primeiro desafio. *Jornal do Commercio*, 22/07/2008.
124– Existe idade para estudar? *Diário de Pernambuco*, 06/08/2008. Republ. em *O Norte*, 28/08/2008.
125– O futuro do vestibular. *O Norte*, 20/08/2008.
126– A retórica do guia eleitoral. *A Tarde* (Salvador), 05/09/2008.
127– Responsabilidade social da Faculdade Maurício de Nassau. *Folha de Pernambuco*, 29/09/2008.
128– Gestão e responsabilidade social. *O Norte*, 10/09/2008. Republ. em *Diário de Pernambuco*, 12/09/2008.
129– Educação e diálogo. *Diário de Pernambuco*, 12/10/2008.
130– MEC assume papel de ranqueador das IES. *Correio Brasiliense*, 08/10/2008. Republ. em *A tarde*, 09/10/2008; e em *O Povo*, 08/11/2008, sob o título MEC: avaliação equivocada.
131– Responsabilidade social empresarial e seus públicos. *Folha de Pernambuco*, 03/11/2008.
132– Responsabilidade social empresarial. *Diário de Pernambuco*, 05/11/2008.
133– Responsabilidade social das instituições de ensino superior. *Diário de Pernambuco*, 26/11/2008.
134– Empreendedorismo educacional e responsabilidade social (educação e responsabilidade). *Jornal do Commercio*, 16/12/2008.
135– A função social do empreendedor. *Diário de Pernambuco*, 08/01/2009.
136– Investir em pesquisa: solução para crise. *Diário de Pernambuco*, 05/02/2009.
137– Os avanços da educação em Pernambuco. *Diário de Pernambuco*, 21/03/2009.
138– Novo vestibular. *Diário de Pernambuco*, 11/04/2009.

139– Caravana do desenvolvimento. *Diário de Pernambuco*, 02/05/2009.
140– Cursos tecnológicos. *Diário de Pernambuco*, 20/05/2009.
141– Fies pode empacar a educação. *Folha de Pernambuco*, 02/06/2009.
142– Investimento público e setor produtivo. *Diário de Pernambuco*, 06/06/2008.
143– Administração e desenvolvimento econômico I. *Folha de Pernambuco*, 14/06/2009.
144– Administração e desenvolvimento econômico II. *Folha de Pernambuco*, 15/06/2009.
145– Os benefícios da Copa do Mundo. *Diário de Pernambuco*, 20/06/2009.
146– Poder Público e ordem pública. *Folha de Pernambuco*, 02/07/2009.
147– Prouni: ensino superior ao acesso de todos. *Diário de Pernambuco*, 21/07/2009.
148– Ensino médio: mudar para melhor. *Correio da Paraíba*, 22/07/2009.
149– Só a educação faz o Brasil avançar. *Folha de Pernambuco*, 23/07/2009.
150– Discutindo política. *Folha de Pernambuco*, 06/08/2009.
151– A importância da doação de órgãos. *Diário de Pernambuco*, 08/08/2009.
152– O desafio da inclusão. *Jornal do Commercio*, 14/08/2009.
153– Reflexões sobre a crise do Senado. *Folha de Pernambuco*, 16/08/2009.
154– A democracia na América Latina. *Correio da Paraíba*, 19/08/2009.
155– Governança e eleições. *Diário de Pernambuco*, 25/08/2009.
156– O comportamento das instituições brasileiras. *Folha de Pernambuco*, 28/09/2009.
157– Golpe contra a liberdade intelectual. *Diário de Pernambuco*, 05/09/2009. Republ. em *Correio da Paraíba*, 09/09/2009.
158– Congresso Nacional e o Pré-Sal. *Diário de Pernambuco*, 17/09/2009. Republ. em *Correio da Paraíba*, 18/09/2009.
159– O PIB, o consumo e bens públicos. *Diário de Pernambuco*, 25/09/2009.
160– A democracia na América Latina. *Diário de Pernambuco*, 05/10/2009.
161– O que esperar das próximas eleições? *Diário de Pernambuco*, 23/10/2009.
162 – De qual nacionalismo falamos? *Diário de Pernambuco*, 05/11/2009.
163– Avanços na segurança pública de Pernambuco. *Folha de Pernambuco*.
164– A hemorragia bolivarianista da América Latina. *Diário de Pernambuco*, 18/11/2009.

165– O Idh e as crianças da Vila Santa Luzia. *Diário de Pernambuco*, 29/12/2009.
166– Pela liberdade de imprensa. *Jornal do Commercio*, 01/12/2009. Republ. em *Correio da Paraíba*, 03/12/2009.
167– Iniciativa privada e educação. *Folha de Pernambuco*, 15/12/2009.
168– Prática política e partidos. *Diário de Pernambuco*, 26/12/2009.
169– Otimismo para 2010. *Correio da Paraíba*, 29/12/2009. Republ. em *Jornal do Commercio*, 07/01/2010.
170– A importância da experiência do trabalho no aprendizado. *Jornal Valor Econômico*, 10/01/2010.
171– Joaquim Nabuco e a liberdade pela educação. *Diário de Pernambuco*, 13/01/2010.
172– A dimensão do presidente. *Correio da Paraíba*, 17/01/2010.
173– O PNAD e os desafios. *Diário de Pernambuco*, 23/01/2010.
174– Direitos humanos e liberdade. *Correio da Paraíba*, 17/02/2010.
175– Jornalismo quebra barreiras. *Diário de Pernambuco*, 22/02/2010.
176– Responsabilidade social empresarial e o *greenwashing*. *Diário de Pernambuco*, 07/03/2010.
177– Apagão profissional no país. *Folha de Pernambuco*, 09/03/2010.
178– Alcides e as prioridades do Estado. *Correio da Paraíba*, 17/03/2010.
179– Jovens empreendedores. *Diário de Pernambuco*, 25/03/2010. Republ. em *Correio da Paraíba*, 04/04/2010.
180– A nova classe média brasileira. *Jornal A Tarde*, BA, 30/03/2010.
181– Reflexões sobre o Enem. *Correio da Paraíba*, 04/04/2010.
182– Os desafios do Estado brasileiro. *Correio da Paraíba*, 05/05/2010.
183– O Brasil e a Copa de 2014. *Diário de Pernambuco*, 15/05/2010.
184– Apagão profissional. *Diário de Pernambuco*, 31/05/2010.
185– Lula: o diplomata. *Correio da Paraíba*, 04/06/2010.
186– Uma decisão repleta de intenções. *Correio da Paraíba*, 08/07/2010.
187– A democracia brasileira. *Folha de Pernambuco*, 14/07/2010.
188– Quem disse que não sabemos votar? *Diário de Pernambuco*, 15/07/2010. Republ. em *Correio da Paraíba*, 20/07/2010.
189– Os grandes entraves do Brasil. *Diário de Pernambuco*, 04/08/2010.
190– Voto obrigatório ou facultativo? *Folha de Pernambuco*, 05/08/2010.
191– Petróleo e meio ambiente. *Correio da Paraíba*, 05/08/2010.

192– Falta de infraestrutura barra crescimento. *Diário de Pernambuco*, 19/08/2010. Republ. em *Correio da Paraíba*, 23/08/2010.

193– Copa, gastos e opinião pública. *Folha de Pernambuco*, 23/08/2010.

194– Falta abrir as portas. *Correio da Paraíba*, 03/09/2010.

195– A agenda do século 21. *Diário de Pernambuco*, 08/09/2010.

196– O que deveria ter sido evitado. *Folha de Pernambuco*, 14/09/2010. Republ. em *Correio da Paraíba*, 21/10/2010.

197– A contradição no otimismo. *Correio da Paraíba*, 16/09/2010. Republ. em *Diário de Pernambuco*, 25/09/2010.

198– Não é proibido sonhar. *Folha de Pernambuco*, 21/09/2010.

199– No caminho da qualificação. *Diário de Pernambuco*, 09/10/2010.

200– Ficando para trás. *Folha de Pernambuco*, 17/11/2010.

201– A agenda das reformas. *Diário de Pernambuco*, 29/11/2010.

202– A Era Lula. *Correio da Paraíba*, 12/12/2010.

203– Cenas da vida real. *Jornal do Commercio*, 16/12/2010.

204– Brasil: o caminho da boa educação. *Folha de Pernambuco*, 16/12/2010.

205– Meirelles sai e os riscos aparecem. *Diário de Pernambuco*, 16/12/2010.

206– Quando é hora de pedir socorro. *Diário de Pernambuco*, 10/01/2011.

207– Conquistas e desafios. *Folha de Pernambuco*, 24/01/2011.

208– É preciso cortar gastos. *Diário de Pernambuco*, 20/02/2011.

209– Cortando onde não podia. *Folha de Pernambuco*, 15/03/2011.

210– José Alencar: um exemplo para os brasileiros. *Diário de Natal*, 31/03/2011. Republ. em *Diário de Pernambuco*, 04/04/2011.

211– Cultura democrática e estabilidade. *Folha de Pernambuco*, 07/04/2011.

212– Agora é oficial, *Jornal do Commercio*, 12/04/2011.

213– Cem dias com Dilma Rousseff. *Folha de Pernambuco*, 19/04/2011.

214– Muito além das escolas. *Diário de Pernambuco*, 26/04/2011.

215– Reforma política. *Jornal de Hoje*, 14/04/2011. Republ. *Diário de Natal*, 19/05/2011.

216– Resgatando a confiança no país. *Diário de Pernambuco*, 21/06/2011.

217– O Brasil em 2022. *Folha de Pernambuco*, 28/06/2011.

218– A ideologia no Brasil. *Diário de Pernambuco*, 08/08/2011.

219– Depois da tragédia, o trabalho. *Folha de Pernambuco*, 24/07/2011.

220– A crise lá, os cuidados aqui. *Diário de Pernambuco*, 08/08/2011.

221- Que seja mesmo um ultimato. *Diário de Pernambuco*, 30/08/2011.
222- Os anúncios e suas contradições. *Folha de Pernambuco*, 08/09/2011.
223- Ritmo quase chinês. *Diário de Pernambuco*, 20/09/2011.
224- É possível a mudança institucional no Brasil? *Folha de Pernambuco*, 21/09/2011.
225- Um passo para o crescimento. *Folha de Pernambuco*, 07/10/2011.
226- Os frutos chineses. *Diário de Pernambuco*, 08/11/2011.
227- 7 bilhões no mundo e muitos desafios. *Folha de Pernambuco*, 10/11/2011.
228- O Brasil precisa do Enem. *Diário de Natal*, 10/11/2011.
229- O crescimento populacional e a sociedade de consumo. *Folha de Pernambuco*, 22/11/2011.
230- A morte do cinegrafista e o tráfico de drogas. *Diário de Pernambuco*, 23/11/2011.
231- As crises econômicas e a nova realidade. *Diário de Pernambuco*, 10/12/2011.
232- Detentos custam mais que estudantes. *Portal Leiajá*, 29/11/2011.
233- O Brasil em mutações. *Portal Leiajá*, 30/11/2011.
234- Diploma universitário para a profissão de jornalista. *Portal Leiajá*, 09/12/2011.
235- Olhos maquiavélicos sobre "as coisas públicas". *Portal Leiajá*, 13/12/2011.
236- A miscelânea do desenvolvimento. *Portal Leiajá*, 16/12/2011.
237- As reflexões sobre o Governo Dilma. *Portal Leiajá*, 22/12/2011.
238- A epidemia da violência no Brasil. *Portal Leiajá*, 26/12/2011.
239- Expectativas para 2012. *Portal Leiajá*, 28/12/2011.
240- Brasil, a sexta economia mundial. *Portal Leiajá*, 30/12/2011.
241- A mexicanização e a italianização do estado. *Portal Leiajá*, 05/01/2012.
242- O temor inflacionário. *Portal Leiajá*, 11/01/2012.
243- O futuro do Oriente Médio. *Portal Leiajá*, 16/01/2012.
244- O temor inflacionário. *Diário de Natal*, 17/01/2012.
245- ZPE: desenvolvimento econômico e difusão tecnológica. *Diário de Pernambuco*, 01/02/2011. Republ. em *Diário de Natal*, 17/01/2012.
246- Investimentos para diminuição da violência. *Folha de Pernambuco*, 19/01/2012.
247- Crescimento de Pernambuco chama a atenção. *Portal Leia já*, 26/01/2012.

248– Capitalismo e democracia. *Jornal de Hoje*, 01/02/2012. Republ. em *Jornal do Commercio*, 01/02/2012.
249– Carnaval: festa e impulso na economia local. *Portal Leiajá*, 02/02/2012.
250– Aloizio Mercadante: um novo pulso para a educação. *Diário de Natal*, 08/02/2012. Republ. em Jornal do Commercio, 17/02/2012.
251– Número de veículos nas ruas pode fazer o Recife parar em 2012. *Portal Leiajá*, 08/02/2012.
252– Greve da polícia e ordem pública. *Câmara Municipal de Campina Grande*, 11/02/2012. Republ. em *Diário de Natal*, 11/02/2012; e em *Jornal de Hoje*, 14/02/2012.
253– Uma sociedade cada vez mais consumista. *Portal Leiajá*, 13/02/2012.
254– Um negócio da China. *Diário de Natal*, 18/02/2012.
255– A força dos boatos e o uso correto das redes sociais. *Jornal de Caruaru*, 17/02/2012.
256– A epidemia da violência no Brasil. *Diário de Pernambuco*, 25/02/2012.
257– As escolhas (in)corretas dos indivíduos. *Diário de Natal*, 28/02/2012.
258– Falta grandeza à oposição. *Jornal de Hoje*, 29/02/2012.
259– A qualidade da TV aberta. *Portal Leiajá*, 02/03/2012.
260– O desafio da renovação e da inovação. *Diário de Natal*, 07/03/2012.
261– Os impasses na transposição do Velho Chico. *Diário de Pernambuco*, 14/03/2012.
262– A voz e a vez delas. *Jornal de Hoje*, 10/03/2012.
263– Cidades Inteligentes. *Portal Leiajá*, 13/03/2012.
264– Por onde andam os debates inteligentes? *Portal Leiajá*, 14/03/2012.
265– Vamos ser engolidos pelo mar. *Jornal do Commercio*, 18/03/2012.
266– Esporte como ferramenta de integração. *Diário de Natal*, 20/03/2012.
267– Ensino, emprego e desenvolvimento da educação. *Portal Leiajá*, 20/03/2012.
268– Quando o uso da tecnologia vira um vício. *Portal Leiajá*, 21/03/2012.
269– A responsabilidade dos governantes. *Portal Leiajá*, 23/03/2012.
270– O desenvolvimento da Região Norte. *Portal Leiajá*, 28/03/2012.
271– A Copa do Mundo no Brasil. *Jornal de Hoje*, 29/03/2012.
272– A paixão e o perigo das torcidas organizadas. *Portal Leiajá*, 30/03/2012.
273– A importância do planejamento estratégico. *Diário de Natal*, 31/03/2012.
274– O resgate da história do Recife. *Portal Leiajá*, 04/04/2012.

275– O impacto ambiental das hidrelétricas. *Diário de Natal*, 08/04/2012.
276– A política da corrupção. *Jornal de Hoje*, 05/04/2012.
277– Uma infância perdida. *Criança.pb*, 12/04/2012.
278– Quanto vale a educação brasileira? *Portal Leiajá*, 16/04/2012.
279– Ciência sem fronteiras. *Diário de Natal*, 18/04/2012.
280– Intercâmbio é diferencial. *Portal Leiajá*, 20/04/2012.
281– Paulo Freire, o patrono da Educação brasileira. *Diário de Pernambuco*, 20/04/2012.
282– Para que serve uma CPI. *Diário de Natal*, 26/04/2012. Republ. em *Jornal de Hoje*, 26/04/2012.
283– A eleição da França e a retórica ideológica. *Portal Leiajá*, 27/04/2012.
284– Novo Código Florestal e suas implicações. *Diário de Natal*, 02/05/2012.
285– O avanço da seca no Nordeste. *Jornal de Hoje*, 03/05/2012. Republ. em *Diário de Pernambuco*, 06/05/2012.
286– As mudanças na economia argentina. *Portal Leiajá*, 03/05/2012.
287– A lei seca no volante. *Diário de Natal*, 10/05/2012.
288– A privacidade na Internet. *Portal Leiajá*, 10/05/2012.
289– Desenvolvimento, juros e inovação. *Jornal de Hoje*, 12/05/2012.
290– O Brasil cada vez mais bem visto. *Portal Leiajá*, 16/05/2012.
291– Transparência nas contas públicas. *Correio da Paraíba*, 16/05/2012.
292– A ignorância da discriminação. *Diário de Pernambuco*, 24/05/2012.
293– Dia mundial da Internet. *Diário de Natal*, 25/05/2012.
294– Brasil x dengue. *Portal Leiajá*, 25/05/2012.
295– O Brasil e a alta taxa de impostos. *Jornal de Hoje*, 30/05/2012.
296– O planeta cada vez mais quente. *Portal Leiajá*, 31/05/2012.
297– O *boom* das cidades e bairros planejados. *Portal Leiajá*, 05/06/2012.
298– A deficiência da saúde no Brasil. *Portal Leiajá*, 10/06/2012.
299– As empresas e o risco de falências. *Portal Leiajá*, 12/06/2012.
300– Desenvolvimento sustentável. *Jornal de Hoje*, 14/06/2012. Republ. em *Diário de Natal*, 16/06/2012.
301– Meio ambiente, criatividade e inovação. *Portal Leiajá*, 18/06/2012.
302– A Rio+20 e a discussão sobre sustentabilidade. *Portal Leiajá*, 26/06/2012.
303– Eleições e as contrapartidas. *Diário de Natal*, 24/06/2012. Republ. em Diário de Pernambuco, 29/06/2012.

304- E os pedestres? *Jornal de Hoje*, 06/07/2012.
305- Turbulências institucionais na América Latina. *Portal Leiajá*, 02/07/2012.
306- A economia verde e suas possibilidades. *Correio da Paraíba*, 05/07/2012.
307- Energia limpa e sustentabilidade. *A Tarde*, 10/07/2012. Republ. *Diário de Pernambuco*, 13/07/2012.
308- Os Bancos do Brasil. *Diário de Pernambuco*, 31/07/2012.
309- A crise nos planos de saúde. *Portal Leiajá*, 12/07/2012.
310- Eleições e mudança institucional. *Jornal de Hoje*, 17/07/2012.
311- Brasileiros endividados e crise econômica. *Portal Leiajá*, 20/07/2012.
312- Um Brasil menos violento para os jovens. *Portal Leiajá*, 24/07/2012.
313- Alfabetização e desenvolvimento. *Jornal de Hoje*, 02/08/2012.
314- Ciclovias e ciclofaixas. *Portal Leiajá*, 31/07/2012.
315- Não há saúde sem saneamento. *Jornal de Hoje*, 09/08/2012. Republ. em *Diário de Pernambuco*, 22/08/2012.
316- A Veneza brasileira. *Diário de Pernambuco*, 14/08/2012.
317- O desperdício das águas. *Portal Leiajá*, 10/08/2012.
318- Um país em greve. *Portal Leiajá*, 13/08/2012.
319- Rio 2016. *Jornal de Hoje*, 20/08/2012.
320- O sistema prisional brasileiro. *Diário de Pernambuco*, 17/09/2012.
321- Por que os impostos no Brasil são tão altos? Jornal de Hoje, 30/08/2012.
322- As demandas do eleitor recifense. *Portal Leiajá*, 24/08/2012.
323- Como ser um bom político? *Portal Leiajá*, 27/08/2012.
324- Mais educação, menos informalidade. *Portal Leiajá*, 30/08/2012.
325- Um balanço da lei seca. *Jornal de Hoje*, 13/09/2012.
326- Um Brasil competitivo. *Portal Leiajá*, 06/09/2012.
327- 20 anos do Código do Consumidor. *Portal Leiajá*, 13/09/2012.
328- As empresas e a responsabilidade social. *Portal Leiajá*, 14/09/2012.
329- Investimentos na educação básica e esquecimento da qualificação superior. *Jornal Grande Bahia*, 18/09/2012. Republ. em *Diário de Natal*, 30/09/2012.
330- O incentivo ao uso das bicicletas. *Jornal de Hoje*, 27/09/2012.
331- Mais renda, menos desigualdade. portal cada minuto, Maceió, 26/09/2012. Diário de Pernambuco, 06/10/2012.

332– A política e as promessas. *Alagoas na Net*, 28/09/2012.
333– Quebra de confiança. *Jornal Grande Bahia*, 02/10/2012. Republ. em *Diário de Pernambuco*, 21/10/2012.
334– 13 milhões de analfabetos. *Jornal Grande Bahia*, 05/10/2012. Republ. em Portal Cada Minuto, 05/10/2012; e em *Gazeta de Alagoas*, 08/10/2012.
335– A nova classe média. *Jornal Grande Bahia*, 09/10/2012. Republ. em *Correio da Paraíba*, 10/10/2012.
336– Um ato de retrocesso pelo direito à educação. *Jornal Grande Bahia*, 15/10/2012. Republ. em *O Jornal*, 16/10/2012.
337– O direito à educação I. *Jornal Grande Bahia*, 18/10/2012. Republ. em *Portal Bahia Já*, 18/10/2012; em *Correio da Paraíba*, 23/10/2012; e em *Jornal de Hoje*, 26/10/2012.
338– O direito à educação II. *Jornal Grande Bahia*, 23/10/2012.
339– As eleições americanas. *Portal Leiajá*, 24/10/2012.
340– Os desafios da educação no Brasil. *Jornal Grande Bahia*, 31/10/2012. Republ. em *Alagoas na Net*, 01/11/2012.
341– A inclusão digital no Brasil. *Portal Cada Minuto*, 05/11/2012. Republ. em *Jornal Grande Bahia*, 20/11/2012.
342– A reeleição de Obama. *Portal Leiajá*, 07/11/2012.
343– Recife e o aumento do nível do mar. *Portal Leiajá*, 13/11/2012.
344– Abandono de obras e desperdício do dinheiro público. *Jornal Grande Bahia*, 21/11/2012. Republ. em *Correio da Paraíba*, 22/11/2012; e em *Diário de Pernambuco*, 26/11/2012.
345– A importância da escolha correta da profissão. *Portal Bahia Já*, 19/11/2012.
346– O ciclo vicioso da aprendizagem. *Portal Leiajá*, 23/11/2012.
347– Joaquim Barbosa na Presidência do STF. *Diário do Sudoeste da Bahia*, 28/11/2012.
348– A violência e o medo em São Paulo. *Jornal Grande Bahia*, 03/12/2012.
349– A erradicação da fome. *Portal Leiajá*, 05/12/2012.
350– O luto da arquitetura mundial. *Portal Leiajá*, 07/12/2012.
351– Crise econômica e desaceleração da economia. *Jornal de Hoje*, 21/12/2012. Republ. em *Diário de Pernambuco*, 24/12/2012.
352– Uma nova política econômica para o Brasil. *Portal Leiajá*, 14/12/2012. Republ. em *Diário de Pernambuco*, 05/03/2013.
353– Polícia para quem precisa. *Portal Leiajá*, 18/12/2012.

354– 800 aeroportos, é possível? *Jornal de Hoje*, 31/12/2012. Republ. em *Jornal Grande Bahia*, 14/01/2013.

355– De volta à 7ª potência. *Portal Leiajá*, 26/12/2012.

356– Educação como ferramenta de ressocialização. *Portal Leiajá*, 28/12/2012.

357– O que esperar para o Brasil em 2013? *Portal Leiajá*, 05/01/2013.

358– A poupança do Brasil. *Correio do Estado da Bahia*, 08/01/2013. Republ. em *Jornal de Hoje*, 09/01/2013; e em *Correio da Paraíba*, 10/01/2013.

359– Racionamento de energia e o risco de apagão. *Diário de Pernambuco*, 17/01/2013.

360– 260 milhões de celulares e muitos problemas. *Jornal de Hoje*, 21/01/2013. Republ. em *Portal Cada Minuto*, 21/01/2013.

361– Obama e os desafios do segundo mandato. *Portal Cada Minuto*, 22/01/2013. Republ. em *Jornal de Hoje*, 23/01/2013.

362– Milhares de armas, milhares de mortes. *Jornal Meio Norte*, 26/01/2013. Republ. em *Diário de Pernambuco*, 02/02/2013.

363– A importância das cidades. *Jornal de Hoje*, 31/01/2013.

364– O Brasil 235 vezes de luto. *Portal Leiajá*, 31/01/2013.

365– 21 bi de lucro e prejuízo de 36%. *Jornal de Hoje*, 14/02/2013.

366– Um balanço da folia. *Portal Leiajá*, 15/02/2013.

367– A despedida de Fernando Lyra. *Diário de Pernambuco*, 17/02/2013.

368– O empresariado e os desafios do Estado. *Portal Leiajá*, 20/02/2013.

369– *Non habemus papam*. *Portal Leiajá*, 22/02/2013.

370– O legado de Bento XVI e a missão do novo Papa. *Portal Leiajá*, 26/02/2013.

371– O contraste entre os políticos. *Portal Leiajá*, 04/03/2013.

372– Antecipação do debate presidencial. *Portal Cada Minuto*, 06/03/2013.

373– A morte de um ditador. *Portal Leiajá*, 08/03/2013.

374– Crack: um caminho sem volta. *Diário de Pernambuco*, 27/03/2013.

375– Um papa latino-americano e jesuíta. *Portal Cada Minuto*, 18/03/2013.

376– Inflação e eleições. *Portal IG*, 20/03/2013.

377– Entre os piores trânsitos do país. *Portal Leiajá*, 25/03/2013.

378– A democracia manchada pelo preconceito. *Portal IG*, 27/03/2013.

379– A Coreia do Norte e as ameaças ao mundo. *Portal Cada Minuto*, 08/04/2013.

380– A morte da Dama de Ferro. *Portal Cada Minuto*, 10/04/2013. Republ. em *Jornal de Hoje*, 11/04/2013.

381– Os 100 dias de Geraldo Júlio. *Diário de Pernambuco*, 19/04/2013.

382– Racismo, uma das piores formas de intolerância. *Portal Leiajá*, 17/04/2013.

383– O problema é a infraestrutura. *Portal Cada Minuto*, 04/04/2013.

384– O Brasil e os partidos políticos. *Portal IG*, 22/04/2013.

385– Os 513 anos do Brasil. *Portal Leiajá*, 22/04/2013.

386– Recife, chuva e Copa. *Portal Leiajá*, 25/04/2013.

387– Internação compulsória gera resultados? *Jornal de Hoje*, 03/05/2013. Republ. em *Diário de Pernambuco*, 08/05/2013.

388– A confiança no parlamento. *Jornal Meio Norte*, 03/05/2013.

389– Saneamento como prioridade. *Portal Cada Minuto*, 06/05/2013. Republ. em *Jornal Meio Norte*, 08/05/2013.

390– Ética, moral e política. *Portal Cada Minuto*, 10/05/2013. Republ. em *Jornal Meio Norte*, 13/05/2013.

391– Antecipação da competição eleitoral. *Portal Leiajá*, 10/05/2013.

392– A importância do Enem. *Jornal O Dia*, 17/05/2013.

393– A situação dos portos no Brasil. *Jornal Meio Norte*, 17/05/2013. Republ. em *Portal Cada Minuto*, 17/05/2013; e em *Jornal de Hoje*, 22/05/2013.

394– Empreendedorismo social como solução para o Brasil? *Diário de Pernambuco*, 25/05/2013.

395– Mobilidade urbana e transporte público. *Jornal Meio Norte*, 01/06/2013.

396– Quanto valem as alianças partidárias? *Jornal de Hoje*, 29/05/2013.

397– O valor dos estádios brasileiros. *Portal Leiajá*, 30/05/2013.

398– Ensino a distância, tendência do futuro. *Portal Cada Minuto*, 05/06/2013. Republ. em *Diário de Pernambuco*, 26/06/2013.

399– Desenvolvimento sustentável, investimento necessário. *Portal Cada Minuto*, 07/06/2013.

400– Quando um protesto vira vandalismo. *Portal Cada Minuto*, 19/06/2013. Republ. em *Jornal de Hoje*, 19/06/2013.

401– Um país mudo não muda. *Jornal Meio Norte*, 23/06/2013. Republ. em *Diário de Pernambuco*, 10/07/2013.

402– Ensino a distância, tendência do futuro. *Diário de Pernambuco*, 25/06/2013.

403– Política ou politicagem? *Correio da Paraíba*, 28/06/2013.
404– Os rumos da educação na era tecnológica. *Portal Cada Minuto*, 02/07/2013.
405– As pirâmides financeiras. *Portal Nossa Dica*, 15/07/2013. Republ. em Portal Cada Minuto, 15/07/2013.
406– A fórmula dos vencedores. *Portal Nossa Dica*, 15/07/2013.
407– A voz que vem das ruas. *Jornal da Paraíba*, 05/07/2013.
408– Educação inclusiva. *Correio da Paraíba*, 10/07/2013.
409– A PEC dos mensaleiros. *Portal Cada Minuto*, 18/07/2013. Republ. em *Jornal de Hoje*, 19/07/2013.
410– O carisma de Francisco. *Portal Cada Minuto*, 25/07/2013.
411– Precisamos de mais médicos? *Portal Cada Minuto*, 31/07/2013.
412– O mundo da China. *Diário de Pernambuco*, 07/08/2013.
413– O Maranhão da Família Sarney. *pravda.ru*, 19/08/2013. Republ. em *Portal Fazendo Média*, 22/08/2013.
414– Orçamento impositivo. *abmeseduca.com*, 21/08/2013. Republ. em *Jornal de Hoje*, 22/08/2013.
415– O líder e o chefe. *Jornal Meio Norte*, 23/08/2013. Republ. em *abmeseduca.com*, 29/08/2013.
416– Velho para o mercado? *Portal Cada Minuto*, 28/08/2013.
417– Incerteza e otimismo. *Portal Cada Minuto*, 29/08/2013.
418– 200 milhões de brasileiros. *Jornal Meio Norte*, 09/09/2013. Republ. em *abmeseduca.com*, 17/09/2013.
419– A prática política do século XXI – *Portal Leiajá*, 10/09/2013.
420– Será o fim do voto secreto? *Jornal de Hoje*, 12/09/2013.
421– Quando o uso da força ultrapassa os limites. *Portal Cada Minuto*, 18/09/2013. Republ. em *Jornal de Caruaru*, 18/09/2013.
422– Trabalho infantil ainda é realidade. *pravda.ru*, 25/09/2013. Republ. em *Diário de Pernambuco*, 27/09/2013; e em *Jornal Meio Norte*, 18/11/2013.
423– Aliança Eduardo e Marina. *Diário do Povo*, 24/10/2013.
424– Redes de indignação. *Jornal Bahia Online*, 24/10/2013.
425– Mais uma vez Enem. *Correio da Paraíba*, 27/10/2013.
426– Distante das melhores. *Diário de Pernambuco*, 29/10/2013.
427– Um raio X do ensino superior no Brasil. *Portal Cada Minuto*, 31/10/2013.
428– O *blackbloc* e o Estado de Direito. *Jornal de Hoje*, 07/11/2013.

429– Milhares ainda vivem no escuro. *Jornal de Hoje*, 26/11/2013.
430– Mensaleiros na prisão. *Jornal de Hoje*, 02/12/2013.
431– Economia e educação. *Portal Cada Minuto*, 11/12/2013. Republ. em *Jornal de Hoje*, 12/12/2013.
432– Conquistas e desafios para 2014. *Jornal de Hoje*, 19/12/2013.
433– Clientelismo educacional. *Cada Minuto*, 16/10/2013.
434– As privatizações no Brasil. *Diário de Pernambuco*, 02/01/2014.
435– Por que condenar as privatizações? *Jornal de Hoje*, 04/01/2014.
436– Crises e criminalidade. *Jornal de Hoje*, 18/01/2014. Republ. em *Diário de Pernambuco*, 24/01/2014.
437– 2014 e o empresariado. *Jornal de Hoje*, 11/01/2014.
438– A economia de mercado. *Portal Leiajá*, 25/11/2013.
439– Combate à corrupção é a solução? *Portal Leiajá*, 20/12/2013.
440– 2014: ano de copa e eleições. *Portal Leiajá*, 27/12/2013.
441– Eleições unificadas no brasil. *Portal Leiajá*, 10/01/2014.
442– A cultura do estupro coletivo na índia. *Portal Leiajá*, 23/01/2014.
443– Para além da economia. *Jornal Bahia Online*, 29/01/2014. Republ. em *Diário de Pernambuco*, 13/05/2014.
444– Pichação: arte ou vandalismo? *Jornal de Hoje*, 30/01/2014.
445– Transformação e inovação política. *Portal Leiajá*, 07/02/2014.
446– Brasil é um país de risco econômico? *Portal Leiajá*, 13/02/2014.
447– A morte de Santiago Dantas. *Portal Leiajá*, 19/02/2014.
448– Os 25 anos da FPPM. *Jornal do Commercio*, 04/02/2014. Republ. em *Correio da Paraíba*, 07/02/2014; e em *Portal Cada Minuto*, 06/02/2014.
449– A moda do rolezinho. *Jornal de Hoje*, 11/02/2014.
450– Brasil e os analfabetos. *Portal Cada Minuto*, 12/02/2014. Republ. em *Diário de Pernambuco*, 15/02/2014; e em *Jornal da Paraíba*, 16/02/2014.
451– Atitudes racistas ainda são realidade. *Portal Leiajá*, 25/02/2014.
452– Capacitação para a Copa do Mundo. *Jornal de Hoje*, 01/03/2014.
453– O legado da Copa. *Portal Cada Minuto*, 10/03/2014.
454– O desperdício de alimentos e a fome. *Jornal de Hoje*, 13/03/2014.
455– 20 anos do Plano Real. *Portal Leiajá*, 13/03/2014.
456– A crise na Venezuela. *Portal Leiajá*, 18/03/2014.
457– Investimentos para a Copa são desnecessários? *Blog Abmes*, 20/03/2014.

458– Profissionais multifuncionais. *Jornal Grande Bahia*, 25/03/2014.
459– O desaparecimento do voo 370. *Portal Leiajá*, 28/03/2014.
460– Crise energética no Brasil. *Diário de Pernambuco*, 21/03/2014.
461– Estupro: crime hediondo. *Jornal Meio Norte*, 07/04/2014.
462– Para onde vão nossos impostos? *Blog Abmes*, 08/04/2014. Republ. em *Diário de Pernambuco*, 11/04/2014; e em *Jornal de Hoje*, 12/04/2014.
463– Violência e exclusão social. *Jornal da Paraíba*, 11/04/2014.
464– E os nossos impostos? *Jornal do Commercio*, 15/04/2014.
465– A canonização de Padre Anchieta. *Portal Leiajá*, 14/04/2014.
466– O sucateamento dos transportes públicos. *Jornal da Paraíba*, 18/04/2014. Republ. em *Jornal Meio Norte*, 23/04/2014.
467– Gabriel José Garcia Márquez: o eterno pensador. *Jornal de Hoje*. 24/04/2014.
468– Ele só queria carinho. *Portal Leiajá*, 24/04/2014.
469– Eleições e temas morais. *Jornal de Hoje*, 04/05/2014.
470– Ayrton Senna do Brasil. *Jornal da Paraíba*, 06/05/2014.
471– Violência nos estádios: de quem é a culpa? *Mundo Advogados*, 07/05/2014.
472– Somos todos macacos? *Portal Leiajá*, 12/05/2014.
473– Carta aos presidenciáveis. *Portal Leiajá*, 14/05/2014.
474– O Brasil e as redes sociais. *Portal Leiajá*, 19/05/2014.
475– Aeroportos para a Copa. *Portal Leiajá*, 22/05/2014.
476– Investimento em tecnologia aumenta a produtividade. *Portal Leiajá*, 27/05/2014.
477– A greve e o caos. *Portal Leiajá*, 31/05/2014.
478– Os médicos e os planos de saúde. *Portal Leiajá*, 03/06/2014.
479– Os desafios da saúde pública no Brasil. *Jornal de Hoje*, 12/06/2014. Republ. em *Jornal da Paraíba*, 26/10/2014.
480– A cultura dos trotes violentos. *Portal Leiajá*, 12/06/2014.
481– #vaitercopasim. *Portal Leiajá*, 16/06/2014.
482– A civilidade japonesa. *Portal Leiajá*, 25/06/2014.
483– Brasil dividido. *Portal Leiajá*, 01/07/2014.
484– O Brasil e o PNE. *Portal Leiajá*, 03/07/2014.
485– O patriotismo da Copa. *Portal Leiajá*, 09/07/2014.

486– As impressões que os estrangeiros vão levar do Brasil. *Portal Leiajá*, 17/07/2014.
487– O legado da Copa. *Cada Minuto*, 10/03/2014.
488– O PNE e o ensino superior. *Portal Leiajá*, 23/07/2014.
489– A morte do mestre. *WSCOM*, 24/07/2014.
490– Oxente! Caetana, *Portal Leiajá*, 28/07/2014.
491– Um avião, um míssil, 298 mortes. *Portal Leiajá*, 31/07/2014.
492– Vamos falar sobre os brasileiros presos? *Portal Leiajá*, 06/08/2014.
493– Por que acompanhar os debates políticos? *Portal Leiajá*, 12/08/2014.
494– Eduardo Campos: o Brasil de luto. *Portal Leiajá*, 14/08/2014. Republ. em *Instituto Miguel Arraes*, 15/08/2014.
495– Não vamos desistir do Brasil. *Jornal da Paraíba*, 14/09/2014.
496– O desafio de inovar. *Jornal da Paraíba*, 31/08/2014.
497– 69 anos da bomba atômica. *Portal Leiajá*, 25/08/2014.
498– O que querem os brasileiros? *Jornal de Hoje*, 11/09/2014.
499– Salvem a Petrobras. *Portal Leiajá*, 10/09/2014.
500– Os problemas na educação brasileira. *Jornal da Paraíba*, 28/04/2014.
501– A despedida de Abelardo da Hora. *Jornal de Hoje*, 06/10/2014.
502– A prioridade dos candidatos. *Portal Leiajá*, 02/10/2014.
503– A epidemia de ebola. *Jornal de Hoje*, 13/10/2014.
504– Indagações para o futuro. *Portal Leiajá*, 17/10/2014.
505– Políticas para a juventude. *Jornal da Paraíba*, 09/11/2014. Republ. em *Jornal de Hoje*, 31/10/2014.
506– Estudar após os 60 anos. *Jornal de Hoje*, 13/11/2014.
507– Orgulho nordestino. *Portal Leiajá*, 13/11/2014.
508– O Brasil e a crise. *Jornal de Hoje*, 29/11/2014. Republ. em *Jornal da Paraíba*, 23/11/2014.
509– A democratização da educação. *Portal Leiajá*, 27/11/2014.
510– Perspectivas econômicas para 2015. *Jornal de Hoje*, 03/01/2015.
511– Thomas Piketty e a educação. *Portal Leiajá*, 11/12/2016. *Jornal do Commercio*/PE, 07/02/2017.
512– Eu não consigo respirar. *Portal Leiajá*, 17/12/2015.
513– Sucesso para Dilma e Paulo. *Portal Leiajá*, 24/12/2015.
514– O culto ao corpo perfeito. *Diário de Pernambuco*, 11/01/2015.

515– Enquanto isso, na Suécia... *Portal Cada Minuto*, 14/01/2015; Republ. em *Jornal de Hoje*, 16/01/2015; e em *Diário de Pernambuco*, 24/01/2015.

516– A formação dos governos. *Portal Leiajá*, 03/05/2015.

517– A intolerância religiosa. *Jornal O Povo*, 09/02/2015.

518– Balas e vidas perdidas. *Blog Lindomar Rodrigues*, 07/02/2015.

519– Pátria Educadora. *Jornal do Commercio*, 10/03/2015. Republ. em *Caldeirão Político* (Cuiabá), 19/01/2015.

520– Os temas de debate em 2015. *Jornal de Hoje*, 04/03/2015.

521– Em defesa do Fies. *Blog do Jamildo*, 13/03/2015. Republ. em *Jornal da Paraíba*, 15/03/2015.

522– Por que a nossa gasolina é tão cara? *Jornal de Hoje*, 27/03/2015. Republ. em *Blog do Jamildo*, 27/03/2015; e em *Blog do Ramon Paixão*, 27/03/2015.

523– Orçamento impositivo. *Blog do Jamildo*, 30/03/2015.

524– Diálogo nacional. *Jornal do Commercio*, 24/03/2015.

525– Ensino superior para todos. *Jornal Grande Bahia*, 06/04/2015.

526– Novo Ministro da Educação, novos desafios. *Jornal da Paraíba*, 12/03/2015. Republ. em *Jornal do Commercio*, 07/04/2015; e em *Jornal Grande Bahia*, 23/04/2015.

527– Vencidos pela dengue? *Correio da Bahia Online*, 30/04/2015.

528– Crise e futuro. *Jornal do Commercio*, 21/04/2015.

529– Uma tragédia anunciada? *Jornal do Commercio*, 05/05/2015.

530– O Brasil em conta-gotas. *Lauro News Online*, 12/05/2015. Republ. em *Jornal da Paraíba*, 17/05/2015.

531– O preço da corrupção. *Jornal do Commercio*, 19/05/2015.

532– Por que é tão fácil ser corrupto? *Jornal da Paraíba*, 31/05/2015. Blog #ABMESEduca, 16/01/2017. Correio da Paraíba, 22/01/2017.

533– Um país de corruptos? *Jornal do Commercio*, 02/06/2015. Republ. em *Jornal Grande Bahia*, 04/06/2015.

534– O desafio de inovar. *Jornal do Commercio*, 09/06/2015. Republ. em *Tribuna do Norte*, 17/06/2015.

535– Intolerância religiosa e o respeito. *Tribuna do Norte*, 02/07/2015. Republ. em *O Povo*, 09/02/2015.

536– Um Brasil chinês. *Portal Leiajá*, 06/07/2015. Republ. em *Jornal Grande Bahia*, 07/07/2015.

537– O empreendedor de sucesso. *Portal Leiajá*, 14/06/2016.

538– As dificuldades da formação universitária. *Jornal Grande Bahia*, 25/07/2015.
539– A crise econômica brasileira. *Jornal Grande Bahia*, 31/07/2015.
540– O consumo consciente. *Jornal Tribuna do Norte*, 23/08/2015.
541– Investimentos resultam em melhorias. *O Estado do Ceará*, 01/09/2015.
542– As prioridades do Brasil. *Jornal Grande Bahia*, 26/08/2015.
543– Obras inacabadas. *Jornal Grande Bahia*, 12/09/2015.
544– Os motivos da crise. *Jornal Grande Bahia*, 25/09/2015.
545– Em busca de uma solução. *Jornal Grande Bahia*, 28/09/2015.
546– O rebaixamento do Brasil. *Jornal Grande Bahia*, 10/10/2015.
547– Corrupção e insatisfação popular. *Portal Leiajá*, 10/10/2015.
548– *Cyberbullying* e crimes da Internet. *Portal Leiajá*, 20/10/2015.
549– Um novo modelo de educação. *Jornal Grande Bahia*, 08/11/2015. Jornal do Commercio, 21/02/2017.
550– Igualdade entre os sexos. *Jornal Grande Bahia*, 14/11/2015.
551– O extremismo e suas consequências. *Jornal Grande Bahia*, 30/11/2015.
552– A morte do Rio Doce. *Jornal Grande Bahia*, 09/12/2015.
553– A guerra dos refugiados. *Jornal Grande Bahia*, 30/12/2015.
554– Esporte e a integração social. *Jornal Grande Bahia*, 20/12/2015.
555– O futuro da educação no Brasil. *Gazeta do Povo*, 12/01/2016. Jornal do Commercio, 10/01/2017.
556– O que esperar para 2016? *Portal É Maranhão*, 18/01/2016.
557– O caos provocado pelo mosquito. *Portal Eco Debate*, 25/01/2016.
558– Ensino superior para todos. *Jornal Grande Bahia*, 05/02/2016.
559– Apoio aos candidatos ao cargo de desembargador do TJPE. *Portal Leiajá*, 16/02/2016.
560– 200 milhões de brasileiros. *Jornal Bahia Online*, 18/02/2016.
561– O carisma de Francisco. *Bahia Online* 22/02/2016.
562– O que esperar para 2016. *Fato Pb*. 15/01/2016.
563– A crise do sistema prisional. *Portal Leiajá*. 25/02/2016.
564– Eleições OAB PE. Portal Leiajá. 20/02/2016.
565– O papel do Estado. *Jornal Grande Bahia*, 05/06/2016.
566– Chegamos ao fundo do poço? *Jornal Grande Bahia*, 06/03/2016.
567– Chegamos ao fundo do poço? É Maranhão, 03/03/2016.

568– Mortes e direção. *Portal Leiajá*, 03/05/2016.
569– Carta de Janguiê Diniz ao Presidente Michel Temer. *Blog do Inaldo Sampaio*, 13/05/2016.
570– O silêncio dos batuques. *Portal Diário do Nordeste*, 20/03/2016.
571– Estupros no brasil. *Jornal do Commercio*, 09/06/2016.
572– Ética e transparência. *Tribuna do Norte*, 22/06/2016.
573– O que é cultura do estupro? *Blog do Carlos Britto*, 10/06/2016.
574– A vez da energia limpa. *Gazeta de Alagoas*, 10/08/2016.
575– Doar é preciso. *Inaldo Sampaio Online*, 21/07/2016. Republ. em *Jornal Ação Popular*, 22/07/2016.
576– Obesidade que mata. *O Secretário do Povo*, 22/07/2016.
577– Abmes, 34 anos de lutas e vitórias. *Blog do Lauriberto*, 08/09/2016.
578– Aprendizado, um vício do bem. *Ceará Pop Marketing*, 20/09/2016. Republ. em *Correio de Sergipe*, 21/09/2016.
579– Aos mestres do Brasil. *Blog do Ramon Paixão*, 10/10/2016. Republ. em *Magno Martins*, 10/10/2016; em *Blog O Secretário do Povo*, 10/10/2016; *Blog do Patricio Nunes*, 10/10/2016; e em *O Estado do Maranhão*, 11/10/2016.
580– É possível ressocializar através da educação. *Correio de Sergipe*, 06/10/2016. Republ. em *Novas Notícias*, 06/10/2016; em *Ceará Pop Marketing*, 06/10/2016; em *O Estado CE*, 07/10/2016; em *Blog do Ramon Paixão*, 07/10/2016; e em *Diário de S. Paulo*, 10/10/2016.
581– Mais alfabetização, mais desenvolvimento. *Correio da Paraíba*, 23/10/2016.
582– O futuro dos EUA. *O Estado do CE*, 03/11/2016. *Blog do Patrício Nunes*, 27/10/2016. O Secretário do Povo, 27/10/2016. *O Diário de S. Paulo*, 31/10/2016. *Blog ABMEduca*, 31/10/2016. *O Estado do Maranhão*, 29/10/2016. Ceará Pop Marketing, 01/11/2016. *Correio de Sergipe*, 04/11/2016.
583– O mundo e Trump. Blog *ABMEduca*, 28/11/2016. *Jornal Grande Bahia*, 04/12/2016. *Blog do Magno Martins*, 30/11/2016. *O Estado do Maranhão*, 29/11/2016. *Blog do Finfa*, 01/12/2016. *Blog do Ramon Paixão*, 30/11/2016. *Ceará Pop Marketing*, 30/11/2016. *Blog do Patricio Nunes*, 30/11/2016. *Blog o Secretário do Povo/Online* – 30/11/2016. *Criativa OnLine*, 06/12/2016. *Correio de Sergipe*, 02/12/2016.
584– Hillary Clinton na presidência dos EUA. *Blog ABMEduca*, 07/11/2016.

585– Tecnologia e futuro de mercado. *Criativa Online*, 28/11/2016. *Diário de S. Paulo*, 05/12/2016. *O Estado CE*, 04/01/2017. *O Liberal*, 02/02/2017.

586– Intolerância religiosa – caiu no Enem. *Blog ABMEduca*, 21/11/2016. *Observador Independente*, 19/11/2016. *O Secretário do Povo*, 18/11/2016. *Jornal do Commercio*, 22/11/2016. *O Liberal*, 24/11/2016. *Tribuna da Conquista*, 24/11/2016. *Correio de Sergipe*, 24/11/2016. *O Estado do CE*, 30/11/2016. *Blog do Ramon Paixão*, 29/11/2016. *Ceará Pop Marketing*, 30/11/2016. *Correio da Paraíba*, 27/11/2016.

587– A corrupção continua. *Blog ABMESEduca*, 05/12/2016. *Jornal do Commercio*, 06/12/2016. *Ceará Pop Marketing*, 14/12/2016. *O Estado CE*, 14/12/2016. *JorNow*, 13/12/2016. *Difundir*, 13/12/2016. *Agora-Tô*, 13/12/2016. *Blog do Ramon Paixão*, 14/12/2016. *Diário de Cuiabá*, 14/12/2016. *Correio da Paraíba*, 11/12/2016. *O Liberal*, 15/12/2016. *Dia dia Progresso*, 15/12/2016. *Diário do Comércio – MG*, 21/12/2016.

588– Nada é para durar. *Blog ABMESEduca*, 23/01/2017. *iMirante*, 24/01/2017. *Blog do Mário Pires*, 23/01/2017. *Jornal do Commercio*, 24/01/2017. *O Estado do Maranhão*, 24/01/2017. *Diário de S. Paulo*, 30/01/2017. *Correio de Sergipe*, 27/01/2017. *Tribuna do Norte*, 28/01/2017. *O Estado CE*, 08/02/2017. *Ceará Pop Marketing*, 07/02/2017.

589– Carandiru II. *Blog ABMESEduca*, 09/01/2017. *Blog do Mário Pires*, 11/01/2017. *Correio de Sergipe*, 18/01/2017. *Jornal da Cidade*, 31/01/2017. *Ceará Pop Marketing*, 15/02/2017. *O Estado*, 17/02/2017.

590– Vamos, Chape!. *Blog ABMESEduca*, 12/12/2016.

591– O fracasso da educação? *Jornal do Commercio*, 20/12/2016. *Diário de S. Paulo*, 26/12/2016. *Correio de Sergipe*, 23/12/2016. *Correio da Paraíba*, 25/12/2016. *O Liberal*, 29/12/2016. *O Estado CE*, 30/12/2016. *Blog do Ramon Paixão*, 29/12/2016. *Ceará Pop Marketing*, 02/01/2017.

592– Plano Nacional de Educação e metas inalcançáveis. *Ceará Pop Marketing*, 23/02/2017. *Diário de S. Paulo*, 27/02/2017. *Jornal Grande Bahia*, 27/02/2017.

593– Geração Z. *O Liberal*, 09/02/2017. *Gazeta de Alagoas*, 16/02/2017. *Diário de S. Paulo*, 20/02/2017. *Tribuna do Norte*, 19/02/2017. *Ceará Pop Marketing*, 21/02/2017. *Blog Ramon da Paixão*, 22/02/2017. *Novas Notícias*, 21/02/2017. *Correio da Paraíba*, 05/03/2017.

594– A realidade do financiamento estudantil. *Folha de S.Paulo*, 08/02/2017. *Blog Ramon da Paixão*, 08/02/2017. *Ceará Pop Marketing*, 09/02/2017. *Jornal Grande Bahia*, 09/02/2017. *A24h*, 09/02/2017. *Diário de S. Paulo*, 13/02/2017. *Crub*, 21/02/2017. *O Estado*, 22/02/2017. *Bahia Política*, 10/02/2017.

595– Brasil, 3 anos de recessão econômica. *O Liberal*, 23/03/2017. *Ceará Pop Marketing*, 28/03/2017. *Lauro de Freitas News*, 27/03/2017. *Jornal do Commercio*, 28/03/2017. *Correio de Sergipe*, 30/03/2017. *Criativa Online*, 29/03/2017. *Blog Ramon da Paixão*, 29/03/2017. *O Estado*, 30/03/2017. *Diário de S. Paulo*, 03/04/2017. *Caderno Mercado*, 04/04/2017.

596– 17 metas para o desenvolvimento sustentável. *Salvador Diário*, 16/03/2017. *Correio de Sergipe*, 23/03/2017. *Jornal da Cidade*, 25/03/2017.

597– O desafio das mulheres! *O Estado do Maranhão*, 08/03/2017. *Jornal do Commercio*, 14/03/2017. *Blog Ramon da Paixão*, 14/03/2017. *Ceará Pop Marketing*, 14/03/2017. *Blog do Silva Lima*, 02/04/2017. *Blog do Mário Pires*, 01/04/2017.

598– Indústria 4.0. *Ceará Pop Marketing*, 17/04/2017. *Blog do Mário Pires*, 18/04/2017. *Diário de S. Paulo*, 24/04/2017. *Correio de Sergipe*, 21/04/2017. *Camaçari Diário*, 19/04/2017. *O Estado*, 16/05/2017.

599– Exportação de carne e os impactos na economia brasileira. *O Liberal*, 30/03/2017. *Imirante.com*, 10/04/2017. *Lauro de Freitas News*, 06/04/2017. *Camaçari Diário*, 06/04/2017. *Jornal do Commercio*, 11/04/2017. *O Estado do Maranhão*, 10/04/2017. *Diário de S. Paulo*, 17/04/2017. *Correio da Paraíba*, 16/04/2017. *Portal Interative*, 10/04/2017. *Portal Patrício Nunes*, 04/04/2017. *Blog do Banana*, 04/05/2017. *Blog do Didi Galvão*, 04/04/2017.

600– A vulnerabilidade na internet. *O Liberal*, 18/05/2017. *Jornal do Commercio*, 23/05/2017. *Portal do Marivaldo*, 25/05/2017. *O Impacto*, 27/05/2017.

601– Para voltar a crescer é preciso investir. *Tribuna do Norte*, 17/05/2017. *Linha de Frente*, 16/05/2017. *Jornal do Commercio*, 09/05/2017. *O Liberal*, 11/05/2017. *Gazeta de Alagoas*, 16/05/2017. *Portal Jaguarari*, 16/05/2017. *Blog do Patrício Nunes*, 16/05/2017. *AL1*, 15/05/2017. *Jornal da Cidade*, 20/05/2017. *Correio de Sergipe*, 20/05/2017.

602– Dia Internacional da Educação. *Portal Jaguarari*, 08/05/2017. *Ação Popular*, 08/05/2017. *Imirante*, 16/05/2017.

603– Educação infantil no Brasil. *Jornal do Commercio*, 25/04/2017. *Correio da Paraíba*, 30/04/2017. *Lauro de Freitas News*, 02/05/2017. *O Estado do Maranhão*, 04/05/2017. *Imirante.com*, 04/05/2017. *Jornal da Cidade*, 04/05/2017. *Blog do Vinicius Santana*, 03/05/2017. *Gazeta de Alagoas*, 05/05/2017. *Tribuna do Norte*, 05/05/2017. *Ceará Pop Marketing*, 19/05/2017. *Portal Interative*, 19/05/2017.

604– Os desafios do Ensino Superior particular no Brasil. *O Liberal*, 08/12/2016.

605– Sociedade Líquida. *O Liberal* – Belém 26/01/2017. *Blog #ABMESEduca*, 30/01/2017. *Diário de S.Paulo*, 06/02/2017. *Correio de Sergipe*, 09/02/2017. *Blog Ramon da Paixão*, 20/02/2017.

606– O papel das instituições de educação superior particulares na engrenagem do Fies. *Correio Braziliense*, 27/03/2017.